Siegrist
Medizinische Soziologie

W0226869

Siegrist

Medizinische Soziologie

5., neu bearbeitete Auflage
mit 48 Abbildungen und 13 Tabellen

Urban & Schwarzenberg
München – Wien – Baltimore

Anschrift des Verfassers:

Prof. Dr. Johannes Siegrist
Geschäftsführender Direktor des Instituts für Medizinische Soziologie
der Heinrich-Heine-Universität
Universitätsstraße 1
40225 Düsseldorf

Die Deutsche Bibliothek – CIP-Einheitsaufnahme

Siegrist, Johannes:
Medizinische Soziologie: mit 13 Tabellen / von Johannes
Siegrist. – 5., neu bearb. Aufl. – München; Wien; Baltimore:
Urban und Schwarzenberg, 1995

ISBN 3-541-06385-8

Lektorat: Dr. med. Dorothea Schneiderbanger
Redaktion: Peter Dünnbier
Herstellung: Renate Hausdorf

Satz: Typodata, München
Druck: Appl, Wemding
Bindung: Monheim
© Urban & Schwarzenberg 1995
ISBN 3-541-06385-8

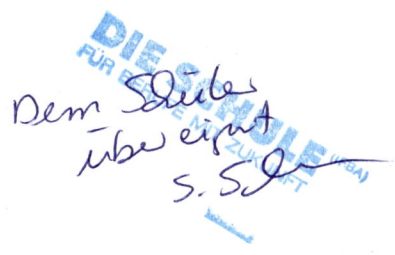
Für Esther Claire
und Karin

Vorwort zur 5. Auflage

Das Interesse an medizinsoziologischen Erkenntnissen hat in den vergangenen Jahren in erfreulichem Maße zugenommen. Neben Studierenden der Medizin, denen dieses Wissen in erster Linie bei der Vorbereitung ihres Unterrichts und der entsprechenden Prüfungen helfen soll, gehören vor allem Ärzte in der Fort- und Weiterbildung, Angehörige verschiedener nichtärztlicher Gesundheitsberufe, Sozial- und Gesundheitswissenschaftler sowie gesundheitspolitisch Interessierte zu dem wachsenden Leserkreis. Diese Entwicklung spiegelt die Aktualität medizinsoziologischen Wissens bei der Beschäftigung mit den in unserer Gesellschaft vorherrschenden Gesundheitsproblemen und bei den Bemühungen um eine zukunftsweisende Gestaltung unseres Gesundheitswesens wider. Hier überall kann eine allgemeinverständliche, aktuelle, zugleich jedoch theoretisch fundierte und systematisch aufgebaute Einführung in die wesentlichen Inhalte der Medizinischen Soziologie, wie sie dieses Lehrbuch bietet, von Nutzen sein.

Die vorliegende 5. Auflage enthält gegenüber der 4. Auflage eine Reihe von Ergänzungen und Veränderungen. Neben einer Aktualisierung haben die Kapitel 1, 2, 3 und 5 größere Umgestaltungen erfahren. Kapitel 8 ist neu geschrieben worden.

Hauptzielgruppe des Lehrbuches bilden nach wie vor die Studierenden der Medizin im ersten Teil der ärztlichen Ausbildung. Auch wenn zum gegenwärtigen Zeitpunkt die Bestimmungen der neuen Approbationsordnung noch nicht verbindlich festgelegt sind, besteht doch kein Zweifel, daß das Stoffgebiet der Medizinischen Soziologie auch in der zukünftigen Medizinerausbildung eine Rolle spielen wird, vor allem dann, wenn es gelingt, die wegweisenden Ideen des problemorientierten Lehrens und Lernens, der verstärkten Einbeziehung praktischer Erfahrungen und der Vorbereitung angehender Ärztinnen und Ärzte auf neue Berufsfelder und neue Formen der Zusammenarbeit zu verwirklichen.

Medizinische Soziologie wäre als Unterrichtsfach an Medizinischen Fakultäten Deutschlands heute vermutlich nicht existent, wenn nicht Ende der sechziger Jahre einige mutige Persönlichkeiten sich mit ihrem Weitblick und Engagement dafür eingesetzt hätten. Ihnen gebührt heute ein verspäteter Dank. Namentlich möchte ich die Psychosomatiker Thure von Uexküll (damals Ulm, heute Freiburg i. Br.) und Horst-Eberhard Richter (Gießen) sowie den leider viel zu früh verstorbenen Epidemiologen und Sozialmediziner Manfred Pflanz (Hannover) nennen.

Zu danken habe ich all denen, die mir bei der Herstellung des vorliegenden Textes behilflich waren: dem Verlag Urban & Schwarzenberg, insbesondere Frau Dr. med. Dorothea Schneiderbanger, Herrn Peter Dünnbier, Frau Renate Hausdorf und Frau Dorle Matussek, meinen – ehemaligen und gegenwärtigen – Mitarbeitern Prof. Dr. Thomas Abel, Ph. D. (München), Dr. Siegfried Geyer und Dr. Richard Peter (beide Düsseldorf), ferner Frau Juliane Frühbuß, M. san. (Düsseldorf) und Herrn Dr. Wolfgang Micheelis (Köln), manchen hier nicht namentlich erwähnten Fachkolleginnen und -kollegen im In- und Ausland, schließlich all jenen

Studierenden, die trotz Massenuniversität den Dialog mit mir gesucht haben. Meiner Frau, PD Dr. Karin Siegrist, und meiner Tochter Esther Claire widme ich dieses Buch als Zeichen des Dankes für ihre Geduld und ihr Verständnis.

Düsseldorf, im Sommer 1995

Johannes Siegrist

Inhalt

1
Einleitung

1.1 Was ist und wozu lernt man Medizinische Soziologie?

1.1.1 Grundlegende begriffliche Klärungen

Zu den erstaunlichsten Leistungen menschlicher Zivilisation gehören zweifellos das weite Spektrum und der hohe Entwicklungsstand der Wissenschaften. Welche Faszination muß von der Erkenntnis astronomischer Gesetzmäßigkeiten, von Durchbrüchen im Verständnis der Grundlagen der reinen Mathematik oder von der Entdeckung chemischer Verbindungen ausgegangen sein! Und doch beziehen sich die vielleicht am weitesten reichenden wissenschaftlichen Erkenntnisfortschritte auf den Menschen selbst, auf Erkenntnisse und Entdeckungen in den **Humanwissenschaften.**

Die Humanwissenschaften lassen sich grob in drei große Bereiche unterteilen:
- die Biowissenschaften
- die Sozialwissenschaften
- und die Kulturwissenschaften.

Die **Biowissenschaften** orientieren sich vorrangig am Erkenntnisparadigma der Naturwissenschaften, mithin an experimenteller Methodik, quantitativem Messen und der Entwicklung mathematisch formalisierter Gesetze. Erkenntnisfortschritte sind eng mit der Entwicklung neuer methodischer Zugänge verbunden, wie dies etwa das Beispiel der Molekularbiologie heute eindrucksvoll verdeutlicht. Wichtige Biowissenschaften sind u.a. die Biochemie, die Physiologie, die Biologie, die Genetik und die Anatomie.

Die **Sozialwissenschaften** orientieren sich überwiegend ebenfalls an den Erkenntniszielen der Naturwissenschaften, wenn dies auch vom methodischen Ansatz, von den Schwierigkeiten des Messens und der lediglich begrenzten Verallgemeinbarkeit von gesetzmäßigen Erkenntnissen her ungleich schwieriger erscheint. In den Sozialwissenschaften stehen die evolutionär höheren Eigenschaften und Leistungen des Menschen, seine kognitiven, emotionalen und motivationalen Fähigkeiten und ihre Einbindung in gesellschaftliche Beziehungen und Strukturen im Mittelpunkt des Interesses. Psychologie, Soziologie und Ökonomie gehören zweifellos zu den sozialwissenschaftlichen Kernfächern, wenn auch kein allgemeiner Konsens bezüglich einer verbindlichen Wissenschaftssystematik in diesem Gebiet bestehen dürfte.

Die **Kulturwissenschaften** befassen sich mit dem interpretierenden Verstehen menschlicher Kulturleistungen. Das Erkenntnisinteresse ist hier weniger auf Messen und Verallgemeinern, sondern vielmehr auf angemessenes Erfassen geschaffener Wirklichkeiten, z.B. anhand hermeneutischer Methoden, ausgerichtet. Sprach- und Literaturwissenschaften, Kunst- und Musikwissenschaften, Religions- und Geschichtswissenschaften sind den Kulturwissenschaften zuzurechnen, wenn es auch hier teilweise Überschneidungen mit sozialwissenschaftlichen Forschungstraditionen gibt (z.B. Sozialgeschichte, Religionssoziologie).

Die Frage der Systematik bzw. der Einheit oder Verschiedenartigkeit wissenschaftlichen Vorgehens in diesen drei Bereichen der Humanwissenschaften ist bis heute umstritten. Sowohl die **Erkenntnistheorie** als auch die **Wissenschaftstheorie** befassen sich mit ihr. Auf der einen Seite gibt es die Verfechter einer These von „zwei Wissenschaftskulturen", der naturwissenschaftlichen und der geisteswissenschaftlichen, zwischen denen keine Übergänge gesehen werden (Snow 1959). Auf der anderen Seite wird von Vertretern neuerer Wissenschaftstheorien, wie beispielsweise der Systemtheorie, auf die „Anschlußfähigkeit" der verschiedenen Wissenschaftstraditionen und ihre Überführbarkeit in eine verallgemeinerbare Theorie von Lebensprozessen hingewiesen (z. B. Maturana u. Varela 1985).

Es ist einsichtig, daß Erkenntnissen der Neurowissenschaften in der weiteren Entwicklung dieser Grundsatzdebatte ein großes Gewicht zukommen wird.

Für die **Medizin** als **Wissenssystem** sind Erkenntnisse aus allen drei Bereichen der Humanwissenschaften von Bedeutung, soweit sie das Verständnis des gesunden und kranken Menschen bzw. die Aufgaben des Erkennens, Verhütens und Heilens von Krankheiten betreffen. Im Zentrum der modernen Medizin stehen die **Biowissenschaften**. Sie ermöglichen eine systematische, kausale Analyse von Struktur und Funktion des Organismus auf seinen verschiedenen Ebenen. Aus ihren Erkenntnissen lassen sich weitreichende praktische Folgerungen für Diagnostik, Prävention und Therapie von Krankheiten ziehen. Daher bilden sie vom Umfang und Stellenwert des Wissens her gewissermaßen das Fundament der medizinischen Ausbildung.

Von **wachsender Bedeutung** für die Medizin sind jedoch auch die **Sozialwissenschaften**. Aus der Vielzahl der **Gründe**, die hierfür verantwortlich sind, sollen nur die folgenden genannt werden:

- Sachverhalte, die von der Psychologie erforscht werden, wie z. B. Gefühle, Erlebensweisen, Motivationen, spielen bei einer Vielzahl von Befindensstörungen und körperlichen Erkrankungen, sowohl in der Entstehung, als auch im Verlauf und in der Bewältigung einer Krankheit, eine wichtige Rolle. Neue Wissenschaftszweige wie die Psychoneuroimmunologie, die Psychophysiologie, die Psychoendokrinologie verweisen auf die engen Beziehungen zwischen psychischen Prozessen und somatischen Vorgängen. Erkenntnisse der psychologischen Lerntheorie lassen sich mit großem Gewinn auf die Verhütung bzw. bessere Bewältigung solcher Störungen und Krankheiten anwenden (z. B. im Rahmen der Verhaltenstherapie oder allgemeiner der Verhaltensmedizin).

- Die heute vorherrschenden chronisch-degenerativen Krankheiten sind in der Gesellschaft ungleich verteilt; es gibt soziale Risikogruppen, soziale Risikofaktoren und soziale Schutzfaktoren, deren Identifizierung eine genuin medizinsoziologische Aufgabe bildet. Soziale Einflüsse der Arbeitswelt oder der Vergesellschaftung (z. B. soziale Isolation) stellen häufig entscheidende Determinanten von Prozessen des Krankwerdens, des Krankheitsverlaufs und der Krankheitsbewältigung dar. Ihre Erforschung erfolgt in zwei Richtungen: die eine Richtung befaßt sich mit der Entwicklung und Anwendung soziopsychosomatischer Theorien der Gesundheit und Krankheit (z. B. Streßtheorie), die andere Richtung mit der Erklärung gesundheitsschädigenden bzw. gesundheitsfördernden Verhaltens aus den gesellschaftlichen Lebensstilen.

- Die Behandlung kranker Menschen erfolgt in einem „psychosozialen" Kontext, in Interaktionen zwischen Personengruppen, in bestimmten räumlichen und sozialen „Arrangements". Diese Kontexte beeinflussen nicht nur das Befinden der Kranken oder ihre Bereitschaft zur Zusammenarbeit mit Ärzten, sondern wirken sich auch auf den Krankheitsverlauf und das Behandlungsergebnis selbst aus. In noch stärkerem Umfang gilt dies für die Organisation und Aufgabenteilung im Bereich der medizinischen Versorgung und für die Finanzierung diagnostischer, präventiver, therapeutischer und rehabilitativer Leistungen des Gesundheitswesens. Medizin- bzw. Gesundheitssoziologie und Gesundheitsökonomie sind Disziplinen, die sich mit eigenen Methoden und Theorien der Bearbeitung dieser wichtigen Themen widmen.

Noch immer nehmen die Sozialwissenschaften in der medizinischen Ausbildung einen **randständigen Platz** ein, sowohl bezüglich ihres Umfangs und ihrer Gewichtung im Curriculum, als auch bezüglich ihrer personellen Vertretung durch eigenständige, in Forschung und Lehre in ihren jeweiligen Fachgebieten ausgewiesene Experten. Dieses Ungleichgewicht zwischen der objektiven Bedeutung von Fachgebieten einerseits und ihrer Gewichtung und Bewertung im Rahmen akademischer Selbstverwaltung durch medizinische Fakultäten andererseits, stellt selbst ein soziologisches – und zwar vornehmlich wissenschaftssoziologisches – Problem dar.

Kulturwissenschaftliche Inhalte sind in noch marginalerer Form als sozialwissenschaftliche Inhalte in der Medizin als Wissenssystem repräsentiert. So ist in den meisten medizinischen Fakultäten nur die Medizingeschichte, neuerdings teilweise auch die Ethik in der Medizin, als kulturwissenschaftliches Fachgebiet verankert.

Medizinische Psychologie und **Medizinische Soziologie** stellen **sozialwissenschaftliche Grundlagenfächer in der Medizin** dar. Dies bedeutet, daß ihre Erkenntnisse auf verschiedene Gebiete der Medizin, auf die klinische Medizin wie auf die Präventivmedizin, anwendbar sind. Wenn man diese beiden Gebiete als eigenständige wissenschaftliche Disziplinen definieren will, empfiehlt es sich, auf die drei allgemeinen Merkmale, die eine wissenschaftliche Disziplin charakterisieren, Bezug zu nehmen:

1. auf einen spezifischen Begriffsapparat und spezifische Methoden, anhand derer ein Ausschnitt der Wirklichkeit systematisch erfaßt werden kann;
2. auf ein bestimmtes Beobachtungswissen, welches anhand der Begriffe und Methoden in der Disziplin akkumuliert wird;
3. auf einen Bestand von – mehr oder weniger gut bewährten – Theorien, mittels derer relevante Phänomene in dem analytisch abgegrenzten Wirklichkeitsbereich erklärt bzw. vorhergesagt werden können.

Danach bildet die Medizinische Psychologie (manche verwenden den allgemeineren Begriff Gesundheitspsychologie, manche den auf klinische Anwendung eingeengten Begriff der Klinischen Psychologie) diejenige Wissenschaftsdisziplin, welche Begriffe, Methoden, Beobachtungswissen und Theorien der allgemeinen Psychologie bei der Analyse von Phänomenen der Gesundheit und Krankheit anwendet. Zu ihrem Gegenstandsbereich gehören nicht nur Erkenntnisse zur Entstehung, Verhütung und zum Verlauf von Krankheiten sowie zur Förderung von Gesundheit, sondern auch Erkenntnisse zur Auseinandersetzung mit Gesundheit und Krankheit durch Individuen und Gruppen, seien es selbst Betroffene, Laien oder Angehörige helfender Berufe.

Medizinische Soziologie (manche verwenden den allgemeineren Begriff **Gesundheitssoziologie**) ist demgegenüber jene Wissenschaftsdisziplin, welche Begriffe, Methoden, Beobachtungswissen und Theorien der allgemeinen Soziologie bei der Analyse von Phänomenen der Gesundheit und Krankheit anwendet. Zu ihrem Gegenstandsbereich gehören nicht nur Erkenntnisse zur Entstehung, Verhütung und zum Verlauf von Krankheiten sowie zur Förderung von Gesundheit, sondern auch Erkenntnisse zur Auseinandersetzung mit Gesundheit und Krankheit durch gesellschaftliche Gruppen und Institutionen.

Aus diesen **Definitionen** erkennt man unschwer die jeweilige Schwerpunktsetzung der beiden Fachgebiete ebenso wie ihre innere Verwandtschaft. Während die Psychologie an dem Ausschnitt der Wirklichkeit interessiert ist, der sich auf das Handeln, Denken, Fühlen, Erleben und Wollen von Individuen und deren Auswirkungen auf die gesellschaftliche Umwelt bezieht, beschäftigt sich die Soziologie umgekehrt mit demjenigen Ausschnitt der Wirklichkeit, der die Struktur und Entwicklung von Gesellschaften und deren Auswirkungen auf das Handeln, Denken, Fühlen, Erleben und Wollen von Individuen umfaßt.

In der Sprache der Systemforschung kann man sagen, daß Übergänge zwischen den Systemgrenzen „Individuum" und „gesellschaftliche Umwelt" von zwei Seiten her produktiv analysiert werden: das Studium der „Aufwärtseffekte" vom System „Individuum" zum System „Gesellschaft" wird schwerpunktmäßig von der Psychologie geleistet, das Studium der „Abwärtseffekte" vom System „Gesellschaft" zum System „Individuum" erfolgt schwerpunktmäßig durch die Soziologie.

Soziologie (lat. socius = Gefährte, Mitmensch, griech. logos = Lehre, Wissenschaft) ist die Wissenschaft, die sich mit den Gesetzmäßigkeiten (Strukturmerkmalen, Entwicklungslinien) des gesellschaftlichen Lebens bzw. der Vergesellschaftungsprozesse zwischen Menschen befaßt.

Bevor wir diese Definition im Zusammenhang mit der Begründung des Aufbaus des vorliegenden Lehrbuches weiter erläutern, soll noch kurz auf die häufig gestellte Frage nach **Unterschieden** zwischen der Medizinischen (bzw. Gesundheits-)Soziologie und angrenzenden Fachgebieten wie der Sozialmedizin, der Sozialepidemiologie bzw. neuerdings der Gesundheitswissenschaften (public health) eingegangen werden.

Sozialmedizin ist ein anwendungsorientiertes Fachgebiet und kein eigenständiges Grundlagenfach. Es integriert Erkenntnisse aus verschiedenen Wissenschaftsdisziplinen wie der Epidemiologie (Lehre von der Verteilung der Krankheiten), der Medizinischen Soziologie, der Organisations- und Verwaltungswissenschaften, der Gesundheitsökonomie mit dem Ziel ihrer Anwendung auf Probleme der Präventivmedizin und der kurativ-klinischen Medizin unter Einschluß der Rehabilitationsmedizin (z.B. sozialmedizinische Begutachtung). Zwischen Medizinischer Soziologie und Sozialmedizin kann und soll es ein Verhältnis wechselseitiger Befruchtung und Stärkung in Forschung und Lehre geben. Insbesondere das neue didaktische Konzept der Lernspirale ermöglicht es sehr gut, vorklinische und klinische Bezüge beider Wissensgebiete sukzessive miteinander zu vernetzen.

Sozialepidemiologie ist dasjenige Teilgebiet der Epidemiologie, das gesellschaftliche Einflußfaktoren auf die Verteilung von Krankheiten untersucht. Insoweit hierzu Begriffe, Methoden, Beobachtungswissen und Theorien der Soziologie Verwendung finden, stellt Sozialepidemiologie ein wesentliches Anwendungsgebiet der Medizinischen Soziologie dar. Mit anderen Worten: Sozialepidemiologischer Kenntniserwerb ist eine sehr wichtige Aufgabe medizinsoziologischer Forschung und Lehre, aber das Gebiet der Medizinischen Soziologie umfaßt, wie die obige Definition verdeutlicht hat, mehr als die Sozialepidemiologie.

Umgekehrt verhält es sich mit den **Gesundheitswissenschaften,** die auch häufig mit dem englischen Begriff Public-Health-Wissenschaften umschrieben werden. „Public Health" bezeichnet einen Sammelbegriff für jene Wissenschaftszweige, die sich in Abgrenzung zur Individualmedizin mit Bevölkerungsaspekten von Gesundheit und Krankheit, mit Gesundheitsförderung und Krankheitsverhütung in Regionen (z. B. in Kommunen) bzw. Institutionen (z. B. in Betrieben) und mit der Organisation und Steuerung von Gesundheitsdiensten beschäftigen. Wie Epidemiologie, Gesundheitsökonomie und Organisationswissenschaften gehört die Medizinische Soziologie zu den Fachgebieten, die bei der Bearbeitung der heute dominanten Public-Health-Probleme einen wichtigen Beitrag leisten können. Medizinische bzw. Gesundheits-Soziologie ist damit jedoch lediglich eine Teildisziplin eines umfassenderen Verbundes von Gesundheitswissenschaften.

1.1.2 Plan und Aufbau des Lehrbuches

Wir sagten: Soziologie ist die Wissenschaft, die sich mit den Gesetzmäßigkeiten (Sturkturmerkmalen, Entwicklungstendenzen) des gesellschaftlichen Lebens bzw. der Vergesellschaftungsprozesse zwischen Menschen befaßt.

Allgemeine Strukturmerkmale und Entwicklungstendenzen der Gesellschaft im Übergang von der vorindustriellen zur Industrie- und Dienstleistungsgesellschaft

werden im **2. Kapitel** in einem systematischen Abriß dargestellt. Die Zusammenfassung wesentlichen soziologischen Beobachtungswissens erfolgt unter drei Aspekten.

In **Abschnitt 2.1** wird die horizontale Gliederung der Gesellschaft, die Verteilung der Bevölkerung (nach Alter, Geschlecht etc.) beschrieben. Dies geschieht anhand einer Einführung in die grundlegenden Begriffe und Methoden der Bevölkerungswissenschaft (Demographie).

In **Abschnitt 2.2** wird die vertikale Gliederung der Gesellschaft analysiert, d. h. die Differenzierung von Bevölkerungsgruppen nach Kriterien sozialer Ungleichheit. Dies erfolgt anhand einer Einführung in die Grundbegriffe und Ergebnisse der soziologischen Schichtungs- und Mobilitätsforschung sowie der Berufs- und Arbeitssoziologie.

Abschnitt 2.3 behandelt sodann den Aspekt der sozialhistorischen Entwicklung von Gesellschaftssystemen, insbesondere den grundlegenden Wandel von traditionalen zu modernen Gesellschaften, der vom europäischen Spätmittelalter und der Neuzeit seinen Ausgang genommen hat und über die Industrielle Revolution in das gegenwärtige Zeitalter der Globalisierung hineinführt.

Die im 2. Kapitel zusammengefaßten soziologischen Grundkenntnisse stehen jedoch nicht im leeren Raum. Vielmehr bilden sie das notwendige Hintergrundwissen für die zentrale Fragestellung der Medizinischen Soziologie nach den Auswirkungen gesellschaftlicher Wirklichkeit auf individuelles Denken, Handeln und Fühlen und damit, direkt oder indirekt, auf menschliche Gesundheit und Krankheit.

Der **soziologische Schlüsselbegriff** zur Analyse dieser Fragestellung lautet **„soziales Handeln".** Unter diesen Begriff werden alle Formen menschlichen

Tuns subsumiert, dessen Inhalt und Ziel, ob bewußt oder unbewußt, der Auseinandersetzung des Individuums mit der gesellschaftlichen Wirklichkeit dient. Soziales Handeln erfolgt als Anpassung an Leiden unter oder Rebellion gegen vorgebene gesellschaftliche Strukturen. Diese Strukturen sind jedem einzelnen Menschen in Form von Handlungserwartungen oder -zumutungen („soziale Normen") vorgegeben und sie verbinden ihn mit der Gesellschaft durch die Vergabe sozialer Positionen („soziale Rollen, sozialer Status"). Damit haben Individuen, häufig nach Maßgabe ihres Leistungsvermögens, an den Gütern, Belohnungen und Bindungen des gesellschaftlichen Lebens teil, oder aber sie werden von ihnen ausgeschlossen.

Soziologische Grundbegriffe und Theorien, die sich an diesem zentralen Tatbestand sozial normierten und rollengebundenen Handelns orientieren, werden in **Abschnitt 3.1** dargestellt. **Abschnitt 3.2** befaßt sich mit der wichtigen Frage, wie der einzelne Mensch im Laufe seiner Entwicklung diese Leistungen der Auseinandersetzung mit der gesellschaftlichen Wirklichkeit zu erlernen vermag, d. h. welche Anpassungsleistungen und welche Maßnahmen der Selbststeuerung im Prozeß der Vergesellschaftung zu realisieren sind. Der Fachterminus, mit dem diese Leistungen zusammenfassend gekennzeichnet werden, lautet **„Sozialisation"**. Grundlegende Kenntnisse der Sozialisationsforschung werden hier, soweit sie für eine Einführung in die Medizinische Soziologie notwendig sind, vermittelt.

Der Ertrag einer Theorie sozialen Handelns für eine medizinsoziologische Erklärung von Phänomenen menschlicher Gesundheit und Krankheit wird in **Abschnitt 3.3** dargestellt. Dieser Abschnitt stellt somit das gedankliche Gerüst für das zentrale Kapitel 5 dieses Lehrbuches vor,

in welchem wichtige gegenwärtige Entwicklungslinien einer medizinsoziologischen Theorie von Gesundheit und Krankheit skizziert und anhand vielfältiger Forschungsergebnisse erläutert werden.

Bevor dies mit Gewinn erfolgen kann, müssen jedoch im **4. Kapitel** basale Kenntnisse zu den wichtigsten soziologischen Methoden (die nur zum Teil deckungsgleich mit den Methoden der Psychologie sind) vorgestellt werden. Einem Abschnitt über wesentliche Probleme und Schwierigkeiten des Messens in den Sozialwissenschaften folgen Ausführungen zu Methoden der Datenerhebung, Untersuchungsplänen und, an dieser Stelle notgedrungen lediglich oberflächlich, zu wichtigen statistischen Auswertungsverfahren medizinsoziologischer Daten. Ein abschließender Abschnitt (4.5) diskutiert das – durchaus spannungsgeladene – Verhältnis zwischen medizinsoziologischer Forschung und beforschter Praxis (Interventions- und Evaluationsforschung).

Während die ersten vier Kapitel des Lehrbuches somit notwendige **allgemeine Grundlagen** vermitteln, führen die letzten vier Kapitel in die wichtigsten **Kenntnisse der speziellen Disziplin** Medizinische Soziologie ein. In **Kapitel 5** werden Elemente einer medizinsoziologischen Theorie von Gesundheit und Krankheit unter zwei Aspekten dargestellt. **Abschnitt 5.1** behandelt Erklärungsansätze gesundheitsschädigenden bzw. gesundheitsfördernden Verhaltens in der Adoleszenz und im Erwachsenenalter. Hier werden auch die praktischen Folgerungen aus entsprechenden Forschungsergebnissen, speziell für die ärztliche Arbeit, herausgestellt.

In **Abschnitt 5.2** werden wichtige Entwicklungslinien zu einer, oben bereits stichwortartig genannten, soziopsychosomatischen Theorie menschlicher Gesundheit und Krankheit (Streßtheorie) skizziert und anhand interessanter, größtenteils neuartiger Forschungsergebnisse illustriert. Auch hier werden die praktischen Folgerungen recht ausführlich diskutiert, um den engen Zusammenhang zwischen Forschung und Anwendung in diesem Kerngebiet der Medizinischen Soziologie zu verdeutlichen.

Die Kapitel 6, 7 und 8 behandeln drei unterschiedliche Aspekte der Auseinandersetzung mit Krankheit. Im **6. Kapitel** wird die Perspektive des kranken Menschen analysiert. Krankheit manifestiert sich in der Regel zunächst in Symptomerfahrung und in verändertem subjektivem Befinden. Medizinsoziologische Erkenntnisse über die Stadien und Determinanten des Hilfesuchens und speziell über die Einflüsse auf die Inanspruchnahme des Arztes werden dargestellt (**Abschnitt 6.2**). Sie leiten zur Frage über, wie Kranke, in erster Linie chronisch Kranke, mit ihrer Krankheit leben. Die besondere soziale Situation, die mit dem Begriff der „Krankenrolle" umschrieben wird, wird in Zusammenhang mit neueren Forschungsergebnissen zu den fördernden und hemmenden Bedingungen der Krankheitsbewältigung herausgearbeitet (**Abschnitt 6.3**).

Eine soziologische Analyse der Arzt-Patient-Beziehung bildet den Kern des **7. Kapitels**. Es wird mit einer knappen Analyse des ärztlichen Professionalisierungsprozesses eröffnet (**Abschnitt 7.1**). Sodann wird gezeigt, durch welche sozialen Einflüsse die Beziehung zwischen Arzt und Patient sowohl im ambulanten wie im stationären Bereich der Krankenversorgung geprägt ist, und zwar bis hinein in die kritischen Bereiche der Intensivmedizin und der Auseinandersetzung mit Sterben und Tod (**Abschnitt 7.2**). Die hier ausgewählten, in ihrer Mehrzahl aus Deutschland stammenden medizinsoziologischen Studien setzen einen besonderen Akzent auf die Analyse der Interaktions- und Kommunikationsformen zwischen Patienten und Ärzten – ein Bereich, der nicht nur besonders kritikwürdig erscheint, sondern der auch durch gezielte Veränderungen substantiell verbessert werden kann.

In unserer Definition der Medizinischen Soziologie sagten wir, daß zu ihrem Gegenstandsbereich nicht nur Erkenntnisse zu Entstehung, Verhütung und Verlauf von Krankheiten gehören, sondern auch Wissen über die Auseinandersetzung mit Gesundheit und Krankheit durch gesellschaftliche Gruppen und Institutionen. Während die Auseinandersetzung mit Gesundheit und Krankheit durch die Gruppe der Patienten im 6. Kapitel und diejenige durch die ärztliche Profession im 7. Kapitel erörtert werden, befaßt sich das abschließende **8. Kapitel** mit den gesellschaftlichen Einrichtungen, deren Aufgabe der Schutz der Gesundheit und die Sicherstellung der Krankenversorgung bildet. In **Abschnitt 8.1** werden in einem dichtgedrängten Abriß die Grundzüge des deutschen Gesundheitssystems skizziert, während **Abschnitt 8.2** wichtige Aspekte des gegenwärtigen Entwicklungsbedarfs thematisiert, so u. a. die Themen „Reform der Gesetzlichen Krankenversicherung", „Zukunft des Öffentlichen Gesundheitsdienstes", „Selbstbeteiligung der Versicherten und neue Formen der Krankenversicherung" und „Risikogruppen im System der Krankenversicherung". Im **abschließenden Abschnitt** wird nochmals an die globalen Herausforderungen an Medizin und Gesundheitspolitik erinnert, und es wird exemplarisch am Beispiel der lediglich schwachen Beziehung zwischen Höhe der Gesundheitsausgaben und durchschnittlicher Lebenserwartung der Bevölkerung einer Nation gezeigt, wie wichtig Forschungsergebnisse und integrale gesundheitspolitische Maßnahmen sind, die von Public Health ausgehen können.

1.1.3 Vom Nutzen der Medizinischen Soziologie

In erster Linie ist Medizinische Soziologie ein akademisches Fach, d. h. eine Tätigkeit, die aus den Aufgaben Lehre, Forschung und Beratung besteht. In diesem Abschnitt wird der Nutzen eines Faches, wie er sich gegenwärtig darstellt, für diese drei Aufgaben kurz dargestellt. Größtes Gewicht kommt dabei, der Zielgruppe der Lesenden des Lehrbuches Rechnung tragend, den Aufgaben in der ärztlichen Aus-, Fort- und Weiterbildung zu.

Aufgaben in der ärztlichen Aus-, Fort- und Weiterbildung

Die erste Aufgabe besteht darin, Studierenden der Medizin Grundkenntnisse und Fertigkeiten des Faches so zu vermitteln, daß die mündlichen und schriftlichen Prüfungen der Medizinischen Soziologie erfolgreich absolviert werden können. Das vorliegende Lehrbuch deckt die Prüfungsinhalte in vollem Umfang ab.

Mit ihrer zweiten und meines Erachtens wichtigsten Aufgabe trägt die medizinsoziologische Lehre zur Lösung ärztlicher Probleme des Wissens und Handelns bei. Diese Aufgabe läßt sich am besten wie folgt beschreiben:

- Vermittlung sozialwissenschaftlicher Kenntnisse, welche das naturwissenschaftliche Basiswissen über die Entstehung, den Verlauf, die Behandlung und die Verhütung menschlicher Erkrankungen ergänzen;
- Vermittlung sozialwissenschaftlicher Kenntnisse und daraus abgeleiteter Fertigkeiten, welche dazu beitragen, die ärztliche Tätigkeit nach bestem Wissen und Gewissen zu gestalten. Diese Erkenntnisse und Fertigkeiten betreffen in erster Linie jene Elemente ärztlichen Handelns, die interaktiver Natur sind, so vor allem
- die gesundheitliche Beratung des Patienten, seine Aufklärung und Motivation;
- die Erhebung der körperlichen, psychischen und sozialen Anamnese des Patienten;

– die Begründung therapeutischer Entscheidungen und die Durchführung therapeutischer Maßnahmen.

Daneben sind sozialwissenschaftliche Kenntnisse und Fertigkeiten bei der Erstellung medizinischer Gutachten sowie bei der Entwicklung und Sicherung von Kooperationsfähigkeit in den verschiedenen Bereichen beruflicher Zusammenarbeit hilfreich.

Welchen konkreten Nutzen können Ärztinnen und Ärzte aus diesen Kenntnissen, Fertigkeiten und Einstellungen ziehen? Ohne der Lektüre der folgenden Kapitel im einzelnen vorgreifen zu wollen, lassen sich exemplarisch wichtige Nutzeffekte in drei Bereichen benennen: im Kernbereich ärztlichen Handelns (Diagnosenstellung, Prognosenstellung, therapeutisches Handeln, präventives Handeln); im Bereich der ärztlichen Kooperationsbeziehungen und im Bereich der Selbstreflexion und Wertediskussion ärztlichen Handelns.

1. Medizinsoziologisches Wissen trägt zur **Optimierung** des **diagnostischen Handelns** (Diagnosenstellung) bei.

   Von vielen erfahrenen Klinikern wird immer wieder betont, daß zu viele Diagnosen auf dem Wege der Labor- und Gerätemedizin erstellt werden, daß wichtige Befunde übersehen und nicht selten Fehldiagnosen erstellt werden. Nach ihrer Meinung ließen sich diese Fehlentwicklungen wenigstens teilweise dadurch vermeiden, daß Ärzte sorgfältiger und ausführlicher auf die vom Kranken gegebene Information eingehen, diese gezielter ausdifferenzieren, eingrenzen und überprüfen. Erhöhte sozialanamnestische Kompetenz kann zu diesem wichtigen Ziel auf zweierlei Weise beitragen: erstens durch Erhöhung der sozial-kommunikativen Fähigkeiten des Arztes (z. B. nichtdirektiver Gesprächsstil, Differenzierung von Kommunikationsebenen, Berücksichtigung schichtspezifischer Sprachcodes; s. u. Kap. 3.3, Kap. 6.1 u. 6.2, Kap. 7.2); zweitens durch Einbeziehung medizinsoziologischer Erkenntnisse zu sozialen Risiko- und Schutzfaktoren bei Entstehung und Verlauf häufiger Befindlichkeitsstörungen und chronisch-degenerativer Erkrankungen (s. u. Kap. 5.1, 5.2, 6.3).

2. Medizinsoziologisches Wissen trägt zur **Optimierung** des **prognostischen Handelns** (Prognosenstellung und daraus abgeleitete Maßnahmen) bei.

Die Forschung der letzten 25 Jahre hat bei einer Reihe von Krankheitsbildern überzeugend die prognostische Bedeutung spezifischer sozialer Risiko- und Schutzfaktoren nachgewiesen. Im Bereich psychiatrischer Störungen sei beispielsweise auf die Rolle der (emotionalen) Dichte sozialer Beziehungen zwischen Angehörigen und an Schizophrenie Erkrankten bei der Bestimmung des Rückfallgeschehens hingewiesen (s. u. Kap. 6.3). Andere Beispiele betreffen die Rolle schwerer Lebensereignisse beim Verlauf depressiver Erkrankungen oder die Rolle fehlenden sozioemotionalen Rückhaltes und spezifischer psychosozialer Belastungen am Arbeitsplatz bei der Bestimmung des Reinfarktrisikos nach überstandenem erstem Herzinfarkt (s. u. Kap. 5.2, 6.3). In diesem zuletztgenannten Bereich ist die Forschung heute vielleicht am weitesten fortgeschritten, erlaubt sie doch eine direkte quantitative Abschätzung des relativen Risikos dieser psychosozialen Prognosegrößen im Vergleich zu den traditionell berücksichtigten biomedizinischen Prognosefaktoren (z. B. Ruberman et al. 1984, Williams et al. 1992). Welche praktischen Konsequenzen aus solchen Erkenntnissen zu ziehen sind, verdeutlicht der nachfolgende Abschnitt.

3. Medizinsoziologisches Wissen trägt zur **Optimierung** des **therapeutischen Handelns** bei. Dieses Wissen motiviert Ärztinnen und Ärzte, den Kranken mehr Eigenverantwortung, mehr aktive Mitarbeit am Therapiegeschehen einzuräumen und sie in diesen Bemühungen gezielt zu unterstützen. Sie lernen den Wert der Selbsthilfe- und der Angehörigenarbeit kennen und schätzen; sie überweisen gezielt und nach spezifischem Bedarf an Spezialisten im Bereich psychosozialer Kompetenzerhöhung und Streßbewältigung. Vor allem aber gestalten sie ihr eigenes therapeutisches Handeln in verstärktem Maße nach dem Grundsatz der Patientenzentrierung um. Beispiele hierfür sind die Einbeziehung der Patienten in Therapieentscheidungen (z. B. unter Berücksichtigung von Gesichtspunkten der Lebensqualität), die Öffnung der therapeutischen Arbeit in Richtung Gruppenarbeit (z. B. Familientherapie, Therapiegruppen) sowie in Richtung Teamarbeit (z. B. Zusammenarbeit mit klinischen Psychologen, Sozialarbeitern, Diätassistentinnen etc.) (s. u. Kap. 3.4, 5.2, 6.2, 6.3, 7.2, 8.2).

4. Medizinsoziologisches Wissen trägt zur **Optimierung** des **präventiven Handelns** (Gesundheitsförderung) bei. Kenntnisse über gesellschaftlich bedingte Widerstände gegen gesundheitsfördernde Lebensweisen und Kenntnisse über psychosoziale Einflüsse auf gesundheitsschädigendes Verhalten in der Adoleszenz und im Erwachsenenleben erleichtern Ärztinnen und Ärzten die – sicher schwierige – Arbeit der Gesundheitsförderung in der individuellen Arzt-Patient-Beziehung sowie in der Gruppenarbeit (z. B. gemeindebezogene Präventionsarbeit) (s. u. Kap. 5.1). Darüber hinaus ermöglichen medizinsoziologisch-sozialepidemiologische Kenntnisse eine genauere Identifizierung gesundheitlich besonders gefährdeter sozialer Gruppen und eine entsprechende Fokussie-

rung von Beratungsleistungen (s.u. Kap. 2.1, 2.2, 5.1, 5.2, 6.3).

5. Medizinsoziologisches Wissen trägt zu einer **Verbesserung ärztlicher Kooperationsbeziehungen** bei.

Kooperationsfähigkeit setzt zum einen innere Bereitschaft der Beteiligten, zum anderen aber auch einen strukturellen Rahmen, d.h. eine die Kooperation fördernde Arbeitsorganisation voraus. Während die Psychologie sich stärker mit inneren Motiven und individuellen Handlungsweisen befaßt, interessiert sich die Soziologie vorwiegend für gesellschaftliche Strukturen, organisatorische Zwänge und Freiräume sozialen Handelns. Gibt es Beispiele, die zeigen, wie eine Nutzung der Freiräume ärztlichen Handelns zu einer verbesserten Kooperation, mithin auch zu einer verbesserten Arzt-Patient-Beziehung führt?

In einem vielbeachteten Modell veränderter Teamarbeit auf einer internistisch-psychosomatischen Krankenhausstation (sog. Ulmer Modell) haben Karl Köhle und Mitarbeiter gezeigt, daß die bewußte Umgestaltung des ärztlichen Zeitbudgets und die stärkere Gewichtung gemeinsamer Besprechungen zwischen Ärzten und Pflegepersonal nicht nur eine neue Qualität der beruflichen Zusammenarbeit erzeugen, sondern auch zu weitreichenden Verbesserungen der Kommunikation mit Patienten führen (Köhle et al. 1986). Besonders deutlich wurde dies bei der Stationsarztvisite. Abbildung 1-1 zeigt den Vergleich des Visitengeschehens zwischen einer traditionell internistischen und der Modellstation. Auf der Modellstation wurde nicht nur die Visitendauer verlängert, sondern die Tätigkeit wurde fast ausschließlich für das Gespräch mit dem Patienten reserviert, indem ihre übrigen Funktionen ausgelagert wurden. Dadurch konnten Umfang, Intensität und Qualität der

Kommunikation mit dem Patienten wesentlich verbessert werden.

Im medizinsoziologischen Unterricht werden die strukturellen Voraussetzungen eines Wandels ärztlicher Arbeitsorganisation, sei es im Krankenhaus, sei es in der Arztpraxis, herausgearbeitet. Es wird gezeigt, welche Auswirkungen ein solcher Wandel auf die berufliche Zusammenarbeit, auf die Berufszufriedenheit und die Behandlungsqualität hat (s.u. Kap. 7.2, 8.1, 8.2). Dieses Wissen kann für die spätere Berufserfahrung angehender Ärzte von Nutzen und Gewinn sein.

6. Medizinsoziologisches Wissen trägt zur **Selbstreflexion des Arztes** und zur Auseinandersetzung mit handlungsleitenden Wertvorstellungen bei.

Reflexion ist die Fähigkeit des Nachdenkens, des theoretischen In-Frage-Stellens dessen, was vorgegeben ist. Gesellschaftliche Wirklichkeit ist nicht etwas unveränderlich Vorgegebenes, sondern ist stets im Wandel, in Bewegung, wenn auch Wandel und Bewegung häufig kaum sichtbar sind. Warum sind gesellschaftliche Verhältnisse so, wie sie sind? Wodurch ist ihre Entwicklung bestimmt? Wohin führt diese Entwicklung? Wie eigne ich mir die gesellschaftliche Wirklichkeit an? Wie stimmen meine eigenen Absichten und Überzeugungen mit dem überein, was ich vorfinde? Wenn auch die Soziologie kaum je befriedigende Antworten auf diese Fragen geben kann, so hilft sie doch, sie zu entdecken, d.h. das Problembewußtsein zu schaffen, welches solche Fragen ermöglicht. Sozio-

▷

Abbildung 1-1 Unterschiede der Kommunikation zwischen Arzt und Patient. Verglichen wurde eine internistisch-psychosomatische Modellstation und eine herkömmliche internistische Station (nach Stössel 1981).

traditionelle Krankenstation   Ulmer-Modell-Station

Visitendauer:

Gesamtzeit
3,5 Minuten

Vorbesprechung
3 Minuten

Gespräch am Bett
6,7 Minuten

Anteile am Gespräch:

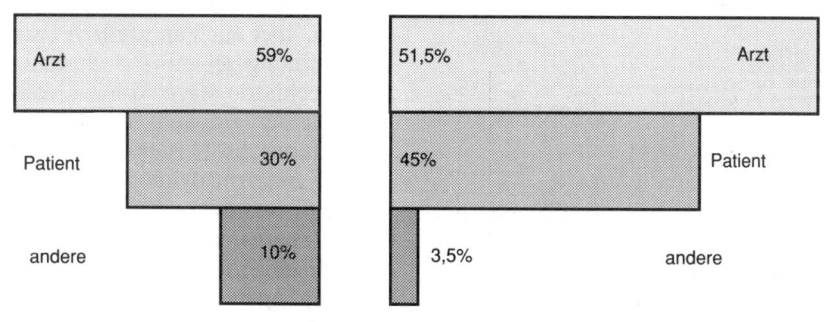

Arzt   59%   51,5%   Arzt

Patient   30%   45%   Patient

andere   10%   3,5%   andere

Sprechrichtung des Arztes während der Visite

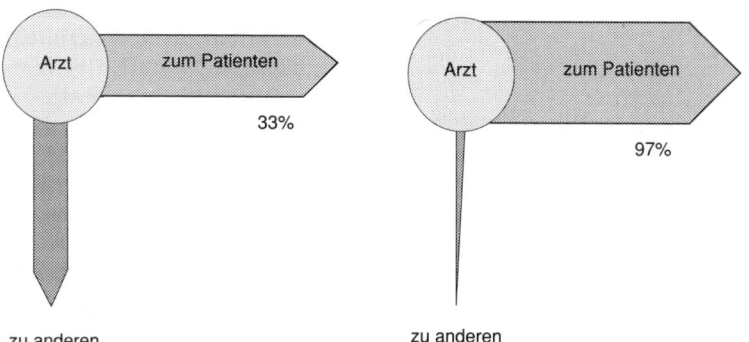

Arzt   zum Patienten   Arzt   zum Patienten

33%   97%

zu anderen   zu anderen

Auf der Ulmer Modellstation wurde nicht nur die Visitendauer gegenübor traditionellen Kranken-
stationon insgesamt verlängert, sondern fast ausschließlich für das Gespräch mit dem Patienten
reserviert. So kam der Kranke wesentlich häufiger zu Wort, und der Arzt richtete sich im
Gespräch fast nur noch an ihn, während er sonst zwei Drittel seiner Redezeit den übrigen
Visitenteilnehmern widmet.

logie ist in der Lage, Orientierungshilfen anzubieten, insbesondere unter Bedingungen gesteigerter Unsicherheit, hoher Komplexität und raschen Wandels gesellschaftlicher Wirklichkeit. Orientierungshilfen sind Wegweiser, nach denen sich die reflexive Tätigkeit ausrichtet.

Das hier allgemein Gesagte gilt ebenso im speziellen Fall der gesellschaftlichen Wirklichkeit von Gesundheit und Krankheit, von medizinischer Versorgung und ärztlichem Handeln:

Eine dritte Aufgabe des medizinsoziologischen Unterrichts besteht darin, Medizinstudenten die Fähigkeit zur Reflexion, speziell zur Selbstreflexion in ihrer Rolle als Ärzte zu vermitteln. Thematische Schwerpunkte der Selbstreflexion bilden:
- die Sozialisation zum Arzt, d.h. die Übernahme der Arztrolle im Studium und in der Praxis der Weiterbildung (vgl. Kap. 3 und 7);
- die Aufgabe des Arztes im Gesundheitswesen und in der Gesellschaft, unter besonderer Berücksichtigung einer Ethik ärztlichen Handelns (vgl. Kap. 7 und 8);
- die Entwicklungstendenzen von Medizin und Gesundheitswesen in der eigenen Gesellschaft, aber auch in weltweitem Maßstab (vgl. Kap. 2 und 8).

Mit dieser Aufgabe nähert sich der medizinsoziologische Unterricht auch drängenden aktuellen Problemen der Medizin, Problemen, die von der heranwachsenden Generation als Herausforderung erlebt werden (s. u. Abschn. 1.3). In dem stark verschulten, spezialisierten, einseitig auf Wissensvermittlung ausgerichteten traditionellen Unterricht finden Studierende der Medizin selten eine Gelegenheit, sich über solche Herausforderungen, ihre Bedeutung, ihren Konfliktgehalt, ihre Lösungsmöglichkeiten zu verständigen.

Der Schwerpunkt dieser Ausführungen betrifft den möglichen Nutzen, den Ärztinnen und Ärzte später aus einem qualifizierten medizinsoziologischen Unterricht während ihres **Medizinstudiums** schöpfen können. Heute noch kaum ausgeschöpft ist der Nutzen entsprechender medizinsoziologischer Kenntnisse in den verschiedenen **ärztlichen Weiterbildungsordnungen.** In erster Linie ist in diesem Zusammenhang an den Arzt für Arbeitsmedizin, an den z.Z. in Diskussion befindlichen Arzt für öffentliches Gesundheitswesen, an die Gebietsbezeichnung Sozialmedizin, aber auch an klinisch orientierte Weiterbildungsgebiete (v.a. Innere Medizin, Psychiatrie, Gynäkologie, Pädiatrie) zu denken.

Ausführliche Berücksichtigung finden dagegen medizinsoziologische Wissensinhalte und Fertigkeiten in den in Deutschland in den vergangenen Jahren verschiedentlich eingerichteten **Postgraduierten-Studiengängen für Gesundheitswissenschaften (Public Health).** Diese zweijährigen Studiengänge schließen in der Regel mit einem Magistergrad, vergleichbar dem angelsächsischen Master of Public Health, ab und stehen sowohl Ärztinnen und Ärzten wie auch anderen einschlägig qualifizierten Akademikerinnen und Akademikern offen (als Überblick s. Hoffmann-Markwald u. a. 1994).

Aufgaben in der Forschung
Der Aufgabenkatalog medizinsoziologischer Forschung ist vielfältig, wie bereits aus dem bisher Gesagten verständlich wird. In der **Grundlagenforschung** ist zu erwarten, daß zumindest in den folgenden Forschungsgebieten Erkenntnisse auch für die Praxis von Nutzen und Bedeutung sein werden:
- Forschungen zur Soziogenese von Krankheiten, zu sozialen Determinanten der Gesundheitsförderung und des selbstschädigenden Verhaltens (s. u. Kap. 5.1, 5.2);

- Forschungen zur Bewältigung chronischer Krankheiten durch Betroffene und Angehörige (s. u. Kap. 6.3);
- Forschungen zur Soziologie personenbezogener Dienstleistungen im Gesundheitswesen und ihrer Organisation (s. u. Kap. 2.3, 7.2, 8);
- Forschungen zur Ermittlung von „Behandlungsbedarf" im Gesundheitssystem, unter Einbeziehung von Gesichtspunkten der Qualitätskontrolle (s. u. Kap. 6.2, 8);
- Forschungen zu Realisierungschancen und Entwicklungsrichtungen von Innovation im Gesundheitswesen (s. u. Kap. 2.3, 8.2, 8.3).

Häufig ist es nicht möglich, zwischen Grundlagenforschung und **angewandter Forschung** eine klare Grenze zu ziehen. Sicher existieren jedoch zumindest die folgenden zwei Gebiete angewandter Forschungsarbeit, die sowohl wichtige Impulse aus der Grundlagenforschung beziehen als auch eine ganz besondere Aktualität besitzen:

- erstens das Gebiet **sozialwissenschaftlicher Interventions- und Evaluationsforschung:** Es entspricht der zunehmenden Verwissenschaftlichung verschiedener Lebensbereiche im allgemeinen sowie der in Ansätzen feststellbaren Ausbreitung einer rationalen Gesundheitspolitik im besonderen, daß Neuerungen im Gesundheitswesen häufig in Form wissenschaftlich begleiteter Modellvorhaben erprobt werden. Zunehmend erfordern auch Maßnahmen der **Qualitätssicherung** in der Medizin die fortgesetzte Evaluation der Arbeit. Medizinsoziologische Kenntnisse sind nicht nur bei der Anlage, Durchführung und Auswertung solcher Evaluationsstudien von Nutzen, sondern auch bei der Festlegung neuer Zielkriterien (z. B. Erfassung von subjektiver Gesundheit, Zufriedenheit, Lebensqualität) sowie bei der Verbindung der verschiedenen, in der Evaluation zu berücksichtigenden Systemebenen (Struktur-, Prozeß-, Ergebnisevaluation) (zu den methodischen Grundlagen s. u. Kap. 4);

- zweitens das Gebiet der **Entwicklung und Testung** von in der medizinischen Forschung und Praxis **anwendbaren Meßinstrumenten** (in der Regel standardisierte Fragebögen, Interviewleitfäden, oder Beobachtungsschemata):

Mit den theoretischen und methodischen Fortschritten in der Medizinischen Soziologie und, mehr noch, in der Medizinischen Psychologie sind in den vergangenen Jahren eine Vielzahl „psychosozialer" Meßinstrumente entwickelt worden, die sowohl für Forschungszwecke (z. B. im Rahmen klinischer Studien) als auch im Dienste einer Optimierung ärztlicher Aufgaben (s. o.) in einzelnen Sektoren oder Bereichen der Krankenbehandlung eingesetzt werden. Der Wert dieser Instrumente steigt mit dem Grad ihrer teststatistisch dokumentierten Qualität (s. u. Kap. 4), ihrer Zeitökonomie und ihrer Anwendbarkeit bei unterschiedlichen Zielgruppen. Mit der Computerisierung ärztlichen Informationsgeschehens sind hier neue, allerdings nicht unkritisch zu betrachtende Entwicklungschancen gegeben (als deutschsprachigen Überblick über psychosoziale Meßinstrumente s. Westhoff 1992).

Aufgaben in der Beratung

Medizinsoziologisches Expertenwissen fließt auf verschiedenartige Weise in Beratungstätigkeit ein, in erster Linie in Form einer Erstellung von **Sachverständigengutachten.** Beratungsbedarf in dieser Hinsicht besteht bei Institutionen und Verbänden, die gesundheitspolitische Entscheidungen treffen, Programme und Pläne entwickeln und Maßnahmen durchsetzen. Hierzu zählen u. a. die Gesundheitsminister der Länder, Verbände und Vereinigungen der Leistungserbringer im Gesundheitswesen, so beispielsweise Ärztekammern und kassenärztliche Vereinigungen, Spitzenverbände der Krankenkassen und der Rentenversicherungsträger, Bundesministerien, Einrichtungen der Europäischen Gemeinschaft, internationale Organisationen wie WHO (World Health Organization) oder ILO (International Labour Office). Während formelle Beratungsgremien in diesen Gebieten, so z. B. der Sachverständigenrat für die Konzertierte Aktion im Gesundheitswesen des Bundesministers für Gesundheit, bisher vorwiegend Expertisen aus dem Gebiet der Gesundheitsökonomie repräsentieren, werden mit dem zunehmenden qualitativen Gestaltungsbedarf des Gesundheitswesens medizinsoziologische und gesundheitswissenschaftliche Expertisen in Zukunft voraussichtlich an Bedeutung gewinnen.

1.2 Geschichte und Entwicklung der Medizinischen Soziologie

Für jede wissenschaftliche Disziplin gilt, daß sie sich selbst über bestimmte **Paradigmen** definiert.

Mit dem Begriff „Paradigma" wird ein **Erkenntnisprogramm** bezeichnet, das sich in einer wissenschaftlichen Gemeinschaft als erfolgreich und konsensfähig erwiesen hat. Betrachtet man die Geschichte der Wissenschaften, so stellt man fest, daß wissenschaftliche Paradigmen von begrenzter Lebensdauer sind. Sie weisen in der Regel **drei Phasen** auf, deren Dauer und Reichweite sowohl aus der wissenschaftsimmanenten Dynamik wie auch aus gesellschaftlichen Einflüssen auf die Wissenschaftsorganisation und ihren Praxisbezug erklärbar sind (Kuhn 1969).

Die erste Phase ist die **Entdeckungsphase;** sie zwingt zur Korrektur, zur Aufgabe oder zumindest zum Umbau des bisherigen Wissens.

Die zweite Phase kann als **Konsolidierung** und **Expansion** bezeichnet werden; es ist die Blütezeit eines Paradigmas, in der eine unbezweifelte Definitionsmacht besteht, welche die herrschende Lehrmeinung bestimmt.

Eine dritte Phase, die **Krisenphase,** beginnt in der Regel mit Erkenntnissen, die sich in ein entwickeltes Theoriegebäude nicht mehr integrieren lassen oder die ihm offen widersprechen. Als Folge wird das herrschende Paradigma durch ein neues abgelöst.

Die junge Geschichte der Medizinischen Soziologie befindet sich bis heute im großen und ganzen noch immer in der ersten Phase, in welcher neue Theorien entworfen und an der Wirklichkeit getestet werden, ohne daß bereits die Konsensfähigkeit so groß wäre, daß von einem einheitlich expandierenden Paradigma in der internationalen Forschung gesprochen werden könnte. Zumindest lassen sich aber einige Eckpfeiler, einige Stützen im theoretischen Lehrgebäude der Medizinischen Soziologie bestimmen, über deren Bedeutung heute kaum mehr ernsthaft gestritten wird. Drei wichtige Eckpfeiler sollen kurz dargestellt werden (vgl. 1.2.1). Danach wird der gegenwärtige Entwicklungsstand und die Stellung der Disziplin im Spannungsfeld zwischen Soziologie und Medizin erörtert (vgl. 1.2.2).

1.2.1 Drei Eckpfeiler: Durkheim, Weber und die Schule des symbolischen Interaktionismus

Das Interesse an Zusammenhängen zwischen gesellschaftlicher Lage, sozialem Handeln und der Entwicklung von Krankheiten hat in der Medizin eine jahrhundertealte Geschichte: „Lange bevor Sozialwissenschaftler die Medizinische Soziologie als Spezialgebiet erkannten, befaßten sich Männer, deren Arbeitsgebiet im Bereich des Staates lag – Ökonomen, Ärzte,

Sozialreformer, Historiker und Beschäftigte in der öffentlichen Verwaltung – mit sozialmedizinischen Problemen und trugen wesentlich zu deren Lösung bei. Tatsächlich verdankt auch die Soziologie zum Teil ihren Ursprung dieser Entwicklung" (Rosen 1974, S. 75).

Zu den bekanntesten Ärzten, die Sozialmedizin und öffentliches Gesundheitswesen begründeten, gehörten in Deutschland **Johann Peter Frank** mit seinem epochalen Werk „System einer vollständigen medizinischen Polizey" (1779) und der junge **Rudolf Virchow** mit den „Mitteilungen über die in Oberschlesien herrschende Typhus-Epidemie" (1849). Im frühen 20. Jahrhundert verdienen die Arbeiten von **A. Grotjahn** (Soziale Pathologie, 1915) und **M. Mosse** und **G. Tugendreich** (Krankheit und soziale Lage, 1913) besondere Erwähnung (als Überblick vgl. hierzu Deppe und Regus 1975).

Obwohl mit diesen gesundheitspolitischen und sozialmedizinischen Pionierarbeiten eine eindrucksvolle Beschreibung der sozialen Verteilung von Gesundheit und Krankheit erfolgte, kann man sie nicht als Klassiker der Medizinischen Soziologie im engeren Sinne bezeichnen. Es fehlt die Einbindung in theoretische Konzepte der Soziologie, es fehlt zum Teil auch das spezifisch sozialwissenschaftliche Instrumentarium der Datenerfassung und -auswertung.

Die Geschichte der Medizinischen Soziologie könnte man historisierend beschreiben. Man müßte dann beispielsweise erwähnen, daß ihre erste Definition im Jahr 1893 aus den USA stammte. Diese Betrachtung ist jedoch für den heutigen Leser nicht interessant. Vielmehr wollen wir einige Meilensteine in ihrer Wissenschaftsgeschichte hervorheben, die ihre Verwurzelung in den großen theoretischen Entwürfen der allgemeinen Soziologie dokumentieren.

Die erste medizinsoziologische Studie, die in diesem Zusammenhang Erwähnung finden muß, entstammt der Feder eines der Gründerväter der Soziologie, **Emile Durkheim** (1858–1917) und zielt auf die Erklärung auffälliger Unterschiede von Selbstmordraten bei verschiedenen religiösen und beruflichen Gruppen anhand soziologischer Konzepte ab (Der Selbstmord, 1897).

Durkheim stellt die These auf, daß Selbstmord nicht ein individuelles, sondern im wesentlichen ein soziales Handeln sei: Menschen sind in ihren Denkweisen und Handlungen von gesellschaftlichen Normen und Institutionen geprägt: Verlieren die Normen ihre bindende und schützende Kraft, so bricht unter belastenden Lebensbedingungen mit größerer Wahrscheinlichkeit der egoistische Todestrieb durch (sog. egoistischer Selbstmord). Durkheim erklärt in diesem Rahmen die vergleichsweise hohen Selbstmordraten bei Protestanten gegenüber Katholiken. Zum gleichen Ergebnis wie der religiöse Bindungsverlust führt eine schicksalshafte Entfremdung von wesentlichen gesellschaftlichen Einrichtungen wie Ehe oder Beruf. Diese Entfremdung infolge von Krisen (Scheidung, ökonomische Instabilität) führt zu Orientierungslosigkeit, zum Verlust geregelter, sinnerfüllter Aktivitäten. Das Leiden an diesem Verlust begünstigt Selbstmordhandlungen aus Verzweiflung (sog. anomischer Selbstmord; Anomie [griechisch] = Gesetzlosigkeit). Tatsächlich konnte Durkheim anhand sorgfältig analysierter internationaler Statistiken Hinweise auf die Stichhaltigkeit seiner Hypothesen finden.

Durkheims Selbstmordtypologie, die von ihm selbst diskutierten Einwände und die Charakterisierung seines methodischen Vorgehens können hier nicht mit der notwendigen Ausführlichkeit beschrieben werden. Es sollte aber verdeutlicht werden, daß hier eine neue Optik entwickelt wurde: Leiden, das zu Selbstmordhandlungen führt, ergibt sich nicht aus Zufälligkeiten oder aus individueller

Psychopathologie, sondern aus einer unterschiedlich begründbaren **mangelnden Repräsentanz gesellschaftlicher Werte,** Kontrollen und Sinnmuster in einzelnen Menschen. Verzweiflung, d. h. extreme emotionale Belastung, wird dort wahrscheinlich, wo diese Schutzfunktionen menschlicher Vergesellschaftung wegfallen.

Diese Grundgedanken sind in der sozialepidemiologischen Krankheitsursachenforschung bis zum heutigen Tag richtungweisend geblieben, wenn sie auch entscheidend präzisiert und relativiert worden sind (vgl. Kap. 5). Bereits in den dreißiger Jahren unseres Jahrhunderts, vor allem aber mit J. L. Hallidays Buch über „Psychosoziale Medizin" (1949), wurde die These sozialer Anomie auf durch Distress mitverursachte somatische Krankheiten wie Herz- und Kreislaufleiden, Diabetes und Magengeschwüre übertragen.

Durkheims Anomie-Konzeption hat aber nicht nur die Soziologie der Gesundheit und Krankheit entscheidend beeinflußt, sondern auch die Soziologie des abweichenden Verhaltens. 1938 hat der Soziologe Robert K. Merton in einem grundlegenden Aufsatz den Zusammenhang von Sozialstruktur und Anomie präziser formuliert, als es Durkheim möglich war (Merton 1938). Auf seine Arbeit gehen wichtige spätere Studien zur Erklärung abweichender, gesundheitsgefährdender Handlungen zurück.

Ein zweiter Eckpfeiler des medizinsoziologischen Lehrgebäudes wurde durch das Werk des großen deutschen Soziologen **Max Weber** (1864–1920) errichtet (Abb. 1-2). Vor allem mit seiner Systematik von **Typen sozialen Handelns** hat dieser Soziologe einen entscheidenden Beitrag zur Entwicklung der allgemeinen soziologischen Theorie geleistet. Obwohl Weber selbst nur am Rande an medizinsoziologischen Fragen interessiert war, wurden in seiner Nachfolge doch folgenreiche

medizinsoziologische Konzepte entwickelt. Weber, von dem Philosophen Karl Jaspers als letzter großer Universalgelehrter unserer Zeit bezeichnet, hat nicht nur den zivilisationsgeschichtlich zentralen Prozeß der abendländischen Rationalisierung beschrieben, auf dessen Hintergrund Entwicklung und Wirkung der modernen Medizin erst angemessen verstanden werden können (vgl. Kap. 2), sondern er hat auch als erster die moderne Bürokratie und die in ihr typischen sozialen Handlungsweisen analysiert. Von hier führt ein direkter Weg in die moderne Organisationssoziologie des Krankenhauses und zu den entsprechenden Arbeits- und Interaktionsformen zwischen Mitgliedern von Gesundheitsberufen und Patienten.

Arbeitsteilung, Hierarchie mit klaren Befehlswegen, standardisierte Behandlung von „Fällen", Unpersönlichkeit der Beziehungen, Aktenmäßigkeit der Information und Autorität kraft Expertenwissens – dies sind einige der allgemeinen Kennzeichen bürokratischer Organisationen, die teilweise auch im Krankenhaus sichtbar werden. Mit ihrer Hilfe lassen sich manche Zwänge der Krankenhauswirklichkeit besser verstehen. In der Auseinandersetzung mit Weber sind aber auch wichtige Korrekturen an diesem Modell entstanden (vgl. Kap. 7).

Neben dem Entwurf einer Theorie sozialen Handelns, der Entwicklungsgeschichte der modernen Gesellschaft, der Grundlegung einer Soziologie bürokratischer Organisationen haben Max Webers Arbeiten, direkt oder indirekt, auch andere wichtige Entwicklungen angestoßen: so die berufssoziologische Analyse des Ärztestandes (Freidson 1961), vor allem jedoch die rollensoziologische Interpretation der Arzt-Patient-Beziehung. Diese zuletzt genannte, sehr einflußreiche Entwicklung geht auf den führenden amerikanischen Theoretiker der vierziger und fünfziger Jahre, **Talcott Parsons,** zurück. Parsons (1951) hat die gesellschaftlichen Funktio-

Abbildung 1-2   Max Weber (1864–1920).

nen ärztlichen Handelns herausgearbeitet und daraus eine spezifische Verpflichtungsstruktur der Arzt-Patient-Beziehung abgeleitet. Diese normative Struktur beschreibt allgemeingültige Merkmale dieser besonderen Beziehung, die in verschiedenen kulturellen und gesellschaftlichen Systemen immer wieder zum Vorschein kommen (vgl. Kap. 7).

Schließlich muß ein wichtiger dritter Eckpfeiler medizinsoziologischen Wissens erwähnt werden: die Schule des **symbolischen Interaktionismus.** Drei amerikanische und ein polnischer Denker haben in genuiner Weise die soziale Einbettung dessen, was wir Selbstwertgefühl, Ich-Bewußtsein, Identität nennen, sichtbar gemacht: George H. Mead (1863–1931), Charles H. Cooley (1864–1929), William I. Thomas (1863–1947) und Florian Znaniecki (1882–1958). Mead befaßte sich in erster Linie mit den entwicklungsgeschichtlichen und hirnphysiologischen Voraussetzungen sozialen, zwischenmenschlichen Handelns. Er sah in der durch Sprache entscheidend entwickelten Fähigkeit des Menschen, vorweggenommene Reaktionen anderer in die Organisation eigener sozialer Handlungen einzubeziehen, die entscheidende Voraussetzung für erfolgreiche Vergesellschaftungsleistungen, ebenso wie für die Entwicklung von Ich-Bewußtsein und Selbstwertgefühl (Mead 1934). Diesen letzten Gedanken hat Cooley in seinem Drei-Stufen-Konzept des „Selbst" spezifiziert. Darin werden folgende Annahmen über die soziale Einbettung von Ich-Bewußtsein und Selbstwertgefühl gemacht:

- Wir alle haben in unserer Entwicklung von früh an gelernt, uns selbst so zu sehen, wie wir annehmen, daß andere, wichtige Personen (Bezugspersonen wie Eltern, Lehrer, Freunde) uns sehen.
- Wie andere, uns wichtige Personen uns sehen, erfahren wir in deren Urteilen

über unsere eigenen Äußerungen und unser Erscheinungsbild. Wenn wir mit anderen in einen sozialen Austausch treten, orientieren wir uns daher häufig an den vorweggenommenen Reaktionen der anderen auf unser eigenes Verhalten.

- Als Ergebnis unserer Annahmen und Erfahrungen dessen, wie wir von anderen gesehen werden, bildet sich in uns ein bestimmtes, gefühlsbetontes Selbstwertgefühl aus.

Meads und Cooleys Spiegelbild-Konzeption von Ich-Bewußtsein und Selbstwertgefühl bildet die Basis für eine medizinsoziologische Forschungstradition, welche die Erfahrung von Kranksein durch Betroffene im Kontext negativer gesellschaftlicher Bewertungsprozesse analysiert: Die Erfahrung von Krankheit kann zu einem „Stigma" werden, weil Gesunde sich in ihren Reaktionen von Kranken abgrenzen und ihnen diese Ab- und Ausgrenzung durch soziales Handeln mitteilen (Goffman 1963). Medizinsoziologische Rehabilitationsforschung, welche Bedingungen erfolgreicher Wiedereingliederung von Kranken in die Gesellschaft analysiert, verdankt hier dem symbolischen Interaktionismus wegweisende Impulse (vgl. Kap. 6).

Einen zweiten Beitrag hat der symbolische Interaktionismus vor allem für das Verständnis gesundheitsschädigenden Verhaltens bei Heranwachsenden geleistet: Verschiedene Studien haben gezeigt, in welch starkem Maße verunsichertes Selbstwertgefühl in der Adoleszenz gesundheitsschädigendes Verhalten in Form von Zigarettenrauchen oder Alkoholkonsum fördern kann. Solche medizinsoziologisch-sozialpsychologischen Feinanalysen, die wir weiter unten (vgl. Kap. 5) exemplarisch kennenlernen werden, stellen eine wesentliche Voraussetzung für erfolgreiche Interventionsmaßnahmen im Bereich der Gesundheitserziehung und -bildung dar.

Um einen dritten Beitrag des symbolischen Interaktionismus würdigen zu können, müssen wir kurz auf die beiden zuletzt genannten Autoren W. I. Thomas und F. Znaniecki zurückkommen. In ihrem Werk über polnische Einwanderer (Thomas und Znaniecki 1918–1920) haben die Autoren auf die Notwendigkeit hingewiesen, die Interaktion zwischen äußerer sozialer Lage und Einstellungsmustern von Individuen zu analysieren. Das Verhalten des einzelnen, so Thomas und Znaniecki, hängt wesentlich von soziokulturell definierten Situationen ab, in denen sich zugleich eine Verknüpfung von **gesellschaftlichen Werten** und **individuellen Einstellungen** bzw. **Handlungsbereitschaften** vollzieht. Fehlt eine solche Übereinstimmung, so werden soziale Krisen ausgelöst.

Die auch methodisch wichtigen Arbeiten der beiden Autoren haben in der Medizinsoziologie zu einer neuen Beurteilung der soziokulturellen Unterschiede wahrgenommener Krankheitssymptome und gesellschaftlicher Definitionen von Gesundheit und Krankheit geführt. Wir werden darauf bei der Besprechung einer Soziologie des Krankheitsverhaltens im sechsten Kapitel ausführlich zurückkommen. Das Interaktionspostulat zwischen sozialer Lage und individuellen Einstellungen und die Bedeutung subjektiver Situationsdefinitionen sind aus der medizinsoziologischen und sozialpsychologischen Streßforschung der Gegenwart nicht mehr wegzudenken (vgl. Kap. 5).

Die bisherigen Ausführungen haben verdeutlicht, daß Medizinische Soziologie nicht einfach eine beliebige, gelegentlich auch abfällig so benannte „Bindestrich-Soziologie" ist, sondern daß sie als wissenschaftliche Disziplin wesentliche Anregungen und Forschungstraditionen einigen der großen theoretischen Entwürfe der allgemeinen Soziologie verdankt. Sicherlich lassen sich auch andere Akzente in ihrer kurzen Wissenschaftsgeschichte setzen. Legt man jedoch die Kategorien des sozialen Handelns einer eigenen soziologischen Betrachtungsweise zugrunde, so besteht über die grundlegende Bedeutung dieser drei Eckpfeiler in der modernen Soziologie kein Zweifel.

1.2.2 Gegenwärtiger Entwicklungsstand der Medizinischen Soziologie

Bereits aus den bisherigen Ausführungen ist deutlich geworden, daß das Fach im Spannungsfeld zwischen sozialwissenschaftlichem und biologisch-naturwissenschaftlichem Wissen steht. Ohne medizinische Kenntnisse und Erfahrungen läuft es Gefahr, sachfremde, der Problemlösung wenig dienliche Analysen zu liefern. Dies gilt insbesondere dort, wo medizinische Veranstaltungen Schwerpunkt der Forschung sind, selbstverständlich auch überall dort, wo Fragen der Entstehung und des Verlaufs von Krankheiten in interdisziplinären Forschungsbemühungen untersucht werden. Auf der anderen Seite kann die soziologische Analyse ihre kritische Distanz und den in ihr enthaltenen produktiven Erkenntnisgehalt einbüßen, wenn sie inhaltlich und organisatorisch vollständig in medizinische Forschungs- und Lehrtraditionen eingebunden ist. Dieses Dilemma erkennend, hat Robert Straus vorgeschlagen, die Medizinische Soziologie in zwei Teildisziplinen zu unterteilen (Straus 1957):

* Eine Soziologie der Medizin: „Ihre Aufgabe ist es, Organisationsstrukturen, Rollenbeziehungen, Wertsysteme, Bräuche und Funktionsweisen der Medizin als eines Verhaltenssystems von außen zu analysieren, ohne mit der Medizin von innen, das heißt von ihren Vorstellungen und Verfahrensweisen her vertraut zu sein" (a.a.O., S. 203).
* Eine Soziologie in der Medizin: Sie soll „in Zusammenarbeit mit dem Arzt einen Krankheitsprozeß oder Faktoren,

welche die Reaktionen des Patienten auf Erkrankungen beeinflussen, untersuchen" (a.a.O., S. 203).

Aus heutiger Sicht muß diese Unterscheidung, insbesondere in Hinblick auf die enge Aufgabendefinition einer Soziologie in der Medizin, allerdings revidiert werden. Die Erforschung von Krankheitsprozessen sowie der diagnostischen und therapeutischen Handlungen ist keineswegs nur immanent, d. h. vom medizinischen Denkansatz, vom Selbstverständnis der handelnden Ärzte her, sinnvoll durchführbar. Verschiedene, verborgene oder offene Funktionen ärztlichen Handelns können durch eine solche Einengung der Betrachtungsweise gar nicht sichtbar werden. Auch soziale Definitionsprozesse von Krankheit – Krankheit als eine Verhaltensauffälligkeit, die von sozialen Normen abweicht – wären kein Thema einer Soziologie in der Medizin. Es ist daher angemessener, die medizinnahen sozialwissenschaftlichen Forschungen als

- Soziologie für die Medizin zu bezeichnen und damit die Grenzen des Untersuchungsgegenstandes weniger eng zu ziehen, als dies bei Robert Straus der Fall war.

Noch einen Schritt weiter geht eine neuere Definition, welche den exklusiven Bezug zur Medizin aufgibt und ganz allgemein von einer

- Soziologie der Gesundheit und Krankheit spricht.

Diese definitorische Festlegung orientiert sich an der Gesundheitsdefinition der Weltgesundheitsorganisation, die bekanntlich den Einklang von körperlichem, psychischem und sozialem Wohlbefinden als Zielbild entwirft. Es ist einsichtig, daß die Medizin lediglich einen Teil der zur Zielerreichung erforderlichen Aktivitäten abdeckt und daß daher das Spektrum sozialwissenschaftlicher Forschungen zu Gesundheit und Krankheit über das von der Medizin abgesteckte Wissens- und Handlungsfeld hinausreicht.

Als akademische Disziplin hat sich die Medizinsoziologie in den 40er und frühen 50er Jahren in der US-amerikanischen Soziologie herausgebildet. Zwei besondere Entwicklungen haben dem Fach in den frühen 50er Jahren entscheidende Impulse gegeben. An erster Stelle ist die starke finanzielle Förderung sozialwissenschaftlicher Forschung im Bereich der amerikanischen Psychiatrie, insbesondere durch das nationale Institut für seelische Gesundheit (NIMH), nach dem Zweiten Weltkrieg zu nennen. Obwohl staatliche Interessen (Immigrationsproblematik, wohlfahrtsstaatlicher Handlungsbedarf) für diese Förderung ausschlaggebend gewesen sein mögen, ließen sie doch genügend Spielraum für eine genuin akademische Forschungsentwicklung, die sich in einigen maßgebenden, international einflußreichen Studien dokumentierten, so der wohl berühmtesten medizinsoziologischen Studie der 50er und 60er Jahre, Hollingshead und Redlichs Arbeit „Social Class and Mental Illness" (1958) oder Goffmans hellsichtiger Analyse der Anstaltspsychiatrie „Asylums" (1961).

Diese und andere soziologische Arbeiten hatten einen nachhaltigen Einfluß auf die Entwicklung der kommunalen Mental-Health-Bewegung in den USA und den Aufstieg der internationalen Sozialpsychiatrie in den 60er und 70er Jahren.

Eine zweite Entwicklung kam hinzu; sie ist untrennbar mit dem Namen Talcott Parsons verbunden. In seinem 1951 erschienenen Buch „The Social System" wies der Begründer der sturkturfunktionalen Handlungstheorie erstmals überzeugend nach, daß die Medizin in jeder Gesellschaft eine substantielle gesellschaftliche Kontrollfunktion erfüllt und daß zu diesem Zweck spezifische soziale Rollen („Krankenrolle") geschaffen werden. Mit der Rückbindung dieser Gedankengänge an die großen soziologischen Theorieentwürfe Emile Durkheims und Max Webers gelang Parsons zugleich der Anschluß einer neuen

Spezialdisziplin an die Mutterdisziplin. Die von dieser Leistung ausgehende Legitimationswirkung der Medizinsoziologie kann gar nicht deutlich genug betont werden, bei aller späterer Kritik an Parsons' strukturfunktionaler Handlungstheorie im allgemeinen und seiner Theorie der Krankenrolle im besonderen. Weitere einflußreiche soziologische Theoretiker (u. a. R. K. Merton, E. Hughes, H. Becker, E. Goffman) unterstützten den skizzierten Trend.

Medizinsoziologie repräsentiert heute, teilweise unter der Bezeichnung „Gesundheitssoziologie", eine international starke akademische Bewegung. Innerhalb großer nationaler soziologischer Fachgesellschaften (z. B. USA, Großbritannien, Deutschland) bildet sie jeweils eine der mitgliederstärksten Sektionen. Dies gilt auch für die International Sociological Association. In Europa existiert seit 1983 eine Europäische Gesellschaft für Gesundheits- und Medizinsoziologie, in Deutschland bereits seit 1973 eine Deutsche Gesellschaft für Medizinische Soziologie. Etablierte internationale Fachzeitschriften bestehen wiederum seit den späten 60er und frühen 70er Jahren (z. B. Journal of Health and Social Behavior, Social Science and Medicine), und eigenständige Abteilungen für Medizinsoziologie finden sich an zahlreichen Universitäten, teilweise an sozialwissenschaftlichen, teilweise an medizinischen Fakultäten, in größerem Umfang auch an sog. Schools of Public Health. Medizinsoziologische Kenntnisse haben einen wachsenden Einfluß auf die Ausbildungsinhalte im Medizinstudium und in den Curricula nichtärztlicher Heilberufe. Dennoch ist zur Zeit das Berufsspektrum des überwiegenden Teils der Medizinsoziologen auf das akademische Wirkungsfeld (Lehre, Forschung, Beratung) begrenzt.

Trotz dieser im allgemeinen erfreulichen Entwicklung ist die aktuelle Situation der Institutionalisierung der Medizinischen Soziologie an den Medizinischen Fakultäten in der Bundesrepublik, sowohl in den alten wie in den neuen Bundesländern, durchaus nicht befriedigend. Nach einer Ende 1994 durchgeführten Befragung haben lediglich 17 Medizinische Fakultäten das Fach mit mindestens einer Lebensstelle für habilitierte Medizinsoziologen bzw. -soziologinnen, in der Regel C3-Professuren, ausgestattet. Die entsprechenden Abteilungen, Institute oder Lehreinheiten sind personell meistens so knapp ausgestattet, daß auch das Einwerben von Drittmittelstellen und die kontinuierliche Forschungsarbeit nicht ohne Schwierigkeiten möglich sind.

Etwas günstiger sieht die Situation gegenwärtig bei den soziologisch ausgerichteten gesundheitswissenschaftlichen Einrichtungen der Public-Health-Forschungsverbände und Postgraduierten-Studiengänge aus. So zeichnen sich beispielsweise im Nordrhein-Westfälischen Forschungsverbund der Universitäten Bielefeld und Düsseldorf, im Münchner, Berliner und im Sächsischen Forschungsverbund (Technische Universität Dresden) ermutigende Entwicklungen einer institutionellen Stärkung medizin- bzw. gesundheitssoziologischer Tätigkleit ab.

1.3 Zur Aktualität medizinsoziologischer Themen

Die folgenden Ausführungen sollen dazu dienen, die Neugier und das Interesse an den Inhalten dieses Lehrbuches zu wecken bzw. weiter zu festigen. Sie zeigen aber auch, welche Themen aus der Sicht des Autors von besonderem Gewicht sind und welche Ziele und Werte in der gegenwärtigen Medizin, weit über die Unterrichtsbelange der Medizinischen Soziologie hinaus, besonders erstrebenswert und bewahrenswert erscheinen.

Gesundheit, nicht Krankheit

Zweifellos richten sich die meisten Anstrengungen der Medizin auf das Verhüten und Erkennen von Krankheiten.

Die großen Erfolge dieser Anstrengungen bei der Bekämpfung der klassischen Infektionskrankheiten und bei der Eindämmung der heute dominierenden chronisch-degenerativen Erkrankungen rechtfertigen diese Vorgehensweise. Je mehr jedoch Krankheiten von der Lebensführung des einzelnen und von Bedingungen menschlichen Zusammenlebens beeinflußt werden, um so mehr stellt sich die Frage, ob nicht auch deren Verhütung durch erzieherische, gesundheits- und gesellschaftspolitische Maßnahmen zur Aufgabe der Medizin gehört. Hierzu wäre ein **positives Verständnis von Gesundheit** hilfreich, das die physiologischen, psychischen und sozialen Bedingungen des Gesundseins/Gesundbleibens (Salutogenese; salus [lat.] = Gesundheit) genauso betont wie die herkömmlicherweise beachteten Risiken und Noxen des Krankwerdens (Pathogenese; pathos [gr.] = Leiden, Krankheit).

Es gibt ein reichhaltiges, altes Wissen in der Medizin über maßvolles, gesundheitsförderndes Leben. Neue psychologische Erkenntnisse zeigen, welche Merkmale Menschen aufweisen, die auch unter sehr belastenden und widrigen Lebensumständen ihre Gesundheit zu erhalten vermögen. Soziologische Studien haben eindrucksvoll die schützende Rolle bestimmter Formen und Qualitäten menschlichen Zusammenlebens dokumentiert. Eine Medizin, welche **Gesundheitsförderung** zu einer gleichrangigen Aufgabe neben der **Krankheitsbekämpfung** macht, müßte freilich weitgehend reformiert werden: In Ausbildung und Forschung müßten präventivmedizinische, ökologisch-epidemiologische, sozial- und verhaltenswissenschaftliche Erkenntnisse stärker als bisher betont werden; im System der medizinischen Versorgung müßten neue Formen der beruflichen Zusammenarbeit und neue organisatorische Regelungen gefunden werden. Die Krankenversicherung würde in Richtung einer Gesundheitsversicherung verlagert, und bei der Betrachtung und Behandlung chronischer Krankheiten würde der Akzent auf der Erhaltung der „Restgesundheit" und der mit ihr verbundenen Lebensqualität gelegt.

Die ganze Person, nicht die einzelne Funktion

Die naturwissenschaftliche Medizin hat zu einer immer weiter fortschreitenden Spezialisierung des Wissens und zu einer Konzentration auf immer kleinere Beobachtungseinheiten geführt. Zersplitterung und Reduktionismus erweisen sich aber zunehmend als schädlich und behindernd, nicht nur in der Arzt-Patient-Beziehung, sondern auch im Hinblick auf ein angemessenes Verständnis der Natur mancher Krankheiten. Zumindest für die nicht primär genetisch und nicht primär durch Viren oder toxische Substanzen verursachten Erkrankungen gilt nämlich, daß an ihrer Entstehung systemische Regulationsstörungen beteiligt sind. Aufgrund der weitreichenden Vernetzung biologischer Prozesse ist es sinnvoll, übergeordnete Regulationskreise anstelle isolierter Funktionen zu betrachten. Eine solche Betrachtungsweise muß konsequenterweise der zentralnervösen Steuerung und damit den kognitiven und emotionalen Aspekten menschlichen Erlebens vermehrte Aufmerksamkeit schenken. Sie muß schließlich deren Einbettung in die für das Individuum maßgebenden Umwelten berücksichtigen.

Psychosomatik, oder besser Soziopsychosomatik, ist kein Spezialgebiet der inneren Medizin, sondern eine **medizinische Erkenntnisrichtung,** die das nach einzelnen Funktionen und Organsystemen arbeitsteilig gegliederte Gebiet der wissenschaftlichen Medizin unter dem

Aspekt pathogenetisch wichtiger Regulationskreise neu akzentuiert. Als Folge dieser Neuakzentuierung haben sich bereits einzelne neuartige wissenschaftliche Grundlagenfächer herausgebildet (z. B. Psychoneuroendokrinologie, Psychoneuroimmunologie).

Aber auch für die Qualität der Arzt-Patient-Beziehung, den Austausch von Information und die Bewertung des Gesprächs mit dem Kranken, für die Einführung neuartiger ergänzender therapeutischer Verfahren hat eine solche neue Akzentuierung weitreichende Konsequenzen.

Mitarbeit des Kranken, nicht Reparatur-Mentalität

Es ist viel darüber geschrieben worden, wie die moderne westliche Medizin zu einer Entmündigung des Patienten beigetragen hat. Zum einen hat sie ihm die eigene Kompetenz bei der Beurteilung des Gesundheitszustandes und bei der Behandlung von Krankheiten weitgehend abgesprochen. Zum anderen hat sie ihm das Bewußtsein vermittelt, daß sie für möglichst viele gesundheitliche Probleme Lösungsmöglichkeiten bereithält, deren er sich lediglich zu bedienen braucht. Fortschritte der standardisierten Pharmakotherapie im Verein mit großzügigen versicherungsrechtlichen Regelungen haben dazu beigetragen, daß dieses Bewußtsein in weiten Bevölkerungskreisen verbreitet wurde. Eigene Mitverantwortung bei gesundheitsfördernder Lebensführung, Fähigkeit zur Selbstbehandlung im Krankheitsfall und zu aktiver **Zusammenarbeit mit dem Arzt** sind in den Hintergrund gedrängt worden. Es sind aber diese Fähigkeiten und Handlungsbereitschaften, welche bei der erfolgreichen Verhütung und Bewältigung chronischer Krankheiten zunehmend ins Zentrum rücken. Auch die Familie, der Freundeskreis und die Selbsthilfegruppen erhalten

in diesem Zusammenhang eine wachsende Bedeutung.

Beratung durch den Arzt, nicht Anordnung

Dem mündigen Patienten, auch dem chronisch Kranken, der es versteht, mit seiner Krankheit zu leben, entspricht ein Arzt, der sein Handeln als Beratung, Unterstützung betrachtet und der bereit ist, Entscheidungen mit Patienten gemeinsam zu treffen.

Dies widerspricht weitgehend der traditionellen Arzt-Patient-Beziehung, in welcher eine klare Über-/Unterordnungsbeziehung vorherrscht. Die veränderte Arzt-Patient-Beziehung kann selbstverständlich nicht überall gleichermaßen zum Tragen kommen: auf Intensivstationen seltener als beim niedergelassenen Arzt, bei akuten Behandlungen weniger als bei chronischen Leiden, bei sicheren Routineangelegenheiten in geringerem Umfang als in neuartigen offenen Situationen mit unsicherem Ausgang. Veränderte Ausbildungssituationen und Orientierungen an neuen Vorbildern ebenso wie Formen der ärztlichen Arbeitsorganisation, welche kooperative Beziehungen fördern, bilden wichtige Voraussetzungen für eine veränderte Arzt-Patient-Beziehung. Dagegen erschwert eine überspitzte Verbraucherorientierung (Konsumhaltung) von seiten der Patienten und die mit ihr einhergehende Verrechtlichung von Behandlungsansprüchen möglicherweise diesen Wandel.

Persönliche Hilfe, nicht bürokratisierte Dienstleistung

Zwischen der Patientenerwartung an persönlicher Zuwendung und Hilfestellung und den ärztlichen Handlungsroutinen, die sich nach Ökonomisierung von Zeit und Energie richten, wird es immer einen

Konflikt geben. Je mehr die Behandlung von Patienten durch bürokratische Organisationen geregelt und durchgeführt wird, desto größer sind die Gefahren weitreichender Enttäuschungen darüber, zum Gegenstand unpersönlicher Verfahren geworden zu sein. Fortgeschrittene Arbeitsteilung, hoher Technisierungsgrad, hohe Anonymität, hohe Personalfluktuation, aber auch die Personalknappheit in Krankenhäusern fördern eine unpersönliche Krankenbehandlung. Auch im ambulanten Sektor sind strukturelle Erwartungsenttäuschungen unter bestimmten Bedingungen eher zu erwarten, so beispielsweise in Großpraxen oder bei einer ärztlichen Arbeitsorganisation, die auf eine maximale Auslastung von Geräten abzielt. Der Wunsch nach persönlicher Hilfe ist in der Regel auch ein Wunsch nach bestmöglicher Betreuung. Die Erfüllung hoher medizinischer Standards unter einem in Zukunft wachsenden Kostendruck wird ein wesentliches Erfolgskriterium des Gesundheitswesens von morgen sein.

Beachtung ethischer Grenzen

Die zunehmende Verwissenschaftlichung aller Lebensbereiche, auch der Krankenbehandlung, hat zu Erkenntnissen, Steuerungsmöglichkeiten und Eingriffen in das menschliche Leben geführt, welche immer häufiger die ethischen Grundwerte berühren: Darf Fortschritt um jeden Preis ohne Beachtung langfristiger Konsequenzen erfolgen? Wo liegen die Grenzen des Erlaubten in der Fortpflanzungs- und Gentechnologie, in der Organtransplantation, in der Psychopharmakologie, in der Intensivmedizin? Mit der Zunahme des Anteils älterer Menschen an der Gesamtbevölkerung und der weiteren Verlagerung des Sterbens in Kliniken werden Fragen der Definition des Todes, der Kriterien für die Abschaltung lebenserhaltender Apparaturen, der Sterbehilfe, der Kosten-Nutzen-

Relation aufwendiger Therapieverfahren weiter an Aktualität gewinnen. Und mit der weiteren Entwicklung aggressiver, nebenwirkungsreicher Therapien stellt sich die Frage nach dem Sinn lebensverlängernder Maßnahmen bei stark eingeschränkter Lebensqualität immer dringender. Die Medizin der Zukunft wird sich mit ethischen Fragen in Theorie und Praxis viel intensiver als je zuvor in ihrer Geschichte befassen müssen. Ist sie auf diese Herausforderung angemessen vorbereitet?

Verringerung sozialer Ungleichheit

In ihrem Selbstverständnis geht die moderne Medizin davon aus, daß ihre Leistung allen Mitgliedern der Gesellschaft bei entsprechendem Bedarf in gleicher Weise zugute kommen kann und daß soziale Ungleichheiten bei Krankheit und frühem Tod vermeidbar sind. Nirgends ist vermutlich die Diskrepanz zwischen dem Selbstverständnis gegenwärtiger Medizin und den realen Gegebenheiten so groß wie hier: Selbst in den fortschrittlichsten medizinischen Versorgungssystemen sind Ungleichheiten der Inanspruchnahme des Arztes und der Qualität der Behandlung feststellbar. Bis heute ist es keinem System westlicher oder östlicher Prägung gelungen, die höheren Erkrankungsrisiken und die höhere Frühsterblichkeit in niedrigeren sozioökonomischen Bevölkerungsschichten wirklich umfassend zu bekämpfen, wenn sich auch die Disproportionen gegenüber früher verringert haben. Ungünstigere materielle Bedingungen, schwerere Arbeitsbelastungen und finanzielle Unsicherheiten, Defizite der Erziehung begünstigen weiterhin gesundheitsschädigendes Verhalten, frühzeitige Invalidität und frühen Tod. Soziale Ungleichheit wird auf absehbare Zeit eine Herausforderung an die Medizin bleiben. Erhebliche wissenschaftliche und praktische Anstren-

Auseinandersetzung mit den Grenzen medizinischer Kontrolle

Beachtung der ökologischen Dimension der Medizin

gungen müssen unternommen werden, um sie zu bestehen.

Im Namen der Gesundheit wird sehr vieles unternommen, verordnet, erduldet. Die „Medikalisierung" unserer Gesellschaft, d. h. die Unterwerfung eines wachsenden Bereiches von Lebensäußerungen unter die Medizin, schreitet immer weiter fort. Das Netz medizinischer Kontrollen wird dichter, die Flut verfügbarer, abrufbarer klinischer Daten schwillt an. Die zur Zeit aktuelle Diskussion um die Meldepflicht von HIV-positiven Personen verdeutlicht, wie schmal der Grat zwischen dem legitimen Schutzbedürfnis der Gesellschaft und der in Kooperation mit Ärzten erreichbaren staatlichen Kontrolle ist. Die Medizin von morgen muß sich stärker als bisher mit gesellschaftlichen Kontrollfunktionen auseinandersetzen, die ihr durch das Monopol von Gesundheit und Krankheit gegeben sind. Sie muß erkennen, wo Grenzen der durch sie gesteuerten Kontrollbedürfnisse liegen, und sie muß sich gegen Grenzüberschreitungen zur Wehr setzen.

Am Ende eines langen Zivilisationsprozesses scheint es, daß die Gefahren, die dem Menschen aus der Umwelt drohen, ähnlich groß, wenn nicht größer sind, wie zu dessen Beginn, mit dem Unterschied freilich, daß sie heute größtenteils vom Menschen selbst verursacht werden. In einer Situation vielfältiger Gefährdungen der ökologischen und gesellschaftlichen Umwelt und der daraus erwachsenden Gesundheitsrisiken für Menschen muß die Medizin ihr Bewußtsein ändern. In der Theorie bedeutet dies, daß alle wissenschaftlichen Disziplinen, welche sich mit Mensch-Umwelt-Beziehungen unter dem Aspekt von Gesundheit und Krankheit befassen, stärker beachtet, gefördert, ihre Erkenntnisse in die Aus-, Fort- und Weiterbildung umfassender integriert werden. In der Praxis heißt dies, daß ärztliches Handeln zwar nach wie vor in erster Linie auf den einzelnen Patienten gerichtet ist, daß sich aber Handlungsbereitschaften dort, wo es notwendig ist, auch auf die gesundheitspolitisch beeinflußbaren ökologischen und sozialen Hintergründe individueller Gefährdungen beziehen müssen.

2
Soziodemographie moderner Gesellschaften

Dieses Kapitel vermittelt in äußerst gedrängter Form grundlegende Informationen zu **Aufbau, Entwicklung** und **Funktionsweise** moderner Gesellschaften. Es ist in der Überzeugung geschrieben, daß viele der speziellen Probleme eines Zusammenhanges von Gesundheit, Krankheit und Gesellschaft nur auf diesem Hintergrund angemessen verstanden werden können. Das Kapitel gliedert sich in drei Hauptabschnitte.

Abschnitt 2.1 beschreibt die Gesellschaft in ihrer **Flächenstruktur,** d. h. unter dem Aspekt des Bevölkerungsbestandes und seiner Veränderungen. Hier werden Grundbegriffe, Basiskenntnisse (vgl. 2.1.1) einschließlich eines Modells der Bevölkerungsentwicklung (vgl. 2.1.2) vermittelt. Drei besonders wichtige demographische Entwicklungen werden ausführlicher behandelt: Wandel der Familienstruktur in modernen Gesellschaften (vgl. 2.1.3), demographisches Altern (vgl. 2.1.4) sowie Wachstum und Entwicklung der Weltbevölkerung (vgl. 2.1.5).

Abschnitt 2.2 beschreibt die Gesellschaft in ihrer hierarchischen Gliederung **(Tiefenstruktur).** Grundbegriffe und Basiskenntnisse sozialer Schichtung sowie theoretische Modelle zur Erklärung schichtenspezifischen Handelns werden in einem ersten Überblick vermittelt. Aufbauend auf diesen Informationen werden in den Kapiteln 5, 6 und 7 ausführlichere Analysen zum Zusammenhang zwischen sozialer Ungleichheit, Gesundheit und medizinischem Versorgungssystem erfolgen.

Abschnitt 2.3 versucht, die zeitliche Struktur von Gesellschaft zu betonen, indem die großen makrosozialen **Entwicklungsprozesse** (Evolution), die zum Typus der modernen Gesellschaft geführt haben, skizziert werden.

2.1 Bevölkerungsstruktur und -entwicklung

2.1.1 Demographische Grundbegriffe

Definition

Bevölkerungslehre (Demographie, griechisch demos = Volk) ist die Wissenschaft von der Beschreibung und Erklärung von Bevölkerungserscheinungen wie Größe, Struktur, Verteilung und Entwicklung. Sie verwendet hierzu einen spezifischen Begriffsapparat, dessen wichtigste Elemente in diesem Abschnitt erläutert werden. Im übrigen arbeitet sie im wesentlichen mit mathematisch-statistischen Modellen, um das Zusammenspiel einzelner Komponenten sowie die Dynamik der Bevölkerungsentwicklung abschätzen zu können. Solche Abschätzungen, vor allem in Form von Prognosemodellen über zukünftige Bevölkerungsentwicklungen, stellen eine gesellschaftspolitisch außerordentlich wichtige Aufgabe der Demographie dar.

Wichtige beschreibende Begriffe:
- **Bevölkerungsgröße:** Zu einem Zeitpunkt (bezogen auf ein geographisches oder politisches Kriterium);
- **Bevölkerungsentwicklung:** Zwischen zwei oder mehreren Zeitpunkten

(wachsende, gleichbleibende [gleich Nullwachstum], schrumpfende Bevölkerung [gleich Minuswachstum]);

- **Bevölkerungsaufbau:** Gliederung der Bevölkerung nach einem oder mehreren Kriterien, z. B. Alter, Geschlecht, sozioökonomische Lage;
- **Mittlere Bevölkerung:** Da die Bevölkerung ständig im Fluß ist (Geburten, Sterbefälle, Wanderungen), wird eine möglichst repräsentative Bevölkerungsgröße gesucht: Mittlere Bevölkerung gleich arithmetisches Mittel aus Anfangs- und Endbevölkerung in der üblichen Beobachtungsperiode (ein Kalenderjahr);
- **„Risikobevölkerung":** Derjenige Teil der Bevölkerung, der in einer definierten Zeitperiode einem demographischen Ereignis ausgesetzt ist (z. B. Anzahl Sterbefälle eines Jahres). Risikobevölkerung kann nur approximativ anhand der Methode der stetigen Verfeinerung geschätzt werden.

In jedem von Menschen bewohnten Gebiet läßt sich im Zeitverlauf ein Prozeß des Zu- und Abgangs beobachten, der drei Komponenten aufweist:

- Geburten (als „natürlicher" Bevölkerungszuwachs)
- Sterbefälle (als „natürliche" Bevölkerungsverminderung)
- Ein- oder Abwanderungen in das bzw. aus dem Gebiet.

Das Zusammenspiel der drei Komponenten wird auch **Bevölkerungsprozeß** genannt.

Daten über den Bevölkerungsprozeß erhalten wir aus zwei Arten von Zählungen: aus Bestandsmassen und aus Bewegungsmassen.

Im ersten Fall beziehen sich Zählungen immer auf einen Zeitpunkt, im zweiten Fall werden alle demographischen Ereignisse in einem abgegrenzten Zeitraum laufend verzeichnet. Zu den administrativen demographischen Datensammlungen gehören die Volkszählung (Zensus), die repräsentative Stichprobenerhebung (Mikrozensus: 1% der Bevölkerung) und das Einwohnermelderegister örtlicher Behörden.

> Wichtige Fehlermöglichkeiten demographischer Daten:
> 1. Erfassungsfehler (vorwiegend Zählauslassungen, seltener Doppelzählungen).
> 2. Klassifikationsfehler (fehlerhafte Angaben zu Alter, Geschlecht, Familienstand etc.)

Vor allem der Erfassungsfehler ist in Entwicklungs- und Schwellenländern der Erde sehr groß, so daß Angaben über die tatsächliche Größe der heutigen Erdbevölkerung (Ende 1993: 5,6 Mrd. Menschen) sehr unsicher sind. Allein für Chinas Bevölkerungsgröße schwanken die Schätzungen für das Jahr 1975 zwischen 800 und 920 Millionen (Hauser 1982) und liegt z. Z. bei 1,1 Mrd. Die besten Daten zur Abschätzung der Bevölkerungsentwicklung erhält man aus **Kohortenanalysen** (z. B. Register). Hierbei wird eine Masse Gleichaltriger in einem statistischen Längsschnitt demographisch beobachtet.

Zur Quantifizierung demographischer Größen und Vorgänge werden im allgemeinen die folgenden drei Arten von Verhältniswerten gebraucht (Mackenroth 1953):

- **Ziffern bzw. Raten:** Zwei Massen, die nicht Teilmassen einer Gesamtmasse sein können (Geburten – Einwohner: Geburtenziffer)
- **Quoten:** Gliederungszahlen, die eine Teilmasse auf eine Gesamtmasse beziehen (Beispiel: Uneheliche Geburten – Geburten insgesamt: Unehelichenquote)
- **Proportionen:** Verhältnis zweier Teilmassen zueinander (Beispiel: Männer/

Frauen: Geschlechtsproportion; definiert als Anzahl Männer auf je 100 Frauen).

Ziffern können unterschiedlich genau sein. Die wichtigsten Stufen der Präzisierung sind im folgenden angeführt, wobei sich das Verhältnis in der Regel auf 1000 Personen (Nenner) und auf eine 1-Jahres-Periode (t bzw. Jahr X) bezieht.

- **Rohe Ziffern:** Beispiel: Geburten in t bezogen auf die mittlere Bevölkerung in t bzw. X

$$\text{rohe Geburten-ziffer} = \frac{\text{Zahl der Geburten im Jahr X}}{\text{mittlere Bevölkerung im Jahr X}} \times 1000$$

- **Spezifische Ziffern:** Beispiel: Alters-(Geschlechts-)spezifische Sterbeziffer: Gestorbene im Alter X in t bezogen auf den Anteil x-jähriger Personen der mittleren Bevölkerung in t. Bei altersspezifischen Sterberaten werden üblicherweise 5-Jahres-Zeiträume gebildet. Ausnahme: Säuglingssterberate gleich Einjahresintervall (s. u.).
- **Standardisierte Ziffern:** Ziffern, in denen unterschiedliche Verteilungen eines bestimmten Merkmals (meistens Alter) in zwei Teilmassen zum besseren Vergleich statistisch kontrolliert werden. Das heißt mittels Umrechnung konkreter Sterbeziffern auf eine Standardbevölkerung soll eine Vergleichbarkeit der Sterbehäufigkeit in zwei Kollektiven mit unterschiedlicher Altersverteilung erreicht werden. Hierzu existieren zwei Methoden: die direkte und die indirekte Altersstandardisierung (Einzelheiten: siehe Hauser 1982 sowie Mueller 1993, Dinkel 1989):
- **Direkte** Standardisierung: die Altersstruktur der Standardbevölkerung B wird als Gewichtungskriterium beim Vergleich der altersspezifischen Sterberaten der konkret beobachteten Bevölkerung A und der Standardbevölkerung B verwendet.
- **Indirekte** Standardisierung: die Altersstruktur von A dient als Gewichtskriterium beim Vergleich der rohen Sterberaten von A und B. Die rohe Sterberate von A wird hierzu mit dem Korrekturfaktor K multipliziert (K gleich Quotient aus beobachteter Sterberate von B und fiktiver Sterberate von B bei Zugrundelegen der Altersverteilung von A).

Die gebräuchlichsten Ziffern der **Fruchtbarkeit** (Fertilität) bzw. **Reproduktion** sind:
- Rohe Geburtenziffer: s. o.
- Geschlechtsspezifische Geburtenziffer: Zahl der Lebendgeborenen auf 1000 der mittleren Bevölkerung in t, getrennt nach Geschlecht.
- Allgemeine Fruchtbarkeitsziffer: Geburten in t bezogen auf 1000 Frauen der mittleren Bevölkerung von 15 bis 49 Jahren in t.
- Altersspezifische Fruchtbarkeitsziffer: spezifiziert für eine Altersgruppe.
- Nettoreproduktionsziffer bzw. -koeffizient (NRK): konstruierte Ziffer, die sich auf das Wachstum im Generationenwandel bezieht: NRK gleich Maß für die Anzahl Töchter, die eine Generation von 100000 Frauen im Verlauf ihres Lebens gebären müßte, um gleiche Sterblichkeits- und Fruchtbarkeitsverhältnisse der nachfolgenden Generation zu gewährleisten. Ist dies voll erfüllt, dann erhält die NRK den Wert von 1,0. Ein NRK-Wert von 0,7 bedeutet, daß sich die Bevölkerung innerhalb einer Frauengeneration nur zu 70% reproduziert etc.

Die gebräuchlichsten Ziffern der **Sterblichkeit:**
- Rohe Sterbeziffer: s. o.
- Spezifische Sterbeziffer: in der Regel alters- und geschlechtsspezifisch.

- Säuglingssterbeziffer: Zahl der im Zeitraum eines Kalenderjahres im ersten Lebensjahr Gestorbenen auf 1000 der in diesem Kalenderjahr Lebendgeborenen. Spezielle Ziffern sind in diesem Zusammenhang die Totgeborenenrate (Anteil Totgeborener in t geteilt durch Summe Lebend- und Totgeburten in t) und die perinatale Sterberate (Anteil Totgeborener und Gestorbener des ersten Lebensmonats in t geteilt durch Summe Lebend- und Totgeborener in t).
- Todesursachenspezifische Sterbeziffer: Zahl der in t an Todesursache c Gestorbenen (im Alter X) auf 10 000 Personen der mittleren Bevölkerung im Alter X in t.
- Letalitätsziffer: Zahl der in einem Zeitraum an Krankheit c Gestorbenen auf 10 000 Personen, die in t an c erkrankt sind. Die Letalitätsziffer ist ein Maß dafür, wie häufig die an einer bestimmten Krankheit leidenden Menschen an dieser Krankheit in einem definierten Beobachtungszeitraum sterben (zu weiteren medizinisch wichtigen Maßzahlen s. Kapitel 4).

Beide Arten von Ziffern können kombiniert werden, so z. B. in der **Geburtenüberschuß-** und **Geburtendefizitziffer.**

Sogenanntes „natürliches" Wachstum: Diese Ziffer drückt die Differenz zwischen der rohen Geburten- und der rohen Sterberate aus, wobei ein positiver Ertrag den Überschuß, ein negativer Ertrag das Defizit des Bevölkerungswachstums darstellt.

Eine der wichtigsten Aussagen der Demographie betrifft die **Altersstruktur** einer Bevölkerung. Dies ist leicht einzusehen: Bestimmung von Umfang der Erwerbsbevölkerung und von Rentenaufkommen, bildungs-, sozial- und gesundheitspolitische Planungen stützen sich auf Informationen über den Altersaufbau einer Gesellschaft. Die gebräuchlichsten Darstellungsmittel sind:

- **Altersquoten und -proportionen**
  Beispiel: Anteil der über 65jährigen an der Gesamtbevölkerung, z.B. Alter-Jugendlichen-Verhältnis: Zahl der über 65jährigen in Beziehung zu Zahl der unter 20jährigen; z.B. Lastenquotient (vor allem Altersquotient): Zahl der ökonomisch Abhängigen (65 und älter) in Beziehung zur Zahl der erwerbsfähigen Bevölkerung (20 bis 64).
- **Bevölkerungspyramide (synonym Altersaufbau, Alterspyramide;** Abb. 2-1).
  „Die Bevölkerungspyramide zeigt graphisch die prozentuale oder absolute Verteilung der Bevölkerung nach Alter und Geschlecht. Sie ist so aufgebaut, daß jeder Altersjahrgang in Form eines liegenden Blocks dargestellt wird, wobei links von der Mittellinie die männlichen, und rechts von ihr die weiblichen Jahrgänge abgetragen werden. Die Abszisse gibt entweder absolute oder relative Werte (Prozente oder Promille) an, die Ordinate entweder einzelne Altersjahre oder ganze Altersklassen, die sie meist in Intervallen von fünf Jahren zusammenfaßt. Im Altersaufbau spiegelt sich die ganze Geschichte einer Bevölkerung wider." (Hauser 1982, S. 69).

Typischerweise lassen sich drei Formen der Alterspyramide unterscheiden (vgl. Abb. 2-1):

Pyramide: Sie ist typisch für ein rasch wachsendes Entwicklungsland: Jeder Jahrgang Neugeborener ist größer als der vorhergehende. Die Pyramide verjüngt sich rasch nach oben infolge natürlicher Absterbeordnung.

Glocke: Sie ist typisch für die meisten Industriestaaten: Jeder Jahrgang Neugeborener ist etwa gleich groß; die langsame Verjüngung nach oben ergibt sich lediglich aus der natürlichen Absterbeordnung. Das Wachstum der Bevölkerung ist minimal oder stationär.

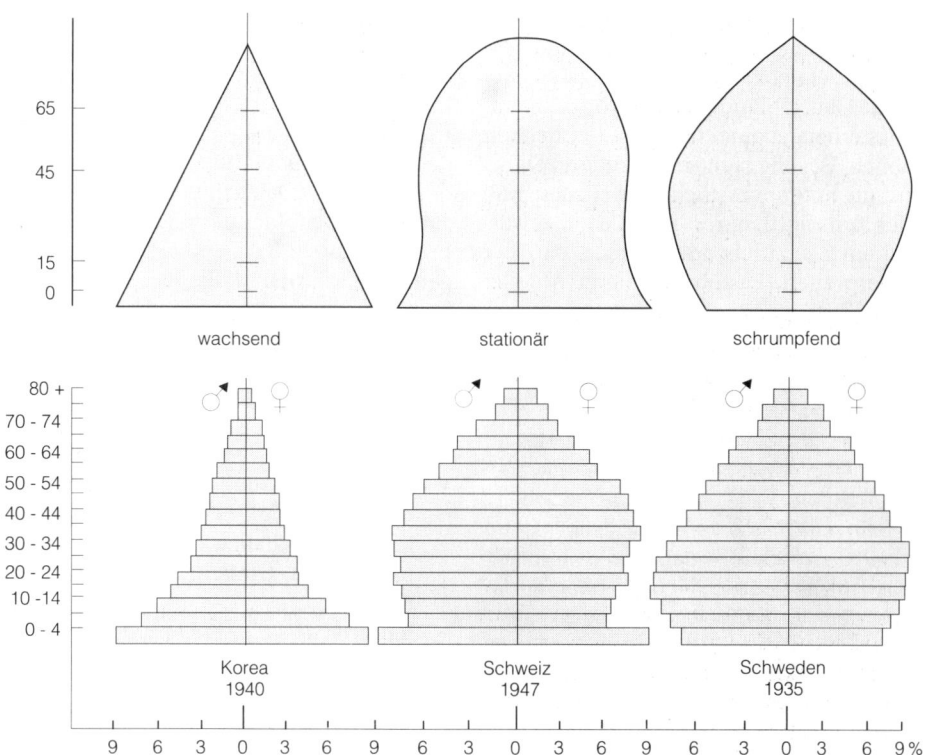

Abbildung 2-1   Graphische Darstellung des Altersaufbaus – die drei Typen der Alterspyramide (nach Hauser 1982).

Urne: Bild einer alten Bevölkerung mit negativen Wachstumsraten: Jeder Jahrgang Neugeborener ist kleiner als der vorhergehende. Es ist möglich, wenn auch heute noch nicht absehbar, daß entwickelte Industriegesellschaften sich von der Glocken- zur Urnenform verändern, insbesondere aufgrund einer, wenn auch begrenzten, Verbesserung der Lebenserwartung in höheren Lebensjahren.

Zur genauen Abschätzung der Sterblichkeit wird das Instrument der **Sterbetafel** eingesetzt. Sie erfaßt die Sterblichkeit einzelner Geburtenjahrgänge im echten Längsschnitt (Kohortentafel) oder, wesentlich ungenauer, im künstlichen Längs-schnitt, der aus Querschnittsdaten zusammengesetzt wird (Periodentafel). Aus diesen Tafeln läßt sich die Wahrscheinlichkeit berechnen, mit der eine Person im Alter X innerhalb des nächsten Jahres (der nächsten fünf Jahre) sterben wird. Die wesentlichen Elemente der Sterbetafel sind:

A: Überlebende im Alter X

B: Gestorbene im Alter X bis unter X + 1

C: Sterbewahrscheinlichkeit vom Alter X bis X + 1

D: Von den Überlebenden im Alter X bis zum Alter X + 1 durchlebte Jahre

E: Von den Überlebenden im Alter X insgesamt noch zu durchlebende Jahre

F: Durchschnittliche Lebenserwartung im Alter X in Jahren.

Tabelle 2-1 zeigt als Beispiel einer Periodensterbetafel Auszüge aus der Allgemeinen Sterbetafel 1986/88 für die Bundesrepublik Deutschland. Sie wird als Generationssterbetafel einer in ihrer Sterblichkeit stabilen Bevölkerung interpretiert. Dabei wird die mittlere restliche Lebensdauer ab Alter X als mittlere restliche Lebenserwartung einer jetzt lebenden Person im Alter X interpretiert (ausführlich hierzu Mueller 1993).

Die Überlebenswahrscheinlichkeit zu einem bestimmten Alter ist somit eine gesundheitspolitisch und gesellschaftlich zentrale Information. Sie spiegelt die sozioökonomischen und gesundheitlichen Lebensverhältnisse zu einem Zeitpunkt in einer Gesellschaft wider. Aus dem internationalen Vergleich – oder aber auch aus dem Zeitvergleich innerhalb einer Gesellschaft – lassen sich wesentliche Rückschlüsse auf das allgemeine Entwicklungsniveau ziehen.

Die Abbildungen 2-2 und 2-3 zeigen für Deutschland den Zeitvergleich altersspezifischer Überlebenswahrscheinlichkeiten für drei Zeitpunkte: für das Deutsche Reich um 1871–1888, für das Nachkriegsdeutschland 1949–1951 und für die Bundesrepublik Deutschland 1975–1979, getrennt nach Männern (Abb. 2-2) und Frauen (Abb. 2-3). Den beiden Abbildungen lassen sich folgende wesentliche Trendinformationen entnehmen:

- Hauptursache der gestiegenen Überlebenswahrscheinlichkeit in der ersten Hälfte unseres Jahrhunderts ist die gesunkene Kinder-(Säuglings-)Sterblichkeit.
- Im mittleren und höheren Erwachsenenalter ist die Überlebenswahrscheinlichkeit zusätzlich, allerdings nur in begrenztem Umfang, gesteigert worden.
- Jenseits des 85. Lebensjahres hat in den letzten hundert Jahren keine substantielle Erhöhung der Überlebenswahrscheinlichkeit mehr stattgefun-

Tabelle 2-1   Allgemeine Sterbetafel 1986/88 für die Bundesrepublik Deutschland (Auszug).

Männer Vollendetes Alter in Jahren X	A	B	C	D	E	F
0	100 000	925	0,00925273	99 237	7 221 175	72,21
1	99 075	70	0,00070529	99 040	7 121 939	71,88
.						
80	34 119	3501	0,10262092	32 368	206 668	6,06
Frauen Vollendetes Alter in Jahren X	A	B	C	D	E	F
0	100 000	702	0,00701617	99 428	7 867 942	78,68
1	99 298	58	0,00058210	99 269	7 768 515	78,23
.						
80	56 640	3728	0,06581702	54 776	429 028	7,57

Überlebende
in 10 000

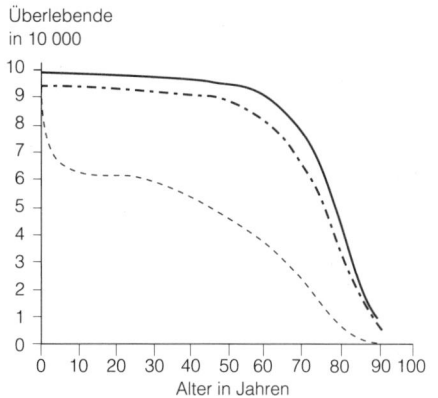

Abbildung 2-2   Überlebende einer Kohorte von 100 000 Männern im Alter X im Deutschen Reich (1871/80), im deutschen Bundesgebiet (1949/51), in der Bundesrepublik Deutschland (1977/79) (nach E. Schach 1983).

Überlebende
in 10 000

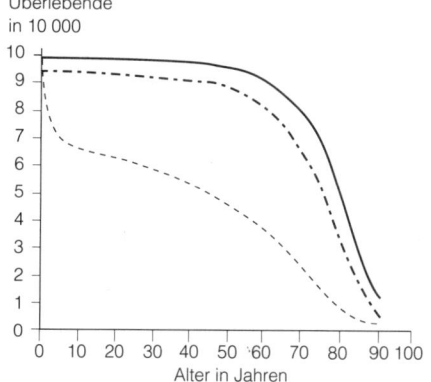

Abbildung 2-3   Überlebende einer Kohorte von 100 000 Frauen im Alter X im Deutschen Reich (1871/80), im deutschen Bundesgebiet (1949/51), in der Bundesrepublik Deutschland (1977/79) (nach E. Schach 1983).

den; dies illustriert die hohe Bedeutung biologischer Faktoren bei der Alterssterblichkeit.

- Frauen haben im mittleren und höheren Lebensalter eine deutlich bessere Überlebenswahrscheinlichkeit; dieses differentielle Muster ist 1977–1979 vergleichsweise am stärksten ausgeprägt.
- Steigerungen der Überlebenswahrscheinlichkeit zwischen 1950 und 1978 sind zu verzeichnen, aber ihr Umfang ist wiederum begrenzt.

Mit einer griffigen Formel läßt sich dieser säkulare Trend auch als „rectangular shift", als Trend zu einem Rechteck, bezeichnen.

Überlebenswahrscheinlichkeiten bzw. ihr Gegenstück, Verlust an Lebensjahren, lassen sich nach Todesursachen aufschlüsseln (s. u. Abschnitt 2.1.4).

Was hat zu der eindrucksvollen, in den Abbildungen 2-2 und 2-3 dargestellten Verbesserung der Überlebenswahrscheinlichkeit entwickelter Industriegesellschaften während der letzten hundert Jahre geführt? Mit der Beantwortung dieser Frage wenden wir uns nun den Inhalten der Bevölkerungslehre, speziell der Theorie der Bevölkerungsentwicklung zu.

2.1.2 Theorie der demographischen Transformation

Die **Bevölkerungsweise** (generative Struktur) wird von vielen Elementen bestimmt. So wird bereits die Fruchtbarkeit durch biologische Faktoren wie Zeitpunkt der Menarche, Ausmaß der Pubertätssterilität, Dauer der Laktationsphasen, Einschränkungen der physiologischen Fruchtbarkeit und Eintritt der Menopause beeinflußt. In erheblich stärkerem Maß wirken sich soziokulturelle Faktoren wie Restriktionen des Geschlechtsverkehrs, Verhütungs- und Abortionspraktiken, soziale, psychologische und wirtschaftliche Gründe des Kinderwunsches aus. Die Sterblichkeit ist neben biologischen in besonderem Maß von sozioökonomischen Bedingungen abhängig. Dieses Thema wird uns an verschiedenen Stellen dieses Lehrbuches noch beschäftigen. Stichwortartig seien hier nur die Einflüsse von Kriegen, Katastrophen, Ernährungssituation, Hygiene, medizintechnischem Fortschritt und allgemeinem Lebensstil genannt.

Gibt es angesichts dieser zahlreichen Faktoren überhaupt eine Gesetzmäßigkeit der **generativen Struktur**?

Diese Frage ist nicht leicht zu beantworten. Drei Tatsachen sind jedoch evident:

1. Vom Beginn der Menschheitsgeschichte an bis in die Neuzeit wuchs die Erdbevölkerung, von einzelnen Schwankungen abgesehen, nur äußerst langsam. Diese Beobachtung ist im wesentlichen auf die hohe Sterblichkeit zurückzuführen, die selbst hohe Fruchtbarkeitsraten nicht zum Tragen kommen ließ. Allerdings wurde auch die legitime Fortpflanzung beschränkt, indem nur jene eine Heiratserlaubnis erhielten, die im Besitz einer ökonomischen Vollstelle waren, d. h. die in der Lage waren, eine Familie selbst zu ernähren (vgl. Mackenroth 1953).

2. Seit dem frühen 18. Jahrhundert setzte zuerst in Europa, später in Schwellenländern, ein explosionsartiges Bevölkerungswachstum ein, welches durch Industrialisierung und Modernisierung (im 20. Jahrhundert vor allem durch Seuchenbekämpfung und medizinische Fortschritte) bedingt war. Seine Größenordnung wird durch folgende Zahlen illustriert:

   1650   0,5 Mrd.
   1830   1,0 Mrd.
   1960   3,0 Mrd.
   1994   5,66 Mrd.

3. Innerhalb der entwickelten Industriegesellschaften nahm das Bevölkerungswachstum relativ rasch wieder ab. Diese Abnahme folgte offenbar einer Gesetzmäßigkeit, denn sie läßt sich bis heute bei allen Gesellschaften, die den Modernisierungsprozeß nachvollziehen, beobachten. Diese Gesetzmäßigkeit wird mit der Bezeichnung **Theorie der demographischen Transformation** beschrieben. Es stellt sich die schicksalhafte Frage, ob diese Transformation bei den im Zenit des Bevölkerungswachstums stehenden Entwicklungsländern rasch genug eintritt, um die sich bereits abzeichnenden katastrophalen Folgen der Bevölkerungsexplosion zu verhindern oder wenigstens zu vermindern.

Die Theorie der demographischen Transformation ist in Abbildung 2-4 schematisch dargestellt. Daraus geht hervor, daß einer für die Menschheitsgeschichte über Jahrtausende bestimmenden Phase langsamen Wachstums (vorindustrielle Bevölkerungsweise; Phase 1) eine Phase hoher Fruchtbarkeit in Kombination mit sinkender Sterblichkeit und dementsprechend mit hohen Zuwachsraten folgte (Öffnung der sogenannten Bevölkerungsschere;

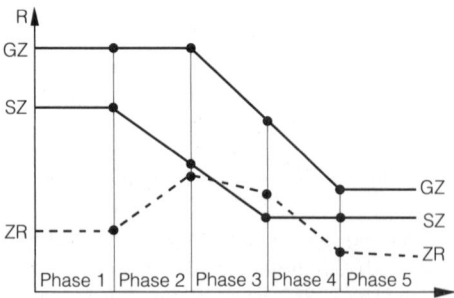

Abbildung 2-4   Schema des „demographischen Übergangs".

Phase 2). In Europa fällt diese Phase mit dem Start *(take off)* der Industrialisierung zusammen. Zu den wichtigsten Gründen des damaligen Bevölkerungswachstums gehören:

* Zunahme der Heiratshäufigkeit (Bauernbefreiung, Wanderungen)
* Wirtschaftlicher Zwang zur Mitarbeit von Kindern (Kinderarbeit!)
* Soziale Sicherungsaufgaben der Familie
* Sinkende Säuglingssterblichkeit infolge verbesserter Ernährung, verbesserter öffentlicher und privater Hygiene und allmählicher Anhebung des Lebensstandards, seit dem letzten Drittel des 19. Jahrhunderts verstärkt infolge medizinischer Fortschritte

Phase 3 der demographischen Entwicklung in Industrienationen ist gekennzeichnet durch eine weiterhin sinkende Sterblichkeit, der jetzt erstmals auch eine sinkende Fruchtbarkeit folgt. Die Abnahme der durchschnittlichen Kinderzahl wird – das ist historisch neu – zu einem demographisch bestimmenden Moment. Auch hierfür sind die Gründe vielfältig. Einige der Gründe werden später ausführlich beschrieben. Hier sollen sie nur stichwortartig angeführt werden (vgl. 2.1.3).

* Wandlungen der Familienstruktur (Trend zur Kleinfamilie)
* Urbanisierung und wirtschaftliche Instabilität (bei gleichzeitiger Entlastung der Familie von bestimmten sozialen Sicherungsaufgaben)
* Berufstätigkeit von Frauen; Ausbildungs- und Berufsqualifizierung; Wandel der Geschlechtsrollen
* Individualisierung der Lebensführung und soziale Aufstiegsorientierung für eigene Kinder
* Verbesserung empfängnisverhütender Maßnahmen

Im historisch-demographischen Prozeß Europas konzentriert sich der Hauptschub der Fruchtbarkeitsabnahme auf den Zeitraum von 1880 bis 1930. Nach 1920 war die Zwei-Kinder-Familie bereits weitgehend zur Norm geworden.

Die Phasen 4 und 5 bedeuten Konsolidierung des generativen Verhaltens; die niedrige Fruchtbarkeit wird beibehalten, die Sterblichkeit sinkt eventuell noch leicht (Phase 4); die Bevölkerung strebt dem Nullwachstum zu (Phase 5). In dieser Phase befinden sich – mit beträchtlicher Variation von Land zu Land, von Region zu Region – die entwickelten Industriegesellschaften heute.

Die **Theorie der demographischen Transfomation** besagt, daß alle Gesellschaften, die in den evolutionären Prozeß der Modernisierung (vgl. Kap. 2.3) einbezogen sind, sukzessive diese vier Phasen durchlaufen. Allerdings wird über das Tempo und über die absolute Höhe der Veränderungen nichts ausgesagt.

Die für die Praxis entscheidende Bewährungsprobe der Theorie wird im demographischen Verhalten der Länder der dritten Welt liegen. Zum gegenwärtigen Zeitpunkt lassen sich dazu noch keine definitiven Aussagen machen. Deutlich wird allerdings anhand eines Vergleichs der rohen Geburten- und Sterbeziffern innerhalb der letzten 30 Jahre, daß in praktisch allen Regionen der **Transformationsprozeß** bereits eingesetzt hat: Die Fruchtbarkeit sinkt vergleichsweise am stärksten in Ost- und Südostasien, in Indien und Sri Lanka, während fünf der bevölkerungsreichsten Entwicklungsländer (Bangladesch, Brasilien, Mexiko, Nigeria, Pakistan) ebenso wie viele Länder Afrikas eine nur geringe Abnahme der Fruchtbarkeit aufweisen (Hauser 1982, Dinkel 1989). Auf weitere Aspekte der Bevölkerungsentwicklung in Entwicklungsländern, ihre sozioökonomischen Hintergründe und ihre gesundheitlichen, psychischen und sozialen Folgen gehen wir in Abschnitt 2.1.5 ein.

Zusammenfassend können wir sagen, daß in den Phasen 3 bis 5 der demographischen Transformation generative Vorgänge innerhalb der Familie von wesentlich anderen Faktoren bestimmt werden als früher. Heiratshäufigkeit und Heiratsalter, Einflußgrößen der vorindustriellen Bevölkerungsweise, spielen als Variablen keine ernst zu nehmende Rolle mehr; sie wirken innerhalb der Familienbildung als Konstanten. Dagegen verlagert sich „... die ganze Variabilität auf die Fruchtbarkeit in der Ehe. Hier setzt der vielbesprochene Rationalisierungsvorgang ein. Die eheliche Fortpflanzungsnorm wird ausgerichtet nach einem Lebensplan, der eine bestimmte Zahl von Kindern vorsieht" (Bolte 1967, S. 101). Der Trend zur Kleinfamilie mit zwei bis drei Kindern setzt sich in den verschiedenen Bevölkerungsschichten und Regionen unterschiedlich durch. Er erhält aber, auf das Ganze betrachtet, konstitutive Bedeutung für die hochindustrialisierten Gesellschaften in westlichen und östlichen Ländern.

Wegen ihrer großen demographischen Bedeutung wollen wir zwei Phänomene etwas ausführlicher betrachten, die teils Ursache, teils Folge des stark abnehmenden Geburtenertrages waren und weiterhin sind: die Wandlungen der Familie in der industriellen Gesellschaft und den Prozeß des demographischen Alterns.

2.1.3 Wandel der Familienstruktur

Definition

Als Familie wird eine rechtlich gesicherte Lebens- und Haushaltsgemeinschaft eines Ehepaares mit seinen eigenen Kindern bezeichnet. Betont man dabei den Aspekt der legalen Fortpflanzung, so wird im engeren Sinne von der **Kernfamilie** (Gattenfamilie) gesprochen. Betont man dagegen die räumliche Einheit, so sind die Begriffe der **Kleinfamilie** (Eltern mit ihren Kindern bzw. ihrem Kind) und **Großfamilie** (Gruppe von Blutsverwandten in mehreren Generationen, die zusammenleben, vor allem Drei-Generationen-Familie) gebräuchlich. Unter dem Aspekt der Zeit läßt sich ein **Familienzyklus** beschreiben, zu dessen wichtigsten Phänomenen Eheschließung bzw. Bildung einer Paargemeinschaft, Elternschaft, Berufstätigkeit bzw. ihre Wiederaufnahme durch die Frau, Auszug der Kinder aus dem gemeinsamen Haushalt, Großelternschaft und Witwenschaft bzw. Tod gehören. Änderungen der zeitlichen Ordnung des Familienzyklus haben wesentlich zur veränderten Struktur der Kernfamilie beigetragen.

Die Kernfamilie gehört zu den universalen, bisher in allen Gesellschaften beobachteten Formen des Zusammenlebens, auch wenn in einigen fernen Kulturen keine strikten Zuordnungen des biologischen Vaters zur biosozialen Triade (Mutter, Vater, Kind) erfolgt. In modernen Gesellschaften nehmen **unvollständige Familien** (alleinerziehender Elternteil) aus vielen, später zu diskutierenden Gründen zu, und es stellt sich die Frage, ob die heute beobachteten Formen des familienähnlichen Zusammenlebens mit dem herkömmlichen soziodemographischen Instrumentarium noch angemessen beschrieben werden können.

Wichtige Aufgaben der **Kernfamilie**:

Bis in die jüngste Vergangenheit waren die folgenden biologischen Voraussetzungen einer Kleinfamilie fraglos gegeben: Geschlechtsunterschied (sexueller Dimorphismus); Zeugungs-Gebärfähigkeit; Geltung des Inzesttabus (Sicherstellung genetischer Variabilität, Aufrechterhaltung von Generations- und Geschlechtsrollenunterschieden, Eindämmung von Geschlechtskonkurrenz). Durch neue gentechnologische, biomedizinische und rechtliche Entwicklungen sind einige Aspekte der „Naturwüchsigkeit" der Kernfamilie in den letzten Jahren problematisiert worden (vgl. 2.3).

Die Kernfamilie als **soziale Institution** erfüllt einige der zentralen Aufgaben von Vergesellschaftungsprozessen, indem sie das einzelne Individuum mit der Gesellschaft verbindet:

- Sie garantiert relativ dauerhafte, emotional besonders bewertete und besonders wertvolle soziale Bindungen und dient als Auffangnetz in Krisensituationen.
- Sie übernimmt Verantwortung für Unterhalt, Fürsorge, Erziehung und Sozialisation (Aufbau der soziokulturellen Person) von Kindern.
- Sie bildet einen Schutzraum für Intimität und Emotionalität.
- Sie trennt Privatheit und Öffentlichkeit.
- Sie bereitet die spätere soziale Plazierung der Kinder vor (Ausbildung, Berufswahl, Partnerwahl etc.).
- Sie tradiert Eigentum von einer Generation zur nächsten (Erbrecht).
- Sie überliefert einen spezifischen Lebensstil von einer Generation zur nächsten.

Weitere, großenteils mit der Sozialisation zusammenhängende Funktionen der Kernfamilie, die insbesondere für das seelische und körperliche Wohlergehen des Kindes von Bedeutung sind, werden, soweit die Soziologie (und nicht die Entwicklungspsychologie) damit befaßt ist, im dritten Kapitel besprochen.

Diese Aufgaben sind, wie uns die Kultur- und Sozialgeschichte lehrt, in sehr unterschiedlicher Weise erfüllt worden. In diesem Zusammenhang taucht immer wieder das Schlagwort „Funktionsverlust" der modernen Kleinfamilie auf. Was ist damit gemeint? Wieweit ist diese These haltbar? Welche Gründe sprechen gegen sie?

Die These vom Funktionsverlust der modernen Kleinfamilie

Bereits im ausgehenden 19. Jahrhundert hatten einige Soziologen davon gesprochen, daß der gesellschaftliche Entwicklungsprozeß zu immer kleineren Familieneinheiten führe und die Solidarität zwischen Menschen sich auf immer engere Kreise beziehe. Diese unter dem Stichwort „Kontraktionsgesetz" bekannt gewordene These beruft sich im wesentlichen auf zwei Argumente. Erstens wird auf den sozialgeschichtlichen Wandel von der agrarisch-vorindustriellen Großfamilie, die nicht nur Lebens-, sondern auch wirtschaftliche Produktionsgemeinschaft war, zu der durch Industrialisierung und Verstädterung sich immer stärker verbreitenden Kleinfamilie mit der für sie typischen Trennung von Arbeits- und Wohnort verwiesen.

Zweitens machen die Vertreter dieser These geltend, daß mit der Entwicklung des modernen Sozialstaates umfassende Sicherungsaufgaben (Pflege von Kranken, Betreuung von Alten, ökonomische Hilfestellung bei Krisen), die während Jahrhunderten der Familie oblagen, von staatlichen oder halbstaatlichen Einrichtungen übernommen worden sind. Damit ist die Familie einerseits zwar entlastet, andererseits aber wichtiger Funktionen beraubt worden.

Wegen ihrer einleuchtenden Griffigkeit und ihres ideologischen Untertones erfreut sich diese These weiter Verbreitung. Heute ist jedoch eindeutig belegt, daß sie in dieser Allgemeinheit nicht gültig ist, ja sogar, daß sie den Blick auf unauffälligere, aber langfristig entscheidendere Strukturveränderungen der modernen Familie verstellt. Obwohl wir über die Auseinandersetzung mit dieser These hier nur in Kürze berichten können (vgl. ausführlich König 1969, Goode 1971), sollen doch wenigstens einige Gegenargumente angeführt werden.

Kritik der These

Die Hauptargumente gegen die These lauten:

- Sozialgeschichtlich stimmt sie in dieser Allgemeinheit nicht: Es gab bereits vor der Industrialisierung weit verbreitet Kleinfamilien. Die Großfamilie (das „ganze Haus") war ohnehin eher für die wohlhabenden Kreise in Stadt und Land kennzeichnend, als für die breite Bevölkerung. Die „Schrumpfung" der Familie ist allerdings auch kein Entwicklungsgesetz der Industrialisierung. So sind Gesellschaftssysteme bekannt, die mit einem System von Großfamilien den Industrialisierungsprozeß durchgeführt haben.
- Die Funktionen der Kernfamilie haben sich offensichtlich im Laufe der Jahrhunderte nicht wesentlich verändert. Richtig ist, daß mit dem Zurückdrängen des Anteils der landwirtschaftlich Tätigen und der Familienunternehmungen an der Erwerbsbevölkerung sowie mit der Urbanisierung die Anzahl von Großfamilien wesentlich zurückgegangen ist und sich damit für einen Teil der Bevölkerung Verpflichtungs- und Hilfsstrukturen in der Familie einschneidend geändert haben.
- Auch über die Entwicklung des modernen Sozialstaates hinaus fungiert die moderne Familie noch in beträchtlichem Ausmaß als Auffangnetz für Krisen (vgl. auch das Subsidiaritätsprinzip der Sozialhilfe!) und als sozioemotionale Stütze bei Krankheit; innerfamiliäre Dienstleistungen über zwei bis drei Generationen („ambulante Großmutter", Altenbetreuung) sind auch heute noch – trotz regionaler Mobilität – umfangreicher, als im allgemeinen angenommen wird (vgl. Kap. 6).
- Moderne Kleinfamilie und Gesamtgesellschaft sind arbeitsteilig viel enger verzahnt, als es die These vom Funktionsverlust der Familie wahrhaben will: Man kann die Sozialgeschichte der Familie im 19. Jahrhundert, insbesondere die Konsolidierung der Kleinfamilie in den Arbeiterschichten, geradezu unter dem Aspekt eines taktischen Zusammenspiels und einer organisierten Arbeitsteilung mit der öffentlichen Fürsorge, dem öffentlichen Gesundheitswesen und den staatlichen Bildungseinrichtungen betrachten. In einer lesenswerten, materialreichen Studie hat der französische Sozialhistoriker Donzelot dies zumindest für Frankreich belegt (Donzelot 1979).

Trotz dieser Gegenargumente wird man einräumen können, daß sich an der Familienstruktur in den letzten 150 Jahren Grundlegendes geändert hat. Wie läßt sich dieser Wandel beschreiben? Sicherlich reicht eine einzige These, aber auch die Beschränkung auf eine einzige Ebene der Beschreibung nicht aus, um diesen Wandel adäquat verständlich zu machen. Wir wollen im folgenden auf drei Ebenen diesen Wandel verdeutlichen:

- Soziodemographischer Wandel des Familienzyklus
- Wandel der Geschlechtsrollen
- Diskontinuität: die postmoderne Familie?

Soziodemographischer Wandel des Familienzyklus

Wenn man die Verknüpfung von Individuum und Gesellschaft unter dem Aspekt der Zeit betrachtet, dann lassen sich drei Zeitdimensionen unterscheiden: die Lebenszeit, die soziale Zeit und die historische Zeit (Neugarten et al. 1979):

Lebenszeit: biologisch-chronologische Zeit eines Lebenslaufes.
Soziale Zeit: gesellschaftlich definierte Zeit, Gliederung eines Lebenslaufes.
Lebenszeit und soziale Zeit korrelieren eng miteinander, sie sind aber nicht identisch. Beispiel: Zeitpunkt der Geschlechts-

reife versus Zeitpunkt der Heiratsfähigkeit; biologisches Alter versus soziales Alter.

Historische Zeit: umfassende gesellschaftliche Wandlungsprozesse bzw. Krisen, die auf den Lebenslauf ganzer Kohorten modifizierend einwirken (Beispiel: Industrialisierung, Weltkrieg, Wirtschaftskrise).

Zum Verständnis des Wandels der Familienstruktur ist es sinnvoll, die veränderte Beziehung zwischen individueller Lebens-zeit (d. h. Lebenslauf), wie sie sich im Familienzyklus niederschlägt, und soziodemographischer Situation der Gesamtgesellschaft zu untersuchen. Exemplarisch sind in Abbildung 2-5 zwei durchschnittliche Familienzyklen aus den Vereinigten Staaten von Amerika in den Jahren 1890 und 1966 dargestellt. Obwohl zur Verdeutlichung noch ein größeres Zeitintervall hätte gewählt werden können, zeigt die Abbildung in diesem 76 Jahre währenden Zeitraum doch sehr deutliche Verschiebungen des Familienzyklus: 1890, d. h. zu einem Zeitpunkt, da die Industrialisierung

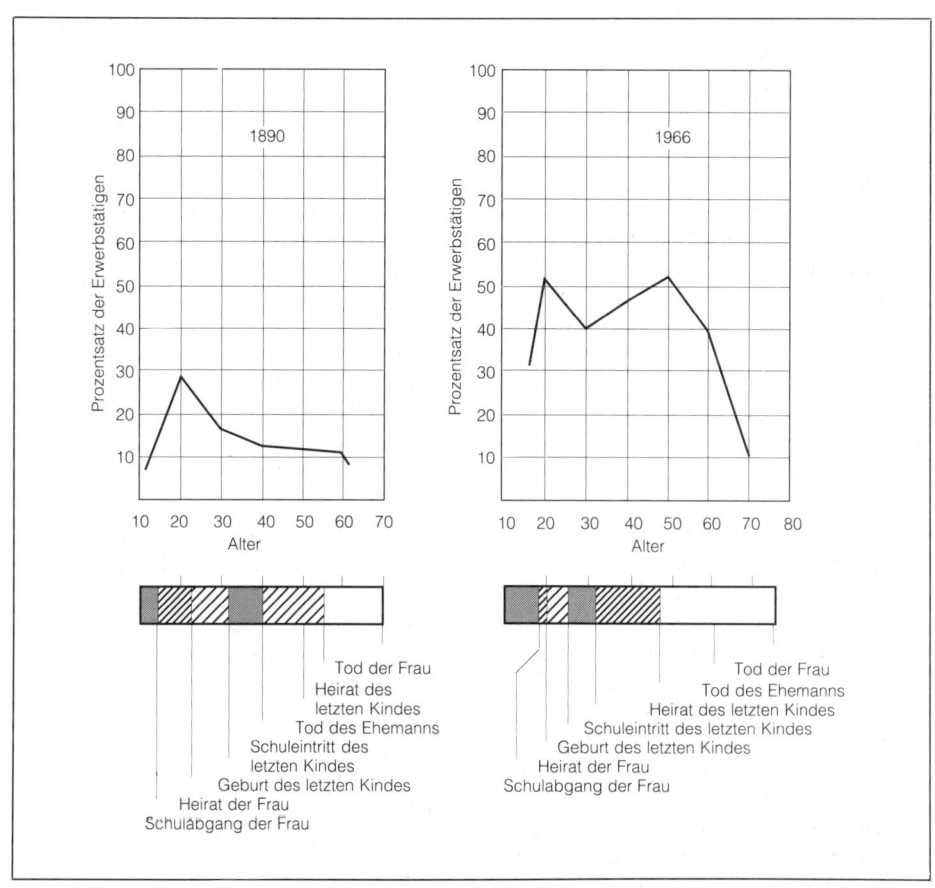

Abbildung 2-5 Berufstätigkeit in Relation zu bedeutenden Ereignissen im Leben der Frau (nach Neugarten 1957, Manpower Report 1967 und Glick et al. 1963).

in den USA in Gang gekommen war, beanspruchten die entscheidenden Ereignisse des Familienzyklus einen Zeitraum von etwa 35 Jahren im durchschnittlichen Lebenslauf von Frauen (eigene Heirat bis Auszug bzw. Heirat des letzten Kindes). Es verblieb dann durchschnittlich nur noch eine kurze Zeitspanne von gut zehn Jahren bis zum Lebensende, die überdies häufig in der Form einer Witwenschaft verbracht wurde. Die Erwerbstätigkeit spielte für die Gestalt des Familienzyklus zu diesem Zeitpunkt noch eine untergeordnete Rolle.

1966 stellen wir eine deutliche Ausdehnung sowohl der Vorbereitungs- wie auch der Spätphase des Familienzyklus fest: längere Ausbildungszeiten einerseits, verlängerte Lebenserwartung andererseits. Bezüglich der Ereignisfolge in der Hauptphase des Familienzyklus ergibt sich ein gesteigertes Tempo: das Zeitintervall zwischen der Geburt des ersten und des letzten Kindes verkürzt sich sehr stark, vor allem infolge eines drastischen Rückganges der ehelichen Fruchtbarkeit. Die Erwerbstätigkeit der Frauen nimmt sehr stark zu, und zwar auch während der Reproduktionsphase. Der typische Lebenslauf der verheirateten Frau in den USA um 1966 zeichnet sich somit durch eine Konzentration innerfamiliärer Aufgaben zwischen dem 22. und 47. Lebensjahr bei zugleich steigender Teilnahme am Erwerbsleben sowie durch eine daran anschließende, durchschnittlich 30jährige Phase erheblich eingeschränkter familiärer Aufgaben aus (Neugarten et al. 1979).

Ähnliche, sich noch verstärkende Tendenzen sind in den siebziger Jahren für Industrieländer des übrigen Westens sowie des Ostens zu verzeichnen.

Es zeigt sich
- eine Zunahme der Aufgaben/Belastungsstruktur verheirateter Frauen während der Reproduktionsphase (infolge doppelter Belastung durch Familie und Beruf, infolge Intensivierung der Ereignisfolge), damit ein Wandel der traditionellen Geschlechtsrolle der Frau;
- eine Verkürzung der sozial definierten Zeitspanne des Familienlebens im Lebenslauf der Frau und eine Ausweitung der Spätphase, die jetzt zu einer neuen sozialen Definition und Orientierung herausfordert.

Aus dem gegenwärtig verbreitet zu beobachtenden Vakuum der traditionellen Frauenrolle am Ende der Hauptphase des Familienzyklus, die zeitlich häufig mit dem Einsetzen der Menopause zusammenfällt, ergeben sich häufig seelische Krisen und körperliche Erkrankungsrisiken, auf die wir an späterer Stelle eingehen werden (vgl. Kap. 5).

Wir haben gesehen, daß die vermehrte Berufstätigkeit von Frauen einerseits eine Folge des veränderten demographischen Verhaltens und des daraus sich ergebenden Familienzyklus ist. Andererseits bildet sie auch eine Ursache der veränderten Familienstruktur. Diesen Aspekt wollen wir im folgenden Abschnitt kurz verdeutlichen.

Wandel der Geschlechtsrollen

Bevor wir inhaltlich auf dieses Thema eingehen, erscheint eine Begriffserklärung notwendig. Auch hier läßt sich, ähnlich wie beim biologischen Alter, eine soziale, nur teilidentische Definitionsebene feststellen. Üblicherweise unterscheiden wir drei Ebenen, wenn wir von „Geschlecht" sprechen:
- Genetisches Geschlecht: Chromosomenfolge, die dem menschlichen Sexualdimorphismus zugrunde liegt.
- Gonadales Geschlecht: Durch Testes oder Ovarien bestimmt (bzw. durch neuroendokrine Regulation im Hypo-

thalamus während einer kritischen embryonalen Differenzierungsphase).

- Somatisches Geschlecht: An den sekundären Geschlechtsmerkmalen erkennbar.

Soziologisch bedeutet „Geschlecht" sowohl die Zuschreibung (Askription) eines binären Merkmals (männlich versus weiblich) als auch die Zuweisung (Attribuierung) eines typischen Musters normativer Verhaltenserwartungen an den Träger des jeweiligen somatischen Geschlechts. Dieses Muster von Verhaltenserwartungen wird auch Rolle genannt (Kap. 3), die auf die Geschlechtsdifferenzierung bezogenen Verhaltenserwartungen konstituieren die **Geschlechtsrollen.** Biologische Universalien sind in allen bekannten Kulturen durch soziale Definitionsprozesse in zum Teil beträchtlichem Umfang überformt bzw. variiert worden, und diese Plastizität des somatischen Geschlechts bildet die Voraussetzung für den soziokulturellen Wandel der Geschlechtsrollen (zur Rolle der biologischen im Vergleich zu soziokulturellen Einflüssen siehe z. B. Eibl-Eibesfeld 1984, Wickler et al. 1984).

In der vorindustriell-agrarischen Gesellschaft herrschten während vieler Jahrhunderte patriarchalisch bestimmte Geschlechtsrollen vor. Die gesellschaftliche Arbeitsteilung wies der Frau ein im wesentlichen auf Reproduktion, Haushaltsführung und Erziehung beschränktes Aufgabenspektrum zu, das eine **Asymmetrie der Geschlechtsrollen,** eine damit verbundene rechtliche, soziale, ökonomische und kulturelle Ungleichheit begründete. Diese Ungleichheit kann nur angemessen verstanden werden, wenn der umfassende Herrschaftsanspruch eines männlich dominierten Wirtschafts- und Vergesellschaftungsprozesses, der von den Hochkulturen über das Mittelalter und die frühe Neuzeit bis in die Gegenwart hineinreicht, beachtet wird. Zur Rekonstruktion dieses Prozesses sind in den vergangenen Jahren insbesondere von feministischer Seite umfangreiche sozialkritische Analysen erarbeitet worden (vgl. Janssen-Jurreit 1976). Neuere soziologische und sozialhistorische Analysen zeigen allerdings, daß der Zusammenhang zwischen Wirtschafts- und Herrschaftssystem einerseits und Geschlechtsrollen-Asymmetrie andererseits im historischen Prozeß keineswegs so eindeutig linear war, wie dies üblicherweise vereinfachend dargestellt wird (Elias 1987; Eckert 1979).

Im Zuge der Industrialisierung bzw. der „Doppel-Revolution" im ausgehenden 18. Jahrhundert (vgl. 2.2 und 2.3) wurde die traditionelle Geschlechtsrollendefinition immer unhaltbarer. Frauen wurden in zunehmendem Maße in die Erwerbstätigkeit einbezogen, nicht nur als un- oder angelernte Arbeiterinnen in der industriellen Reservearmee, sondern auch in bürgerlichen Berufen des Gesundheits-, Erziehungs- und Sozialwesens sowie in administrativen Berufen des im frühen 20. Jahrhundert sich ausbreitenden Dienstleistungssektors. Die Veränderung der weiblichen Geschlechtsrolle im Verlaufe der Industrialisierung ist aber nicht allein über die wachsende Teilnahme am Erwerbsleben und die wachsende Identifikation mit beruflichen Aufgaben erfolgt, sondern auch über eine sukzessive Angleichung der Rechte von Mann und Frau, so z.B. in der politischen Willensbildung, in der Rechtsprechung, in den Bildungs- und beruflichen Ausbildungschancen. Es ist schwer, sich heute ein klares Bild von dem tatsächlichen Wandel zu machen, denn es klaffen nicht nur an manchen Stellen Gesetzestext und soziale Wirklichkeit noch auseinander, sondern es lassen sich auch sozioökonomisch bedingte Stillstände und Rückschritte im allgemeinen Emanzipationsprozeß feststellen. Ein Beispiel für das Auseinanderklaffen von Gesetzeswirklichkeit und sozialer Wirklichkeit ist die noch häufig zu beobachtende unterschiedliche Lohnhöhe bei Männern und Frauen für die gleiche Tätigkeit. Als Rückschritt ist beispielsweise die in jüngster Zeit in der Werbung zu beobachtende verstärkte Fixierung der Frau auf die traditionelle Geschlechtsrolle zu werten.

Die wichtigsten Folgen einer gewandelten Geschlechtsrollendefinition für die Familienstruktur bestanden vermutlich in einer

- Neudefinition der innerfamiliären Arbeitsteilung zugunsten von Partnerschaft, in einer
- Zunahme des Entscheidungs- und Autonomiespielraumes der Frau in den entscheidenden Phasen des Familienzyklus und damit in einer
- Abnahme der männlichen, speziell väterlichen Autorität im Erziehungsprozeß (vgl. Kap. 3).

Diskontinuität: die postmoderne Familie?
Zu Beginn dieses Abschnittes haben wir Familie als eine gesellschaftliche Institution, d.h. eine verpflichtende, verfestigte und stabile soziale Ordnung definiert, deren Kern sich in jedem bisher bekannten Gesellschaftssystem nachweisen läßt. Wir müssen jetzt fragen, ob diese Sichtweise der gegenwärtigen Realität noch gerecht werden kann. Viele Entwicklungen der jüngeren Zeit deuten darauf hin, daß die Institution „Familie" ihre prägende, den Lebenslauf bestimmende Funktion nicht mehr aufrecherhalten kann, sondern daß zunehmend Lebensläufe beobachtbar sind, in denen institutionell verpflichtende Bindungen nur noch auf Zeit eingegangen werden (nichteheliche Lebensgemeinschaft, Scheidungsrate, Mehrfachheirat). Stehen wir am Beginn einer „postmodernen" Familienstruktur?

Diese Frage kann nur angemessen behandelt werden, wenn wir die mit dem Wandel der Geschlechtsrolle der Frau gegebenen Konsequenzen für das soziale Gebilde „Familie" bedenken. Die Stabili-

tät der patriarchalisch bestimmten Kleinfamilie der letzten hundert Jahre wurde im wesentlichen durch zwei die Asymmetrie der Geschlechterrollen festschreibende Prinzipien gewährleistet:

- das Prinzip, daß der männliche Haushaltsvorstand seine Familie ernähren können, zumindest aber, daß er eine höhere berufliche Stellung als seine Ehefrau innehaben soll. Diese Asymmetrie wurde in erster Linie mit der größeren Verantwortung der Frau für die Kindererziehung und den häuslichen Bereich begründet.
- das Prinzip, daß Männer gegenüber Frauen Konkurrenzvorteile auf dem Arbeitsmarkt besitzen sollen, die durch Qualifikationsvorteile gesichert werden (Frerichs & Steinrücke 1993).

Beide Prinzipien haben durch die zunehmende außerhäusliche Erwerbstätigkeit von Frauen und die wachsende Chancengleichheit bezüglich Bildung ihre Geltungskraft in erheblichem Umfang eingebüßt.

Hinzu kommen entscheidende Änderungen im Bereich sozialer Normen (s.u. Kap. 3) und Wertvorstellungen bezüglich Ehe, Partnerschaft, Liebe und Sexualität, die nur auf dem Hintergrund eines allgemeinen Modernisierungsprozesses der Gesellschaft verständlich sind (Beck 1986, Bertram 1991, Mayer 1990):

- die Zahl der Familiengründungen durch Heirat ist rückläufig, die Zahl nicht-ehelicher Lebensgemeinschaften steigt an;
- die Zahl der Ehescheidungen, aber auch die Zahl der Wiederverheiratungen hat zugenommen („Ehe auf Zeit");
- die Zahl kinderlos bleibender ehelicher und nicht-ehelicher Paare hat sich erhöht;
- im frühen und mittleren Erwachsenenalter steigt die Zahl Alleinlebender („Singles") kontinuierlich an (ausführlich hierzu Kaufmann 1990, Lüscher & Schultheis 1993, Höpflinger 1987).

Zwei Tendenzen scheinen auf dem Weg zur postmodernen Familie von Bedeutung zu sein:

- Die lebenszeitliche Begrenzung institutionalisierter familiärer Bindungen, damit eine erhöhte Diskontinuität von Partner- und Eltern-Kind-Beziehungen mit all ihren psychischen und sozialen Anpassungsproblemen einerseits und dem „Individualisierungsgewinn" andererseits;
- die Zunahme des Anteils Erwachsener, die das Verhältnis von Beruf, partnerschaftlicher Bindung und individueller Lebenszeit auf eine sozial (noch) nicht normierte Weise neu bestimmen; dies schließt auch eine wachsende Zahl ungebundener, in der Regel kinderloser, qualifizierter und regional mobiler weiblicher Beschäftigter ein.

Medizinsoziologisch bedeutsam sind diese Entwicklungen zum einen unter dem Aspekt gesundheitlich negativer Auswirkungen von Krisenerfahrungen und Verlusterlebnissen bei Kindern, Jugendlichen und Erwachsenen (s. u. Kap. 3 und 5), zum anderen unter dem Aspekt gesundheitsfördernder Effekte erhöhter Selbstbestimmung und Autonomieerfahrungen insbesondere bei Frauen (Kap. 5). Darüber hinaus stellt sich die Frage, welche stabilen, zuverlässigen sozialen Beziehungen im Falle chronischer Krankheit und Behinderung vorhanden sind, die die traditionellerweise von der Familie ausgeübten Funktionen des Krisenmanagements und des Schutzes vor sozialer Abweichung übernehmen können (s. u. Kap. 6).

Wie weitgehend eine postmoderne Familienstruktur sich tatsächlich von der herkömmlichen Kernfamilie unterscheiden wird und wie weit der Prozeß der Individualisierung und Flexibilisierung irreversibel fortschreitet, läßt sich heute nicht mit Sicherheit beurteilen.

2.1.4 Demographisches Altern

Neben der Abnahme der ehelichen Fruchtbarkeit und der Veränderung der Familienstruktur stellt die Zunahme alter Menschen das einschneidendste demographische Kennzeichen moderner Gesellschaften dar. Wir haben bereits darauf hingewiesen, daß auch Altern in gewisser Weise sozial definiert ist. Während das biologische Altern des Organismus ein kontinuierlicher, sich später beschleunigender und qualitative Änderungen (z. B. körperlicher Funktionsverlust) induzierender Prozeß ist, orientiert sich die soziale Definition von Alter an einer zeitlichen Gliederung des Lebenslaufs. Auf allgemeinster Ebene können wir die normale Sozialbiographie in die drei Phasen der Vorbereitungszeit von Kindern und Jugendlichen, die Aktivitätsphase des frühen und mittleren Erwachsenenalters und die Ruhestandsphase des späteren Erwachsenenalters unterteilen. „Altsein" wird in dieser Perspektive durch das veränderte Rollenmuster definiert, welches sich aus der Aufgabe der Erwerbsrolle (normalerweise infolge Berentung, Pensionierung) ergibt. In den entwickelten Industriegesellschaften wird dieses Stadium gegenwärtig in der Regel zwischen dem 60. und 65. Lebensjahr erreicht. Demographisches Altern heißt, daß der Anteil der über 60- bzw. 65jährigen an der Gesamtbevölkerung überproportional wächst. Die Altersstruktur einer Gesellschaft zu einem bestimmten Zeitpunkt läßt sich aus der Bevölkerungspyramide ablesen, im Zeitvergleich eignen sich Verhältniszahlen zur Abschätzung der Veränderungen. Als empfindlichster Altersindikator einer Bevölkerung kann das bereits weiter oben definierte **Alten-Jugendlichen-Verhältnis** betrachtet werden, daneben auch der Altenquotient, d. h. das Verhältnis von über 60jährigen zu den 20- bis unter 60jährigen. Dieser Altenquotient beträgt in der Bundesrepublik zur Zeit 38,5; für das Jahr

2000 wird er auf 48,5 prognostiziert (Sachverständigenbericht 1987, S. 169). Es ist damit zu rechnen, daß die durchschnittliche **Lebenserwartung** weiter steigen wird, wie dies in Tabelle 2-2 zum Ausdruck kommt, und daß im Jahr 2000 in verschiedenen europäischen Ländern zwischen 25 und 30% der Bevölkerung über 60 Jahre alt sein werden.

Demographisches Altern und Morbiditätsspektrum

Aus den Erläuterungen der Theorie der demographischen Transformation ging hervor, daß die Abnahme der Geburtenrate die entscheidende Determinante des langsamen Bevölkerungswachstums und damit mittelbar des demographischen Alterns ist. Der wachsende Anteil alter Menschen an der Gesamtbevölkerung ist darüber hinaus freilich durch die veränderte Lebenserwartung in unserem Jahrhundert wesentlich mitbestimmt worden. Bereits im 18. und 19. Jahrhundert war ein maßgeblicher Rückgang der Sterblichkeit zu verzeichnen – lange vor dem Wirken der modernen Medizin. Er war im wesentlichen das Ergebnis verbesserter Agrartechnik, gewandelter Produktionstechnik, besserer Transportmöglichkeiten, entwickelter öffentlicher und privater Hygiene, sozialer Reformen (Arbeits- und Betriebspolitik, Unfallschutz, Krankenversicherung u.a.) und eines fortschreitenden Wohnungsbaus (Kontrolle von Feuchtigkeit und Temperatur). Seit der zweiten Hälfte des 19. Jahrhunderts, vor allem jedoch im 20. Jahrhundert, kommt der Medizin ein entscheidender Anteil an der Senkung der Kinder-(vor allem Säuglings-)sterblichkeit, darüber hinaus auch an der Senkung der Letalität der endemisch verbreiteten Infektionskrankheiten zu. Dieser von der Medizingeschichte vielfach beschriebene Prozeß kann hier nicht nachgezeichnet werden (vgl. kritisch hierzu McKeown 1979). Tabelle 2-3 verdeutlicht den damit verbundenen Wandel des Morbiditäts- und Mortalitätsspektrums in unserem Jahrhundert, dargestellt anhand von Daten aus den USA (Cockerham 1992). Wie allgemein bekannt, zeigt sich ein starkes Zurückdrängen der Sterblichkeit infolge akuter Infektionskrankheiten und ein Vordrängen chronisch-degenerativer, systemischer Erkrankungen (vor allem Herz-Kreislauf-, Krebs-, Atemwegsorganerkrankungen) sowie von Unfällen und Suiziden. Verbesserungen der Lebenserwartung werden nunmehr durch ein Zurückdrängen chronisch-degenerativer Erkrankungen möglich. Da diese Krankheiten zu einem großen Teil durch Lebensstil und gesundheitsschädigendes Handeln begünstigt werden (vgl. Kap. 5), ergeben sich nicht nur im engeren Sinne medizinische, sondern auch gesundheits- und gesellschaftspolitische Präventionsaufgaben.

Allerdings reichen die Begriffe „Krankheit", „Todesursache" und „Lebenserwar-

Tabelle 2-2   Derzeitige und künftige Lebenserwartungen der bundesdeutschen Bevölkerung (Prognosemodell des Statistischen Bundesamtes, nach Sachverständigenbericht 1987, S. 166).

Alter (Jahre)	männlich (%)		weiblich (%)	
	1984	1995	1984	1995
0	71	73,3	77,8	79,6
20	52,4	54,3	58,8	60,4
40	33,6	35,3	39,4	40,9
60	16,9	18,2	21,4	22,6

tung" allein nicht mehr aus, um das Problemspektrum, welches das demographische Altern der Medizin und dem gesellschaftlichen System insgesamt aufgibt, angemessen zu beschreiben. Denn viele Krankheiten und Behinderungen sind von der Medizin nicht zu heilen, obwohl dies wiederum kaum Auswirkungen auf die Sterblichkeit hat. So gehören heute zu den zu einem bestimmten Zeitpunkt am häufigsten festgestellten Krankheiten (zu den Begriffen Prävalenz und Inzidenz, s. Kap. 4) Arthrosen, Einschränkungen des Hörens, chronische Lungenerkrankungen (einschl. Asthma) und atopisches Ekzem. Im höheren Lebensalter kommen Depression, Diabetes, Osteoporose, Herz-Kreislauf-Krankheiten, Demenz und Sehstörungen hinzu (Weber et al. 1990). Der Beitrag dieser Krankheiten und Behinderungen zur Mortalität bleibt, mit Ausnahme von Herz-Kreislauf-Krankheiten und Diabetes, eher begrenzt, und dennoch

Tabelle 2-3   Die zehn führenden Todesursachen in den USA nach Häufigkeit, 1900 und 1980 (nach Cockerham 1992).

1900	1980
Lungenentzündungen	Herzkrankheiten (rheumatisch und nicht-rheumatisch)
Tuberkulose	Krebs
Gastroenteritis	zerebrovaskuläre Krankheiten
Herzkrankheiten	Unfälle
zerebrale Hämorrhagie	Lungenentzündungen, grippale Infekte
chronische Nephritis	Diabetes
Unfälle	Leberzirrhose
Krebs	Arteriosklerose
typische Infektionen des Kindesalters	Selbstmord
Diphtherie	typische Infektionen des Kindesalters

schränken sie das Leben in oft einschneidender Weise ein. Es ist daher notwendig, die Begriffe „funktioneller Status", „gesundheitsbezogene Lebensqualität" und „Gesundheitserwartung" einzuführen, um ein breites, mit fortschreitendem Alter sich ausweitendes Spektrum von Befindlichkeitsbeeinträchtigungen auf dem Kontinuum Gesund – Krank zu thematisieren.

Funktioneller Status: Beurteilung des Ausmaßes eingeschränkter physischer, psychischer und/oder sozialer Leistungsfähigkeit aufgrund einer dokumentierten Krankheit bzw. Behinderung (wird in der Regel als Fremdbeurteilung durch Experten wie Arzt, Pflegekraft, Physiotherapeut etc. anhand abgestufter Beurteilungsskalen bzw. Funktionstests festgelegt; ein bekanntes Beispiel hierfür ist die Activities of Daily-Living-Skala (Katz et al. 1963).

Gesundheitsbezogene Lebensqualität: Beurteilung des physischen, psychischen und sozialen Befindens und Handlungsvermögens eines (chronisch) Kranken/Behinderten (wird in der Regel als Selbstbeurteilung anhand standardisierter, strukturierter Befragungsinstrumente erfaßt (Stewart et al. 1992; ausführlich hierzu Kap. 4).

Gesundheitserwartung (Health Expectancy): Die durchschnittliche Anzahl erwarteter Lebensjahre, die in guter Gesundheit bzw. ohne nachhaltige Behinderung verbracht werden können. Diese statistische Maßzahl kombiniert für jede beliebige Altersgruppe Informationen über die Lebenserwartung mit Informationen über die Häufigkeit eingeschränkter Gesundheit bzw. vorliegender Behinderungen.

In Abbildung 2-6 wird der Zusammenhang dieser unterschiedlichen Maße bei der Beurteilung des Gesundheitszustandes einer Bevölkerung verdeutlicht. Während in der konventionellen medizinischen Betrach-

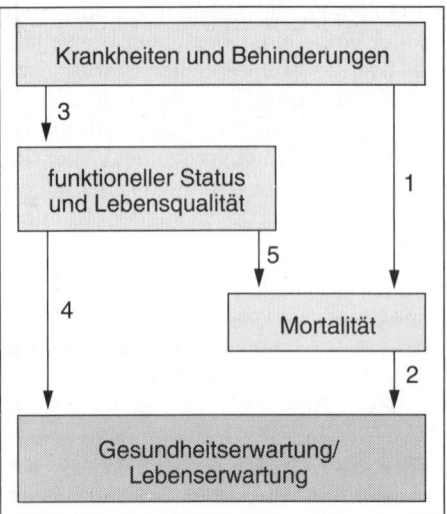

Abbildung 2-6   Zusammenhang verschiedener Beurteilungskriterien des Gesundheitszustandes einer Bevölkerung (nach Ruwaard et al. 1994).

tung die Pfade 1 und 2 im Vordergrund standen, erhalten nunmehr die Pfade 3 und 4 zunehmend Gewicht. Interessant ist ferner der Pfad 5: Heute mehren sich wissenschaftliche Befunde, die belegen, daß der selbstbeurteilte Gesundheitszustand ebenfalls eine wichtige Vorhersagegröße der Sterblichkeit sein kann (s. Kap. 5)

Diese Ausweitung des Problemspektrums hat weitreichende **Änderungen der Arzt-Patient-Beziehung** sowie des Verhältnisses zwischen medizinischem Versorgungssystem und chronisch Kranken zur Folge (s. Kap. 7 und 8). Sie eröffnet den Patienten neuartige Artikulations- und Gestaltungschancen in der Arzt-Patient-Beziehung und begrenzt deren bisher weitverbreitete Sprachlosigkeit und Passivität. Denn über Lebensqualität, funktionelles Vermögen und subjektive Gesundheit kann sich der Arzt nur im Gespräch mit dem Kranken ein zuverlässiges Urteil bilden. Alltagserfahrungen und Wertmaßstäbe von Patienten werden relevante Ge-

sichtspunkte ärztlicher Therapieentscheidungen.

Will man speziell die gesundheitliche Betreuungslast im höheren Lebensalter abschätzen, so sind Informationen über den Umfang eingeschränkter Leistungsfähigkeit und eingeschränkter Lebensqualität unverzichtbar. Wichtig ist ferner zu wissen, wie **Lebenserwartung** und **Gesundheitserwartung** sich zueinander verhalten.

Eine neue, sehr aufschlußreiche Studie aus den Niederlanden gibt hierüber Auskunft. Danach betrug im Jahr 1990 die durchschnittliche Lebenserwartung eines 65jährigen Mannes noch 14,4 Jahre, die durchschnittliche Gesundheitserwartung noch 9,3 Jahre. Für eine 65jährige holländische Frau betrug die Lebenserwartung 19,0 Jahre, die Gesundheitserwartung 9,1 Jahre. Dies bedeutet, daß ein größerer Teil der gegenüber dem Mann höheren Lebenserwartung der Frau in einem Zustand eingeschränkter Gesundheit verbracht wird (Rouwaard et al. 1994). Interessant ist ferner die Beobachtung, daß zwar in den vergangenen 7 Jahren (1983–1990) die Lebenserwartung beider Geschlechter leicht, jedoch statistisch signifikant, angestiegen ist, während dies für die Gesundheitserwartung nicht der Fall war. Auf die mit eingeschränkter Gesundheitserwartung gegebenen Probleme der **Betreuung** und **Pflege** alter, kranker und behinderter Menschen und speziell auf die Situation alleinstehender Frauen im höheren Lebensalter können wir an dieser Stelle nicht eingehen (s. Beck-Gernsheim 1993, Herb 1992, vgl. auch Kap. 6).

Altwerden ist in unserer Zeit, vermutlich zum erstenmal in der Menschheitsgeschichte, zu einer Erwartung für jedermann geworden. Damit sind neue Chancen der Daseinsgestaltung, aber auch neue Belastungen und Risiken gegeben. Wir haben unter dem Aspekt der Risiken die Morbidität und Behinderungen im höheren Lebensalter genannt. Belastungen ergeben sich im höheren Lebensalter aber darüber hinaus auch aus der gesellschaftlichen Stellung alter Menschen. Diesem Thema ist der folgende Abschnitt gewidmet.

Die gesellschaftliche Stellung älterer Menschen

Während in vorindustriell-agrarischen Gesellschaften der alte Mensch einen Sonderstatus besaß und auf eine besondere Art von Autorität pochen konnte, hat sich die gesellschaftliche Wertschätzung der alten Menschen in der Gegenwart erheblich verschlechtert. Dies hängt nicht nur damit zusammen, daß Altwerden keine Seltenheit mehr darstellt, sondern im wesentlichen auch damit, daß der zugeschriebene Status und die eigentumsrechtliche Macht der Elternteile an Bedeutung verliert. Gesetzliche Festlegungen von Altersgrenzen (Pensionierung, Rentenalter) wirken sich einschneidend auf die Altersdefinition aus: Mit der Aufgabe des Berufes, mit veränderten Einkommensverhältnissen, der Änderung der Bezugsgruppen und der täglichen Sozialkontakte übernimmt der alternde Mensch in weiten Bereichen eine neue Rolle.

Die Umstellung auf diese neuen Anforderungen gelingt nicht immer gut. „Pensionierungstod" und erhöhte Suizidalität alter Menschen weisen auf späte Anpassungskonflikte hin (Tews 1971, Reimann et al. 1983). Neben den sozialstrukturellen spielen auch sozialpsychologische Prozesse bei der Anpassungsproblematik älterer Menschen eine Rolle: „Vielleicht ist ein Individuum so alt, wie es sich fühlt, aber wie es sich fühlt, ist zum großen Teil eine Funktion dessen, wie die Gesellschaft von ihm erwartet, daß es sich fühle und handle. Die sozialen Urteile, die die Natur des Alters und alter Personen betreffen, werden beständig so abgegeben, daß sie für das Individuum die Erwartungen der Gesellschaft im Hinblick auf sein Verhalten definieren" (Breen 1960, zitiert nach Tews 1971).

In der Werthierarchie der Leistungsgesellschaft wird das Altern oft mit Abbau von Leistungsfähigkeit, mit fehlender Produktivität gleichgesetzt und damit von vornherein negativ bewertet. Dabei wird übersehen, daß das Altern zumindest in psychischer Hinsicht ein Redifferenzierungsvorgang menschlichen Lebens ist, in welchem neue Qualitäten wie Gelassenheit, Kontemplation oder auch Eigenschaften, die man allgemein mit dem Begriff „Altersweisheit" bezeichnet, sichtbar werden (Baltes et al. 1993).

Unter sozialpsychologischen, präventivmedizinischen, aber auch ökonomischen Gesichtspunkten stellt sich die Frage, ob die enge Koppelung von Ausscheiden aus dem Erwerbsleben und Übernahme der Altenrolle sinnvoll ist. Zur Zeit wird verstärkt an sozialpolitischen Entwürfen gearbeitet, die diese Status-Passage flexibler gestalten: Es ist die Rede von einer „vierten Säule" (neben Rente, betrieblicher Alterssicherung, privaten Ersparnissen sollten Einkünfte aus einer über die Berentungsgrenze hinausreichenden Teilzeiterwerbstätigkeit erzielt werden). Sie soll den daran Interessierten Gelegenheit geben, ihre Berentung flexibel und graduell zu handhaben und in gewissem Umfang noch über Jahre weiterzuarbeiten.

Das Pro und Kontra kann hier nicht diskutiert werden. Sozialpsychologisch und präventivmedizinisch ist sicherlich zu beachten, daß in privilegierten, belastungsarmen Berufen diese Möglichkeit erhebliche Gratifikationen mit sich bringen kann (künstlerische Berufe, geistige Arbeit). Auch ökonomisch ist damit ein Weg gegeben, die in den letzten Jahren extrem gewachsene Lastenquote zu begrenzen und die gesellschaftliche Produktivität nicht länger nach einem rigiden Kriterium der Altersschichtung zu organisieren. Andererseits muß auf die zahlenmäßig großen Berufsgruppen hingewiesen werden, deren Belastungsstruktur bereits zur vorzeitigen Berentung geführt hat (manuelle, körperliche Arbeit). Fortgesetzter gesellschaftlicher Erwartungsdruck und ökonomische Benachteiligung würden sich in diesen Gruppen vorwiegend negativ auswirken.

Es wird eine wichtige Aufgabe der gerontologisch und geriatrisch engagierten Wissenschaftler sein, neben der verlängerten Teilzeiterwerbstätigkeit sinnvolle, sozial akzeptierte und geschätzte Betätigungsfelder und Äußerungsmöglichkeiten für ältere Menschen auszumachen. Vielleicht gelingt es den Älteren leichter als irgendeiner anderen Bevölkerungsgruppe, die Grenzen des familienzentrierten Lebenszusammenhanges in unserer Gesellschaft zu sprengen und neue Formen zwischenmenschlichen Zusammenhaltes zu erproben und vorzuleben, die emotionales Engagement mit arbeitsteiliger Kooperation verbinden. Dies wäre zumindest ein Weg, aus der Rückzugs-, Rand- und Vereinsamungsproblematik herauszufinden, welche die Lebenslage älterer Menschen weithin charakterisieren (vgl. Tews 1971, Hinschützer et al. 1984). Auf die gesundheitlichen Risiken, die sich aus „Disengagement" und Vereinsamung ergeben, ebenso auf die protektiven, hilfreichen Auswirkungen sozial aktivierender Maßnahmen werden wir in Kapitel 5 zurückkommen.

2.1.5 Zur Entwicklung der Weltbevölkerung

Die bisherigen Darlegungen haben ihren Schwerpunkt in den Spätphasen der demographischen Transformation und damit

Abbildung 2-7   Sozioökonomische Verhältnisse in den Entwicklungsländern: Landarbeiterfamilie in Honduras (KNA-Bild Frankfurt).

in der Analyse der Bevölkerungsweise industrialisierter Gesellschaften. In diesem Abschnitt soll eine der Schicksalsfragen der gegenwärtigen Menschheit angeschnitten werden: Gelingt es, die **Bevölkerungsexplosion** in den Entwicklungsländern aufzuhalten und damit Armut, Hunger, materieller und psychischer Verelendung sowie wachsender Umweltzerstörung Einhalt zu gebieten (Abb. 2-7)?

Vielleicht vermag keine Statistik, keine gelehrte Zusammenfassung dieses Problem anschaulicher und eindrücklicher darzustellen als das folgende Zitat, das sich freilich auf die Verhältnisse vor 20 Jahren bezieht:

„Haben Sie Spaß an einem kleinen Spiel? Dann nehmen Sie bitte Bleistift und Papier zur Hand. Legen Sie eine Uhr vor sich auf den Tisch und verfolgen Sie den Sekundenzeiger. Nehmen Sie jetzt Ihren Stift und machen Sie alle 3 Sekunden 5 Striche aufs Papier. Tun Sie so, als wollten Sie etwas auszählen, das sich alle 3 Sekunden fünfmal wiederholt... Wissen Sie, was Sie da tun?

Es ist das gegenwärtige Wachstum der Weltbevölkerung, das Sie da sichtbar gemacht haben. Vorsichtig geschätzt, vermehrt sich nämlich die Menschheit um 5 Seelen alle 3 Sekunden, oder auch 100 in der Minute. Wohlgemerkt, es handelt sich dabei nicht um die Neugeborenen, sondern um den Geburtenüberschuß, die stete Ernte des Todes ist schon einkalkuliert. Dabei ist die Zahl 100 nur eine Momentaufnahme aus der Gegenwart. In 10 Jahren wird die Zuwachsrate vermutlich wesentlich höher sein. Aber bleiben wir einmal beim Heute. Einhundert Menschen in der Minute, das sind 6000 in der Stunde, rund 144 000 jeden Tag. Soviel Einwohner hat eine Stadt wie Bonn... Montag: Bonn, Dienstag: Mainz, Mittwoch: Heidelberg usw. ... In einem Jahr bedeutet das ein Bevölkerungswachstum von ungefähr 52 Millionen. Das ist die Einwohnerzahl von Italien. Und wer Vergleiche liebt, der kann das Spiel mühelos fortsetzen: 1964 Italien, 1965 Frankreich, 1966 Großbritannien... Es kann nicht verborgen bleiben, welches todernste Problem hinter unserer amüsanten Zahlenspielerei steckt. Was wir ausgerechnet haben, ist die Bilanz der menschlichen Fruchtbarkeit im Verein mit den modernen Methoden, den Tod zu bekämpfen." Nach Vorausberechnungen der UNO wird die Erdbevölkerung im Jahre 2000 eventuell auf 6,9 Milliarden angewachsen sein. Es kommt also in den nächsten 30 Jahren beinahe zu einer Verdoppelung. „Diese Menschen werden ernährt, gekleidet, untergebracht, erzogen, mit Arbeit versorgt und vor Krankheit bewahrt sein wollen ... Eine gigantische Aufgabe, die ungeheure Anstrengungen verlangt, soll sie gelingen." (Th. Löbsack, zitiert nach Bolte 1967)

Zunächst wollen wir in Tabelle 2-4 einige wichtige Argumente zusammenstellen, die verdeutlichen, um wie vieles dramatischer die soziodemographische Situation der heutigen Entwicklungsländer im Vergleich zur *Take-off*-Phase der europäischen Industrialisierung ist (eigene Zusammenstellung, zum Teil basierend auf Hauser 1982, S. 301).

Die heutige soziodemographische Situation in großen Teilen Asiens, Südamerikas und Afrikas ist quantitativ und qualitativ ungleich gravierender als die ebenfalls durch Ausbeutung, Verelendung und Zerstörung gekennzeichnete Phase des europäischen Frühindustrialismus (vgl. 2.2 und 2.3).

Quantitativ:

- Unter allen Umständen erfolgt mindestens bis zum Jahr 2000, infolge der Eigendynamik des Bevölkerungswachstums und des stärkeren Fallens der globalen Sterblichkeit im Vergleich zur globalen Fruchtbarkeit, ein sehr starkes Bevölkerungswachstum (geschätzt jährlich 1,7%, minimale absolute Größe: 6,3 bis 6,5 Milliarden Menschen).
- Über 90% des Wachstums konzentriert sich auf die dritte Welt. Mehr als fünf Sechstel der Weltbevölkerung werden im Jahr 2000 in Entwicklungsländern leben; mit zunehmender Entwicklung wächst auch die Urbanisierung; urbane Gürtel von der Größe europäischer Nationen entstehen

Tabelle 2-4   Die soziodemographische Situation der heutigen Entwicklungsländer im Vergleich zu den Verhältnissen im Europa des 19. Jahrhunderts (eigene Zusammenstellung, z.T. basierend auf Hauser 1982, S. 301).

demographische Entwicklung	Europa 19. Jahrhundert	Entwicklungsländer
Wachstumsrate	1%	2-3%
absoluter jährlicher Bevölkerungszuwachs	3 Millionen	70 Millionen
Altersaufbau	keine genauen Angaben, aber relativ günstig	Pyramide: hoher Anteil junger Menschen in „unproduktiven" Jahren
Ausgleich durch Wanderungen	Auswanderungen in Kolonien	Absorptionsmöglichkeiten durch Industrieländer sehr begrenzt
Investitionskapital für wirtschaftlichen Aufschwung	koloniale Eroberungen, Sparkapital, technische Innovationen	wirtschaftliche Abhängigkeit von Industrieländern, Verschuldung
Absatzchancen	Binnenmarkt (Gebrauchsgüter), Export in Kolonien	Abhängigkeit vom Weltmarkt, schwankende Rohstoffpreise, wachsender Protektionismus erschweren Export; Verelendung und verschärfte internationale Konkurrenz erschweren Binnenmarkt

(z.B. wird die Bevölkerung von Mexiko-City im Jahr 2000 auf 31,6 Millionen geschätzt).

Qualitativ:
Der oft beschriebene **Zirkel von Bevölkerungswachstum und Verelendung** kann auf absehbare Zeit nicht durchbrochen werden. Die folgenden Argumente zeigen die hierfür verantwortlichen Prozesse auf:

- Je ärmer eine Bevölkerung ist, desto höher ist die Fruchtbarkeit. Diese empirisch vielfach gesicherte Beobachtung erklärt sich aus der Nutzfunktion von Kindern für arme Eltern (Sicherungsleistungen bei eigenem Altwerden, Zusatzverdienst) und aus den geringeren Chancen rationaler Lebensplanung (Bildungs-/Aufklärungsdefizite, starker Einfluß von Religion und Tradition).

- Je ärmer eine Bevölkerung ist, desto geringer ist ihr Bildungs-/berufliches Qualifikationsniveau; je unqualifizierter die Arbeitskräfte, desto geringer die zukünftige Produktivität der Erwerbsbevölkerung.

- Je zahlreicher eine Bevölkerung ist, desto mehr ökonomische Ressourcen müssen in die Infrastruktur und die Subsistenz (Lebensunterhalt) der Bevölkerung investiert werden, mit anderen Worten, desto weniger Ressourcen sind für wirtschaftliche Investionenen (Kapitalstock) vorhanden.

- Je schneller eine Erwerbsbevölkerung wächst, um so schneller müßte ein entsprechender Kapitalstock wachsen, falls er überhaupt vorhanden ist, um zu einem realen Wirtschaftswachstum zu führen.

- Je ärmer und zahlreicher eine Bevölkerung ist, desto stärker sind Unter- bzw. Mangelernährung verbreitet. Unmittelbar und mittelbar führt Mangelernährung zu körperlicher und geistiger Leistungsminderung, die wiederum Produktivität und Einkommen schmälert. Durch die damit erzeugte volkswirtschaftliche Verarmung werden die Chancen angemessener Ernährung weiter verringert (zum Teufelskreis der Unterentwicklung vgl. Myrdal 1972, Nikolinakos 1973).

- **Die Verelendung** umfaßt, relativ absolut, größere Bevölkerungskreise, dauert länger, hat insgesamt tieferreichende und schlimmere Folgen als in der Phase des bevölkerungsreichen Frühindustrialismus. Sie stellt ein Zukunftsproblem ersten Ranges für die gesamte Menschheit dar, und die Chancen der Bewältigung dieser Aufgabe erscheinen zur Zeit unsicherer als je zuvor.

- Das Bevölkerungswachstum in den Entwicklungsländern führt zu **ökologischen Belastungen** von bisher unbekanntem Ausmaß, sowohl durch Überlastung (es wird zuviel an das Ökosystem abgegeben) als auch durch Übernutzung (es wird dem Ökosystem zuviel entnommen).

- Umweltbelastung durch Abfall, Grundwasserverschmutzung, Schwefeldioxidanreicherung, Luftverschmutzung durch Industrie, Verkehrs- und Heizungsabgase, Smog etc.;

- Überweiden von Grasland, Überforstung und Kahlschlag, Überfischen der Meere, Verminderung von Kulturland, Verknappung des Trinkwassers (vgl. Hauser 1982).

Neben Klimaveränderung und Verarmung der Arten ist die Zunahme umweltbedingter Erkrankungen (Infektionen, Vergiftungen, Stoffwechselkrankheiten, bösartige Neubildungen) von besonderer Bedeutung!

Eine neue Studie der Weltgesundheitsorganisation kommt zu dem Ergebnis, daß etwa 600 Mio. Stadtbewohner und etwa 1000 Mio. Landbewohner weltweit unter existenz- und gesundheitsgefährdenden Bedingungen leben müssen, die durch Mangel an Trinkwasser, Kläranlagen, Hygiene, Gesundheitsdiensten und wachsender Wohndichte gekennzeichnet sind (WHO 1992).

Während somit immer mehr Menschen – sind sie einmal geboren – am Leben erhalten werden können, bleiben die Voraussetzungen eines menschenwürdigen Lebens insgesamt in unterentwickelten Gebieten außerordentlich prekär. Hunger, Arbeitslosigkeit und mangelnde Ausbildung sind nur die sichtbarsten Anzeichen einer um sich greifenden Verelendung, welche die Diskrepanz zwischen medizinisch-hygienischen Neuerungen und den traditionellen, zumeist kolonial ausgebeuteten Wirtschafts- und Gesellschaftssystemen jener Länder widerspiegeln. Man muß sich in diesem Zusammenhang fragen, ob die Voraussicht auf diese Ungleichzeitigkeit jenen Instanzen, welche Bevölkerungspolitik betrieben und noch betreiben, versperrt blieb oder ob der medizinische Fortschrittsglaube die Reflexion auf die gesellschaftlichen Folgen dieser einseitigen Aktivität hinderte. Waren wirtschaftliche Interessen der Industriestaaten im Spiel, als die großen Seuchen- und Schädlingsbekämpfungen in Entwicklungsgebieten initiiert wurden, deren Produkt die Senkung der Sterblichkeit war? Man wird nicht darum herumkommen, zumindest die Ambivalenz dieser Fortschritte zu bedenken.

Was kann angesichts dieser beängstigenden Entwicklung getan werden? Was wird getan? Bevölkerungspolitik ist eine unsichere, veränderliche Angelegenheit, denn sie hängt von vielen Faktoren ab, deren Entwicklung schwer voraussehbar ist. Maßgebend sind wirtschaftliche Eigeninteressen der Industrieländer, Durchsetzbarkeit nationaler und internationaler politischer Entscheidungen, aber auch normative Zielsetzungen (Bewußtsein einer Weltgesellschaft; Kritik der Wachstumsideologie, *„small is beautiful"* u. a. m.). Auch Theorien über die Ursachen des Bevölkerungswachstums beeinflussen die Wahl der bevölkerungspolitischen Maßnahmen. Dies hat sich in der Vergangenheit insbesondere am Beispiel des sogenannten Malthusianismus gezeigt.

Bevölkerungstheorie und Bevölkerungspolitik

Neben der oben skizzierten Theorie der demographischen Transformation, die auf amerikanische Forscher im ersten Drittel unseres Jahrhunderts zurückgeht, bildete der **Malthusianismus** die bisher einflußreichste demographische Theorie. Th. Robert Malthus (1766–1834) entwickelte, offenbar unter dem Eindruck der mit der Industrialisierung Nordeuropas einhergehenden Bevölkerungsvermehrung, aus umfangreichen, sorgfältig analysierten Materialien das sogenannte **Malthusische Bevölkerungsgesetz.**

- Ein gleichbleibender, biologisch bestimmter Geschlechtstrieb bildet die Grundlage für eine stete Vermehrung der Bevölkerung.
- Durch ein schnelles Wachstum stößt die Bevölkerung bald an die obere Grenze des Nahrungsspielraumes, der sich nicht im gleichen Tempo vermehren läßt: Während die Bevölkerung im Laufe der Zeit in exponentieller Reihe wächst (1, 2, 4, 8 ...), nimmt die Nahrung nur in arithmetischer Reihe zu 1, 2, 3, 4 ...).
- Diese Entwicklung führt zu einer Katastrophe, wenn nicht eine Reihe repressiver und präventiver Hemmungen dagegen wirksam werden können. Repressive Hemmungen werden durch Krankheiten, Seuchen und Hungersnöte erzeugt. Als präventive Hem-

mung kann die geschlechtliche Enthaltsamkeit dienen, die zu einer planenden Steuerung des generativen Verhaltens führt.

Malthus hat zu einem Zeitpunkt, da es noch keine wissenschaftlich-technische Revolution von Industrie und Landwirtschaft und keine Antibabypille gab, den wichtigen Zusammenhang zwischen Ernährung und generativem Verhalten untersucht. Dabei blieben ihm ökonomische und soziokulturelle Einflußfaktoren auf generatives Verhalten, wie sie die Theorie der demographischen Transformation herausgearbeitet hat, weitgehend verborgen. Es ist einleuchtend, daß diejenigen Bevölkerungspolitiker, die sich an Malthus orientieren, die Wachstumsprobleme der Bevölkerung in erster Linie biologisch lösen wollen, d. h. durch Familienplanung. Demgegenüber bevorzugen Bevölkerungspolitiker, die sich an der Theorie der demographischen Transformation orientieren, einen breiteren Ansatz: Nicht Familienplanung als isolierte Maßnahme ist hilfreich, sondern vor allem sozioökonomische Entwicklung der gesamten Gesellschaft. Vier Faktoren helfen, in dieser theoretischen Perspektive, die Fruchtbarkeit armer Familien in der dritten Welt am nachhaltigsten zu senken:

- Gleichmäßige Einkommensverteilung
- Erhöhung des Status der Frau und der auf sie gerichteten Bildungsanstrengungen (inklusive Erhöhung des Heiratsalters)
- Vermehrte Familienplanung unter Verwendung billiger und wirksamer Kontrazeptionsmittel.
- Reduzierung der Säuglings- und Kindersterblichkeit (erst mittel- bis langfristig wirksam).

Die bisher vorliegenden Interventionsergebnisse sprechen für die Wirksamkeit eines Maßnahmebündels, welches sowohl

Programme zur sozioökonomischen Entwicklung als auch im engeren Sinne Familienplanungsdienste enthält (Einzelheiten vgl. Hauser 1982, S. 335).

Eine neue, soziologisch interessante Theorie der demographischen Transformation ist vor einigen Jahren von J. Caldwell (1978) entwickelt worden. Sie unterstreicht die Bedeutung sozioökonomischer Einflüsse auf generatives Verhalten, ordnet diese jedoch zugleich in ein umfassenderes Muster des Austausches von Reichtum und Emotionen zwischen jeweiliger Eltern- und Kindergeneration ein. Der intergenerationale Fluß von Reichtum und Emotionen ist in einer an Subsistenzwirtschaft orientierten vorindustrialisierten Gesellschaft (vorwiegend am Unterhalt der eigenen Existenz orientiert) elternzentriert: Kinder „dienen" der Aufrechterhaltung materieller Vorteile, dem gesellschaftlichen Status der Eltern. Daran sich orientierende Reproduktionsnormen begünstigen hohe Fruchtbarkeit ohne Abschätzung individueller Folgen für die betroffenen Kinder. Demgegenüber schwächt das mit der Industrialisierung sich ausweitende kapitalistische Produktionsverhältnis, bei dem die Arbeitskraft ohne Bezug zum Familien-Verwandschaftssystem dem „abstrakten" Markt ausgesetzt ist, das Band zwischen Fruchtbarkeit und materiellem Besitzstand. Längerfristig „lohnen" sich viele Kinder unter diesen Produktionsbedingungen nicht mehr. Reproduktionsnormen orientieren sich nunmehr stärker an den einzelnen Kindern: hohe Fruchtbarkeit wird langfristig kontraproduktiv.

Allerdings wird dieses „rationale" generative Entscheidungshandeln von traditionalen Normen und von soziokulturell definierten Geschlechtsrollen überlagert. Daraus erklärt sich die in vielen Entwicklungsländern zu beobachtende „Verschleppung" *(cultural lag)* generativen Verhaltens in neue Produktions- und Lebensbedingungen hinein.

Von praktischer Bedeutung ist diese Theorie deshalb, weil sie die Notwendigkeit unterstreicht, die ökonomischen und soziokulturellen Verstärker generativen Verhaltens in erfolgversprechende Familienplanungsstrategien einzubeziehen.

2.1.6 Zusammenfassung

In diesem der Demographie gewidmeten Abschnitt ist das gesellschaftliche System unter dem Aspekt der horizontalen Verteilung seiner Mitglieder in definierte Gebiete analysiert worden. Alter, Geschlecht, Familienstand und Kinderzahl sind als wesentliche Differenzierungsmerkmale herausgestellt worden, und es ist anhand des begrifflichen Instrumentariums der Demographie gezeigt worden, welche Kräfte für das Wachstum bzw. die Schrumpfung einer Bevölkerung ausschlaggebend sind. Im Zentrum dieser Betrachtung stand die Theorie der demographischen Transformation, welche den Wandel generativen Verhaltens (Abnahme ehelicher Fruchtbarkeit) im Industrialisierungs- und Modernisierungsprozeß zum Gegenstand hat. Diese Theorie verdeutlicht, wie stark demographische Prozesse durch die wirtschaftlichen Rahmenbedingungen, durch veränderte Produktionsweisen und den damit einhergehenden soziokulturellen Wandlungsprozeß beeinflußt sind. Zwei Phänomene, die teils als Mitursache, teils als Folge dieses Wandels zu verstehen sind, wurden ausführlicher behandelt: die Veränderung der Familie als soziale Institution, unter besonderer Berücksichtigung der Zeitstruktur des Familienzyklus und der Veränderung von Geschlechtsrollen sowie das demographische Altern. Es scheint, daß der Modernisierungsprozeß nur um den Preis einer Schrumpfung und tendenziellen „Überalterung" der Gesellschaft erfolgen kann. Mit steigender Überlebenswahrscheinlichkeit, d.h. steigender Lebenserwartung, ändert sich unter anderem auch das Krankheitsspektrum moderner Gesellschaften und stellt die Medizin vor neuartige Probleme. Auf diese werden wir später ausführlich eingehen.

In schroffem Gegensatz hierzu steht die Situation in den Entwicklungsländern. Bestimmungsgründe und Ausmaß demographischen Wachstums wurden skizziert, und die die gesamte Menschheit bedrohenden Ausmaße des Problems wurden anhand einer Gegenüberstellung der europäischen Bevölkerungskrise am Beginn der Industrialisierung und der heutigen Bevölkerungsexplosion in der dritten Welt verdeutlicht. Die Dramatik dieser Situation kann nicht deutlich genug unterstrichen werden. Bevölkerungspolitik und die ihr übergeordnete Entwicklungspolitik sind daher ein Thema, das nicht nur politische Verbände und internationale Organisationen, sondern auch das Bewußtsein und Handeln jedes einzelnen betreffen sollte.

2.2 Soziale Schichtung

2.2.1 Begriffliche Grundlagen

In Abschnitt 2.1 wurden Bevölkerungen unter dem Aspekt des Alters- und Geschlechtsaufbaus sowie der Geburten- und Sterbeverhältnisse im Wandel der Zeiten beschrieben. In diesem Abschnitt werden Bevölkerungen als gesellschaftliche Systeme analysiert. Ein soziales System ist nicht einfach die Summe der zu einer Gesellschaft gehörenden Individuen. Soziale Systeme weisen eigenständige Merkmale und Gesetzmäßigkeiten auf. Eine der grundlegenden Gesetzmäßigkeiten jedes bisher bekannten gesellschaftlichen Systems ist die Ausdifferenzierung und Verfestigung sozialer Ungleichheiten.

Zum Verständnis des folgenden ist es wichtig, zwei Grundbegriffe zu unterscheiden:

- **Soziale Ungleichheit:** ungleiche Verteilung begehrter Güter oder Belohnungen an die Mitglieder einer Gesellschaft

- **Individuelle Ungleichheit:** ungleiche Ausprägung biologischer Merkmale (Aussehen, Größe, physische Stärke) und/oder besonderer erworbener Fertigkeiten bei den Mitgliedern einer Gesellschaft.

Der wichtige Unterschied zwischen den beiden Definitionen liegt in dem Begriff der Verteilung oder Zuteilung: Mitglieder einer Gesellschaft werden dadurch sozial ungleich, daß sie Vorzüge oder Mittel besitzen, die als **gesellschaftlich erstrebenswert** definiert werden. Soziale Ungleichheit setzt stets eine Art Konsens über zentrale Werte voraus. Zwar können individuelle Ungleichheiten die Zuteilung knapper Güter oder Belohnungen begünstigen, aber die Ausbildung oder Verfestigung sozialer Ungleichheiten in einem gesellschaftlichen System läßt sich nie ausschließlich aus individuellen Ungleichheiten erklären.

Dies hat bereits der erste moderne Soziologe, Jean Jacques Rousseau (1712–1778), in seinem berühmten Diskurs über den Ursprung und die Grundlagen der Ungleichheit unter den Menschen (1755) gesehen, als er schrieb:

„Der erste, der ein Stück Land eingezäunt hatte und es sich einfallen ließ zu sagen: Dies ist mein, und der Leute fand, die einfältig genug waren, ihm zu glauben, war der wahre Gründer der bürgerlichen Gesellschaft."

Die Anerkennung ungleicher Verteilung knapper Güter oder Belohnungen kann auf sehr unterschiedliche Weise zustande kommen. Rousseau spielt in diesem Zusammenhang auf die Unwissenheit und die mangelnde Schlauheit der fiktiven Gruppenmehrheit einer menschlichen Urgesellschaft an. Unterlegenheit im Kampf und Wettbewerb ist ein anderer, historisch vermutlich sehr viel folgenreicherer Mechanismus der Ausbildung sozialer Ungleichheit. Beide Überlegungen zeigen, daß soziale Ungleichheit stets verknüpft ist mit sozialer Macht.

Soziale Macht: „Chance, innerhalb einer sozialen Beziehung den eigenen Willen auch gegen Widerstreben durchzusetzen, gleichviel worauf diese Chance beruht" (Weber 1956, S. 38).

Soziale Macht bildet einerseits die Voraussetzung dafür, daß Benachteiligte die ungleiche Verteilung knapper Güter anerkennen. Andererseits stützt sich soziale Macht auf das Verfügen über knappe, begehrte Mittel, mit denen soziale Abhängigkeiten geschaffen und verfestigt werden können. Was verstehen wir unter knappen, begehrten Gütern oder Belohnungen? Bekanntlich ist jede Gesellschaft gezwungen, ihren Bestand und ihr Überleben durch Produktion und durch Arbeitsleistungen zu sichern (Nahrung, Behausung, Versuche der Naturbeherrschung, Expansion etc.). Das Verfügen über wichtige Produktionsmittel bzw. Produktionsgüter ist deshalb die historisch folgenreichste Form sozialer Ungleichheit. Diese Erkenntnis bildet eine der Grundlagen der Gesellschaftstheorie von Karl Marx (1818–1883). Nach ihm ist der Besitz oder Nichtbesitz von Produktionsmitteln *das* entscheidende Kriterium der sozialen Klassenbildung.

Besitz wichtiger Produktionsmittel (z. B. Ackerland, Vieh, Ackerbaugeräte in agrarischen Gesellschaften; Kapital, Maschinen und Produktionsanlagen in industriellen Gesellschaften) und Stellung im Produktionsprozeß, d. h. **Arbeitsteilung,** beschreiben die Zentren sozialer Ungleichheit einer Gesellschaft. Aus ihnen lassen sich eine Reihe weiterer Phänomene ableiten, welche bestehende Ungleichheiten und Machtverhältnisse verfestigen. Genannt seien in diesem Zusammenhang:

- die Chance, andere Leute für sich arbeiten zu lassen, d. h. das Verfügen über Machtmittel, die es gestatten, Leistungen anderer Leute zu erzwingen, die zum eigenen Vorteil genutzt werden können;
- die Chance, aus einem ungleichen Tauschverhältnis von Arbeitsleistung und Arbeitslohn Gewinn zu erwirtschaften;
- die Chance, ökonomische und soziale Macht in politische Macht auszudehnen, d. h. als Herrschaft zu verfestigen.

Mit dem Begriff **Herrschaft** bezeichnet die Soziologie eine verfestigte, institutionalisierte soziale Macht. Zu den Voraussetzungen einer Herrschaftsbildung gehören stets:

- eine Entpersonalisierung der Machtbeziehung, d. h. die Schaffung dauerhafter Machtpositionen (z. B. Position des Königs, des Großgrundbesitzers);
- die Formalisierung der Machtausübung in Form von Gesetzen, Vorschriften, d. h. die Normierung der Fügsamkeit; hierzu ist ein Mitarbeiterstab notwendig, der die Durchsetzung von Vorschriften auch gegen Widerstand erzwingen kann;
- die Integrierung der Macht in übergreifende soziale Ordnungssysteme (z. B. Verbindung von sozioökonomischer und religiöser Macht zur Erzielung höherer Fügsamkeit) (vgl. Popitz 1986).

Fassen wir zusammen: In allen Gesellschaften unterscheiden sich Menschen über ihre individuellen Merkmale hinaus durch soziale Ungleichheiten, d. h. durch eine ungleiche Teilhabe an gesellschaftlich erstrebenswerten Gütern und Belohnungen. Die ungleiche Teilhabe ist Ergebnis sozialer Machtprozesse, und soziale Macht wird durch ungleiche Verfügungschancen über Güter wiederum verfestigt. Für die Verfestigung der Güter in sozialer Herrschaft sind Eigentum an Produktionsmitteln und die aus der Arbeitsteilung resultierende Stellung im Produktionsprozeß ausschlaggebende Faktoren.

Warum finden wir soziale Ungleichheiten in allen bisher bekannten Gesellschaften? Handelt es sich hierbei um eine Art Naturgesetz, oder sind Gesellschaften ohne soziale Ungleichheit denkbar? Bekanntlich ist dies eine der Kernfragen soziologischen Denkens, auf die wir dementsprechend an verschiedenen Stellen des Buches eingehen werden. Hier sollen lediglich einige Argumente aus der soziologischen Theoriediskussion vorgetragen werden.

Wenn die Soziologie, speziell die soziologische Systemtheorie, nach den Funktionen fragt, welche soziale Ungleichheiten für gesellschaftliche Entwicklungen notwendig machen, bedeutet dies nicht, daß bestehende Ungleichheiten als notwendig oder unveränderlich hingenommen werden müssen. Wir werden in diesem und den folgenden Abschnitten vielmehr zeigen, in welchem Umfang die gesellschaftliche Evolution zugleich eine Verringerung sozialer Ungleichheiten mit sich gebracht hat, mit anderen Worten, wie wandelbar soziale Differenzierungen sind. Zum Verständnis der Universalität (d.h. des in allen bekannten Gesellschaften vorfindbaren Phänomens) sozialer Ungleichheit sind jedoch die folgenden Überlegungen hilfreich (vgl. Popitz 1986):

- Jedes gesellschaftliche System strebt nach Festigung, Stabilisierung, Selbsterhaltung. Es muß daher im Interesse einer jeden Gesellschaft liegen, grundlegende, den Fortbestand der Gesellschaft gefährdende Konflikte unter Kontrolle zu halten. Positionelle Verfestigung sozialer Ungleichheit ist der wichtigste Mechanismus einer Kontrolle systembedrohender Verteilungskonflikte.
- Jedes gesellschaftliche System strebt nach einer funktionalen Binnendifferenzierung, um seine Leistungsfähigkeit zu steigern und seine Ordnungskraft zu erhöhen. Inhaber sozialer Positionen, die zu diesen Aufgaben Wesentliches beitragen, sind stets sozial privilegiert. Solche Leistungen betreffen beispielsweise die Fähigkeit, wichtiges Wissen und Können zu überliefern und die Fähigkeit, Streitigkeiten zu schlichten und vor Angriffen durch Feinde zu schützen. „Patriarchen", „Richter" und „Heerführer" sind daher Positionen mit hohen Machtchancen bereits in frühen historischen Stadien der Gesellschaftsentwicklung.
- Das Angebot einer auf Stabilisierung abzielenden funktionalen Binnendifferenzierung kommt weitverbreiteten menschlichen Bestrebungen entgegen: dem Streben nach sozialer Nähe unter Gleichen bzw. sozialer Distanz zu Ungleichen, dem Streben nach Auszeichnung und Besonderheit, möglicherweise auch dem Streben nach sozialer Anerkennung durch Unterordnung (Autoritätsbindung).

Wie bereits erwähnt, kann die aufgeworfene Frage hier nicht mit der notwendigen Gründlichkeit diskutiert werden, insbesondere können die Widersprüche, die sich möglicherweise aus der ersten und zweiten Bedingung ergeben (Rang, Vererbung versus funktionale Leistung), hier nicht analysiert werden (vgl. Mayntz 1970).

> Aufgrund ihrer zentralen Stellung im gesellschaftlichen Leben beeinflussen soziale Ungleichheiten wesentlich die Chancen und Risiken der Lebensgestaltung des einzelnen. Auch Gesundheit und Krankheit sind Phänomene, die auf vielfältige Weise durch soziale Ungleichheit bestimmt werden.

Soziale Ungleichheit ist damit ein **wesentliches Merkmal** der Sozialstruktur, d.h. einer relativ beständigen, das individuelle Leben mitbestimmenden und zugleich überdauernden Anordnung von Lebensumständen in bessere und schlechtere Lagen. Mit den Begriffen „soziale Position" und „bessere bzw. schlechtere Lage" werden zwei wesentliche Merkmale soziologischer Analyse von Ungleichheit herausgestellt: erstens das Merkmal der **Kategorisierung** oder Typisierung von Personen durch deren **Zuordnung** zu bestimmten **sozialen Orten,** zweitens das Merkmal der **gesellschaftlichen Bewertung** ungleicher Lebenslagen, d.h. der **vertikalen Differenzierung** einer gesellschaftlichen Struktur.

Mit dem Terminus „sozialer Status" verbindet die Soziologie diese beiden grundlegenden „Konstruktionsprinzipien" der Gesellschaft, die Tatsache nämlich, daß Personen einen bestimmten, gesellschaftlich definierten und bewerteten Ort „besetzen" oder „einnehmen" und über diese „Besetzung" an dem zentralen **gesellschaftlichen Verteilungsprozeß** teilnehmen. Bekanntlich wurde in den vorindustriellen Gesellschaften der soziale Status für die überwiegende Mehrheit der Gesellschaftsmitglieder „vererbt", d.h. über die Herkunftsfamilie tradiert (**„zugeschriebener sozialer Status"**), während er in modernen Gesellschaften – zumindest nach ihrem Selbstverständnis als demokratische, egalisierende Leistungsgesellschaften –, erworben werden kann (**„erworbener sozialer Status"**). Beschreibende Kennzeichen eines sozialen Ranges werden **Statusmerkmale** (Synonym: Statuskriterien) genannt.

Statusmerkmale, die von den Betroffenen selbst als für ihren Rang typisch betrachtet und in diesem Sinne präsentiert werden, nennen wir **Statussymbole.**

Während Statusmerkmale stets auf gesellschaftlich zentrale Werte bezogen sind (z.B. Besitz, Bildung), können als Statussymbole relativ randständige Phänomene gesellschaftlichen Lebens ausgewählt werden.

Beispiele für Statussymbole sind
- Unterschiedliche Kleidung
- Symbole oder Attribute wie Kopfschmuck, Rangabzeichen
- Sitzordnungen, Vorrechte bei sozialen Handlungen
- Verfügen über bestimmte Gegenstände bzw. eine bestimmte Größenordnung von Gegenständen (Schreibtischgröße, Automobilmarke, Wohnfläche etc.)

Soziale Ränge sind in den verschiedenen Gesellschaften in unterschiedlicher Weise sichtbar: Während die meisten traditionellen Gesellschaften großen Wert auf Sichtbarkeit und Geltung sozialer Rangunterschiede legen, ist es in modernen Gesellschaften relativ schwierig, allein anhand sichtbarer Kennzeichen auf einen sozialen Status zu schließen.

Die Aufgabe einer Soziologie der Schichtung ist zweifach: Zum einen müssen die tatsächlich geltenden sozialen Ungleichheiten erforscht, d.h. die Realitäten der Statusdifferenzierungen beschrieben werden. Dies mag in traditionellen Gesellschaften, in denen über Generationen stabile, allgemein akzeptierte Statusmerkmale ausgebildet sind (Stände, Kasten, Besitzklassen), einfacher sein als in modernen Gesellschaften, die sich durch Mobilität und Statusunsicherheit auszeichnen.

Eine zweite Aufgabe der Schichtungssoziologie besteht darin, die soziale Realität statusspezifischer Lebenslagen zu erfassen, d.h. Auswirkungen sozialer Ungleichheit auf die verschiedenen Lebensbereiche zu erklären. Hierzu benötigt die Soziologie theoretische Modelle. Wir wollen im folgenden beide Aufgaben soweit in Angriff nehmen, wie dies für die Zielsetzung des Lehrbuches erforderlich ist.

Systeme sozialer Ungleichheit in traditionellen Gesellschaften

Wie bereits ausgeführt, stellt der Zugang zu wichtigen Produktionsmitteln ein entscheidendes Merkmal der sozialen Klassenbildung dar.

Soziale Klasse: Bevölkerungsgruppierung, deren Mitglieder durch eine vergleichbare Teilhabe bzw. Nichtteilhabe an gesellschaftlich zentralen Produktionsmitteln miteinander verbunden sind. Verfügen über Produktionsmitteln in Form von immobilem Eigentum führt zu **Besitzklassen,** Verfügen über Produktionsmittel in Form von Eigentum, welches zu Tauschchancen auf einem Markt (Güter- bzw. Arbeitsmarkt) genutzt wird, führt zu **Erwerbsklassen** (Weber 1956). In neuerer Zeit wurde vorgeschlagen, als dritte Kategorie **Versorgungsklassen** zu definieren. Hierbei handelt es sich um Bevölkerungsgruppen, deren Lebenschancen wesentlich über die Zuteilung staatlicher oder anderer öffentlicher Versorgungsleistungen bestimmt werden (Lepsius 1979).

Herrschende soziale Klassen haben sich in traditionellen Gesellschaften durch das Prinzip der Ständebildung hinweg zu halten versucht.

Sozialer Stand: Bevölkerungsgruppe, deren Mitglieder ausschließlich durch Geburt das Recht der Teilhabe an gesellschaflich zentralen Gütern und Belohnungen erhalten. In ständischen Gesellschaften (z.B. im Mittelalter) wird der Status vererbt (zugeschrieben).

Soziale Kaste: Stand, in dem strikte Endogamie (Verheiratung innerhalb einer Gruppe) gilt und in dem die Zugehörigkeit überdies mit bestimmten religiösen Funktionen verknüpft ist. (Das bekannteste und folgenreichste Kastensystem hat sich in Indien entwickelt.)

In der agrarischen Gesellschaft Europas hat sich über die Jahrhunderte der ständische **Feudalismus** herausgebildet und erhalten: Die ländlich-feudale Ständegesellschaft umfaßt die Stände:
- Adel (König, Großgrundbesitzer, Ministeriale, Ritterschaft)
- Geistlichkeit
- Bauern (Freie und Unfreie)

Durch die Entwicklung der Städte haben die Stände der Patrizier und Bürger zur Umgestaltung der europäischen Gesellschaft in der Neuzeit, letztlich zur Auflösung der Ständegesellschaft durch die Doppelrevolution (vgl. 2.3) wesentlich beigetragen.

Es sollte an dieser Stelle noch erwähnt werden, daß der Begriff „Stand" neben der Vererbung des sozialen Status noch weitere Bestimmungsmerkmale enthält, so z.B. das Vorhandensein eines spezifischen Bewußtseins der Gruppenzugehörigkeit (Standesbewußtsein), das häufig religiös gerechtfertigt wird (Standesordnung) und welches sich in einem herausgehobenen, „standesgemäßen" Lebensstil äußert. Auch die Standesehre, die unter Umständen mit dem Leben verteidigt wird, ist ein wichtiges Kennzeichen eines herrschenden Standes. Mit dem Begriff des **Berufsstandes** (z.B. Standesorganisation der Ärzte) werden in abgeschwächter Form einige der Merkmale ständischer Verfassung (Standesbewußtsein, Standesehre, ständische Interessen) in unserer modernen Gesellschaft weiter aufrechterhalten.

Systeme sozialer Ungleichheit in modernen Gesellschaften

Zumindest nach ihrem Selbstverständnis verleihen moderne Gesellschaften seit der Französischen Revolution als demokratische, egalisierende Leistungsgesellschaften sozialen Status nicht nach Herkommen, sondern aufgrund individueller Fähigkeiten und Leistungen. Wir werden weiter unten sehen, daß gesellschaftliche Chancengleichheit im Hinblick auf einen Statuserwerb in den entwickelten Industriegesellschaften noch immer ein Postulat und nur in begrenztem Maße eine soziale Realität darstellt. Immerhin gilt, daß Auf- und Abstiegsprozesse zwischen sozialen Statusgruppen nicht nur in größerem Umfang möglich geworden, sondern zu einem grundlegenden Legitimationsprinzip moderner Leistungsgesellschaft geworden sind.

In einer sicherlich nur sehr globalen Zusammenfassung der modernen soziologischen Ungleichheitsforschung können wir sagen, daß in fortgeschrittenen Gesellschaften die Merkmale der **Ausbildung,** des **Berufes** und des **Einkommens** bei der Bestimmung des sozialen Status einer Person von ausschlaggebender Bedeutung sind. Mit der Herausstellung dieser drei Merkmale der sog. **meritokratischen Triade** wird wesentlichen gesellschaftlichen Entwicklungsprozessen von der frühindustriellen zur modernen Industrie- und Dienstleistungsgesellschaft Rechnung getragen:

- der **Überwindung** der **traditionellen Klassenstruktur** frühindustriell-kapitalistischer Gesellschaft u. a. durch Sozialstaatsentwicklung und Interventionstätigkeit des Staates, durch Wohlstandsentwicklung, durch Ausdifferenzierung und Qualifizierung des Berufsspektrums, durch Tertiarisierung der Erwerbsbevölkerung, durch Ausbreitung von Beschäftigungsverhältnissen mit öffentlichen Arbeitgebern, durch Erhöhung intra- und intergenerativer sozialer Mobilität;
- dem zentralen Stellenwert von **Bildung** als berufsstatuszuweisender, einkommensdifferenzierender und den allgemeinen **Lebensstil** bestimmender Größe;
- dem überragenden Einfluß, der mittelbar oder unmittelbar von der **Erwerbstätigkeit** auf die **Qualität** der **Lebensverhältnisse** der arbeitenden Bevölkerung und der von ihr abhängigen Sozialgruppen (Kinder, Hausfrauen, Alte) ausgehen.

Bei dem Versuch, interaktions- und verhaltensrelevante Statusdifferenzierungen festzulegen, scheint uns die Berufs- bzw. Erwerbsstruktur der Bevölkerung aus folgenden Überlegungen vorrangige Bedeutung zu haben:

- Der **Beruf** bildet für den überwiegenden Teil der Bevölkerung im Alter zwischen 20 und 60 Jahren die Grundlage für eine **kontinuierliche Erwerbschance;** von ihr sind direkt oder indirekt auch nichtberufstätige Familienmitglieder sowie (über staatliche Verteilungsmechanismen) Rentner in ihrem Versorgungsstatus abhängig.
- Berufsarbeit ist wesentliches Ziel gesellschaftlicher Sozialisationsprozesse; für die **Statuszuweisung** im gesellschaftlichen Urteil ebenso wie für das soziale Identitätserleben stellt der Beruf vermutlich das wichtigste Kriterium dar.
- Im Berufsleben verbringt der überwiegende Teil der aktiven Bevölkerung die meiste **Lebenszeit,** werden die am längsten dauernden Erfolgs- bzw. Mißerfolgserfahrungen in Leistungssituationen generiert und besteht die längste Exposition gegenüber Einflüssen, welche die seelische und körperliche Gesundheit bzw. im weiteren Sinne die Lebensqualität beeinträchtigen.
- **Verhaltensstile,** die durch den Beruf wesentlich geprägt werden, beeinflussen das außerberufliche Leben, die Werte und Orientierungen der Betroffenen bis hin zum Erziehungs-, Konsum- und Freizeitverhalten.

Wie können die bisher beschriebenen Statusmerkmale von der Soziologie operationell erfaßt, d. h. zur Beschreibung sozialer Schichten in modernen Gesellschaften eingesetzt werden? Wie sieht die Schichtungsstruktur der Gesellschaft, z. B. in Deutschland, anhand solcher operationeller Statusmerkmale aus? Lassen sich überhaupt Schichten eindeutig abgrenzen? Welchen Wandlungstendenzen ist das soziale Schichtungssystem unterworfen? Diesen Fragen widmet sich der folgende Abschnitt.

2.2.2 Zur Messung und Ausprägung sozialer Schichtung

Als soziale **Schichten** bezeichnen wir Personengruppen, die sich hinsichtlich gesellschaftlich zentraler Statusmerkmale in einer gleichen oder vergleichbaren Lage befinden.

Schichtzugehörigkeit bedeutet zum einen die Einordnung einer Personengruppe in ein System vertikaler sozialer Differenzierung, zum anderen ihre Teilhabe an gemeinschaftlichen Erfahrungen, Lebenschancen und -risiken.

Schichtmodelle lassen sich nach drei unterschiedlichen Arten von Datenquellen konstruieren:

- nach objektiven Statuskriterien wie Einkommen, Bildung, Beruf, Stellung im Produktionsprozeß, Wohnsituation;
- nach Beobachtungskriterien sozialer Interaktionsmuster zwischen Personengruppen;
- nach subjektiven Einschätzungskriterien (sog. Prestige-Skalen).

Zweifellos bildet die erste Datenquelle das Fundament der Schichtungssoziologie. Für spezielle Fragestellungen, etwa der Gemeinde- und Stadtsoziologie, kann auch die zweite Datenquelle sehr wichtig sein, die im übrigen häufig zu vergleichbaren Ergebnissen führt (vgl. Pappi 1976). Prestige-Skalen sind wichtige Instrumente zur Erfassung subjektiver Gesellschaftsbilder, sie sind jedoch nur bedingt geeignet, Information über objektive Status-Differenzierungen zu liefern. Deshalb beschränken wir unsere Darstellung auf die zuerst genannte Datenquelle.

Soziale Ungleichheit und Einkommen

Die Höhe des regelmäßig verfügbaren Haushaltseinkommens ist aus naheliegenden Gründen ein wichtiger Indikator sozialer Differenzierung. Seine Hauptquellen sind

- das Einkommen aus abhängiger Erwerbstätigkeit (Arbeiter: Lohn, Angestellte: Gehalt, Beamte: Besoldung)
- das Einkommen aus selbständiger Arbeit
- das Einkommen aus Eigentum (Vermögen, Kapitaleigentum)
- das Transfer-Einkommen
  a) erwerbsarbeitsbezogen: z.B. Arbeitslosengeld;
  b) öffentlicher Ausgleichstransfer: z.B. Sozialhilfe, Kindergeld;
  c) Renten und Pensionen
  d) indirektes Transfer-Einkommen: z.B. Steuererleichterungen
- privater Unterhalt
  a) mithelfende Familienangehörige
  b) private Transfers: z.B Unterhaltszahlungen
  c) gemeinsame Haushaltsführung

Die wichtigste Rolle spielt auch in fortgeschrittenen Industriegesellschaften das Erwerbseinkommen: Etwa drei Viertel aller Haushalte in Deutschland beziehen (mindestens) ein Erwerbseinkommen, obwohl sowohl durch die strukturelle Arbeitslosigkeit wie durch den steigenden Anteil von Rentnern alternative Einkommensquellen, vor allem Transfer-Einkommen, wichtiger werden.

Bei der Beurteilung der Einkommenshöhe muß stets die Zahl der Mitverdienenden und die Familiengröße in Rechnung gestellt werden, wenn eine realistische Einschätzung der Einkommensungleichheit erfolgen soll. Will man einen groben Überblick über die soziale Ungleichheit nach Einkommen in Deutschland erhalten, so empfiehlt es sich, die repräsentativen Mikrozensus-Daten heranzuziehen. Als empirische Illustration der einkommensspezifischen Ungleichheit in Deutschland (vor den mit dem Einigungsprozeß eingeleiteten Veränderungen) dient die in Tabelle 2-5 dargestellte Übersicht.

Tabelle 2-5   Netto-Einkommensverteilung privater Haushalte nach Quintilen, BRD 1950–1985 (nach Kreckel 1992, S. 112).

| | Anteil am verfügbaren Gesamteinkommen: | | |
	1950	1970	1985
1. (einkommensstärkstes) Fünftel der Haushalte:	45,2%	45,6%	43,1%
2. Fünftel:	22,8%	22,5%	21,4%
3. Fünftel:	15,9%	15,6%	16,1%
4. Fünftel:	10,7%	10,4%	12,1%
5. Fünftel:	5,4%	5,9%	7,3%

In der Tabelle ist die Netto-Einkommensverteilung privater Haushalte nach Quintilen im Vergleich der Jahre 1950 und 1985 dargestellt. Dies bedeutet, daß das nach Einkommenshöhe angeordnete vertikale Kontinuum der Privathaushalte in fünf gleich große Quintile zu je 20% aufgeteilt wird. Für jedes Quintil wird der Prozentanteil am verfügbaren Gesamteinkommen berechnet (in einer annähernd einkommensgleichen Gesellschaft betrügen die fünf Prozentanteile jeweils 20%). Aus der Tabelle wird ersichtlich, daß eine deutliche Ungleichverteilung existiert und daß diese über die 35 Jahre dauernde Beobachtungsperiode hinweg nahezu unverändert bleibt, auch wenn die Realeinkommen aller Gruppen in diesem Zeitraum kontinuierlich angestiegen sind. So konnte das einkommensstärkste Fünftel der Haushalte über mehr als zwei Fünftel des Gesamteinkommens verfügen, während dem einkommensschwächsten Fünftel lediglich zwischen fünf und sieben Prozent verblieben. Eine weitere, hier nicht im einzelnen dargestellte Statistik zeigt, daß das Durchschnittseinkommen im obersten Quintil etwa dreieinhalbmal so groß ist wie im untersten Quintil.

Die Einkommenshöhe ist ein medizinsoziologisch wichtiger Indikator sozialer Ungleichheit, u. a. weil eine Vielzahl gesundheitsrelevanter Güter und Lebenschancen direkt oder indirekt von ihr abhängen (z. B. Wohnqualität, Hygiene, gesundheitsfördernde Ernährung, medizinische Betreuung).

Soziale Ungleichheit und Bildung

Dem Merkmal „Bildung" kommt bei der Bestimmung sozialer Ungleichheiten eine herausragende Bedeutung zu. Aus mindestens drei Gründen ist dies der Fall:

* Erstens ist Bildung die wichtigste „Mobilitätsschleuse" in modernen Gesellschaften. Schulabschlüsse bahnen den sozialen Statuserwerb stärker als jede andere soziologische Variable. In diesem Sinne formulierte der Soziologe Schelsky bereits 1957: „Die Schule ist die primäre, entscheidende und nahezu einzige soziale Dirigierungsstelle für Rang, Stellung und Lebenschancen des einzelnen" in der modernen Gesellschaft (Schelsky 1957, S. 18).
* Zweitens vermittelt Bildung berufliche Basisqualifikation und verbindet damit wesentliche Sozialisationsleistungen einer Gesellschaft mit der Chancenstruktur ihres Arbeitsmarktes. In dieser Perspektive stellt Bildung eine Investition in Humankapital dar; unterschiedliche Bildungsinvestitionen wirken sich langfristig auf soziale Ungleichheiten bezüglich Qualität, Sicherheit, Autonomie, Mobilität und Gratifikation von Erwerbsarbeit aus.

- Drittens bedeutet Bildung Teilhabe am kulturellen Kapital einer Gesellschaft. Sie bestimmt weitgehend den Lebensstil einzelner sozialer Gruppen, damit auch für Gesundheit und Krankheit wesentlicher sozialer Normen, Einstellungen und Formen der Daseinsbewältigung. Bildung als Lebensstil-Variable wird in modernen Gesellschaften zu einem immer wichtigeren sozialen Differenzierungskriterium.

Auf diesem Hintergrund ist die Bildungsexpansion in entwickelten Industriegesellschaften in der Zeit nach dem 2. Weltkrieg in Deutschland, speziell nach 1965, zu sehen: Demokratisierung der Bildung bedeutet Chancengleichheit bei der Wahl von Schultypus und beim Anstreben von Bildungsabschlüssen, unabhängig vom elterlichen Bildungsniveau, von Konfession, Geschlecht und Wohnregion.

Zusammenfassend läßt sich sagen:
- Soziale Ungleichheiten im Bildungswesen Deutschlands bestehen auch heute noch, wenn auch die Diskrepanzen verringert worden sind und das Ungleichheitsniveau sich verlagert hat. Bildungsstatus und berufliche Stellung der Eltern bestimmen das Bildungsniveau der Kinder nach wie vor in starkem Maße (v.a. beim Übergang von der Grund- in die Sekundarschule und bei der Motivierung zum Erreichen des Abiturs).
- Ungleichheiten nach Geschlecht, Konfession und regionaler Lage sind in Deutschland in starkem Maße reduziert worden. Auch im weiterführenden Bildungswesen haben Mädchen und junge Frauen den früher bestehenden männlichen Vorsprung weitgehend aufgeholt (ca. 40% Studentinnen an deutschen Hochschulen), während Geschlechtsunterschiede auf dem Weg in den Arbeitsmarkt, insbesondere bei höher qualifizierten Positionen, nach wie vor bestehen (Schäfers 1995).

Als Schichtungskriterium besitzt das auf den Qualifikationsgrad der Ausbildung abzielende Merkmal „höchster erreichter Schulabschluß" Vor- und Nachteile:
Wichtigste Nachteile:
- schiefe Verteilung des Merkmals in der Bevölkerung;
- geringe Vergleichbarkeit von Schulabschlüssen, insbesondere im zeitlichen Längsschnitt;
- große Heterogenität der Bildungsinhalte bei formal gleichen Abschlüssen.

Wichtigste Vorteile:
- zuverlässige Erfassung des Merkmals;
- relativ geringe Veränderung im Laufe eines individuellen Lebens;
- Verfügbarkeit entsprechender Informationen über den größten Teil der erwachsenen Bevölkerung;
- wachsende gesellschaftliche Bedeutung des Merkmals (Bildung als Lebensstil-Variable, als Voraussetzung des Zugangs zu qualifizierten Berufen und höherem Einkommen).

In der Medizinischen Soziologie und Sozialepidemiologie kommt dem Kriterium Bildung aus den zuletzt genannten Gründen (vor allem als Lebensstil-Variable) eine große Bedeutung zu. Auf einzelne Aspekte gehen die Kapitel 5 und 6 ausführlich ein.

Soziale Ungleichheit und Beruf

In verschiedenen Industrieländern bildet die Zusammenfassung relativ homogener Berufskategorien zu sozioökonomischen Schichten nach Kriterien wie Berufsqualifikation, Prestige oder Einkommen die Basis für amtliche Statistiken zu Tatbeständen sozialer Differenzierung, speziell auch im Bereich von Gesundheit und Krankheit. Trotz mancher methodischer Ungenauigkeiten und Einwände lassen sich diesen Statistiken wichtige Trendinformationen entnehmen, so z. B. bezüglich schichtenspezifischer Sterblichkeit. Am weitesten verbreitet sind amtliche Informationen über schichtenspezifische Sterblichkeit in Großbritannien (Townsend 1988, Fox 1989, vgl. Kap. 5) sowie in den USA (vgl. Kitagawa et al. 1973, Mechanic 1978, Cockerham 1992).

In der Bundesrepublik Deutschland wie auch in einer Reihe anderer europäischer Länder existiert bisher keine soziologisch brauchbare amtliche Berufsklassifikation. Die einzige, äußerst grobe, heterogene Gruppen zusammenfassende amtliche Klassifikation nach dem Merkmal „Stellung im Beruf" orientiert sich an arbeitsrechtlichen Merkmalen und unterscheidet „Selbständige", „Beamte", „Angestellte", „Arbeiter" und „mithelfende Familienangehörige".

Allerdings stellen sich dem Versuch, zeitlich überdauernde und darüber hinaus zwischen verschiedenen Ländern vergleichbare Abgrenzungskriterien der Stellung von Individuen in der Berufshierarchie zu finden, zahlreiche Schwierigkeiten entgegen. Diese Schwierigkeiten reflektieren den sozialen Wandel, der in einer Gesellschaft vor sich geht. Man denke in diesem Zusammenhang an die Veränderungen des Berufsspektrums durch den technischen Wandel, an makroökonomisch bedingte Strukturverschiebungen zwischen und innerhalb von Branchen, an ökonomische Konzentrationsprozesse, an Wanderungsbewegungen der Erwerbsbevölkerung (z. B. die „Unterschichtung" statusniedriger Berufe durch Gastarbeiter).

Neben diese sozialhistorischen Probleme mangelnder Vergleichbarkeit von Berufsklassifikationen und -bewertungen im zeitlichen Längsschnitt treten jedoch konzeptuelle Probleme der Erfassung des Statusmerkmals „berufliche Stellung". Es stellt sich nämlich die Frage, ob vertikale Differenzierungen zur Ermittlung der Stellung in der Berufshierarchie heute noch angemessen auf einer Dimension abgebildet werden können, oder ob nicht vielmehr **mehrdimensionale Modelle** sozialer Ungleichheit benötigt werden. Die soziologische Forschung hat gezeigt, daß es unterschiedliche Dimensionen beruflicher Ungleichheit gibt, die keineswegs eindeutig miteinander korreliert sind:

- beruflicher Qualifikationsgrad;
- Ausmaß des Einflusses auf Untergebene und auf wichtige Entscheidungen;
- Teilhabe an Gratifikationen wie Gehalts- bzw. Lohnhöhe, Sicherheit des Arbeitsplatzes, Flexibilität und Autonomie von Arbeitsaufgabe und Arbeitszeit;
- Betroffenheit durch Arbeitsbelastungen.

Es dürfte schwierig sein, ein Klassifikationssystem beruflicher Stellung zu entwickeln, das all diesen Gesichtspunkten in gleicher Weise Rechnung trägt und dabei zu einer eindeutigen vertikalen Zuordnung der einzelnen Berufe führt. Man denke beispielsweise an leitende Angestellte eines großen Betriebes, die zwar hohen Einfluß und ein hohes Gehalt haben, die aber diese Vorteile lediglich durch extremen Arbeitseinsatz (Ausweitung der Arbeitszeit, Erleiden spezifischer Arbeitsbelastungen, teilweise auch durch Inkaufnehmen von Arbeitsplatzunsicherheit) erzielen. Auch Industriemeister mögen mehr Einfluß und eine bessere Bezahlung haben als manche Facharbeiter, zugleich sind sie aber deutlich höheren Arbeitsbelastungen ausgesetzt (vgl. Kap. 5).

Die Liste solcher Beispiele ließe sich beliebig verlängern. Zusammenfassend können wir sagen, daß die berufliche Stellung als strukturbildendes Prinzip moderner Gesellschaften eine zentrale Bedeutung besitzt, daß sie sich aber adäquat nicht mehr in einer einzigen Dimension, sondern vielmehr in einem mehrdimensionalen Raum erfassen läßt. Ein solcher Raum ermöglicht sodann, bestimmte **Soziallagen** zu identifizieren, und die Konstellationen, welche solche Soziallagen bestimmen, lassen sich an den Extremen besonders anschaulich beschreiben: „Es gibt einen relativ engen Zusammenhang zwischen der Höhe der Qualifikation, der beruflichen Stellung, des Einkommens und Ansehens auf der einen, und Vorteilen in der Arbeitssituation auf der anderen Seite. Es sind insbesondere die Arbeiter-tätigkeiten unterhalb der Facharbeiter-ebene, auf die sich negative Beschäfti-gungsmerkmale wie geringe Arbeitsplatz-sicherheit, niedrige, oft an die unmittel-bare Leistung gekoppelte Bezahlung, hohe Belastung, Unfallgefahr, Schichtarbeit, starre Arbeitszeiten und niedriges Prestige konzentrieren. Positive Beschäftigungs-merkmale sammeln sich in den gehobenen und höheren Angestellten- bzw. Beam-tentätigkeiten" (Hradil 1987, S. 44).

> Berufliche Stellung, Einkommen, Vermö-gen und Bildung lassen sich, mit einer Reihe von Einschränkungen, als einzelne objektive Statuskriterien in der Erforschung von Sozialstrukturen moderner Gesell-schaften verwenden. Diese Kriterien wer-den in der Regel in Form von Rangdaten operationell erfaßt.
>
> Beispiel: Höhe des monatlichen Netto-einkommens; höchster erreichter Schulab-schluß; Höhe der beruflichen Stellung (als gutes Beispiel: vgl. die Skala des Berufs-Prestiges von Handl u.a. 1977). Einen zweiten Ansatz zur Messung sozialer Schichtung bilden Schichtindizes.

Schichtindizes

Ein Index sozialer Schichtung stellt eine zumeist gewichtete Kombination von Sta-tusmerkmalen dar. Der in der Medizinso-ziologie bedeutsamste Schichtindex ist von dem amerikanischen Soziologen Au-gust Hollingshead entwickelt worden (Hollingshead u.a. 1957). Er besteht aus den zwei Merkmalen „berufliche Stellung" und „Ausbildung", die im Verhältnis 7:4 gewichtet werden. Beide Merkmale wer-den auf einer Rangordnungsskala mit je-weils sieben Ausprägungen erfaßt:

Berufliche Position
- akademische Berufe (Angestellte in Führungspositionen, Unternehmer)
- Manager, Eigentümer mittlerer Unter-nehmungen
- Angestellte in gehobenen Positionen (Selbständige, ohne akademische Be-rufe)
- einfache Angestellte, kleine Selbstän-dige
- Facharbeiter
- angelernte Arbeiter
- ungelernte Beschäftigte

Ausbildung
- akademische Ausbildung
- College (mit Abschluß)
- College (ohne Abschluß)
- High-School (mit Abschluß)
- High-School (ohne Abschluß), 10 bis 11 Schuljahre)
- 7–9 Schuljahre
- unter 7 Schuljahren

Für jeden Probanden wird der Berufs-Score (gleich Punktwert) siebenfach, der Ausbildungs-Score vierfach gewichtet, und diese Summe wird durch zwei geteilt. Je nach erreichtem Punktwert wird der Proband sodann in eine von fünf sozio-ökonomischen Schichten eingeteilt.

Diese eindimensionale Schichtenklas-sifikation ist von der Forschung willkür-lich festgelegt worden, beweist jedoch in der empirischen Anwendung eine recht gute Brauchbarkeit.

Zwei Tatbestände sind für eine ange-messene Beurteilung von Schichtindizes von Bedeutung. Erstens haben verschiede-ne Studien gezeigt, daß Beruf und Bildung tatsächlich die wichtigsten Komponenten eines Schichtenmodells darstellen. Ver-sucht man, schichtspezifische Verhaltens-weisen zu erfassen, dann erklären weitere mögliche Schichtindizes, wie z. B. Einkommen oder Wohnqualität praktisch nichts mehr, nachdem die Merkmale Beruf und Bildung statistisch kontrolliert sind (vgl. Kohn et al. 1983). Zweitens sind Schichtindizes in Gesellschaften, die sich durch ein hohes Maß von Statusinkonsistenz auszeichnen, nur von begrenzter Aussagekraft.

Statusinkonsistenz heißt, daß eine Person zwar hinsichtlich eines Merkmals in der Rangordnung hoch, jedoch hinsichtlich eines zweiten Merkmals tief liegt. Eine eindeutige Schichtzuordnung ist unter diesen Umständen nicht möglich (Beispiele: Die promovierte Akademikerin, die aufgrund prekärer Arbeitsmarktsituation als Sekretärin arbeitet; der ehemalige Hauptschüler, der durch Erwerbstätigkeit in der „Halbwelt" zu hohem Einkommen gelangt). In der Bundesrepublik Deutschland wird der Anteil statusinkonsistenter Personen auf mindestens 25% der Gesamtbevölkerung geschätzt. Dies verdeutlicht, daß die Annahme homogener, abgrenzbarer Sozialschichten heute nur noch von begrenzter Gültigkeit ist.

Vor einigen Jahren ist versucht worden, trotz der bekannten Schwächen, ein Modell des Schichtungsaufbaus für die bundesdeutsche Bevölkerung zu entwerfen. Dieses Modell ist in Abbildung 2-8 dargestellt.

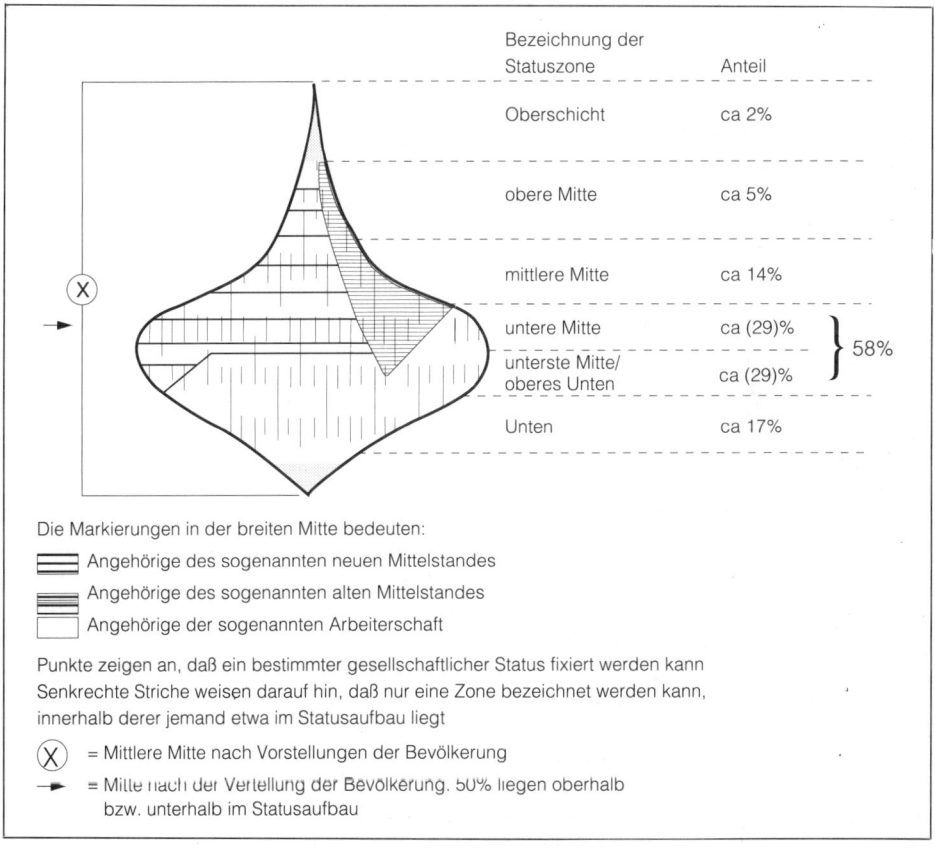

Abbildung 2-8   Statusaufbau und Schichtung der Bevölkerung der BRD (nach Bolte u. a. 1967, S. 316).

Soziale Schichten und Klassen

Inwiefern unterscheiden sich Schichtungsmodelle wie das eben gezeigte von sozialen Klassenmodellen? Sind die Unterschiede unüberbrückbar oder gibt es eine partielle Übereinstimmung?

Zunächst zu den Unterschieden:

- Schichtbildung kann auf den verschiedenen, in einer Gesellschaft beobachtbaren Statusmerkmalen (in unterschiedlicher Gewichtung) beruhen. Soziale Klassen sind demgegenüber durch ein einziges Statusmerkmal bestimmt (das ökonomische Merkmal des Besitzes bzw. Nichtbesitzes von Produktionsmitteln);
- Die Anzahl von Schichten ist dementsprechend nicht ein für allemal festgelegt; auch ist das Schichtungskonzept nicht notwendigerweise eindimensional; demgegenüber sind Klassenmodelle stets dichotom (d. h. aus zwei antagonistischen Gruppierungen bestehend), wenn auch, wie sogleich gezeigt wird, innerhalb der beiden Hauptklassen sozioökonomische Unterscheidungen getroffen werden können;
- Schichtungsmodelle haben lediglich einen deskriptiven Anspruch; sie gliedern die Gesellschaft analytisch in relevante Subgruppen; sie erklären jedoch weder das Zustandekommen noch die Auswirkungen sozialer Differenzierung. Klassenmodelle sind deskriptiv und erklärend insofern, als in klassentheoretischer Sicht das Grundverhältnis zwischen Kapital und Arbeit für alle Erscheinungsformen gesellschaftlichen Lebens konstitutiv ist (Marx 1962).

Bedenkt man die lange Tradition soziologischer Kontroversen um den Stellenwert von Klassen- versus Schichtungssoziologie (vgl. Schäfers 1995), so lohnt es sich, wenigstens im Ansatz auf neuere Untersuchungen aufmerksam zu machen, die über die Gegensätze hinaus auf gewisse Konvergenzen hinweisen.

Es wurde bereits betont, daß in modernen Industriegesellschaften die ungleiche Verteilung der Verfügungsgewalt über Macht und Einkommen am stärksten von der Stellung in der Berufshierarchie abhängig ist. In Fortführung Marxscher Gedanken hat der Soziologe Dahrendorf (1957) soziale Klassen nicht allein nach dem Merkmal des Verfügens über Produktionsmittel, sondern auch nach dem Ausmaß der Kontrolle über Untergebene charakterisiert. Unter diesem Gesichtspunkt sind differenzierte soziale Gliederungen, beispielsweise der amerikanischen Erwerbsbevölkerung, vorgenommen worden (Wright 1979), die zur Definition von sechs sozialen Status-Gruppen im Erwerbsleben, speziell im Produktionssektor, aus marxistischer Sicht führten:

- Unternehmer (Beschäftigung einer größeren Zahl von Angestellten bzw. Arbeitern);
- Selbständige (Kleinunternehmer);
- Manager (ohne wesentliche Verfügungsgewalt über Kapital, leitende Angestellte);
- Meister und Vorarbeiter in der Produktion; Angestellte mit begrenzter Vorgesetztenfunktion;
- nichtmanuelle Beschäftigte ohne Vorgesetztenfunktion;
- manuell Beschäftigte ohne Vorgesetztenfunktion.

Vergleicht man die Übereinstimmung zwischen einer klassentheoretischen und einer schichtungssoziologischen Gliederung (z. B. nach dem Hollingsheadschen Index sozialer Position), so zeigt sich immerhin eine Korrelation von 0,72. Dies bedeutet, daß beide Betrachtungsweisen sich in einem beachtlichen Ausmaß überschneiden (Kohn et al. 1983).

Schichtung und soziale Mobilität

Die Schichtungsrealität einer Gesellschaft wird unter dem Aspekt der Positionsdifferenzierung in einem zeitlichen Querschnitt nicht angemessen erfaßt. Wichtig ist es, Schichten unter dem Aspekt der **Positionsbesetzung** zwischen Generationen, d. h. im zeitlichen Längsschnitt zu betrachten. Erst dadurch wird sichtbar, in welchem Maß Zugang zu begehrten Positionen und Gütern offen oder verschlossen ist, in welchem Ausmaß soziale Nähe und soziale Distanz wirksam sind.

Als Sammelbegriff für soziale Auf- und Abstiegsprozesse zwischen Statusgruppen hat sich der Terminus **soziale Mobilität** (synonym: vertikale Mobilität) eingebürgert. Man unterscheidet:

Intragenerative Mobilität: Auf- oder Abstiegsprozesse im Verlauf der Berufsbiographie eines einzelnen;

Intergenerative Mobilität: Auf- oder Abstiegsprozesse zwischen zwei Generationen (Vätern und Söhnen, Müttern und Töchtern) bzw. zwischen mehreren Generationen.

Zur Beurteilung des Verfestigungsgrades sozialer Schichtung ist es in erster Linie wichtig, Daten über intergenerative Mobilität zu besitzen. Für die Bundesrepublik Deutschland zeigen sich gegenwärtig folgende Trends:

- Rund 40% der Angehörigen aller Berufsgruppen stammen aus Familien, deren Familienvorstand den gleichen Beruf innehatte; allerdings ist die Selbstrekrutierung nach Schichten unterschiedlich verteilt: „Für vier Fünftel der Kinder von ungelernten Arbeitern und fast zwei Drittel der Kinder von Facharbeitern ist ... das Eingeschlossensein in das Arbeiterdasein entscheidendes Merkmal ihrer Lebenschance" (Mayer 1977, S. 192).
- Etwa 50% der Familien aus der oberen Mittelschicht können ihren Status an die Söhne weitergeben (Schäfers 1995).
- Deutlich ungleiche Auf- und Abstiegsbilanzen gibt es zwischen an- und ungelernten Arbeitern einerseits und Angestellten andererseits: Nur 25% der

Söhne von un- oder angelernten Arbeitern steigen beruflich auf, weniger als 5% der Söhne von Angestellten steigen in un- oder angelernte Arbeiterpositionen ab (Lepsius 1979). Dagegen gibt es zwischen Facharbeitern und Angestellten eine hohe intergenerative Mobilität: 40% der Söhne von Facharbeitern werden Angestellte und 30% der Söhne von Angestellten wieder Facharbeiter (Lepsius 1979).

- Freie Berufe, Selbständige und Bauern stellen relativ geschlossene Berufskreise dar.
- Mit zunehmender wirtschaftlich-konjunktureller Rezession schwächt sich das vertikale Mobilitätsniveau ab, zugleich erhalten die traditionellen Mechanismen der Statuszuweisung (familiäre Herkunft, Besitz, Heirat) wieder stärkeres Gewicht.

Angesichts des zuletzt genannten Trends ist es hilfreich zu wissen, in welchem Umfang das Bildungssystem dazu beiträgt, die Verknüpfung zwischen sozialer Herkunft und Berufslaufbahn zu lockern. Diese Frage läßt sich anhand neuer amerikanischer Studien relativ zuverlässig beantworten, deren Ergebnis auch für die Bundesrepublik Deutschland Geltung beanspruchen kann. Abbildung 2-9 zeigt die Einflußfaktoren auf die erreichte berufliche Position erwerbstätiger Erwachsener in den USA im Jahre 1973, berechnet als Prozentsätze erklärter Gesamtvarianz (gleich 100%). Die Abbildung zeigt erstens, daß etwa 43% der Gesamtvarianz durch die Variablen „soziale Herkunft" und „eigenes Ausbildungsniveau" erklärt werden können. Zweitens wird aber deutlich, daß der überwiegende Teil (22,3%) auf den Nettoeffekt der Ausbildung zurückgeht, d. h. auf den um soziale Herkunftseinflüsse auf die Ausbildungschancen statistisch bereinigten schulischen Ausbildungseffekt. Lediglich 7,1% der Varianz erreichter Berufspositionen lassen sich durch soziale Herkunftseinflüsse (hier: Beruf des Vaters) erklären.

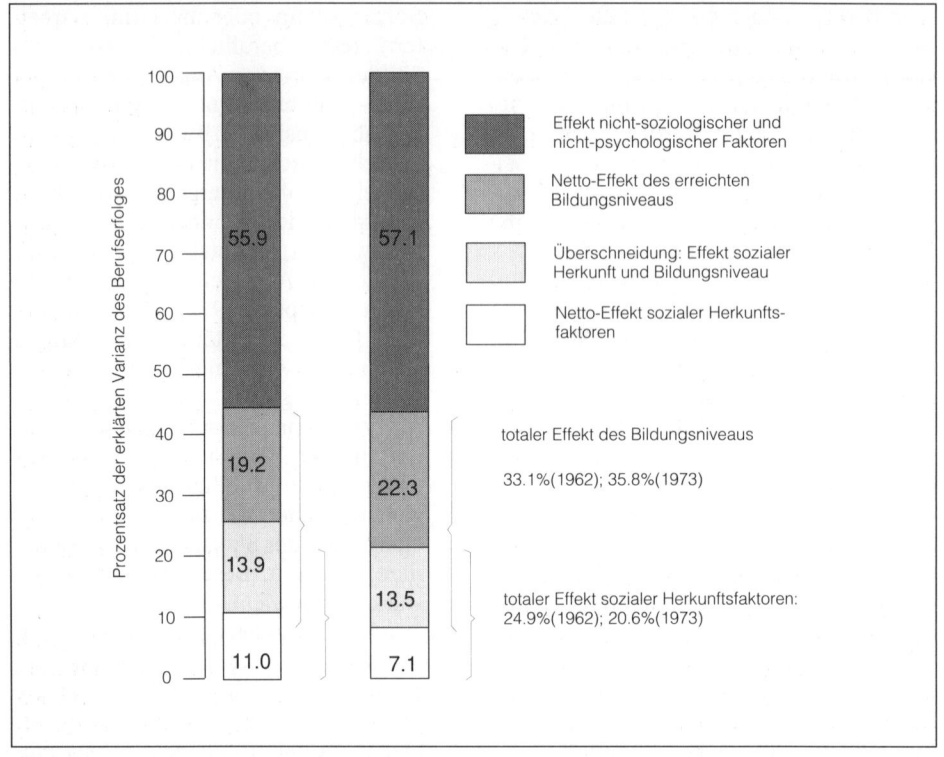

Abbildung 2-9   Faktoren, die den Berufserfolg beeinflussen: Varianzanalytische Anteile der einzelnen Faktoren ermittelt aus zwei Studien (linke Säule: 1962; rechte Säule 1973) (Featherman et al. 1978, S. 259).

Allerdings wirken diese, vermittelt über entsprechende Ausbildungschancen, in gewissem Umfang indirekt (13,5% der erklärten Varianz) auf das Endergebnis ein.

Schulische Ausbildungsdauer bzw. schulischer Qualifikationsgrad bilden somit den wesentlichen Garanten sozialer Aufstiegsprozesse in der modernen Gesellschaft. Selbst unter Bedingungen relativ hoher Arbeitslosigkeit befinden sich höher Qualifizierte in einer besseren Situation (Hradil 1987). Dies unterstreicht die zentrale Bedeutung von Bildung als Lebensstil-Variable. Dennoch gibt es Berufsgruppen mit hoher Selbstrekrutierung, und soziale Herkunftsfaktoren erhalten bei der Verknappung des Zugangs zu begehrten Positionen bei formal Gleichqualifizierten wieder ein stärkeres Gewicht.

Die Konzeptualisierung sozialer Ungleichheit anhand von **Schichtungsmodellen** ist in der gegenwärtigen Soziologie nicht ohne weitreichende **Kritik** geblieben (zur deutschsprachigen Diskussion vgl. Hradil 1987, Kreckel 1992). Vier Hauptkritikpunkte sind dabei von besonderer Bedeutung.

Erstens stellt sich die Frage, welchen **Geltungsbereich** das Schichtungskonzept angesichts neuerer Entwicklungen der Sozialstruktur beanspruchen kann. Das Modell geht im Kern von einer Ko-Variation der drei genannten Kriterien aus und berücksichtigt nicht die zunehmende Bedeutung **statusinkonsistenter Lebenslagen** (z. B. hoher Bildungsgrad in Kombination mit niedrigem Einkommen oder umgekehrt, niedrige berufliche Stellung in Kombination mit hohem Einkommen etc.).

Zweitens wird mit dem Schichtungskonzept die vorrangige Ausrichtung der Ungleichheitsanalyse an dem Kriterium der Berufstätigkeit deutlich. Diese Ausrichtung steht im Einklang mit Modernisierungstheorien, welche in der Regel die Verlagerung der Statuskriterien von der Geburt über den Besitz zum Beruf betonen:

„Die beruflich vermittelten Lebensbedingungen Einkommen, Prestige und Qualifikation, die im Mittelpunkt der neueren Schichtungsmodelle stehen, sind zunächst an die Person der jeweils Arbeitenden gebunden. Das Schichtkonzept ist also vor allem auf die **„Kernbevölkerung"** der **Erwerbstätigen** hin ausgerichtet. Deren Familienangehörige werden nach dem Berufsstatus des Haushaltsvorstandes eingeordnet. Dies zeigt, daß zusammen mit der **Berufsorientierung** die **Familienorientierung** zu dem Grundzug der Schichtungssoziologie zählt. Am besten paßt das Modell auf „Normalfamilien" ... In allen anderen Fällen führt die Anwendung des Schichtmodells zu mehr oder minder großen Problemen" (Hradil 1987, S. 84f.).

Eine dritte Gruppe von Kritikpunkten orientiert sich an sog. **„neuen" Ungleichheiten,** die nur teilweise das herkömmliche Kriterium der ungleich verteilten Ressourcen zur Erreichung individueller Lebensziele betreffen, zum überwiegenden Teil jedoch **Belastungsrisiken** bzw. Entlastungschancen **allgemeiner Lebensführung** zum Gegenstand haben: soziale Ungleichbehandlung, soziale Sicherheit, risikoreiche bzw. -arme Wohnumwelt. Hier wie auch bei konventionell als horizontale Gliederungskriterien betrachteten Phänomenen wie Geschlecht, Alter, Generationszugehörigkeit etc. werden neue soziale Differenzierungen gesehen (Hradil 1987).

Noch weitergehend ist die Kritik, die darauf abzielt, die prägende Kraft gesellschaftlicher Ungleichheit insgesamt in Frage zu stellen und ihr eine zunehmende **Individualisierung von Lebensweisen** und eine wachsende Autonomie gegenüber normativen gesellschaftlichen Zwängen entgegenzustellen (Beck 1986).

Viertens schließlich wird die **fehlende theoretische Fundierung** der Schichtungssoziologie kritisiert. Als Konsequenz ergeben sich daraus auf der operationalen Ebene willkürliche Festlegungen bezüglich der Kategorisierung der zentralen Schichtungskriterien, ebenso bezüglich der Kombination und Gewichtung einzelner Schichtungsmerkmale, die in einem zusammenfassenden Schicht-Index Eingang finden.

Diese Kritik erscheint schwerwiegend. Es ist daher notwendig, den **eigenen Standpunkt** innerhalb dieser aktuellen Diskussion um die Tragfähigkeit soziologischer Schichtungsmodelle wenigstens thesenartig zu verdeutlichen.

Im folgenden gehen wir von der Annahme aus, daß mit den Kriterien **„Stellung im Erwerbsleben"** und **„Ausbildungsniveau"** die **grundlegenden Statusdifferenzierungsmerkmale** von Personen in fortgeschrittenen Gesellschaften gegeben sind. Diese Differenzierungskriterien behalten nach unserer Einschätzung für die Mehrheit der Bevölkerung nach wie vor ihre **gesellschaftlich prägende Kraft,** zumindest für Bevölkerungsgruppen unterhalb des Rentenalters.

Mit der Kategorie „Stellung im Erwerbsleben" wird allerdings ein über die konventionelle Schichtungssoziologie hinausgehender komplexer Sachverhalt beschrieben, der die ökonomischen, sozialen, psychischen und physischen Risiken und Chancen der Erwerbstätigkeit umfaßt. Es wird unterstellt, daß die längerfristig gesicherte Teilhabe am Arbeitsmarkt, das Nichtbetroffensein durch negative Segmentierungstendenzen des Arbeitsmarktes (Doeringer & Piore 1978) und damit die Unabhängigkeit von wohlfahrtsstaatlichen Transferzahlungen den sozialen Status ebenso wesentlich bestimmen wie die Chancen qualifikationsgerechter, belastungsarmer, autonomiefördernder beruflicher oder berufsähnlicher Tätigkeit.

> Stellung im Erwerbsleben und Bildungsniveau bilden die wesentlichen Elemente einer begrenzten, überschaubaren Anzahl gesellschaftlich relevanter Konfigurationen von Statuslagen, die sowohl durch Ko-Variation der Merkmale im Sinn des konventionellen Schichtmodells als auch durch konstitutive Statusinkonsistenzen bestimmt sein können. Insofern halten wir die **multi-dimensionale Analyse sozialer Ungleichheit** prinzipiell für sinnvoll, wenn sie auch ihre heuristische Kraft empirisch noch unter Beweis zu stellen hat.

Schließlich halten wir in Anlehnung an die Konzeptionen Max Webers (1920) und Theodor Geigers (1927) an der Annahme fest, daß **soziale Statuslagen** Momente der **objektiven und subjektiven Vergesellschaftungssituation** abbilden (vgl. auch Geissler 1986). Wir wagen sogar die These, daß jenseits absoluter Verelendungserfahrungen, die in fortgeschrittenen Gesellschaften selten geworden sind, die subjektive Komponente der Bewertung einer Soziallage durch Betroffene im Medium **sozialer Vergleichsprozesse** zu einer entscheidenden Determinante der Relevanz sozialer Ungleichheitserfahrungen geworden ist (Konzept der **relativen Deprivation**, s. Kap. 5).

2.2.3 Theorien schichtspezifischen Handelns

Nachdem Grundbegriffe, Konzepte, deskriptive Befunde und wichtige Kritikpunkte am gegenwärtigen Forschungsstand der Schichtungssoziologie vorgestellt worden sind, stellt sich nun die Frage nach dem **Erklärungsgehalt** von Status-Merkmalen bzw. Schichtindizes für soziales Handeln. Es reicht nicht aus, statistische Beziehungen zwischen Sozialschicht und konkreten sozialen Handlungsfeldern wie beispielsweise „gesundheitsorientierte Lebensführung", „Erziehungsstil" oder „berufliche Leistungsorientierung" festzustellen. Vielmehr müssen Faktoren innerhalb der durch Statusmerkmale beschriebenen sozialen Realität identifiziert werden, welche für die Ausprägung dieser Handlungsfelder von kausaler Bedeutung sind. Mit anderen Worten: Es wird eine Theorie benötigt, die Begriffe zur Verfügung stellt, mit deren Hilfe sich beobachtete soziale Handlungsfelder in ihrer unterschiedlichen Ausprägung erklären lassen.

Ohne bereits die in den Kapiteln 3 bis 5 dargestellten theoretischen und methodischen Grundlagenkenntnisse vorwegzunehmen, sei an dieser Stelle exemplarisch ein Erklärungsmodell schichtspezifischen Handelns vorgestellt: das **Modell beruflicher Autonomie** von Melvin Kohn und Mitarbeitern (Kohn et al. 1983). Kohns Modell ist weder das einzige noch ein allgemeingültiges bzw. unumstritten akzeptiertes Konzept, aber vermutlich gibt es zur Zeit kein einflußreicheres und methodisch besser getestetes Modell in der internationalen Schichtungssoziologie. Es sollte auch bemerkt werden, daß die von Kohn vorrangig untersuchten abhängigen Größen nur mittelbar soziales Handeln repräsentieren; es handelt sich vorwiegend um Einstellungen, Werte und Befindensweisen.

Das Modell ist in seinen Grundzügen in Abbildung 2-10 dargestellt. Die Abbildung zeigt, daß der Zusammenhang zwischen Sozialstruktur und persönlicher Erfahrung über das Bindeglied bestimmter Arbeitsplatzmerkmale vermittelt wird. Unter den vier Bereichen von Arbeitsplatzmerkmalen spielt nach Kohn derjenige der beruflichen Autonomie die wichtigste Rolle. Personen, welche an ihrem Arbeitsplatz ein hohes Maß beruflicher Autonomie erfahren, weisen im Durchschnitt bessere Werte bei psychischen Eigenschaften wie „intellektuelle Flexibilität", „Stabilität des Selbstkonzeptes" und bei sozialen Orientierungsmustern wie „antiautoritäre Gesinnung", „Aufgeschlossenheit gegenüber Neuerungen" auf. Diese Zusammenhänge finden sich interessanterweise in gleicher Weise bei Männer wie bei berufstätigen Frauen. So betrug in einem Sample von 555 verheirateten, berufstätigen Frauen der standardisierte Regressionskoeffizient von beruflicher Autonomie auf Autoritarismus −0,38, auf Aufgeschlossenheit gegenüber Neuerungen 0,28, auf Selbstvertrauen 0,21 und auf intellektuelle Flexibilität 0,54. Der Koeffizient des Effektes von beruflicher Autonomie auf intellektuelle Flexibilität ist rund zehnmal höher im soziologischen Kausalmodell als in einem Modell, welches reziproke Effekte (von intellektueller Flexibilität auf berufliche Autonomie) analysiert (Kohn et al. 1983).

Weitere Analysen der Autoren berücksichtigen als abhängige psychologische Variablen Angst, **Distress** und Entfremdung. Auch nach statistischer Kontrolle

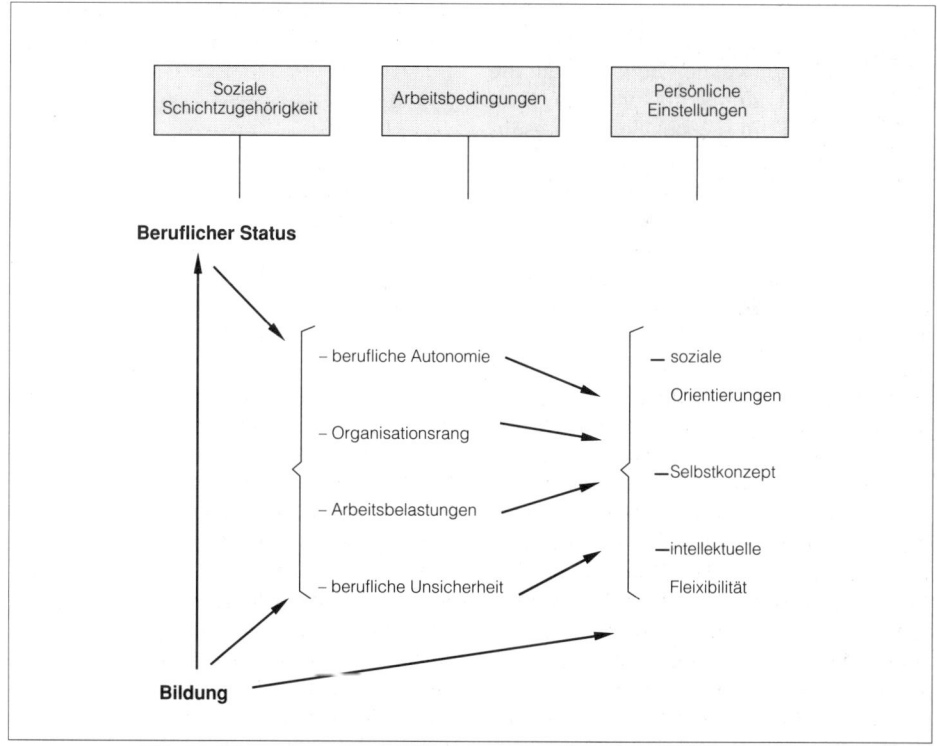

Abbildung 2-10   Kausalmodell der Einflußstruktur sozialer Schichtzugehörigkeit auf wichtige persönliche Einstellungen (in Anlehnung an Kohn et al. 1983).

anderer arbeitsplatzbezogener Einflußgrößen zeigen sich hochsignifikante negative Korrelationen zwischen dem Ausmaß an erfahrener beruflicher Autonomie am Arbeitsplatz und Entfremdungs- und Hilflosigkeitsgefühlen, erlebten Distressgefühlen sowie Ängstlichkeit (Kohn et al. 1983).

Einen zweiten, besser erforschten Analysezweig, der für klinische Fragestellungen unmittelbar bedeutsam ist, stellt die **Sozialisationsforschung** dar. Das oben referierte Modell von Kohn u. a. ist ursprünglich in diesem Zusammenhang entwickelt worden: Schichtzugehörigkeit wirkt sich über die Erfahrung beruflicher Autonomie auf die Vermeidung von Autoritarismus im elterlichen Erziehungsverhalten aus. Damit ist eine erhöhte Chance psychischer Gesundheit und Leistungsfähigkeit der so sozialisierten Kinder gegeben.

Obwohl die empirische Testung des Modells unbefriedigend blieb und auch konzeptuelle Schwächen aufwies (vgl. die zusammenfassende Kritik von Bertram 1981), eröffnet ein solcher Forschungsansatz doch neue Interpretationsrichtungen im Gebiet schichtenspezifischer Sozialisationsforschung. In der Nachfolge Kohns konnte beispielsweise H. Bertram (1978) zeigen, daß ein begrenzter Handlungsspielraum in Großbetrieben einen stärkeren Einfluß auf bestimmte Erziehungsvorstellungen und auf Aspekte der Persönlichkeit des Vaters zeigte als die konventionellen Indikatoren sozialer Schichtzugehörigkeit. Es fehlen freilich noch Längsschnittstudien, welche die erhöhte psychische Resistenz von Kindern angesichts biographischer Belastungen im späteren Leben nachweisen, die eine Sozialisation mit höheren Autonomieangeboten durchliefen.

Zusammenfassend können wir festhalten, daß der Einfluß sozialstruktureller Lage auf persönliche Einstellungen, Handlungsbereitschaften und Befindensweisen im wesentlichen über soziologisch relevante Dimensionen von Alltagserfahrungen in Berufsrollen vermittelt wird. Als eine besonders wichtige berufliche Erfahrungsdimension hat sich das Ausmaß persönlicher Kontrolle herausgestellt, das sich in beruflicher Autonomie und im Dispositionsspielraum am Arbeitsplatz manifestiert.

Insgesamt deutet dieser Ansatz darauf hin, daß bei beruflich weniger privilegierten Beschäftigtengruppen mit geringeren Chancen, am Arbeitsplatz persönliche Kontrollgefühle entwickeln zu können, stärkere psychische Belastungen und Vulnerabilitäten zu erwarten sind. In den Kapiteln 5 und 6 werden weitere theoretische Modelle vorgestellt, welche den Zusammenhang zwischen sozialer Lage und gesundheitlichem Handeln, aber auch zwischen sozialer Lage und Erkrankungsrisiko zu erklären beanspruchen.

2.2.4 Zusammenfassung

Abschnitt 2.2 hat zunächst in Grundbegriffe, Konzepte und deskriptive Befunde zur vertikalen Strukturbildung in Bevölkerungen eingeführt. Besonderes Gewicht wurde auf die Messung und Ausprägung sozialer Statusgruppen in modernen Gesellschaften gelegt, wobei nach Möglichkeit Befunde der Schichtungssoziologie der Bundesrepublik Deutschland zur Illustrierung herangezogen wurden. Es zeigte sich, daß objektive Statuskriterien wie berufliche Stellung und schulische Ausbildung in bedeutsamem Ausmaß zur Identifizierung abgegrenzter Soziallagen beitragen können, insbesondere dann, wenn man die Positionsbesetzung im intergenerativen Wechsel betrachtet (soziale Mobilität). Auch zeigte sich, daß zwischen empirisch-operationalisiertem Schicht- und Klassenkonzept, im Gegensatz zu den teilweise ideologisch geführten Debatten, substantielle Überschneidungen zu beobachten sind. Soziale Schichten sind allerdings aufgrund eines wachsenden Anteils statusinkonsistenter Personen nur begrenzt homogen. Wir sahen auch, daß die berufliche Stellung als zentrales Kriterium sozialer Ungleichheit in entwickelten Gesellschaften nicht angemessen in einer eindimensionalen Rangordnung abbildbar ist, sondern daß mehrdimensionale Konzepte beruflicher Privilegierung bzw. Benachteiligung notwendig sind, um der komplexen Realität angemessen Rechnung tragen zu können.

Abschließend wurde aufgezeigt, wie die bisher behandelten deskriptiven Kategorien sozialer Differenzierung mit theoretischen Konzepten in Verbindung gebracht werden müssen, um die nach Soziallagen differentiell ausgeprägten verschiedenen Bereiche sozialen Handelns erklären zu können. Das Modell beruflicher Autonomie wurde als gegenwärtig einflußreichstes Beispiel dieser Forschungsrichtung ausführlich dargestellt. Weitere Modelle, die insbesondere zur Erklärung gesundheitlichen Handelns und unterschiedlicher Erkrankungsrisiken von Bedeutung sind, werden in den Kapiteln 5 und 6 dargestellt. Im Gegensatz zur Demographie, die mit wesentlich einfacheren Kategorien und Modellen arbeiten kann, ist der Grad internationaler wissenschaftlicher Konsensbildung im Bereich sozialer Differenzierungen gegenwärtig noch relativ gering. Der vorliegende Abschnitt hat jedoch wichtige konsensfähige Grundbegriffe, Modelle und Befunde wie auch Ansatzpunkte für weitere wissenschaftliche Entwicklungen in diesem zentralen Gebiet soziologischer Forschung verdeutlicht.

2.3 Die Entwicklung moderner Gesellschaften

In den vorhergehenden Abschnitten dieses Kapitels ist der Begriff „moderne Gesellschaft" ohne genauere Erläuterung verwendet worden. Dies ist verständlich, ging es doch zunächst darum, Grundkenntnisse über horizontale und vertikale Strukturbildung von Gesellschaften zu vermitteln. In diesem Abschnitt soll nun die zeitliche Dimension sozialer Entwicklung betrachtet werden, d. h., es sollen diejenigen Prozesse beschrieben werden, die zur Herausbildung der gegenwärtigen Form gesellschaftlicher Existenz beigetragen haben. Aus zwei Gründen kann eine soziologische Evolutionstheorie nicht einfach die Verlängerung biologischer Evolutionslehren sein. Zum einen entfalten soziale Systeme andere Eigenschaften als biologische Arten. Sie sind rascherem Formwandel unterworfen, die Dynamik ihrer Entwicklung, die Ausbreitung neuer Varianten erfolgt nach anderen Gesetzen, mit mehr Freiheitsgraden und in geringerer Vorhersehbarkeit. Zum anderen ist mit der Entwicklung menschlicher Sprache ein Kommunikationsmedium verfügbar geworden, das über den schwerfälligen Mechanismus vererbter Verhaltensprogramme und Prägungen hinaus kulturbildende Information in hochdifferenzierter Weise über Generationen hinweg transportiert. Der qualitative Entwicklungssprung, der durch Sprache möglich geworden ist, erscheint so fundamental, daß sich die großen Etappen menschlicher Evolution anhand von Fortschritten der Informationserzeugung und -verbreitung wesentlich charakterisieren lassen.

2.3.1 Soziale Evolution in den vorindustriellen Gesellschaften

Es ist bis heute nicht bekannt, in welchem Stadium der Menschheitsentwicklung grundlegende Formen zwischenmenschlicher Kooperation und grundlegende soziale Einrichtungen wie die Arbeitsteilung,

Vererbung von Besitz, Verwandtschafts-system, Normierung sozialer Handlungen und Herrschaft erfunden, erlernt und tradiert wurden. Über eine Evolution des Sozialen in der frühen Menschheitsgeschichte können wir wenig aussagen. Immerhin spricht heute vieles für die Annahme, daß mit der Menschwerdung auch eine spezifische „Grammatik" erfolgreicher, wechselseitig vorteilhafter Kooperation im kognitiven Programm vererbt wurde (Cosmides 1989). Das Einhalten und Praktizieren sozialer Verträge zwischen zwei und mehr Partnern erwies sich aufgrund der für die Gruppe günstigen Kosten-Nutzen-Relation (z. B. gemeinsames Jagen und Teilen der Beute) als evolutionär stabile Strategie.

Feuer, Werkzeuggebrauch und Sprache waren vermutlich bereits in jener Zeit vorhanden, als die Evolution zum *homo sapiens sapiens* noch nicht abgeschlossen war bzw. sich dieser gegen einen anderen Zweig der Spezies, den Neandertaler-Menschen, durchsetzen mußte. Diese Entwicklung wird für den Zeitraum 55000 bis 30000 v. Chr. angenommen. Die ältesten Spuren menschlicher Behausungen außerhalb von Höhlen – Zelte von Mammutjägern in der Krim und am Dnjestr – weisen etwa auf das Jahr 40000 v. Chr. zurück, es ist aber wahrscheinlich, daß in China und in Südwestasien noch ältere Spuren zu finden sind. Bis etwa um das Jahr 10000 v. Chr., d.h. bis zum Beginn des Neolithikums, müssen wir uns nach heutiger Kenntnis soziales Leben im wesentlichen in Form sammelnder und jagender Horden vorstellen, die lediglich in begrenztem Umfang an ökonomischem und kulturellem Tausch in einem Großraum wandernder Völker beteiligt waren.

Ein soziologisch interessantes neues Entwicklungsstadium setzt mit dem Seßhaftwerden, der Viehzucht und Landwirtschaft ein. Im Mittelmeerraum, speziell im türkischen Mesopotamien, im Irak und Israel bezeugen Funde um 9500 v. Chr. das

Vorhandensein von Kulturen, welche dauerhafte Niederlassungen unter freiem Himmel für mehrere hundert Menschen erbaut hatten. Dies war nur möglich an Orten, welche gutbewässertes Land boten – die Voraussetzung für Ackerbau, planmäßige Nahrungserzeugung und Viehzucht. Die ersten, heute bekannten großen Stadtgründungen im Mittelmeerraum um das Jahr 7500 v. Chr. – Tschatalhüjük und Jericho – stellten Gemeinwesen dar, die bereits einige tausend Menschen vereinten (Grant 1974). Spätestens hier mußten somit Sozialordnungen entwickelt sein, die Herrschaftsbildung, Besitzverteilung, soziale Differenzierung, Reglementierung von Fortpflanzung, Tarditionsbildung und ökonomischen Tausch aufwiesen. Tatsächlich ist bereits für diese frühe Zeit ein weit ausgreifender Großhandel mit wertvollem Gestein (Obsidian) und mit Saatkörnern nachweisbar, und es finden sich Hinweise auf die Herausbildung von Patriarchen, Priestern, Heerführern und Richtern als Zentren sozialer Macht- und Herrschaftsbildung innerhalb der Gemeinwesen.

Während vieler Jahrtausende hat die **agrarische Kultur** das menschliche Leben geprägt. Es ist daher angezeigt, auf einige Besonderheiten dieser Lebensform hinzuweisen:

- **Nahrung:** Das Protein der Nahrung von Hirten und Jägern wird durch Kohlenhydrat- und Fasergehalt des Getreides ergänzt, ebenso durch wertvolle Ziegen- und Kuhmilch. Diese relativ ausgewogene Nahrung wird für den Zivilisationsprozeß von großer Bedeutung.

- **Arbeit:** Körperliche, anstrengende Tätigkeit (Ackerbau, Viehzucht, Handwerk) kennzeichnet den Lebensstil der überwiegenden Mehrheit; die Geschlechtsrollendifferenzierung, die sich bereits in den Jäger-Kulturen des Mesolithikums herausgebildet hat, verfestigt sich (Hausarbeit und Kindererziehung als Tätigkeitsebene von Frauen).

- **Soziale Klassenbildung:** Landbesitz, Leibeigenschaft und Handelsmonopol sichern einer zahlenmäßig kleinen Klasse von Herrschern eine gesellschaftliche Vormachtstellung, die in der ständisch-feudalen Gesellschaftsordnung über Generationen vererbt und durch Verbindung mit religiösen, richterlichen, politischen und militärischen Aufgaben verfestigt wird.

- **Verwandtschaft und Familie:** Unabhängig von der Frage, ob das Matriarchat oder das Patriarchat die ursprünglichere Form institutionalisierter Machtbindung darstellt, lassen sich in der agrarischen Kultur soziale Einheiten feststellen, die durch Abstammungslinien definiert sind; Heiratsrechte, Inzesttabu und Vererbung von Besitz nach Deszendenzregeln (Nachfolgeordnungen) gewährleisten die Herausbildung von Sippen und Großfamilien als wichtigste soziale Einheiten.

- **Bevölkerungsentwicklung:** In der gesamten Zeit agrarischer Kultur beobachten wir ein langsames Bevölkerungswachstum, das sich als Bilanz aus relativ hoher Fruchtbarkeit und hoher (Säuglings-)Sterblichkeit ergibt; Bevölkerungswachstum wird durch soziale Normierung der Fortpflanzung nach Möglichkeit auf den verfügbaren Nahrungsspielraum abgestimmt (vgl. 2.1).

- **Soziale Stabilität:** Die herrschende Produktionsform verlangt Seßhaftigkeit, Besitzvererbung und Tradieren von Fertigkeiten; es bilden sich Sozialordnungen traditionalen Charakters heraus, die auf Erhaltung eines hohen Maßes von Stabilität abzielen; autoritäre Formen der Konfliktlösung (patriarchale Gesellschaftsform) dominieren.

- **Wissen und Technik:** Trotz ausgeprägter Handelsbeziehungen, Schiffahrt,

urbanen archaischen und entwickelten Hochkulturen mit rationalisiertem Weltbild, vermag sich in der agrarischen Gesellschaftsform vor der abendländischen Neuzeit keine wissenschaftlich-technisch und wirtschaftlich-sozial bestimmte revolutionäre Dynamik größeren Ausmaßes zu entfalten; Naturbeherrschung, technisches Können und wissenschaftliche Fortschritte bleiben begrenzt, teilweise auch aufgrund starker religiöser und sozialer Kontrollmechanismen (z.B. christliches Mittelalter).

Es fragt sich, ob die frühen Stadien der Entwicklung menschlicher Gesellschaften mit dem Begriff der **Evolution** angemessen charakterisiert werden. Evolution bedeutet in der Biologie sowohl Selektion wie auch Höherentwicklung. Unter dem Gesichtspunkt der **Selektion** könnte allenfalls die sozialanthropologisch wichtige Tatsache der Ausdifferenzierung des Neocortex, speziell der Konditionierung von Fertigkeiten, welche über die linke Gehirnhälfte gesteuert werden, genannt werden (vgl. Henry et al. 1977). Unter dem Aspekt der **Höherentwicklung** kann zum einen die Herausbildung einer übergreifenden Moral betrachtet werden: sowohl aristokratische Herrschaftsverbände archaischer Gesellschaften wie auch bestimmte Religionen in Hochkulturen (explizit das Christentum) haben dazu beigetragen, daß Moral und Recht über die engeren Familien- bzw. Verwandtschaftsgrenzen hinweg universale Geltungsansprüche erhalten (Weber 1956, Eder und Habermas 1976). Zum anderen muß die **Kumulation empirischen Wissens,** in welcher vorwissenschaftlichen Form auch immer, als wesentliches Merkmal einer Höherentwicklung bewertet werden. Nur durch sie ist die Entstehung der modernen Welt möglich geworden.

2.3.2 Die Doppel-Revolution: Vorbedingungen und Folgen

Die Vorgeschichte der gegenwärtigen Gesellschaftsstruktur verweist auf einen menschheitsgeschichtlich außerordentlich bedeutsamen Wandel: den Übergang von der agrarischen zur industriellen Gesellschaft. Der britische Sozialhistoriker Hobsbawm sagt etwas emphatisch, aber sicher zutreffend: „Die Industrielle Revolution ist die gründlichste Umwälzung menschlicher Existenz in der Weltgeschichte, die jemals in schriftlichen Dokumenten festgehalten wurde" (Hobsbawm 1969, S. 11). Dieser wegen seiner Geschwindigkeit und seiner umwälzenden Folgen für weite Teile der Lebensgestaltung als revolutionär bezeichnete Umbruch hat gegen Ende des 18. Jahrhunderts in England eingesetzt und sich teilweise kurz danach, teilweise mit erheblichem Rückstand auf dem europäischen Kontinent, in den Vereinigten Staaten, der ehemaligen Sowjetunion und Japan ausgebreitet. Heute können die Länder der Erde danach unterteilt werden, wie weit sie in diesen Entwicklungsprozeß involviert sind: Von den sog. hochindustrialisierten Ländern unterscheiden wir einerseits die halbindustrialisierten, andererseits die noch vorwiegend agrarisch strukturierten Entwicklungsländer. Die Lebenschancen und -bedingungen der Bevölkerung unterscheiden sich nach diesen drei Gruppen derart auffallend, daß die vielfältigen soziokulturellen und politischen Differenzen innerhalb der einzelnen Gruppen eine immer geringere Rolle zu spielen scheinen. Gleichzeitig sind, zumal seit dem imperialistischen Stadium der wirtschaftlichen Entwicklung, diese drei Blöcke je länger, desto enger aufeinander bezogen, so daß eine gesamtgesellschaftliche Analyse, die sich ausschließlich auf Industriestaaten beschränkt, notwendigerweise einseitig bleiben muß. Der Begriff der **industriellen** Gesellschaft weist auf die Schlüsselrolle hin, die den **Produktionsverhältnissen** in diesem Wandlungsprozeß zukommt. Industriell wird eine Produktionsweise genannt, die durch den Einsatz von Maschinen (Werkzeugmaschinen, Energiemaschinen, später Apparate) zur Massenerzeugung von Gütern fähig ist. Die industrielle Produktionsweise ist in einem bestimmten Stadium der kapitalistischen Wirtschaftsentwicklung zum Durchbruch gekommen.

Formen der maschinellen Arbeitsteilung gab es bereits in der sog. Manufaktur, aber ihre durch technische Erfindungen verbesserte Qualität und Produktivität (dank der Kombination von Werkzeug- und Energiemaschinen, später von Apparaten) wie auch ihr systematischer, in bisher unbekanntem Umfang erfolgter Einsatz in Fabriken stellen ein wirtschaftsgeschichtliches Novum dar. Eine ungeheure Produktivitätssteigerung, zuerst im Bereich der Bedarfsgüter (vgl. Baumwollindustrie), später im Bereich von Produktionsgütern (Eisen, Kohle, Stahl u. a.) bildete die Basis für den beschleunigten Umbau wirtschaftlicher und gesellschaftlicher Verhältnisse innerhalb weniger Jahrzehnte.

Diese **Produktivitätssteigerung** konnte sich unter der Herrschaft eines wirtschaftlichen Systems entfalten, das einen zwingenden Zusammenhang von technischen Neuerungen und ökonomischer Gewinnmaximierung herstellte: unter der Herrschaft des damals in Europa und in Übersee konstitutiven **Kapitalismus.** Als sein grundlegendes Merkmal kann der Gegensatz von Lohnarbeit und Kapital infolge privater Verfügung des Kapitalisten über die Produktionsmittel betrachtet werden.

Die kapitalistische Wirtschaftsform des Frühindustrialismus war in ihrem Entstehen an ein Zusammenwirken verschiedener Bedingungen gebunden, von denen die im folgenden aufgeführten eine besondere Bedeutung besaßen:

- Das Vorhandensein einer formal freien, aber in ökonomische Abhängigkeit (Lohnarbeit) gebrachten **Arbeiterschaft** (dies setzt wiederum Bevölkerungswachstum oder Binnenwanderungen, in jedem Fall eine agrarische Überbevölkerung voraus);
- Das Vorhandensein einer **Unternehmerschicht,** die über Produktionsmittel und Kapital verfügt;
- Das Vorhandensein von **Rohstoffen** (die aufgrund ungleicher Tauschbedingungen erworben werden);
- Die Existenz eines **Marktes,** d.h. eines Abnehmerkreises der hergestellten Waren;
- Das Vorliegen eines günstigen **Transportsystems** für die Zirkulation von Rohstoffen und Waren.

Diese Bedingungen waren wiederum an umfassendere ökonomische, soziale und kulturelle Prozesse gebunden wie die **Urbanisierung** und die damit zusammenhängende Herausbildung frühkapitalistischer Verkehrsformen, die Entwicklung des Handwerks und der handwerklichen Vorformen des Industriebetriebs, die Entwicklung von Naturwissenschaft und Technik sowie die Bildung technischer Kader, die Schaffung rationaler Verwaltungsformen sowie die Ausbreitung systematisch planender, an Leistungserfolgen orientierter Werthaltungen im Bürgertum.

Aus heutiger Sicht scheint es gerechtfertigt, die Industrielle Revolution in den größeren Zusammenhang des abendländischen Rationalismus zu stellen und damit auch die politisch-sozialen Umwälzungen der Französischen Revolution (deshalb der Terminus Doppel-Revolution) sowie die tiefgreifenden wissenschaftlich-technischen Entwicklungen der letzten hundert Jahre in die Analyse einzubeziehen. Wir sprechen daher zusammenfassend vom Prozeß der **Modernisierung** und von dem sich entwickelnden Typus **moderner Gesellschaften.** Was ist darunter zu verstehen?

Max Weber hat als erster den abendländischen Rationalismus als umfassendes kulturelles Phänomen beschrieben. Damit meint er in erster Linie, daß sich eine bestimmte Form sozialen Handelns, das **zweckrationale Handeln,** immer weiter ausbreitet, um schließlich den Charakter einer ganzen Zivilisation zu bestimmen:

> „Zweckrational handelt, wer sein Handeln nach Zweck, Mitteln und Nebenfolgen orientiert und dabei sowohl die Mittel gegen die Zwecke, wie die Zwecke gegen die Nebenfolgen, wie auch die verschiedenen möglichen Zwecke gegeneinander rational abwägt." (Weber 1964, S. 18)

Mit anderen Worten: Zweckrationales Handeln ist an Sachlichkeit, an maximaler Wirkung, an Planbarkeit und Vorhersehbarkeit orientiert. Es „entzaubert" die Welt, indem es nur rational begründbare Motive gelten läßt. Versachlichung bedeutet dabei, daß rational begründbare Motive von subjektiv-persönlichen, affektgetönten Motiven getrennt werden. Diese Trennung ist folgenreich. Auf ihr beruht die Unterscheidung von privater Lebensführung und Fachmenschentum: Erst die modernen Fachleute, welche planmäßigen, rationalen und systematischen Wissenserwerb betreiben, ermöglichen die Ausbreitung und Weiterentwicklung der abendländischen Wissenschaft in der Neuzeit. Erst die auf das Irdische, nicht mehr auf das Jenseits gerichtete, zielstrebige und methodische Lebensführung vermag sachliche Interessen (z.B. Wissenserwerb, Berufsarbeit, wirtschaftliche Gewinnorientierung) langfristig und konstant gegen Affekte und irrationale Bestrebungen durchzusetzen.

Im wirtschaftlichen Bereich führt zweckrationales Handeln zu einer Trennung von privatem Haushalt und Betrieb, zur rechtlichen Sonderstellung von Betriebsvermögen, mithin zur kapitalistischen Buchführung und ökonomischen Gewinnmaximierung. Im administrativ-politischen Bereich führt zweckrationales Handeln zur Herausbildung formalisierter und institutionalisierter Verwaltungsorganisationen, die von Fachbeamten betrieben werden: den modernen Bürokratien (Weber 1964, Jacoby 1969, Schluchter 1979).

In der Sprache moderner Soziobiologie könnte man sagen, daß zweckrationales Handeln als Kombination von Selbst- und Umweltbeherrschung eine evolutionär stabile Strategie darstellt, eine Strategie, die aufgrund ihrer Vorteile und Eigengesetzlichkeiten zunehmend die Wirklichkeit bestimmt. Wissenschaft, Technik und Verwaltung haben in den letzten drei bis vier Jahrhunderten die Realität der Moderne als zweckrationale Wirklichkeit geschaffen, und aus dieser immer mächtiger und bedrohlicher erscheinenden Wirklichkeit gibt es kein „Zurück" in die vormodernen Lebens- und Bewußtseinsformen mehr.

Max Weber selbst hat offenbar die Konsequenzen der Entwicklung geahnt, die er analysierte, als er die Vision „jenes mächtigen Kosmos der modernen Wirtschaftsordnung" beschrieb, die „den Lebensstil aller einzelnen ... mit überwältigendem Zwange bestimmt und vielleicht bestimmen wird, bis der letzte Zentner fossilen Brennstoffs verglüht ist." (Weber 1956, S. 188).

Die moderne Welt als „stahlhartes Gehäuse", die Modernisierung als „unentrinnbare Macht über den Menschen" (a.a.O.) – diese Formulierungen aus dem Jahre 1904 nehmen bereits das heutige Krisenerlebnis gesellschaftlichen Fortschritts vorweg.

Auf der anderen Seite ist Modernisierung, ganz abgesehen von einem früher unvorstellbaren Zugewinn an Mobilität, an Verfügbarkeit aller Güter und Möglichkeiten der Lebensgestaltung, mit einem zunehmenden Prozeß der **Zivilisierung,** d.h. der Bändigung willkürlicher, spontaner Lebensäußerungen, verbunden: „Zu den Hauptkriterien für einen Zivilisationsprozeß gehören Veränderungen des sozialen Habitus der Menschen in der Richtung auf ebenmäßigere, allseitigere und stabilere Selbstkontrollmuster" (Elias 1986, S. 386). Diesen Prozeß der Zivilisierung in der neuzeitlichen Moderne hat der Soziologe Norbert Elias in seinem bedeutenden Werk „Über den Prozeß der Zivilisation" (1939, 1982) ausführlich beschrieben.

Nachdem wir die Grundzüge der Industriellen Revolution im Kontext des allgemeinen Modernisierungsprozesses beschrieben haben, fragen wir nach ihren wichtigsten Folgen für individuelles Leben. Um den Kontrast zur Lebensweise in agrarischen Gesellschaften zu verdeutlichen, orientieren wir uns bei dem notwendigerweise summarischen Überblick wiederum an den erwähnten Kriterien. Bezugspunkt der zusammenfassenden Bewertung sind industrialisierte Gesellschaften am Beginn unseres Jahrhunderts. Auf ausgewählte Probleme neuerer sozialer Wandlungstendenzen in unserem Jahrhundert geht der nachfolgende Abschnitt ein.

• **Nahrung:**
Die viele Jahrtausende alten Ernährungsmuster verändern sich mit der industriellen Revolution in kurzer Zeit: Der Fettverzehr steigt an, während zugleich der Anteil faserreicher Nahrung zurückgeht; der Verzehr verfeinerten Zuckers nimmt zu, während komplexe Kohlenhydrate seltener konsumiert werden. Neben positiven Folgen dieses Wandels wie Sicherstellung des Vitaminbedarfs, Abnahme von Krankheiten, die durch Ernährungsmangel bedingt oder erleichtert wurden, Zunahme von Körpergröße und früherem

Einsetzen der Pubertät treten jedoch in Gestalt chronisch-degenerativer Erkrankungen negative Auswirkungen in den Vordergrund (vor allem Herz-Kreislauf-Erkrankungen und bestimmte Krebskrankheiten [Cohen 1987]).

- **Arbeit:**
Mit der Industrialisierung breitet sich Fabrikarbeit, d. h. maschinelle Produktion auf Kosten landwirtschaftlicher Tätigkeit, aus. Um die Jahrhundertwende arbeiten über 40 % der erwerbstätigen Bevölkerung im industriellen Sektor. Industriearbeit ist mit vielen gesundheitlichen Risiken verbunden (Berufskrankheiten, Arbeitsunfälle, pathogene Einflüsse von Arbeitsumwelt, Arbeitsaufgaben und Beschäftigungssituation; vgl. Kap. 5). Von der bisher vorherrschenden landwirtschaftlichen Tätigkeit unterscheidet sie sich unter anderem durch eine strikte Trennung von Wohn- und Arbeitsort, durch Angewiesensein auf Maschinen und Apparate, durch Zerteilung und Fragmentierung der Tätigkeit des einzelnen, durch Einbindung in ein diszipliniertes und durchrationalisiertes innerbetriebliches Herrschaftssystem und durch den Wegfall von Subsistenzmöglichkeiten außerhalb des Arbeitsplatzes (Ausnahme: Nebenerwerbslandwirte). Da Industrialisierung in allen bisher bekannten Gesellschaften zu verstärkter Urbanisierung geführt und umfangreiche horizontale Mobilitätsprozesse erzwungen hat, bedeutet das Fehlen von Subsistenzmöglichkeiten der Industriearbeiterschaft zugleich die vollständige Abhängigkeit ihrer Existenzbedingungen von der ökonomischen Marktsituation (Marx 1962).

- **Soziale Klassenbildung:**
Wie in Abschnitt 2.2 dargestellt, wird im Zuge der Doppel-Revolution die Ständegesellschaft aufgelöst. Der Durchsetzung der juristischen Gleichheit („Alle Menschen sind gleich geboren") folgt im 19. und 20. Jahrhundert der Kampf um die politische Gleichheit sowie um den Abbau sozialer Ungleichheiten, zuletzt in Form einer Demokratisierung von Ausbildungschancen als Voraussetzung gesteigerter sozialer Aufstiegsmobilität. Die Industriearbeiterschaft des 19. Jahrhunderts wird in ihrer sozialen Lage wesentlich durch das kapitalistische Klassenverhältnis bestimmt. In den letzten hundert Jahren sind jedoch Entwicklungen in Gang gekommen, welche eine Ausdifferenzierung sozioökonomischer Ungleichheiten bedingen (Aufkommen neuer Mittelschichten der Angestellten, Ausbreitung des Dienstleistungssektors sowie der Beschäftigungsverhältnisse im öffentlichen Dienst, Aufgliederung der traditionellen Industriearbeiterschaft u. a.). Es zeigt sich, daß soziale Statusgruppen oder Schichten in angemessener Weise nur noch in einem mehrdimensionalen Bezugssystem erfaßt werden können. Neben dem traditionellerweise zentralen Kriterium der Stellung im Produktionsprozeß erhält zumindest das Kriterium „berufliche Qualifikation bzw. allgemeines Bildungsniveau" zunehmende Bedeutung als Lebensstil-Variable.

- **Verwandtschaft und Familie:**
Die bereits im entscheidenden Entwicklungsstadium agrarischer Gesellschaften eingeleitete Einbindung der Großfamilie in übergeordnete soziale Einheiten, insbesondere in den Staat, wird durch den Ausbau der öffentlichen Verwaltung, durch öffentliches Schul- und Gesundheitswesen, durch die Entwicklung sozialstaatlicher Leistungsangebote angesichts von Existenzrisiken (Kranken-, Unfall-, Alters- und Arbeitslosenversicherung) weiter verfestigt. Zugleich büßt die Groß-

familie ihre dominierende Stellung als Produktionsgemeinschaft sowie als zentraler Ort sozialer Kontrolle und sozialer Solidarität ein. Infolge erhöhter horizontaler und vertikaler Mobilität, veränderter demographischer Bedingungen sowie infolge eines tiefgreifenden Wandels der Geschlechterrollen lockern sich die Beziehungen der Kern- oder Kleinfamilie zu großfamiliären und verwandtschaftlichen Gruppierungen zunehmend, und im Verlauf des 20. Jahrhunderts erhöht sich ebenfalls die Instabilität der Kernfamilie als kleinster sozialer Einheit moderner Gesellschaften (vgl. Abschnitt 2.1).

- **Bevölkerungsentwicklung:**
  Das in Abschnitt 2.1 dargestellte Schema der demographischen Transformation hat den grundlegenden Wandel der Bevölkerungsweise von der agrarischen zur industriellen Gesellschaft verdeutlicht. Nach einer Phase rascher Bevölkerungsentwicklung hat die industrielle Revolution eine bis heute andauernde Verlangsamung des Wachstums eingeleitet, die im wesentlichen auf einen drastischen Rückgang der Geburtenhäufigkeit zurückzuführen ist. Im Verein mit erhöhter Lebenserwartung hat diese Entwicklung zu dem die modernen Gesellschaften immer stärker prägenden Prozeß des demographischen Alterns beigetragen.

- **Soziale Stabilität:**
  Die Umwälzungen der Doppel-Revolution haben sämtliche Lebensbereiche des Menschen erfaßt und im Verein mit dem allgemeinen Modernisierungsprozeß einen tiefgreifenden Wandel der Erfahrungen sozialer und persönlicher Wirklichkeit bewirkt. Allgemeine Merkmale der veränderten sozialen Wirklichkeit sind:
  - der rasche Wandel sozialer Normen, Werte und Rollen;

  - der Verlust einheitlicher, verbindlicher Wertorientierungen (die früher in erster Linie durch Amtskirchen repräsentiert wurden);
  - die Vielfalt und Kurzlebigkeit sozialer Beziehungen (Zunahme von Mobilität, von Freizeitaktivitäten und Tourismus, von sexuellen Kontakten etc.);
  - die zunehmende Individualisierung gesellschaftlichen Lebens („Gesellschaft der Individuen"; Elias 1987, Beck 1986).

  Obwohl Aussagen von so hoher Allgemeinheit immer problematisch sind, wird man generell sagen können, daß die soziale Stabilität in modernen Gesellschaften im Vergleich zu vorindustriellen Gemeinschaften insgesamt geringer geworden ist. Neben den negativen Folgen dieser Veränderung (erhöhte Anomie, Aggressivität, emotionale Krisen, Vereinsamung, abweichendes Verhalten; vgl. Kap. 5) sind ihre konstruktiven Aspekte (Befreiung von repressiven Zwängen, erhöhte Gestaltungsspielräume gesellschaftlichen Lebens und erhöhte Chancen der Individualisierung) zu betonen.

- **Wissen und Technik:**
  Der in diesem Abschnitt skizzierte Modernisierungsprozeß hat durch die Ausbreitung von Formen und Ergebnissen zweckrationalen Handelns eine Lebenswelt geschaffen, die immer stärker durch Wissenschaft und Technik bestimmt wird (Habermas 1974). Für die Lebensführung des einzelnen bedeutet dies die Konfrontation mit Entwicklungen, die, neben wünschenswerten Ergebnissen, Belastungen und negative Folgen mit sich bringen (ökologische, industrielle, militärische Katastrophen). Zugleich wächst die objektive Undurchschaubarkeit, die Abhängigkeit von Experten und steuernden Systemen, es nehmen Gefühle der Hilflosigkeit, der Ohnmacht und Resignation,

aber auch der radikalen Abkehr von herrschenden gesellschaftlichen Ordnungen und Wertsetzungen zu.

2.3.3 Zum gegenwärtigen sozialen Wandel

Der im vorhergehenden Abschnitt kurz beschriebene Modernisierungsprozeß hat den Typus entwickelter Industriegesellschaften hervorgebracht, die im 20. Jahrhundert ökonomisch, politisch und soziokulturell weltweit eine Führungsrolle einnehmen. Dies gilt in erster Linie für Wirtschaftssysteme privatkapitalistischer Art. Das Ungleichgewicht zwischen modernen Staaten und Entwicklungsländern ist nicht nur durch eine interne Wachstumsdynamik der ersteren zu erklären. Vielmehr sind viele heutige Entwicklungsländer während Jahrhunderten ökonomisch und politisch durch die Kolonialisierung in Abhängigkeit gebracht und gehalten worden. Dieser Prozeß ist in zwei theoretisch einflußreichen Schulen ausführlich analysiert worden:

- **Imperialismus-Theorie:** Die im wesentlichen auf Karl Marx zurückgehende Theorie besagt, daß in einem bestimmten ökonomischen Entwicklungsstadium („Ende des Konkurrenzkapitalismus") weltweite Markt- und Anlagefelder für das Kapital benötigt werden. Hierzu bedarf es der staatlichen Einflußnahme auf Entwicklungsländer in Form von politischer und militärischer Kontrolle. Ungleiche Tauschverhältnisse mit Monopolbildung („Ausbeutung") und wirtschaftliche Abhängigkeit („Verschuldung") kennzeichnen die Beziehungen zwischen reichen Ländern des Zentrums und armen Ländern der Peripherie. Diese Beziehungen führen zu revolutionären nationalen Befreiungsbewegungen in der Peripherie („dritte Welt"), auch und gerade in der Phase der Entkolonialisierung (im wesentlichen seit Mitte des 20. Jahrhunderts) (Senghaas 1976).

- **Dependencia (Abhängigkeits-) Theorie:** Diese in Lateinamerika entwickelte besondere Form der Imperialismus-Lehre begreift die Unterentwicklung der Gesellschaften in der Peripherie nicht so sehr als Folge der wirtschaftlichen, politischen und kulturellen Abhängigkeit vom Zentrum, sondern als eine vom Zentrum von Anfang an bewußt geplante strukturelle Benachteiligung („Entwicklung der Unterentwicklung"). Der periphere Kapitalismus der Entwicklungsländer ist nach dieser Theorie nicht ein Vorstadium einer auch dort erwartbaren Modernisierung, sondern ein mit geplanten Strukturdefekten versehenes Wirtschaftssystem, welches ohne Stützung durch den imperialistischen Weltmarkt nicht funktionsfähig ist. Die sichtbare Zementierung der Abhängigkeit, beispielsweise durch wachsende Verschuldung der armen Länder, und die wachsende ökonomische und soziokulturelle Kluft zwischen Arm und Reich, scheint die – allerdings auch nicht unumstrittene – Dependencia-Theorie zu stützen.

Die bisherigen Ausführungen haben gezeigt, daß der Modernisierungsprozeß weltumspannend ist. Ökonomisch scheint sich die Kluft zwischen reichen und armen Ländern (Nord-Süd-Kluft) zu verstärken, und diesen Abhängigkeiten kommt gegenüber dem traditionellen Ost-West-Konflikt eine wachsende Bedeutung zu. Zu den schwerwiegendsten Erscheinungen des Nord-Süd-Konfliktes gehört die ungleiche demographische Entwicklung und die durch sie verstärkte Verelendung, mit dramatischen Folgen für Gesundheit und Lebenserwartung in den Ländern der dritten Welt (vgl. 2.1.5). Strukturelle Arbeitslosigkeit, Landflucht und Verstädterung bringen soziale Probleme größten Ausmaßes mit sich.

Soziokulturell hat der Modernisierungsprozeß, in erster Linie durch die weltweit verfügbaren Massenmedien, zur Ausbreitung einer „Einheitskultur" beigetragen, der viele nationale und regionale kulturelle Entwicklungen zum Opfer gefallen sind. Dies gilt auch für die Medizin: Die westliche Medizin ist ein wichtiger Bestandteil dieses Modernisierungsprozesses. Sie hat den Untergang vieler traditioneller Systeme der Heilkunst bewirkt oder zumindest zu einer Spaltung in eine wissenschaftlich-moderne Medizin und eine Volksmedizin geführt (vgl. Kap. 6). Es ist zur Zeit eine offene Frage, wie weit Entwicklungen politisch-kultureller Autonomie von Regionen der „Gegenkultur" dazu führen, daß ein weiteres Ausbreiten der Einheitskultur verhindert werden kann.

Interessant ist in diesem Zusammenhang die These Samuel Huntingtons, daß nach dem Zusammenbruch des Ost-West-Konfliktes Konflikte zwischen Zivilisationen zu einer global dominierenden Gefahr für die Entwicklung einer „Weltgesellschaft" werden. Zivilisatorische Unterschiede beziehen sich auf grundlegende Differenzen der Weltdeutung durch Sprache, Religion, Geschichte und Kultur, insbesondere auf unterschiedliche Bewertungen der Rolle von Individuum und Gemeinschaft, Freiheit und Gleichheit sowie von Inhalt und Zielrichtung übergreifender menschlicher Motivationen (z. B. Leistungsmotivation, Besitzstreben). So sieht Huntington beispielsweise für die nähere Zukunft einen wachsenden Konflikt zwischen westlicher und islamischer, aber auch konfuzianischer Zivilisation voraus (Huntington 1993).

Von der Industrie- zur Informationsgesellschaft?

Wie entwickeln sich moderne Gesellschaften weiter? Sind sie in ihrem Kern noch immer als Industriegesellschaften zu charakterisieren? Welche sozialen Folgen bringt die gegenwärtige ökonomische Entwicklung moderner Gesellschaften mit sich?

Es gibt verschiedene Gesichtspunkte zur Kennzeichnung gesellschaftlicher Entwicklungen. Zwei Gesichtspunkte wollen wir hier wegen ihrer Bedeutung für die Beantwortung der aufgeworfenen Fragen erwähnen.

Der erste Gesichtspunkt betrifft den technischen Fortschritt in seinem Verhältnis zur Gliederung der Erwerbsbevölkerung. Bekanntlich lassen sich drei große Wirtschaftssektoren unterscheiden, und die Verlagerung der Anteile der Erwerbsbevölkerung zwischen diesen Sektoren spiegelt wesentliche Etappen sozioökonomischer Entwicklungsprozesse wider:

- Primärer Wirtschaftssektor: Landwirtschaft;
- Sekundärer Wirtschaftssektor: Industrie;
- Tertiärer Wirtschaftssektor: Dienstleistungen und Handel.

Bis zum Einsetzen der industriellen Revolution waren 80% aller Erwerbstätigen im primären Sektor beschäftigt (agrarische Gesellschaften). Durch den technischen Fortschritt wurde es möglich, die Arbeitsproduktivität durch eine dramatische Verringerung des Anteils der in der Landwirtschaft Beschäftigten zu erhalten. Den Hauptanteil der Erwerbstätigen bildeten nunmehr die Industriearbeiter (bis zu 60% aller Erwerbstätigen) (industrielle Gesellschaften). Mit zunehmender Technisierung der industriellen Produktion (z. B. Roboter), später auch der Verwaltung (neue Bürotechnologie), nahm und nimmt weiterhin der Anteil der Erwerbstätigen im tertiären Wirtschaftssektor auf Kosten der in der Industrie Beschäftigten zu. Dies ist im wesentlichen eine Folge begrenzter Möglichkeiten der Technisierung von Dienstleistungsberufen, speziell personenbezogener Dienstleistungen (z. B. Gesundheits-, Bildungs- und sozialer Berufe). Unter dem Eindruck dieser Gesetzmäßigkeit wurde der Begriff einer **Dienstleistungsgesellschaft** als Kennzeichnung der postindustriellen Gesellschaft vorgeschlagen (Fourastié 1969). Zweifellos sind die Dienstleistungen quantitativ von besonderer Bedeutung. Aber läßt sich durch sie tatsächlich ein nachindustrielles Gesellschaftssystem in seiner Dynamik kennzeichnen? Es scheint, daß wir auf ein zweites, grundlegenderes Kriterium zur Stadieneinteilung gesellschaftlicher Entwicklungen zurückgreifen müssen: die verfügbaren Grundstoffe, Materie, Energie und Information.

Nach diesem Kriterium lassen sich drei große gesellschaftliche Entwicklungsetappen unterscheiden, deren letzte eben erst beginnt:

- Gesellschaften, deren Produktivität wesentlich auf die Bearbeitung von Materie begrenzt ist, während Energie und Information eine untergeordnete Rolle spielen (vorindustrielle Gesellschaften);
- Gesellschaften, deren Produktivität von der Energieerzeugung und -nutzung abhängig ist, wodurch auch neue Möglichkeiten der Bearbeitung von Materie entstehen (industrielle Gesellschaften);
- Gesellschaften, deren Produktivität neben der Bearbeitung von Materie, der Erzeugung und Nutzung von Energie wesentlich durch die Erzeugung und Nutzung von Information bestimmt wird (Informationsgesellschaften);

Hochentwickelte Industriestaaten befinden sich nach dieser Kennzeichnung auf dem Weg zur **Informationsgesellschaft.** Dies bedeutet im einzelnen:

- Steigende Bedeutung von Wissenschaft und verwissenschaftlichter Technik (Technologie) als wichtigsten informationserzeugenden Produktiv-

kräften („Forschung", „Spitzentechnologie");
- Steigende Bedeutung gesellschaftlicher Einrichtungen, welche Informationen verarbeiten (Verdatung von Information, vgl. die Zunahme des Datenpools in öffentlichen Einrichtungen (Behörden), in der Privatindustrie sowie die Schlüsselfunktion von Beratungs- und Experteneinrichtungen, die aufgrund von Datenverarbeitung Prognosewissen anbieten);
- Steigende Bedeutung der Informationsnutzung bei der Steuerung gesellschaftlicher und wirtschaftlicher Prozesse (Information als Kontrollmittel). In diesem Zusammenhang ist der Vormarsch der „unsichtbaren Hand" des Staates und des Rechts zu erwähnen, mit all seinen Folgen für die Einschränkung der Freiheiten des einzelnen durch Datenkontrolle („Der gläserne Mensch");
- Steigende Bedeutung der Information als Konsumgut durch Aufkommen neuer Medien (Kabel- und Satellitenfernsehen, Bildschirmtext, Telekommunikation), zugleich Gefahr des sekundären Analphabetismus bzw. der Illiterarisierung (Verlust der Lesekultur in breiten Schichten der Informationsgesellschaft, Spinner 1986).

Es ist heute sicherlich zu früh, die Tragweite dieser Prozesse zu bewerten. Jedoch steht fest, daß allein im Bereich der informationsgesteuerten Produktion umwälzende Neuerungen möglich werden, so beispielsweise durch künstliche Intelligenz, Supercomputer und Expertensysteme, die zu intelligenten Fabrikationsautomaten entwickelt werden können. Ein anderes, vielleicht noch zukunftsträchtigeres Gebiet ist die Gentechnologie: Durch molekularbiologische Erkenntnisfortschritte ist es heute möglich, anhand der Rekombination von Erbmaterial Organismen mit neuen Eigenschaften zu erzeugen. Wirtschaftliche Nutzung, vor allem aber auch ethische und juristische Kontrolle, dieser in der Menschheitsgeschichte einmaligen Entwicklung werden uns in naher Zukunft vor neuartige Probleme stellen (Hohlfeld 1986, Rifkin 1986).

In manchen Prognosen (z. B. Haefner 1993) wird sogar davon ausgegangen, daß die Menschheit an der Schwelle zu einem neuen Stadium der Evolution steht: mit der Möglichkeit, außerhalb des menschlichen Gehirns hochleistungsfähige informationsverarbeitende Prozesse abzuwickeln, verwandeln sich herkömmliche soziale Strukturen des zwischenmenschlichen Austausches in immer stärkerem Maße in soziotechnische Strukturen bzw. Systeme, deren leitendes Merkmal die „Digitalisierung" ist.

Abschied von der Arbeitsgesellschaft?
Bedeutet das Fortschreiten der Technisierung und Rationalisierung das Ende der Arbeitsgesellschaft? Wird die strukturelle Arbeitslosigkeit zunehmen? Und führen expandierende Bildungsphasen im jungen Erwachsenenalter und vorzeitige Ruhestandsregelungen im fortgeschrittenen Erwachsenenalter zu einem weiteren Abschmelzen der aktiven Erwerbsbevölkerung? Dies sind Fragen von erheblicher Aktualität.

Beim gegenwärtigen Stand der Erkenntnisse scheint eher die folgende Entwicklung wahrscheinlich zu sein:
- Produktion (von Gütern, Dienstleistungen, Information, Energie etc.) wird nach wie vor die Basis gesellschaftlicher Entwicklungen sein. Dementsprechend wird die aktive Teilhabe an wirtschaftlicher und gesellschaftlicher Produktivität weiterhin ein grundlegendes Kriterium zur Vergabe und Beurteilung des sozialen Status von Menschen bleiben.
- Die Erwerbsbevölkerung differenziert sich immer deutlicher in zwei Segmente: in gut ausgebildete, flexible und mobile Beschäftigte einerseits, welche auf die Erfordernisse der entwickelten Wirtschaft eingestellt sind, und in einseitig oder unzureichend geschulte, wenig flexible und immobile Beschäftigte andererseits, welche aufgrund geringer Qualifikation oder aufgrund langjähriger Tätigkeit in absterbenden Industrie- und Verwaltungszweigen einem hohen Arbeitslosigkeitsrisiko ausgesetzt sind. Wenn das Gut Arbeit knapper wird, wird es zunehmend der ersten Gruppe vorbehalten bleiben, und die Gesellschaft wird durch eine Dichotomisierung (Zweiteilung) geprägt zwischen jenen, die Arbeit – und damit gehobenes Einkommen und gesellschaftlichen Status – besitzen, und einer wachsenden Gruppe, welche durch Ausschluß vom Arbeitsmarkt in eine unterprivilegierte Lebensform gedrängt wird (Doeringer und Piore 1971).
- Sowohl die sozialstaatliche Kostenentwicklung wie auch die demographische Entwicklung (wachsender Anteil von Personen, die älter als 65 Jahre sind) zwingen längerfristig zu einer selektiven Ausweitung der Beschäftigungsdauer über die jetzt bestehenden Altersgrenzen hinaus.
- Unabhängig von den Verschiebungen der Beschäftigtenanteile innerhalb und zwischen den Wirtschaftssektoren wird sich aller Voraussicht nach der Charakter der Erwerbstätigkeit durch das Anwachsen von Teilzeitbeschäftigung und Zeitarbeit, durch erhöhte individuelle berufliche Mobilität und durch standortflexible Arbeitsplätze (z. B. Heimarbeit am Personalcomputer) deutlich ändern.

Bereits heute sind 20% der Erwerbsbevölkerung in den USA teilzeitbeschäftigt, und auch in Europa nimmt der Trend zu flexiblen Arbeitsverhältnissen (Teilzeitbeschäftigung oder Zeitarbeit) zu. Zwar sind über 60% der flexibel Beschäftigten Frauen, aber in den letzten fünf Jahren ist der relative Anteil der Männer stärker gewachsen als derjenige der Frauen. Auch jenseits des 65. Lebensjahres wird Teilzeitarbeit zur dominierenden Art von Beschäftigungsverhältnissen (1984 waren in den USA bereits 60% aller erwerbstätigen Frauen dieser Altersgruppe an Teilzeitarbeitsplätzen beschäftigt).

Teilzeitbeschäftigung, Zeit-(bzw. Leih-)arbeit, intragenerative berufliche Mobilität, Diskontinuität beruflicher Biographien (z. B. Arbeitsplatzwechsel, Unterbrechung von Arbeitsverhältnissen) – sie alle führen zu einer „Erosion des kontinuierlichen Vollzeitarbeitsverhältnisses" als der beruflichen Normalform (Brose 1986). Ein Ende der Arbeitsgesellschaft ist nicht in Sicht, wohl aber sind grundlegende Umschichtungen in der Verfügbarkeit und Bewertung von Arbeitsplätzen sowie in der zeitlichen Ausgestaltung von Beschäftigungsverhältnissen zu erwarten. Die medizinsoziologisch erfaßbaren Auswirkungen dieser Umschichtung werden uns im fünften Kapitel näher beschäftigen.

Zusammenfassung

In diesem Abschnitt haben wir Gesellschaft unter dem Aspekt der Evolution betrachtet. Ausführlich wurde die große menschheitsgeschichtliche Zäsur beschrieben, welche durch die industrielle Revolution und durch die von der Französischen Revolution angestoßene, politisch-soziale Umgestaltung der vergangenen zwei Jahrhunderte eingeleitet wurde. Es zeigte sich, daß die Industriegesellschaft die bisher einschneidendste Etappe eines umfassenderen Modernisierungsprozesses darstellt, der heute weltumspannend ist. Den bisher vorherrschenden politisch-wirtschaftlichen Grundkonflikt zwischen Ost und West ersetzen nunmehr Konflikte zwischen Nord und Süd (Arm und Reich) sowie zwischen unterschiedlichen Zivilisationen. Obwohl der Modernisierungsprozeß zu einer Steigerung der Lebensqualität in den privilegierten Gesellschaften führt, treten mit den Risiken des technischen Fortschritts, der Umweltbelastung und -zerstörung sowie mit den weltweiten politisch-militärischen Spannungen auch die negativen Seiten dieses Prozesses immer deutlicher hervor.

Abschließend wurde die Frage behandelt, ob hochentwickelte moderne Gesellschaften mit dem Begriff „Industriegesellschaft" noch angemessen gekennzeichnet werden können. Es wurden Argumente diskutiert, die es rechtfertigen, zukünftig von einer Informationsgesellschaft zu sprechen, da Information einen immer höheren Stellenwert in zukunftweisenden Produktionsprozessen, aber auch in der Steuerung gesellschaftlicher Entwicklungen einnimmt. Weder der Industrie- noch der Informationsgesellschaft wird auf absehbare Zeit die Arbeit ausgehen. Aber die Verfügbarkeit und Bewertung von Arbeitsplätzen, ebenso wie die zeitliche Ausgestaltung von Arbeitsplätzen, werden sich stark verändern. Privilegierte Arbeit wird ein knappes Gut bleiben, und der Arbeitsmarkt wird sich deutlicher als bisher in zwei scharf getrennte Segmente aufteilen. Diese Entwicklungen wirken sich in Form sozialer Konflikte und emotionaler Spannung auch auf das Wohlergehen und die Krankheitsanfälligkeit von Menschen aus.

Mit den in diesem Kapitel gegebenen Informationen zur demographischen Struktur und Entwicklung, zur sozialen Differenzierung sowie zur Evolution moderner Gesellschaften hat der Leser ein orientierendes Basiswissen erworben, das ihm hilft, die spezifischeren Fachkenntnisse der nachfolgenden Kapitel besser zu verstehen und in ihrer Bedeutung und Begrenzung zu bewerten.

3
Theoretische Grundlagen der Medizinischen Soziologie

Im ersten Kapitel wurde Medizinische Soziologie als diejenige wissenschaftliche Disziplin definiert, welche Theorien und Methoden der empirischen Soziologie anwendet, um soziale Einflüsse auf die Erhaltung von Gesundheit, auf Entstehung und Verlauf von Krankheiten sowie auf Einrichtungen und Berufe des Gesundheitswesens in ihrer Interaktion mit Patienten zu untersuchen.

Der Begriff **Empirie** bedeutet dabei, daß Erkenntnisse aus Erfahrungen (Daten) gewonnen werden. Der Begriff **Wissenschaft** bedeutet, daß die gewonnenen Erfahrungen bestimmten Kriterien genügen bzw. bestimmte Ansprüche erfüllen müssen: Die Daten müssen **überprüfbar** sein, sie müssen einen Aspekt der Wirklichkeit glaubhaft und genau abbilden **(messen)** und sie müssen mit allgemeinen Sätzen in Verbindung gebracht werden, deren Aufgabe darin besteht, gemessene Aspekte der Wirklichkeit zu **erklären.**

Ein System allgemeiner Sätze, anhand derer etwas erklärt wird, nennen wir eine **Theorie.** Der berühmte Philosoph Karl R. Popper schreibt: „Die Theorie ist das Netz, das wir auswerfen, um ‚die Welt' einzufangen – sie zu rationalisieren, zu erklären und zu beherrschen" (Popper 1966, S. 31). Theorien sind also aus menschlichen Denkleistungen hervorgehende Entwürfe, mit deren Hilfe Aspekte der Wirklichkeit sichtbar und verständlich gemacht werden können, die sich dem natürlichen Alltagsverständnis entziehen. Insofern sind wissenschaftliche Theorien dem Alltagswissen überlegen. Erfolgreiche Theorien bilden, aufgrund ihrer Erklärungs- bzw. Vorhersagekraft, die Grundlage für gezielte zweckrationale Handlungsprogramme (Wissen als Macht).

Soziologie (lateinisch *socius:* der Gefährte, Mitmensch; griechisch *logos:* Wort, Wahrheit, Wissenschaft) ist diejenige Wissenschaft, welche die mitmenschlichen, zwischenmenschlichen, gesellschaftlichen und sozialen Aspekte menschlicher Existenz systematisch untersucht. Ihre Grundkategorie bildet der Begriff des sozialen Handelns. Es gibt bis heute kleine einheitlich akzeptierte, allgemeingültige soziologische Theorie, aber es existieren verschiedene Theoreme (unvollständige Theorien) bzw. Theorien mittlerer Reichweite mit unterschiedlicher Plausibilität. In diesem Kapitel sollen diejenigen soziologischen Theoreme dargestellt werden, die sich für die Fragestellungen der Medizinischen Soziologie als besonders wichtig, als grundlegend und fruchtbar erweisen.

3.1 Wissenschaftstheoretische Vorklärung

Es wird häufig bezweifelt, daß Sozialwissenschaften (Soziologie, Psychologie, Ökonomie, Ethnologie etc.) überhaupt Wissenschaften im gleichen Sinn sein können, wie Naturwissenschaften es sind. Im allgemeinen werden in diesem Zusammenhang die folgenden drei Argumente vorgebracht:

Erstes Argument: Wissenschaftliche Aussagen sind wertfrei; die Aussagen der Sozialwissenschaften sind wertgeladen.

- Dieses Argument ist aus der Wissenschaftsgeschichte der Soziologie verständlich. Vor allem im 19. Jahrhundert sind soziologische Denker mit dem Anspruch aufgetreten, auf wissenschaftlicher Basis richtige und falsche, gute und schlechte Gesellschaften bestimmen zu können. Sie gingen dabei von einem **normativen** Theorieverständnis aus: Die Theorie sagt nicht nur, wie eine Gesellschaft ist, sondern auch, wie sie sein soll. Auch heute wird das normative Theorieverständnis teilweise noch vertreten, so vor allem in der marxistischen Gesellschaftstheorie, soweit diese auf dem historischen und dialektischen Materialismus beruht. Demgegenüber herrscht heute in der internationalen wissenschaftlichen Gemeinschaft eher ein **empirisch-nomologisches** Theorieverständnis vor, nach welchem theoretische Aussagen prinzipiell wertfrei und vorläufig sind und sich somit nicht grundsätzlich von naturwissenschaftlichen Aussagen unterscheiden (Popper 1966). Richtig ist allerdings, daß sozialwissenschaftliche Forschung durch die Wahl ihrer Untersuchungsthemen Akzente setzt, die auf normative Bestrebungen verweisen (Aufklärungsfunktion der Sozialwissenschaften). Ferner muß darauf hingewiesen werden, daß sozialwissenschaftliche Erkenntnisse häufig auf untersuchte gesellschaftliche Phänomene zurückwirken. Aus dieser zuletzt genannten Tatsache ergeben sich besondere Ansprüche an eine angemessene Methodologie und an die Verantwortung des sozialwissenschaftlichen Forschers.

Zweites Argument: Wissenschaftliche Aussagen enthalten allgemeingültige Gesetze; in den Sozialwissenschaften gibt es keine allgemeingültigen Gesetze.

- Es trifft zu, daß der Untersuchungsgegenstand der Sozialwissenschaften im allgemeinen vielschichtig und raschem zeitlichem Wandel unterworfen ist, daß soziales Handeln nicht restlos objektivierbar ist, sondern stets in Sinnzusammenhänge von Individuen eingebettet bleibt, die methodisch schwer erfaßbar sind. Es trifft ferner zu, daß die wichtigste Methode der Naturwissenschaften, das Experiment, nur in äußerst begrenzter Weise in den Sozialwissenschaften zur Anwendung gelangen kann. Dies alles bedeutet jedoch nach allgemeiner Einschätzung nur, daß sozialwissenschaftliche Aussagen besonders häufig die Form von **Wahrscheinlichkeitsaussagen** besitzen und daß ihre Verallgemeinerbarkeit über Raum und Zeit, d.h. ihre Reichweite, begrenzt bleibt. Bedenkt man andererseits, in welchem Umfang auch in den Naturwissenschaften Gesetzesaussagen revidiert und Paradigmen verändert werden und wie weit die moderne Erkenntnistheorie von der klassischen Subjekt-Objekt-Trennung entfernt ist, so wird deutlich, daß die Unterschiede eher quantitativer als qualitativer Art sind. Dies wird im übrigen auch von modernen Erkenntnistheoretikern der Naturwissenschaften ausdrücklich betont (vgl. Prigogine 1983).

Drittes Argument: Wissenschaftliche Aussagen beruhen auf metrischen Begriffen; in den Sozialwissenschaften gibt es keine metrischen Begriffe.

- Bei metrischen (quantitativen) Begriffen werden Ereignisse oder Phänomene dadurch charakterisiert, daß man ihnen Zahlenwerte zuschreibt, die einer Meßskala entstammen (z. B. Längenmaß, Gewichtsmaß, Frequenzmaß). Wissenschaftliche Aussagen können damit in Form funktionaler Abhängigkeiten zwischen verschiedenen Quantitäten formuliert werden.

Dieses Argument ist sehr ernst zu nehmen, da hier tatsächlich prinzipielle Grenzen sozialwissenschaftlicher Aussagemöglichkeiten angesprochen werden. Wir werden allerdings im vierten Kapitel sehen, daß die sozialwissenschaftliche Statistik und Methodenlehre heute über Verfahren verfügt, welche die Anwendung metrischer Begriffe ermöglichen, auch wenn die verwendeten numerischen Relative (Zahlen) keiner objektiv vorgegebenen Meßskala entstammen.

Zusammenfassend können wir sagen: Es gibt keinen überzeugenden Grund, den Sozialwissenschaften, die einem empirisch-nomologischen Theorieverständnis verpflichtet sind, den Charakter der Wissenschaftlichkeit abzusprechen. Der besondere Untersuchungsgegenstand erweist sich allerdings als komplex und wandelbar. Da weder die experimentelle Methodik in größerem Umfang verfügbar, noch die allgemeine Anwendung metrischer Verfahren möglich ist, vollzieht sich sozialwissenschaftlicher Erkenntniszuwachs langsamer, störanfälliger, weniger kumulativ als in den Naturwissenschaften, und die Erkenntnisprogramme müssen bescheidener konzipiert werden: Anstelle allgemeingültiger, Raum-Zeit-unabhängiger Theorien werden **Theorien mittlerer Reichweite** angestrebt, deren Aussagen Erklärungen für raum-zeitlich begrenzte Erscheinungen liefern. Diese Einschränkungen rechtfertigen jedoch meines Erachtens nicht, grundsätzliche methodologische Unterschiede zwischen Sozial- und Naturwissenschaften zu postulieren und damit die systematische Einheit der Wissenschaften in Frage zu stellen, wie dies immer wieder versucht wird.

Wir orientieren uns hier an einer systematischen Einheit der Wissenschaften, deren Ziel die Entwicklung idealer Theorien ist: „Die Grundzüge einer idealen Theorie bzw. einer idealen Strategie des Theo-

rieaufbaus sind für alle Fächer und für alle Forschungsprobleme die gleichen: Der Fortschritt der Wissenschaft besteht in der statistisch unumkehrbaren Bewegung zu theoretischen Strukturen, die einerseits (in der Horizontalen) einen immer größeren Bereich an empirisch überprüfbaren Fakten umfassen, die andererseits (in der Vertikalen) aber auch eine zunehmende Tiefengliederung aufweisen, d.h. höhere Stufen der Allgemeinheit und Abstraktion erreichen, um einen immer größer werdenden Datenbereich mit einem Optimum an Konsistenz, Einheit und Ökonomie ordnen zu können. Die „ideale" Theorie ... wäre diejenige, die erlauben würde, die Zahl der Grundannahmen auf möglichst wenige zu reduzieren, daraus aber die größte Anzahl forschungsstrategisch fruchtbarer Beschreibungen, Erklärungen und Vorhersagen abzuleiten" (Bühl 1982, S. 2).

Soziologische Theorien oder Theoreme sind in ihrer allgemeinsten Form stets **Theorien sozialer Systeme** (vgl. Luhmann 1984). Damit stellt sich die Frage, wie die verschiedenen Systemebenen (soziales System, psychisches System, biologisches System) in eine ideale Theorie integrierbar sind. Diese Frage ist gegenwärtig noch nicht befriedigend geklärt. Um so notwendiger erscheint es daher, auf die besonderen Erkenntnisprobleme hinzuweisen, die sich an den Übergängen von einer „niedrigeren" zu einer „höheren" Systemebene ergeben. Halten wir an dieser Stelle nochmals fest, daß jede Gesellschaft zwar aus Individuen besteht, daß aber dennoch eine Gesellschaft stets mehr ist als die bloße Summe von Individuen. Im Prozeß der **Vergesellschaftung** von Individuen bilden sich nämlich neue Eigenschaften aus, die wir auf der Ebene der einzelnen Individuen nicht finden. Diese Phänomene der Herausbildung neuer Eigenschaften auf einer höheren Integrationsebene bezeichnet man in der Systemtheorie mit dem Begriff der **Emergenz**. Vergesellschaftung bedeutet, wie jeder Prozeß der Systembildung, daß Individuen sich bestimmte **Restriktionen** auferlegen, um gemeinsam eine neue Einheit, ein neues Ganzes (ein soziales System) zu bilden. Beispiele solcher Restriktionen sind die soziale Normierung und Differenzierung, die Bildung sozialer Rollen, die Verlagerung von Macht, die Ausbildung sozialer Distanz und Nähe, die Verallgemeinerung von Kommunikation.

Der bekannte Psychoanalytiker und Medizintheoretiker Thure von Uexküll hat in einem lesenswerten Aufsatz darauf hingewiesen, daß das Phänomen der Emergenz auf allen Ebenen der Ordnung lebender Systeme zu finden ist:

„Ein Beispiel für solche Restriktionen der Elemente, die auf der komplexeren Integrationsebene neue Eigenschaften entstehen lassen, sind Blockierungen der Aktionsmöglichkeiten einzelner Muskeln, wenn koordinierte Bewegungen wie Greifen, Gehen oder Schreiben zustande kommen sollen. Ein anderes Beispiel ist die rigorose Beschränkung der Teilungsfähigkeit der einzelnen Zellen, sobald sie sich zu einem Organismus zusammengetan haben. Ein weiteres Beispiel sind die Restriktionen, die Individuen in einem sozialen System hinnehmen müssen ... Mit dem Übergang von einfachen zu komplexeren Systemebenen, beginnend mit dem Übergang von der Ebene anorganischer Prozesse zu der biologischer Systeme, dann wieder mit dem Übergang zu psychischen Systemen und schließlich zu sozialen Systemen, treten ursprunghaft neue Phänomene auf. Sie zwingen den Menschen jedesmal eine neue wissenschaftliche Disziplin zu entwickeln, deren Terminologie in der Lage ist, die jeweiligen Phänomene zu beschreiben" (Uexküll 1987, S. 13), d. h., die Auf- und Abwärtseffekte zwischen der höheren und der niedrigeren Systemebene zu analysieren.

Für die soziologische Theoriebildung bedeutet dies, daß sie die folgenden Aufgaben miteinander verbinden muß:
• Zu klären, welche Restriktionen des individuellen oder besser inter-individuellen Handelns notwendig sind, damit

ein soziales System entstehen, d. h. funktionieren kann; mit anderen Worten, die Aufgabe, emergente Merkmale oder Konstruktionsprinzipien eines sozialen Systems zu analysieren.
• Die Rückwirkungen sozialer Systeme auf das psychische und organische System von Individuen zu untersuchen, und zwar unter dem Aspekt der Vor- und Nachteile einer Teilhabe am sozialen System. Es ist leicht einsichtig, daß für eine soziologische Theorie menschlicher Gesundheit und Krankheit diese zweite Aufgabe von ganz besonderem Gewicht ist.

Allerdings liegen die Dinge beim Übergang vom psychischen zum sozialen System beim Menschen etwas komplizierter als bei Zellen oder Organen: Menschen sind, bereits von der frühesten Kindheit an, sozialisierte Individuen, d. h., sie sind auf die zu leistenden Restriktionen und Emergenzerfordernisse bereits mehr oder weniger gut vorbereitet, bevor für diese ein aktueller Handlungsbedarf besteht. Eine dritte Aufgabe der soziologischen Theorie muß es daher sein, soziale Lernprozesse als Voraussetzung der sozialen Systemtheorie zu analysieren.

Diese drei Aufgaben werden in den folgenden Abschnitten dieses Kapitels nur ansatzweise gelöst werden können, da, wie bereits betont, die allgemeine soziologische Theorie in Gestalt einer Systemtheorie gegenwärtig noch längst nicht das Stadium einer idealen Theorie im beschriebenen Sinn erreicht hat. Zudem liegt der Schwerpunkt unserer Darstellung in der Schilderung derjenigen Theoreme, die sich konkret auf medizinsoziologische Fragestellungen anwenden lassen.

3.2 Soziales Handeln im sozialen System

Unter **System** verstehen wir im allgemeinsten Sinne eine Menge untereinander in Beziehung stehender Elemente, die als Einheit begriffen und von einer Umwelt abgegrenzt werden können. Ein soziales System verbindet Individuen unter dem Aspekt des Austausches, der Kommunikation, der Differenzierung, der Entlastung, der Problemlösung, der Hilfestellung usw., und alle diese Aspekte weisen darauf hin, daß soziale Systeme selbststeuernde Aufgaben wahrnehmen, zu denen Individuen durch restriktive Handlungen beitragen.

Soziale Systeme können unterschiedliche Räume und Zeiten umfassen. Sie lassen sich nach ihrer Verbindlichkeit und Dauerhaftigkeit, nach dem Grad der Verdichtung von Erwartungen, nach ihrem Umfang etc. unterscheiden. Das umfangreichste soziale System bildet die Weltgesellschaft, jedoch ist es sinnvoller, von sozialen Systemen dann zu sprechen, wenn selbststeuernde Aufgaben in einem erkennbaren Umfang wahrgenommen werden. Wie in Kapitel 2.3 kurz ausgeführt, haben sich evolutionär entscheidende soziale Systeme jenseits von Familienverband und Stamm, d.h. auf der Ebene von Großgruppen wie Nationen, erst relativ spät bilden können. Wir stehen heute am Beginn eines neuen, vielleicht globalen Integrationsschubes, durch welchen selbststeuernde Aufgaben der Weltgesellschaft, die für das Überleben der Menschheit immer wichtiger werden, zögernd einsetzen.

Norbert Elias hat in einer neuen Untersuchung darauf hingewiesen, daß in jedem Menschen das Bedürfnis besteht, nicht nur sich selbst als Person zu erfahren (**Ich-Identität**), sondern auch, sich als Teil einer Gruppe zu sehen, mit der er sich identifizieren kann (**Wir-Identität**). Im Verlauf der sozialen Evolution, speziell im Verlauf des Modernisierungsprozesses, hat sich diese Wir-Ich-Balance immer stärker zum

Ich hingeneigt. Der Nationalstaat besitzt jedoch, nicht zuletzt aufgrund der daseinssichernden Leistungen für Individuen, heute noch erhebliche Potentiale, eine Wir-Identität für Individuen anzubieten. Emotionale Bindungen an supranationale Einheiten sind soziokulturell noch nicht in größerem Umfang gelernt worden. Nach Elias' Meinung wird das Überleben der Menschheit wesentlich davon abhängen, ob es gelingt, eine tragfähige Wir-Identität auf einer supranationalen Ebene (Menschheit) auszubilden (Elias 1987).

Jedes gesamtgesellschaftliche System differenziert sich in Teilsysteme, welche selbststeuernde Aufgaben im Hinblick auf bestimmte, abgrenzbare Funktionen übernehmen (z.B. Wirtschaftssystem, Rechtssystem, Bildungssystem). Somit ist jedes Individuum in verschiedene soziale Systeme oder Einheiten einbezogen. Die folgenden Abschnitte analysieren soziales Handeln unter dem Aspekt von Restriktionsleistungen, mit denen Individuen zum Bestand sozialer Systeme beitragen und mit denen es ihnen möglich wird, an mehreren Teilsystemen zugleich teilzuhaben.

3.2.1 Anthropologische Voraussetzungen

Wir sagten, daß bestimmte Restriktionen des interindividuellen Austausches unabdingbar sind, damit aus diesem Austausch Systemeigenschaften resultieren. Kommunikation, Interaktion, Erwartung, Normierung, Differenzierung, Positionalisierung und Formalisierung – dies sind einige der Begriffe, welche solche restriktiven Leistungen beschreiben. Bevor sie erläutert werden, sollen die wichtigsten anthropologischen Voraussetzungen menschlicher Vergesellschaftung kurz besprochen werden.

Wenn es seit alters heißt, der Mensch sei ein „soziales" Wesen, dann werden damit zwei grundlegende Erfahrungstatsachen menschlicher Existenz angesprochen: **Körperlichkeit** und **Soziabilität.** Jeder Mensch erfährt und erlebt seinen eigenen Körper als Träger von Empfindung und Bewußtsein und als Zentrum eigenen Wirkens und Handelns. Dieser Körper besitzt eine eigene Zeitstruktur, er ist mit autonomen Regulationen und adaptiven Fähigkeiten ausgestattet. Die Erfahrung der **Körperlichkeit** kann für verschiedene Menschen je nach Situation unterschiedlich deutlich sein (z. B. je nach Bewußtseinsgrad, nach Vorliegen oder Fehlen von Schmerzempfindung usw.), sie weist aber stets auf prinzipielle Grenzen der Autonomie hin: Grundlegende Lebensbedürfnisse können lediglich im Austausch, in der Beziehung zu Mitmenschen realisiert werden. Körperlichkeit und Vergesellschaftung sind engstens miteinander verknüpft. Das zeigt sich besonders deutlich im Reproduktionsprozeß: Der Säugling ist vital auf die kontinuierliche Sorge der Eltern angewiesen.

In dieser vitalen körperlichen Abhängigkeit bildet sich auch jene zweite konstitutive Tatsache heraus: die **Soziabilität,** d. h. die Fähigkeit zu situationsflexiblem Sozialverhalten. Soziabilität ist ohne die Möglichkeit sprachlicher Kommunikation nur schwer denkbar. Denn erst beim Sprechen lernen wir, die Wirkung eigener Äußerungen auf andere Menschen zu berücksichtigen und ihre Reaktionen in das eigene Verhalten einzubeziehen (Mead 1973). Diese Flexibilität ist es nun, welche menschliches Sozialverhalten in erster Linie kennzeichnet. Wenn der Aufbau von Sprache, Denken und Bewußtsein an kontinuierliche Interaktionen mit Mitmenschen gebunden ist, dann ist es nur folgerichtig, daß Vergesellschaftetsein „eine lebenslängliche Erfahrung ist, und dazu eine der gewichtigsten, lange noch, bevor wir beginnen, darüber nachzudenken" (Berger u. a. 1976, S. 11).

Körperlichkeit und Soziabilität lassen sich mit zwei anderen anthropologischen Tatbeständen in Beziehung bringen: mit der menschlichen **Plastizität** oder Formbarkeit und dem menschlichen **Formungszwang.** Plastizität bedeutet, daß der Mensch als relativ unfertiges, unspezialisiertes Lebewesen zur Welt kommt.

In der vergleichenden Biologie ist darauf hingewiesen worden, daß der Säugling im Vergleich zu anderen höheren Säugern zu früh geboren wird („extrauterines Frühjahr"; Portmann 1951), daß er erst etwa ein Jahr nach Geburt vergleichbare Gestalteigenschaften aufweist. Offenbar ist es für die „menschliche Kondition" wichtig, daß bestimmte Reifungsprozesse in einem sozialen, „extrauterinen" Milieu stattfinden (z. B. Auswachsen der Nervenendfasern in den Extremitäten, Verfestigung des Gaumens, Zunahme des Gehirngewichts u. a.).

Zu den Merkmalen der Plastizität gehört ferner die Tatsache, daß einzelne Organe (es gibt allerdings auch Gegenbeispiele) bei der Geburt relativ unspezialisiert, zumindest aber in ihrer Funktion noch flexibel sind. Ihre Spezialisierung und Konditionierung erfolgen erst in sozial gesteuerten Lernprozessen. Zeigen diese Hinweise den Spielraum sozialer Formungsprozesse in der Ontogenese menschlichen Verhaltens auf, so muß andererseits betont werden, daß ohne solche Formgestaltung keine stabile Entwicklung des menschlichen Daseins überhaupt denkbar wäre. Denn die Kehrseite einer erhöhten „Weltoffenheit" ist ein sehr reduzierter Bestand angeborener Verhaltensmuster. Der menschliche Säugling unterliegt somit einem sekundären Formungszwang, einer gestaltenden Tätigkeit, einer „Außenstabilisierung" durch die soziale Ordnung, in die er hineingeboren wird (Gehlen 1958). Soziale Regeln treten an die Stelle bzw. überformen biologisch vorgegebene Reaktionsmuster, und zwar in einem so großen Umfang, daß es nicht ganz abwegig erscheint, die postnatalen Phasen der menschlichen Entwicklung zusammenfassend als eine „zweite, soziokulturelle Geburt" zu bezeichnen (Claessens 1962).

Wenn der Mensch als ein „gesellschaftliches Wesen" bezeichnet wird, dann bedeutet dies zusammengefaßt folgendes:

- Er ist ein Lebewesen, das von seiner Ausstattung und Entwicklung her vital auf andere Artgenossen angewiesen ist **(Körperlichkeit)**;
- er ist ein Lebewesen, das aufgrund seiner Sprachfähigkeit zu flexiblem Sozialverhalten in der Lage ist **(Soziabilität)**;
- er ist ein Lebewesen, das mit verschieden „unfertigen" Anlagen geboren wird, deren Aktivierung und Konditionierung im sozialen Umfeld, speziell in der Eltern-Kind-Beziehung, erfolgt **(Plastizität)**;
- er ist ein Lebewesen, das infolge seines geringen Bestandes angeborener Reaktionsmuster auf soziale Formungsprozesse im Sinne einer Außenstabilisierung angewiesen ist **(Formungszwang)**.

Es ist trotz der Kürze der Ausführungen deutlich geworden, daß alle vier anthropologischen Tatbestände wechselseitig aufeinander bezogen sind. Chancen und Risiken der Vergesellschaftung auf diesem Hintergrund zu untersuchen, ist ein spannendes, von den Sozialwissenschaften leider immer noch nicht intensiv und erfolgreich genug begonnenes Unternehmen (vgl. auch Plessner 1970, Berger und Luckmann 1969).

3.2.2 Soziale Interaktion und Kommunikation

Ein konzertierendes Duo fällt aus dem Takt. Wie finden die Musiker schnell wieder einen gemeinsamen Einsatz? Eine kriegerische Auseinandersetzung führt zu einem Waffenstillstand; noch bevor die beiden Parteien Verhandlungen aufnehmen, erkennen sie stillschweigend eine vorläufige Grenze an. Wie kommt es

dazu? Ein taubstummer Patient wird als Notfall in ein Krankenhaus eingeliefert und vermag lediglich mit der Hand auf den Brustraum hinzudeuten. Wie gelingt es dem Arzt, möglichst schnell die richtige diagnostische Strategie einzuschlagen?

Die Beispiele verdeutlichen, daß in sozialen Beziehungen, in denen etwas vergleichsweise Ungewohntes geschieht, Verständigung auch ohne sprachliche Kommunikation möglich ist. In solchen Situationen gelingt es uns häufig, Orientierungen einer besonderen Art einzusetzen, mit denen die „Lösung" eines Beziehungsproblems möglich wird. Diese besondere Form der Orientierung nennen wir reflexive Ko-Orientierung (Abb. 3-1).

Reflexive Ko-Orientierung, weniger prägnant auch „Interpenetration von Erwartungen" (Luhmann 1984) genannt, bildet den kognitiven Stoff, aus dem soziale Interaktionen hervorgehen. Sie erhöht die Chance, unter Zuhilfenahme signifikanter

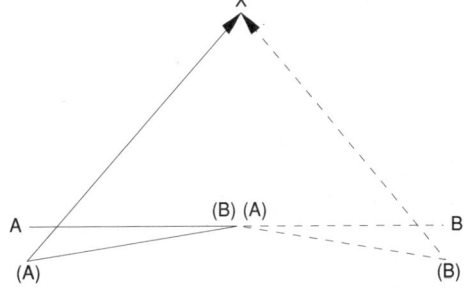

Abbildung 3-1 Schematische Darstellung des Prozesses der reflexierenden Ko-Orientierung. A und B sind interagierende Personen mit dem Koordinationsziel X. Dieses Ziel versuchen sie zu erreichen durch eine doppelte oder reflexive Antizipationsleistung (imaginierte Personen in Klammern): A versucht seine Reaktion aus der Sicht Bs vorzustellen, um daraus die zutreffende manifeste Reaktion hinsichtlich X abzuleiten. Dasselbe gilt, annähernd gleichzeitig, für B (nach Siegrist 1970, S. 47).

Zeichen zu einer erfolgreichen Abstimmung, Koordination von Handlungsabsichten zu gelangen, auch wenn sprachliche Verständigung nicht möglich ist.

Zurück zu unseren Beispielen: Ein auffälliger Takt, eine größere Pause etc. ist geeignet, als signifikantes Zeichen zu dienen, auf welches sich die konzertierenden Musiker in reflexiver Orientierung stillschweigend zu einigen vermögen. Im Falle der feindlichen Lager bilden markante geographische Stellen (im Koreakrieg der Yalu-Fluß) solche signifikanten Zeichen, auf die sich stillschweigendes Verhandeln bezieht. Die besondere Häufigkeit des Herzinfarktes als Anlaß einer Notfallaufnahme bildet die Basis für eine schnell gelingende nichtsprachliche Vermittlung des Behandlungsproblems zwischen taubstummem Patienten und behandelndem Arzt.

Die Liste solcher Beispiele ließe sich aus dem Erfahrungsschatz jedes Lesers verlängern. Sie zeigt, daß Menschen dann, wenn sie ein auch noch so flüchtiges „Miteinander" bilden, Prozesse erzeugen, die nur auf der Ebene eines sozialen Systems (mindestens einer Dyade [Zweierbeziehung], vgl. Abb. 3-1) verstehbar sind. Offenbar heißt Vergesellschaftung nicht, daß sich zwei oder mehr Individuen einfach zusammentun, um als Summe von Elementen zu wirken. Vielmehr setzt Vergesellschaftung über den Prozeß der reflexiven Ko-Orientierung neuartige Prozesse in Gang. Obwohl bereits Émile Durkheim mit seinem Begriff der „kollektiven Repräsentationen" diesen Gedanken herauszuarbeiten versuchte (Durkheim 1961), haben erst die Entwicklungen der Sozialpsychologie, der Spieltheorie und der Systemtheorie in der Mitte dieses Jahrhunderts ein angemessenes begriffliches Instrumentarium zur Klärung solcher Prozesse bereitgestellt.

Reflexive Ko-Orientierung gelingt häufig auch dann, wenn soziales Handeln konfliktreich ist. Der Spieltheoretiker

Thomas C. Schelling hat dies am folgenden einfachen Beispiel klar verdeutlicht:

- A und B sollen „Kopf" oder „Zahl" wählen, ohne miteinander zu sprechen. Wenn beide „Kopf" wählen, erhält A 3 Dollar und B 2 Dollar. Wenn beide „Zahl" wählen, erhält A 2 Dollar und B 3 Dollar. Wenn sie in ihrer Wahl nicht übereinstimmen, gewinnt keiner. (Beachte, daß die reine Zufallswahl nur einen Gewinn von 1,25 Dollar verspricht.)

- Die erste Bedingung zur optimalen Lösung des Spieles kann wie folgt formuliert werden: Das Bewußtsein, bei der falschen, d. h. nicht übereinstimmenden Wahl nichts zu gewinnen, muß stärker sein als die Intention der rivalisierenden Partner, für sich den höheren Gewinn zu erzielen. Die Aussicht, nur 2 gegenüber 3 Dollar gewinnen zu können, also mit hoher Wahrscheinlichkeit überhaupt etwas zu gewinnen, muß der anderen Aussicht vorgezogen werden: entweder am meisten oder gar nichts gewinnen zu können.

- Die zweite Lösungsbedingung ist die Wahrnehmung eines signifikanten Signals, das der Koordination der Orientierungen dient. Da „Kopf" als suggestives Zeichen vor „Zahl" den Vorzug hat, besitzt es die größere Wahrscheinlichkeit, als Orientierungssignal und damit als Wahlvorschlag akzeptiert zu werden (Schelling 1963).

Schelling hat dieses Spiel 22 zufällig ausgewählten Paaren vorgelegt und folgende Ergebnisse erhalten: 16 von 22 A-Personen und 15 von 22 B-Personen wählten „Kopf". Hätten die Personen nach reinem Zufallsprinzip gewählt, dann wäre die Übereinstimmungsquote niedriger gewesen. Hätten sie die erste Bedingung nicht beachtet, also jeder für sich den höheren Anteil zu gewinnen versucht, dann hätte kein einziger Spieler etwas erhalten. Die wiederum über die reine Zufallswahrscheinlichkeit erhobene Übereinstimmungsquote läßt die Anwendung reflexiver Ko-Orientierung vermuten: A überlegt, wie B denkt, daß A entscheidet und wie B entsprechend selber entscheidet. Aufgrund dieser Überlegung trifft A seine Wahl, in der Annahme, „Kopf" als signifikantes Signal der wortlosen Verständigung akzeptieren zu können. Dieselben Überlegungen stellt B an, bevor er wählt.

Im Alltagsleben sorgen allerdings zwei grundlegende Phänomene für einfachere, sicherere „Lösungen" der interaktiven Koordination von Handlungsabsichten: erstens die sprachliche Kommunikation und zweitens die normative Strukturierung sozialer Interaktionen.

- **Sprachliche Kommunikation** bezeichnet den verbalen Informationsaustausch anhand eines gemeinsamen semantischen (d. h. die Bedeutung von Zeichen definierenden) Codes.

Sprachliche Kommunikation läßt sich jedoch ebensowenig wie stillschweigendes Verhandeln in angemessener Weise als mechanischer Sender-Empfänger-Prozeß zwischen zwei (oder mehr) Individuen beschreiben. Die Bedeutungsgleichheit von sprachlich Ausgedrücktem erschließt sich nämlich häufig erst aus dem spezifischen Kontext, in dem Verbales geäußert wird. Erfolgreiche sprachliche Kommunikation ist daher in ähnlicher Weise wie stillschweigendes Verhandeln auf den Einsatz jener Orientierungsmuster angewiesen, welche agierende Individuen zu einem interagierenden sozialen System zusammenführen.

Diesen abstrakten Gedanken können wir an einem einfachen Beispiel verdeutlichen. Dasjenige, was Leute sagen (in dem folgenden Beispiel steht auf der linken Seite das, was zwischen Arzt und Patientin während einer Visite gesprochen wird) ist nicht deckungsgleich mit dem, worüber sie sprechen (im Beispiel werden rechts die nicht expliziten Hintergrundannahmen aufgelistet, welche die Sprechenden jeweils beim Partner voraussetzen). Wie das Beispiel zeigt, sind sprachliche Äußerungen offenbar Dokumente, Hinweise auf ein der Interaktion zugrundeliegendes Muster von Gegebenheiten, von dem jeder annimmt, daß der jeweils Sprechende sich daran orientiere (vgl. Garfinkel 1964). Das Beispiel entstammt einer auf Tonband aufgezeichneten Stationsarztvisite in einem von uns vor Jahren untersuchten süddeutschen Kreiskrankenhaus:

Arzt: Frau Sch... der Magen ist in Ordnung gewesen.
Besser: Sie sind mit unklaren Beschwerden ins Krankenhaus aufgenommen worden, und wir bemühen uns, mittels Röntgendiagnostik und anderer Maßnahmen die Ursache dieser Beschwerden herauszufinden. Gestern haben wir Ihren Magen geröntgt. Dabei zeigte sich, daß die Ursache der Beschwerden und Schmerzen nicht im Magen liegen kann.

Patientin: Ja?

Arzt: Kein Geschwür, kein Gewächs.

Patientin: Ich weiß nicht, wo das herkommt. Also ich – das ist mir ein Rätsel. Daß ich immer die Schmerzen krieg', da habe ich halt immer Angst gehabt, das ist die Galle oder der Magen ...
Besser: Obwohl ich ein Laie bin, mache ich mir Gedanken über die mögliche Ursache meiner Beschwerden. Es ist mir wichtig, Ihnen meine Befürchtungen und Vermutungen mitzuteilen: ich habe bis jetzt immer geglaubt, Galle oder Magen seien die Ursachen meiner Schmerzen.

Arzt: Die Nieren werden auch noch mal geröntgt.
Besser: Da ich Ihnen bereits gesagt habe, daß am Magen (und übrigens auch an der Galle) kein Befund zu sehen ist, müssen wir weitersuchen. Es ist wahrscheinlich, daß die Nieren, die wir bereits einmal geröntgt haben, noch einmal genauer untersucht werden müssen. Daher kündige ich Ihnen jetzt schon an, daß wir diese Untersuchung wiederholen wollen.

Die Rolle der sprachlichen Kommunikation im sozialen Interaktionsgeschehen kann gar nicht hoch genug veranschlagt werden. In Abschnitt 2.3 haben wir bereits auf die grundlegende Bedeutung neuer Informationsqualitäten bei der sozialen Evolution hingewiesen. In Abschnitt 3.3 werden wir darstellen, welche Funktionen Sprache im Prozeß der menschlichen Sozialisation erfüllt. Soziale Systeme bedürfen der reflexiven Ko-Orientierung durch beteiligte Personen, und diese Orientierungen bedürfen der Artikulation in Form eines Austausches kodierter symbolischer Zeichen (Sprache) oder, annäherungsweise in den eingangs zitierten Grenzfällen, in Form signifikanter Signale. Orientierung, Erwartung, Kommunikation und Interaktion sind gewissermaßen die Axiome aller, auch der einfachsten menschlichen Vergesellschaftungsprozesse.

- Ein zweites regulatives Phänomen sozialer Interaktion ist die **Normierung.** Es wird im folgenden Abschnitt in seinen wichtigsten Grundzügen dargestellt.

3.2.3 Soziale Normen

Wie gelingt es sich vergesellschaftenden Individuen mit reflexiven Orientierungen einigermaßen enttäuschungsgesicherte Erwartungen aufzubauen? Sprachliche Kommunikation ist im gesellschaftlichen Alltagsleben nur begrenzt möglich. Man denke beispielsweise an den Verkehr oder an die Fabrikarbeit. Interaktionen werden daher in ihrem erfolgreichen Ablauf häufig durch soziale Normierung gesichert.

> Soziale Normen: **Verhaltensregelmäßigkeiten,** die durch Typisierung einer Situation und eines ihr zugeordneten Handlungsablaufs erreicht werden.
>
> Beispiele: „Ärzte sollen bei ihrer Arbeit im Krankenhaus weiße Kittel tragen." – „Verkehrsteilnehmer, die von einer Straße abbiegen, sollen dies durch entsprechende Zeichen anzeigen." – „Eltern sind gehalten, ihre minderjährigen Kinder zu beaufsichtigen."

Soziale Normen definieren **gemeinsame soziale Situationen** und **Reaktionen,** sie strukturieren dadurch die Erwartungen von Interaktionspartnern und machen das Handeln in gewissem Umfang vorhersehbar.

Wie wird nun erreicht, daß die vorgegebenen Normen auch tatsächlich angewandt und eingehalten werden? Diese Frage zwingt uns, den Begriff der sozialen Norm noch etwas genauer zu untersuchen.

Es ist einleuchtend, daß in einer Gesellschaft, einer Gruppe oder einer Familie nicht alle Verhaltenserwartungen die gleiche Wichtigkeit und Dringlichkeit besitzen können. Einige Vorschriften, wie beispielsweise das Verbot der direkten physischen Gewalt, das Inzesttabu, das Verbot von Eigentumsdelikten, erscheinen in unserer Gesellschaft als besonders schützenswert, während Verabredungen, welche das Grüßen, die Kleidung oder die Sitzordnung betreffen, sehr viel lockerer gehandhabt werden. Das heißt, daß jedes **Normensystem selektiv** ist, daß es eine Hierarchie, eine Wertordnung sozialer Normen gibt. Je wichtiger Normen für das Überleben einer Gesellschaft oder einer Teilgruppe innerhalb der Gesellschaft sind, desto mehr Anstrengungen werden unternommen, ihre **Geltung** durchzusetzen. Dies kann prinzipiell auf zwei Weisen geschehen: einmal durch eine besonders starke **Verinnerlichung** von Verhaltensgeboten durch Erziehung und kognitive Beeinflussung, zum andern durch die Androhung von **Strafen** im Falle einer Abweichung. Wir sprechen im ersten Fall von innerer, im zweiten Fall von äußerer sozialer Kontrolle. Vor allen Dingen ist es die **äußere soziale Kontrolle,** welche die Stabilität eines normativen Systems garantiert. Soziale Normen werden geschützt, indem für den Fall der Abweichung eine Bestrafung, oder exakter eine **negative Sanktion,** erfolgreich angedroht werden kann. Jedermann weiß, daß die wichtigsten sozialen Normen in Form von Gesetzen (z. B. Strafrecht, Bürgerliches Recht,

Wirtschaftsrecht) vom Staat und seinen Organen monopolisiert sind. Je unwichtiger Normen sind, desto unverbindlicher ist die Festlegung bestimmter negativer Sanktionen im Fall einer Abweichung. Aus dem Gesagten wird deutlich, daß die negativen Sanktionen eine Schlüsselrolle im Prozeß der Durchsetzung der Normgeltung spielen. Bevor wir diesen Punkt genauer ausführen, soll darauf hingewiesen werden, daß die negative Sanktion auch ein zentrales Kriterium für die **Erkennung** und damit für die operationale Definition sozialer Normen darstellt. Wenn wir nämlich die Geltung sozialer Normen empirisch beobachten wollen, können wir dies am zuverlässigsten dadurch tun, daß wir uns ansehen, wie im Falle eines Normbruchs reagiert wird. Negative Sanktionen sind der Gradmesser der Geltung eines Normensystems. Daher ist es für den Soziologen zweckmäßig, soziale Norm als eine Verhaltensregelmäßigkeit zu definieren, deren Nichteinhaltung eine negative Sanktion auslöst (Geiger 1964, Popitz 1980).

Negative Sanktionen unterliegen ihrerseits einer sozialen Normierung. Sollen sie nämlich im Sinne äußerer sozialer Kontrolle wirksam werden, dann müssen stets die folgenden Fragen klar geregelt sein:

- Wer sanktioniert?
- Wie wird sanktioniert?

Die erste Frage betrifft die **Sanktionsinstanz.** Jede Gesellschaft muß dafür Sorge tragen, daß bestimmte Individuen oder Gruppen vorübergehend oder dauerhaft mit einem Machtzuwachs ausgestattet werden, der ihnen die Durchsetzung von Sanktionen ermöglicht. Der wirksame Schutz vor Mißbrauch und Willkür infolge eines solchen Machtzuwachses stellt ein zentrales Problem der Glaubwürdigkeit **(Legitimität)** sozialer Ordnungen dar. Jeder Soziologe weiß, daß der Umgang mit Macht gefährlich ist, daß Sanktionsinstanzen dazu neigen, ihre Macht auszuweiten –

dies gilt nicht nur für Polizei und Militär, sondern auch für Führungspositionen in Organisationen, für bürokratische Verbände usf. – und daß nichts schwieriger und wichtiger ist als der Versuch, Macht zu kontrollieren und in ihrem Anwendungsbereich zu begrenzen. Daher gehört die Regelung von Normen, welche das „Wer" und das „Wie" des Sanktionsprozesses betreffen, zum empfindlichsten Teil eines sozialen Ordnungssystems.

Zusammenfassend sagen wir:

- Voraussehbarkeit sozialen Handelns wird durch Verhaltensregelmäßigkeiten erzielt, die ihrerseits einer Typisierung von gemeinsamen Situationen und auf sie bezogenen Reaktionen bedürfen (soziale Normen).
- Normiertes Handeln wird von innerer und/oder äußerer sozialer Kontrolle gesteuert. Äußere soziale Kontrolle ist in der Regel an die Sanktionierbarkeit von Normabweichungen gebunden.
- Die Regelung negativer Sanktionen schließt die Definition von Sanktionsinstanz und Sanktionsinhalt ein, ebenso den vorübergehenden oder dauerhaften Machtzuwachs der Sanktionsinstanz. Geringe Sanktionsbereitschaft verringert die Normgeltung, erhöht den Normwandel.
- In ihrer orientierenden Funktion entlasten soziale Normen zwischenmenschliches Handeln von Komplexität und Unsicherheit, in ihrer steuernden Funktion engen sie es ein, erzwingen sie seine Gleichförmigkeit und partielle Unfreiheit. Sanktionsregelungen ihrerseits entlasten den zwischenmenschlichen Verkehr, sie sind geeignet, ihn zu entschärfen, zu entdramatisieren. Aber sie tun dies um den Preis, daß einige Menschen mehr Macht haben als andere und daß dies Macht leicht außer Kontrolle geraten kann. Vergesellschaftung ist offenbar stets an Einschränkungen solcher Art gebun-

den. Gruppenleistungen als emergente Phänomene bedeuten stets einen Verlust an Individualisierungschancen.

3.2.4 Soziale Rollen

Den bisherigen Ausführungen fehlt ein entscheidender Gesichtspunkt, den wir um der Übersichtlichkeit willen zurückgestellt haben. Es gibt nur wenige Normen, die wie die Zehn Gebote oder der kategorische Imperativ für alle Menschen in gleichem Maße gelten. Die meisten Normen wenden sich an bestimmte **Personenkategorien.** Je nachdem, ob ich Schüler, Verkehrsteilnehmer, Familienmitglied oder Krankenhauspatient bin, gelten für mich verschiedene Normen. Das heißt, daß Normen in der Regel einen spezifischen **Adressaten** haben, an den sie sich richten. Dieser wichtige Tatbestand wird mit dem Begriff der sozialen Rolle umschrieben.

> Soziale Rolle: Bündel von Normen, die sich auf eine bestimmte Position beziehen.

Normen spezialisieren sich zu Rollennormen; Rollen werden normativ geformt. „Soziale Rollen gehören zu sozialen Positionen, die als Schnittpunkt sozialer Beziehungen im differenzierten gesellschaftlichen Beziehungsgefüge bestimmt sind. Jedes Individuum hat eine ganze Anzahl solcher Positionen, ist in mehrfacher Hinsicht ein Positionsträger oder Positionsinhaber" (Dreitzel 1972, S. 95). Daß Verhaltenserwartungen positionell differenziert werden, daß also an verschiedene individuelle Rollenträger gleiche Ansprüche gestellt werden, sofern sie Inhaber gleicher Positionen sind, ist keine Erfindung der Soziologie, sondern eine Erfindung der Gesellschaft selbst. Vergesellschaftungsprozesse sind dauerhaft nicht möglich ohne die Auffächerung der Normen zu Rollennormen. Und die Vergesellschaf-

tung des einzelnen Individuums ist nicht denkbar ohne die Übernahme sozialer Rollen, die gewissermaßen als „Gelenke" das Individuum mit der Gesellschaft verbinden.

Es ist nun wichtig, den Begriff der sozialen Position noch etwas genauer zu bestimmen. Zuvor muß jedoch darauf hingewiesen werden, daß der Gebrauch des Begriffs Rolle in der Soziologie und in der Psychologie nicht identisch ist. Während die **positionelle Differenzierung** zu **Rollennormen** aus soziologischer Sicht das entscheidende Kriterium darstellt, spricht die Psychologie in einem allgemeineren Sinne von Rollen immer dann, wenn sich in der Gruppe bestimmte Verhaltenserwartungen an eine Person verfestigt haben und diese Person erkennbar auf solche Erwartungen reagiert. So kann beispielsweise der „Anführer", der „Klassenbeste" oder der „Sündenbock" einer Gruppe im psychologischen Sinne als Rollenträger verstanden werden, ohne daß hier Rollennormen und entsprechende negative Sanktionen ausgebildet sein müssen. Wir sprechen in diesem Falle von **informellen** sozialen Rollen, während die positionell verfestigten Rollen als **formelle** soziale Rollen bezeichnet werden. Dabei kann sich der Begriff der Position entweder auf bestimmte **Personenkategorien** beziehen (Alte/Junge, d.h. Altersrollen, Männer/Frauen, d.h. Geschlechtsrollen) oder aber auf verfestigte Ordnungen in einem Teilbereich der Gesellschaft wie Beruf, Familie, Bildung usf. Solche verfestigten Ordnungen werden in der Soziologie mit dem Begriff der **„Institution"** bezeichnet. Jedes Individuum nimmt insgesamt an mehreren Institutionen teil, ist also Inhaber mehrerer sozialer Positionen. Selbst in einfachsten Gesellschaften ergibt sich zumindest eine Überlagerung von alters-, geschlechts- und arbeitsspezifischen Positionen bzw. Rollen. Wenn also jeder Mensch Inhaber verschiedener sozialer Positionen ist, dann ist auch zu erwarten, daß sich zwischen diesen Positionen nicht selten Störungen und Konflikte ergeben.

Um das Zustandekommen solcher Konflikte genauer beschreiben zu können, müssen wir zwei weitere Begriffe einführen: denjenigen der **Bezugsgruppen** und denjenigen des **Rollensektors.** Jede Rolle setzt sich aus Normen zusammen, die von verschiedenen **Sendern** stammen. So muß sich beispielsweise der Werkmeister sowohl an den Normen seiner engeren Arbeitskollegen wie auch an denjenigen seiner Vorgesetzten orientieren; der Künstler sieht sich den Normen der Kulturindustrie und ihrer Agenten, aber ebenso den Normen seiner Fachkollegen wie denen des Publikums ausgesetzt. Sie stellen als Normsender, wenn auch mit unterschiedlich folgenreichen Sanktionsmöglichkeiten, verschiedene Ansprüche an ihn, sie stehen als Gruppen in jeweils unterschiedlichem Bezug zu ihm, bilden unterschiedliche Bezugsgruppen. Sofern Normen von **einer** Bezugsgruppe ausgehen, sprechen wir von einem Rollensektor. Rollen sind in der Regel so konstruiert, daß die einzelnen Rollensektoren aufeinander abgestimmt sind. Hier ist aber der Punkt, wo sich leicht **Konflikte** ergeben können. So ist beispielsweise bekannt, daß an den Werkmeister von oben Verhaltenserwartungen gestellt werden, die er nur erfüllen kann, wenn er die Normen seiner Arbeitsgruppe verletzt (Zeitdruck, Kontrollintensität). Oder der Künstler muß versuchen, in seiner Programmgestaltung die Interessen verschiedener Rollensendergruppen aufeinander abzustimmen. Solche Konflikte können psychische Belastungen und psychosomatische Beschwerden zur Folge haben (vgl. Kap. 5). Beziehen sich solche widersprüchlichen Ansprüche auf **eine** Position, sprechen wir von einem **Intra-Rollenkonflikt.**

Häufiger kommt noch der folgende Fall vor: Konflikte, die sich aus der Unvereinbarkeit von Ansprüchen an ein Individuum ergeben, das gleichzeitig mehrere soziale Positionen innehat. Die berufstätige Mutter, der politisch aktive Freiberufliche, die noch schulpflichtige Leistungssportlerin – sie alle stehen in potentiellen oder akuten Konfliktsituationen, die sich aus unvereinbaren Erwartungen verschiedener Normsender, bezogen auf verschiedene Positionen innerhalb eines Individuums, ergeben. Beziehen sich unvereinbare Rollenansprüche auf verschiedene Positionen, die ein Individuum gleichzeitig innehat, dann sprechen wir von einem **Inter-Rollenkonflikt.**

Zwar versucht jede Gesellschaft durch die Schaffung von **Rollensequenzen,** d. h. eine zeitliche Staffelung der Übernahme der einzelnen Rollen, fundamentale Inter-Rollenkonflikte zu reduzieren, indem sie zeitliche oder materielle Restriktionen für die Übernahme neuer Rollen festlegt (z. B. Festlegung der Heiratsfähigkeit nach ökonomischen und sozialen Gesichtspunkten), aber dennoch sind solche Konflikte, wie die angeführten Beispiele zeigen, für viele Bereiche unseres Daseins von Bedeutung. Individuen besitzen, je nach dem Grad ihrer Vergesellschaftung, einen unterschiedlichen **Rollenhaushalt** (role set). Je größer die Anzahl eingenommener Rollen, desto größer die **Rollenbelastung** und das Potential für Rollenkonflikte.

Bevor wir abschließend am Beispiel der Arztrolle bisher entwickelte Überlegungen und begriffliche Festlegungen nochmals erläutern, sei kurz auf ein wichtiges Problem hingewiesen. Rollen sind bisher lediglich als Erwartungen, Zumutungen und Ansprüche an den einzelnen Menschen beschrieben worden, ohne Rücksicht darauf, wie dieser selbst die Ansprüche erlebt, wie er zu ihnen steht. Diese Verkürzung der Perspektive ist keineswegs gerechtfertigt. Das **Rollenverhältnis** des einzelnen ist für die Beschreibung der normativen sozialen Realität von großer Bedeutung. So kann bei äußerlich gleichen Rollennormen der eine Adressat sich völlig mit seiner Rolle **identifizieren,** in ihr gewissermaßen aufgehen, während ein anderer Adressat **Rollendistanz** an den Tag legt, indem er zeigt, wie wenig er im Kern seiner Person von den Rollenforderungen betroffen ist (Goffman 1961).

Die begrifflichen Festlegungen der allgemeinen Soziologie dienen der abstrahierenden Beschreibung sozialer Prozesse und damit der Gewinnung verallgemeinerbarer theoretischer Aussagen über Phänomene zwischenmenschlicher Vergesellschaftung. Es liegt auf der Hand, daß man zu diesem Zweck alltagssprachliche Begriffe nicht zweckmäßig verwenden kann. Daher ist es unerläßlich, am Anfang neue Begriffe einzuführen und später zu zeigen, welchen Ertrag sie bringen. Obwohl wir bereits einige Anwendungsbezüge soziologischer Begriffe für medizinische Probleme angedeutet haben, lag doch der Schwerpunkt der bisherigen Ausführungen auf der Ebene begrifflicher Abgrenzungen im Rahmen einer etwas allgemein gehaltenen Argumentation. Wir wollen jetzt die wichtigsten Begriffe dieses Abschnitts nochmals an einem Beispiel erläutern.

Die **Rolle** des **Arztes** setzt sich aus mehreren Rollensektoren zusammen, die sich auf verschiedene Bezugsgruppen wie Berufsstand, Fachkollegen, Patienten, nichtärztliche Mitarbeiter am Arbeitsplatz usf. beziehen. Die einzelnen Sender können offenbar ihre Rollennormen mit unterschiedlichem Erfolg durchsetzen. Berufsständische Normen besitzen eine sehr hohe Geltung (z. B. Bestimmung der Zwangsmitgliedschaft), während Rollennormen der Bezugsgruppe Patienten mit wenigen Sanktionsmöglichkeiten ausgestattet sind (was nicht heißt, daß ihre Geltung immer gering sein muß). So ist beispielsweise die Norm: „Ärzte sollen sich ausschließlich am Wohl der Patienten orientieren und ihre eigenen materiellen Interessen in den Hintergrund stellen" nicht nur schwer sanktionierbar, sondern bereits in ihrer Durchführung schwer kontrollierbar. Man sieht nebenbei, daß Leichtigkeit und Umfang äußerer sozialer Kontrolle mit der Höhe des sozialen Ranges einer Position (Status) oder einer Tätigkeit abnehmen.

Für eine Reihe von Rollennormen des Arztes gilt das merkwürdige Phänomen, daß sie nicht von Sendern, sondern von Ärzten selbst definiert und sekundär von Sendern akzeptiert und übernommen worden sind. Hier handelt es sich also in begrenzten Bereichen um **„Rollenschöpfung"** (Bucher und Stellung 1977). Rollenschöpfung scheint ein besonderes Merkmal professionalisierter Berufsgruppen zu sein, ein Merkmal auch besonderer Macht- und Einflußmöglichkeiten von Rollenträgern.

Ein Assistenzarzt, der ohne Dienstkleidung arbeitet, der Patienten nachweislich fahrlässig behandelt, weil ihm deren Gesichtsausdruck nicht sympathisch ist, oder der häufig zu spät zum Dienst erscheint, verstößt klar gegen Rollennormen. Er muß, sobald sein Verhalten entdeckt wird, mit formellen negativen Sanktionen von seiten der ärztlichen Direktion rechnen; es ist auch wahrscheinlich, daß er informell und verbal von verschiedenen Mitarbeitern *auf Station* sanktioniert wird („schneiden", emotionale Kommentare, Verweigern von Kooperation). Bei einer Reihe von Verhaltenserwartungen an den Arzt ist es schwierig zu entscheiden, ob es sich um Rollennormen oder eher um „gute Sitten", um Konventionen und Bräuche handelt, bei deren Nichteinhaltung zwar ein Befremden, aber keine explizite Sanktion erfolgt. Ein Arzt, der häufig vor Patienten laut kichert oder ständig umherrennt, wird zwar einiges Erstaunen erwecken, aber nicht mit deutlichen Sanktionen rechnen müssen. Wenn ein Arzt an seinem ersten Arbeitstag sämtliche Mitarbeiter der Station duzt, ist das für einige ein Grenzfall rollenkonformen Verhaltens, für die meisten vermutlich Rollennormabweichung, gemessen an den sozialen Normen des Krankenhausbetriebes.

Die genannten Beispiele mögen verdeutlichen, wie viele Bereiche des Verhaltens normativ geregelt sind, wie viele „Selbstverständlichkeiten" erlernte Reaktionen darstellen. Lautstärke des Redens, Angemessenheit von Mimik und Gestik, Blickrichtung und physische Distanz gegenüber Partnern, Verbalisierung von Stimmungen, Empfindungen und Eindrücken – all dies gehört zum selbstverständlich gelernten Verhaltensrepertoire, das ein Rollenträger bereits in eine neue soziale Situation mitbringt und das den „eigentlichen" Kern der Rollennormen umlagert.

Intra-Rollenkonflikte können im ärztlichen Beruf häufiger auftreten. Ein unheilbarer Patient verlangt zum Beispiel vom Arzt, daß er ihn sterben lasse, die Berufsethik dagegen verbietet ihm dies. Oder ein Krankenhausarzt entdeckt, daß ein niedergelassener Kollege eine falsche Diagnose gestellt hat. Da er aber auf eine reibungslose Zusammenarbeit mit ihm angewiesen ist, überlegt er, ob es klug ist, ihn mit dieser Mitteilung in seiner Berufsehre zu treffen und damit möglicherweise die Zusammenarbeit zu gefährden. Strukturelle Rollenkonflikte ergeben sich dort, wo der Arzt in seiner Position gleichzeitig Patienten zu betreuen, Forschungs- und Lehraufgaben zu erfüllen und administrative Pflichten zu erledigen hat. Hier kann es allein aufgrund des begrenzten Zeitbudgets zu einer chronischen Rollenüberlastung und zu Konflikten kommen.

Ebenso einfach kann man sich **Inter-Rollenkonflikte** vorstellen: die berufstätige Ärztin mit familiären Verpflichtungen zu Hause, der niedergelassene Arzt, der als Verbandsvorsitzender ständig in Anspruch genommen wird, der strenggläubige katholische Arzt, der bei fraglicher medizinischer Indikation eine Schwangerschaftsunterbrechung vornehmen soll usf. Art und Ausmaß der durch solche Konflikte erzeugten Belastungen hängen vom genannten Rollenhaushalt und der zeitlichen Verteilung der Rollensequenz, darüber hinaus aber auch von der subjektiven Bewertung der einzelnen Rollennormen durch die Träger und die ihnen wichtigen Bezugspersonen ab. Die Belastung aufgrund subjektiver Bewertung kann teilweise durch Formen der Rollendistanz verringert werden. So ist beispielsweise bekannt, daß Witze und ironische Kommentare während der operativen Tätigkeit bewußt oder unbewußt als Mittel der Belastungsreduktion eingesetzt werden.

Die wenigen exemplarischen Hinweise machen deutlich, wie Begriffe und Aussagen der allgemeinen Soziologie, hier speziell der Rollentheorie, gebraucht werden, um soziales Handeln im Hinblick auf die ihm zugrundeliegenden Strukturen sichtbar zu machen.

3.2.5 Soziales Handeln als Abweichung

Die soziologischen Grundbegriffe sind bisher so dargestellt worden, daß der Leser den Eindruck gewinnen mußte, die Handlungsabsichten des Individuums und die Konstruktionsprinzipien der Vergesellschaftung (orientierende Interaktion, Kommunikation, Normierung, positionelle Normdifferenzierung in sozialen Rollen) seien deckungsgleich. Obwohl die Sozialisationstechniken im wesentlichen auf ein solches Bestreben ausgerichtet sind, obwohl also das gesellschaftliche „Sollen" auch häufig in ein individuelles „Wollen" übergeht, bleibt doch stets eine Diskrepanz bestehen. Sie soll Gegenstand der Betrachtung in diesem Abschnitt sein.

In der Geschichte soziologischer Theoriebildung gab es – und gibt es weiterhin – einen langandauernden Streit über den Stellenwert dieser Diskrepanz. Alvin Gouldner geht sogar so weit, soziologische Theorieproduktion insgesamt einem ordnungs- bzw. konfliktsoziologischen Lager zuzuordnen (Gouldner 1974), wobei er der Ordnungstheorie vorwirft, keine Kategorien zu besitzen, mit denen das Verhältnis von Individuum und Gesellschaft als Zwang, als Konflikt, als Unterdrückung gekennzeichnet werden kann. Ordnungssoziologisches Denken, so warnt Gouldner sicherlich zu Recht, produziert ein einseitiges

Bild der „Rationalität" und Folgerichtigkeit von Vergesellschaftungsleistungen, welches die in ihnen stets vorhandene Macht- und Herrschaftsdynamik und die mit ihr verbundene Verletzungsmacht gegenüber Individuen nicht angemessen darstellt.

Auf diesen wichtigen Einwand werden wir in Abschnitt 3.4 eingehen. Er bezieht sich in erster Linie auf die einflußreiche strukturfunktionale Handlungstheorie (Parsons 1951), die tatsächlich den bisher wichtigsten Beitrag zu einer Theorie der Vergesellschaftungsprozesse geleistet hat, wie sie in den obigen Abschnitten ansatzweise skizziert wurde. Ähnliche Vorwürfe sind auch gegen ihre Weiterentwicklung im Rahmen einer funktionalstrukturellen Systemtheorie (Luhmann 1984) gemacht worden. Man darf aber nicht übersehen, daß das erkenntnistheoretische Ziel beider Theorierichtungen vornehmlich in der Erhellung jener Prozesse liegt, die zur „Produktion" von Gesellschaft führen, in der Erhellung der emergenten Phänomene im Übergang zwischen individuellem und sozialem System. Die Analyse von „Abwärtseffekten" vom sozialen zum individuellen System wird sehr wohl verdeutlichen, daß ein weiterreichendes begriffliches Instrumentarium entwickelt werden muß (vgl. 3.4).

Die unangemessene Thematisierung einer Diskrepanz zwischen individuellen Handlungsabsichten und Imperativen der Vergesellschaftung durch die strukturfunktionale Handlungstheorie hat in den fünfziger und sechziger Jahren dazu geführt, daß aus der kritischen Auseinandersetzung fruchtbare theoretische Neuorientierungen entstanden bzw. weiterentwickelt worden sind, so u. a.:

- Der symbolische Interaktionismus (Mead 1934; vgl. 1.2), der den ständigen Wandel gesellschaftlicher Realität unter dem Aspekt individueller Situationsdefinitionen betont;
- die phänomenologische Soziologie (Schütz 1960), welche die Sinnhaftigkeit sozialen Handelns aus individuellen Typisierungen der gesellschaftlichen Wirklichkeit und nicht aus ihrer vorgegebenen normativen Struktur ableitet;
- die Ethnomethodologie (Garfinkel 1964), welche den fragmentarischen, vorläufigen, störanfälligen Gehalt jeder, auch der trivialsten Vergesellschaftungsleistung analysiert.

Die drei theoretischen Neuorientierungen werden gelegentlich auch unter dem Begriff des **interpretativen Paradigmas** zusammengefaßt. Damit wird betont, daß Ablauf und Ergebnis sozialen Handelns aus der Perspektive beteiligter Mitglieder zunächst und zuallererst interpretationswürdige Tatbestände sind. Demgegenüber erscheint sekundär, daß sie außerdem (und häufig vorwiegend) der gesellschaftlichen Zielerreichung dienen. Die theoretischen Orientierungen, welche diesen letzteren Gesichtspunkt in den Vordergrund stellen, werden daher in Abgrenzung zum interpretativen einem **normativen Paradigma** zugeordnet. Auf Auswirkungen dieser Abgrenzung auf die sozialwissenschaftliche Methodenlehre geht Kapitel 4 kurz ein.

Eines der fruchtbarsten Anwendungsgebiete der interpretativen Theorien stellt die Analyse sozialen Handelns als Abweichung dar. Die folgenden Ausführungen fassen einige der wichtigsten Erkenntnisse zusammen.

Was verstehen wir unter abweichendem sozialem Handeln (Devianz)?

Devianz ist ein Oberbegriff für

- Kriminalität (Verstöße Erwachsener gegen strafrechtliche Normen)
- Delinquenz (kriminelle Verhaltensweisen Jugendlicher)
- gesellschaftlich negativ sanktionierte Verhaltensweisen (Beispiele: Alkoholismus, Drogenkonsum, Prostitution, Selbstmord)

In allen Fällen liegt ein Verstoß gegen mehr oder weniger eindeutig definierte soziale Normen vor, deren Geltung zumindest von einer gesellschaftlichen Mehrheit sowie von den Sanktionsinstanzen und den gesellschaftlichen Kontrolleinrichtungen (Polizei, Justiz, Strafvollzug, Psychiatrie, Sozialarbeit) beansprucht wird.

Im Gegensatz zum normativen Paradigma mit seiner absoluten Sichtweise (Abweichung ist objektiv feststellbar) betont das interpretative Paradigma die **Perspektivendifferenz** zwischen den abweichend Handelnden und der gesellschaftlichen Mehrheit: Im Bezugssystem der Minderheit kann eine abweichende Handlung durchaus sinnvoll, erstrebenswert oder sogar lebensnotwendig sein, während sie im Bezugssystem der Mehrheit als schädlich erscheint. Dies gilt beispielsweise für die Armutskriminalität. Auch gesellschaftliche Wertkonflikte können der Perspektivendifferenz zugrunde liegen: Während eine gesellschaftliche Mehrheit Homosexualität (immer noch oder bereits wieder?) als gesellschaftlich zu ächtendes Sexualverhalten begreift, sieht eine Minderheit in diesem Verhalten eine psychische und soziale Befreiung von bürgerlichen Konventionen (vor allem der Kombination von emotionaler Bindung, heterosexueller Exklusivität und materiellem Besitzstreben in der Kleinfamilie).

Neben der Betonung der Perspektivendifferenz hat die interpretative Soziologie eine zweite wichtige Erkenntnis zutage gefördert: die konstitutive Bedeutung der **Etikettierung** abweichenden Handelns durch Interaktionspartner. Besonders deutlich wird dieser Gedanke im folgenden Zitat herausgestellt:

„Devianz ist nicht ein einem bestimmten Verhalten innewohnendes Merkmal, sondern ein Merkmal, das diesem erst durch die Interaktionspartner zugeschrieben wird, die direkt oder indirekt Zeugen eines Verhaltens werden. Die relevante Variable in der Devianzforschung sind demnach die Interaktionspartner und nicht der abweichend Handelnde selbst. Denn schließlich entscheiden die Interaktionspartner, ob eine gegebene Handlung als Abweichung etikettiert wird oder nicht" (Erikson 1964, S. 9).

In dieser Sichtweise ist abweichendes Handeln in erster Linie Produkt eines Zuschreibungsprozesses, in den nicht allein konkrete Erfahrungen, sondern auch vorhandene Vorurteile einfließen. Personen, die bereits außerhalb des Zentrums gesellschaftlicher Werte und Normen stehen, sind solchen Etikettierungen und Zuschreibungen von seiten der die „Normalität" repräsentierenden Interaktionspartner in besonderem Maße ausgesetzt. Sie werden teilweise bereits bei unwesentlichen Normverstößen zu Außenseitern gestempelt.

Der Etikettierungsansatz der interpretativen Soziologie hat in den sechziger und siebziger Jahren in der sozialpsychiatrischen Krankheitslehre, speziell der Entstehung schizophrener Erkrankungen, eine große Rolle gespielt (z. B. Scheff, 1966; als sehr sorgfältige deutschsprachige Rezeption und Weiterentwicklung Trojan 1978). Zur Symptomatologie verschiedener psychischer Störungen, speziell der Schizophrenie, gehören auch Verstöße gegen gesellschaftliche Konventionen, Abkapselung und Ich-Versunkenheit – Erwartungsenttäuschungen basaler Alltagsnormen. Nach Meinung dieser Forscher führt erst die unangemessene, meist intolerante und unerbittliche Reaktion der gesellschaftlichen Umwelt zu einer die Pathogenität der Krankheit provozierenden Eskalation des Verhaltens. In dieser Sicht ist Schizophrenie eine soziogenetische, d. h. speziell durch gesellschaftliche Kontrollhandlungen ausgelöste psychische Störung.

Heute wird der Geltungsbereich des Etikettierungsansatzes in der Pathogenese psychischer Störungen, speziell der Schizophrenie, enger und differenzierter gesehen: Während die primären Ursachen der Krankheit vorwiegend in einer sowohl genetisch wie auch ontogenetisch gebahnten Störung neuronaler Informationsverarbeitungskapazitäten gesehen werden, können milieuspezifische Reaktionen auf die Symptommanifestation sehr wohl den Schweregrad und die Verlaufsform der Erkrankung beeinflussen. Die Einsichten des Etikettierungsansatzes sind vor allem für die Gestaltung des therapeutischen Milieus und die Rezidivprophylaxe schizophrener Patienten von Bedeutung (sog. „expressed emotions", Leff 1977, s. Kapitel 6).

Wenn Devianz ein Merkmal ist, das einem bestimmten Handeln erst durch Definitionsprozesse von seiten der Interaktionspartner zugeschrieben wird, dann ist nicht nur der Ermessensspielraum solcher Definitionsprozesse ein wichtiges Forschungsthema, sondern auch die soziale Dynamik, welche durch die einmal erfolgte Etikettierung ausgelöst wird. In diesem Zusammenhang ist es wichtig, zwei Stadien der Abweichung zu unterscheiden (Lemert 1951):

- **primäre Abweichung:** ursprüngliche Handlungen, die als Normverstöße registriert und etikettiert werden; dabei hat der abweichend Handelnde ein Selbstbild, welches unabhängig von den Zumutungen der etikettierenden Gruppen existiert (z. B. Identifikation mit einer abweichenden Minderheit);
- **sekundäre Abweichung:** Handlungen, die als Reaktion auf die erfahrene Etikettierung unternommen werden; Etikettierung und Stigmatisierung verändern das Selbstbild des abweichend Handelnden, der sich jetzt als Opfer gesellschaftlicher Kontrollprozeduren sieht und seine Handlungen systematisch reaktiv organisiert.

Der Übergang von der primären zur sekundären Abweichung ist Teil einer abweichenden „**Karriere**", die sich in einem dynamischen, zum Teil sich selbst verstärkenden Prozeß verfestigt (Becker 1963). Besonders dramatisch verläuft diese „Karriere", wenn die Abweichung als **Stigmatisierung** gewertet wird.

Stigmatisierung bedeutet
- Zuschreibung eines diskreditierenden Merkmals (z. B. körperliche Besonderheit, individueller Charakterfehler) zu einer Person;
- Aufwertung des diskreditierenden Merkmals zum Leitmerkmal der Personenbeurteilung schlechthin (sog. *master status*), damit einhergehend die selektive Wahrnehmung von Äußerungen der stigmatisierten Person bis hin zur Uminterpretation ihrer gesamten Biographie. Stigmatisierungsprozesse kränken Betroffene, absichtlich oder unabsichtlich, indem sie deren Handlungsspielraum einengen, den defensiven Charakter von Handlungen provozieren und ein negatives Selbstwertgefühl verstärken (Goffman 1975).

Die hier knapp skizzierten Erkenntnisse der interpretativen Soziologie zum abweichenden Verhalten, insbesondere zum Karrieremodell und zur Stigmatisierung, werden sich als hilfreich bei der Analyse gesellschaftlicher Reaktionen auf Krankheit erweisen, die im zweiten Teil des Lehrbuches besprochen werden.

Soziales Handeln als Abweichung erscheint in gewissem Umfang auch aus einer strukturfunktionalen Theorieperspektive des normativen Paradigmas als unverzichtbar. Eine vollständig konforme Gesellschaft ist nämlich nicht nur unvorstellbar, sondern auch unerträglich. Abweichungen sind häufig Schrittmacher sozialen Wandels. Man kann sagen, daß die Gesellschaft im Medium der Geltung oder Nichtgeltung von Normen stets unterwegs, stets in Bewegung ist. Norm und Abweichung sind die Pole, zwischen denen Vergesellschaftungsenergien oszillieren. Allerdings wird jedes gesellschaftliche Kontrollsystem bestrebt sein, einen Zustand der Anomie (griechisch Gesetzlosigkeit) zu vermeiden, d.h. die Orientierungs- und Ordnungssicherheit bezüglich zentraler gesellschaftlicher Wertsetzungen zu garantieren.

3.2.6 Grenzen einer soziologischen Handlungstheorie

In den Abschnitten 3.2.2 bis 3.2.5 wurde untersucht, welche Leistungen Individuen erbringen müssen, um soziale Systeme zu bilden. Es wurden die wichtigsten Restriktionen sozialen Handelns herausgearbeitet, und es wurden Grenzen sozialer Normkonformität aufgezeigt. Soziologische Theorie, die auf soziales Handeln zentriert ist, vermag allerdings nur den prozessualen Aspekt gesellschaftlicher Realität, die Vergesellschaftungsleistungen von Individuen, zu beleuchten. Dieser Aspekt wird in diesem Lehrbuch aus zwei Gründen besonders betont: zum einen, weil er innerhalb des skizzierten wissenschaftstheoretischen Verständnisses zu vergleichsweise fruchtbaren theoretischen Entwicklungen geführt hat, zum andern, weil er für verschiedene speziellere Fragestellungen der Medizinischen Soziologie einen geeigneten Bezugsrahmen abgibt.

Neben dem prozessualen Aspekt von Gesellschaft ist jedoch der strukturale von ebenso großer Bedeutung: Soziales Handeln verweist stets auf vorgegebene makrosoziale Institutionen, ist eingebettet in langlebige Organisationen und Wissensbestände und wird durch die Verteilungskämpfe um knappe Ressourcen und die daraus hervorgehenden sozialen Ungleichheiten bestimmt (vgl. 2.2). Schließlich wird der in einer bestimmten historischen Gesellschaftsformation vorherrschende Typus sozialen Handelns von evolutionären Entwicklungen bestimmt, wie wir am Beispiel des von Max Weber definierten Typus des zweckrationalen Handelns in der neuzeitlichen Moderne gesehen haben (vgl. 2.3).

Gesellschaftliche Systeme erweisen sich unter strukturalem Aspekt als wesentlich komplexer als es erscheinen mag, wenn ihre prozessuale Seite, von der mikrosozialen Dyade ausgehend, betracht

wird. Dies ist notwendigerweise der Fall, weil Mehrpersonen-Gruppen ihre Orientierungen und Handlungen nicht nur nach innen koordinieren, sondern auch nach außen, gegenüber anderen Gruppen abgrenzen müssen. Die Abgrenzungen werden damit auch zu einem Bestandteil der Innenorientierung. Für jede Innengruppe gibt es aber vielfältige Außengruppen, so daß Gesellschaft als multirelationales Geflecht sozialer Handlungen mit unterschiedlichem Intensitätsgrad, unterschiedlicher Reichweite, unterschiedlichem Grad der Reziprozität und unterschiedlichen Einflußchancen erscheint. Es ist zur Zeit eine offene Frage, ob ein solches multirelationales Geflecht in operationell angemessener und anschaulicher Form überhaupt anhand der Systemtheorie (Luhmann 1984) beschrieben werden kann.

Ein zweiter Ansatz der Gesellschaftsanalyse, der sich ausdrücklich von der Systemtheorie unterscheidet, ist die sog. „rational choice"-Theorie (Coleman 1991). Sie ist dem Prinzip des „methodologischen Individualismus" verpflichtet, d. h. der Annahme, gesellschaftliche Phänomene lassen sich durch Reduktion auf Konstrukte, welche das Handeln von Individuen erklären, erschöpfend und angemessen verstehen. Der „rational choice"-Ansatz macht geltend, in einer zunehmend durch Rationalisierung und Individualisierung gekennzeichneten Gesellschaft anhand rationaler Entscheidungs- bzw. Kosten-Nutzen-Maximierungskriterien in immer weiterreichendem Maße soziale Prozesse erklären und prognostizieren zu können. Eine kritische Auseinandersetzung mit den Positionen der Systemtheorie und der „rational choice"-Theorie würde den Rahmen dieser Einführung sprengen (vgl. Münch, 1993).

In den folgenden beiden Abschnitten wenden wir uns wiederum der Ebene sozialen Handelns zu, indem wir zunächst sein Erlernen in der Sozialisation untersuchen. Abschnitt 3.4 behandelt sodann die

Frage der „Abwärtseffekte", die von sozialen Systemen auf das Individuum zurückwirken – eine Frage, die, wie wir sehen werden, in der soziologischen Theorie bisher nicht die ihr zukommende Beachtung gefunden hat.

3.3 Das Erlernen sozialen Handelns (Sozialisation)

Sozialisation bezeichnet das Erlernen der grundlegenden sozialen Handlungsfähigkeit eines Menschen während der Frühphase (Kindheit, Jugend) der Entwicklung (primäre Sozialisation) bzw. das Erlernen neuer sozialer Handlungsmuster im Erwachsenenalter (sekundäre Sozialisation). Der wichtigste Vorgang der Sozialisation ist die Internalisation (Verinnerlichung) sozialer Werte und Normen im Zuge des Modell-Lernens. Sozialisation umfaßt die kognitive, emotionale, motivationale und moralische Komponente sozialen Handelns.

Schwerpunkt der bisherigen Forschung ist die primäre Sozialisation. Dies ist verständlich, da hier grundlegende Fähigkeiten vermittelt werden. Auch in diesem Abschnitt konzentrieren wir uns auf die primäre Sozialisation, obwohl alle menschlichen Lernprozesse angemessener unter einer Lebenslaufperspektive zu betrachten sind (Baltes und Brim 1978). Sozialisationsforschung ist Gegenstand verschiedenartiger wissenschaftlicher Disziplinen, am entschiedensten der Entwicklungspsychologie (als Überblick vgl. Oerter und Montada 1987). Die Frage, ob der Mensch Produkt oder Gestalter seiner Umwelt sei, untersucht die Sozialisationsforschung im allgemeinen unter dem ersten Aspekt: Sie nimmt an, daß aufgrund der spezifischen anthropologischen Voraussetzungen (vgl. 3.2.1) ein weitgehender, handlungswirksamer sozialer For-

mungszwang sowohl möglich als auch notwendig ist.

Während die ältere Sozialisationsforschung einseitig die Anpassung des Individuums an die Gesellschaft zum Gegenstand ihres Interesses machte (wie lernen wir, auch wirklich zu wollen, was wir wollen sollen?), geht es der neueren Sozialisationsforschung um die Erhellung sozialer Handlungsfähigkeit des Menschen, die sich sowohl in Anpassungsleistungen an die vorgefundene gesellschaftliche Realität wie auch in der Fähigkeit zu autonomer Auseinandersetzung mit vorgegebenen sozialen Zwängen äußert.

Im folgenden Abschnitt werden einige wichtige Grundkenntnisse der Sozialisationsforschung zusammengefaßt, während Abschnitt 3.3.2 sozialstrukturelle Einflüsse auf die Sozialisation untersucht.

3.3.1 Primäre Sozialisation

Die kognitive Komponente sozialen Handelns
Interaktion und Kommunikation sind, wie oben erwähnt, an die Fähigkeit zu reflexiver Orientierung gebunden. Diese Fähigkeit durchläuft in der menschlichen Entwicklung verschiedene Phasen:

- **Vorsprachliche Phase:**
  Vokalgesten haben die Eigenschaft der Rückempfindung, d.h. Laute werden vom Erzeuger selbst gehört. Reaktionen der Eltern auf stimmliche Äußerungen befähigen bereits den Säugling, seine Aktivitäten von der Wirkung auf die Umwelt her zu empfinden, d.h. die Reaktion des Elternteils auf den ausgesandten Laut in die Rückempfindung einzubeziehen. Aus diesem Lernvorgang ergeben sich erste intentionale, d.h. zielgerichtete Signaläußerungen, z.B. bewußtes Einsetzen des Weinens zur Erreichung einer Triebbefriedigung (Mead 1934).

- **Phase des Spracherwerbs:**
  Nach der Phase der Einwortsätze im

Alter zwischen 12 und 18 Monaten beginnen beim Kind die Entwicklungslinien des Denkens und Sprechens zusammenzufließen. In dieser außerordentlich produktiven Phase macht das Kind „die größte Entdeckung seines Lebens, daß jedes Ding einen Namen hat" (Stern und Stern 1965). Es lernt zunehmend, sich auf Vergangenes und Zukünftiges zu beziehen, sein Wortschatz erweitert sich sehr schnell, wobei die Bedeutung eines jeden Wortes von signifikanten Bezugspersonen übernommen wird. In diesem Stadium gelingt dem Kind der Aufbau eines rudimentären Wissenssystems anhand gespeicherter Begriffe, deren Bedeutungen im sprachlichen Austausch bekräftigt, korrigiert oder erweitert werden.

Durch den Spracherwerb wird das Kind befähigt, ein organisiertes System von Einstellungen von seinen aktuellen oder potentiellen Handlungspartnern zu übernehmen, welches Plan und Ausführungen seiner Handlungen zunehmend steuert. Es lernt sich selbst vom andern her zu sehen und seine eigene Handlung an dieser Vorstellung zu orientieren. Damit ist ein entscheidendes Stadium der Internalisierung von Verhaltenserwartungen erreicht.

- **Phase der Autonomieentwicklung:** Zwischen der Phase des Spracherwerbs und dem Beginn der Adoleszenz finden eine Reihe weiterer, entscheidender kognitiver Entwicklungsschritte statt, die den Sozialisationsvorgang auf das Nachhaltigste beeinflussen. In diesem Zusammenhang seien lediglich erwähnt:

- **Die Fähigkeit zur Perspektivenübernahme,** d. h. die Fähigkeit, „psychische Zustände und Prozesse, wie etwa das Denken, Fühlen oder Wollen, einer anderen Person zu verstehen, indem die Situationsgebundenheit des Handelns (bildlich also ihre Perspektive) erkannt

und entsprechende Schlußfolgerungen gezogen werden" (Silbereisen 1987, S. 706). Dieser hypothetische Verstehensprozeß wird zwischen drittem und sechstem Lebensjahr deutlich ausdifferenziert und erleichtert die einige Jahre später zu beobachtende Entwicklung zu formal-operationellem Denken sowie zur Ablösung des heteronomen durch ein autonomes moralisches Bewußtsein (Piaget und Inhelder 1973).

- **Die Fähigkeit zu Sprechhandlungen,** d. h. der Ausführung sozialer Handlungen im Medium der Sprache (jemanden bitten, etwas befehlen, erlauben, untersagen, versprechen etc.). Auch diese Fähigkeit wird bis zur Adoleszenz stark erweitert, wodurch ein reflexives Sprachverständnis (d. h. die Fähigkeit, über Kommunikation zu kommunizieren) gefördert wird.

Generalisierte Perspektivenübernahme, formal operationales Denken, autonomes moralisches Bewußtsein, Differenzierung von Sprechhandlungen und reflexives Sprachverständnis bilden das kognitive Rüstzeug, mittels dessen Heranwachsende sich in die normativ strukturierte soziale Mitwelt hineinfinden und zugleich auch sich mit ihr autonom auseinanderzusetzen lernen. In dieser Sicht stellt somit Sozialisation einen sehr viel komplexeren Vorgang dar als lediglich eine Anpassung an vorgegebene soziale Normen und Rollen.

Die emotionale Komponente sozialen Handelns

Alle Entwicklungstheorien menschlichen Sozialverhaltens sind sich darin einig, daß zumindest in der frühesten Phase eine enge Beziehung zwischen emotionalen Erfahrungen und kognitiv-sozialen Fähigkeiten des Kindes besteht. Am eindrucksvollsten ist diese Beziehung von dem englischen Psychiater John Bowlby analysiert worden, der zeigen konnte, daß das Neugierverhalten des Säuglings sich nur dann produktiv auf die spätere Entwicklung von Selbstvertrauen und Autonomie auswirkt, wenn das Kind ein Urvertrauen in eine zuverlässige, liebevolle Bezugsperson (meistens Mutter) besitzt (Bowlby 1973). Positive emotionale Bindungserfahrungen in den ersten Lebensjahren bilden somit eine strukturelle Voraussetzung für angemessene kognitiv-soziale Reifungs- und Entwicklungsschritte ebenso wie für die Herausbildung eines moralischen Bewußtseins.

Im Prozeß der primären Sozialisation wird aber nicht nur diese grundlegende Bindung konstituiert, sondern dem Kind wird auch vermittelt,

- wie eigene Emotionen ausgedrückt oder unterdrückt, d. h. kontrolliert werden sollen (**Affektkontrolle:** Fähigkeit zur Selbstregulation beim Ausdrücken empfundener negativer oder positiver Gefühle; zum sozialhistorischen Prozeß der Affektkontrolle (Zivilisationsprozeß) s. Kap. 2.3.2);
- wie Emotionen anderer verstanden werden können (**emotionale Perspektivenübernahme:** Fähigkeit, Emotionen entsprechend ihren situativen Auslösern zu differenzieren);
- wie auf Emotionen anderer reagiert werden soll (**Empathie** („Mitgefühl"): gefühlsmäßige Reaktion auf die wahrgenommene Befindlichkeit eines anderen Menschen).

Affektkontrolle, emotionale Perspektivenübernahme und Empathie bilden wesentliche Bausteine der emotionalen Komponente sozialen Handelns. Sie sind in der bisherigen Forschung nicht annähernd so systematisch wie die kognitiven Elemente primärer Sozialisation untersucht worden. Dies ist um so erstaunlicher, als der Austausch von Emotionen zu den grundlegenden zwischenmenschlichen Phänomenen in allen Altersstufen und allen bekannten Kulturkreisen gehört.

Die motivationale Komponente sozialen Handelns

Motivation: Sammelbegriff für Bedingungen, welche zielgerichtete Aktivitäten initiieren und bis zu ihrem Abschluß aufrechterhalten.

Der Motivation liegen zumeist einzelne Motive zugrunde, die im Laufe der Entwicklung und der Sozialisation durch aktive Auseinandersetzung mit der Umwelt erlernt werden. Motive drücken Bedürfnisse oder typische Anliegen aus, die Menschen auf dem langen Weg zur Unabhängigkeit und Selbstkontrolle erwerben. Es gibt bis heute keine universell gültige, allgemein akzeptierte Bedürfnishierarchie, aber man darf annehmen, daß der Umgang mit entwicklungsgeschichtlich frühen Anliegen für die weitere Entwicklung des Menschen von besonderer Bedeutung ist. Zu den sich früh manifestierenden Motiven des Kindes gehören u. a. Bedürfnisse nach:

- Sicherheit, Geborgenheit
- sozialem Kontakt, Zuwendung
- Anregung, Abwechslung
- Ausübung von Einfluß und Macht
- Geltung und sozialer Anerkennung

Von **primären** Motiven werden **sekundäre** unterschieden, die sich erst aus konkreten Handlungen und Situationen heraus entwickeln. Von entscheidender Bedeutung sind hierbei Erfolgs- und Mißerfolgserfahrungen, denn über sie bilden sich in bestimmten Grundsituationen Erwartungen über Zielerreichung und Effekte des eigenen Handelns aus. Beim sekundären Motivationssystem, das für das Verständnis der Handlungsweise Erwachsener zentral ist, geht die Initiierung und Steuerung von Aktivitäten nicht von äußeren Reizen aus, sondern von selbst gesetzten Zielen. Das sekundäre Motivationssystem reguliert sich über Prozesse der Selbstbekräftigung (Heckhausen 1980).

Es operiert mit Zielen, die zeitlich weiter weg liegen, deren erfolgreiche Verwirklichung über Zwischenschritte angesteuert und vorweggenommen (antizipiert) werden. Dabei unterliegt die Verarbeitung der Spannungen, die aus dem Aufschieben von Bedürfnisbefriedigungen resultieren, einem langen, oft mühevollen Lernprozeß. Einen der wichtigsten sekundären Antriebe menschlichen Handelns bildet die Leistungsmotivation.

Unter **Leistungsmotivation** verstehen wir das Bedürfnis, durch eigene Leistung gesetzte Handlungsziele zu erreichen. Zu ihrem Verständnis ist es wichtig, drei Begriffe zu unterscheiden: **Anstrengung, Fähigkeit** und **Anspruchsniveau.** Es ist einsichtig, daß Beziehungen zwischen Leistungsmotivation und Handlungserfolg durch diese Gegebenheiten moderiert werden. So wird beispielsweise ein überschwengliches Lob des Lehrers bei leichten Aufgaben von Schülern eher als geringe Fähigkeitsbewertung interpretiert denn als Rückmeldung eines Handlungserfolges. Es ist in diesem Zusammenhang von Interesse festzuhalten, daß eine angemessene Ausdifferenzierung von Anstrengung und Fähigkeit als den entscheidenden Determinanten des Leistungserfolges erst nach dem zehnten Lebensjahr erfolgt, zeitlich etwas gleich mit der Herausbildung eines spezifischen Anspruchsniveaus. Vermutlich bildet diese Selbst-(und Fremd)-bewertung von Fähigkeiten im Jugend- und Erwachsenenalter die entscheidende Komponente der Leistungsmotivation: „Nur wer sich selbst eine hohe (oder angemessene) Begabung bzw. Fähigkeit zuweist, kann ein optimales Motivationsniveau entwickeln; andernfalls wird das Individuum seine Leistung durch den Schwierigkeitsgrad der Aufgabe wie durch Zufälle gefährdet sehen. Vermehrte Anstrengung hilft nicht, wenn es am Fähigkeitsniveau fehlt" (Oerter 1987, S. 658).

Für die Medizinische Soziologie ist es besonders bedeutsam, Motivationen unter dem Aspekt der Selbst-Regulation in einer sozialen Mitwelt zu analysieren. Da die zentralen Motivationen der Selbst-Wirksamkeit („Leistungsmotivation"), der Selbst-Bewertung („Geltung und soziale Anerkennung") und der Selbst-Einbindung („Zugehörigkeit, sozio-emotionaler Rückhalt") an das Verfügen über einen sozialen Status gebunden sind, läßt sich erahnen, daß aus dem Spannungsverhältnis zwischen individuellen Motivationslagen und gesellschaftlicher Chancenstruktur gesundheitsgefährdende Konflikte resultieren können (s. u. Kap. 3.4.2).

Die moralische Komponente sozialen Handelns

Soziale Normen gelten dann als verinnerlicht, wenn sie von der Person als ihre eigenen persönlichen Normen aufgefaßt und anerkannt werden. Als wichtigster Indikator dieser Verinnerlichung (Internalisation) gilt das Ausmaß der Befolgung eines Gebotes ohne äußere Kontrolle. Normen werden eher verinnerlicht, wenn nachvollziehbare Begründungen (Legitimationen) vorliegen. Solche Begründungen oder Legitimationen werden von der Person als **normative Überzeugungen** angeeignet. Die Instanz, welche normative Überzeugungen integriert, nennen wir moralisches Bewußtsein.

Das moralische Bewußtsein ist, wie bereits kurz betont, eng an die kognitive Entwicklung gebunden. Im Kindesalter durchläuft es zwei wichtige Stadien, die von Jean Piaget (1896–1980) mit den Begriffen „Heteronomie" und „Autonomie" bezeichnet worden sind (Piaget 1954).

- **Heteronomie:** Moralische Regeln werden durch Autoritäten gesetzt. Gut oder böse, gerecht oder ungerecht ist das, was Autoritäten so vorsehen (etwa bis zum zehnten Lebensjahr).

- **Autonomie:** Moralische Regeln werden „als Übereinkunft, als gegenseitige

Vereinbarung betrachtet, zu deren Beachtung man verpflichtet ist, solange die Übereinkunft gilt, die man jedoch im Einverständnis mit anderen abändern darf. Tradition und Autorität als Begründung der Geltung der Regel werden abgelöst durch Selbstverpflichtung in einem sozialen Vertrag ... Moralische Autonomie beruht auf einer Einsicht in den Sinn von Normen für das Leben in der Gemeinschaft" (Montada 1987, S. 748f.).

Der Wandel vom heteronomen zum autonomen Bewußtsein ist wesentlich durch die Veränderung des Begründungsmusters normativer Urteile geprägt. Dies hat Lawrence Kohlberg überzeugend herausgearbeitet, wobei er Piagets Entwicklungskonzept entscheidend ausgeweitet hat (Kohlberg 1974).

Moralische Urteile bilden nicht nur Richtlinien für das eigene Handeln, sie setzen auch Bewertungsmaßstäbe für eigenes und fremdes Verhalten. Im Verein mit generalisierter Perspektivenübernahme und emotionaler Empathie tragen sie zur Ausbildung von **prosozialem Verhalten** (Hilfsbereitschaft, Bereitschaft zu teilen, Altruismus) und von Verantwortlichkeit bei.

Im Gegensatz zur traditionellen Sozialisationsforschung, der es um das Verstehen einer optimalen Anpassung des Individualismus an ein gesellschaftliches System ging, beurteilen wir heute die Qualität von Sozialisationsprozessen eher nach Kriterien wie Ausprägung von prosozialem Verhalten und Verantwortlichkeit, Ausprägung autonomer moralischer Urteile, Ausbildung von Empathie und Affektkontrolle sowie von generalisierter Perspektivenübernahme. Wir haben in einem früheren Abschnitt von der Bedeutung einer die Nationen übergreifenden Wir-Identität im gegenwärtigen Entwicklungsstadium der Menschheit gesprochen (Elias 1987). Ihre Realisierungschancen werden wesentlich von der Verteilung der genannten Eigenschaften in gegenwärtigen Gesellschaftssystemen abhängig sein.

Das Selbst und das soziale Handeln

Als Individuen müssen wir das Kunststück vollbringen, bis zu einem gewissen Grad soziale Normen zu verinnerlichen und damit norm- und rollenkonform zu handeln und gleichzeitig unsere persönliche Eigenständigkeit als Individuen, unsere „Identität" zu bewahren.

Als **Identität** wird das Bewußtsein eines Individuums als unverwechselbarer und einmaliger Person bezeichnet. Verschiedene Theorien unterscheiden außerdem die personale von der sozialen Identität: Während mit der letzteren die Besonderheit eines Individuums bezeichnet wird, insoweit dieses seinen spezifischen sozialen Ort ausfüllt, spezifische soziale Rollen innehat, bezeichnet erstere die Persönlichkeit jenseits der gesellschaftlichen Bezüge, in denen sie sich üblicherweise darstellt.

Identität kann als Bewußtsein nur entwickelt sein, wenn individuelles Verhalten über Zeit mit einer gewissen Kontinuität erfolgt, wenn andererseits aber das Gesellschaftssystem einen Spielraum für Selbstdarstellung gewährt. In modernen Gesellschaften gilt ein solcher Spielraum als selbstverständlich, während dies in traditionellen Gesellschaften nicht regelmäßig der Fall war.

Identität wird über das von jeder Person entworfene **Selbstkonzept** erfahren. In der Regel versuchen Personen, ein positives Selbstkonzept zu bilden. Erfahrungen der Konsonanz oder Dissonanz von Selbstkonzept und Rückmeldung durch signifikante andere beeinflussen das **Selbstwertgefühl** einer Person und damit einen grundlegenden Aspekt ihrer Befindlichkeit.

Je stärker eine Identität ausgebildet, je günstiger ein Selbstwertgefühl entwickelt ist, desto besser ist eine Person sozialisiert, und zwar im Sinne der Befähigung zu autonomem sozialem Handeln. Identität und Verinnerlichung sozialer Regeln sind also funktional aufeinander bezogene Phänomene, und eine gelungene Sozialisation ist stets Ausdruck einer Balance zwischen Anpassungsleistungen an vorgegebene Regelsysteme und jenen selbstdarstellenden oder besser selbstregulierenden Aktivitäten, welche ein stabiles Selbstkonzept und ein positives Selbstwertgefühl generieren.

Dank der grundlegenden Arbeiten des amerikanischen Lerntheoretikers Bandura wissen wir heute, daß zur erfolgreichen Selbstregulierung bestimmte Fertigkeiten gehören, die durch soziales Lernen besser oder schlechter vermittelt werden können (Bandura 1985). Die wichtigsten sind:

- Selbstbeobachtung *(self-monitoring)*
- Zielsetzung *(goalsetting)*
- selbstbezogene Anreize *(self incentives)*
- Überzeugung der eigenen Wirksamkeit *(self efficacy)*

Zu einem positiven Erleben des Selbst im signifikanten sozialen Austausch – und damit zu einem positiven Erleben sozialer Identität – gehört eine Korrespondenz von sozio-emotionalen Motivationslagen (Kompetenzgefühl, Selbstwertgefühl, Zugehörigkeitsgefühl) und Optionen der Leistung, der Belohnung und der Zugehörigkeit, welche die Gesellschaft ihren Mitgliedern gewährt oder versagt. Wie in Abschnitt 3.4 ausgeführt, ist es die Spannung zwischen diesen beiden Ebenen, die für vielfältige Beeinträchtigungen menschlicher Gesundheit verantwortlich ist. Es wird sich zeigen, daß der Begriff des **sozialen Handelns** hier, in diesem Feld dynamischer Spannungen zwischen selbstregulatorischen Bedürfnissen des Menschen und der sozialen Chancenstruktur, seine Schlüsselfunktion als medizinsoziologischer **Leitbegriff** unter Beweis stellen wird.

3.3.2 Sozialstrukturelle Einflüsse auf die Sozialisation

Soziales Lernen im Kindes- und Jugendlichenalter erfolgt großenteils über **Lernen am Modell.** Elterliches Handeln, Interaktionsbeziehungen, emotionales Klima und handlungsleitende Normen sind damit entscheidende Variablen, welche Art und Umfang des Lernens beeinflussen. Aber Handeln, Denken und Empfinden der Eltern sind ihrerseits von vielfältigen Gegebenheiten mitbestimmt. Von soziologischem Interesse sind die sozialstrukturellen Einflüsse der Schichtung bzw. Statusdifferenzierung, der Arbeitssituation, der familiären und außerfamiliären Vergesellschaftung und der Wohnregion und -situation, um nur die wichtigsten zu nennen.

In Abschnitt 2.2.3 haben wir bereits Forschungsergebnisse kennengelernt, die nachwiesen, daß der Grad der beruflichen Autonomie am Arbeitsplatz, gemessen an Kriterien wie substantieller Komplexität sowie Entscheidungs- und Kontrollspielraum bei der Tätigkeit, einen entscheidenden Einfluß auf elterliche Werthaltungen und Erziehungshandlungen ausübt. Diese arbeitssoziologische Variable erklärte sogar den Großteil des statistischen Effekts, der von der Schichtzugehörigkeit auf die untersuchten abhängigen Variablen ausging und wurde daher als theoretisch bedeutsame Größe betrachtet (Kohn u. Schooler 1983).

Neuere Forschungen im Bereich der Sozialisation verdeutlichen, daß Gegebenheiten des elterlichen Berufslebens, aber auch der innerfamiliären Struktur (z.B. unvollständige Familie) und des außerfamiliären Netzes stärkere Effekte auf Indikatoren sozialen Lernens von Kindern haben als die bisher im Vordergrund stehenden sozialen Schichtmerkmale. Als Beispiel sei eine Studie von Bertram (1978) zitiert, in der gezeigt wird, daß Kinder von Vätern der oberen Mittelschicht, die jedoch über geringe berufliche Autonomie verfügen und in Kleinbetriebe eingebunden sind, in ähnlich hohem Ausmaß einem heteronomen moralischen Urteil verhaftet bleiben wie Arbeiterkinder.

Dennoch gilt, daß beruflich benachteiligte Gruppen, etwa Arbeiter unterhalb der Facharbeiterebene, einer Kumulation ungünstiger Arbeits- und Lebensbedingungen im Sinne homogener sozialer Lagen ausgesetzt sind. Diese Bedingungen führen mit hoher Wahrscheinlichkeit zu problematischen Erziehungsstilen, die wiederum in der heranwachsenden Generation soziale Ungleichheiten fortzusetzen vermögen.

Drei Aspekte sozialstrukturell vermittelten sozialen Lernens sollen hier kurz beleuchtet werden, vor allem deshalb, weil sie für ein Verständnis des sozialen Charakters von Gesundheitsverhalten bedeutsam sind: 1. soziokulturelle Sprachcodes und mit ihnen verbundene erzieherische Kontrollstrategien, 2. die sozialstrukturell variierende Verinnerlichung von Leistungsmotivation und 3. die Sozialisation der Geschlechtsrolle.

Soziokulturelle Sprachcodes

Der englische Soziologe Basil Bernstein hat in wegweisenden Studien verdeutlicht, daß zwei schichtspezifische Sprachvarianten existieren, welche das kulturell vermittelte soziale Handeln der Mittelschicht von demjenigen der Unterschicht unterscheiden (Bernstein 1972). Die beiden Sprachvarianten nennt er sprachliche Codes und versteht darunter steuernde, die Interaktion kontrollierende Programme.

- **Elaborierter Code:** Er ist typisch für Mitglieder der Mittelschicht. Wichtigste Merkmale:
- komplexere, vollständigere Sätze;
- Verwendung aller Zeitformen;
- Unterscheidung zwischen persönlichen und unpersönlichen Pronomina;
- häufiger Gebrauch von Konjunktiv und Adverbien;
- Verbalisierung von Handlungsabsichten.

Der elaborierte Code fördert flexible Kommunikation und Interaktion, verweist auf ein größeres sprachliches und soziales Repertoire, erleichtert Abstraktionsleistungen über situativ Gegebenes hinaus und regt zu eigenständigen kognitiven Strukturierungsleistungen gegenüber der Umwelt an.

- **Restringierter Code:** Er ist typisch für Mitglieder der (wenig aufstiegsmobilen) Arbeiterschicht. Wichtigste Merkmale:
- kurze, oft verblose Sätze;
- Dominieren des Präsens;
- seltene Verwendung von Konjunktiv;
- keine scharfe Trennung von persönlichen und unpersönlichen Pronomina.

Eine so strukturierte Kommunikationsform schränkt Abstraktionsleistungen ein, spiegelt ein begrenztes, nicht auf Expansion hin angelegtes soziales Repertoire wider, erschwert damit flexible Interaktion und Verbalisierung von Handlungsintentionen ebenso wie eigenständige kognitive Sturkturierungsleistungen gegenüber der Umwelt.

Auf die ausführlich untersuchte, aber keineswegs eindeutig geklärte Frage, ob diese unterschiedlichen Sprachcodes Intelligenz und Schulerfolg des Kindes beeinflussen, wollen wir hier nicht eingehen. Wichtiger scheinen die Konsequenzen für das Erlernen sozialer Interaktionskompetenz zu sein. Bereits 1965 konnte gezeigt werden, daß Unterschichtmütter, die ihre Kinder bei einer Leistungstestaufgabe anleiten sollten, häufiger lediglich die Anweisungen des Versuchsleiters wiederholten, ohne Rück- und Zwischenfragen zu stellen und ohne den darauffolgenden Versuchs- und Irrtumsprozeß des Kindes durch Vorwegnahme möglicher Fehler zu erleichtern. Die Mütter aus der Mittelschicht zeichneten sich vermehrt durch eine Verhaltensweise aus, welche die möglichen Reaktionen des Kindes antizipierte und sprachlich zum Ausdruck brachte.

Durch den elaborierten Code erfolgte somit erfolgreichere reflexive Orientierung und, als Konsequenz, eine bessere Bewältigung der gestellten Testaufgabe (Hess und Shipman 1965). Leider liegen bis heute kaum Studien vor, welche den Zusammenhang zwischen Sprachcode und Affektkontrolle, emotionalem Perspektivenwechsel und Empathie untersuchen.

Heteronomes moralisches Bewußtsein ist dagegen häufiger bei Kindern zu finden, die einer in unteren Schichten häufiger vorhandenen elterlichen Kontrollstrategie ausgesetzt waren. Diese Kontrollstrategie wird als positional bezeichnet und von einer personalen Strategie unterschieden (Bernstein 1972):

- **Positionale Kontrollstrategie:** Bei kindlichen Regelverstößen verweisen Eltern auf die Normgeltung, ohne Umstände und Motivationen der Kinder zu berücksichtigen. Das Einhalten von Regeln wird durch Sanktionsandrohungen, d.h. durch Verweis auf positionale Machtunterschiede zwischen Kind und Eltern, gefördert.
- **Personale Kontrollstrategie:** Bei kindlichen Regelverstößen appellieren Eltern an die Kinder, indem sie ihnen Bedeutung und Konsequenzen der Regelverletzung für beteiligte Personen erklären. Dabei werden Umstände und Motive des Kindes berücksichtigt. Internalisation von Regeln wird vorwiegend durch die Kombination von erfahrener emotionaler Anerkennung des Kindes und elterlicher Autorität erreicht.

Es liegt nahe zu folgern, daß positionale Kontrollstrategien im restringierten Sprachcode leichter zur Anwendung gelangen und daß daher bei Kindern mit entsprechenden sozialen Lernerfahrungen heteronomes moralisches Urteilen häufiger vorzufinden ist. Verschiedene empirische Studien verweisen in diese Richtung, jedoch kann eine Kausalbeziehung beim

heutigen Wissensstand sicherlich nicht angenommen werden. Hierzu ist die Typologie von Erziehungskontrollstrategien zu grob, und es werden andere wichtige Variablen des elterlichen Verhaltens außer acht gelassen.

Interessant sind in diesem Zusammenhang die Ergebnisse einer Untersuchung des moralischen Bewußtseins bei neunjährigen Jungen: Eltern derjenigen Jungen, die bereits in diesem Alter ein autonomflexibles moralisches Urteil entwickelt hatten, zeichneten sich durch besondere Differenziertheit im Sprechen und Denken, durch soziale Sensibilität, emotionale Stabilität und ein breites soziales Beziehungsnetz aus, das über Familie und Verwandtschaft hinausreichte (Bertram 1978). Alle diese Fähigkeiten werden, wie wir gesehen haben, durch den elaborierten Code begünstigt.

Zusammenfassend soll das folgende Zitat Bernsteins nochmals die Reichweite sozialstrukturell variierender Sprachcodes auf die primäre Sozialisation verdeutlichen:

„Die Identität der Sozialstruktur wird dem Kind im wesentlichen durch die Implikationen des Sprachcodes übermittelt, den die Sozialstruktur selbst hervorbringt. Von diesem Standpunkt aus wird, sobald das Kind spricht oder hört, diese Sozialstruktur, von welcher es selbst ein Teil ist, verstärkt und seine soziale Identität bedingt. Die Sozialstruktur wird durch die Gestaltung der Sprechakte zur psychischen Realität für das Kind" (Bernstein, zitiert nach Bertram 1981, S. 75).

Soziokulturelle Einflüsse auf die Leistungsmotivation

Wir haben im 2. Kapitel auf die Bedeutung der Interaktion zwischen gesteigerter Selbstkontrolle und Umweltbeherrschung für den Modernisierungsprozeß hingewiesen. Die Verbreitung von Mustern zweckrational ausgerichteter Leistungsmotivation im europäischen Bürgertum der vergangenen dreieinhalb Jahrhunderte bildete eine wesentliche Triebkraft der gesellschaftlichen Umwandlung, welche durch die Doppel-Revolution eingeleitet wurde.

In dieser Perspektive ist zweckrational orientierte individuelle Leistungsmotivation ein wesentliches Merkmal des modernen, westlichen Zivilisationsprozesses. Die grundlegenden Neuerungen der Doppel-Revolution für den zunehmenden gesellschaftlichen Individualisierungsprozeß (Prinzip der Chancengleichheit in juristischer, politischer, ökonomischer und soziokultureller Sicht) bezogen sich auf die normative Geltung dieses zivilisatorischen Musters (Korrespondenz von Bürgerrechten und Bürgerpflichten).

Widerstände gegen den weltumspannenden Prozeß einer westlich geprägten Modernisierung treten heute vor allem in jenen geschichtlich-religiös geformten Zivilisationen auf, denen dieser normative Kern zweckrational orientierter individueller Leistungsmotivation fremd ist.

In sozialhistorischer Betrachtung war es zunächst ein Ziel wirtschaftlicher, kultureller und politischer Führungsschichten **(Eliten),** über spezifische Erziehungspraktiken und Sozialisationsstile eine zeitlich überdauernde Leistungsmotivation auszubilden. Diese Sozialisationsprozesse sind im Laufe der Zeit in die sozialen Mittelschichten, später teilweise auch in die Unterschichten diffundiert.

Eine zeitlich stabile, individuell befriedigende Leistungsmotivation ist in erster Linie von der Vermittlung der folgenden grundlegenden Fähigkeiten im Prozeß der **primären Sozialisation** abhängig:

- der **Fähigkeit,** eine unmittelbare **Bedürfnisbefriedigung aufzuschieben** und langfristige Ziele bzw. Belohnungen anzustreben (elaborierter Sprachcode und personale Kontrolltechniken begünstigen diese Fähigkeit)
- der **Fähigkeit, selbstgesetzte Ziele zu verfolgen** und diese als Teil der perso-

nalen Entwicklung zu verstehen (Erziehung zu Selbständigkeit, Verstärkung von Erfahrungen der Selbstwirksamkeit und geeignetes Modell-Lernen begünstigen diese Fähigkeit).

Aus dem Gesagten läßt sich folgern, daß die Ausbildung stabiler Muster der Leistungsmotivation von **schichtspezifischen Sozialisationsbedingungen** stark beeinflußt wird. Soziokulturelle Benachteiligungen ergeben sich hier insbesondere für untere, bildungsschwächere Schichten (vgl. Oerter 1987).

Die **medizinsoziologische Bedeutung** des Themas „Leistungsmotivation" ist ausgesprochen hoch. In weiteren Abschnitten des Lehrbuches wird gezeigt, wie aus dem Mißverhältnis von individueller Leistungsmotivation und sozioökonomischer Chancenstruktur **gesundheitsgefährdende Konflikte** entstehen können (z. B. Streßhypothese der koronaren Herzkrankheit: übersteigerte berufliche Leistungsmotivation bei blockierten beruflichen Aufstiegschancen [s. u. Kap. 5]; Anomie-Hypothese des Suizidhandelns: individuelle Leistungsmotivationen finden keinen angemessenen sozialen Rahmen der Realisierung mehr [s. u. 3.4 u. Kap. 5]. Ferner sind Erkenntnisse zum Zusammenhang zwischen Sozialisation und Leistungsmotivation von Bedeutung bei der Aufklärung von schichtspezifischen Variationen der Gesundheitsförderung und des **präventiven Verhaltens** (s. Kap. 6).

Sozialisation von Geschlechtsrollen

Die moderne neurobiologische Entwicklungsforschung hat faszinierende Erkenntnisse zur Ausprägung geschlechtsspezifischer Verhaltensweisen, so auch zur Beeinflussung des Sexualverhaltens (Homosexualität), beigesteuert. Die Reichweite neuroendokriner, endokriner (Androgene, Östrogene, Hypothalamus-Hypophysen-Gonaden-Achse) und strukturfunktionaler (geschlechtsdimorphe Gehirnfunktionen) Differenzen bei der Erklärung geschlechtsspezifischen Verhaltens ist gegenwärtig allerdings unklar. Sie wird, wie bei so weitreichenden Fragen häufig üblich, von weltanschaulichen Positionen (z. B. feministische Differenztheorie) unterschiedlich bewertet.

Unstrittig dürfte sein, daß jede Gesellschaft die normativen Erwartungen an Jungen und Mädchen, Männer und Frauen positionell unterschiedlich in sogenannten Geschlechtsrollen verfestigt (s. Kap. 2) und daß diese geschlechtsspezifischen Erwartungen weit über den funktionalen Kern biologisch motivierten Verhaltens hinausreichen. Besonders deutlich ist dies im Zuge des Wandels der weiblichen Geschlechtsrolle in den vergangenen hundert Jahren in den modernen Gesellschaften geworden.

Daher stellt sich die Frage nach den spezifischen Bedingungen, unter denen Geschlechtsrollen während der Sozialisation erlernt werden. Eine wesentliche Erkenntnis neuerer Forschung besagt, daß es nicht ausreicht, die Untersuchung dieser Frage auf den Zeitraum der primären Sozialisation zu beschränken, wie dies vor allem unter dem Einfluß der Psychoanalyse immer wieder getan wurde. Erst die Verbindung von Erkenntnissen zum Rollenlernen in der Eltern-Kind-Beziehung mit entwicklungspsychologischen und -soziologischen Erkenntnissen zur Herausbildung **geschlechtsrollenspezifischer Identität** in der **Adoleszenz** gestattet eine angemessene Erfassung dieser komplexen Prozesse.

Eine explizite Phasen- oder Stufentheorie der Herausbildung von Geschlechtsrollenidentität, beispielsweise in Analogie zur Theorie der Entwicklungsstufen moralischen Bewußtseins (s. Kap. 3), liegt gegenwärtig allerdings nicht vor (vgl. als Versuch Hagemann/Wite 1984). Eine solche Theorie müßte zeigen, wie nach der grundlegenden Phase des Rollenlernens

der ersten Lebensjahre mit ihren kognitiven, emotionalen, motivationalen und moralischen Komponenten eine selektive Verstärkung und Ausdifferenzierung der Geschlechtsrolle im Zuge der Pubertät und der zeitlich darüber hinaus reichenden Adoleszenzphase erfolgt. Diese Verstärkung und Ausdifferenzierung betrifft jedoch nicht nur das **Rollenverhalten** im engeren Sinne, d. h. die unterschiedlichen Akzentuierungen im Denken, Fühlen und Handeln bezüglich Kriterien wie **Unabhängigkeit/Abhängigkeit, Instrumentalität/Emotionalität, Expressivität/Introvertiertheit,** sondern auch die **Verwendung des Körpers** als Träger soziokultureller Ausdrucksformen. Diese Verwendung des Körpers als Träger kultureller Ausdrucksformen verweist auf einen Prozeß geschlechtsspezifischer Identitätssuche, der in der Adoleszenz in relevanten Bezugsgruppen erfolgt. Wie eine erhellende neuere Untersuchung zeigt, ist das Studium von Prozessen der Herausbildung von geschlechtsspezifischen „somatischen Kulturen" in der Adoleszenz wichtig für das Verständnis von gesundheitsschädigendem Verhalten in dieser kritischen Entwicklungsphase (Helfferich 1994, s. Kap. 5.1).

Empirische Studien zur schichtspezifischen Sozialisation der Geschlechtsrollen sind bisher spärlich. Wenn sich ein Trend zusammenfassend darstellen läßt, dann am ehesten derjenige einer besser gelingenden Vermittlung des zweidimensionalen Geschlechtsrollenlernens (sog. **Androgynie-Konzept**, welches besagt, daß Personen unabhängig von ihrem biologischen Geschlecht sowohl männlich-instrumentelle, als auch weiblich-expressive Eigenschaften aufweisen) unter Bedingungen des elaborierten Codes, der personalen Kontrollstrategien und damit assoziierter Sozialisationseinflüsse. Verschiedene Studien haben bestätigt, daß androgyn geprägte Geschlechtsrollenprofile in der Adoleszenz- und jungen Erwachsenenphase mit einer besseren Selbstregulation, insbesondere einem erhöhten Selbstwertgefühl und verminderter emotionaler Krisenanfälligkeit einhergehen (Bem 1974, Bierhoff und Ludwig 1989).

3.4 Die Spannung zwischen Individuum und Gesellschaft

Zu Beginn dieses Kapitels wurden drei Aufgaben soziologischer Theoriebildung definiert: die Aufgabe, Konstruktionsprinzipien der Vergesellschaftung (emergente Merkmale eines sozialen Systems) zu analysieren (vgl. 3.2), die Aufgabe, soziale Lernprozesse als Voraussetzung der sozialen Systembildung zu untersuchen (vgl. 3.3), schließlich die Aufgabe, Rückwirkungen sozialen Handelns auf das einzelne Individuum zu betrachten. Dieser letzten Aufgabe widmet sich dieser Abschnitt. Die Rückwirkungen werden hier unter zwei allgemeingültigen Gesichtspunkten der Ökonomie lebender Systeme betrachtet: dem **Nutzeffekt** und dem **Kosteneffekt** sozialen Handelns für das Individuum. Die Begriffe Nutzen und Kosten werden dabei selbstverständlich nicht im engeren ökonomischen Sinn gebraucht.

3.4.1 Nutzen der Vergesellschaftung

Die alte Redensweise von Menschen als einem „animal sociale", einem sich vergesellschaftenden Lebewesen unterstreicht die bereits in Abschnitt 3.2.1 genannten fundamentalen Zwecke sozialer Systembildung: Überlebenssicherung durch wechselseitige Hilfe, Zielerreichung durch arbeitsteilige Spezialisierung, Gruppenleistungen des Findens und Erfindens usf. Doch nicht von diesen instrumentellen Zwecken soll hier die Rede sein. Vielmehr konzentrieren wir uns auf den kognitiven und emotionalen Ertrag der Teilhabe von Individuen an sozialen Systemen, speziell an sozialen Netzwerken; wir konzentrieren uns auf die Erfahrung dessen, was in der Soziologie „sozialer Rückhalt" *(social support)* genannt wird.

* **Soziales Netzwerk:**
  Unter einem sozialen Netzwerk verstehen wir ein Geflecht sozialer Beziehungen, an welchem deren Mitglieder mehrheitlich wechselseitig teilnehmen. Netzwerke unterscheiden sich hinsichtlich Größe, Stabilität, Dichte und Qualität von Bindungen.
  – **Größe:** Netzwerke in städtischen Regionen moderner Gesellschaften umfassen typischerweise 20 bis 30 Mitglieder. Diese setzen sich in der Regel aus Familienmitgliedern, Freunden, Nachbarn und Arbeitskollegen zusammen (primäre Gruppen), können aber auch Mitglieder einer Selbsthilfegruppe, Dienstleistende oder im Wohlfahrtswesen Beschäftigte einschließen (sekundäre Gruppen). Typischerweise sind Netzwerke Kranker kleiner und enger als Netzwerke Gesunder. Zahlreiche sozialstrukturelle Gegebenheiten wirken auf die Größe eines Netzwerkes ein.
  – **Stabilität:** Selbst in urbanen modernen Gesellschaften sind Netzwerke innerhalb primärer Gruppen erstaunlich stabil: Zwar wechseln die Mitglieder häufiger, aber Größe und Art der Zusammensetzung bleiben bei der Mehrheit über Jahre hinweg konstant.
  – **Dichte:** In gut funktionierenden Netzwerken pflegen etwa zwei Drittel der Mitglieder wechselseitige Kontakte. Die Dichte der ein- und wechselseitigen Beziehungen, die sich anhand soziometrischer Daten (vgl. Kap. 4) beschreiben läßt, variiert sehr stark, jedoch läßt sich ein Intensitätsgefälle von Familien- und Freundschaftsbeziehungen zu den übrigen Arten von Sozialkontakten feststellen. Knapp drei Viertel der erwachsenen Bevölkerung der Bundesrepublik leben mit einem

Partner zusammen, ähnlich viele geben an, einen oder mehrere gute Freunde zu besitzen, und 50% sind Mitglieder in (häufig mehreren) Vereinen und Organisationen (Glatzer und Zapf 1984). Aus diesen Daten läßt sich erahnen, daß eine beträchtliche Dichte von Netzwerkinteraktionen gegeben ist.

– **Qualität von Bindungen:** Sie kann von flüchtigen, einseitigen, eher probleminduzierten Anlässen (z. B. eine dringend zum Kochen benötigte Kleinigkeit bei einem Nachbarn ausleihen) bis hin zu den grundlegenden Bindungserfahrungen reichen, derer Menschen bedürfen, um Glück und Wohlbefinden zu erleben. Die Analyse der Qualität von Bindungen verweist auf den emotionalen und kognitiven Ertrag der Teilhabe an Netzwerken, auf sozialen Rückhalt.

• **Sozialer Rückhalt:**
Mit diesem Begriff wird eine spezifische, allgemein als positiv oder belohnend erfahrene Qualität von sozialem Austausch bezeichnet, die lediglich innerhalb von Netzwerken mit einer gewissen Stabilität und Dichte reziproker (wechselseitiger) Beziehungen geleistet werden kann. Die folgende Tabelle gibt die vier Charakteristika wieder, die in ihrer Kombination den besonderen

Charakter sozialen Rückhalts konstituieren.

Erfahrungen sozialen Rückhalts gehören zweifelsohne zu den Wohltaten des Vergesellschaftetseins, nicht nur weil sie grundlegenden menschlichen Bedürfnissen entsprechen, sondern vor allem auch, weil ihnen in besonders belastenden kritischen Lebensphasen eine stützende, die Anpassung an und Bewältigung von Krisen erleichternde Funktion zukommt. Rückhaltgewährende Netzwerke bilden das älteste, zugleich aber auch das verläßlichste und nicht selten hilfreichste „Versicherungssystem" gegenüber den Risiken menschlicher Existenz.

Eine Sonderstellung hinsichtlich unterstützender Leistungsfähigkeit nimmt die **Familie** ein. Aufgrund ihrer besonderen Aufgaben stellt sie idealtypisch ein einmaliges Repertoire an Rückhaltleistungen zur Verfügung:

• Sie gewährt starke wechselseitige Identifikation und Anerkennung.
• Sie fordert und fördert wechselseitige Verantwortung und Verpflichtung.
• Sie gewährt Nähe, Intimität, emotionale Wärme und Schutz.
• Sie bildet den Rahmen für Erfahrungen des Vertrauens, der Sicherheit und Kontinuität.
• Sie entlastet durch Grenzziehung nach außen (Abschirmung).
• Sie mobilisiert Hilfeleistungen auf allen verfügbaren Ebenen.

Selbstverständlich ist dies nur die eine Seite familiärer Realität. Denn dieses Repertoire an stützenden Leistungen kann leicht in soziale Kontrolle, in Machtausübung bis hin zu Erpressung umschlagen, wie dies aus der familiensoziologischen und -psychologischen Literatur ebenso wie aus der Praxis der Familientherapie bekannt ist. Das hier interessierende Argumente besagt jedoch, daß selbst innerhalb eines sozialen Netzwerkes der emotionale und der kognitive Ertrag oder Nutzen von Vergesellschaftungsleistungen eine unter-

Tabelle 3-1   Charakteristika sozialen Rückhalts (nach House 1981).

1. Emotionaler Rückhalt (Wertschätzung, Zuneigung, Vertrauen, Interesse, Zuwendung)
2. Rückhalt durch Anerkennung (Bestätigung, Feedback, positiver sozialer Vergleich)
3. Rückhalt durch Information (Rat, Vorschläge, Handlungsanweisungen, geteiltes Wissen)
4. Instrumentaler Rückhalt (Hilfe durch zeitliche Präsenz, [Mit-]arbeit, finanzielle Mittel)

schiedliche Qualität besitzt, je nach dem, ob er von Mitgliedern der Kernfamilie bzw. vom Ehepartner oder aber von „ferneren" Bezugspersonen gewährt wird.

Es ist übrigens eine offene Frage, ob diese Besonderheiten des Hilfssystems unverrückbar an die Familie gebunden sind. Denkbar ist, daß zumindest in der zweiten Lebenshälfte enge Netzwerke mit wechselseitiger Verpflichtungs- und Anerkennungsstruktur entstehen, die ihre Kraft aus anderen Quellen als den basalen Bindungserfahrungen der Eltern-Kind- und Geschwisterbeziehung schöpfen. Verschiedene Versuche der Gemeinschaftsbildung in Siedlungen für ältere Menschen deuten in diese Richtung.

Will man genauer verstehen, worin die schützende, hilfreiche Wirkung gut gewährten sozialen Rückhalts besteht, so muß man auf Erkenntnisse der phänomenologischen Soziologie zurückgreifen, die zeigen, wie weitgehend gesellschaftliche Realität durch konsensuale Definitionen konstruiert ist (Schütz und Luckmann 1975). Erfahrungen, Interpretationen, Beurteilungen von Wirklichkeit bedürfen immer wieder einer sozialen Bestätigung. Die „natürliche Alltagswelt" erscheint natürlich, weil sie von zahlreichen Individuen fraglos akzeptiert, geteilt und durch unbefragte Handlungen „validiert" wird. Eine Funktion des Rückhalts besteht in der Aufgabe, eine „konsensgesicherte Nahwelt" zu vermitteln, gemeinsame Situationsdefinitionen anzubieten und das Vertraute, Vertrauenerweckende dem komplexen Ereignisstrom, dem potentiell bedrohlichen Komplexitätsgehalt von Wirklichkeit entgegenzusetzen (Luhmann 1973). Damit werden auch Erfahrungen von Kohärenz möglich, die entlastend und schützend sind (Antonovsky 1987).

Eine zweite, noch wichtigere Aufgabe sozialer Unterstützung erfüllen all jene Mitteilungen, die dem Individuum ein Gefühl personaler Konstanz vermitteln. **Personale Konstanz** bedeutet, daß eine Person in ihrer Einzigartigkeit und in der Gesamtheit ihrer Lebensäußerungen, d. h.

als individuelle Person respektiert wird und nicht bloß als Rollenträger oder unter Gesichtspunkten zeitlich begrenzten instrumentalen sozialen Austausches. Die Erfahrung personaler Konstanz durch rückvermittelte Urteile anderer ist ein wesentlicher Bestandteil der Sicherung eines positiven Selbstwertgefühls. Von besonderer Bedeutung ist sie in Krisen- und Unterbrechungssituationen, und zwar auf zweierlei Weise:

- Als „Überbrückungsleistung" bei sozialen Identitätskrisen:
  Erläutern wir diese Wirkung am Beispiel temporärer Arbeitslosigkeit. Durch die Bedrohung bzw. den Verlust eines zentralen gesellschaftlichen Status (vgl. 3.4.2) entsteht in der Regel eine soziale Identitätskrise, die nicht nur mit Angst- und Depressivitätsgefühlen, sondern auch mit Zweifeln an der eigenen Person und den eigenen Fähigkeiten einhergeht. Dies ist häufig selbst dann der Fall, wenn diese Zuschreibung objektiv falsch ist, d. h., wenn der Grund der Entlassung eindeutig nicht in der Person oder den Fähigkeiten des Betroffenen liegt. Bezugspersonen, die Rückhalt gewähren, vermögen nun durch behutsamen Rekurs auf gesicherte Erfahrungen personaler Konstanz das Selbstvertrauen des Betroffenen zu stärken. Sie motivieren ihn, seine beruflichen Fähigkeiten „auf Abruf" bereitzuhalten, vielleicht sogar im Probehandeln zu überprüfen. Sie vermitteln ihm dadurch die Kraft, sich dem Wettbewerb, dem Kampf um neue berufliche Positionen mit Zuversicht zu stellen etc.
- Als Hilfe bei der Reorganisation sozialer Identität:
  Chronische Krankheit ist der häufigste Anlaß einer tiefgreifenden Änderung und Einschränkung des gesellschaftlichen Rollenrepertoirs einer Person. Mitteilung personaler Konstanz ist hilfreich bei der durch diese Ein-

schränkungen notwendig werdenden Umbewertung der Lebensbereiche und bei der Annahme neuer Rollen (vor allem der Krankenrolle). Diese in ihrer Bedeutung kaum zu überschätzenden stützenden Leistungen hilfreichen sozialen Handelns werden wir an späterer Stelle, bei der soziologischen Analyse der Rolle des chronisch Kranken, ausführlich illustrieren (vgl. Kap. 6).

In allen genannten Fällen bleibt die Wirkung von gutem Rückhalt nicht auf die interpersonellen und intrapsychischen Aspekte sozialen Handelns begrenzt. Experimentelle, epidemiologische und klinische Ergebnisse legen nahe, daß über nervale, neuroendokrine und neuroimmunologische Prozesse überdies eine direkte, protektive, Distress-reduzierende Aktivität erfolgt, die den krankheitsvermindernden, gesundheitsfördernden Effekt sozialer Unterstützung zu erklären vermag (Henry und Stephens 1977, Broadhead et al. 1983, K. Siegrist 1986, Waltz 1994; vgl. Kap. 5).

Wenn das Entscheidende sozialen Rückhalts in der rückvermittelten Erfahrung personaler Konstanz, in der Sicherung einer fraglos gegebenen Nahwelt und in der Gewährung emotionalen und instrumentellen Schutzes liegt, dann bilden soziale Netzwerke, die auf Dauer angelegt, durch eine die engere Familie einschließende und zugleich übersteigende Beziehungsdichte und -größe gekennzeichnet sind, ideale Voraussetzungen für ein günstiges „Klima" hilfreicher Vergesellschaftung. Dieses Klima ist sozialstrukturell ungleich verteilt (s. ausführlich K. Siegrist 1986). Wiederum gilt, daß in unseren sozioökonomischen Statuslagen:

- Netzwerke häufig kleiner, störanfälliger, weniger stabil und durch geringere Reziprozität gekennzeichnet sind;
- soziale Ressourcen innerhalb der Netz-

werke in geringerem Maße ausgebildet sind (dies gilt mit Sicherheit für instrumentelle Ressourcen wie verfügbare Zeit, Geld etc.);
- Kompetenzen der Nutzung von Ressourcen durch Betroffene begrenzt sind (Initiativbereitschaft, Fähigkeit produktiver Nutzung dargebotener Informationen und Hilfen etc.).

Soziale Ungleichheit durchzieht somit nicht nur den Leistungsaspekt sozialen Handelns, sondern auch seine hilfreichen, wohltuenden Seiten.

Bei der Besprechung der Nutzeffekte, die dem vergesellschafteten Individuum zugute kommen, wurde die Betonung auf sozialen Rückhalt gelegt, der üblicherweise von Netzwerken und Primärgruppen ausgeht. Es wären sicherlich andere Belohnungsaspekte der Vergesellschaftung erwähnenswert, jedoch ist der Bezug zu Gesundheit und Krankheit bei ihnen nicht annähernd so evident und so bedeutsam.

3.4.2 Kosten der Vergesellschaftung

Wie sehen die Kosten sozialen Handelns, wie sieht das „Leiden an der Gesellschaft" (Dreitzel 1972) aus? Mir scheint es möglich und sinnvoll, aus den vielfältigen Verletzungen und Belastungen, die für Menschen aus dem gesellschaftlichen Leben resultieren, vier Phänomene herauszustellen, die in besonderer Weise negative Rückwirkungen produzieren: Gewalt, Überforderung, Benachteiligung und Ausschluß.

Gewalt
Die Erfahrung physischer Gewalt, d. h. einer Machtaktion, die zur absichtlichen körperlichen Verletzung einer Person führt, ist die elementarste und folgenreichste Leidenserfahrung menschlicher Vergesellschaftung. Denkt man allein an die Opfer von Gewalt infolge von Kriegen, Eroberungen, weltanschaulichen und reli-

giösen Verfolgungen, Willkürakten und aggressiven Antrieben, so erscheint Gewalt als die vermutlich größte, noch immer unbesiegte (unbesiegbare?) Plage der Menschheitsgeschichte, als die soziale Epidemie *par excellence*. Eine der schockierendsten Einsichten der jüngsten Geschichte ist sicherlich diejenige, daß selbst ein weit entwickelter Zivilisationsprozeß nicht vor dem Ausbruch kollektiver inhumaner Gewalt zu schützen vermag. Diese Einsicht ist um so schwerwiegender, als durch die technische Perfektionierung der Gewaltausübung deren zerstörerische Folgen unabsehbar werden.

Die Macht zu töten und die Ohnmacht des Opfers sind aber nur das äußerste Ende der Gewaltkette. Auch psychische Gewalt in Form von Erpressung, Einschüchterung und Drohung gehört zu den universalen Leidenserfahrungen. Unter dem Aspekt der Ökonomie ist diese Form der Gewaltausübung sogar die preisgünstigste, weil unaufwendigste, mithin am weitesten verbreitete.

Der Einsatz physischer und psychischer Gewalt hat häufig zum Ziel, vom Opfer besondere Leistungen zu verlangen. Überforderung zum Zweck der Ausbeutung vorhandener Arbeitskraft muß sozialhistorisch als die häufigste und wichtigste Folge leistungsorientierter Gewaltanwendung betrachtet werden. Überforderung bildet aber auch, unabhängig davon, ob sie durch Gewalt oder durch andere Motive (z.B. Gewinnstreben) bedingt ist, eine zweite grundlegende Form gesellschaftlich erzeugten Leidens.

Überforderung

Organisierte gesellschaftliche Zumutungen treffen den Menschen stets in seinem Rollenhandeln: Überforderung betrifft in erster Linie die Erwerbsrolle, und zwar in der Regel in einer der beiden folgenden Formen:

- als Überforderung, die aus einer Diskrepanz zwischen Schweregrad oder Menge angeforderter Leistung einerseits und den zur Bewältigung einsetzbaren Ressourcen des Arbeitenden andererseits entsteht (physische und/ oder psychische Überforderung: Rollenstreß; Einzelheiten vgl. Kap. 5);
- als Überforderung, die aus einer Unvereinbarkeit von Anforderungen (durch zeitliches Zusammentreffen oder durch inhaltliche Widersprüche) entsteht (Rollenkonflikte; vgl. 3.2.2).

Berufsrollen sind häufig so konstruiert, daß Überforderung eines ihrer üblichen Charakteristika darstellt. Gleiches kann man für bestimmte, gesellschaftlich einflußreiche Rollenkombinationen sagen (als Beispiel die erwerbstätige Mutter in einer mehrköpfigen Familie).

Die Gründe dafür, daß Über- und nicht Unterforderung die dominante leistungsbezogene Belastungserfahrung darstellt, wurden im zweiten Kapitel angeführt: Zweckrationales Handeln hat in allen Bereichen der Erwerbsarbeit zu einer Ökonomisierung der Zeit geführt; Gewinnchancen sind an zeitextensive oder zeitintensive Nutzung von Arbeitskraft gebunden.

Eine besondere Dynamik erhalten die durch Überforderung verursachten Belastungen dann, wenn sie nicht mit angemessener Entschädigung oder Entlohnung abgegolten werden. Wiederum führt uns dieser Gedanke zur Abgrenzung eines weiteren Typus gesellschaftlich erzeugten Leidens.

Benachteiligung

Soziale Ungleichheit äußert sich, wie ausführlich dargelegt wurde (vgl. 2.2), in ungleichen Verfügungschancen über knappe Güter, d.h. in materiellen Benachteiligungen für Schwächere. Benachteiligungen können verletzend wirken, materielle Schädigungen können Ausdruck physischer oder psychischer Gewalt sein und damit die bereits erwähnten Leidenserfahrungen erzeugen. Ihre besondere Intensität erhalten wahrgenommene Benachteiligungen jedoch erst aus dem **ungünstigen sozialen Vergleichsprozeß.** Kränkend ist das Bewußtsein der **relativen,** der als ungerecht erfahrenen **Benachteiligung,** der man zudem meist machtlos gegenübersteht.

Im Erwerbsleben bildet die Diskrepanz zwischen erbrachter Leistung und ihrer gesellschaftlichen Anerkennung in Form von Belohnung bzw. Entlohnung den wichtigsten Auslöser von Gefühlen relativer Benachteiligung.

Ein Ungleichgewicht zwischen hoher beruflicher Verausgabung auf der einen und vergleichsweise niedriger Belohnung auf der anderen Seite ist schon deshalb häufig zu erwarten, weil Belohnung auf ökonomischer und auf symbolischer Ebene in der Regel ein knappes Gut darstellt und damit gesellschaftlichen Verteilungsprozessen unterworfen ist. Erfahrungen wiederholter hoher Verausgabung am Arbeitsplatz bei vergleichsweise niedriger Belohnung nennen wir **berufliche Gratifikationskrisen** (Siegrist 1995). Dabei ist von zentraler Bedeutung, drei Ebenen leistungsbezogener Belohnungen und damit drei unterschiedliche Quellen beruflicher Gratifikationskrisen zu unterscheiden:

- **Ökonomische Ebene:** Lohn- bzw. Gehaltszahlungen, die im Verhältnis zur erbrachten Leistung und in einem darüber hinausreichenden sozialen Vergleichsprozeß als unangemessen niedrig erfahren werden, bilden eine wichtige Quelle beruflicher Gratifikationskrisen. Dies gilt um so mehr, je geringer die Verhandlungsmacht über die Entlohnung und je begrenzter die Beschäftigungsalternativen sind. Niedriger Lohn muß häufig durch besondere zusätzliche Verausgabung in Form von Schwerarbeit kompensiert werden und führt unter diesen Bedingungen zu verstärkten Belastungen.

- **Sozioemotionale Ebene:** Berufliche Leistung wird in der Regel in einer Gruppe bzw. in einem Umfeld erbracht, von der oder von dem der einzelne positive Rückmeldung, Anerkennung und gegebenenfalls Hilfeleistung erwartet. „Entfremdete", restriktive Tätigkeiten mit geringen individuellen Gestaltungsmöglichkeiten und geringen Chancen positiver Rückmeldung erzeugen bei hohem Leistungsdruck mehr Gratifikationskrisen als Tätigkeiten, die durch ein bestimmtes Maß an Autonomie am Arbeitsplatz gekennzeichnet sind.

- **Ebene der Statuskontrolle:** Besondere Verausgabung wird häufig als Mittel beruflichen Aufstiegs gefordert oder aus eigenen Motiven erbracht, zumindest jedoch, um den erreichten Status gegen Konkurrenz abzusichern. Unter diesem Aspekt werden Anstrengungen in einer biographischen Langzeitperspektive erbracht, deren entscheidende Belohnung erst Jahre später erwartet wird. Berufsbiographische Erfahrungen blockierten sozialen Aufstiegs, unfreiwilligen Wechsels, Erfahrungen von Abwärtsmobilität, von qualifikationsfremdem beruflichem Einsatz sowie Erfahrungen bedrohter Arbeitsplatzsicherheit und temporärer Arbeitslosigkeit stellen besonders belastende Formen beruflicher Gratifikationskrisen dar, weil hier das Ungleichgewicht zwischen Investition und Ertrag sichtbarer als sonst, die unmittelbaren psychischen, sozialen und ökonomischen Folgen einer bedrohten sozialen Verortung spürbarer als sonst sind (s. u. Kap. 5.2).

Aus den genannten Gründen ist relative Benachteiligung in Form beruflicher Gratifikationskrisen in unteren sozioökonomischen Lebenslagen häufiger zu erwarten, und dort sind, wie wir im vorhergehenden Abschnitt gesehen haben, auch weniger kompensierende Strategien im außerberuflichen Bereich vorhanden, um negative emotionale Auswirkungen auszugleichen. Leiden an der Gesellschaft in Form beruflicher Gratifikationskrisen, welche aktive soziale Benachteiligung ausdrücken, führt nicht nur zu emotionalen Krisen, sondern über sozioemotionale Distress-Zustände auch zu körperlichen Krankheiten (s. Kap. 5.2).

Ausschluß

Ausgestoßen sein, ausgeschlossen, mißachtet, gemieden werden – dies gehört zu den schwerwiegendsten Formen des Leidens an der Gesellschaft, besonders dann, wenn der Ausschluß als Strafe oder Schicksal einen Menschen trifft, der bisher gesellschaftlich integriert war: Statusverlust durch sozialen Abstieg, durch Degradierung, möglicherweise bis hin zu Entmündigung und Kasernierung.

Vom aktiv betriebenen Ausschluß zu unterscheiden sind Formen der Vereinsamung, die vom Individuum zumindest mitgestaltet werden: der geplante Rückzug aus der Gesellschaft, das bewußte Auf-Distanz-Gehen, aber auch die soziale Isolation infolge einer Ausdünnung des Netzwerks.

Ausschluß kränkt durch Gefährdung der sozialen Identität, durch Minderung des Selbstwertgefühls, Verlust von Bindung und Vorrechten sowie durch vielgestaltig mitgeteilte Beleidigungen („herabsetzende" Redeweise, Verspottung, Verunglimpfung etc.). Fatal an solchen Erfahrungen ist, daß sie die bisher vorhandenen Fähigkeiten der Selbststeuerung beim Opfer zu untergraben vermögen und damit Mißerfolgserlebnisse wahrscheinlicher machen, die wiederum die Reaktionen der die „Normalität" Verkörpernden zu bestätigen scheinen. So wird, wie weiter oben beschrieben, aus einer passageren eine definitive, aus einer primären eine sekundäre, unausweichlich erscheinende Abweichung, die bis zur Selbstaufgabe führen kann.

Fragen wir abschließend, ob das, was bisher recht ungenau Leiden an der Gesellschaft genannt worden ist, präziser erfaßt werden kann.

Sozioemotionaler Distress

Gewalt, Überforderung, Benachteiligung und Ausschluß rufen in erster Linie starke, negativ getönte Emotionen hervor wie Angst, Schrecken, Ärger, Kummer, Niedergeschlagenheit und Verzweiflung. **Emotionen** bezeichnen affektiv getönte sensorische oder symbolische Erfahrungen, welche im Zentralnervensystem zwei Arten von Aktivierungsprozessen anbahnen:

- nach außen gerichtete Handlungsreaktionen (z.B. Angriff, Flucht);
- nach innen gerichtete (das autonome Nervensystem, das neuroendokrine und Neuroimmunsystem betreffende) Aktivierungen.

Je geringer die Möglichkeiten sind, nach außen gerichtete Handlungen in solchen Situationen auszuführen, deren Ziel Spannungsabfuhr und Unversehrtheit des Selbst ist, desto stärker und länger wirken Emotionen nach innen, desto mehr Spuren und Zeichen hinterlassen sie im Körper. Je mehr aber Menschen Opfer destruktiver sozialer Handlungen werden, desto geringer werden ihre Chancen der selbststeuernden, nach außen gerichteten, die Unversehrtheit des Selbst garantierenden und die Spannungsabfuhr ermöglichenden Aktivität, desto intensiver zeichnen sich negative Emotionen in ihre körperliche Befindlichkeit ein, wo sie langfristig zu Funktionsstörungen und Organveränderungen, d.h. zu manifester Krankheit führen können.

Die bisher genannten Phänomene lassen sich in ein allgemeineres Schema des Zusammenhangs zwischen Bedürfnissen der Selbst-Regulation einer Person im Medium sozialer Prozesse, Motivationen, welche diese Selbst-Regulation steuern

Abbildung 3-2   Sozialer Ausschluß in Form militärischer Degradation: Als Opfer einer Verschwörung wurde der französisch-jüdische Hauptmann Dreyfus 1895 seiner Offizierszeichen öffentlich entledigt und anschließend auf die Teufelsinsel verbannt (Süddeutscher Verlag, München).

(sog. sozioemotionale Motivationen) und der sozialstrukturellen Chancenstruktur integrieren. Es läßt sich zeigen, daß sozioemotionaler Distress aus einer fehlenden Korrespondenz zwischen Selbst-Regulation, sozioemotionaler Motivation und Chancenstruktur resultiert. In besonderem Maße gilt dies für die drei an das Verfügen über einen zentralen sozialen Status gebundenen Motivationslagen der Leistung, der Belohnung und der Zugehörigkeit. Indem die Gesellschaft dem Individuum einen sozialen Status zuweist, ermöglicht sie ihm – und erwartet zugleich von ihm – Leistungen, welche die sozioemotionale Motivation der Selbstwirksamkeit aktivieren. Mit der Statuszuweisung verpflichtet sie sich zugleich, Rückmeldungen über diese Leistungen in Form gewährter oder versagter Belohnungen zu geben und damit auf die sozioemotionale Motivation der Selbstbewertung zu reagieren. Den kontinuitätssichernden Rahmen für Leistungs- und Belohnungserfahrungen stellt die Gesellschaft durch die Vergabe von Mitgliedschaftsrollen sicher. Damit entspricht sie der sozioemotionalen Motivation der Selbsteinbindung oder Zugehörigkeit.

Mit dieser Korrespondenz von statusgebundenen Optionen – Leistungs-, Belohnungs-, Zugehörigkeitsoptionen – und von sozioemotionalen Motivationslagen – Selbstwirksamkeit, Selbstbewertung, Selbsteinbindung – ist ein kategorialer Rahmen geschaffen, der uns erlaubt, die Dynamik des Austausches zwischen Individuum und Gesellschaft, die Auf- und Abwärtseffekte zwischen den Systemebenen genauer zu analysieren.

Dies ist wichtig, weil unser zentrales Postulat lautet, daß von Erfahrungen gelungener statusvermittelter Selbstregulation starke positive Emotionen ausgehen, wie andererseits fehlende oder mißlungene statusvermittelte Selbstregulationen starke negative Emotionen auslösen. Gesundheit und Krankheit stellen in dieser

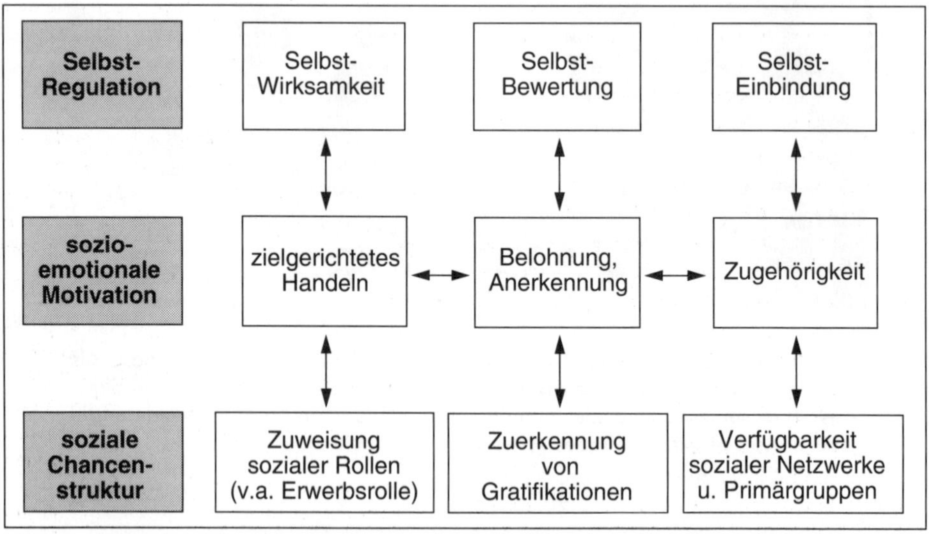

Selbst-Regulation	Selbst-Wirksamkeit	Selbst-Bewertung	Selbst-Einbindung
sozio-emotionale Motivation	zielgerichtetes Handeln	Belohnung, Anerkennung	Zugehörigkeit
soziale Chancen-struktur	Zuweisung sozialer Rollen (v.a. Erwerbsrolle)	Zuerkennung von Gratifikationen	Verfügbarkeit sozialer Netzwerke u. Primärgruppen

Abbildung 3-3   Schema zum Zusammenhang von Bedürfnissen der Selbst-Regulation mit der sozialstrukturellen Chancenstruktur.

Optik Phänomene dar, die auch durch das Zusammenspiel von sozioemotionalen Motivationen und gesellschaftlicher Opportunitätsstruktur wesentlich mitbestimmt werden. In Abbildung 3-3 ist der Kern dieses, für eine medizinsoziologisch relevante Theorie sozialen Handelns und Erlebens zentralen Gedankengangs in übersichtlicher Form dargestellt (Siegrist 1995).

Dieses Thema bildet den Kern des Erkenntnisprogrammes einer soziogenetischen Krankheitslehre, d. h. eines Nachweises der pathogenen Rolle sozialer Handlungen vom Typus der Gewalt, der Überforderung, der Benachteiligung und der Ausgrenzung auf das Erleben und Empfinden der Betroffenen (sozioemotionaler Distress) und auf zentralnervös gesteuerte periphere Funktionen im Organismus (vgl. ausführlich Kap. 5).

An dieser Stelle ist ein wichtiges Argument zu bedenken: Emotionen stellen sich nicht automatisch ein. Sie bedürfen vielmehr einer Interpretation eingehender sensorischer und symbolischer Informationen. Eintreffende Informationen werden mit dem vorhandenen Wissensvorrat verglichen; es erfolgt eine Bewertung entsprechend der Bedeutsamkeit (Relevanz) und Neurartigkeit der Information. Zahlreiche Untersuchungen haben gezeigt, daß Art und Intensität der Emotion wesentlich von diesem kognitiven **Bewertungsprozeß** beeinflußt werden (vgl. vor allem Lazarus und Folkman 1984). Aus diesem Grunde sind kognitive Prozesse so eng mit emotionalen verbunden, und tatsächlich zeigen auch neurowissenschaftliche Studien starke Vernetzungen zwischen Neokortex (kognitive Leistungen) und den limbischen Strukturen, die für emotionale Antworten und somatisch-periphere Aktivierungen verantwortlich sind (LeDoux 1987).

Die kognitiven Korrelate von sozioemotionalem Streß sind in der Soziologie bisher unter zwei gleicherweise wichtige und vieldeutige Begriffe subsumiert worden: Anomie und Entfremdung. Jeder der Begriffe verdient es, hier wenigstens kurz erläutert zu werden.

Anomie:

Ursprünglich bezeichnete der Soziologe Durkheim damit einen objektiven gesellschaftlichen Zustand, in welchem bindende Normen ins Wanken geraten, ein beschleunigter sozialer Wandel eintritt, der auch grundlegende Werte umstürzt. In der neueren Soziologie wurde der Begriff sodann präzisiert, indem jetzt individuell erlebte Diskrepanzen zwischen einer gellschaftlichen Zielvorgabe und den zur Verfügung stehenden Mitteln der Zielerreichung als anomisch bezeichnet wurden (Merton 1938). Anomie ist damit zu einem Konzept verengt worden, das im wesentlichen individuelle kognitive Folgen gesellschaftlicher Konflikte und Spannungen thematisiert und Phänomene wie Orientierungslosigkeit, Bedeutungsverlust, Unzufriedenheit, Normlosigkeit, aber auch Rückzug und fatalistische Neigungen beschreibt. Zur Messung dieser Phänomene sind nach den Prinzipien der psychologischen Einstellungsforschung zahlreiche Skalen entwickelt worden. In diesem zuletzt genannten Sinn überschneidet sich das Konzept der Anomie sehr stark mit demjenigen der Entfremdung.

Entfremdung:

Der von Karl Marx in die Sozialwissenschaften eingeführte Begriff bezeichnet in der marxistischen Theorie eine als gesetzmäßig verknüpft gedachte Folge von vier Zuständen, in deren Zentrum der Mensch als arbeitendes, produzierendes Wesen steht (Marx 1962, Orig. 1844):

- Entfremdung als Folge der Arbeitsteilung in der kapitalistischen Produktionsweise, in der es keine selbstbestimmten Arbeitsprozesse mehr gibt (Prototyp: industrielle Lohnarbeit);
- Entfremdung in Form von verdinglichter Arbeit; der Arbeitende hat kein persönliches Verhältnis mehr zu den von ihm produzierten Gegenständen;
- Entfremdung als Selbstentfremdung: Im entfremdeten Produktionsprozeß gibt es kaum noch Möglichkeiten einer Selbstfindung und Selbstbestätigung des arbeitenden Menschen;

- Entfremdung als zwischenmenschliche Beziehungsform, die aufgrund der genannten Umstände als deformiert erscheint.

In der Folgezeit wurde auch dieses zentrale Konzept aus seiner sozioökonomischen Verankerung herausgelöst und auf die im wesentlichen bereits genannten individuellen kognitiven Phänomene bezogen. So definierte Seeman (1959, 1983) Entfremdung als die Erfahrung von Machtlosigkeit, Selbstentfremdung, Vereinsamung, Bedeutungsverlust und Normlosigkeit.

Die Konzepte **Anomie** und **Entfremdung** unterstreichen beide einen zentralen Gedanken: Das Leiden an der Gesellschaft ist dann besonders ausgeprägt, wenn die wahrgenommene Fähigkeit des Ausübens von Kontrolle eingeschränkt ist.

Kontrollbewußtsein erscheint aus heutiger Sicht als die entscheidende Variable, die sozioemotionale Distress-Zustände zu moderieren vermag. Dabei bedeutet Bewußtsein geringer Kontrolle die Erwartung einer Person, daß sie mit ihrem eigenen Handeln gewünschte Ergebnisse oder Belohnungen nicht herbeiführen, nicht beeinflussen kann. Es ist nach dem bisher Gesagten einleuchtend, daß personale Kontrolle und Statuskontrolle aufs engste miteinander verknüpft sind.

An dieser Stelle ist es leider nicht möglich, die Berührungspunkte zwischen soziologischen und psychologischen Konzepten des Kontrollbewußtseins näher zu analysieren und zu zeigen, wie einflußreiche Theoreme der neueren Psychologie wie „gelernte Hilflosigkeit" (Seligman 1975), „externale versus internale Kontrollüberzeugung" (Rotter 1966), mit soziologischen und sozialpsychologischen Konzepten der „Selbststeuerung" (Kohn und Schooler 1983), der „Selbsteffizienz" (Bandura 1992) sowie des „Instrumentalismus" (Wheaton 1983) konvergieren (vgl. hierzu Mirowsky und Ross 1986, Steptoe und Appels 1989).

3.5 Zusammenfassung

Dieses Kapitel hat gezeigt, daß Medizinische Soziologie dann, wenn sie als Theorie von auf Gesundheit und Krankheit bezogenem sozialem Handeln verstanden wird, wichtige und fruchtbare theoretische Grundlagen aufweist. In diese Grundlagen ist der Leser unter drei Aspekten eingeführt worden: erstens unter dem Aspekt der Analyse von Konstruktionsprinzipien menschlicher Vergesellschaftung. Abschnitt 3.2 hat basale emergente Merkmale des sozialen Systems beschrieben: Interaktion und Kommunikation, soziale Normierung, positionale Differenzierung in Rollen, Machtverlagerung und soziale Kontrolle. Ferner ist gezeigt worden, welche Dynamik von registrierten abweichenden Handlungen ausgehen kann, speziell dann, wenn Etikettierung und Stigmatisierung erfolgen. Bei dieser Analyse ist der Leser auch in einige der Voraussetzungen und Grenzen einer handlungssoziologischen Betrachtungsweise eingeführt worden.

Abschnitt 3.3 hat einen zweiten Aspekt thematisiert: die sozialen Lernprozesse, welche erforderlich sind, damit die Kluft zwischen sozialem und personalem Handeln überbrückt werden kann. Das Gewicht der Ausführungen lag auf der primären Sozialisation, und hier, bedingt durch den gegenwärtigen Forschungsstand, auf ihren kognitiven und moralischen Komponenten. Emotionale Aspekte sozialen Lernens und die wichtige Beziehung zwischen Selbstregulation und sozialem Handeln konnten nur kurz besprochen werden. Ausführlicher dagegen sind sozialstrukturelle Einflüsse auf die Sozialisation herausgearbeitet worden, wobei gegenüber den Einflüssen der traditionell untersuchten sozialen Schichtungsstruktur die prägende Kraft elterlicher Arbeits- und Interaktionserfahrungen betont wurde.

Der dritte Aspekt der Erörterung theoretischer Grundlagen der Medizinischen

Soziologie betraf schließlich die Spannung zwischen Individuum und Gesellschaft, genauer die Rückwirkungen, welche von sozialem Handeln auf das Indiviuum zu verzeichnen sind (3.4). Bei diesem, von der allgemeinen soziologischen Theorie bisher nicht systematisch analysierten Thema haben wir eine Nutzen- und eine Kostenseite individueller Vergesellschaftungserfahrungen unterschieden, wobei auf der Nutzenseite die für menschliche Gesundheit so wichtigen Tatsachen der Einbindung in stabile soziale Netzwerke und der Erfahrung sozialen Rückhalts analysiert wurden. Mindestens ebenso bedeutsam erschien uns der Nachweis pathogener, sozioemotionalen Distress erzeugender Wirkungen, die von sozialen Handlungen vom Typus der Gewalt, der Überforderung, der Benachteiligung und des Ausschlusses ausgehen. Eine bisher erst in Ansätzen existierende Theorie der individuellen Nutzen- und Kosteneffekte sozialen Handelns bildet das Fundament soziogenetischer Modelle von Gesundheit und Krankheit. Von ihr sind, wie weiter unten gezeigt wird, wichtige wissenschaftliche, die Interdisziplinarität medizinischer Grundlagenfächer betreffende und praktische Anstöße zu erwarten.

4
Methoden der Medizinischen Soziologie

4.1 Zwei Traditionen: Verstehen und Erklären

In der Wissenschaftssprache werden im allgemeinen die beiden Begriffe Methodologie und Methode unterschieden.
- Methodologie: Lehre von den allgemeinen Regeln des wissenschaftlich-empirischen Erkenntnisgewinns;
- Methode: Technik zur Erhebung von Daten.

Jeder Methode liegen bestimmte methodologische Basisannahmen zugrunde. Sie geben an, wieweit die Erkenntnis eines Untersuchungsgegenstandes überhaupt möglich erscheint. Häufig werden Vor- und Nachteile von Methoden jedoch ohne ausdrücklichen Bezug zu den allgemeinen Basisannahmen diskutiert.

In der Soziologie gibt es bis heute keine einheitlich anerkannte Methodologie. Es ist jedoch möglich, zwei Traditionen methodologischer Basisannahmen zu unterscheiden und mit theoretischen Richtungen in Verbindung zu bringen, die wir bereits im ersten und im dritten Kapitel kurz kennengelernt haben.

Die eine Tradition geht von der Annahme aus, daß soziales Handeln stets durch einen **Sinn** geprägt sei, den der oder die Handelnden mit ihm verbinden. Ohne Bezug auf die Sinnhaftigkeit kann nach dieser Auffassung soziales Handeln nicht angemessen analysiert werden. Der Sinn, den ein Handelnder mit seiner Äußerung verbindet, ist aber streng genommen nur deutend, anhand von Vorwissen und typischen Erwartungen näherungsweise zu erschließen. Deutendes Erschließen, auch

Verstehen genannt, unterscheidet sich von hypothesentestendem **Erklären** der nomologischen Wissenschaften.

Verstehende Soziologie fordert in letzter Konsequenz eine eigenständige Methodologie, die sich von derjenigen der Naturwissenschaften und der übrigen Sozialwissenschaften (Ökonomie, überwiegend auch Psychologie) unterscheidet. Ihr Zielbild ist eine idealtypische Rekonstruktion sozialer Wirklichkeit, wie sie sich aus der interpretativ-verstehenden Arbeit des Forschers an sinnhaften, in der Regel sprachlich vermittelten Äußerungen ergibt (Cicourel 1974).

Verfechter dieser methodologischen Tradition berufen sich in der Regel auf die Schriften Max Webers zur Methodologie der Sozialwissenschaften (Weber 1982), obwohl die Diskussion über die erkenntnistheoretischen Divergenzen zwischen erklärenden Natur- und verstehenden Geisteswissenschaften tief ins 19. Jahrhundert zurückreicht. Max Webers Position ist im übrigen nicht widerspruchsfrei. Dies ist bereits früh erkannt worden. Alfred Schütz hat gezeigt, daß bei Weber die Orientierung an einem Zweck das Modell für die sinnhafte Rekonstruktion sozialer Wirklichkeit durch die verstehende Soziologie abgibt (Schütz 1932). Zwecke verweisen aber in besonderem Maße auf normativ vorstrukturierte gesellschaftliche Wirklichkeit und damit, in Webers eigenen Worten, auf „die in einem typisch gleichartig gemeinten Sinn ... sich wiederholenden oder verbreiteten Abläufe von Handeln" (Weber 1964, S. 14). Es ist heute also eine offene Frage, ob die verstehende Soziologie, d. h. die theoretischen Richtungen, die sich dem interpretativen Paradigma zurechnen, vor allem die phänomenologische Soziologie, Ethnomethodologie und die Schule des symbolischen Interaktionismus, eine eigenständige Methodologie benötigen und ob eine solche Methodologie in logisch konsistenter und kohärenter Form tatsächlich bereits entwickelt ist.

Die zweite Tradition geht von der Annahme aus, daß soziales Handeln weitgehend auf gemeinsamen Situationsdefinitionen beruht, die in der Regel dem forschenden Sozialwissenschaftler zugänglich sind. Soziale Handlungen lassen sich demnach als konstitutive Elemente einer äußeren, eigenständigen Wirklichkeit – der Wirklichkeit sozialer Systeme – mit wissenschaftlichen Methoden beschreiben, beobachten und, falls fruchtbare Theorien entwickelt sind, auch erklären. Dies gilt um so mehr, je stärker das Handeln in ein materielles Substrat eingebunden ist (z.B. ökonomische Tauschbeziehungen).

In dieser Sichtweise stellt die sozialwissenschaftliche Methodologie einen möglicherweise durch besondere Komplexität des Untersuchungsgegenstandes gekennzeichneten Spezialfall dar, der jedoch in einen allgemeingültigen wissenschaftlichen Erkenntnisprozeß einzuordnen ist, dessen Ziel in der Entwicklung idealer Theorien liegt.

Begründer dieser Tradition ist Émile Durkheim, der in seiner Schrift „Regeln der soziologischen Methode" (1961, zuerst 1895) die Besonderheit des sozialen gegenüber dem individuellen Handeln herauszuarbeiten versuchte. An zentraler Stelle lesen wir:

„Ein sozialer Tatbestand ist jede mehr oder minder festgelegte Art des Handelns, die die Fähigkeit besitzt, auf den einzelnen einen äußeren Zwang auszuüben, oder auch, die im Bereich einer gegebenen Gesellschaft allgemein auftritt, wobei sie ein von ihren individuellen Äußerungen unabhängiges Eigenleben besitzt… Es gibt eine ganze Skala von Abstufungen, die in Form eines Kontinuums von den ausgesprochen strukturierten Tatbeständen zu den freien Strömungen des sozialen Lebens reichen, die noch in keine feste Form eingegangen sind. Es gibt also zwischen ihnen nur Gradunter-

schiede der Konsolidierung. Die einen wie die andern sind nur mehr oder weniger kristallisiertes Leben" (Durkheim 1961, S. 114).

Mehr oder weniger kristallisiertes Leben, Art des Handelns, die auf den einzelnen einen äußeren Zwang ausübt und ein von individuellen Äußerungen unabhängiges Eigenleben besitzt – diese bildhaften Formulierungen Durkheims erinnern uns an die abstraktere Beschreibung emergenter Eigenschaften durch die moderne Systemtheorie (vgl. 3.1, 3.2).

Es gibt zwei Erkenntnisziele:
- das deutende Erschließen des subjektiven Sinnes,
- die Beschreibung und Erklärung vorgegebener sozialer Wirklichkeit.

Wenn letzteres das vorrangige Erkenntnisziel ist, dann vollzieht sich auch hier,

Abbildung 4-1   Émile Durkheim (1858 bis 1917) (nach Coser 1971).

wie in anderen Disziplinen, Erkenntniszuwachs durch die Bildung und Testung empirisch-nomologischer Theorien. Die Methoden der Soziologie müssen dann, wie in anderen Wissenschaften auch, in der Lage sein, Meßoperationen zur Erfassung jener Aspekte der Wirklichkeit vorzunehmen, an denen Theorien sich bewähren oder aber scheitern sollen.

In diesem Sinn hat es sich eingebürgert, von quantitativen (messenden) Methoden zu sprechen und sie von qualitativen (interpretativen) Methoden abzugrenzen, die dem Erkenntnisziel der verstehenden Soziologie zugeordnet werden.

- Quantitative Methoden: standardisierte und kontrollierte Datenermittlung (Messung; vgl. 4.2) deren Auswertung in Form quantifizierter Daten anhand statistisch-mathematischer Verfahren erfolgt.
- Qualitative Messung: wenig vorstrukturierter Datenerhebungsprozeß, dessen Schwerpunkt die Bedeutungs- und Inhaltsanalyse von (zumeist sprachlichen) Äußerungen bildet. Auswertungen in Form quantifizierter Daten werden nicht angestrebt. Zwischen Datenerhebung und Hypothesenformulierung bestehen dynamische Wechselwirkungen.

Vermutlich bildet eine solche Etikettierung jedoch einen Rückschritt in der sozialwissenschaftlichen Methodologie. Denn erstens kann es bei bestimmten soziologischen Themen durchaus sinnvoll oder sogar zwingend sein, dem interpretativen Paradigma bis in die Vorgehensweise einer verstehenden Soziologie hinein zu folgen. Argumente hierfür haben wir im Abschnitt über die Soziologie abweichenden Handelns vorgebracht (vgl. 3.2.5). Die Entscheidung für die Befolgung einer methodologischen Tradition hängt, mit anderen Worten, stärker von der jeweiligen inhaltlichen Fragestellung als von einer weltanschaulichen Vorentscheidung ab. Zweitens erschließt sich in jedem Forschungsprozeß ein Gegenstandsbereich stufenförmig. In Frühphasen eines solchen Prozesses muß der Einsatz qualitativer Verfahren geradezu als Methode der Wahl betrachtet werden. Andererseits ist zu erwarten, daß kumulierendes Wissen auf der Basis qualitativer Datenerhebung eines Tages einer konventionellen statistisch-mathematischen Hypothesentestung unterworfen wird. Es geht also nicht um die festschreibende Abgrenzung zweier methodologischer Traditionen in der Soziologie, sondern um die Austestung ihres heuristischen Ertrages. In diesem Lehrbuch werden beide Ansätze zur Darstellung gelangen, wenn auch in unterschiedlicher Gewichtung. Die in Kapitel 3 skizzierte systemtheoretische Ausrichtung der Analyse sozialen Handelns, die integrative Erkenntnisabsicht im Bereich soziogenetischer Modelle der Krankheitsentstehung (vgl. Kap. 5) sowie das in Abschnitt 3.1 geäußerte Wissenschaftsverständnis machen verständlich, warum die quantitativen Methoden im folgenden mit besonderem Schwerpunkt behandelt werden.

4.2 Messen in den Sozialwissenschaften

Messen ist in der empirischen Soziologie, wie in den übrigen Wissenschaften auch, an Definitionen gebunden: Ein Gegenstandsbereich muß benannt, in die zu messenden Dimensionen und Merkmale aufgegliedert sein, damit die vorgesehenen Methoden zum Einsatz gelangen können. Beispiel: Wenn die soziale Schichtung einer Bevölkerung gemessen und als Erhebungsinstrument der Index von Hollingshead und Redlich angewandt werden soll (vgl. 2.2), dann müssen Informationen über relevante Dimensionen wie Schulabschluß, berufliche Position und Wohngegend für jedes Mitglied der Bevölkerung vorhanden sein, und zwar in einer Form, welche ihre Merkmalsausprägung, d.h. die eindeutige Zuordnung von individuellen Beobachtungen zu den definierten Kategorien (z.B. sieben Klassen von Schulabschlüssen und beruflichen Positionen) gestattet.

Messen heißt die systematische Zuordnung einer Menge von Zahlen zu den Ausprägungen (Kategorien) eines Merkmals.

Häufig ist jedoch in der Soziologie, ebenso wie in der Psychologie, das zu messende Phänomen nicht äußerlich manifest und beobachtbar, sondern als latente (verborgene) Eigenschaft vorhanden, die es über Indikatoren erst sichtbar zu machen gilt. Dies ist bei theoretischen Konstrukten der Fall, deren Aufgabe es ist, Aspekte der Wirklichkeit zu untersuchen, die in der natürlichen Alltagserfahrung in der Regel nicht, oder zumindest nicht in zusammenhängender Form, bewußt vorgegeben sind. Beispiele für solche latenten Konstrukte sind Intelligenz, Angst, Leistungsmotivation, berufliche Autonomie, Prestige, emotionaler Distress, Anomie, um nur einige der bereits verwendeten Termini zu nennen.

Indikatoren (wörtlich: Hinweise) haben die Aufgabe, Anhaltspunkte für Merkmalsausprägungen der latenten Eigenschaften zu liefern oder allgemeiner, ein auf die latente Eigenschaft bezogenes empirisches Relationensystem darzustellen. Erfüllt ein Indikator diese Aufgabe, wird er in der methodischen Terminologie eine **Variable** genannt. Wenn den Merkmalsausprägungen einer Variablen numerische Werte zugeordnet werden können, sprechen wir von einer Skala.

Skala heißt die Abbildung eines empirischen Relationensystems in einem numerischen Relationensystem.

Bevor wir anhand von Beispielen diese Definition genauer erläutern, soll noch bemerkt werden, daß theoretische Konstrukte in der Regel über eine Vielzahl von Indikatoren, d.h. von skalierten Variablen,

gemessen werden. Häufig bestehen latente Konstrukte aus mehreren latenten Faktoren, die anhand von Variablen charakterisiert werden.

Zentrales Problem des sozialwissenschaftlichen Messens ist die Frage der Isomorphie, d.h. des Realitätsgehalts der Abbildungen, die durch Gleichsetzung empirischer und numerischer Relationen erfolgt. Läßt die Eigenschaftsstruktur der Objekte des Meßbereichs eine in den numerischen Relationen ausgedrückte Quantifizierung zu? Diese Frage führt zum Problem des **Meßniveaus** von Skalen. In Tabelle 4-1 sind die vier wichtigen Meßniveaus charakterisiert. Die folgenden Ausführungen sollen die Aussagen der Tabelle weiter erläutern.

- **Nominalskala:** Zahlen werden hier lediglich zur Bezeichnung diskontinuierlicher Folgen von Tatbeständen benutzt, indem Klassen einer Typologie statt verbal nunmehr numerisch identifiziert werden. Es handelt sich also im strengen Sinn nicht um eine Skala. Mathematisch-statistische Verfahren der Analyse von Nominaldaten bleiben auf die Darstellung von Häufigkeiten (Kontingenzen) beschränkt.

- **Ordinalskala:** Numerische Werte lassen hier lediglich Aussagen über die Rangfolge von Tatbeständen zwischen

Tabelle 4-1   Die unterschiedlichen Meßniveaus von Skalen (modifiziert nach Friedrichs 1984, S. 99).

Meßniveau	Annahme	Beispiel
nominal	A < > B	Geschlecht
ordinal	A < B < C	Schulnoten
Intervall	wenn A, B, C, D aufeinanderfolgen, dann gilt: B − A = D − C	Intelligenzquotient
Verhältnis (ratio)	A × B	Alter, Gewicht

Extrempunkten zu. Über die numerischen Abstände zwischen den Rängen werden dagegen keine Aussagen gemacht. Statistische Verfahren schließen Mediantest und Rangkorrelationen ein.

- **Intervallskala:** Die Unterschiede zwischen den Ausprägungen sind gleich groß (Gleichheit der Intervalle: Äquidistanz); numerische Abstände messen ganzzahlige äquidistante Ausprägungen von Merkmalen auf der Basis einer Maßeinheit. Dies ist der klassische Fall einer Messung. Die oben aufgeworfene zentrale Frage der Isomorphie wird hier besonders aktuell: Gibt es sozialwissenschaftliche Maßeinheiten (jenseits deskriptiver Daten wie Häufigkeit oder zeitliche Dauer eines Verhaltens, Höhe des Einkommens etc.), welche Ausprägungen eines Gegenstandsbereiches fundamental messen?

- **Verhältnisskala** *(ratio scale)*: Sie unterscheidet sich von der Intervallskala lediglich durch die Existenz eines natürlichen Nullpunktes, wodurch sämtliche mathematischen Operationen des Addierens, Subtrahierens, Multiplizierens und Dividierens möglich werden. Der Großteil mathematisch-statistischer Auswertungsverfahren setzt Daten von Intervallskalenniveau voraus.

Die Erläuterungen zu den Skalenniveaus verdeutlichen, daß ein Großteil sozialwissenschaftlicher Informationen als nominale oder ordinale Daten vorliegt, da eindeutige Maßeinheiten in der Regel nicht gegeben sind (Scheuch et al. 1974, Scheuch 1976). Welche Fehler begeht man, wenn, wie dies faktisch beinahe überall geschieht, statistische Verfahren, die Intervallniveau erfordern, auf Daten angewandt werden, die maximal Ordinalniveau aufweisen? Ohne auf die Frage ausführlich eingehen zu können, soll hier festgehalten werden, daß heute statistische Verfahren entwickelt sind, die es gestatten,

den dabei möglicherweise begangenen Fehler quantitativ abzuschätzen, bzw. das Zutreffen der Annahme einer Äquidistanz empirisch zu belegen (Kohlmann 1988).

Damit ist zwar das Problem der Isomorphie längst nicht gelöst, aber der Forscher kann prüfen, wieweit die fundamentale Voraussetzung einer zutreffenden Quantifizierung seiner Indikatoren empirisch erfüllt bzw. verletzt ist.

Von besonderer Bedeutung ist die Prüfung der Äquidistanz bei Testfragen *(Items)*, welche skalierte Variablen in Form einer sog. Likert-Skala enthalten (nach dem Begründer R. A. Likert benannt).

Likert-Skalierung bedeutet die Vorgabe abgestufter, sprachlich definierter Antwortkategorien auf Testfragen. Die Antwortkategorien werden dabei so formuliert, daß sie im allgemeinen Sprachverständnis möglichst gleiche Abstufungen enthalten. Die Zahl der Abstufungen liegt nicht fest, jedoch werden in der Regel zwischen vier und sieben Antwortvorgaben je Item gewählt.

In dem in Tabelle 4-2 abgedruckten Item-Satz werden beispielsweise 5fach abgestufte Antwortalternativen vorgegeben. Jeder Antwort ist mit aufsteigender Intensität bzw. Häufigkeit eine diskrete Zahl zugeordnet (in der Regel mit 0 oder 1 beginnend). Die Zuordnung diskreter Zahlen zu Antworten basiert auf der Annahme einer Äquidistanz der Antwortalternativen. Ist sie anhand statistischer Verfahren (z. B. nicht-lineare Hauptkomponenten-Analyse) überprüft worden, so läßt es sich rechtfertigen, die bei Daten, welche (mindestens) Intervallniveau besitzen, anwendbaren statistischen Verfahren (z. B. Addition) auch hier einzusetzen.

Eine feste Anordnung von Items, deren Zusammengehörigkeit statistisch nachgewiesen worden ist und deren Operationalisierung einer zu messenden latenten Dimension dient, nennt man eine **Testskala.**

Tabelle 4-2   Beispiel eines Likert-skalierten Meßinstrumentes (Ausschnitt: Profil der Lebensqualität chronisch Kranker; Siegrist et al. 1995).

Wie gut waren Sie in den letzten 7 Tagen insgesamt in der Lage ...

L2. alle Anforderungen zu erfüllen, die an Sie im Beruf oder Haushalt gestellt werden

gar nicht	schlecht	mäßig	gut	sehr gut
0	1	2	3	4

L3. körperlich anstrengende Arbeiten zu verrichten

gar nicht	schlecht	mäßig	gut	sehr gut
0	1	2	3	4

L4. sich den ganzen Tag zu konzentrieren

gar nicht	schlecht	mäßig	gut	sehr gut
0	1	2	3	4

L5. Hektik und Streß bei der alltäglichen Arbeit auszuhalten

gar nicht	schlecht	mäßig	gut	sehr gut
0	1	2	3	4

L6. Ihren Hobbies nachzugehen

gar nicht	schlecht	mäßig	gut	sehr gut
0	1	2	3	4

L7. sich zu etwas aufzuraffen

gar nicht	schlecht	mäßig	gut	sehr gut
0	1	2	3	4

Testskalen werden in der Medizinischen Psychologie und Soziologie häufig verwendet, um sog. **latente Konstrukte** abzubilden, d.h. Phänomene, die sich der direkten Beobachtung entziehen und die nur über Indikatoren (Tests bzw. Testskalen) erschließbar sind. Beispiele latenter Konstrukte sind „Intelligenz", „Angst", **„gesundheitsbezogene Lebensqualität"** u.a.m. Am Beispiel des in der Medizin immer wichtiger werdenden Konstruktes „gesundheitsbezogene Lebensqualität" sollen im folgenden einige grundlegende Prinzipien sozialwissenschaftlichen Messens erläutert werden (zur inhaltlichen Bedeutung und medizinischen Relevanz von „Lebensqualität" s. Kap. 1).

Die in Tabelle 4-2 abgedruckten Items sind Teil eines Meßinstrumentes zur Erfassung gesundheitsbezogener Lebensqualität.

Entsprechend der Mehrdimensionalität des latenten Konstruktes werden verschiedene Testskalen benötigt. Die Items sind Bestandteil der Testskala „Leistungsvermögen" (sechs der insgesamt acht Items dieser Skala).

Anhand einer Testskala kann ein **Score** (Punktwert) ermittelt werden, der sich aus der Aufaddierung der einzelnen Antwort-Werte ergibt: je höher ein Score, desto besser – in unserem Beispiel – die „Leistungsfähigkeit." Testskalen-Scores dienen somit der **Quantifizierung** nicht direkt beobachtbarer Merkmale, die Teil eines latenten Konstruktes sind.

Testskalen, welche in Forschung und Praxis Verwendung finden sollen, müssen verschiedenen **Qualitätskriterien** genügen, deren wichtigste nachfolgend erläutert werden.

- **Objektivität:** Ein Test ist in dem Maße objektiv, in dem mehrere Untersucher voneinander unabhängig unter denselben Bedingungen bei derselben Stichprobe zu den gleichen Aussagen gelangen (Standardisierung der Testsituation, vor allem durch Antwortvorgaben bei Fragebögen, Interviewerschulung).
- **Reliabilität:** Ein Test ist in dem Maße reliabel (zuverlässig), in dem die Meßwerte genau sind. In der Regel wird die Genauigkeit eines Meßwertes an seiner Reproduzierbarkeit (Meßwiederholung unter Bedingung der Merkmals- und Bedingungskonstanz, sog. Test-Retest-Reliabilität) abgelesen. Ein zweiter Ansatz ist die Prüfung der inneren Konsistenz einer Testskala. Der Reliabilitätskoeffizient α (Cronbachs Alpha) gibt an, wie gut jedes einzelne Item einer Skala dasjenige mißt, was die Gesamtskala mißt. Je höher der Wert eines Reliabilitätskoeffizienten (zwischen 0 und 1,0), desto höher die Reliabilität. Werte $\alpha < .70$ werden in der Regel als nicht mehr vertretbar erachtet.
- **Validität:** Ein Test ist in dem Maße valide (gültig), in dem er genau das mißt, was er messen soll. Validität wird am einfachsten beurteilbar, wenn ein unabhängiges Außenkriterium zur Überprüfung zur Verfügung steht. Für latente Konstrukte gibt es keine eindeutigen Außenkriterien, die als „Goldstandard" einer Messung dienen könnten. Die sozialwissenschaftliche und testpsychologische Validitätsprüfung muß sich daher einer Reihe **approximativer Verfahren** zur Abschätzung der Gültigkeit einer Messung bedienen:
- **Konstruktvalidität:** Sie prüft die Gültigkeit der Messung, indem das Ergebnis (z.B. Scorewert „Leistungsvermögen"; vgl. Tabelle 4-2) mit einem Meßwert eines bereits geprüften Instrumentes bzw. Verfahrens (z.B. ADL-Index) (Activities of Daily Living;

Katz 1987) korreliert wird. Je höher die Konvergenz zwischen den zwei Messungen, desto höher die Validität (man bezeichnet diese Prüfung daher auch als **konvergente** Validität). Voraussetzung einer solchen Prüfung von Testskalen bildet der Nachweis der Eigenständigkeit einer Testskala. Dies erfolgt anhand des teststatistischen Verfahrens der sog. Faktorenanalyse (Arminger 1979).
- **Gruppenbezogene Validität:** Sie prüft die Gültigkeit der Messung durch Vergleich von Scorewerten zwischen verschiedenen Gruppen. Zum Beispiel sollten die Scores einer Gruppe schwerkranker Patienten bei Testskalen wie „Leistungsfähigkeit" signifikant niedriger liegen als bei Gesunden. Anhand dieses Kriteriums kann ein Meßinstrument zwischen verschiedenen Gruppen diskriminieren. Einige Testautoren gebrauchen daher den Begriff „diskriminante Validität", um diesen Sachverhalt zu bezeichnen.
- **Prädiktive Validität:** Sie prüft die Gültigkeit der Messung anhand der Fähigkeit eines Meßwertes, ein mit dem gemessenen Phänomen in Zusammenhang stehendes Ereignis vorherzusagen bzw. zu erklären. Zweifelsohne ist eine hohe prädiktive Validität daher das anspruchsvollste teststatistische Kriterium der Gültigkeitsprüfung. Im 5. Kapitel werden wichtige Forschungsergebnisse zur prädiktiven Validität sozialwissenschaftlicher Meßinstrumente in der Medizin dargestellt. Hier können wir, wiederum bezogen auf den in Tabelle 4-2 dargestellten Aspekt der „Leistungsfähigkeit", zur Verdeutlichung sagen: Sollte es möglich sein, anhand von Scorewerten das Risiko einer nachfolgenden Hospitalisierung bei Patienten mit gleicher ärztlicher Diagnose zu bestimmen, dann wäre eine hohe prädiktive Validität des Meßinstrumentes gegeben.

Die Problematik der Gültigkeitsprüfung in den Sozialwissenschaften ist vielfältig und schwierig. Dennoch sind in den vergangenen 25 Jahren beeindruckende Fortschritte erzielt worden (zusammenfassend Stewart & Ware 1993). Sie betreffen u. a. die **Verallgemeinerbarkeit** von Meßergebnissen, die **Ökonomie** von Meßverfahren, die **Änderungssensitivität** von Testskalen und schließlich die Kontrolle von **Meßfehlern**.

Wichtige **Fehlerquellen** bei der Erfassung von Daten ergeben sich aus der Tatsache, daß Forschungen in der Regel bei Personen, die untersucht werden, auch unerwünschte Reaktionen provozieren: durch das Stellen von Fragen, die Beobachtung, die Ankündigung eines der Forschung dienenden Gespräches etc. Nichtreaktive Forschungsmethoden, d. h. Methoden, bei denen der Untersucher nicht sichtbar bzw. erkennbar ist, sind selten möglich und teilweise auch ethisch problematisch (z. B. durch den Einwegspiegel). Die beiden wichtigsten Artefaktquellen, d. h. unerwünschte, unbeabsichtigte, jedoch im Forschungsprozeß mögliche Fehlerquellen, sind:

- Interviewer-(Beobachter- bzw. Versuchsleiter-)Effekte:
  Hierunter fallen alle Einflüsse auf das Antwortverhalten der Befragten, die von Vorurteilen, Überzeugungen oder Erwartungen des Befragenden ausgehen. Aber auch Merkmale wie sozialer Status, Geschlecht, Alter des Interviewers können eine Fehlerquelle darstellen. So werden z. B. höhere Prozentsätze von Angaben über gesundheitsfördernde Handlungen erzielt, wenn der Interviewer in einem weißen Kittel erscheint, als bei Alltagskleidung. Die Kontrolle von Interviewereffekten ist zumeist erst im Stadium der Datenanalyse möglich. Nur ein gutes Training trägt zur Verringerung dieser Artefaktquelle bei.
- Effekte, die vom Befragten ausgehen:
  Hierunter fallen zum Beispiel Tendenzen zu sozial erwünschten Aussagen (Probanden möchten einen guten Eindruck machen, möglicherweise erwartete Antworten geben etc.), Verleugnungstendenzen, Gedächtnisfehler, Stimmungen, aber auch – vor allem bei Skalen – Tendenzen, ein bestimmtes Muster von Antworten anzukreuzen (sog. *Response-Set*).

Jede seriöse sozialwissenschaftliche Darstellung von Forschungsergebnissen muß auf Fehlerquellen der Datenerhebung und auf die eingesetzten Bestrebungen zu deren Kontrolle eingehen (als Überblick zum Thema vgl. Bungart und Lück 1974).

Nachdem der Leser in die Besonderheiten und Probleme sozialwissenschaftlichen Messens eingeführt worden ist, sollen im folgenden Abschnitt die wichtigsten Methoden der Datenerhebung vorgestellt werden.

4.3 Methoden der Datengewinnung

Prinzipiell lassen sich drei Datenarten unterscheiden:

Individualdaten: Sie sind von Individuen gewonnen worden und beziehen sich auf Individuen (z. B. Angaben zu subjektiven Arbeitsbelastungen, die zu Meßwerten des Blutdrucks in Beziehung gesetzt werden).

Aggregatdaten: Sie sind von Individuen gewonnen, beziehen sich aber auf ein Kollektiv (z. B. Kennzeichnung von Stadtteilen nach dem Durchschnittseinkommen der Lohnsteuerpflichtigen oder nach dem Prozentsatz von Bewohnern mit dem höchsten Schulabschluß).

Globaldaten: Sie kennzeichnen ein Kollektiv oder ein Gebiet, ohne daß Informationen über Eigenschaften von Individuen benötigt werden (z. B. Anteil von Grünflächen in einem Wohnbezirk).

Die für die Medizinische Soziologie wichtigste Datenart stellen Individualdaten dar, obwohl auch die anderen Datenarten gelegentlich als Schätzgrößen benutzt werden, wenn entsprechende Individualdaten fehlen. Das Zusammenspiel der verschiedenen Datenarten wird anhand der **Mehrebenen-Analyse** untersucht.

Innerhalb von Individualdaten unterscheiden wir zwei Datenquellen:

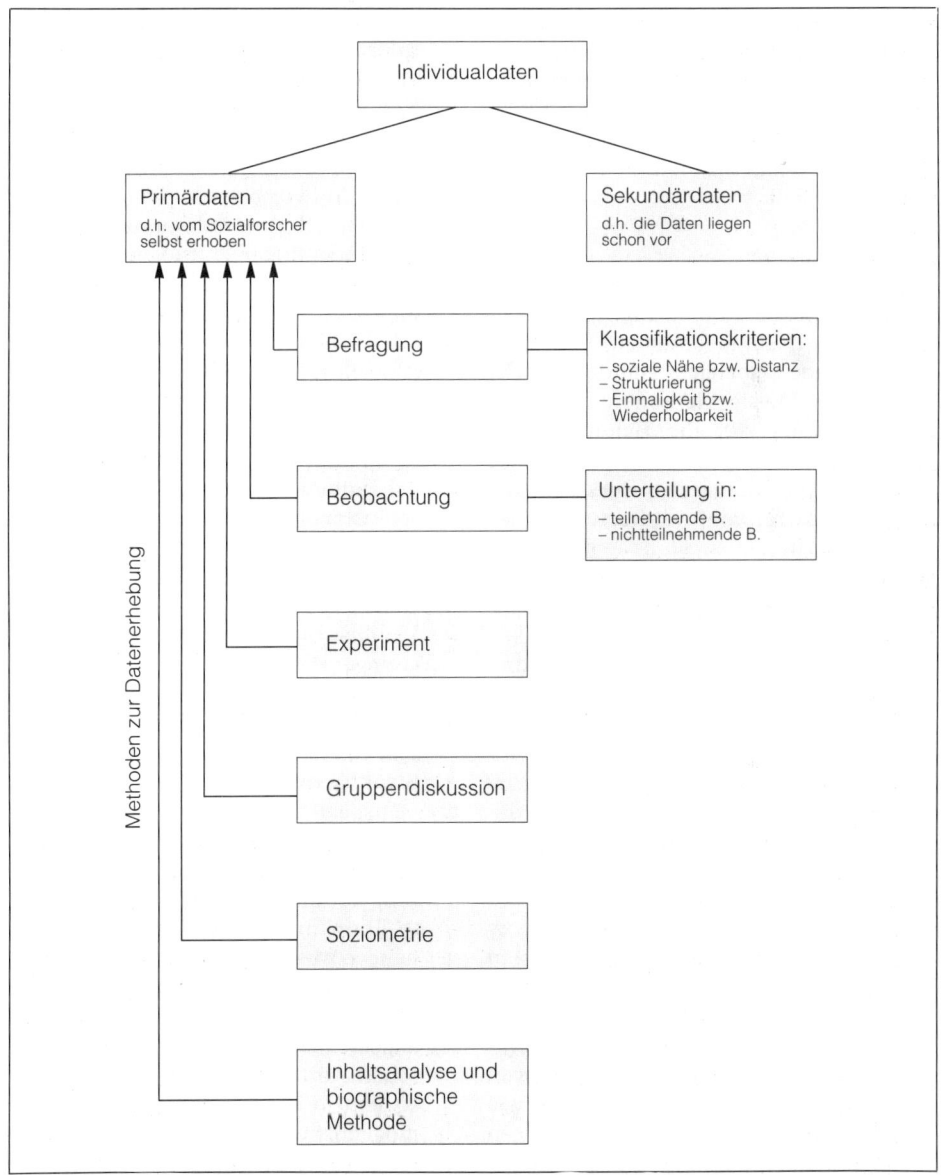

Abbildung 4-2   Übersicht über die Erfassungsmöglichkeiten der Primärdaten.

Primärdaten: Daten, die vom Sozialforscher selbst zu erheben sind;

Sekundärdaten: Daten, die bereits vorliegen (z. B. administrative Daten, amtliche Statistiken), die jedoch zum Zweck einer Untersuchung neu bzw. umfassender ausgewertet werden.

Das Hauptgewicht empirischer Sozialforschung liegt jedoch auf der Gewinnung von Primärdaten. Im folgenden werden die sechs wichtigsten Methoden im Überblick dargestellt.

1. Die Befragung

Aus den in Kapitel 3 genannten Gründen spielt Sprache eine hervorragende Bedeutung beim Zustandekommen, Bewerten und Verstehen sozialen Handelns. Hier setzt die wichtigste Methode empirischer Sozialforschung an: die Befragung. Sie versucht, Erfahrungen sozialen Handelns zu thematisch fokussierten Wirklichkeitsbereichen in relevant verdichteter Form abzubilden, indem sie Handelnde zu diesen Erfahrungen zu Wort kommen läßt. Die unter der Sammelbezeichnung „Befragung" zusammengefaßten Verfahren lassen sich in allgemeinster Form nach drei Kriterien klassifizieren: nach dem Grad der sozialen Nähe bzw. Distanz, nach dem Grad der Strukturierung der Datengewinnung und nach der Einmaligkeit bzw. Wiederholbarkeit der Untersuchung.

- Soziale Nähe bzw. Distanz:
  Befragung vollzieht sich in der Regel in einer der drei folgenden Formen:
- Als **persönliches Interview:** Interviewer und Befragter befinden sich selbst in einem spezifischen Typus sozialer Interaktion: in einer Vis-à-vis-Situation. Bereits diesem Umstand läßt sich entnehmen, daß sowohl Beeinflussungen (im Sinne der Artefaktbildung) wie auch Chancen einer wahrhaftigen Kommunikation möglich sind. Das persönliche Interview ist in vielen Fällen die ideale Methode der empirischen Soziologie schlechthin. Aller

dings stellen örtliche und zeitliche Präsenz sowie Interviewerschulung Kostenfaktoren im weitesten Sinne dar.
- Als **Telefoninterview:** Die Vis-à-vis-Situation ist anonymisiert, jedoch besteht auch hier die Möglichkeit eines Informationsgewinns mit Rückmeldemöglichkeiten (Verständnisfragen, Kommentare etc.). Diese Form wird häufig aus Kostengründen, teilweise auch bei heiklen Themen wegen größerer Antwortbereitschaft gewählt. Strukturierte, standardisierte Befragungen in dieser Form werden neuerdings durch Einsatz von Computern optimiert (CATI: *computer assisted telephone interviewing*).
- Als **schriftliche Befragung:** Datengewinnung erfolgt hier in anonymisierter, d. h. aber auch völlig unkontrollierbarer Situation. Sie ist faktisch nur möglich anhand standardisierter und geschlossener Frageabfolgen und läßt keine Möglichkeit der Rückmeldung bzw. modifizierenden Intervention zu. Neben Problemen der Reliabilität und Validität ist hier auch die Schwierigkeit geringer Rücklaufquoten zu erwähnen. Andererseits handelt es sich um das kostengünstigste Verfahren empirischer Forschung schlechthin.

- **Strukturierung:**
  Der spezifische Typus sozialer Interaktionen einer Vis-à-vis-Situation läßt verschiedene Formen der Strukturierung zu. Ihr Ausmaß und ihre gewählte Form in einer Befragungssituation hängen wesentlich von der methodologischen Position des Forschenden ab:
- Qualitative Verfahren zeichnen sich im allgemeinen durch eine geringe Bereitschaft zur Strukturierung aus. Dies geschieht in der Überzeugung, daß eine möglichst valide Abbildung der Erfahrungswirklichkeit einer befragten Person am ehesten durch den natürlichen Erzählfluß gewährleistet werden kann (sog. narratives Interview; Schütze

1976). Ziel des methodischen Vorgehens ist hierbei das hermeneutisch orientierte Verstehen dieser Erfahrungswirklichkeit in der nachfolgenden Textanalyse (häufig anhand von Tonbandprotokollen der geführten Gespräche).

– Quantitative Verfahren zielen auf das Überführen sprachlich vermittelter Information in eine Datenmatrix, d. h. in ein System numerischer Repräsentationen ab (vgl. 4.2). Dieses Vorhaben wird durch Standardisierung von Fragen (d. h. gleichförmige Vorgabe), durch Festlegung einer definierten Abfolge von Fragen sowie zumindest teilweise durch Vorgabe von Antwortmöglichkeiten auf gestellte Fragen (geschlossene Fragen) erleichtert.

Alle diese Maßnahmen zielen darauf ab, die Vergleichbarkeit erhobener Information zwischen den Personen bzw. zwischen den Meßzeitpunkten zu erhöhen.

Der höhere Strukturierungsgrad des Gesprächs in der quantitativen Sozialforschung hat aber nicht nur forschungspragmatische Gründe, wie Erleichtern der Transformation von Information in eine Datenmatrix, Erhöhung von Objektivität und Reliabilität, Erleichtern der systematischen Fehlerkontrolle. Vielmehr reflektiert er die methodologische Position des Operationalismus: Vorgedachte Antworten auf vorfixierte Fragen sollen ermöglichen, daß sprachliche Reaktionen der Befragten auf vorgegebene Stimuli (Testfragen) als Indikatoren für zu messende Sachverhalte dienen. Daher kommt der exakten Formulierung der Testfragen und der heuristisch sinnvoll vorstrukturierten Antwortmöglichkeiten größte Bedeutung zu. Die Entwicklung eines strukturierten Interviewleitfadens ist somit erst sinnvoll möglich, wenn zum einen umfangreiche Erfahrungen über den zu untersuchenden Gegenstandsbereich vorliegen (z. B. aufgrund qualitativer Befragungen) und wenn

zum andern theoretische Vorstellungen über zu messende Dimensionen und Merkmale präzisiert sind.

Erhebliche Verstöße gegen diese beiden Bedingungen haben dazu beigetragen, daß in den vergangenen Jahren die Kritik an der quantitativen Sozialforschung stark zugenommen hat.

• **Einmaligkeit versus Wiederholbarkeit:**
Während Befragungen zu einem Thema bei einer Zielpopulation in der Regel nur einmal durchgeführt werden, verlangen verschiedene theoretisch wichtige Fragestellungen eine Längsschnittstudie. Beispiele solcher Fragestellungen sind die Veränderungen der Einstellungen zum Arztberuf im Verlauf des Medizinstudiums oder die Veränderungen des Sexualverhaltens nach Auftreten von AIDS. Am besten können solche Fragestellungen in einer **Panelstudie** beantwortet werden: Gleichbleibende Fragen werden bei einem identischen Kollektiv zu mehreren Zeitpunkten erhoben. Medizinsoziologische Panelstudien sind im Rahmen prospektiver epidemiologischer Untersuchungen (vgl. 4.4) von besonderer Bedeutung.

Fragen wir abschließend, in welcher Form Information über soziales Handeln und dessen strukturelle Hintergründe im Medium der Befragung gewonnen werden kann. Wir sprachen davon, daß hier Erfahrungen sozialen Handelns in relevant verdichteter Form abgebildet werden sollen. Was heißt das?

Zur Beantwortung dieser Frage muß eine weitere Unterscheidung eingeführt werden, diejenige von Fakt- und Einschätzungsfragen.

Faktfragen: Mit ihnen werden Informationen zu objektiv vorgegebenen Aspekten sozialer Wirklichkeit, zu ihrer Ausprägung (Menge, zeitliche Verteilung etc.) erfragt. Beispiel: soziodemographische Daten einer Person. Es empfiehlt sich, bei Faktfragen die Gültigkeit von Antworten anhand von Außenkriterien zu überprüfen, soweit dies, zumindest an Stichproben, möglich ist. Beispiele: Angaben zum Zigarettenrauchen werden anhand entsprechender Bluttests überprüft; Angaben zur Lärmbelästigung am Arbeitsplatz werden durch Schallmessungen vor Ort objektiviert etc.

Einschätzungsfragen: Fragen, deren Beantwortung subjektive Urteile, Einstellungen, emotional gefärbte Haltungen etc. sichtbar machen soll. Sie bilden den Hauptbestandteil theoriegeleiteten Fragens. Auf zweifache Weise wird mit ihnen versucht, Erfahrungen sozialen Handelns in relevanter Verdichtung abzubilden: in Form des Sichtbarmachens handlungsleitender Orientierungen und in Form der Bilanzierung von Erfahrungen. Beide Formen werden hier erläutert.

Sichtbarmachen handlungsleitender Orientierungen: Durch den Prozeß der Sozialisation werden soziale Normen verinnerlicht und im moralischen Bewußtsein in Wertordnungen integriert. Zudem bildet sich in jedem Menschen ein nach Interessen geschichtetes kognitives Orientierungssystem aus, welches das jeweils Wichtige vom Unwichtigen trennt. Soziologische Theorie unterstellt, daß die Thematisierung von Wertordnungen und relevanten Orientierungsmustern eines Individuums gewisse Rückschlüsse auf dessen typischerweise erwartbares soziales Handeln zuläßt. Information über handlungsleitende Orientierungen wird als Schätzgröße benutzt, um konkrete soziale Handlungen, welche der Beobachtung des Forschers nicht zugänglich sind, vorherzusagen. Wie bei allen latenten Konstrukten sind auch bei der Erfassung handlungsleitender Orientierungen Validitäts- und Reliabilitätsaspekte von größter Wichtigkeit.

Eine zweite Form der Erfassung verdichteter Handlungserfahrungen bildet die **Bilanzierung:** Aus dem Alltagsleben ist je-

dem von uns die zusammenfassende Bewertung sozialer Erfahrungen in der Rückschau (z. B. am Semesterende, an Silvester etc.), im sozialen Vergleichsprozeß (Warum hat Kommilitone X bei der Prüfung besser abgeschnitten als ich?) oder anläßlich einer Unterbrechungserfahrung (Wie geht es nach der Entlassung aus dem Krankenhaus weiter?) vertraut. Etwas überspitzt könnte man sagen: Die Kunst des guten Interviews besteht darin, angemessene und gehaltvolle Bilanzierungen von Erfahrungen sozialen Handelns zu evozieren. Mit ihnen sollen Erfahrungen eines bestimmten thematischen Ausschnittes sozialer Wirklichkeit in einem bestimmten Zeitraum gebündelt werden. Bilanzierungen, die einen mehrjährigen Zeitraum umfassen, sind notwendigerweise weniger reliabel, da die in sie eingehenden Erfahrungen kaum mehr zuverlässig reproduzierbar sind (Ausnahme evtl. schwere Lebensereignisse). Dagegen zeigen sorgfältige Längsschnittstudien, daß Bilanzierungen über einen ein- bis zweijährigen retrospektiven Zeitraum reliabel und valide erfaßbar sind. In der medizinsoziologischen Forschung stellen Bilanzierungen vermutlich die wichtigste Informationsquelle des Interviews dar, insbesondere deshalb, weil in ihrem Medium die Auswirkungen des Vergesellschaftetseins auf das Individuum besonders gut thematisiert werden können. Dies gilt für Untersuchungen zum sozialen Rückhalt, zu Überforderungen, Benachteiligungen und anderen Formen sozialen Leidens (vgl. 5.2).

Obwohl die Wahl des Verfahrens von der Fragestellung und den logistischen Möglichkeiten des Forschers mitbeeinflußt wird, kann zusammenfassend festgehalten werden, daß die ideale Befragung ein persönliches Interview bildet, das aufgrund gewissenhafter theoretischer Vorarbeit und reichhaltigen Vorwissens strukturiert ist, d. h. die Umwandlung der Information in eine Datenmatrix ermöglicht, ohne jedoch angemessene Rückmeldungen und Initiativen des Befragten auszuschließen; ein Interview, das ferner auf die Erfassung hoch reliabler und nach Möglichkeit valider Fakt- und Einschätzungsfragen zentriert ist, wobei Bilanzierungen über einen gut reproduzierbaren Zeitraum und ein Sichtbarmachen persönlicher handlungsleitender Orientierungen angestrebt werden. Die ideale Interviewersituation ist die eines Schwebezustandes zwischen Kontrollierbarkeit des Gesprächsprozesses (im Sinne der Artefaktkontrolle) und offener Dynamik eines zwischenmenschlichen Kontaktes, von dem Lernimpulse und Anregungen auf beiden Seiten ausgehen können. Die Soziologie hat es leider bisher versäumt, eine diesen Zielsetzungen angemessene Kunstlehre und Ethik des Befragens explizit zu entwickeln.

2. Die Beobachtung

Die Methode der Beobachtung zeichnet sich im Gegensatz zum Interview durch besondere Realitätsnähe aus, während gleichzeitig die Probleme der Selektivität der Daten, der Beeinflussung beobachteter Personen durch die Präsenz des Forschers und schließlich der Interpretation des Beobachteten durch den Forscher als Hindernisse anzusehen sind. Die wichtigste Unterscheidung der Beobachtungsverfahren betrifft das teilnehmende gegenüber dem nichtteilnehmenden Verfahren. Bei der **teilnehmenden Beobachtung** ist der Forscher in das zu beobachtende soziale Geschehen einbezogen, oft wird seine Rolle als Forscher dabei nicht explizit angekündigt (**verdeckte** gegenüber **offener** Beobachtung). Von teilnehmenden Beobachtungsstudien ist daher einerseits ein besonders hohes Maß an Echtheit zu erwarten, andererseits sind die Dokumentations- und Reproduktionsmöglichkeiten

von Untersuchungssituationen begrenzt. Einige Bereiche sozialer Realität (z. B. abweichendes soziales Handeln, Subkulturgruppen) erschließen sich dem Forscher beinahe ausschließlich über teilnehmende Beobachtung.

Die **nichtteilnehmende Beobachtung** besitzt vor allem dann Vorteile, wenn sie systematisch erfolgt, d. h., wenn ein standardisiertes Beobachtungsgeschehen bei mehreren vergleichbaren Untersuchungssituationen angewandt wird.

Ähnlich wie beim Interviewleitfaden hängt die Ergiebigkeit eines Instruments von der Güte und Vollständigkeit der Beobachtungskategorien ab, die in dem Schema enthalten sind. Eine der Hauptschwierigkeiten bei der Erstellung des Schemas ist die Definition abgrenzbarer sozialer Handlungssequenzen, die als **Beobachtungseinheiten** dienen können. Es muß sodann darauf geachtet werden, daß die Anzahl der Kategorien den Beobachter in der Untersuchungssituation nicht überfordert. Auch hier gilt, wie bei allen Methoden, daß der Grad der Explizitheit einer Theorie über den zu untersuchenden Gegenstandsbereich die Untersuchungssituation vereinfacht, indem gezielt die relevanten Variablen dokumentiert werden können.

Offene Beobachtungsverfahren werden heute zunehmend mittels **audiovisueller** Hilfsmittel (Videorecorder, Film, Tonband) durchgeführt. Dadurch wird eine viel exaktere Auswertung der Beobachtungssituationen und eine systematische Kontrolle von Dokumentations- und Beurteilungsfehlern einzelner Beobachter erreicht.

3. Das Experiment

Das Experiment stellt einen besonders idealen Fall systematisch kontrollierter Beobachtung dar, da die als wirksam (unabhängig) gedachten Größen systematisch variiert werden können und ihr Einfluß auf abhängige Größen eindeutig registriert

werden kann. Im Gegensatz zu den Naturwissenschaften, in denen das Experiment
die Standardmethode bildet, ist in den Sozialwissenschaften der Einsatz der Methode begrenzt, und zwar aus erkenntnistheoretischen, forschungspragmatischen und
ethischen Gründen.

Erkenntnistheoretisch: Nur wenige
Phänomene sozialen Handelns dürften auf
eindeutige, einfach reproduzierbare Kausalbeziehungen zurückführbar sein, deren
Nachweis im Experiment eine ökologisch
valide Bedeutung zukommt. Erkenntnisse,
die aus Experimentalanordnungen gewonnen werden, bleiben bei aller Exaktheit
häufig höchst artifiziell und begrenzt gene-
ralisierbar. Dazu kommen umfangreiche
Probleme durch mögliche Versuchsleiter-
effekte und durch Variation des Verhaltens
infolge unterschiedlicher subjektiver Bewertung der Experimentalsituationen
durch die Versuchspersonen.

Forschungspragmatisch: Experimente
sind in der Regel auf Laborsituationen begrenzt. Damit werden praktisch nur Klein-
gruppenprozesse analysierbar, und soziales Handeln ist aus dem bedeutsamen
Kontext des Alltags herausgelöst. Infolge
der Künstlichkeit, der bereits erwähnten
unterschiedlichen Wertungsprozesse sowie der Lernchancen (bei Meßwiederholung) bleibt der Geltungsbereich experimenteller Aussagen begrenzt. Feldexperi-
mente, die erheblich mehr ökologische
Validität besitzen, sind außerhalb gezielter
Interventionsstudien kaum vorfindbar.

Ethisch: In jedem Experiment findet
ein Manipulationsprozeß statt, der grundsätzlich ethische Probleme aufwirft. Insbesondere sind meines Erachtens experimentelle Täuschungstechniken wie Ver-
schleierung des Untersuchungszieles oder
Vorgabe falscher Informationen als be-
denklich anzusehen, um so mehr, als der
erhoffte Erkenntnisgewinn häufig begrenzt bleibt (zur Problematik des Experi-
ments vgl. Maschewsky 1978).

4. Die Gruppendiskussion

Kann gegen das Interviewverfahren einge-
wandt werden, daß es zu sehr individuen-
zentriert ist, daß es die meinungsbilden-
den Prozesse, die im sozialen Austausch
zu beobachten sind, nicht miterfaßt, so
versucht die Methode der Gruppendiskussion diesem Einwand zu begegnen. Hierbei handelt es sich um ein Verfahren, in
welchem der Meinungsbildungsprozeß
eines für Forschungszwecke ausgewählten
Personenkreises anhand vorgegebener in-
haltlicher Stimuli untersucht wird. Die
relativ spontane und offene Situation ver-
hilft zu einer teilweise freizügigen Dar-
legung von Meinungen und Standpunk-
ten der Versuchspersonen. Andererseits ist
es schwer zu entscheiden, welche Rolle
spezifische gruppendynamische Prozesse
bei der Gestaltung des Diskussionsverlau-
fes spielen und wieweit verbale Kompetenzen einzelner Teilnehmer ein verzer-
rendes Aktivitätsgefälle in der Gruppe
schaffen. Die vielen schwer kontrollierba-
ren Stör- und Einflußgrößen bringen es
mit sich, daß die Gruppendiskussion bisher vorwiegend als exploratives Verfahren
eingesetzt wurde.

5. Die Soziometrie

Diese Methode untersucht die sozialen
Beziehungen einer überschaubaren Gruppe anhand von Fragen zur **Beliebtheit und
Kontaktintensität** der Gruppenmitglieder.
Indem jedes Mitglied über seine Einstellung zu anderen Mitgliedern befragt wird,
erhält der Forscher Angaben über die
Struktur einer Gruppe sowie über die Stellung einzelner Mitglieder in ihr. Durch
eine Erweiterung der Fragen auf den
Bereich von Selbst- und Fremdwahrneh-
mung können interessante Aufschlüsse
über Diskrepanzen zwischen erlebter und
tatsächlicher Integration oder Isolation erhalten werden. Soziometrische Auswer-
tungsschritte und die typischen Konfigura-
tionen sollen hier nicht dargestellt werden.
Dagegen ist der Hinweis wichtig, daß die-

ses Verfahren ursprünglich in der Absicht entwickelt wurde, durch Bewußtmachen der Gruppenstruktur den Mitgliedern selbst Möglichkeiten an die Hand zu geben, die Gruppe im positiven Sinne zu verändern (Moreno 1960).

6. Inhaltsanalyse und biographische Methode

Untersuchungsgegenstand der Inhaltsanalyse sind Texte, die entweder Dokumente sozialer Alltagserfahrung darstellen (Zeitungen, Briefe, Archivmaterialien, Krankenakten etc.) oder aber eigens zum Zweck der Analyse verfaßt wurden (z. B. schriftlich festgehaltene Tonbandaufnahmen von Interviews). Aus dem weiten Spektrum textinterpretativer Verfahren sind für die sozialwissenschaftliche Methodik insbesondere jene inhaltsanalytischen Methoden von Interesse, welche eine vergleichende, quantifizierende Analyse von Untersuchungseinheiten (Wörtern) gestatten. Mit der Entwicklung der elektronischen Datenverarbeitung liegen heute umfangreiche Textverarbeitungs- und Auswertungsprogramme zu diesem Zweck vor. Mit ihrer Hilfe können Phänomene wie schichtspezifische bzw. subgruppenspezifische Sprachformen, Besonderheiten der Sprache psychisch Kranker (z. B. Schizophrener), Veränderungen sprachlich artikulierter Bedeutungen sozialer Phänomene im Verlauf eines Wandlungsprozesses etc. analysiert werden.

Besonders wichtig erscheint die Inhaltsanalyse bei der Bearbeitung biographischer Materialien (Lebensläufe, Tagebücher, Briefe). In diesem Fall spricht man auch von **biographischer Methode.** Sie geht allerdings häufiger nach dem methodologischen Prinzip des hermeneutischen Verstehens vor.

In den letzten Jahren hat die **qualitative Sozialforschung** im klinischen Anwendungsbereich wichtige Fortschritte erzielt, so z. B. im Bereich der Psychotherapieforschung (Faller & Frommer 1994) und der

Forschung zur Krankheitsbewältigung (s. u. Kap. 6).

Allen hier besprochenen Methoden ist gemeinsam, daß sie in einem Wissenschaftsverständnis verwurzelt sind, das kategorisch zwischen theoriegeleiteter Forschung und praktischer Anwendung unterscheidet, wenn auch eingeräumt wird, daß der Prozeß der Datengewinnung selbst soziales Handeln ist, von dem beabsichtigte oder unbeabsichtigte Wirkungen ausgehen können. Eine engere Verflechtung von Forschung und praktischer Anwendung sehen zwei weitere methodische Verfahren vor: die Aktionsforschung sowie die Evaluations- und Implementationsforschung. Von ihnen wird in Abschnitt 4.5 die Rede sein. Als weiterführende Literatur zu den Methoden der empirischen Sozialforschung seien die Publikationen von König (1974), Mayntz et al. (1978) und Friedrichs (1984) genannt.

4.4 Untersuchungspläne und Auswertungsverfahren

Empirische Forschung ist ein mehrstufiger Prozeß, der mit der Zielsetzung und Erarbeitung theoretischer Grundlagen beginnt, über die Entwicklung bzw. Anpassung der Meßmethoden zur Festlegung eines Studienplanes führt, in dem Erhebungsablauf, Datenkontrolle und Auswahlverfahren spezifiziert sind. Erst danach kann die Vorbereitung und Durchführung der Datengewinnung erfolgen. Aufbereitung und Auswertung erhobener Daten schließen den Forschungsprozeß im engeren Sinne ab. Liegen substantielle Erkenntnisfortschritte vor, so werden Forscher bemüht sein, sich mit wissenschaftsinternen sowie anwendungs- bzw. praxisorientierten Konsequenzen aus den Ergebnissen zu befassen.

Drei Stichworte aus dieser Aufzählung von Forschungsstufen sollen in diesem Abschnitt in unterschiedlicher Ausführlichkeit erläutert werden: Auswahlverfahren, Untersuchungsplan und Auswertungsverfahren.

4.4.1 Auswahlverfahren

In den seltensten Fällen erfolgt bei empirischen Studien die Erhebung einer Grundgesamtheit. Dies ist sowohl aus Kostengründen wie auch aus Zweckmäßigkeitserwägungen der Fall. Denn die Entwicklung von Auswahlverfahren ermöglicht es, in vielen Fällen mit Teilstichproben einer Grundgesamtheit zu repräsentativen Ergebnissen zu gelangen. Der Grundgedanke statistischer Auswahlverfahren ist, Teilstichproben aus einer Grundgesamtheit so zusammenzustellen, daß sie hinsichtlich wichtiger Merkmalsverteilungen als Abbild der Gesamtheit betrachtet werden können. Die beiden wichtigsten Verfahren stellen das Quotensample und die Wahrscheinlichkeitsauswahl dar.

Quotensample:
Aus einer Grundgesamtheit können beliebige Personen ausgewählt werden, sofern sie in ihrer Verteilung bestimmten, vom Untersuchungsplan vorgegebenen Proportionen entsprechen. Beispiel: Von 1000 zu interviewenden Probanden sollen je 500 männlich und 500 weiblich sein, 300 das Abitur, 400 Mittlere Reife und 300 Hauptschule als höchsten Schulabschluß besitzen. Der Gesamtplan für einzuhaltende Quoten ist so angelegt, daß für zu berücksichtigende Merkmale die Auswahl als eine maßstäbliche Verkleinerung der Gesamtheit betrachtet werden kann. Allerdings lassen sich aus der Wahrscheinlichkeitstheorie kritische Argumente gegen dieses Verfahren einwenden. Sie legen nahe, nach Möglichkeit ein Verfahren der Wahrscheinlichkeitsauswahl im engeren Sinne vorzuziehen.

Wahrscheinlichkeitsauswahl:
Hierbei soll eine unbeeinflußte, nur den Gesetzen der Wahrscheinlichkeitstheorie unterliegende Bestimmung der herauszugreifenden Einheiten gewährleistet werden. Man unterscheidet dabei zwei Verfahren: die Lotterieauswahl (oder reine Zufallsauswahl) und die systematische Zufallsauswahl.

Bei der **Lotterieauswahl** wird die Grundgesamtheit in Form numerierter Zettel (Lose) repräsentiert, gemischt und gezogen. Sind die Einheiten zu umfangreich, so werden Tafeln mit sog. Zufallszahlen erstellt.

In der Praxis häufiger anzutreffen ist die **systematische Zufallsauswahl,** bei der nach unterschiedlichen Verfahren aus einer Grundgesamtheit jeder n-te Fall herausgegriffen wird. Beispiel: Eine Kohortenstudie in England hat alle am 1. Juli 1945 geborenen Kinder ausgewählt.

Das Hauptproblem der Wahrscheinlichkeitsauswahl und eines der Hauptprobleme der empirischen Sozialforschung überhaupt bildet die Bestimmung des möglichen Fehlers, der bei der Verallgemeinerung von Ergebnissen von einem Sample auf eine Gesamtheit entsteht (Repräsentationsschluß).

Allgemein gilt: Je näher eine Auswahl von Personen an eine Grundgesamtheit heranreicht, desto größer ist die Wahrscheinlichkeit, daß eine beobachtete Merkmalsverteilung im Sample der wahren Merkmalsverteilung in der Gesamtheit entspricht. Die Chance der Annäherung an den wahren Wert wird in der **Normalverteilung** (Gaußsche Verteilung) dargestellt, wobei der Scheitelpunkt der Kurve dem wahren Wert entspricht. Die Verteilungsform, welche die Werte einer sukzessiven Auswahl bilden, bezeichnet man als Sampleverteilung derjenigen Maßzahl, deren Größe aufgrund der Ergebnisse von Auswahlen vorhergesagt werden soll. Der wahrscheinliche Fehler, den man bei einer aus einer Einzelauswahl gewonnenen

Maßzahl begeht, läßt sich von der Sampleverteilung dieser Maßzahl ableiten; diesen Fehler bezeichnet man als **Standardabweichung** (Sigma) der Sampleverteilung für eine Maßzahl oder auch als **Standardfehler,** wenn von Sampleergebnissen Repräsentationsschlüsse gezogen werden sollen. Durch den Standardfehler wird somit die Wahrscheinlichkeit angegeben, mit der eine aus einer Auswahl berechnete Maßzahl innerhalb bestimmter Sicherheitsgrenzen um den wahren Wert streut. Abbildung 4-3 stellt eine theoretische Sampleverteilung einer Maßzahl mit den Sicherheitsgrenzen bei verschiedenen Sicherheitsgraden dar (vgl. Scheuch 1974).

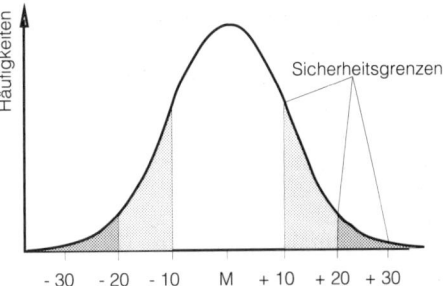

Abbildung 4-3   Sicherheitsgrenzen bei verschiedenen Sicherheitsgraden (theoretische Sampleverteilung einer Maßzahl) (nach Scheuch 1974, S. 24).

Aus der Abbildung geht hervor, daß die Sicherheitsgrenzen um so weiter auseinanderliegen, je höher der Sicherheitsgrad angesetzt wird. Bei der Bestimmung eines Sampleumfanges muß somit stets abgewogen werden, welcher Sicherheitsbereich auf Kosten einer entsprechenden Ausweitung bzw. Begrenzung der Stichprobe eingehalten bzw. aufs Spiel gesetzt werden soll. Dabei ist zu beachten, daß der Standardfehler einer Maßzahl um so kleiner wird, je größer die Stichprobe ist. Allerdings muß bei der Wahl von Sicherheitsgrenzen und Samplegrößen ein zweiter Gesichtspunkt berücksichtigt werden, nämlich die Art des Fehlers, dem man sich mit der Untersuchung aussetzen will. In der Statistik unterscheidet man zwischen zwei Typen von Fehlern:

- Fehler I: Eine richtige Hypothese wird irrtümlich als falsch zurückgewiesen.
- Fehler II: Eine falsche Hypothese wird irrtümlich als richtig akzeptiert.

Im allgemeinen sind Fehler vom Typ I schwerwiegender als Fehler vom Typ II. Dies gilt beispielsweise für diagnostische Entscheidungen des Arztes (vgl. Kap. 7). Auch in der Forschung begeht man lieber einen Fehler zweiter Art, da er im weiteren Auswertungsprozeß noch revidierbar ist. Man kann nun zeigen, daß ein Fehler er-

ster Art um so unwahrscheinlicher wird, je niedriger der Sicherheitsgrad gewählt wird. Andererseits wird damit ein Fehler zweiter Art in Kauf genommen: Unterschiede bei Vergleichen von Maßzahlen in der Stichprobe werden als bedeutsam betrachtet, obwohl sie in der Grundgesamtheit nicht wirklich bedeutsam sind. In der empirischen Medizinsoziologie wird meist ein Sicherheitsgrad von 95% benutzt (ausführlich zu den Auswahlverfahren siehe Scheuch 1974).

Verdeutlichen wir abschließend an einem anschaulichen Beispiel nochmals die Beziehung zwischen Stichprobengröße und Standardfehler: Es soll die Qualität einer Schätzung der Häufigkeit von hohem Blutdruck in der männlichen erwachsenen Bevölkerung anhand unterschiedlicher Stichprobengrößen untersucht werden (vgl. Ackermann-Liebrich et al. 1986, S. 45f.). Unterstellt wird dabei eine **Prävalenz** (d.h. Häufigkeit des hohen Blutdrucks zu einem bestimmten Meßzeitpunkt) von 20% der Gesamtbevölkerung (= wahrer Wert). Dabei gilt:

$$SE = \sqrt{\frac{P \times (100 - P)}{n}}$$

P = Prävalenz, n = Stichprobengröße,
SE = Standardfehler der Prävalenz

Bei einer Stichprobengröße von n = 1000 beträgt der Standardfehler

$$SE = \sqrt{\frac{20 \times (100 - 20)}{1000}} = 1,26$$

Die Prävalenz liegt bei 20 ± 2×1,26, d.h. zwischen 17,5 und 22,5%.

Bei einer Stichprobengröße von n = 150 beträgt der Standardfehler dagegen

$$SE = \sqrt{\frac{20 \times (100 - 20)}{150}} = 3,28$$

Die Prävalenz liegt bei 20 ± 2×3,28, d.h. zwischen 13,5 und 26,5%.

Mit der kleineren Stichprobe wird somit ein deutlich höherer Standardfehler in Kauf genommen. Dabei verkleinert sich der Fehler entsprechend der Wurzel der Stichprobengröße. Bereits diese wenigen Ausführungen machen deutlich, daß das Auswahlverfahren einen wesentlichen Schritt in jeder bevölkerungsbezogenen empirischen Forschungsarbeit darstellt, insbesondere, wenn Repräsentationsschlüsse aus Sampleergebnissen gezogen werden. Die Zusammenarbeit von Medizinern mit Statistikern, Epidemiologen und empirisch erfahrenen Medizinsoziologen bildet daher eine wichtige Voraussetzung für erfolgreiches wissenschaftliches Arbeiten auf diesem Gebiet.

4.4.2 Untersuchungspläne

Fragestellung und Hypothesen, angewandte Methoden und Auswahlverfahren definieren bereits weitgehend den Typus einer empirischen Studie und ihren konkreten Untersuchungsplan.

Auf allgemeinster Ebene kann man **deskriptive** (beschreibende), **analytische** (hypothesentestende) und **experimentelle** Studientypen und entsprechende Untersuchungspläne unterscheiden. Weiterhin lassen sich **Querschnittsstudien**, die eine Population zu einem bestimmten Zeitpunkt

untersuchen, von **Längsschnittsstudien** unterscheiden, welche eine Population über einen Zeitraum untersuchen. Die Differenzierung der Studientypen ist in demjenigen thematischen Bereich der Medizinischen Soziologie von besonderer Bedeutung, der sich epidemiologischer Techniken bedient: der **Sozialepidemiologie.**

Es handelt sich dabei um Studien, welche soziale Einflüsse auf Entstehung und Verlauf von Krankheiten, aber auch auf Behandlungsmodalitäten, untersuchen. Ihr wichtigster Zweig ist die **analytische Epidemiologie.**

Da es vorzügliche Einführungen in die Methoden der analytischen Epidemiologie gibt und da eine solche Einführung die Ziele dieses Lehrbuches überschreiten würde, sei hier zum einen auf wichtige Standardliteratur verwiesen, zum anderen sollen lediglich einige zentrale Begriffe beispielhaft erläutert werden. Die besten Lehrbücher der Epidemiologie sind englischsprachig (Hennekens und Buring 1987, Feinstein 1985, McMahon und Pugh 1970). In deutscher Sprache liegen neben dem Standardwerk von Manfred Pflanz (1973) zwei lesenswerte kurze Einführungstexte vor (Ackermann-Liebrich et al. 1986 und Frentzel-Beyme 1985).

Analytische Epidemiologie: Ihr wichtigstes Ziel ist die Erkenntnis ursächlicher Einflußfaktoren auf Krankheitsentstehung und -verlauf. Analytische Sozialepidemiologie untersucht in diesem Zusammenhang die Rolle sozialer Belastungs- und Schutzfaktoren.

Will man den Zusammenhang zwischen einer bestimmten Gefährdung und einer vermuteten Krankheit feststellen, so muß man ein Untersuchungskollektiv auswählen, das dieser Gefährdung ausgesetzt ist **(exponierte Bevölkerung).**

In Längsschnitts- oder Kohortenstudien wird sodann geprüft, ob das relative Risiko einer vermehrten Neuerkrankung in der exponierten Gruppe im Beobachtungszeitraum tatsächlich höher ist als das in einer nicht-exponierten Gruppe. Mit dem Terminus **Inzidenz** wird die Zahl der Neuerkrankungen an einer Krankheit definiert, bezogen auf die gesamte Bevölkerung, in der diese Erkrankungen auftraten.

Relatives Risiko *(risk ratio)* =

$$\frac{\text{Inzidenz bei exponierter Bevölkerung}}{\text{Inzidenz bei nicht-exponierter Bevölkerung}}$$

Das relative Risiko wird in absoluten Zahlen ausgedrückt. Der Wert 1 besagt, daß es bei exponierter und nicht-exponierter Bevölkerung genau gleich groß ist.

Im folgenden wird an einem Beispiel der Aussagewert des relativen Risikos verdeutlicht (Tab. 4-3).

Im Gegensatz zu der absoluten Differenz von Prozentzahlen (17%) vermittelt die Risikorate einen Eindruck von der Stärke des Zusammenhangs zwischen Rauchen und Erkrankungsgefahr:

$$\text{Inzidenz der Raucher} = \frac{100}{4900}$$

$$\text{Inzidenz der Nichtraucher} = \frac{50}{4950}$$

$$\begin{array}{l}\text{Relativ.}\\\text{Risiko}\end{array} = \frac{100}{4900} : \frac{50}{4950} = \frac{4950 \times 100}{4900 \times 50} = 2{,}02$$

Das **Überschußrisiko** (Exzeß-Risiko) definiert denjenigen Anteil, der zusätzlich zur normalen Krankheitshäufigkeit (= 1,0) aufgrund eines Risikofaktors auftritt. Vom relativen Risikowert wird der Wert von 1,0 abgezogen: Das **attributale Risiko** bestimmt sich aus dem Quotienten Überschußrisiko (bei Exponierten) zu normalem Risiko (unter Nichtexponierten), in Prozent ausgedrückt. Am oben genannten Beispiel bedeutet dies:

$$\begin{array}{l}\text{Attributales}\\\text{Risiko \%}\end{array} = \frac{2{,}02 - 1}{2{,}02} \times 100 = 50{,}5\%.$$

Das heißt, 50,5% der registrierten Erkrankungen könnten verhütet werden, wenn der – als ursächlich wirkend unterstellte – Risikofaktor Rauchen wegfiele. Das attributale Risiko vermittelt also einen quantifizierbaren Eindruck von dem Ausmaß, das eine erfolgreiche präventive Maßnahme haben könnte.

Neben prospektiven Studien, welche das relative und attributale Risiko einer Krankheitsinzidenz in exponierten versus nicht-exponierten Bevölkerungsgruppen untersuchen, sind für manche Fragestellungen der analytischen Epidemiologie auch **Fallkontrollstudien** (Querschnittsstudien) von Bedeutung. In der Regel handelt es sich dabei um die Auswahl einer Gruppe von bereits Erkrankten, der eine zweite Gruppe ohne Erkrankung so gegenübergestellt wird, daß sich die beiden Gruppen nach wichtigen Gesichtspunkten

Tabelle 4-3 Berechnung des relativen Risikos an einem Beispiel (nach Frentzel-Beyme 1985, S. 40).

	Kranke	Restbevölkerung	gesamt	% Kranke in Gesamtbevölkerung
Raucher	100	4900	5000	2
Nichtraucher	50	4950	5000	1
	150	9850	10000	
Anteil Raucher	67%	50%		

(Alter, Geschlecht, Beruf etc.) möglichst gut entsprechen (sog. *matched pairs*). Finden sich Unterschiede zwischen den beiden Gruppen bezüglich von Merkmalen (Risiken), die zeitlich vor dem Krankheitsausbruch liegen, so wird dies als Hinweis auf einen möglicherweise ursächlichen Zusammenhang interpretiert. Retrospektive Fallkontrollstudien gehen forschungsorganisatorisch in der Regel prospektiven Studien voraus, da sie schneller und kostengünstiger durchzuführen sind. Die Beweiskraft ihrer Ergebnisse ist jedoch gegenüber Prospektivstudien eingeschränkt, da das Risiko ex post festgestellt worden ist und dann typischen Verzerrungen unterworfen sein kann. Beispiele retrospektiver Fallkontrollstudien sowie prospektiver Studien werden vorwiegend in Kapitel 5 vorgestellt. In epidemiologischen Studien werden häufig Filter-*(Screening-)*Tests durchgeführt, anhand deren Erkrankungsrisiken abgeschätzt werden sollen (Blutdruckmessung, Cholesterinbestimmung, HIV-Test, psychologische Tests etc.). Außer einer hohen Objektivität und Reliabilität müssen diese Tests eine hohe Validität aufweisen. Zu ihrer genaueren Bestimmung sind hier noch die folgenden wichtigen Begriffe einzuführen, die anhand der in Tabelle 4-4 abgebildeten Vier-Felder-Tafel erläutert werden können.

Sensitivität: Anteil (in %) von Personen mit einer Erkrankung, die durch das Testergebnis korrekt (positiv) klassifiziert wurden.

$$\text{Sensitivität} = \frac{a}{a+c} \times 100$$

Spezifität: Anteil (in %) von Personen ohne eine Erkrankung, die durch das Testergebnis korrekt (negativ) klassifiziert wurden.

$$\text{Spezifität} = \frac{d}{b+d} \times 100$$

Falsch-Positive: Anteil (in %) von Personen, die durch das Testergebnis als krank definiert werden, obwohl eine Erkrankung nicht vorliegt.

$$\text{Falsch-Positive} = \frac{b}{b+d} \times 100$$

Falsch-Negative: Anteil (in %) von Personen, die durch das Testergebnis als gesund definiert werden, obwohl eine Erkrankung vorliegt.

$$\text{Falsch-Negative} = \frac{c}{a+c} \times 100$$

Positive Korrektheit: Anteil (in %) von Personen, deren positives Testergebnis korrekt war, an allen Personen mit positivem Testergebnis.

$$\text{Positive Korrektheit} = \frac{a}{a+b} \times 100$$

Negative Korrektheit: Anteil (in %) von Personen, deren negatives Testergebnis korrekt war, an allen Personen mit negativem Testergebnis.

$$\text{Negative Korrektheit} = \frac{d}{c+d} \times 100$$

Bei der Beurteilung von Validität von *Screening-Tests* sind somit Sensitivität und positive Korrektheit maßgebende Kriterien.

Tabelle 4-4   Komponenten der Validitätsbeurteilung von Filter-Tests.

		Endgültige Diagnose		
		positiv	negativ	total
Filter-Testergebnis	positiv	a	b	a + b
	negativ	c	d	c + d
	total	a + c	b + d	a + b + c + d

4.4.3 Auswertungsverfahren

In dem mehrstufigen Forschungsprozeß kommt der Phase der Datenauswertung nach den bisher erwähnten Schritten sowie nach der zentralen Phase der Datenerhebung und ihrer Aufbereitung eine besondere Bedeutung zu. Für die quantitativ arbeitenden Sozialwissenschaften bedeuten die Schritte der Datenaufbereitung und -auswertung meistens die Zuhilfenahme von EDV und mathematischer Statistik. Wiederum kann es nicht Aufgabe des vorliegenden Lehrbuches sein, in diese umfangreiche Materie einzuführen. Der Leser soll hier lediglich eine Idee des Spektrums von heute üblichen statistischen Auswertungsverfahren erhalten.

Den ersten Schritt bei der quantitativen Auswertung von Daten leistet die **deskriptive Statistik.** Sie zeigt die Verteilung der untersuchten Variablen im Kollektiv und prüft neben der Dispersion die zentrale Tendenz (Mittelwerte, Median). Alle folgenden, anspruchsvolleren Schritte unternimmt die **analytische Statistik.** Hierbei geht es um das Finden, Überprüfen, Absichern von Zusammenhängen zwischen zwei oder mehreren Variablen. Man kann grob Auswertungsstrategien, welche Zusammenhänge zuallererst im Datenmaterial suchen **(explorative Verfahren),** von Strategien unterscheiden, die bereits vorgängig vermutete Zusammenhänge überprüfen und gegen Fehlschlüsse abzusichern versuchen **(hypothesentestende Verfahren).**

Auswertungsverfahren orientieren sich zum einen an der Qualität der Daten (Meßniveau, manifeste und latente Variablen), zum anderen an der Komplexität der postulierten Zusammenhänge.

Der einfachste Zusammenhang ist von der Form: zwischen X und Y besteht ein nichtzufälliger Zusammenhang. Ohne die Richtung des Einflusses spezifizieren zu können, erlauben verschiedene Auswertungsverfahren (Kontingenztafeln bei Nominaldaten, Berechnung von Korrelationen bei Daten mit höherem Meßniveau) eine Überprüfung der **Wahrscheinlichkeit** sowie der **Stärke** des vermuteten Zusammenhanges. Diese einfachste Form des Zusammenhangs muß gegen naheliegende **Störgrößen** abgesichert werden, da es sich ja um eine **Scheinkorrelation** handeln könnte.

Beispiel: Eine Studie findet, daß Frauen weniger Autounfälle als Männer verursachen. Führt man jedoch die Anzahl gefahrener Kilometer in die Analyse ein, so verschwindet der gefundene Zusammenhang, da Männer im Durchschnitt mehr Kilometer fahren. Das heißt: bei Kontrolle der Menge gefahrener Kilometer verunfallen Frauen ähnlich häufig wie Männer. Statistisch wird dieses Vorgehen durch Anwendung der sogenannten Partialkorrelation ermöglicht, d. h. es wird die Korrelation von jeweils zwei Variablen unter Konstanthalten der dritten berechnet.

Häufig verweisen Drittvariablen auf einen komplexeren Zusammenhang. In den seltensten Fällen sind nämlich soziologische und/oder psychologische und/oder biologische Merkmalskonfigurationen in der einfachen und eindeutigen Form eines bivarianten Zusammenhanges interpretierbar. Die analytische Statistik der Sozialwissenschaften ist daher in erster Linie eine **Statistik multivariater Verfahren,** deren Aufgabe es ist

- die komplexen Merkmalskonfigurationen zu ordnen (wichtige Verfahren hierzu bilden die Clusteranalyse und die Faktorenanalyse; Schlosser 1986),
- den relativen Beitrag einer Variable im Vergleich zu anderen, ebenfalls wirksamen Variablen bei der Erklärung eines Phänomens abzuschätzen (z.B. Regressionsanalyse; Küchler 1979) und
- darüber hinausgehend die gesamte Beziehungsstruktur eines Variablengefüges zu spezifizieren (z.B. lineares Strukturmodell; Jöreskog und Sörbom 1979).

Aufgabe der multivariaten Statistik ist es beispielsweise nachzuweisen, wie gut Prä-

diktorvariablen, welche die Risikofaktoren Bluthochdruck, Rauchen, erhöhte
Blutfettwerte, sozioemotionalen Distress
messen, je für sich genommen die beobachtete Inzidenz koronarer Herzerkran-
kungen (Kriteriumsvariable) in einer prospektiven Bevölkerungsstudie vorhersagen.
Verfahren der schrittweisen Regressionsanalyse quantifizieren dabei das relative
Risiko jeder einzelnen Prädiktorvariable
nach Kontrolle des Einflusses der übrigen
Variablen. Multivariate Verfahren prüfen
jedoch nicht nur die **Haupteffekte** von
Prädiktorvariablen, sondern auch deren
Interaktionseffekte. In der Medizin ist
eine solche Prüfung häufig sehr wichtig.
Dabei zeigt sich, daß das Vorliegen von
zwei (oder mehr) Risikofaktoren in einer
Person das Erkrankungsrisiko nicht nur
additiv, sondern um ein Mehrfaches, **mul-
tiplikativ** erhöht.

Dieser Gedanke soll an einem berühmten und gesundheitspolitisch sehr wichtigen Beispiel erläutert werden: am Beispiel
des Herzinfarktrisikos aufgrund der ein-
zeln oder in Kombination vorhandenen
Risikofaktoren „erhöhte Blutfettwerte",
„Bluthochdruck" und „Zigarettenrauchen". Die in Abbildung 4-4 wiedergege-
benen relativen Risiken sind in der bekannten prospektiven Bevölkerungsstudie
in Framingham ermittelt worden (Mancia
1988). Hierbei zeigt sich, daß zwar ein
Raucher lediglich ein leicht erhöhtes
Infarktrisiko von 1,6 gegenüber einem
Nichtraucher besitzt, jedoch ein sechsfach
erhöhtes Risiko, wenn er gleichzeitig erhöhte Fettwerte aufweist. Liegen alle drei
Risiken in einer Person vor, so erhöht sich
das Infarktrisiko sogar auf das 16fache!

Die Art der Beziehungen zwischen
Prädiktorvariablen, die anhand multivariater Verfahren spezifizierbar sind, er-
schöpft sich aber nicht in dem Nachweis
additiver oder interaktiver Effekte (z. B.
anhand von Regressions- und Varianzana-
lysen; vgl. Moosburger 1978). Prädiktorvariablen können **hierarchisch** geordnet
sein und dabei sog. **bedingte Effekte** ausüben. Speziell die Verfahren der **Pfad-
analyse** sowie der **linearen Strukturgleichungsmodelle** (Duncan 1975, Pfeiffer
und Schmidt 1987) gestatten die statistische Analyse kausaler direkter und indirekter Wirkungen (Pfade) auf ein Kriterium. Für die Medizinsoziologie sind
hierarchische Modelle mit bedingten Effekten von besonderer Bedeutung, weil ihr
Erkenntnisziel oft darin besteht, nachzuweisen, daß eine individuelle Befindlich-
keits- oder Einstellungsvariable (z. B. depressive Stimmung, Ärger, Kontrollbestre-
bung) nur dann einen bedeutsamen Effekt
auf eine physiologische Variable (z. B.
Höhe des Blutdrucks) ausübt, wenn ein
belastender sozialer Kontext gegeben ist.
Zwar können solche bedingten Wirkungen näherungsweise auch über Interaktionseffekte (soziologische Variable × psychologische Variable = Erklärung des Kriteriums) in Regressions- und Varianzana-
lysen, bzw. bei Nominaldatenniveau in
log-linearen Modellen, abgeschätzt werden. Von besonderem Interesse ist in diesem Zusammenhang jedoch das lineare

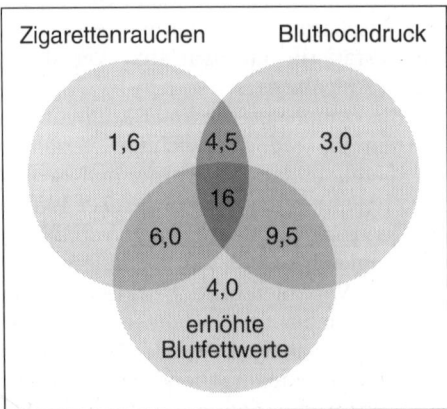

Abbildung 4-4   Ermittlung des Herzinfarkt-
risikos auf der Basis von einzelnen oder in
Kombination vorhandenen Risikofaktoren
(Prüfung von Interaktionseffekten); Daten der
Framingham-Studie (nach Mancia 1988).

Strukturgleichungsmodell als Kombination von Pfad- und Faktorenanalyse (Jöreskog und Sörbom 1979).

In Abbildung 4-5 sind die Aussagemöglichkeiten dieses Verfahrens an einem Beispiel verdeutlicht. Lineare Strukturgleichungsmodelle gestatten die Abschätzung der Güte einer Anpassung vorgefundener empirischer Daten an ein theoretisch postuliertes Modell. Im folgenden geht es um die Überprüfung von direkten und indirekten Effekten beruflicher Kontrollbestrebungen (d. h. eines als kreislaufgefährdend betrachteten Einstellungsmusters, das sich durch übersteigerte berufliche Verausgabungsbereitschaft auszeichnet) sowie sozialen Rückhalts auf die Höhe des systolischen Blutdrucks in zwei Kollektiven von Industriearbeitern: einem durch ökonomischen Zwang zu Akkordarbeit besonders belasteten Kollektiv und

einer weniger belasteten Gruppe, die keine Akkordarbeit leistet. Die Hypothese besagt, daß bedeutsame Effekte des individuellen Motivationsmusters „berufliche Kontrollbestrebungen" auf die Höhe des Blutdrucks lediglich in der Gruppe mit belastendem Arbeitskontext vorzufinden sind. Ferner wird ein schützender Effekt von gutem sozialem Rückhalt angenommen, der jedoch die Gefährdung im belasteten Kollektiv nicht substantiell zu verringern vermag. Die Daten entstammen einer prospektiven Studie zum kardiovaskulären Risiko an mehreren hundert Industriearbeitern dreier Zweigwerke eines großen westdeutschen metallverarbeitenden Unternehmens. In Abbildung 4-5 ist das den Auswertungen zugrundeliegende Modell dargestellt. Die hier nicht im einzelnen zu diskutierenden Ergebnisse zeigen, daß direkte und indirekte signifikante

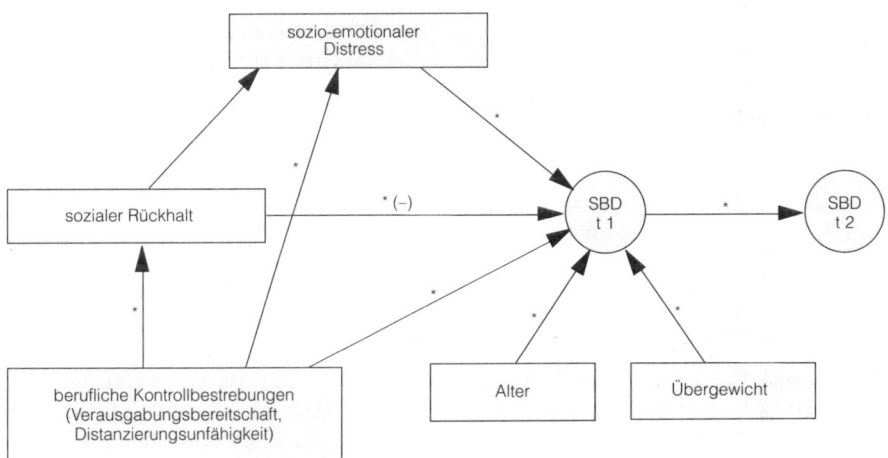

SBD = systolischer Blutdruck   t1, t2 = 1. Meßzeitpunkt; 2. Meßzeitpunkt (1-Jahr-Intervall)

Abbildung 4-5   Beispiel eines linearen Strukturgleichungsmodells zur Erklärung des hohen Blutdrucks bei Industriearbeitern, die unter Akkord arbeiten (Erläuterungen siehe Text). Die Abbildung zeigt lediglich die theoretisch bedeutsamen Pfade, wobei Sternchen bedeuten, daß in der durch Akkord belasteten Gruppe der empirisch gefundene Zusammenhang tatsächlich statistisch signifikant war. Das gesamte Modell erklärt in der durch Akkord belasteten Gruppe (N = 75) 71% der Varianz der Blutdruckwerte, in der weniger belasteten Gruppe 59% (nach Siegrist und Matschinger 1989).

Effekte von beruflichen Kontrollbestrebungen auf die Höhe des systolischen Blutdrucks tatsächlich nur in der belasteten Gruppe der Akkordarbeiter zu verzeichnen sind, ebenso der postulierte negative Effekt von sozialem Rückhalt auf den Blutdruck. Von besonderem Interesse ist darüber hinaus die Beobachtung, daß das Modell für die durch Akkord belastete Arbeitergruppe deutlich mehr Varianz der beobachteten Blutdruckwerte zu erklären vermag als in der belastungsärmeren Gruppe.

Wie bereits betont, können diese wenigen Ausführungen hier bestenfalls ein Interesse an und Verständnis für den Stellenwert multivariater statistischer Auswertungsverfahren in der quantitativ arbeitenden Medizinsoziologie wecken. Sie zeigen einmal mehr, daß eine den Ansprüchen wissenschaftlichen Erkenntnisgewinns genügende Forschungsarbeit in den bevölkerungsbezogenen Themengebieten der Medizin bzw. der Gesundheitsforschung nur interdisziplinär geleistet werden kann.

4.5 Zum Verhältnis von Theorie und Praxis in der Forschung

In Kapitel 3 wurde bereits darauf hingewiesen, daß der sozialwissenschaftliche Forscher sich in zweierlei Hinsicht in einer besonderen Stellung gegenüber seinem Untersuchungs-„Gegenstand" befindet: Zum einen ist er Teil derjenigen Wirklichkeit, deren Aspekte er durch Untersuchungen zu objektivieren versucht, d.h. der menschlichen Gesellschaft. Der Forschungsprozeß ist damit stets durch eine besondere Subjekt-Subjekt-Beziehung gekennzeichnet, die sich von dem Ideal zumindest der klassischen naturwissenschaftlichen Forschung unterscheidet. Auf die Fehlerquellen, auf die beabsichtigten und unbeabsichtigten Konsequenzen, aber auch auf die Lernchancen dieses besonderen Verhältnisses wurde hingewiesen. Zum anderen wirken Forschungsergebnisse über gesellschaftliche Wirklichkeit auf diese zurück, und zwar nicht immer in einer vom Forscher intendierten Weise. Dadurch stellt sich das Problem einer Ethik soziologischer Forschung, einer Verantwortung des Forschers seinem Untersuchungsfeld gegenüber. Nicht zu Unrecht ist wiederholt darauf hingewiesen worden, daß eine bessere Kenntnis gesellschaftlicher Phänomene einer Ausdehnung von Herrschaftsverhältnissen und Kontrollmöglichkeiten („der gläserne Mensch") Vorschub leisten kann. Damit werden die vermutlich bei der Mehrheit der Soziologen vorherrschenden Motive der Aufklärung und Demokratisierung als Triebkraft von Forschungsbemühungen in ihr Gegenteil verkehrt. Nur durch ein klares Engagement des Forschers, das sich auch auf die Verwertung und Umsetzung erzielter wissenschaftlicher Ergebnisse erstreckt, kann solchen Gefahren begegnet werden. Die Umsetzung wissenschaftlicher Erkenntnisse in Praxis kann dabei selbst zu einem Forschungsvorhaben werden. In zwei Formen haben sich solche Forschungsvorhaben konkretisiert: als Aktionsforschung und als Interventionsforschung.

• **Aktionsforschung:**
  Ihre Hauptaufgabe besteht darin, den Erkenntnisprozeß des Forschers durch aktive Interaktion mit den zu beforschenden Personen voranzubringen (Verzicht auf das Definitionsmonopol des sozialwisschenschaftlichen Experten) und aus diesem Dialog bzw. den Ergebnissen gemeinsamer Lernprozesse auf die soziale Praxis unmittelbar verändernd zurückzuwirken. Die traditionelle Arbeitsteilung von Wissensproduktion und Realitätsveränderung wird ebenso aufgehoben wie die festgefügten Arbeitsschritte wissenschaftlichen Verfahrens (Hypothesenbildung, Operationalisierung, Datenerhebung,

Auswertung). Aktionsforschung fordert einen zyklischen Prozeß, in welchem jederzeit bestimmte Ergebnisse zu einer Veränderung der Hypothesen, zu neuen Handlungsempfehlungen etc. führen können. Aktionsforschung ist aus dem Bemühen um unmittelbar emanzipatorisches Problemlösen entstanden und kann bei der Analyse sozialer Konflikte (z. B. Bürgerinitiativen), bei der Einführung neuer Arbeitsstrukturen in Betrieben, aber auch bei psychoanalytisch orientierten Gesprächen über gesundheitsschädigendes Handeln oder unangemessene Verarbeitung der eigenen Erkrankung (vgl. hierzu Horn et al. 1983) von Bedeutung sein. Kritisch wird gegenüber der Aktionsforschung (als Einführung vgl. Moser 1977) die mangelnde methodisch-forschungspraktische Standardisierung beurteilt.

- **Interventionsforschung:**
  Medizinsoziologisch wichtige Interventionsforschung existiert in erster Linie im Bereich der Epidemiologie. Es ist das Ziel bevölkerungsbezogener Interventionsstudien, Strategien zur Entdeckung und Behandlung von Risikofaktoren in der Bevölkerung bzw. in exponierten Kollektiven zu testen. Diese Strategien können sich auf primäre, sekundäre oder tertiäre Prävention beziehen. Bevölkerungsbezogene Intervention versucht, weniger genau als die randomisierte klinische Studie, aber mit größerer gesundheitspolitischer Relevanz, die Entstehung von Risikofaktoren zu verhindern, bestehende Risikofaktoren zu entdecken und zu behandeln sowie – im Falle tertiärer Prävention – Erkrankungsrezidive zu verhindern. Bevölkerungsbezogene Interventionen eignen sich besonders dort, wo Lebensgewohnheiten geändert werden sollen, z.B. auf Gemeindebasis, in Betrieben, Schulen etc. Der

wissenschaftliche Nachweis eines Interventionserfolges ist nur möglich, wenn zwei möglichst repräsentative und gut vergleichbare Gebiete zu Beginn und am Ende einer Studie epidemiologisch untersucht werden, wobei die Interventionsmaßnahmen im engeren Sinne auf das eine Gebiet beschränkt bleiben. Ermutigende Ergebnisse von Interventionsstudien im Bereich primärer Risiken der koronaren Herzkrankheiten liegen heute aus den USA, Australien, sowie verschiedenen europäischen Ländern vor.

Aus der Notwendigkeit, Ergebnisse von Interventionen wissenschaftlich zu dokumentieren, haben sich zwei weitere Forschungsrichtungen entwickelt: die Evaluations- und die Implementationsforschung.

- **Evaluationsforschung:**
  Interventionen, welche die Verhütung von Erkrankungsrisiken, die Verlängerung der Lebenserwartung und/oder die Steigerung der Lebensqualität bei chronischer Krankheit, die Verbesserung von diagnostischen und therapeutischen Maßnahmen zum Ziele haben, bedürfen der systematischen Erfolgskontrolle. Das Instrumentarium hierzu liefert die Evaluationsforschung. Sie definiert Zielparameter, erfaßt mit gleichbleibendem Instrumentarium Ausgangs- und Endbedingungen in einem von Interventionsmaßnahmen betroffenen Kollektiv sowie nach Möglichkeit in einer entsprechenden Kontrollgruppe (sog. Ergebnisevaluation; *outcome evaluation*). Mit besonderer Intensität kontrolliert die Evaluationsforschung die Zurechenbarkeit der am Ende vorgefundenen Ergebnisse zu den tatsächlich geleisteten Interventionsmaßnahmen. Hierzu bedarf es der fortlaufenden Beobachtung des Interventionsprozesses selbst (sog. Prozeßevaluation). Die medizinsoziologische

Evaluationsforschung steht im deutschsprachigen Raum noch im Anfangsstadium, dürfte sich jedoch in den nächsten Jahren zu einem unverzichtbaren Instrumentarium im Gesundheitswesen entwickeln (als Einführung vgl. Lange 1983, Wittmann 1985, Rossi und Freeman 1986).

• **Implementationsforschung:**
Interventionen werden von gesundheitspolitisch verantwortlichen Stellen häufig in Form sog. Modellprojekte veranlaßt. Erweisen sie sich als erfolgreich, so stellt sich das Problem ihrer Ausbreitung bzw. Übertragbarkeit in die Regelversorgung. Da hierbei häufig politisch-administrative, finanzielle, juristische und berufspolitische Belange berührt werden, ist es notwendig, diesen Prozeß in einem erweiterten Bezugssystem zu analysieren. Ein solches erweitertes Bezugssystem liefert die Implementationsforschung, die ihre Kategorien und Theorien aus der politischen Soziologie und Verwaltungswissenschaft bezieht (vgl. Mayntz 1983).

Die bisher besprochenen Formen der Aktions-, Interventions-, Evaluations- und Implementationsforschung haben deutlich gemacht, daß es Mittel und Wege gibt, wissenschaftliche Erkenntnisse der Grundlagenforschung in praxisorientierte angewandte Forschung umzusetzen. Eine solche Umsetzung bringt nicht nur konkrete Hilfestellungen und Nutzen für die intervenierten Bevölkerungsgruppen, von ihr fließen vielmehr auch wichtige Einsichten in die Grundlagenforschung zurück. So besagt beispielsweise eines der bekannten Evans-Kriterien zum Nachweis einer kausalen Beziehung zwischen Risikofaktor und Krankheit in der Epidemiologie, daß die Verringerung eines Risikofaktors durch Intervention eine Verminderung der Inzidenz der entsprechenden

Krankheit nach sich ziehen muß. Nur durch prospektive Interventionsstudien ist ein solcher Nachweis zu erbringen. Schließlich helfen die genannten Forschungsaktivitäten dem sozialwissenschaftlichen Forscher, der seine Rolle ernst nimmt, das Dilemma zwischen Theorie und Praxis in seiner eigenen Person, wenn nicht zu lösen, so doch zumindest erträglicher zu gestalten.

4.6 Zusammenfassung

Nachdem die deskriptiven und theoretischen Basiskenntnisse der Soziologie unter besonderem Bezug zu Gesundheit und Krankheit in den beiden vorangegangenen Kapiteln entwickelt worden sind, ist der Leser in diesem Kapitel mit ihren methodischen Grundlagen vertraut gemacht worden. Er hat erfahren, daß zwei unterschiedliche Arbeitsrichtungen bestehen, die sich mit den Begriffen „verstehen" und „erklären" umschreiben lassen (4.1). Ein längerer Abschnitt (4.2) galt sodann dem Problem des Messens in den auf Erklärung abzielenden Sozialwissenschaften, wobei die Frage der Umwandlung empirisch-kategorialer in numerische Relationen im Zentrum stand. Grundlagen der klassischen Testtheorie wurden, gemeinsam mit einem Überblick über Fehlerquellen des Forschungsprozesses, kurz aufgezeigt.

Im Zentrum des Kapitels stand der Abschnitt über Methoden der Datengewinnung, und hier insbesondere die Befragung (4.3). Sie bildet das wichtigste Instrumentarium der empirischen Sozialforschung. Ihre Vor- und Nachteile im Vergleich zu anderen Methoden wurden skizziert, und die Bedeutung sprachlich vermittelter Information für die Fragestellungen der theoretischen Medizinsoziologie wurde herausgearbeitet. Den Schluß des Abschnitts bildete eine zusammenfassende Kennzeichnung der idealen Befragungssituation, die leider bisher in der Forschungspraxis selten erfüllt ist.

Die Datengewinnung ist eine zentrale, jedoch von anderen Arbeitsschritten umrahmte Phase eines Forschungsprozesses. In Abschnitt 4.4 wurden die wichtigen Themen der Auswahlverfahren von Probanden, der Wahl eines Untersuchungsplanes und schließlich der statistischen Auswertungsverfahren exemplarisch erläutert. Es wurde gezeigt, daß in der Regel multivariate Verfahren der analytischen Statistik eingesetzt werden müssen, um theoriegeleitete medizinsoziologische Fragestellungen mit den erhobenen Daten angemessen zu beantworten.

Sozialwissenschaftliche Forschung steht in besonderer Weise im Spannungsfeld zwischen Theorie und Praxis. Abschnitt 4.5 hat die wichtigsten Formen einer Verbindung von Grundlagen- und angewandter Forschung (Aktions-, Interventions-, Evaluations- und Implementationsforschung) erläutert und damit auf praxisnahe Lösungsmöglichkeiten des Problems der Verantwortung des sozialwissenschaftlichen Forschers aufmerksam gemacht. Die inhaltlichen und methodischen Grundlagenkenntnisse sollen die Leser befähigen, sich spezielle Fragestellungen und Erkenntnisse der Medizinischen Soziologie, die im zweiten Teil des Lehrbuches behandelt werden, mit Gewinn anzueignen.

5

Soziale Einflüsse auf Gesundheit und Krankheit

In diesem Kapitel werden zwei Arten sozialer Einflüsse auf die Erhaltung von Gesundheit bzw. die Entstehung von Krankheiten in Form einer Darstellung theoretischer Modelle, ausgewählter empirischer Forschungsergebnisse und praktischer Folgerungen analysiert. Erstens diskutieren wir Formen sozialen Handelns, die Gesundheit schädigen oder stärken und damit längerfristig bestimmte Krankheiten fördern oder verhindern. Zu den gesundheitsschädigenden Handlungen zählen Zigarettenrauchen, Alkoholkonsum, Drogen, Fehlernährung, fehlende körperliche Bewegung, leichtsinniges Verhalten (z.B. im Verkehr), unzureichende Entspannung und Regeneration. Bereits an dieser Stelle soll darauf hingewiesen werden, daß gesundheitsschädigendes Handeln eher eine Frage der Dosierung, der Quantität, als der Qualität ist. Daher kann man zu den gesundheitsfördernden Maßnahmen unter anderem auch die Fähigkeit des dosierten und kontrollierten Umgangs mit diesen Risiken und nicht nur die vollständige Abwesenheit dieser Risiken zählen, darüber hinaus aber alle Maßnahmen, die eine Stärkung des Wohlbefindens und der körperlichen Abwehrkräfte zur Folge haben.

Zweitens werden gesellschaftliche Einflüsse untersucht, die über die in Kapitel 3 genannten Bedingungen von sozioemotionalem Rückhalt bzw. Distress das Zentralnervensystem abschirmen bzw. besonders nachhaltig aktivieren, wodurch funktionale Beeinträchtigungen und längerfristig pathophysiologische, zu manifester Krankheit führende Veränderungen bewirkt werden (Streßforschung).

Die Konzentration der Analyse auf diese beiden Themen mag manchem Leser sehr eng erscheinen, denn auch von Menschen verursachte Katastrophen und Unfälle, Kriege, schließlich die wachsenden ökologischen Belastungen infolge rücksichtsloser industrieller Wachstums- und Konsumprozesse haben eine gesellschaftliche Dimension, welche menschliche Gesundheit und Krankheit beeinflußt. Diese zuletzt genannten Themen sind zu ernst, um in Nebensätzen Erwähnung zu finden. Sie erfordern eigene systematische Darstellungen, die jedoch den konzeptionellen Rahmen der Medizinischen Soziologie sprengen.

5.1 Soziales Handeln, Selbstregulation und Gesundheitsschädigung

In diesem Abschnitt werden folgende Fragen beantwortet werden:

- Welche soziologischen und sozialpsychologischen Konzepte sind in der Lage, die Wahrscheinlichkeit für den Beginn, für das Aufrechterhalten und schließlich das Aufgeben gesundheitsschädigender Verhaltensweisen zu bestimmen?
- Durch welche – exemplarischen – Untersuchungsergebnisse werden diese Konzepte gestützt?
- Welche praktischen Konsequenzen ergeben sich aus diesen Erkenntnissen,

speziell für das präventive Handeln des Arztes?

Es wird sich dabei als notwendig erweisen, die beiden Phasen des Beginns und der Stabilisierung bzw. Modifikation gesundheitsschädigenden Verhaltens getrennt zu untersuchen, da unterschiedliche Lebensabschnitte betroffen sind (Adoleszenz versus mittleres Erwachsenenalter) und da dementsprechend unterschiedliche Erklärungsmodelle zur Anwendung gelangen.

Vorab einige begriffliche Klärungen:

- Früher wurde Gesundheitsverhalten als jegliche Aktivität definiert, „die von Personen mit dem Ziel unternommen wird, Krankheit zu verhüten oder rechtzeitig zu entdecken" (Kasl und Cobb 1966). Diese Definition erwies sich aber bald als zu eng, da viele Aktivitäten, welche Gesundheit fördern oder schädigen, von Individuen nicht explizit aus diesem Grund begonnen werden. Dem Gesundheitsverhalten entspricht kein generalisiertes „alltagsweltliches Verhalten im Sinne einer Verhaltensdisposition, einer Einstellung, einer Gewohnheit oder eines Verhaltensmusters" (v. Ferber 1979). Man kann also nicht unterstellen, daß Menschen mit ihm gezielte, intendierte Handlungen durchführen. Vielmehr ist Gesundheitsverhalten eingebettet in eine umgreifende Lebensweise *(lifestyle)*, die durch Gewohnheitsbildung infolge Sozialisation, durch Arbeits- und Wohnbedingungen, Muster sozialer Beziehungen, Zeitbudget und lokale Angebotsstruktur (Verfügbarkeit von Schwimmbädern, Trimm-dich-Pfaden u.a.m.) mitgeformt wird. Angesichts dieser Heterogenität ist es daher sinnvoller, von **gesundheitsrelevantem** Verhalten als von Gesundheitsverhalten im engeren Sinne zu sprechen.
- Die soeben erwähnte Tatsache einer nur lockeren Verbindung von bewußtem Motiv und Handlung ist auch dafür verantwortlich, daß sich der ältere Begriff des Verhaltens anstelle des in den modernen Sozialwissenschaften zentral verwendeten Begriffs des Handelns hier besonders hartnäckig gehalten hat. Wir werden sehen, daß gesundheitsschädigendes Verhalten latente, den Betroffenen häufig nicht voll bewußte Funktionen erfüllt. Handeln im Sinne einer bewußten Abstimmung von Zweck und Mitteln kann hier in der Regel nicht unterstellt werden.

- In der bisherigen Forschung lag der Akzent auf dem Studium gesundheitsschädigender Verhaltensweisen wie Zigarettenrauchen, Alkohol- und Drogenkonsum, Fehlernährung, Aggressivität und Risikoverhalten. Gesundheitsförderndes Verhalten wurde lediglich als Vermeiden dieser Risiken definiert. Erst in jüngster Zeit sind erste Ansätze einer positiven Definition gesundheitsrelevanten Verhaltens, als Bestandteil eines übergreifenden Lebensstils, entwickelt worden. Sie orientieren sich an den Zielen der physischen Gesundheit, des psychischen und sozialen Wohlergehens sowie der persönlichen Entwicklung (vgl. Jessor 1984).

- Im Begriff des gesundheitsfördernden Verhaltens wird allerdings in der Regel auch etwas Spezifisches mitgedacht: Wissen über und Interesse an körperlichen Funktionsabläufen, Kenntnisse über deren Störungen, über ihr Vermeiden, ihre rechtzeitige Erkennung und die angemessene Reaktion darauf, d.h. präventive Orientierungen und Symptomaufmerksamkeit. Gesundheitsrelevantes Wissen ist sicherlich eine notwendige, aber leider keine hinreichende Bedingung für positives Gesundheitsverhalten (zur Abgrenzung der Begriffe Gesundheits- und Krankheitsverhalten vgl. Kap. 6).

5.1.1 Adoleszenz als kritische Phase beginnender Gesundheitsschädigung

Im Bann der Psychoanalyse hat die Forschung lange Zeit versäumt, die Eigenständigkeit und Bedeutung der Adoleszenz angemessen zu analysieren.

> **Adoleszenz:** Lebensphase zwischen zehntem und zwanzigstem Lebensjahr, deren Beginn und Dauer allerdings neben der biologischen stark von der sozialen Zeit mitgestaltet wird (z. B. Erwartung, die soziale Rolle des Erwachsenen zu übernehmen, am Beispiel der Volljährigkeit). In der Adoleszenz kumulieren biologische, psychische und soziale Entwicklungsprozesse in einer extrem verdichteten Weise, so vor allem:
> - ein beschleunigtes biologisches Wachstum
> - sexuelle Reifung (Pubertät)
> - Ausweitung kognitiver, emotional expressiver, moralischer und motivationaler Leistungen (vgl. 3.3)
> - Ausweitung des sozialen Beziehungsnetzes, mit besonderer Bedeutung von Beziehungen zum anderen Geschlecht
> - Krise und Neuentwicklung des Selbst-Konzeptes in Auseinandersetzung mit elterlicher Autorität, damit auch Distanzierungserfahrungen zur Herkunftsfamilie
> - soziale Status-Passage (Übergang vom Kind zum Erwachsenen) und Grundlegung beruflicher und persönlicher Entwicklungspläne (Leistungsmotivation, antizipatorische Sozialisation)
>
> Adoleszenz ist aufgrund der Dichte dieser Ereignisse, ihrer Überlagerung und Konflikthaftigkeit, schließlich infolge ihres Krisencharakters eine besonders **vulnerable** Lebensphase. Selbstkonzept, Selbstwertgefühl und Fähigkeit zur Selbstregulation sind von dieser Vulnerabilität besonders betroffen.

In diesem Abschnitt wird die These entwickelt und belegt, daß gesundheitsschädigendes Verhalten in der Adoleszenz latente Funktionen erfüllt: die Funktionen kompensierender Stützung eines vulnerablen sozialen Selbst, speziell in kritischen sozialen Interaktionen. Abbildung 5-1 skiz-

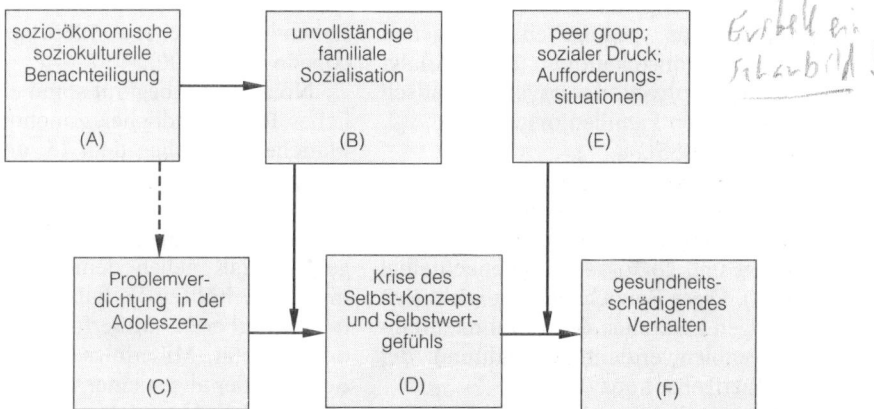

Abbildung 5-1 Schematische Darstellung der soziologisch und sozialpsychologisch faßbaren Einflußgrößen, die das Auftreten gesundheitsschädigenden Verhaltens in der Adoleszenz erklären.

ziert den in dieser These ausgesprochenen Zusammenhang unter Bezugnahme auf die in Kapitel 3 entwickelten theoretischen Aussageelemente.

Der in der Abbildung veranschaulichte Zusammenhang geht von der Annahme aus, daß aus der soeben dargestellten Ereignisdichte der Adoleszenz ein Problemdruck entsteht (C), der häufig zu Krisen des Selbstkonzepts und Selbstwertgefühls führen kann (D). Zur Bewältigung solcher Krisen stehen unterschiedliche Lösungsmöglichkeiten und Ressourcen zur Verfügung. Diese Ressourcen sind begrenzt, wenn der oder die Heranwachsende eine unvollständige familiäre Sozialisation erfahren hat (B). Dabei unterscheidet man

- strukturelle Unvollständigkeit: Ein zentrales Mitglied der Kernfamilie ist nicht vorhanden (vater- und/oder mutterlose Familie, *broken home*);
- funktionale Unvollständigkeit: Sozialisationsaufgaben werden von den Eltern fehlerhaft oder einseitig realisiert. Solche Einseitigkeiten und Fehler sind zum einen makrosoziologisch erklärbar, aus schichtspezifischen Erziehungsstilen bzw. sozioökonomischen oder soziokulturellen Benachteiligungen (vgl. 3.3), zum anderen sind sie erklärbar aus spezifischen pathogenen Familienkonstellationen (deren Analyse eine Aufgabe der psychosomatisch orientierten Familienforschung ist, vgl. Stierlin 1983).

Strukturelle und funktionale Unvollständigkeit familiärer Sozialisation sind häufiger zu erwarten, wenn Familien sozioökonomisch und soziokulturell benachteiligt sind (A). Diese Benachteiligung wirkt sich im übrigen zusätzlich direkt auf die erfahrene Problemverdichtung während der Adoleszenzphase aus (C).

Werden Krisen des Selbstkonzepts nicht gemeistert (D), so ist die Wahrscheinlichkeit groß, daß der gesundheitsschädigende Genußmittelgebrauch als Entla-stungsstrategie oder Kompensation des erfahrenen Defizits eingesetzt wird (F). Diese Chance ist unter der Bedingung erhöht, daß durch die *peer-group* (Gleichaltrigengruppe), an der man sich orientiert, ein sozialer Druck zu diesem Handeln entsteht, ebenso dadurch, daß Aufforderungssituationen (Werbung, verfügbare Angebote von Genußmitteln) im alltäglichen Erfahrungsspektrum vorhanden sind (E).

Im folgenden werden einige ausgewählte empirische Forschungsergebnisse vorgestellt, die das Modell bzw. Teile des Modells stützen.

Zigarettenrauchen

In bundesdeutschen Großstädten rauchen zur Zeit 16% der 13jährigen Jungen und Mädchen regelmäßig mindestens eine Zigarette pro Woche, bei den 15jährigen sind es schon 46%. Fast 90% der Raucher sind ein Jahr später, anläßlich einer Nachuntersuchung, bei ihrer Gewohnheit geblieben. Die Studie, der diese Angaben entstammen, zeigt ferner, daß bereits unter den 13jährigen das Bildungsniveau stärker als das Geschlecht zwischen Rauchern und Nichtrauchern zu unterscheiden vermag: Nur 5,6% der Gymnasiasten, jedoch 33,7% der Hauptschüler sind regelmäßige Raucher (Semmer et al. 1985, vgl. auch Escobedo et al. 1990).

Noch immer beginnt somit ein beachtlicher Teil Jugendlicher, zunehmend auch Mädchen, zwischen dem 13. und 18. Lebensjahr regelmäßig zu rauchen (Pierce et al. 1989). Warum?

In einer amerikanischen Studie wurde gezeigt, daß neben dem Gruppendruck und der erhöhten Verhaltensunsicherheit in der Pubertät, Mißerfolgserlebnisse in der Pubertät, Mißerfolgserlebnisse in der Schule, oder allgemeiner, als ungünstig erlebte soziale Vergleichsprozesse, ein wesentliches Motiv des Zigarettenrauchens darstellen (Srole und Fisher 1977). Andererseits enthielten sich diejenigen Jugendlichen am ehesten des Rauchens, welche ein hohes Maß an psychischer Energie und Effizienz aufwiesen, soziale Reife zeigten und bereits Pläne für ihr späteres Leben schmiedeten (Krohn et al. 1983). Diese Eigenschaften stützen nicht nur ein positives Selbstkonzept, sondern geben den Jugendlichen auch die Möglichkeit, sozialen Druck von seiten der *peer-group* und anderen werbenden Anbietern erfolgreich abzuwehren. Daß dabei gesundheitsrelevantes Wissen und daran orientierte Absichten eine gewisse, wenn auch nicht zu überschätzende Rolle spielen, soll nicht unerwähnt bleiben.

Noch fehlen zur Zeit Studien, die beleuchten, was nach ersten Rauchversuchen geschieht: Welche Rolle spielen Erfahrungen von Übelkeit und Schwindel? Wer ist geneigt, diese Erfahrungen herunterzuspielen und positive Erlebniskomponenten höher zu bewerten (Mut, Anerkennung, Anregung)?

Im einzelnen scheinen es drei latente Funktionen zu sein, die dem Zigarettenrauchen in der Adoleszenz zu einer besonderen Entfaltung verhelfen:

- Affektkontrolle (Hervorrufen von Stimulation in eintönigen Situationen, Hervorrufen von Beruhigung (Spannungsabfuhr) in aufregenden, belastenden Situationen);
- Selbstdarstellung in kritischen sozialen Situationen (Erhöhung der Sicherheit des Auftretens, „Reife", Attraktivität, Nähe zum Erwachsenenstatus);
- quasi-rituelle Aufgaben (Versicherung der Zugehörigkeit zu einer Bezugsgruppe, Anknüpfen von Kontakten („Eisbrecher"; Wetterer und v. Troschke 1986).

Wenn allerdings gilt, daß gesundheitsschädigendes Konsumverhalten der Bewältigung prekärer Identitätserfahrungen in der Adoleszenz dient, dann müßten die erwähnten Faktoren in dieser oder zumindest in ähnlicher Form auch bei anderen Suchtmitteln zu beobachten sein. Die vorliegenden Befunde zeigen tatsächlich in diese Richtung.

Alkoholkonsum, Drogenkonsum

Zu den Alltagsdrogen, welche längerfristig die Gesundheit Jugendlicher schädigen und deren Verbreitung und Gewöhnung als gesellschaftliche Tatbestände zu analysieren sind, gehören auch die alkoholischen Getränke. Verschiedene Forschergruppen konnten zeigen, daß Zigaretten- und Alkoholkonsum, teilweise auch Drogenkonsum, bei Jugendlichen mit prekären sozialen Identitätserfahrungen kumuliert erfolgen, daß also ein generalisiertes Muster selbstschädigenden Verhaltens zu beobachten ist (Jessor 1984, Sieber und Angst 1981). Diese Konsumentengruppen zeichnen sich nicht nur häufiger durch sozioökonomische Benachteiligungen (strukturelle Unvollständigkeit der Herkunftsfamilie; niedriger Schulabschluß; abgebrochene Lehre und ähnliches) aus, sondern auch durch enge soziale Netzwerke und damit potentiell starken sozialen Konformitätsdruck. Überdies führen transitorische soziale Belastungen zu einem Anstieg des Alkohol- und Zigarettenkonsums, wie eine neuere Untersuchung am Beispiel junger Bundeswehrsoldaten nachwies: Je größer der subjektive Leidensdruck unter den spezifischen Bedingungen des Wehrdienstes und je geringer die Identifizierung mit dieser Lebensumwelt, desto höher die Bereitschaft zu kompensierendem Konsum von Genußmitteln (v. Troschke und v. Stünzner 1984).

Familiendynamische Prozesse unvollständiger Sozialisation sind allerdings, neben möglicherweise vorhandenen genetischen Prädispositionen (z. B. Verstärkung der Suchtwirkung von Alkohol durch enzymatische Veränderungen beim chemischen Umbau von Ethanol im Gehirn) mit zu berücksichtigen, wenn die Frage des Übergangs vom normalen Trinken zur Alkoholabhängigkeit Adoleszenter beantwortet werden soll (vgl. Antons und

Schultz 1977). Eindeutige Antworten auf diese Frage liegen noch nicht vor. Verschiedene Arbeiten haben aber deutlich gemacht, daß „Suchtkarrieren" auf funktional unvollständige familiäre Sozialisationsprozesse zurückverweisen, die als Unfähigkeit zu Rollendistanz und zum Ertragen von Spannung und Unsicherheit (Ambiguitätstoleranz) (Wüthrich 1974) sowie als „Interaktionsgestörtheit" (Stimmer 1978) beschrieben werden können. Passive Konfliktbewältigung wird in der Adoleszenz dieser Jugendlichen häufiger als eine aktive Selbstfindung erprobt, damit verstärkt sich jedoch die Abhängigkeit vom pathogenen Elternhaus. Soziale Isolierung, Verharren in familiärer Pseudogemeinschaft und verstärkte Passivität begünstigen ein Abgleiten in die Sucht, wobei sich die von der Werbung suggerierten Wirkungserwartungen einer erhöhten Geselligkeit und Akzeptanz, der Steigerung sinnlicher Empfindungen und der Erleichterung heterosexueller Aktivitäten immer stärker von der erfahrenen Wirklichkeit entfernen.

Die epidemiologisch-gesundheitspolitische Dimension des Alkoholabusus während der Adoleszenz wird dadurch unterstrichen, daß in der Bundesrepublik Deutschland nach zuverlässigen Schätzungen mit etwa 150 000 jugendlichen Alkoholabhängigen zu rechnen ist. Obwohl hier, wie ausgeführt, spezifische Risikobedingungen vorliegen, muß dennoch betont werden, daß sich diese Suchtkarrieren aus dem normalen Trinken heraus entwickeln: je höher der Anteil normaler Konsumenten von Alkohol, desto höher der Prozentsatz daraus rekrutierter Abhängiger. Unter diesem Aspekt sind Zahlen beunruhigend, die darauf hinweisen, daß ca. 15% der Jugendlichen zwischen 12 und 24 Jahren mehrmals pro Woche Alkohol konsumieren.

Die Zahl der Abhängigen von harten Drogen beläuft sich in der Bundesrepublik Deutschland derzeit auf 40 000 bis 60 000

Personen, wobei das Einstiegsalter heute bereits bei 13 Jahren liegt (Stosberg et al. 1985). Auch hier gilt: Die Suchtkarriere beginnt mit weichen Mitteln (z. B. Cannabis) und führt nach zwei bis drei Jahren zur Einnahme von Opiaten. Auch hier ist die Devianz abhängig von sozioökonomischen Rahmenbedingungen, von Enge und Druck der Bezugsgruppe sowie von vulnerabler Selbsterfahrung (Stosberg 1981). Unter Heroinabhängigen sind beispielsweise etwa fünfmal so viele *broken-home*-Jugendliche zu finden wie in abstinenten Vergleichsgruppen, deutlich mehr bildungs- und einkommensschwache Personen und deutlich mehr Personen, die in einer von sozialer Anomie gekennzeichneten Wohngegend leben.

Ihre besondere gesellschaftliche Brisanz erhalten diese Befunde durch den Zusammenhang zwischen intravenöser Rauschgiftzufuhr („Fixen") und der Verbreitung des zu AIDS führenden HIV-Virus. Schätzungsweise 50 bis 60% der Opiatabhängigen benutzen bisher die Injektion als hauptsächliche Art der Applikation, und zwar häufig in Form eines Gruppenrituals (zu Motiven des Drogenkonsums und des Umgangs siehe Shiffman und Wills 1985). Die Rate von HIV-Positiven unter harten Drogenkonsumenten liegt neueren Studien zufolge in amerikanischen Großstädten zwischen 65 und 87%. Alarmierend ist auch der Befund einer umfangreichen Musterungsuntersuchung aus den USA, wonach unter den 300 000 untersuchten jungen Erwachsenen (bis 25 Jahre) zwar im Schnitt lediglich 1,5‰ HIV-positiv waren, der Anteil der Positiven in Gegenden mit hoher Bevölkerungsdichte (Armut, Großstadt, hohes Drogenrisiko) aber fast viermal so hoch lag (Burke et al. 1987).

In diesem Zusammenhang müssen Homosexualität und riskantes heterosexuelles Verhalten während der Adoleszenz als Gefährdungen genannt werden (als Literaturübersicht vgl. Kaplan et al. 1987).

Gesundheitliche Folgen

Die bisherigen Ausführungen zusammenfassend können wir sagen:

Will man die Einstiegs- und Bahnungsbedingungen angemessen verstehen, muß das psychosoziale Umfeld des Jugendlichen berücksichtigt werden. Dazu gehört einmal das Wechselspiel von unvollständiger familiärer Sozialisation und ihren soziökologischen Rahmenbedingungen. Zum anderen muß der für das Jugendalter spezifische Problemdruck mit seinen Folgen für die Erfahrung kritischer sozialer Identität sowie von sozialem Druck von seiten der Bezugsgruppe beachtet werden. Diese Aspekte sind in Abbildung 5-1 erläutert und in den nachfolgend referierten Studien in Teilaspekten bekräftigt worden.

Eine wichtige, bisher unterschätzte Rolle kommt auch der Identifikation mit der Geschlechtsrolle bzw. entsprechenden Belastungserfahrungen zu. Wie komplex und subtil diese Einflüsse auf das Gesundheitsverhalten von Mädchen und jungen Frauen sind, verdeutlichen u.a. neuere deutsche medizinsoziologische Studien (z.B. Helfferich 1994, Maschewsky-Schneider 1993). Eine gute aktuelle Übersicht über die psychosoziale Belastungsproblematik Jugendlicher und deren Auswirkungen auf gesundheitsschädigendes Verhalten geben die Publikationen von Engel und Hurrelmann (1993) und Hurrelmann und Lösel (1990).

Zweifellos haben daneben genetische, persönlichkeits- und genußmittelspezifische Faktoren einen erheblichen Einfluß. Sowohl unter theoretischen wie unter präventivmedizinischen Gesichtspunkten steht aber das gesamte gesundheitliche Risikoverhalten bzw. die von dem einzelnen Genußmittel unabhängige Motivation zu gesundheitsschädigendem Verhalten des Jugendlichen im Vordergrund. Diese Motivation kann besser verstanden werden, wenn die latenten Funktionen des Genußmittelkonsums für das vulnerable Selbst beachtet werden. Die gesundheitlichen Folgelasten selbstschädigenden Verhaltens können hier nicht mit der notwendigen Ausführlichkeit dargelegt werden. Der Leser soll sich das folgende lediglich als Spitze eines Eisbergs vergegenwärtigen.

• Bereits bei 14jährigen Rauchern und Raucherinnen erhöht sich der Anteil Jugendlicher mit Hypertonie (Kriterium ≥140 mmHg systolisch) von 4 auf 15%, in ähnlichem Umfang übersteigen Cholesterinwerte die obere Normgrenze (Semmer et al. 1985). Gravierende Gesundheitskosten kontinuierlichen Rauchens stellen jedoch Spätfolgen wie Bronchialkarzinom und koronare Herzkrankheiten dar.
  In diesem Zusammenhang ist es wichtig, zu betonen, daß 87% der erwachsenen Raucher in den USA ihre Rauchgewohnheiten vor dem 20. Lebensjahr begonnen haben. Mit der Anzahl der Jahre und der Zahl der Zigaretten wächst das Morbiditäts- und Mortalitätsrisiko kontinuierlich an.

• Starker, regelmäßiger Alkoholabusus erhöht nicht nur das Unfallrisiko und eine vorzeitige Erwerbsunfähigkeit, sondern zieht auch irreversible Schäden der Leber, des zentralen Nervensystems und des Herzmuskels nach sich. Die Sterblichkeit an Leberzirrhose von Männern zwischen dem 25. und 35. Lebensjahr hat sich innerhalb der letzten 20 Jahre vervielfacht.

• Frühsterblichkeit unter Drogeneinfluß, zunehmend jedoch die über Fixen vermittelte AIDS-Epidemie, bestimmen das Mortalitätsprofil der unter 35jährigen heute deutlicher als je zuvor.

• Quantitativ am bedeutsamsten sind jedoch heute in der Adoleszenz noch immer Todesursachen, die sich großenteils aus einer bisher nicht besprochenen Art gesundheitsgefährdenden Verhaltens ergeben: riskantes/leichtsinniges Verhalten im motorisierten Verkehr. In den USA sind zur Zeit 43% aller Todesfälle der 16- bis 17jährigen dieser Ursache zuzuordnen. In der Bundesrepublik entfallen mehr als zwei Drittel der Todesfälle in der Altersgruppe 15 bis 19 Jahre auf die globale Kategorie „Verletzungen, Vergiftungen". Auch Suizide infolge schwerer Krisen und Erschütterungen spielen während der Adoleszenz und im jungen Erwachsenenalter eine sehr ernstzunehmende Rolle. Nach offiziellen, ungenauen Statistiken entfallen knapp 7% der Todesfälle der 16- bis 17jährigen in den USA auf Selbstmord, in der Bundesrepublik liegt der Anteil bei 15- bis 19jährigen bei 12,5% (1983, vgl. Sachverständigenrat 1987; zur Einführung in den Stand der soziologischen Suizidforschung vgl. Welz 1979).

- Weitere gewichtige Folgelasten gesundheitsschädigenden Verhaltens betreffen Fehlernährung, Übergewicht und Stoffwechselerkrankungen.
- Gesundheitsschädigendes Verhalten in der Adoleszenz hängt eng mit dem Ausmaß an Feindseligkeit und Mißtrauen zusammen, das Jugendliche ihrer Umwelt entgegenbringen (Scherwitz et al. 1992).

5.1.2 Gesundheitsschädigung im Erwachsenenalter

Wenn selbstschädigendes Verhalten während der Adoleszenz eine oder mehrere der drei genannten latenten Funktionen erfüllt, so ist spontan nicht einleuchtend, warum bei Wegfall dieser Funktionen im Erwachsenenalter dieses Verhalten fortgesetzt wird. Folgende Argumente werden geltend gemacht:

- Mit der Dauer des Konsums entwickelt sich Sucht, d.h. physische Abhängig-

keit. Die neurobiochemischen Grundlagen der Suchtentwicklung sind heute zumindest im Falle des Alkohol- und Drogenkonsums gut erforscht (vgl. Hertz 1985).

- Krisen des Selbstkonzepts und Selbstwertgefühls, sozialer Gruppendruck und fehlende autonome Steuerungsmöglichkeiten in belastenden Situationen sind auch im Erwachsenenalter häufiger zu erwarten. Die genannten latenten Funktionen sind nicht auf die Adoleszenz begrenzt.
- Gesundheitsschädigendes Verhalten ist in der Regel kurzfristig belohnend, seine Aufgabe fällt daher schwer und gelingt nur bei besonderer Anstrengung. Andererseits sorgen Prozesse der Gewohnheitsbildung für eine Stabilisierung des Verhaltens im Erwachsenenalter.

In diesem Abschnitt werden einige Aspekte der beiden zuletzt genannten Argumente vertieft. Wir vertreten die These, daß nur bei einer angemessenen Berücksichtigung dieser Argumente, d.h. bei Berücksichtigung sozialwissenschaftlicher Modelle der Verfestigung selbstschädigenden Verhaltens, eine wirkungsvolle Präventionsarbeit geleistet werden kann. Diese These erhält ihre besondere Plausibilität, nachdem das „naive" Modell der Gesundheitserziehung (Bereitstellen von Informationen über gesundheitliche Risiken führt zu einer erfolgreichen Verhaltensänderung) in der Praxis weitgehend gescheitert ist.

Vier sozialwissenschaftliche Modelle der Stabilisierung gesundheitsrelevanten Verhaltens sind von besonderem Interesse (einen sehr guten Überblick über sozialpsychologische Modelle gibt Schwarzer [1992]).

Keines kann für sich allein beanspruchen, eine umfassende Erklärung zu liefern, aber jedes deckt einen wichtigen, bei präventiven Aktivitäten zu berücksichtigenden Aspekt auf. Die vier Modelle wurden allesamt, mehr oder weniger explizit, durch sozialpsychologische und medizinsoziologische Forschung in den USA zwischen 1950 und 1980 entwickelt.

Modell des Risikoverhaltens

Eines der ersten und meistzitierten Modelle wurde in den 50er Jahren durch den Sozialpsychologen Leon Festinger entwickelt (Festinger 1957). Es geht davon aus, daß die meisten Menschen in gewissem Umfang ein Bedürfnis verspüren, in prekären Situationen ein Risiko einzugehen, wenn dadurch eine Bedürfnisbefriedigung erzielt werden kann. Risikobereitschaft bei erfahrener positiver Rückmeldung gilt damit allgemein als ein starkes Handlungsmotiv. Im Falle gesundheitsschädigenden Verhaltens werden, wie bereits gesagt, kurzfristig solche positiven Wirkungserfahrungen gemacht. Daher ist die Bereitschaft groß, den langfristigen Risikogehalt dieses Verhaltens herunterzuspielen. Gewöhnung an gesundheitsschädigendes Verhalten erfolgt unter Zuhilfenahme kognitiver Strategien der Verharmlosung. Die fünf folgenden kognitiven Strategien werden hierbei eingesetzt (wir erläutern sie am Beispiel des Zigarettenrauchens).

- Selektive Informationsbewertung:
  Ein Raucher betont einseitig den Aspekt der Entspannung beim Rauchen: „Entspannung ist gesundheitsfördernd, also ist Rauchen nicht gesundheitsschädlich."
- Vergleich mit drastischeren Gefahren:
  Ein Raucher verweist auf die im Vergleich zu anderen, sehr offensichtlich und handgreiflich gefährlichen Unternehmungen, harmlose Natur des Rauchens. Ein persönliches Beispiel hierzu: Die Lehrerin meiner Tochter, eine starke Raucherin, hatte im Frühjahr 1986 den Entschluß gefaßt, das Rauchen aufzugeben. Obwohl es ihr schwerfiel, hielt sie drei Wochen durch. Dann ereignete sich die Katastrophe

von Tschernobyl, und sie setzte mit dem Rauchen sofort wieder ein: „Verglichen mit dieser weltweiten Katastrophe ist mein persönliches, durch Rauchen bedingtes Risiko so gering, daß sich besondere Anstrengungen des Verzichts nicht mehr lohnen."

- Zurückweisen persönlicher Konsequenzen:
  Der bedrohliche Aspekt wissenschaftlich fundierter Information über gesundheitliche Folgen des Rauchens wird durch Hinweise auf bekannte Ausnahmen, auf das bloß relative Risiko und auf das Vorliegen vermuteter persönlicher Schutzmechanismen („mein Großvater war ein starker Raucher und wurde trotzdem 90 Jahre alt") entkräftet.
- Verweis auf Kontrollmöglichkeiten:
  Der gesundheitsgefährdende Aspekt des eigenen Verhaltens wird zugegeben, aber der Raucher beruhigt sich und andere mit dem Hinweis, daß er jederzeit damit aufhören könnte, wenn dies im Interesse der Gesundheit notwendig wäre. Faktisch, so haben jedenfalls Studien bei starken Rauchern und bei Alkoholabhängigen gezeigt, werden Phasen abstinenten Probehandelns selten beobachtet.
- Kosten-Nutzen-Abwägung:
  Es wird argumentiert, daß die Vorteile des Verzichts auf ein konsumiertes Genußmittel zu schwach sind, da zugleich schwere Nachteile in Kauf genommen werden müssen. Beispiel: „Wenn ich mit dem Rauchen aufhöre, dann habe ich ein so hohes Verlangen nach Süßigkeiten und reichlicher Nahrung, daß ich schnell übergewichtig werde. Die gesundheitlichen Folgen des Übergewichts erscheinen mir gravierender als jene des Zigarettenrauchens."

Die erläuterten fünf Mechanismen werden in der Fachterminologie Mechanismen der

kognitiven Dissonanzreduktion genannt (vgl. zur Diskussion auch Wetterer und v. Troschke 1986).

Modell der soziokulturellen Benachteiligung *(cultural lag)*

Dieses von amerikanischen Medizinsoziologen in den 60er Jahren entwickelte Modell betont gegenüber den bisher im Vordergrund stehenden **kognitiven** Bestimmungsgründen gesundheitsrelevanten Verhaltens vor allem die **normative** Komponente. In soziologischer Sicht ist gesundheitsrelevantes Verhalten Teil des durch subkulturelle Bräuche und soziale Normen gesteuerten Alltagshandelns und wird von den relevanten Bezugsgruppen, speziell von Familie, Verwandtschaft und Nachbarschaft, in sozialem Austausch verstärkt und kontrolliert. Personen, die in sozioökonomischer und soziokultureller Hinsicht benachteiligt leben, orientieren sich an sozialen Normen, die für gesundheitsbewußtes Verhalten häufig defizitär sind. In ihrer Sozialisation wird ihnen beispielsweise vermittelt, daß Dinge, die in ferner Zukunft liegen, von geringerer Bedeutung seien, daß vorrangig aktuell anliegende Probleme zur Lösung anstünden. Damit werden motivationale Fähigkeiten eines Aufschubes unmittelbarer Bedürfnisbefriedigung, eines Ansteuerns langfristiger Ziele (z. B. auch präventive Orientierungen in Form gesundheitsfördernden Verhaltens) nur in geringem Maße realisiert (vgl. 3.3). Präventives Handeln und gesteigerte Symptomaufmerksamkeit werden im normativen Bezugssystem benachteiligter sozioökonomischer Schichten, und speziell bei Wirksamwerden schichtspezifischer Sozialisationsstile, weniger beachtet und als weniger relevant bewertet als bei Mittelschichtangehörigen. Wie bei den allgemeinen gesellschaftlichen Wertvorstellungen gilt auch bei Gesundheit und Krankheit, daß diese Gruppen häufig hinter den herrschenden Normen „herhinken" *(cultural lag)* und dadurch bereits

bestehende soziale Ungleichheiten fortsetzen und vertiefen.

Nicht nur amerikanische Studien (Rosenblatt und Suchmann 1964), sondern auch Untersuchungen in der Bundesrepublik Deutschland konnten zeigen, daß das Zusammentreffen von ungünstigen, in der schichtspezifischen Sozialisation erworbenen Handlungsorientierungen (gering ausgeprägte individuelle Zukunftsorientierung) mit fehlender präventiver Orientierung und Symptomaufmerksamkeit bei Angehörigen sozialer Unterschichten signifikant häufiger anzutreffen war als bei Mittelschichtangehörigen: In zwei Studien an insgesamt 243 Männern der Mittel- und Unterschicht zeigte sich die ungünstige Einstellungskombination „fehlende Zukunftsorientierung und fehlendes präventives Bewußtsein" bei 44% der Unterschicht- gegenüber 14% der Mittelschichtangehörigen. Die wünschenswerte Einstellungskombination „ausgeprägte Zukunftsorientierung und ausgeprägtes präventives Bewußtsein" war bei 37% der Mittelschicht-, aber nur bei 11% der Unterschichtangehörigen ausgeprägt (Kramer und Siegrist, 1972).

Soziokulturelle Benachteiligung wirkt sich auch auf die Fähigkeit zur Selbststeuerung in gesundheitsrelevanten Belangen aus. Eine neue amerikanische Studie fand deutlich höhere Ausprägungen der Fähigkeit zu gesundheitsrelevanter Selbststeuerung in Gruppen mit höherem Bildungsgrad (Cockerham et al. 1992).

Schließlich liefern verschiedene Arbeiten Hinweise darauf, daß unter Bedingungen soziokultureller Benachteiligung eher ein instrumentelles Verhältnis zum Körper aufgebaut wird (Körper als „Maschine", die durch Gebrauch einem unbeeinflußbaren Verschleiß unterliegt). Interessant ist eine neue Studie an 480 Erwachsenen in der Schweiz, die unter anderem deutliche Zusammenhänge zwischen Bildungsniveau und der Einschätzung von Gesundheit als Gebrauchswert (vorwiegend instrumentelles Verhältnis zum eigenen Körper) bzw. als Symbolwert (stärkere Betonung des Körpers als eines integralen Bestandteils der persönlichen Identität) aufzeigte (Buchmann 1985). Das Ergebnis der Befragung ist in Abbildung 5-2 dargestellt.

Schichtspezifische kognitiv-motivationale Muster spielen auch im Bereich der Zahngesundheit eine wichtige Rolle (Michaelis et al. 1993, Petersen 1990).

Modell des sozialen Vergleichsprozesses
Dieses Modell geht im Ansatz auf Arbeiten des symbolischen Interaktionismus (vgl. 1.2) sowie auf den bereits erwähnten Sozialpsychologen Leon Festinger (1954) zurück. Obwohl eine explizite Formulierung und Testung bisher erst in Ansätzen geleistet wurde, wird das Modell hier wegen seiner Bedeutung für den Abbau gesundheitsschädigender Handlungen erwähnt. Seine Grundlagen sind die folgenden:

- Handlungsabsichten einer Person (z. B. Aufgabe oder drastisches Reduzieren des Zigarettenrauchens) bedürfen der sozialen Verstärkung, um auch gegen innere Widerstände (Verlust belohnender Erfahrungen, Befindensbeeinträchtigungen) durchgesetzt zu werden.

- Handlungsabsichten einer Person zielen häufig darauf ab, ein Selbstbild zu präsentieren, das von einer als wichtig angesehenen Bezugsgruppe positiv bewertet wird (Erzielen eines positiven sozialen Vergleichs).

- Wenn eine als wichtig angesehene Bezugsgruppe das Aufgeben gesundheitsschädigenden Verhaltens positiv beurteilt, ist die Wahrscheinlichkeit hoch, daß eine Person aus der sozialen Verstärkung und aus dem erwarteten positiven Vergleichsprozeß Energien schöpft, die der Stabilisierung neuer (gesundheitskonformer) Gewohnheiten zum Erfolg verhelfen.

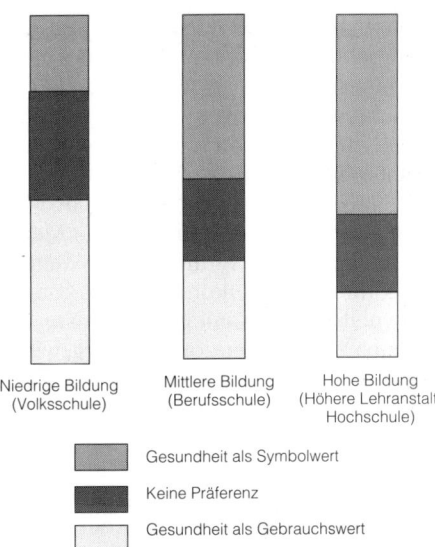

Niedrige Bildung   Mittlere Bildung   Hohe Bildung
(Volksschule)   (Berufsschule)   (Höhere Lehranstalt,
                                               Hochschule)

Gesundheit als Symbolwert

Keine Präferenz

Gesundheit als Gebrauchswert

Abbildung 5-2 Bewertungsmuster gegenüber Gesundheit (Symbolwert vs. Gebrauchswert) in Abhängigkeit vom Bildungsgrad (nach M. Buchmann 1985, S. 86).

Das Modell betont das Zusammenspiel von Selbstbild, sozialem Bewertungsprozeß und der Rolle sozialen Rückhalts bei der Durchsetzung von Handlungsabsichten. Eine in diesem Sinne gut funktionierende Gruppe trägt entscheidend zur Stabilisierung von Überzeugungen der eigenen Wirksamkeit bei – einem Vorgang, der nach dem Lerntheoretiker Bandura von besonderer Bedeutung für die Fähigkeit zur Selbstregulierung ist (vgl. 3.3).

Erste Interventionserfolge auf der Basis dieses Modells lassen eine weitere theoretische und praktische Arbeit lohnend erscheinen. Im Rahmen von Programmen zur Gewichtsabnahme hat K. D. Brownell einen Wettbewerb zwischen Angehörigen dreier Bankunternehmen veranstaltet, den jeweils die Führungsspitze tatkräftig unterstützte. Zwischenergebnisse des Wettbewerbs wurden regelmäßig in wöchentlichen Abständen verglichen. Offizielle Belohnungen wurden für die siegreiche

Mannschaft ausgesetzt. Bei dieser erstaunlichen schlichten Intervention war es möglich, innerhalb weniger Wochen deutliche Gewichtsreduzierungen zu erzielen: bei Frauen im Durchschnitt 5 Kilogramm, bei Männern im Durchschnitt 8,5 Kilogramm. Eine Nachuntersuchung nach sechs Monaten zeigte, daß die überwiegende Mehrheit auch nach Beendigung des Wettbewerbs ihr Gewicht kontrollieren konnte (Brownell 1986). Analoge Ergebnisse liegen auch zur Intervention bei übergewichtigen Kindern in Schulklassen vor, aber auch zur Raucherentwöhnung bei Erwachsenen.

Sozial-kognitives Prozeßmodell

Dieses sozialpsychologische Modell stellt eine Synthese aus verschiedenen besonders einflußreichen und empirisch teilweise gut bewährten Konzepten dar, die vor kurzem von Ralf Schwarzer (1992) vorgenommen wurde. Die zugrundegelegten Konzepte sind im einzelnen:

- das **Modell gesundheitlicher Überzeugungen** (sog. *health belief model*; Becker et al. 1975, Seeman et al. 1983): nach diesem Modell bestimmen Schweregrad von Symptomen und wahrgenommene persönliche **Verwundbarkeit** das Ausmaß erlebter **Bedrohung,** welches in einem Prozeß der Kosten-Nutzen-Abwägung zu gesundheitsförderndem Verhalten anregt. Der Nutzen hängt dabei stark von der **Ergebniserwartung** der Person ab (z. B. „Wenn ich körperlich aktiv bin und nicht rauche, dann verringert sich die Wahrscheinlichkeit, daß ich herzkrank werde");
- das **Modell des geplanten Verhaltens** *(theory of planned behavior;* Ajizen 1988): danach bilden **Intentionen** die entscheidenden Determinanten gesundheitsbezogenen Verhaltens. Intentionen ergeben sich aus subjektiven Überzeugungen und Normen und dem eingeschätzten Grad der Verhaltens-

kontrolle. Ihnen stehen allerdings **Barrieren,** Widerstände des sozialen Umfeldes gegen die geplante Verhaltensänderung entgegen;
- das **Modell der Selbstwirksamkeit** bzw. der **Kompetenzerwartung** *(self-efficacy theory;* Bandura 1992): nach diesem Modell ist sowohl die Intention als auch die **Handlungsplanung,** welche das tatsächliche Handeln bestimmt (der Wille [**volitionaler Prozeß**]), in besonders starkem Maße abhängig von der **Kompetenzerwartung.** Unter Kompetenzerwartung versteht Bandura die Überzeugung einer Person, mit dem eigenen Verhaltensrepertoire in einer bestimmten Situation erfolgreich zu sein: „Ich weiß genau, daß ich in der Lage bin, das Rauchen aufzugeben"; „Ich werde mich dazu überwinden können, täglich Sport zu treiben" etc. Kompetenzerwartungen drücken optimistische Annahmen bezüglich der **Kontrollierbarkeit** bzw. Steuerbarkeit personalen Handelns aus. In einer Vielzahl von Studien sind die günstigen Effekte von Selbstwirksamkeit auf gesundheitsbezogenes Handeln nachgewiesen worden (Bandura 1992).

Obwohl jedes dieser Modelle für sich genommen nützlich ist, hat es auch einzelne Schwächen (zur ausführlichen Diskussion s. Schwarzer 1992). Daher empfiehlt Schwarzer ein komplexeres Modell, das er **sozial-kognitives Prozeßmodell** nennt und das in Abbildung 5-3 dargestellt ist. Da alle einzelnen Komponenten bereits erläutert worden sind, soll das Modell hier nicht weiter besprochen werden, zumal seine empirische Erklärungskraft noch weiter getestet werden muß (Schwarzer 1992).

Die bisher besprochenen Modelle haben einige Bedingungen aufgezeigt, welche für die Verstärkung bzw. den Wandel gesundheitsschädigenden Verhaltens im Erwachsenenleben mit verantwortlich sind. Bevor auf einige praktische Konsequenzen aus diesen Erkenntnissen für die

Prävention hingewiesen wird, sei nochmals auf die zu Beginn erwähnten zusätzlichen Erschwernisse einer Verhaltensänderung infolge der Suchtwirkung konsumierter Substanzen, vor allem aber infolge der weiterhin bestehenden latenten Funktionen gesundheitsschädigenden Verhaltens auch im Erwachsenenleben hingewiesen. In Abschnitt 5.2 werden verschiedene Formen chronischer sozioemotionaler Belastungen in ihrem Bezug zu Gesundheit und Krankheit besprochen. Obwohl dort die direkten, zentralnervös vermittelten Einflüsse auf Erkrankungsrisiken im Vordergrund stehen, wird auch gezeigt werden, wie unter diesen Bedingungen gesundheitsschädigendes Verhalten als kompensierende Entlastungsstrategie häufiger auftritt als in belastungsärmeren Arbeits- und Lebenskontexten.

5.1.3 Praktische Konsequenzen für die Prävention

Primärpräventive Leistungsangebote lassen sich wie folgt untergliedern:

- strukturelle Prävention
- gesetzliche Maßnahmen (partielles Rauchverbot, Besteuerung von Genußmitteln, Verbot des Alkoholverkaufs in Autobahnraststätten, in Betrieben, Arbeitsschutzverordnungen etc.)
- organisatorische Maßnahmen (z.B. in Betrieben Änderung des Kantinenessens, Einführung von Betriebssport, von Streßbewältigungsprogrammen; in Kommunen: präventive Aktionen von Bürgerinitiativen und Vereinen)
- gruppen- und/oder individuenzentrierte Prävention
- Gesundheitserziehung (Eltern, Kindergarten, Schule)
- Gesundheitsaufklärung (Medizin, Erwachsenenbildung)
- Gesundheitsberatung (im Gesundheitswesen tätige Berufsgruppen).

Aus dieser Aufstellung wird deutlich, daß präventive Leistungen zum einen Teil der allgemeinen Gesellschaftspolitik bzw. einzelner Teilbereiche wie Finanz-, Wirtschafts-, Familien-, Bildungs- und Gesundheitspolitik sind, zum anderen Orga-

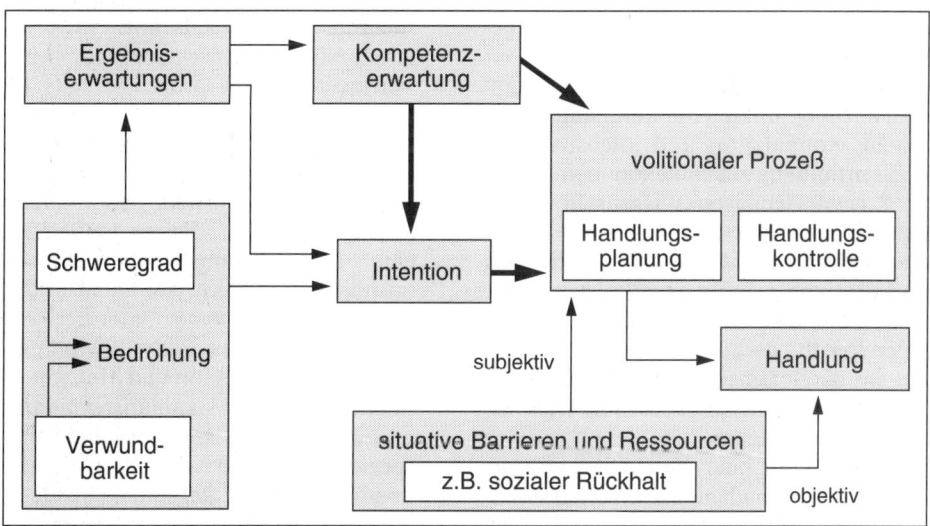

Abbildung 5-3   Das sozial-kognitive Prozeßmodell des Gesundheitsverhaltens (Quelle: Schwarzer 1992, S. 75).

nisationen auf lokaler Ebene, Betriebe und Bildungseinrichtungen einschließen. Gruppen- und individuenzentrierte präventive Leistungsangebote in Form von Erziehung, Aufklärung, Beratung und Beeinflussung werden ebenfalls von mehreren Berufsgruppen erbracht: die Ärzteschaft bildet hierbei eine zentrale, aber keineswegs die einzige Gruppierung. Ihre Hauptaufgabe im Bereich der Prävention konzentriert sich auf die **Gesundheitsberatung.**

Die folgende Zusammenfassung praktischer Konsequenzen aus den bisherigen Erkenntnissen soll, gemäß den einleitend genannten Zielsetzungen des Lehrbuchs, im wesentlichen auf die präventive Arbeit des Arztes zugeschnitten werden. Dabei ist im Moment nicht relevant, in welchem organisatorischen Rahmen (Gesundheitsamt, Einzel- oder Gruppenpraxis, Krankenhaus, betriebsärztlicher Dienst) diese Tätigkeit erfolgt. Auch sollen hier nicht die Vor- und Nachteile einer Zentrierung dieses Aufgabenfeldes auf den Arzt bzw. auf Mitglieder von Berufen im Gesundheitswesen diskutiert werden (vgl. hierzu ausführlich v. Troschke und Stössel 1981 sowie Kap. 7). Aus den im folgenden genannten Konsequenzen wird ohnehin ersichtlich, daß wirkungsvolle Prävention an manchen Punkten nur durch interdisziplinäre Kooperation und intensive Aus- und Fortbildung zustandekommen kann.

Zu den wichtigsten **Wissensvoraussetzungen,** über die der Arzt zum Zweck einer **wirksamen Gesundheitserziehung** und **-beratung** verfügen sollte, gehört die Einsicht in die Formung gesundheitsschädigenden und gesundheitsfördernden Verhaltens durch Lebensweise und Lebensstil Jugendlicher und Erwachsener. Dies bedeutet im einzelnen:

- Praktizieren oder Vermeiden von gesundheitsschädigendem Verhalten ist nur selten in erster Linie Folge einer bewußten, absichtsvoll geplanten Handlungsstrategie des einzelnen. Viel häufiger resultiert solches Verhalten aus der spezifischen psychischen und sozialen Verfassung eines Individuums. Dies gilt insbesondere für den frühzeitigen „Einstieg" in selbstschädigendes Verhalten während der Adoleszenz. Die hierbei wirksamen Kräfte sind in Abbildung 5-1 dargestellt und im Text erläutert worden.

- Praktizieren oder Vermeiden von gesundheitsschädigendem Verhalten ist häufig eine Frage der Dosierung und Begrenzung, d. h. der autonomen Steuerung, und nicht des strikten Verbietens oder Gewährenlassens. Gesundheitsschädigendes Verhalten erfüllt wichtige latente Funktionen. Wirksame Gesundheitserziehung und -beratung darf sich daher nicht allein auf aufklärende Information beschränken, sondern muß versuchen, einen positiven Umgang mit denjenigen Bedürfnissen und Stimmungen zu erzielen, welche diesen latenten Funktionen Antrieb geben.

- Zu einem produktiven Umgang mit diesen Bedürfnissen und Stimmungen gehören eine Stärkung der sozialen Identität Heranwachsender in kritischen Interaktionssituationen, eine Verringerung des Gruppendrucks zu selbstschädigendem Verhalten, ein Angebot an alternativen Handlungen (z. B. sportliche Betätigung, produktive Freizeitgestaltung) (als vorbildliche Modellstudie vgl. Biener 1970) und eine Identifikationsmöglichkeit mit positiven Vorbildern, vor allem in der eigenen Gruppe.

- Die Durchführung der erwähnten, über reine Information und Motivation hinausgehenden Handlungsprogramme zur Erhöhung sozialer Kompetenz, speziell während der Adoleszenz, überfordert in der Regel den einzelnen Arzt. Hier ist Teamarbeit vor allem mit Pädagogen und Sportlehrern angezeigt. Disziplinen wie klinische Psychologie, Sozialpsychologie und Verhaltensmedizin bieten heute bereits spezifische Fortbildungs- und Trainingsprogramme für teamartige und individuelle Gesundheitsberatung in diesem erweiterten Sinne an (als gute Einführung in die Verhaltensmedizin vgl. in diesem Zusammenhang Miltner et al. 1986 sowie Schneiderman u. Orth-Gomer 1995).

- Ärztliche Gesundheitsberatung kann sich nicht ausschließlich auf die Gruppe derer, die aus eigenem Antrieb den Arzt aufsuchen, beschränken. Auf diese Weise würden nur wenige Zielgruppen erreicht, vor allem kaum jene, welche die Beratung besonders benötigen. Ärzte müssen motiviert werden, in der Gemeinde, in Vereinen, in Bildungseinrichtungen und in der Öffentlichkeit präventiv tätig zu werden. Auch hierzu liefern Präventivmedizin und Gesundheitsforschung *(public health)* ermutigende Beispiele und vorbildliche Programme (Puska 1983).
- Gruppen- bzw. individuenzentrierte Prävention kann nicht losgelöst von struktureller Prävention betrieben werden. Obwohl letztere über das Handlungsspektrum des einzelnen Arztes hinausreicht, sollte dieser sich nicht nur der wechselseitigen Beeinflussung bewußt sein, sondern auch Initiativen zur Durchsetzung strukturell-präventiver Maßnahmen mit unterstützen.
- Wie die Ausführungen der Abschnitte 5.1.1 und 5.1.2 gezeigt haben, erfordern Prävention bei Heranwachsenden und Gesundheitsberatung bei Erwachsenen vom Arzt unterschiedliche Herangehensweisen. Während in der Adoleszenz spezifische psychische und soziale Konfliktlagen im Vordergrund stehen, die Selbstschädigung als kompensierende Stützung eines vulnerablen sozialen Selbst erscheinen lassen, bilden Aspekte der Gewohnheitsbildung das Hauptproblem im Erwachsenenalter. Hier sollte sich Gesundheitsberatung an den dargestellten Erklärungsmodellen (kognitive Dissonanz, soziokulturelle Normierung gesundheitsrelevanten Verhaltens, positiver Gruppendruck, sozialer Vergleichsprozeß und sozial-kognitives Prozeßmodell) orientieren. Entscheidungen über den Träger (Arzt oder beispielsweise Arzthelferin), über die Form (themenzentriertes Einzelgespräch oder strukturierte Kleingruppenarbeit), über die angewandte Methode (lerntheoretische Grundlagen!) und schließlich über die jeweiligen Inhalte sollten zielgruppen- und problemspezifisch gefällt werden.

- Präventive Tätigkeit als Einflußnahme auf andere Menschen bedarf der eigenen Reflexion des Arztes über die angestrebten Ziele, ihre wissenschaftliche und gesellschaftspolitische Begründung, ihre Verträglichkeit mit individuellen Grundrechten, Entwicklungschancen und Freiheiten. In besonderem Maße sollte der Arzt sich der Grenzen seiner Zuständigkeit und der Gefahren einer Medikalisierung des Alltagslebens (vgl. Kap. 7) bewußt sein.

5.2 Sozioemotionale Erfahrungen, Gesundheit und Krankheit

Im dritten Kapitel sind zwei für eine soziogenetische Theorie menschlicher Gesundheit und Krankheit grundlegende Einsichten vermittelt worden. Zum einen wurde darauf hingewiesen, daß es einen hierarchischen Aufbau von biologischem, personalem und sozialem System gebe, d. h. daß das jeweils höhere das jeweils tiefere System beeinflusse, daß jedoch dieser Einfluß nie vollständig als Prozeß der Reduktion verstanden werden dürfe. Stets werden nämlich auf einer höheren Ebene emergente Merkmale erzeugt, ein Ganzes, das mehr ist als die Summe seiner Teile.

Aufgabe einer medizinsoziologischen Theorie von Gesundheit und Krankheit muß es also sein, die Abwärtseffekte vom sozialen in das personale und biologische System zu untersuchen, ohne soziologische auf psychologische und diese auf biologische Information vollends zu reduzieren. Daraus wird ersichtlich, daß ein Verständnis der Kommunikation zwischen Systemen, speziell der Transformationsprozesse an Systemgrenzen, von höchster Bedeutung ist.

Eine zweite grundlegende Einsicht bezog sich auf den Zusammenhang zwischen Bedürfnissen der Selbstregulation einer Person im Medium sozialer Prozesse und Motivationen, welche diese Selbstregulation steuern (sog. sozioemotionale Motivationen), und der sozialstrukturellen Chancenstruktur (vgl. Kap. 3, Abb. 3-3). Eine soziogenetische Theorie menschlicher Gesundheit und Krankheit kann sich an den Korrespondenzen und Diskrepanzen zwischen statusgebundenen Optionen und sozioemotionalen Motivationslagen orientieren, um die genannte Dynamik des Austausches zwischen Individuum und Gesellschaft, die Auf- und Abwärtseffekte zwischen den Systemebenen, genauer zu analysieren.

Dabei sind zwei Transformationsstellen von besonderem heuristischem Interesse: die Transformationsstelle soziales Handeln/soziale Identität (Selbst) und die Transformationsstelle soziale Identität (Selbst/Zentralnervensystem). In Abschnitt 3.3 wurde die These vertreten, daß Gesundheit und Krankheit zu einem beträchtlichen Teil abhängig sind von der Gestalt und Dynamik der Austauschprozesse zwischen sozialem Handeln und Selbstregulation. Der vorhergehende Abschnitt über gesundheitsschädigendes Verhalten hat einen wichtigen Aspekt dieser These zu erhärten versucht. In diesem Abschnitt soll ein weiterer Aspekt dieser These dargestellt werden, indem nunmehr auch die zweite Transformationsstelle

(Selbst/Zentralnervensystem) analysiert und damit eine biopsychosoziale Konzeption von Gesundheit und Krankheit zugrundegelegt wird. Der Abschnitt gliedert sich in eine Erörterung der Grundlagen (5.2.1), eine Darstellung ausgewählter Erkenntnisse zu den positiven (5.2.2) und negativen (5.2.3) gesundheits- und krankheitsrelevanten Wirkungen, die von Vergesellschaftungserfahrungen auf Individuen ausgehen. Abschließend wird wiederum nach der praktischen Bedeutung dieser Erkenntnisse gefragt (5.2.4).

5.2.1 Grundlagen

Es entspricht dem herkömmlichen Krankheitsverständnis klinischer Medizin, auffällige psychische Zustände und soziale Verhaltensweisen auf veränderte endokrine oder neuronale Regulationen zurückzuführen. So werden beispielsweise depressive Symptome als Folge eines veränderten Musters der Cortisolsekretion, Symptome des prämenstruellen Syndroms als Folge einer Dysbalance zwischen erhöhtem Östrogen- und vermindertem Progesteronspiegel oder aggressive Verhaltensweisen als Folgen erhöhter Testosteronausscheidung betrachtet. Selten jedoch sind solche Beziehungen bisher in der zu fordernden wissenschaftlichen Exaktheit als kausale Relationen nachgewiesen worden. Es scheint vielmehr, daß eine wesentlich komplexere Interaktion zwischen hormonalem oder neuronalem Status einerseits und psychischer sowie sozialer Dimension menschlichen Handelns und Befindens andererseits besteht. Die folgenden Ausführungen unterstreichen den interaktiven Charakter dieser Beziehung durch eine der klinischen Betrachtung entgegengesetzte Optik: **Endokrine Dysregulation** wird nicht als eine Ursache, sondern **als eine Folge signifikanter Veränderungen im individuellen Handeln und im sozialen Umfeld** interpretiert. Eine solche, im folgenden näher begründete Erkenntnisrichtung ist nicht nur das Ergebnis einer Integration neuer, vorwiegend sozialwissenschaftlicher Disziplinen in die naturwissenschaftliche Medizin. Vielmehr ist für sie eine paradigmatische Änderung des Krankheitsverständnisses entscheidend: Durch eine Reihe tiefgreifender Fortschritte der Neurowissenschaften, der Molekularbiologie, Endokrinologie und Immunologie ist in den letzten Jahren deutlich geworden, daß das Zentralnervensystem eine Schlüsselrolle bei der Regulation einer großen Zahl biologischer Funktionen besitzt (Adelman 1987, Weiner 1992).

Diese Schlüsselrolle bestätigt sich nicht nur bei der Analyse des intakten, gesunden, sondern auch des gestörten, kranken Organismus. Da eine wesentliche Aufgabe des Zentralnervensystems darin besteht, Informationen aus der natürlichen und sozialen Umwelt aufzunehmen und zu verarbeiten, stellt sich die Frage, ob signifikante Änderungen eines zentralnervösen „Inputs" pathophysiologisch bedeutsame Auswirkungen auf die hierarchisch geordnete, dynamische Informationstransformation im Organismus zu erzeugen vermögen. Solche Auswirkungen müssen sich notwendigerweise in gestörter interzellulärer Signalübertragung manifestieren. Pathophysiologisch bedeutsame Entwicklungen können sich anbahnen, wenn die nach Frequenz und Impulsdauer modulierte interzelluläre Signalübertragung von biologisch adaptiven Verarbeitungskapazitäten nach oben (Überstimulation) oder nach unten (Unterstimulation) abweicht. Solche Abweichungen haben Funktionsänderungen in Organbereichen zur Folge, die neuronal, neuroendokrin und/oder über das Neuroimmunsystem gesteuert werden. Langfristige Funktionsänderungen wiederum resultieren in organpathologischen Manifestationen.

Der erwähnte hierarchische Aufbau von biologischem, psychischem und sozialem System soll jetzt konkreter untersucht

werden, indem die Transformationsstelle zwischen sozialer Identitäts-(Selbst-)erfahrung und zentralnervöser Aktivierung analysiert wird. Diese Analyse verweist wiederum auf die den sozialen Identitätserfahrungen vorgelagerten Chancen und Risiken rollen- und statusvermittelter Vergesellschaftungserfahrungen. Dem Abschnitt, der dieses Thema (Selbst und Zentralnervensystem: zur Genese von sozioemotionalem Distress) behandelt, wird ein Abschnitt vorangestellt, welcher aufzeigen soll, wie die neurobiologisch erfaßbare Vernetzung zentralnervöser und neuroendokriner Regulation verstanden werden kann. Auf der Basis dieser Grundlagen werden sodann sozialepidemiologische und medizinsoziologische Modelle und darauf bezogene Forschungsergebnisse vorgestellt, welche den Einfluß positiver, entlastender (5.2.2) und negativer, belastender (5.2.3) Vergesellschaftungserfahrungen auf menschliche Gesundheit und Krankheit herausstellen.

Zentralnervöse Informations-verarbeitung und neuroendokrine Regulation

Es ist eine Aufgabe von Disziplinen wie Neuroanatomie, Neurophysiologie, Neuroendokrinologie und Neuroimmunologie, die hierarchische Natur von Kommunikationsprozessen innerhalb endokriner, neuronaler und immunmodulierter Systeme zu analysieren. Hier soll lediglich exemplarisch darauf hingewiesen werden, daß periphere endokrine Drüsen durch die Hypophyse kontrolliert werden. Die Ausschüttung von Hypophysenhormonen wiederum wird von hypothalamischen Releasing-Faktoren reguliert, deren Produktion durch Feedbackmechanismen verschiedener hierarchischer Ebenen (Steroidhormone, Tropinhormone der Hypophyse, hypothalamische Hemmfaktoren etc.) kontrolliert wird. Hypothalamische Releasing-Faktoren ihrerseits werden teilweise von einem als Zeitgeber fungierenden Gehirnareal endogen gesteuert, teilweise sind apperzeptiv verarbeitete Signale der Außenwelt in der Lage, über neokortikal zum limbischen System und Hypothalamus führende neuronale Bahnen die Releasing-Faktoren zu aktivieren. Dieser zuletzt genannte Weg ist, neben der über den Sympathicus verlaufenden peripheren Innervation, für ein soziopsychosomatisches Verständnis gestörter endokriner Regulation von besonderer Bedeutung.

Es ist bekannt, daß die wichtigsten, menschliche Umweltreize bearbeitenden Sinnesorgane – Augen bzw. Netzhaut und Ohr – über eine Schaltstelle im Thalamus auf bestimmte neokortikale Felder projizieren und daß diese mit vielfältigen Assoziationsfeldern im frontalen Cortex verbunden sind, welche sprachlich angeeignete Repräsentationen von Wirklichkeit speichern. Symbolische Stimuli werden demnach ebenso wie physikalische Signale im Neocortex durch unterschiedliche lokale Vernetzungen, durch Intensität und zeitliche Abfolge von Impulsen sowie durch unterschiedliche Aktivierung von Neurotransmittern gebildet (Changeux 1984). Es erscheint daher sinnvoll, dem Begriff der **neuronalen Aktivierung** eine heuristisch zentrale Stelle bei der Analyse der zur Diskussion stehenden Transformationsprozesse einzuräumen.

Beim heutigen Wissensstand ist es nicht möglich, die topologisch und funktional spezifizierbaren Aktivierungen von Neuronenverbänden bestimmten, aus der Umwelt stammenden Signal- oder Symbolkomplexen zuzuordnen, aber wir können mit Sicherheit annehmen, daß für relevante Informationen eine vertikale Verarbeitungsstruktur besteht, die Neocortex, limbisches System, Hypothalamus sowie Kerngebiete des Stammhirns umfaßt.

So ist bekannt, daß in der Formatio reticularis spezifische Kerne an der Aufmerksamkeitsregulation und damit der

Aktivierung kortikaler Felder beteiligt sind. Neuronale Schleifen führen aber nicht nur zur Großhirnrinde, speziell zur Aktivierung der die „Konzeptbildung und -speicherung" (Changeux 1984) enthaltenden Regionen, sondern auch zum limbischen System. Nach unserem heutigen Wissen ist die Annahme gerechtfertigt, daß kortikale Konzeptbildung nach dem Prinzip der **Relevanz** erfolgt (A. Schütz, 1964). Neuronale Bahnen von Konzepten, welche einen zentralen Stellenwert im Wissensvorrat einnehmen, dürften demnach besonders stark mit den **limbischen Strukturen** vernetzt sein. In diesen Strukturen vollzieht sich nämlich der Vergleich neu eingehender Information mit dem vorhandenen Wissensvorrat, und in ihnen werden emotionale Zustände sowie motorische, kardiovaskuläre und viszerale Antworten auf das Ergebnis dieser Bewertung programmiert. Es zeigt sich hier somit deutlich, wie eng konsonante bzw. dissonante Umwelterfahrungen mit emotionalen Zuständen und neuroendokrin vermittelten physiologischen Aktivierungen gekoppelt sind. Abbildung 5-4 gibt einen schematischen Überblick über die einzelnen hierarchisch-systemisch geordneten zentralnervösen Ebenen.

Dieser bidirektional zwischen Großhirnrinde und Formatio reticularis verlaufende Verarbeitungsprozeß neu eintreffender Information vermittelt uns zumindest eine grobe Vorstellung darüber, wie relevante Information aus der Umwelt die **hypothalamischen Releasing-Faktoren** zu aktivieren und damit die differenten Kaskaden endogener Stimulation zu initiieren vermag. Ungeklärt bleibt damit freilich, was vom Individuum als „relevante Information" bewertet wird. Wie also sind **relevante Informationen**, signifikante Erfahrungen, zu charakterisieren? In welchen besonderen **neuronalen Aktivierungen** werden sie repräsentiert? Und wie vermögen diese besonderen Aktivierungen langfristig krankheitswertige endokrine, neu-

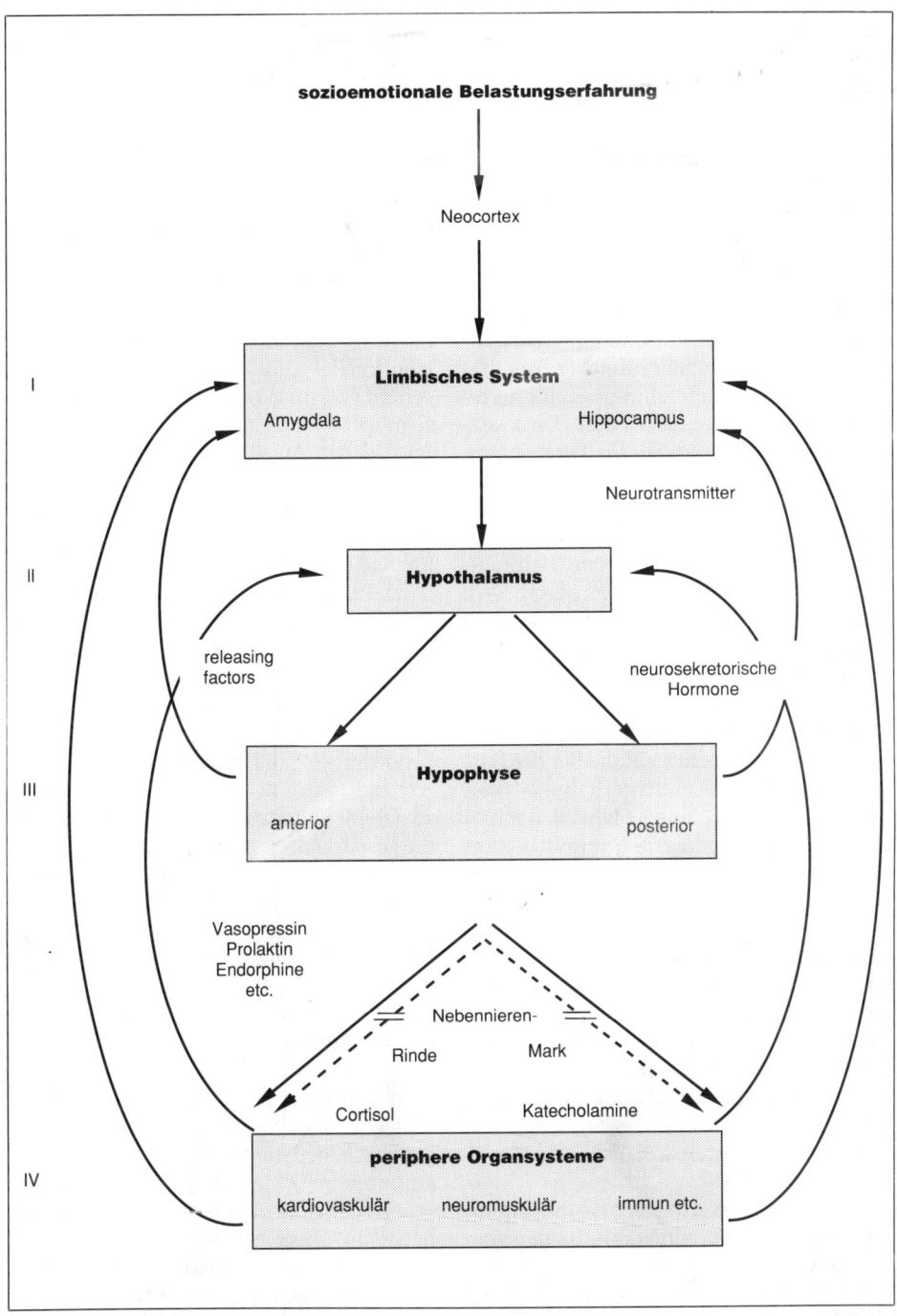

Abbildung 5-4   Vereinfachendes Schema der Organisation neuroendokriner Prozesse als Reaktion auf sozioemotionale Belastungen (nach Bohus et al. 1984).

Stress - Scala

ronale und immunmodulierte **Dysregulationen** zu bahnen?

Eine Beantwortung dieser Fragen wird in unserem Zusammenhang nur für einen begrenzten Bereich von Erfahrungen gesucht: für diejenigen Informationen, die für ein Individuum aus sozialen Handlungen generiert und für sein Selbst relevant werden.

Selbst und Zentralnervensystem: zur Genese von sozioemotionalem Distress

Selbstbewußtsein und Selbstwertgefühl sind beide an sprachlich repräsentierte reflexive Erfahrungen gebunden. Diese Erfahrungen haben das Ich im Vergleich zu anderen Personen, die Einzigartigkeit einer individuellen Erfahrungskumulation, die Thematisierung innerer Zustände (Befindlichkeiten) und das eigene zielorientierte Handeln zum Gegenstand. An sprachlich repräsentierte Wirklichkeitserfahrung gebunden, werden Informationen, die das Selbst betreffen, im Neocortex, und hier wiederum vorwiegend in der linken Hemisphäre, neuronal verarbeitet. Eine besonders wichtige Rolle bei der Entwicklung und Aufrechterhaltung von Selbstbewußtsein und Selbstwertgefühl spielen Erwartungen und konkrete Erfahrungen positiver Rückmeldungen (Belohnungen) initiierter Handlungen, und zwar nach Maßgabe der subjektiven Bedeutsamkeit dieser Handlungen. Je zentraler eine Belohnungserwartung oder -erfahrung im subjektiven Relevanzbereich eines Menschen ist, desto größer sind deren Folgen für das Selbstwertgefühl. Belohnungssensitive Neuronenverbände sind nach heutigem Wissen in erster Linie im präfrontalen Cortex lokalisiert (LeDoux 1987).

Interessanterweise reichen morphologische und funktionale Verbindungen vom präfrontalen Cortex direkt in limbische Strukturen, speziell in die Amygdala. Über sie werden autonome, neurohumorale und motorische Kontrollzentren im Hypothalamus und in extrahypothalamischen Strukturen eingeschaltet. Daraus läßt sich folgern, daß wichtige positive und negative Emotionen (limbisches System) und mit ihnen verbundene autonome Aktivierungszustände des Organismus vom Eintreffen (Erwartungserfüllung) bzw. Nichteintreffen (Erwartungsenttäuschung) von Belohnungen mit beeinflußt werden, die für das Selbst bedeutsam sind. Mit anderen Worten: **Selbstgratifikatorische Erfahrungen** bestimmen Art und Ausmaß emotionaler und autonomer Aktivierungen im Organismus in systematischer Weise mit.

Aus den Ausführungen der Kapitel 2.2 und 3 ist deutlich geworden, daß das Verfügen über einen sozialen Ort (sozialen Status) eine unabdingbare Voraussetzung für selbstgratifikatorische Erfahrungen darstellt. Denn nur im Medium sozialer Rollen sind Menschen in kontinuierlicher und zuverlässiger Weise in den sozialen Austausch, und damit in selbstgesteuerte, nach außen gerichtete Aktivitäten eingebunden. Chancen selbstgratifikatorischer Erfahrungen sind damit sozialstrukturell ungleich verteilt: Personen mit höherem sozialem Status bzw. mit Eigenschaften, die gesellschaftlich besonders hoch bewertet werden, haben mehr Möglichkeiten, befriedigende Gratifikationen der Vergesellschaftung zu erleben. Gratifikationskrisen und gleichzeitig besonders spürbare Restriktionen infolge sozialer Kontrolle sind dagegen in statusniedrigeren Gruppen häufiger zu erwarten.

In den Abschnitten 5.2.2 und 5.2.3 wird diese zentrale These einer Vermittlung von Sozialstruktur, Selbst und pathogenetisch bedeutsamen emotionalen und autonomen Aktivierungen exemplarisch erhärtet. Sie bildet den Kern einer soziogenetischen Theorie zentralnervös vermittelter somatischer Erkrankungen.

Erfahrungen der sozialen Verortung, der Statussicherung und der Reproduktion werden in einen neuronalen Kreislauf eingespeist, der an einer zentralen Stelle der Programmierung physiologischer Adaptationsprozesse liegt. Dabei werden Amygdala und Hippocampus bei basalen sozialen Gratifikationserfahrungen unterschiedlich aktiviert. Wir verdanken dem amerikanischen Sozialphysiologen James P. Henry ein heuristisch attraktives, durch die Forschung in Zukunft sicherlich zu modifizierendes **Modell** einer differentiellen Verknüpfung sozialer Gratifikationserfahrung und limbischer Aktivierung. Dieses Modell ist in Abbildung 5-5 dargestellt (Henry und Stephens 1977).

In dem auf umfangreichen tierexperimentellen Untersuchungen fußenden Modell wird angenommen, daß Situationen, welche zu Kontroll- und Steuerungsverlust führen, einseitig die Hippocampus-Hypothalamus-Hypophysen-Nebennierenrinden-Achse stimulieren (rechte Seite), während Kontrollbedrohungen, die durch aktives Eingreifen gemeistert werden, einseitig die Amygdala-Hypothalamus-Hypophysen-Nebennierenmarkachse (linke Seite) aktivieren. Von Situationen, die eine mit Eingreifen zu beantwortende Bedrohung evozieren, obwohl sie die Kontroll- und Steuerungsmöglichkeiten des Betroffenen überschreiten, ist eine simultane Aktivierung der beiden eingezeichneten Achsen zu erwarten.

Auf eine ausführliche Diskussion des Modells und eine Reihe notwendiger Ergänzungen, sowohl auf der Ebene verhaltenswissenschaftlicher Dimensionierung wie auch auf der Ebene differentieller hormoneller Aktivierungen, kann hier nicht eingegangen werden. Wichtig ist aber die Feststellung, daß das Modell eine Brücke zu pathophysiologisch bedeutsamen endokrinen Dysregulationen schlägt, indem es unterstellt, daß chronische, immer wiederkehrende Aktivierungen der genannten Art bestimmte neuroendokrin vermittelte **Funktionsstörungen** und damit langfristig auch entsprechende morphologische Endorganschädigungen nach sich ziehen.

Nachdem im Ansatz skizziert wurde, wie kortikal organisierte Konzepte der natürlichen und sozialen Umwelt über die limbischen Strukturen die hypothalamische Regulation neuroendokriner Aktivierungszustände beeinflussen, stellt sich jetzt die Frage, unter welchen Bedingungen eine solche Beeinflussung zu pathophysiologischen Entwicklungen führt. Wir sahen, daß diese Konzepte nach dem Prinzip der Relevanz geordnet sind und daß entsprechend der fundamentalen Bedeutung menschlicher Vergesellschaftungserfahrungen die rollen- und statusbezogenen Gratifikationen bzw. Gratifikationskrisen eine hohe Wahrscheinlichkeit besitzen, in den verschiedenen individuellen Relevanzsystemen an einer zentralen Stelle verortet zu sein. Eine aus dieser Betrachtung abgeleitete allgemeine Hypothese besagt, daß immer wiederkehrende, positiv verlaufende soziale Gratifikationserfahrungen einen protektiven Effekt auf Gesundheit ausüben, indem sie das „geordnete Zusammenspiel von Funktionen", d.h. die adaptiven Zeitmuster sekretorischer Regulation ebenso wie die physiologische Dosierung von Aktivierungszuständen sicherstellen. Chronifizierte, intensive, emotional negativ verlaufende Erfahrungen sozialer Gratifikationskrisen (Statusbedrohung, Statusverlust, grundlegende Rollenkonflikte etc.) besitzen demgegenüber einen schädlichen Einfluß auf den Organismus, indem sie zu Störungen zeitlicher Regulationsmuster wie auch zu exzessiven neurohumoralen Aktivierungszuständen führen.

Chronizität und **Intensität** sozioemotionaler Belastungserfahrungen scheinen demnach die beiden Dimensionen zu sein, welche das pulsamplituden- und frequenzmodulierte hormonelle Informationsgeschehen wesentlich beeinflussen. Wir können an dieser Stelle nicht auf pathophysiologische Modellvorstellungen eingehen, welche die dabei erwartbaren Störungen des Transformationsprozesses interzellulä-

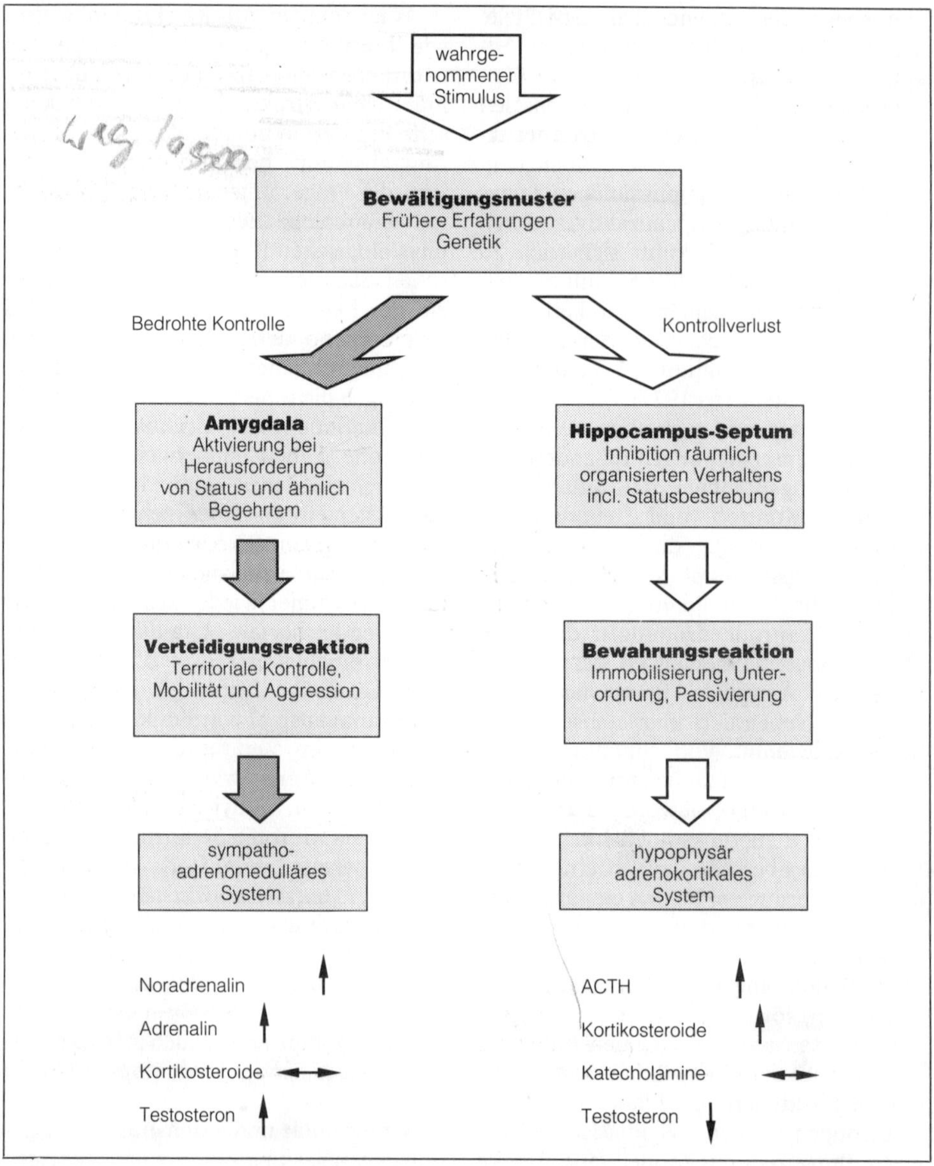

Abbildung 5-5   Schematische Darstellung des Zusammenhangs zwischen sozialen Stressoren, Kontrollchancen und Aktivierung von Streßachsen im Organismus (nach Henry und
Stephens 1977).

rer Kommunikation erklären. Es sei lediglich der Hinweis erlaubt, daß solche Modelle sowohl für den Fall exzessiver hormoneller Aktivierung bestehen (Beispiel: Desensibilisierung adrenerger Rezeptoren und Funktionsverlust der Rezeptor-Effektor-Koppelung; Lefkowitz et al. 1984), wie auch für den Fall einer zentralen Unterbrechung endokrin vermittelter Informationsweitergabe, welche zeitliche Muster hormoneller Aktivierung stört (Rivier et al. 1986).

Chronizität und Intensität sozioemotionaler Belastungserfahrungen **(Distress)** hängen, wie in Abbildung 5-5 nahegelegt wird, wesentlich von den **Kontrollchancen** eines Individuums über die für das Selbst wichtigen äußeren Belastungsbedingungen (Stressoren) ab:

- Verausgabung, die zu erfolgreichem Umgang mit Stressoren (speziell Anforderungs- und Bedrohungssituationen) führt, geht mit einer zwar intensiven, jedoch zeitlich begrenzten Aktivierung der Hypophysen-Nebennierenmarkachse einher. Nach dem Gesagten sind von solchen phasischen, zu erfolgreichen Handlungsergebnissen und damit zu neurohumoraler Deaktivierung führenden Verausgabungen keine krankheitswertigen Entwicklungen zu erwarten (sog. **Eustreß**).
- Anders ist dies in Leistungssituationen und in Situationen der Herausforderung, die nicht zu erwarteten Ergebnissen führen bzw. in denen Verausgabung gefordert wird, obwohl die Kontrollchancen gering sind. Unter diesen Bedingungen sind langanhaltende sympathoadrenerge Erregungen zu erwarten, die auch Hormone der Nebennierenrinde sowie Sexualhormone aktivieren (sog. **aktiver Distress**). Synergistisch wirkende, chronifizierte neurohormonale Aktivierungen in Situationen hoher Verausgabung und zugleich geringer selbstgratifikatorischer Kontrollchancen beeinträchtigen in erster Linie das Herz-Kreislauf-System.
- Werden Stressoren erfahren, welche eine aktive Kontrollmöglichkeit ausschließen bzw. zum eindeutigen Verlust der Kontrolle führen, so sind ebenfalls langandauernde neurohumorale

Aktivierungen zu erwarten, die sich jedoch vorwiegend auf die Hypothalamus-Hypophysen-Nebennierenrinden-Achse beziehen (sog. **passiver Distress**). Sie beeinträchtigen vor allem das menschliche Immunsystem und erhöhen damit immunvermittelte Erkrankungsrisiken.

Bei allen drei, hier idealtypisch dargestellten Formen neurohormoneller Aktivierungen werden zugleich über das limbische System **Emotionen** ausgedrückt. Dies bedeutet jedoch nicht, daß diese Emotionen in jedem Fall voll umfänglich vom betroffenen Individuum auch als entsprechend getönte **Gefühle** wahrgenommen werden (z.B. aktiver Distress: Gefühle der Verärgerung, Enttäuschung, Irritierung; passiver Distress: Gefühle der Ohnmacht, Hilflosigkeit, Hoffnungslosigkeit). Die Beziehung zwischen emotionaler Aktivierung und Gefühlswahrnehmung ist mindestens aus den folgenden Gründen mehrdeutig und komplex:

- Neuroanatomisch bestehen afferente Bahnen des limbischen Systems, die an den bewußtseinspflichtigen neokortikalen Strukturen vorbeiführen und somit sensorische Informationen aufnehmen, die im Bewußtsein nicht repräsentiert sind (LeDoux 1989). Interessant ist in diesem Zusammenhang auch neueste Befunde, die zeigen, daß eine angemessene Wahrnehmung bedrohlicher interpersoneller Signale vom intakten Zustand der Zellen der Amygdala abhängig ist (Adolphs et al. 1994)!
- Emotionsauslösende Erfahrungen können vorbewußt oder unbewußt bleiben. Dies kann der Fall sein bei den von psychoanalytischen Theorien angesprochenen traumatischen Selbsterfahrungen der frühen Kindheit. Ein anderer Grund liegt in der mangelnden Identifikationsmöglichkeit emotionsauslösender gesellschaftlicher Spannungen und Konflikte durch betroffene

Individuen im Alltagsleben. Als Folge werden eher diffuse, das Wohlbefinden beeinträchtigende Spannungen erlebt als deutliche Gefühle, welche die affektive Bewertung einer bewußt erlebten Situation durch ein Individuum ausdrücken.

- Bestimmte, im Bewußtsein registrierte negative Gefühle werden zwar durchaus vom Individuum thematisiert, jedoch sind sie so unerwünscht oder störend, daß ihre weitere kognitive Repräsentation nicht zugelassen wird. Verdrängung, Verleugnung und Fehlwahrnehmung sind diejenigen Mechanismen, welche zur Kontrolle unerwünschter Gefühle besonders häufig eingesetzt werden.

Pathogenetisch bedeutsamer sozioemotionaler Distress wird deshalb nie vollständig durch die subjektiven Äußerungen der Betroffenen durch ihre Gefühle und ihre wahrgenommenen Belastungen erfaßt. Dies hat weitreichende theoretische, methodische und praktische Konsequenzen, die heute allerdings erst ansatzweise in der medizinsoziologischen Forschung bearbeitet werden.

5.2.2 Sozioemotionaler Distress und Krankheit: medizinsoziologische Modelle

Eine der wichtigsten Aufgaben der Medizinischen Soziologie besteht darin, soziale Situationen zu definieren, in denen sozioemotionaler Distress mit so hoher Intensität auftritt, daß er über die skizzierten zentralnervösen Mechanismen die Entstehung organischer Erkrankungen mitbeeinflußt. Solche Situationen sind in der Regel jedoch nicht anhand „naiver" Alltagserfahrungen mit der notwendigen Präzision zu erkennen. Vielmehr benötigen wir hierzu den Rückgriff auf theoretische Konzepte oder Modelle.

In diesem Abschnitt sollen exemplarisch drei medizinsoziologische Modelle erläutert werden, die in den vergangenen fünfzehn Jahren mit besonderer Intensität empirisch überprüft und diskutiert worden sind. Ihre Auswahl vermag selbstverständlich der reichhaltigen Forschungslandschaft in diesem Gebiet nicht gerecht werden. Einer solchen Modellbildung stellen sich zunächst drei grundlegende Aufgaben. Die erste Aufgabe besteht darin, die in Frage kommenden **zentralen Dimensionen** „distressverdächtiger" sozialer Situationen herauszuarbeiten. Hierbei sind drei Dimensionen von größter Bedeutung:

- **1. Zeit, Dauer:**
  Allgemein gilt auch hier, wie in der naturwissenschaftlichen Krankheitslehre: Je länger die Expositionsdauer gegenüber belastenden Situationen, desto höher das Risiko. Wenn somit das Schwergewicht der Analyse auf **chronische Risikosituationen** gelegt wird, so ist dennoch anzumerken, daß auch **subakute** Belastungssituationen in Form von **lebensverändernden Ereignissen** (Brown u. Harris 1989) für das Krankheitsgeschehen von großer Bedeutung sein können (s. u.).

- **2. Qualität der evozierten Erfahrung:**
  Grundsätzlich können wir zwischen **pathogenen** und **protektiven** sozialen Situationen unterscheiden: Von pathogenen oder Risikosituationen sprechen wir dann, wenn diese bei den betroffenen Individuen mit hoher Wahrscheinlichkeit negative emotionale Reaktionen, insbesondere Gefühle der Bedrohung oder des Verlusts evozieren. Protektive Situationen evozieren dagegen positive, distressvermindernde Emotionen. Das erste der dargestellten Modelle (sozioemotionaler Rückhalt) spezifiziert protektive soziale Situationen.

- **3. Intensität der evozierten Erfahrung:**
  Die Intensität einer Distress-Erfahrung ist, wie wir bereits erwähnt haben, von

den Möglichkeiten individueller **Bewältigung** abhängig. Je geringer die **Kontrollierbarkeit** einer Situation und der eigenen Reaktion in dieser Situation, desto größer das Gefühl der **Bedrohung.** Dies gilt insbesondere, wenn existentielle Belange (Bedrohung des eigenen Lebens, Bedrohung oder Verlust des Lebens engster Angehöriger, lebenswichtiger Güter, sozialer Existenz) auf dem Spiel stehen. Das dritte der dargestellten Modelle (Modell beruflicher Gratifikationskrisen) unterscheidet beispielsweise drei Aspekte von Bedrohungserfahrungen, die mit Belohnungen im Berufsleben verbunden sind, wobei der dritte Aspekt, die Bedrohung der beruflichen Statuskontrolle (im schlimmsten Fall Arbeitslosigkeit) die größte Distress-Wirkung zu evozieren vermag.

Eine zweite Aufgabe der Modellbildung besteht darin, die verschiedenen Dimensionen der Belastungswirkung von Risikosituationen analytisch sinnvoll zu **kombinieren.** Ein gutes Beispiel hierfür bildet das zweite Konzept (Anforderungs-/Kontroll-Konzept im Erwerbsleben). Distress wird diesem Modell zufolge als Kombination aus den beiden Dimensionen („hohe Anforderung" und „geringer Kontroll- und Entscheidungsspielraum" definiert. Nur Arbeitsplätze, auf die beide Merkmale zugleich zutreffen, stellen soziale Risikosituationen (z. B. für Herz-Kreislauf-Erkrankungen; s. u.) dar. Das Beispiel verdeutlicht, daß in diesem wichtigen Gebiet der Streßforschung von einer theorielosen, am Alltagsverständnis orientierten Forschung keine Erkenntnisfortschritte erwartet werden können!

Drittens ist es schließlich notwendig, das **Wechselspiel** zwischen der soziologisch definierten Expositionsseite (**„soziale Risikosituationen"**) und der psychologisch definierten Dispositionsseite (**„individuelle Bewältigungsmerkmale"**) in einem Modell angemessen zu spezifizieren.

Nur auf diese Weise kann die an verschiedenen Stellen dieses Lehrbuches betonte Interdependenz zwischen Individuum und sozialer Umwelt Berücksichtigung finden. Auch diese Aufgabe wird nachfolgend erläutert, und zwar anhand des Modells beruflicher Gratifikationskrisen. Eine der beiden zentralen Komponenten des Modells, die „Intensität beruflicher Verausgabung" ist als Ergebnis zweier Wirkgrößen, der von außen an die Person gestellten Anforderungen (Risikosituation) und von der Person stammenden Verausgabungsbereitschaft (Risikodisposition, z. B. übersteigerte berufliche Kontrollbestrebungen, exzessive Leistungsmotivation) modelliert.

Damit wird eine **Brücke** geschlagen zu der allgemeinen **theoretischen Basis** eines soziopsychosomatischen Krankheitskonzeptes, die wir am Ende des dritten Kapitels (s. Abb. 3-3) skizziert haben. Danach resultieren **krankheitswertige Distress-Erfahrungen** aus Diskrepanzen zwischen sozioemotionalen Motivationen von Individuen (befriedigende Wirksamkeit in einem bedeutsamen sozialen Umfeld [z. B. Beruf], positive Selbstbewertung anhand zugewiesener sozialer Belohnungen [z. B. Geld, Anerkennung], gelungene Einbindung, Integration in ein erstrebtes soziales Beziehungsnetz) und den dazu erforderlichen, an den Sozialstatus einer Person gebundenen „Optionen".

Verdeutlichen wir anhand einiger **Beispiele** die Dramatik solcher **Diskrepanzerlebnisse.** Wer viel leistet (z. B. angelernter Arbeiter, der auf Akkordarbeit angewiesen ist, um den Lebensstandard seiner Familie zu sichern) und dafür vergleichsweise wenig (Lohn, Anerkennung, berufliche Aufstiegschancen) erhält, besitzt ein hohes Risiko, chronische Distresserfahrungen zu erleben. Wer begabt und leistungsbereit ist, jedoch aufgrund fehlender Arbeitsplätze diese Motivationen nicht realisieren kann, ist ebenso gefährdet (besonders kritisch ist unter diesem Aspekt die Jugendarbeitslosigkeit bzw. Arbeitslosigkeit nach qualifizierter Ausbildung zu sehen!). Wer aus einem anderen Kulturkreis kommend in ein Industrieland einwandert (und dabei mit hoher Wahrscheinlichkeit seine vertrauten Muster der Selbstbewertung aufgeben muß) und wer zugleich keinen Anschluß an neue soziale Gruppen findet oder schlimmer noch, soziale Ausgrenzung und Abweisung erfährt, ist in hohem Maß distressgefährdet (psychosoziale Kosten der Armuts- und Kriegsmigration!). Wer als Mutter mehrerer Kinder ohne Ausbildung und Berufserfahrung vom Ehemann verlassen wird (d. h. wer eine wesentliche Quelle der Selbstbewertung und der sozialen Einbindung durch dieses lebensverändernde Ereignis verliert), ist hochgradig distressgefährdet.

Solche Beispiele lassen sich in großer Zahl finden. Die zentrale Botschaft lautet stets: Es ist die Diskrepanz zwischen den vom Individuum ausgehenden **sozioemotionalen Motivationen** und den von der Gesellschaftsstruktur gebotenen oder verweigerten **statusgebundenen Optionen,** welche krankheitswertige Distress-Erfahrungen erzeugt. Gerichtete, sozialisierte Antriebsenergien (Motivationen) von Menschen, die im Medium sozialen Handelns und sozialer Austauschbeziehungen nicht (angemessen) realisiert werden können, sondern im Gegenteil blockiert (oder enttäuscht) werden, schlagen sich nieder in **zentralnervösen Daueraktivierungen** mit langfristig pathophysiologisch ungünstigen Folgen.

> Eine wichtige Aufgabe der **ärztlichen Gesprächsführung,** vor allem in der **Sozialanamnese,** besteht darin, in der Krankengeschichte mögliche Konstellationen von chronischem sozioemotionalem Distress (ebenso wie von entlastenden protektiven sozioemotionalen Potentialen) herauszuarbeiten. Die hier und im folgenden genannten Gesichtspunkte sind dabei von Bedeutung.

Das Modell sozioemotionalen Rückhalts

Das Konzept des sozioemotionalen Rückhalts haben wir bereits im 3. Kapitel erläutert. Dort wurden seine Funktionen für den unterstützungsbedürftigen einzelnen dargestellt. Im wesentlichen lassen sich die dort erwähnten Funktionen auf drei Sachverhalte beziehen:

- die Quantität und Qualität des **sozialen Netzwerkes,** d. h. des Gesamt der sozialen Beziehungen, in die ein Individuum mit einiger Zuverlässigkeit eingebunden ist (Netzwerk);
- die faktische Verfügbarkeit von **Hilfeleistungen,** die durch nahestehende andere in schwierigen, kritischen Situationen erbracht werden (Krise);
- die subjektive Bewertung der **Angemessenheit** von oder Zufriedenheit mit verfügbarem sozioemotionalem Rückhalt.

In der Forschung besteht heute noch keine Einigkeit über die relative Bedeutung eines jeden der drei Aspekte. Die wichtigste distressgenerierende Konstellation ist sicherlich die eines schwachen, wenig stabilen sozialen Netzwerks mit geringer Verfügbarkeit von Krisenhilfe (bei zugleich hoher Bedürftigkeit) und wahrgenommener Unzulänglichkeit der vorgegebenen Vergesellschaftungssituation. Diese Konstellation ist bei Mitgliedern niedrigerer sozialer Schichten häufiger vorzufinden (s. u. Abschnitt 5.2.3).

Ebenfalls keine Einigkeit besteht heute in der Forschung bezüglich der Wirkungsweise von sozialem Rückhalt im Distress-Geschehen. Zwei Modelle sind in diesem Zusammenhang immer wieder untersucht worden. Sie sind in Abbildung 5-6 als Modell A und Modell B gekennzeichnet.

Modell A geht davon aus, daß fehlender oder schwacher sozialer Rückhalt für sich genommen eine chronische soziale Risikosituation darstellt, die Distress (und damit erhöhte Erkrankungsgefahr) auszulösen vermag (das Minus-Zeichen in der Abbildung bedeutet: je besser der Rückhalt, desto niedriger das Distress-Ausmaß). In diesem Modell sind es vor allem die sozialen Netzwerkmerkmale, die Erklärungskraft besitzen.

Modell B geht demgegenüber davon aus, daß sich die gesundheitsrelevanten Wirkungen von Rückhalt erst offenbaren, wenn eine chronische oder subakute soziale Risikosituation vorliegt. Guter sozialer Rückhalt wirkt in einer solchen Situation als „Puffer", der das Ausmaß erlebter Distress-Wirkung abzumildern vermag (das Plus-Zeichen in der Abbildung bedeutet: je schwieriger die soziale Risikosituation, desto höher die Distress-Wirkung, falls der mildernde Effekt von gutem sozialem Rückhalt (Minus-Zeichen) fehlt. In diesem Modell ist in erster Linie der Krisen-Rückhalt von Bedeutung.

Die **empirische Forschung** zum Zusammenhang von sozialem Rückhalt und Krankheit ist heute kaum mehr überschaubar. Gute neuere Zusammenfassungen und/oder interessante Neuentwicklungen finden sich u.a. bei Berkman (1984), Cohen u. Syme (1985), Landis (1988), Sarason u. Sarason (1985), Sarason et al. (1989), Schwarzer u. Leppin (1989), Shumaker u. Czajkowski (1993), K. Siegrist (1986), M. Waltz (1994). Im folgenden sollen lediglich einige exemplarische Studien zu den beiden Modell-Versionen vorgestellt werden, bevor in Abschnitt 5.2.4 auf die praktischen Konsequenzen eingegangen wird, welche sich aus diesen Forschungen ergeben.

• **Roseto-Studie:**
Roseto ist eine in Pennsylvanien in den USA gelegene italienisch-amerikanische Gemeinde, in welcher bis in die siebziger Jahre eine intakte, traditionell italienische Sozialordnung bestand. Sie war durch starke familiäre Bindungen, einen regen öffentlichen Austausch und eine zentrale gesellschaftliche Stellung der älteren Familienmitglieder charakterisiert. In Roseto war die Sterblichkeit an Herzinfarkt in einem siebenjährigen Beobachtungszeitraum weniger als halb so hoch wie in vier umliegenden akkulturierten (d.h. an den amerikanischen Lebensstil angepaßten) Gemeinden, nach Kontrolle von Alter und Geschlechtsverteilung. Unterschiede in der Ernährung, im Körpergewicht und in anderen wichtigen körperlichen Risikofaktoren konnten diese Differenz nicht annähernd erklären. Die Studie legt zumindest nahe,

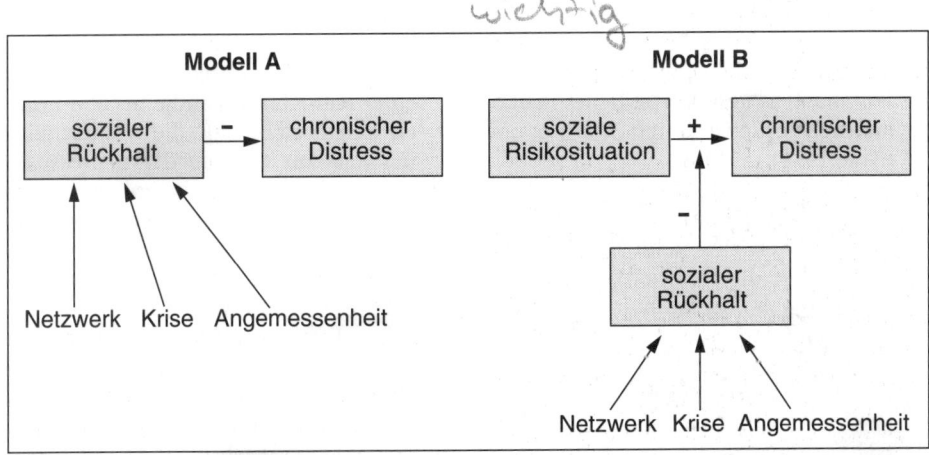

Abbildung 5-6   Das Modell des sozioemotionalen Rückhalts.

daß der besondere soziale Rückhalt in der Gemeinde eine Schutzwirkung auszuüben vermag (Wolf 1966).

• **Studie japanischer Einwanderer in die USA:**
In die gleiche Richtung weisen Ergebnisse zweier umfangreicher Migrationsstudien. Die erste Studie verglich koronare Herzkrankheiten bei drei Gruppen von Japanern: einer Gruppe im Heimatland Verbliebener, einer Gruppe nach Hawaii und einer Gruppe nach Kalifornien ausgewanderter Personen. Auch nach statistischer Kontrolle von Cholesterin, Ernährungsgewohnheiten, Blutdruck und Rauchen zeigte sich, daß im Heimatland die niedrigste und in Kalifornien die höchste Koronarmorbidität und -mortalität der Japaner bestand (Syme et al. 1964). Innerhalb der nach Kalifornien Ausgewanderten ließen sich allerdings in einer Folgestudie zwei Gruppen unterscheiden: Japaner, die den traditionellen soziokulturellen Lebensstil im Gastland weiter pflegten und Japaner, die sich an den westlichen Lebensstil angepaßt hatten. Auch hier wiederum war die Koronarsterblichkeit signifikant geringer in der Gruppe der traditionell lebenden im Vergleich zu den „verwestlichten" Japanern. Und auch hier gelang es nicht, die markanten Unterschiede allein auf Ernährungsgewohnheiten und körperliche Risikofaktoren zurückzuführen (Marmot und Syme 1976).

• **Alameda-County-Studie:**
In einer Zufallsstichprobe von 6928 Erwachsenen des kalifornischen Bezirks wurde die Sterblichkeit in einem neunjährigen Zeitraum in Abhängigkeit vom Grad des sozialen Rückhalts untersucht. Hierzu wurde ein Index sozialer Unterstützung konstruiert, der Zahl und subjektive Bedeutung enger Bindungen (Ehe, Freundschaft), sowie die Einbindung in das Vereins- und kirchliche Leben in der Gemeinde berücksichtigte (Bildung von vier ordinalen Kategorien sozialer Einbindung anhand der in Interviews erhaltenen Daten). Die in Abbildung 5-7 dargestellten Ergebnisse zeigen für Männer und Frauen und, mit einer Ausnahme, für alle Altersgruppen einen hoch signifikanten linearen Trend: Je besser der soziale Rückhalt, desto niedriger die Sterberate (Berkman und Syme 1979). Der Zusammenhang zwischen alters- und geschlechtsspezifischer Sterblichkeit und sozialer Einbindung konnte in dieser Studie weder auf allgemeine Gesundheitsrisiken wie Rauchen, Fehlernährung und Übergewicht, körperliche Bewegung und Alkohol, noch auf unterschiedliche Inanspruchnahme medizinischer Einrichtungen zurückgeführt werden. Die Daten zeigen deutlich, daß guter sozialer Rückhalt einen protektiven Einfluß auf die allgemeine Sterblichkeit besitzt.

• **Studien zum „Puffer"-Effekt sozialen Rückhalts:**
Die vielleicht interessantesten Studien zu diesem Modell stammen aus der Arbeitsgruppe des englischen Medizinsoziologen George W. Brown (Brown u. Harris 1978, 1989) und befassen sich mit dem Zusammenhang zwischen belastenden Lebensereignissen und Ausbruch einer Depression bei Frauen. In einer Fall-Kontrollstudie bei 458 Frauen zeigte sich, daß die Wahrscheinlichkeit, zur Gruppe der depressiven Frauen zu gehören, deutlich erhöht wurde, wenn ein oder mehrere schwere belastende Lebensereignisse während der vergangenen Jahre erlebt wurden. Allerdings war der größte Teil dieses Effektes auf die Subgruppe der Frauen zurückzuführen, die zusätzlich zu den erfahrenen Lebensereignissen noch durch das Fehlen einer intimen, tragfähigen Beziehung (häufig mit dem Ehepartner) belastet waren. Von allen

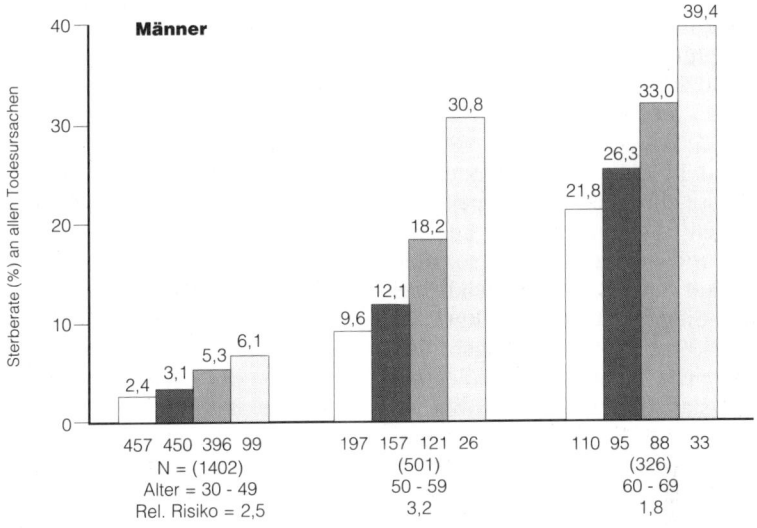

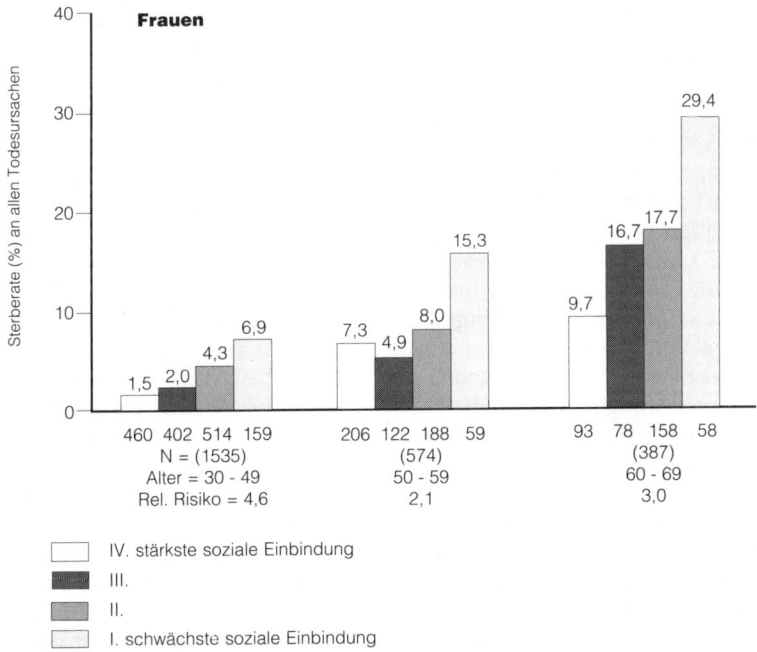

Abbildung 5-7   Sterblichkeit in Abhängigkeit vom Grad der sozialen Einbindung (Alameda-County-Studie) (nach Berkman und Syme 1979).

Frauen, die in diese soziale Risikogruppe eingeordnet wurden, waren 41% depressiv, während in der durch Lebensereignisse belasteten Gruppe mit gutem sozialem Rückhalt nur 10% depressiv waren (Brown u. Harris 1978).

Wichtig sind in diesem Zusammenhang die Ergebnisse einer bedingt prospektiven Studie zu den Effekten schwerer Lebensereignisse und mangelhaften sozialen Rückhalts auf das Brustkrebsrisiko bei Frauen, die Siegfried Geyer durchgeführt hat (Geyer 1991). Er konnte zeigen, daß das Risiko eines malignen Befundes bei den Frauen statistisch deutlich erhöht ist, die mindestens ein sehr schweres belastendes Lebensereignis in den vergangenen Jahren erlebt haben (schweres Verlustereignis oder Bedrohung der eigenen Identität) und über keinen guten sozialen Rückhalt verfügten. Da dieser Effekt unabhängig vom Alter und familiären Risiko der Frauen besteht, bietet sich eine streßphysiologische bzw. psychoneuroimmunologische Erklärung im Rahmen eines Tumor-Promotions-Modelles an (s. Fox u. Newberry 1984, Ader 1989).

Eine ebenfalls sehr umfangreiche, wichtige und praktisch bedeutsame Forschungstradition gibt es, auch ohne expliziten Bezug zum „Puffermodell" sozialer Unterstützung, zum Thema **„Partnerverlust"**. Verringerung der Immunkompetenz (Bartrop et al. 1977, Schleifer et al. 1983, Kiecolt-Glaser et al. 1987), vermehrte Herzrhythmusstörungen und höhere Neuerkrankungsraten an koronaren Herzkrankheiten (Parkes et al. 1969, Lynch 1979) sowie ungünstigere Prognose nach dokumentierter Tumorerkrankung (bei Kontrolle von Tumorstadium, Therapieform, Alter und Geschlecht; vgl. Goodwin et al. 1987) belegen die Bedeutung intimer sozioemotionaler Bindungserfahrungen für Gesundheit und Wohlergehen.

In die gleiche Richtung weisen die inzwischen zahlreichen Studien zum Zusammenhang zwischen Verlust des Arbeitsplatzes und gesundheitlicher Gefährdung (als Übersicht s. Siegrist 1995). Die Distress-Dynamik dieser Erfahrung wird allerdings auf dem Hintergrund des Modells beruflicher Gratifikationskrisen besser verständlich (s. u.).

Das Anforderungs-/Kontroll-Modell
(job strain)

Chronische soziale Risikosituationen im Erwachsenendasein beziehen sich besonders häufig auf das **Erwerbsleben.** Auf die zentrale Rolle des Erwerbslebens in der Soziologie des Lebenslaufes haben wir im 2. Kapitel ausführlich hingewiesen. Die beiden nachfolgenden Modelle untersuchen daher, aus jeweils etwas unterschiedlichem Blickwinkel, die Rolle chronischer psychomentaler und sozioemotionaler Belastungserfahrungen im Beruf.

Das *job-strain*-Modell ist ursprünglich von dem amerikanischen Soziologen Robert A. Karasek entwickelt und später von Töres Theorell und Jeffrey Johnson erweitert worden (eine ausführliche Darstellung der Theorie, der empirischen Ergebnisse und praktischen Konsequenzen findet sich in dem Buch „Healthy Work" von R. Karasek und T. Theorell [1990]).

Die Grundidee dieses Konzepts besteht darin, Belastungserfahrungen aus der **Kombination** zweier entscheidender Dimensionen von Arbeitsinhalten abzuleiten: der Dimension der Menge und Beschaffenheit von **Anforderungen** an den Inhaber eines Arbeitsplatzes und der Dimension der **Kontrollierbarkeit** der Arbeitsaufgabe bzw. des Arbeitsprozesses im Rahmen der vorgegebenen Arbeitsteilung. Nach Meinung des Autors ist heute eine zunehmende Zahl von Arbeitsplätzen bestimmt durch quantitativ hohe psychomentale Anforderung (z. B. in Form von Zeitdruck) bei gleichzeitig geringer Kontrolle über die Arbeitsaufgabe und deren Ergebnis (z. B. bei der klassischen Fließbandarbeit).

Mit geringer Kontrolle über Arbeitsinhalte und -prozesse gehen zwei psychologisch folgenreiche Erfahrungen einher: die Erfahrung geringen Entscheidungsspielraumes, damit geringer Autonomie der arbeitenden Person, und die Erfahrung mangelnder bzw. einseitiger Nutzung der persönlichen Fähigkeiten. Aus Abbildung 5-8 geht hervor, daß chronischer Distress als Ergebnis einer Kombination aus Erfahrungen (quantitativ) hoher Arbeitsanforderungen und (qualitativ) niedriger Entscheidungs- und Kontrollmöglichkeiten betrachtet wird. In dem entsprechenden Vierfelder-Diagramm ist es die Konstellation, die idealtypisch im unteren Quadranten rechts abgebildet ist. Erstrebenswert im Sinne der Gesundheitsförderung wären nach diesem Modell Arbeitsplätze mit

einem „aktiven" Aufgabenprofil (oberer Quadrant rechts).

Diese zweidimensionale Konzeption ist vor einiger Zeit um eine dritte erweitert worden, diejenige des **sozialen Rückhalts** am Arbeitsplatz. Fehlt zusätzlich der soziale Rückhalt am Arbeitsplatz, so ist die Distress-Wirkung dieses Geschehens weiter erhöht. In Abbildung 5-9 wird diese besonders belastende Bedingung „Iso-Strain" („Iso" steht für soziale Isolation) genannt. Man ersieht daraus, daß Beschäftigte an Arbeitsplätzen mit hohen „Iso-Strain"-Werten ein deutlich höheres Risiko besitzen, Herz-Kreislauf-Krankheiten zu erleiden, als Beschäftigte mit niedrigen Werten (Karasek u. Theorell 1990).

Das zitierte Ergebis ist nur eines von vielen, die beinahe ausschließlich in die

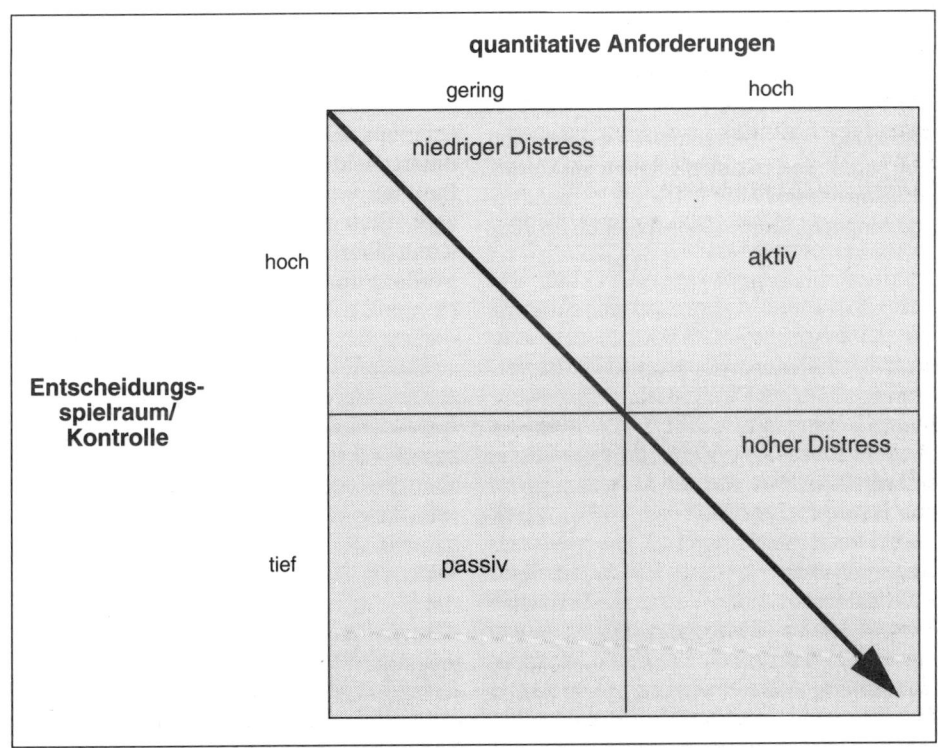

Abbildung 5-8   Das Anforderungs-/Kontroll-Modell beruflicher Belastungen.

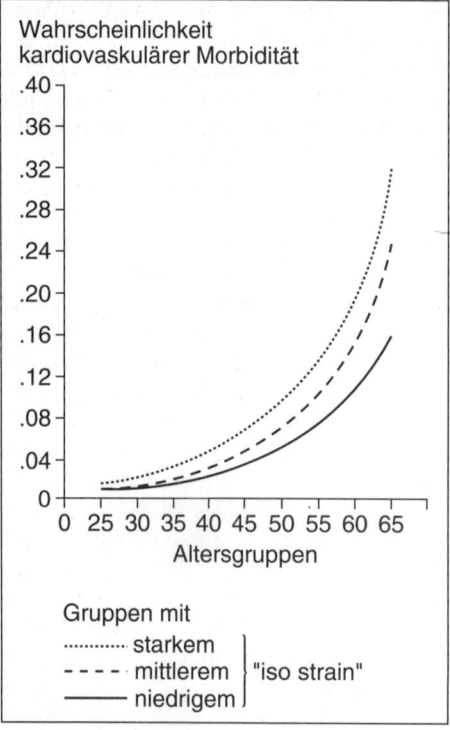

Wahrscheinlichkeit
kardiovaskulärer Morbidität

Altersgruppen

Gruppen mit

.... starkem
- - - - mittlerem } "iso strain"
———— niedrigem

Abbildung 5-9   Der kombinierte Effekt von „job strain" und sozialer Isolation auf kardiovaskuläre Krankheiten (N = 7219 berufstätige Männer). Quelle: Johnson et al. 1990.

gleiche Richtung weisen: Inhaber von Arbeitsplätzen mit hohen *job-strain*-Werten sind etwa zwei- bis viermal so stark gefährdet, vorzeitig, d.h. im Alter zwischen 35 und 65 Jahren einen **Herzinfarkt** zu erleiden oder zumindest Risikofaktoren wie **hohen Blutdruck** oder **hohe Blutgerinnung** aufzuweisen, unabhängig von ihrem erblichen oder durch gesundheitsschädigendes Verhalten herbeigeführten konoraren Risiko. Interessant sind ferner Befunde, die zeigen, daß verstärkte Ausschüttung von **Streßhormonen** ebenso wie Häufung von **Blutdruckspitzen** während der Arbeitszeit (durch ambulante Blutdruckmessung am Arbeitsplatz erfaßt) bei Inhabern von Berufen mit hohen *job-strain*-Werten vermehrt zu finden sind (Theorell 1992).

Das Modell beruflicher Gratifikationskrisen

In unserer eigenen Arbeitsgruppe ist dieses in Abbildung 5-10 dargestellte Modell entwickelt und getestet worden. Obwohl ebenfalls auf das Erwerbsleben bezogen, unterscheidet es sich in zwei wichtigen Punkten von dem eben diskutierten Konzept. Erstens steht nicht der Aspekt der Kontrollierbarkeit einer Arbeitsaufgabe im Vordergrund, sondern der Aspekt der **Be-**

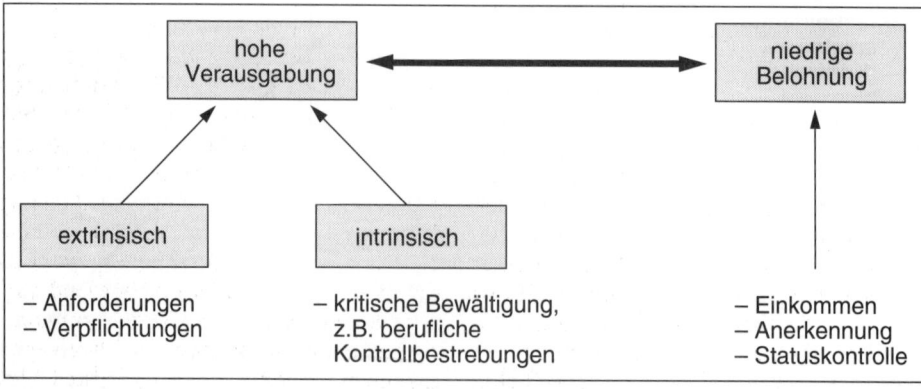

Abbildung 5-10   Das Modell beruflicher Gratifikationskrisen.

lohnung, die für eine erbrachte Arbeitsleistung gewährt wird. Das Mißverhältnis zwischen hoher Verausgabung am Arbeitsplatz und vergleichsweise geringer Belohnung wird von uns als distressevozierende Gratifikationskrise betrachtet, weil hier ein für das sozioemotionale Moviationsgefüge zentrales Gleichgewicht gestört wird (s. Abbildung 3-3): Günstige Selbstbewertung (aufgrund hoher Wirksamkeit im Arbeitsleben) und ungünstige Fremdbewertung (aufgrund nicht angemessen gewährter Gratifikationen) erzeugen einen schwer lösbaren emotionalen Konflikt. Besonders gravierend wird er, wenn Belohnungskrisen nicht nur in Form geringer Löhne oder mangelnder Anerkennung, sondern in Form blockierten beruflichen Fortkommens, beruflichen Abstiegs oder gar eines Verlusts des Arbeitsplatzes erfahren werden.

Der zweite Unterschied zu dem *job-strain*-Konzept besteht, wie bereits oben erwähnt, in der expliziten Einbeziehung von Merkmalen der Person in das Modell. Mit der Definition einer **personalen Risikodisposition** („übersteigerte berufliche Kontrollbestrebungen") ergänzen wir die von außen erzwungene (extrinsische) um eine von innen entgegengebrachte (intrinsische) Verausgabungsbereitschaft. Erst durch die Kombination von situativen und personalen Anteilen der Verausgabung wird unserer Meinung nach eine für das individuelle Distress-Geschehen spezifizierte Vorhersage möglich.

Das Modell beruflicher Gratifikationskrisen ist in dem Buch „Soziale Krisen und Gesundheit" ausführlich in seinen theoretischen Grundlagen, seinen empirischen Befunden und praktischen Implikationen dargestellt worden (Siegrist 1995). Besonders intensiv ist es im Rahmen einer sechseinhalbjährigen prospektiven Studie an Industriearbeitern getestet worden, in welcher direkte statistische Beziehungen zwischen vier Indikatoren beruflicher Gratifikationskrisen, die zu Beginn der Studie anhand von Interviews und Fragebogen erfaßt wurden, und der Neuerkrankungsrate an **Herzinfarkt** in den nachfolgenden sechseinhalb Jahren zu beobachten waren: Bei Vorliegen von Statusinkonsistenz (s. u. Kap. 2.2), befürchtetem Arbeitsplatzverlust (Indikatoren begrenzter beruflicher Gratifikationschancen), starkem Zeitdruck und hohem Kontrollbedürfnis am Arbeitsplatz (Indikatoren extrinsischer und intrinsischer Verausgabung) fand sich ein jeweils drei- bis vierfach erhöhtes relatives Risiko der Herzinfarkterkrankung. Diese Risiken ergaben sich nach statistischer Kontrolle der wichtigsten bekannten koronaren Risikofaktoren. Wenn man allerdings, wie Abbildung 5-11 verdeutlicht, die Schätzung der Wahrscheinlichkeit, einen Infarkt zu erleiden, unter Zuhilfenahme beider Variablengruppen, der bekannten somatischen und der neu etablierten psychosoziologischen Risikofaktoren, durchführt, so zeigt sich eindrucksvoll das Zusammenwirken dieser **Risikokonstellation:** Wenn vier der in der Abbildung genannten somatischen Risikofaktoren gegeben sind und Industriearbeiter mindestens durch **ein** Merkmal hoher Verausgabung und **ein** Merkmal geringer Gratifikationschancen gekennzeichnet sind, dann erhöht sich die Wahrscheinlichkeit, einen Herzinfarkt im Beobachtungszeitraum zu erleiden (und leider vergleichsweise häufig daran auch zu versterben) auf über 85%.

Die drei Modelle haben die Bedeutung **medizinsoziologischer Theoriebildung** für die sozialepidemiologische, letztlich aber auch klinischmedizinische Arbeit herausgestellt. Viele weiterführende Fragen, wie z. B. die Frage, ob das Erleben von chronischem sozioemotionalem Distress nur für bestimmte körperliche Krankheiten (wie in unserem Fall vorwiegend dargestellt: den kardiovaskulären Erkrankungen) bedeutsam ist, oder ob damit eine allgemein erhöhte Verwundbarkeit des Organismus und seiner verschiedenen funktionalen Systeme gegeben ist, müssen hier offenbleiben. Bevor wir die wichtige Frage der praktischen Bedeutung dieser neuartigen Informationen für die Medizin behandeln, wollen wir jedoch versuchen, an diesem Punkt unserer Erkenntnisse eine Brücke zu den allgemeinen medizinsoziologischen Grundlagen zu schlagen.

5.2.3 Soziale Ungleichheit und Krankheit: eine medizinsoziologische Neubestimmung

Im 2. Kapitel haben wir das Konzept der sozialen Schichtung, im 3. Kapitel die schichtspezifischen Sozialisationsbedingungen kennengelernt. Abschnitt 5.1 hat gezeigt, anhand welcher theoretischer Konzepte das ungünstige Gesundheitsverhalten erklärt werden kann, welches in niedrigeren sozialen Schichten häufiger vorgefunden wird. Jetzt stellt sich für uns die Frage, ob es möglich ist, die streßtheoretisch ausgerichteten medizinsoziologischen Forschungsergebnisse mit den Erkenntnissen zur schichtspezifischen Verteilung von Morbidität und Mortalität in Zusammenhang zu bringen.

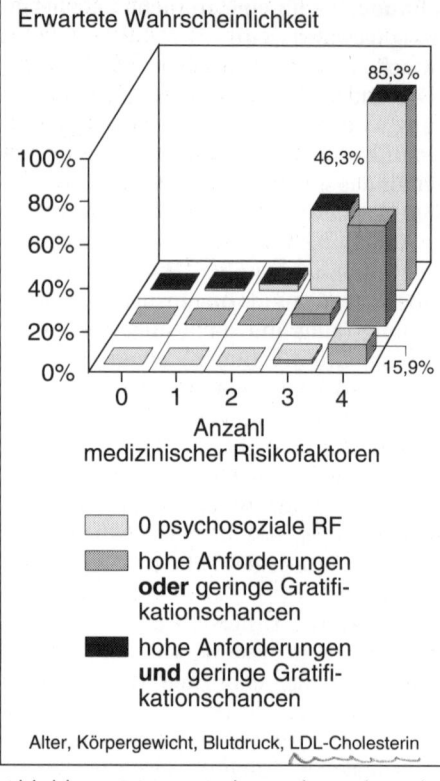

Abbildung 5-11 Medizinische und psychosoziale Prädiktoren der Infarkt-Inzidenz (6,5 Jahre) (N = 263 Industriearbeiter) (nach Siegrist et al. 1990).

Es empfiehlt sich, zunächst die Frage zu untersuchen, ob überhaupt und falls ja, in welchem Umfang eine schichtenspezifische Verteilung wichtiger Krankheiten in entwickelten Industriegesellschaften noch vorzufinden ist. Soziale Ungleichheiten bei **altersstandardisierten Sterberaten,** vor allem im jungen und mittleren Erwachsenenalter, stellen den sichtbarsten und tiefgreifendsten Einfluß sozialer Faktoren auf die Verwirklichung von Lebenschancen und Lebenszielen dar, soweit diese über Gesundheit und Krankheit vermittelt wird. Eine umfangreiche medizinsoziologisch-sozialepidemiologische Literatur hat Umfang und zeitliche Entwicklung dieser Zusammenhänge in einer

großen Zahl von Industriestaaten dokumentiert (als Überblick Fox 1988, Davey Smith et al. 1990, Mielck 1994, Marmot 1994).

Für Großbritannien ist belegt, daß die Mortalitätsunterschiede im Erwerbsalter nach sozioökonomischen Kriterien nicht nur fortbestehen, sondern sich seit Beginn der achtziger Jahre im Vergleich zum davorliegenden Dezennium vergrößert haben: Während 1971 die standardisierte Sterblichkeitsziffer für 15–64jährige Männer in der untersten Schicht 1,8mal so hoch war wie in der höchsten, betrug die Verhältniszahl 1991 2,4. Analoges zeigt sich, wenn man die verlorenen Lebensjahre nach Sozialschicht berechnet. Auch innerhalb eines Beschäftigungssektors (z. B. öffentlicher Dienst in London) zeigt sich ein ausgeprägter **sozialer Gradient** der Mortalität nach beruflicher Stellung mit einem ca. dreifach erhöhten Sterberisiko der niedrigsten im Vergleich zur höchsten Berufsgruppe (s. u.).

Aber auch andere Kriterien sozialer Ungleichheit wie Bildungsgrad, Einkommen, Wohnsituation belegen entsprechende Zusammenhänge. Daten aus Dänemark, Finnland, Norwegen und Frankreich weisen in die gleiche Richtung: Un- und angelernte Arbeiter haben eine doppelt so hohe Mortalität wie Akademiker, in Frankreich sogar eine vierfach erhöhte Sterblichkeit. Neben Unfällen spielen Herz-Kreislauf-Krankheiten, Krebs und Leberzirrhose als Todesursache eine besondere Rolle. Es ist wichtig, immer wieder darauf hinzuweisen, daß ein Sozialgradient der Mortalität besteht; es sind nicht nur die Mitglieder der untersten Sozialschicht gegenüber dem Rest der Gesellschaft in besonderer Weise benachteiligt, sondern es existiert ein systematischer Zusammenhang: je höher der sozioökonomische Status, desto niedriger die Sterblichkeit. Bezogen auf das Bildungsniveau bedeutet dies für die skandinavischen Länder beispielsweise (Männer 35–64 Jahre): mit jedem Jahr zusätzlicher Ausbildung verringert sich die Sterblichkeit um acht bis zehn Prozent!

Neueste Daten aus den USA belegen nicht nur den Zusammenhang zwischen Ausbildung oder Einkommen und Sterblichkeit bei schwarzen und weißen Männern und Frauen, sondern auch die Verschärfung sozialer Ungleichheiten der Lebenserwartung in den vergangenen Jahren. Obwohl die Sterblichkeit im Zeitraum von 1960 bis 1986 insgesamt deutlich rückläufig war, war dieser Rückgang bei den Bessergebildeten mit 50 Prozent wesentlich stärker ausgeprägt als bei den Gruppen mit schwacher Schulbildung, wo er lediglich 15 Prozent betrug.

Weiße Männer (25 bis 64 Jahre) mit weniger als 12 Schuljahren weisen zur Zeit eine Sterbeziffer von 7,6 auf 1000 auf, dagegen diejenigen mit vier und mehr Jahren Collegeausbildung eine Sterbeziffer von 2,8. Schichtet man die Bevölkerung nach Einkommen, so sind die Unterschiede sowohl bei Männern wie bei Frauen noch weit deutlicher ausgeprägt (Pappas et al. 1993).

Zusammenfassend können wir festhalten, daß die **Sterblichkeit im Erwerbsalter** in allen entwickelten Industriegesellschaften, aus denen verwertbare Daten vorliegen, **schichtenspezifisch variiert,** und zwar bei Männern stärker als bei Frauen, bei Jüngeren stärker als bei Älteren. Die Zusammenhänge sind in der Regel **linear:** je ungünstiger der sozioökonomische Status, desto höher die Sterblichkeit. Faktoren wie Verfügbarkeit, Inanspruchnahme und Qualität medizinischer Leistungen spielen bei der Erklärung lediglich eine untergeordnete Rolle. Das Hauptgewicht kommt schichtenspezifischen Lebens- und Arbeitsbedingungen, insbesondere differentiellen gesundheitsbezogenen Lebensstilen und physischen sowie sozioemotionalen Belastungskonfigurationen zu.

Der **soziale Schichtgradient** ist aber darüber hinaus auch für eine große Zahl **chronisch-degenerativer Erkrankungen** nachgewiesen worden, die ihrerseits zur Erklärung sozial differentieller Mortalität beitragen. Es handelt sich in erster Linie um koronare Herzkrankheiten (s. u.), zerebrovaskuläre Krankheiten, Atemwegserkrankungen, Bronchialkarzinome, Diabetes, und neuerdings Aids.

International am besten untersucht sind die Zusammenhänge zwischen sozioökonomischem Status und koronaren Herzkrankheiten (KHK) (Kaplan u. Keil 1993). KHK stellen eine „Volkskrankheit" in entwickelten Industriegesellschaften dar, allerdings mit heute abnehmender Tendenz in westlichen Ländern, während osteuropäische Länder sowie Schwellenländer innerhalb der Entwicklungsländer einen Anstieg verzeichnen. Innerhalb entwickelter Gesellschaften besteht heute eine inverse Beziehung zwischen sozioökonomischem Status und Krankheitshäufigkeit, und auch der Rückgang dieser Krankheit vollzieht sich in unseren Schichten viel langsamer als in höheren. Herzinfarkt ist also heute keine Managerkrankheit mehr, sondern eine Krankheit mit besonderer Häufigkeit in statusniedrigeren Gruppen.

Der Zusammenhang zwischen sozioökonomischem Status und KHK ist zumindest in Großbritannien, Schweden, Finnland, Norwegen, Dänemark, Belgien, Italien, Frankreich, Schweiz und USA belegt.

Erste Ergebnisse aus Deutschland zeigen ebenfalls ein zwei- bis dreifach erhöhtes Risiko für Herzinfarkt und Schlaganfall in der untersten im Vergleich zur höchsten Sozialschicht.

Die wegweisende Studie an Beschäftigten des öffentlichen Dienstes in London, die sog. Whitehall-Studie (Marmot et al. 1984, Marmot 1994), hat den sozialen Gradienten von KHK am überzeugendsten und intensivsten untersucht. Abbildung 5-12 zeigt die alterskorrigierte Zehnjahressterblichkeit sowohl für alle Todesursachen, wie auch für KHK bei einem Kollektiv von 17 530 Beschäftigten nach deren beruflicher Stellung. Dabei bezeichnet „Administrative" die schmale Gruppe der Leitenden, „Professional/Executive" die Gruppe der Höherqualifizierten in verantwortlicher Stellung, „Clerical" die Gruppe der einfachen Angestellten und Sachbearbeiter und „Other" die qualifikationsschwachen Angelernten in niedrigerer Stellung". Der Abbildung kann man entnehmen, daß sowohl für die KHK- wie auch für die Gesamtmortalität eine schrittweise Erhöhung verzeichnet wird, je niedriger die berufliche Position ist. Der gleiche Sachverhalt gilt auch für die Prävalenz der KHK, was aus dieser Graphik allerdings nicht hervorgeht. Bei den Angelernten ist die Koronarsterblichkeit mehr als dreimal so hoch wie bei den Leitenden. Kontrolliert man nun anhand statistischer Verfahren den Einfluß von Blutdruck, Rauchen, Cholesterin, Blutzucker, Gewicht und Körpergröße auf diese Beziehung, so ergibt sich zwar eine leichte Abschwächung (etwa 25% des sozialen

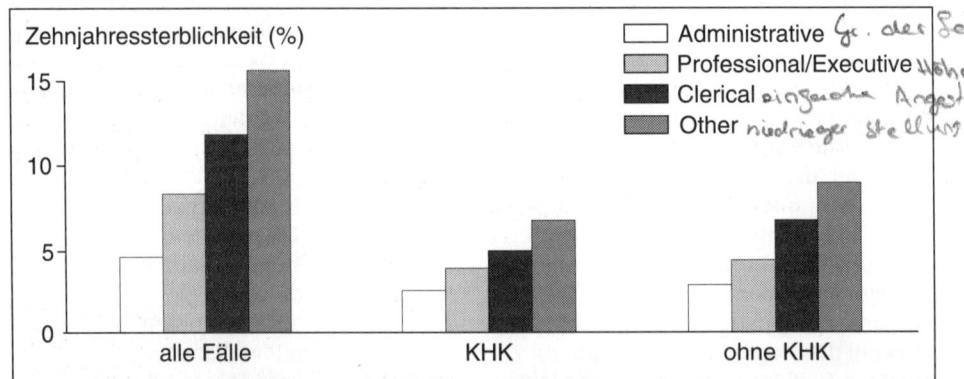

Abbildung 5-12 Altersangepaßte Sterblichkeitsraten nach beruflicher Stellung bei Angestellten des öffentlichen Dienstes (40–64 Jahre; n = 17 530; sog. Whitehall Study). Quelle: Marmot 1994. (Erläuterungen siehe Text).

Gradienten werden durch diese Risikofaktoren erklärt), aber der soziale Gradient der KHK-Sterblichkeit bleibt substantiell erhalten: noch immer ist das Sterberisiko der Angelernten mehr als doppelt so hoch wie dasjenige der Leitenden. Diese Befunde zeigen: die Beziehung zwischen Berufsstatus und KHK muß in einem substantiellen Ausmaß durch genuin soziale bzw. psychosoziale Einflußfaktoren erklärbar sein, da weder die traditionellen Risikofaktoren, noch die unterschiedliche medizinische Behandlung, noch die Verteilung erblicher Risiken nach Berufsstatus für eine hinreichende Erklärung in Frage kommen (Marmot 1994).

Eine Lösung dieses Problems muß von drei Beobachtungen ausgehen: 1. Die Effekte des sozialen Gradienten sind in der Lebensphase des **mittleren Erwachsenenalters** (40–64 Jahre) besonders stark und über die Zeit stabil ausgeprägt; 2. Die **berufliche Position** ist offenbar ein geeigneter Indikator oder gemeinsamer Nenner für die möglicherweise kausal operierenden Einflußfaktoren; 3. Diese Einflußfaktoren müssen etwas zu tun haben mit einer relativen sozialen Ungleichheit oder **relativen Benachteiligung**, da die Angelernten zwar gesundheitlich stärker belastet sind als die einfachen Angestellten, diese aber wiederum stärker als die Höherqualifizierten.

Ist es möglich, diese drei Beobachtungen in eine streßtheoretische Erklärung des Zusammenhangs zwischen sozialer Ungleichheit und Krankheit zu integrieren?

An anderer Stelle (Siegrist 1995) wurde argumentiert, daß dem Verfügen über einen sozialen Status (in dem hier diskutierten Beispiel der Whitehall-Studie operationell erfaßt über die berufliche Stellung) ausschlaggebende Bedeutung bei der Vermittlung sozioemotionaler Motivationen des einzelnen mit der gesellschaftlichen Chancenstruktur zukommt. Die Möglichkeit, einen erwünschten sozialen Status zu

erreichen und ihn solange wie gewünscht zu besetzen, ist sozialstrukturell ungleich verteilt. Erwünschte soziale Statuslagen bilden ein knappes Gut, und ihre Verteilung ist zugleich Ausdruck gesellschaftlicher Macht- und Einflußverhältnisse. Die Chance einer Person, einen angestrebten sozialen Status einzunehmen und gegebenenfalls gegen Konkurrenz zu verteidigen, nennen wir **Statuskontrolle.**

Hohe Statuskontrolle bildet eine strukturelle **Voraussetzung** für das langfristige Wirksamwerden **sozioemotionaler Motivationen,** weil mit ihr kontinuierliche Leistungschancen, befriedigende Belohnungserwartungen und attraktive Mitgliedschaftsoptionen verbunden sind. Je geringer die Statuskontrolle, desto anfälliger werden Personen andererseits für Erfahrungen von chronischem Distress, der aus Diskrepanzen zwischen den von ihnen vorhandenen sozioemotionalen Motivationen und deren Realisierungsmöglichkeiten in einem sozialen (und das heißt im mittleren Erwachsenenalter bei Erwerbstätigen vor allem in einem beruflichen) Umfeld entsteht.

In dieser Perspektive bildet das Konstrukt der beruflichen Statuskontrolle daher den gemeinsamen Nenner, der einerseits spezifischere Modelle der Distress-Wirkung zu integrieren vermag (wie die oben besprochenen Modelle des sozioemotionalen Rückhalts, des *job strain*, der Gratifikationskrisen), andererseits jedoch eine Brücke zu den makrosozialen Prozessen vertikaler gesellschaftlicher Differenzierung schlägt.

5.2.4 Praxisbezug

Die in den vorhergehenden Abschnitten exemplarisch dargestellten Erkenntnisse können in der Praxis nur wirksam werden, wenn die im Gesundheitswesen arbeitenden Berufsgruppen in ihrer Aus-, Fort- und Weiterbildung lernen, die entsprechenden Informationen überhaupt zu erfassen und in ihren Handlungsprogrammen zu berücksichtigen. In der klassischen Medizin, in der herkömmlichen Ausbildung der Ärzte und in den weitverbreiteten Programmen therapeutischen Handelns war das bisher kaum vorgesehen (vgl. Kap. 7). Die um sozialwissenschaftliche Aspekte ergänzte Information über Risikogruppen, das um sozialwissenschaftliche Aspekte erweiterte Gespräch mit Patienten, und hier insbesondere seine anamnestisch-diagnostischen Anteile (Sozialanamnese), bilden daher entscheidende Voraussetzungen für jede Art praktischer Konsequenzen aus den bisher gewonnenen Erkenntnissen.

Auf drei Ebenen drängen sich aus den in Abschnitt 5.2.2 dargestellten theoretischen und empirischen Informationen praktische Konsequenzen auf:

- auf der individuellen Ebene der Streßbewältigung und Gesundheitsförderung
- auf der interpersonellen oder Gruppenebene von Prozessen der Distress-Prävention und Gesundheitsförderung
- auf der strukturellen Ebene von Maßnahmen der Distress-Prävention und Gesundheitsförderung

Die **individuelle Ebene** der Streßbewältigung ist nicht Gegenstand der Medizinischen Soziologie. Verhaltensmedizinische und gesundheitspsychologische Ansätze zur **Streßbewältigung** sind weit verbreitet und bedürfen hier keiner besonderen Erläuterung, vielleicht mit einer Ausnahme: die meisten Streßbewältigungsprogramme enthalten eher unspezifische Verfahren wie bestimmte Atemtechniken, progressive Muskelentspannung, Autogenes Training, Meditation u.ä. So nützlich diese unspezifischen Verfahren sind, so wichtig erscheint uns doch ihre Ergänzung durch spezifische Verfahren, deren Ziel es ist, intrinsische Risikodispositionen über eine

Bearbeitung kognitiver, motivationaler und emotionaler Prozesse abzubauen. Übersteigerte berufliche Leistungsbereitschaft, erhöhtes Maß an Mißtrauen, Feindseligkeit, Kontrollbedürfnis und Machtstreben oder ausgeprägte Neigung zu aufbrausender Reaktion und langanhaltender Verärgerung stellen Beispiele für solche, das individuelle Distress-Erleben beeinflussende personalen Merkmale dar. In der neueren klinischen Psychologie und Verhaltensmedizin sind vereinzelt Programme entwickelt worden, die unspezifische Streßbewältigung in entsprechend definierten Gruppen um solche spezifischen Verfahren mit Erfolg zu ergänzen (z.B. Schneiderman u. Orth-Gomer 1995, Williams u. Williams 1993).

In allen drei in Abschnitt 5.2.2 erläuterten Modellen spielt jedoch die **interpersonelle Ebene** der Intervention eine bedeutende Rolle. Die erstaunlichen Wirkungen, die von einer **Stärkung des sozioemotionalen Rückhalts** als distressmindernder und gesundheitsfördernder Maßnahme ausgehen können, sind in einer Reihe **sekundärpräventiver Interventionsstudien** dokumentiert worden. Drei von ihnen sollen hier wegen ihrer außergewöhnlichen Bedeutung für die Medizin kurz dargestellt werden.

In einer kanadischen Studie wurden während eines bestimmten Zeitraumes hospitalisierte Herzinfarktpatienten, deren psychisches Befinden in der Akutsituation – gemessen anhand eines standardisierten Fragebogens – auffällig war, in ihrer nachstationären Phase durch eine speziell geschulte Krankenschwester regelmäßig betreut. Die Betreuung erfolgt nach individuellem Bedarf anhand periodisch durchgeführter Streß-Screenings. Die in Form einer milden Krisenintervention durchgeführten Beratungs- und Entspannungsmaßnahmen, die in schwierigen Fällen durch Überweisung an Fachärzte oder Psychotherapeuten ergänzt wurden, zeigten eine erstaunliche Wirkung: nach fünf Jahren war die Herz-Kreislauf-Sterblichkeit einer Kontrollgruppe fast dreimal, die Reinfarktrate 1,5mal so hoch wie in der Interventionsgruppe (Frasure-Smith und Prince 1989). Obwohl der Einfluß einer verbesserten medikamentösen Compliance der Patienten nicht außer acht gelassen werden kann, ist das Ergebnis im wesentlichen auf den durch Stärkung des sozioemotionalen Rückhaltes und der eigenen Krankheitsbewältigung erzielten distress- und depressionsmindernden Effekt der personalen Betreuung zurückzuführen. Heute steht außer Zweifel, daß depressive Zustände nach Überleben eines Erstinfarktes, insbesondere in Verbindung mit sozialer Isolation, eine ernstzunehmende, eigenständige Risikokonstellation bilden. Das Mortalitätsrisiko solcher Patienten ist unabhängig von ihrem kardialen Status fünffach erhöht (Frasure-Smith et al. 1993, Ruberman et al. 1984).

Eine zweite Studie wurde bei Patienten mit Brustkrebs in San Francisco durchgeführt. 86 Patientinnen wurden durch ein psychotherapeutisch geschultes Team während eines Jahres intensiv betreut. Im Vordergrund standen Maßnahmen zur Schmerzlinderung durch Selbsthypnoseverfahren, stützende Gespräche in der Gruppe und Stärkung des Zusammengehörigkeitsgefühls unter den betroffenen Frauen. Die Überlebenszeit dieser schwer erkrankten Frauen wurde mit jener einer nach Tumorstadium und Therapie gut vergleichbaren Kontrollgruppe verglichen: sie war mit durchschnittlich 36,6 Monaten in der Interventionsgruppe gegenüber 18,9 Monaten in der Kontrollgruppe beinahe doppelt so hoch (Spiegel et al. 1989).

In einer dritten Studie, wiederum bei Patienten mit einer dokumentierten koronaren Herzkrankheit, wurde eine in ihrer Intensität ganz ungewöhnliche Intervention während eines ganzen Jahres durchgeführt: Das Programm enthielt eine extrem cholesterinarme Diät, täglich ausgedehnte Meditations- und Entspannungsübungen, regelmäßiges Training, vollständigen Rauchverzicht und zweimal wöchentlich mehrstündige Gruppentreffen unter Anleitung eines Arztes und eines klinischen Psychologen. Nach einem Jahr zeigte sich in der intensiv beeinflußten Gruppe im Vergleich zu einer konventionell behandelten Kontrollgruppe nicht nur ein dramatischer Abfall der Angina-pectoris-Attacken, eine hochsignifikante Senkung des Cholesterinspiegels und sogar ein deutlicher Stillstand der atherosklerotischen Veränderungen in den Koronargefäßen, sondern auch eine starke Zunahme von Wohlbefinden sowie eine Verringerung von Gefühlen der Feindseligkeit und chronischen Verärgerung (Ornish et al. 1990). Auch wenn es aufgrund der geringen Patientenzahl nicht möglich ist, die Wirkungen der einzelnen Interventionsmaßnahmen quantitativ zu bestimmen (im Sinne einer ganzheitlichen Behandlung ist dies vielleicht letztendlich auch nicht notwendig), so steht den Autoren zufolge auch hier die Wirkung, die von einer Stärkung des sozioemotionalen Rückhaltes durch die regelmäßige Gruppenarbeit ausgeht, ganz im Vordergrund.

Dies sind vielleicht extreme Beispiele, aber sie zeigen die **Richtung** der weitreichenden praktischen Konsequenzen an, die sich für eine Medizin ergeben, welche die neuen Erkenntnisse einer soziopsychosomatischen Medizin ernst nimmt. In gleicher Weise gilt dies auch für die dritte, die **strukturelle Ebene** der Intervention, und hier in erster Linie die Maßnahmen **betrieblicher Prävention und Gesundheitsförderung** (Westermeyer 1994, Slesina 1994).

Ausgehend vom Anforderungs-/Kontroll-Modell beruflicher Belastungen sind in mindestens neun Studien günstige Effekte einer Erhöhung des Entscheidungs- und Kontrollspielraums am Arbeitsplatz auf die subjektive Gesundheit nachgewiesen worden (Karasek 1992). In der Regel bestanden die strukturellen Interventionsmaßnahmen darin, die Arbeitsteilung in den Unternehmen durch eine Anreicherung von Arbeitsinhalten bei einzelnen Beschäftigten *(job enrichment)* und durch eine Erhöhung der Verantwortung durch Delegation auf untere Ebenen (z.B. Konzept der teilautonomen Arbeitsgruppen, *job enlargement*) gezielt zu verändern. Solche innerbetrieblichen Änderungen stoßen im allgemeinen auf große Ablehnung und sind nur durch eine sorgfältig geplante, von Arbeitgeber- wie von Arbeitnehmerseite getragene Initiative zu realisieren. Ein Großteil der Unternehmen beschränkt sich auch heute noch trotz anderslautender Ankündigungen auf individuelle Maßnahmen der Streßbewältigung bei Beschäftigten, ohne, dem Erkenntnisstand der Forschung folgend, strukturelle Momente in die Intervention einzubeziehen (zur Kritik s. Kühn 1993, Karasek u. Theorell 1990).

Wie weitreichend die gesundheitsfördernden Effekte einer Intervention sein können, die alle drei genannten Ebenen berücksichtigt, wurde kürzlich in einer schwedischen Studie demonstriert. Bei 95 Regierungsangestellten wurde während acht Monaten ein Streßbewältigungsprogramm angeboten, das individuelle Relaxationstechniken und Gruppentreffen mit dem Ziel einer Verbesserung der Zusammenarbeit und der Arbeitsorganisation sowie gezielte arbeitsstrukturelle Veränderungen umfaßte. Diese strukturellen Veränderungen beinhalteten eine erhöhte Eigenständigkeit und Verantwortung bei der Bearbeitung laufender Verwaltungsvorgänge und eine Verbesserung der Informations- und Kommunikationsprozesse. Nach acht Monaten zeigte sich im Vergleich zu einer Kontrollgruppe nicht nur eine deutliche Verbesserung der Arbeitsmotivation, sondern auch eine – offensichtlich vorwiegend streßphysiologisch zu erklärende – signifikante Senkung eines die Atherosklerose fördernden Blutlipidmusters (Verhältnis von Apolipoprotein B zu Apolipoprotein A1) (Orth-Gomer et al. 1994).

Auch zum Abbau beruflicher Gratifikationskrisen liegt heute ein entsprechendes, alle drei genannten Ebenen umfassendes Programm vor. Seine strukturellen Maßnahmen setzen u.a. an einer Erhöhung vorwiegend nicht-monetärer Gratifikationen im Arbeitsgeschehen (z.B. Anreizsysteme bezüglich zeitlicher Gestaltung und Entlastung des Arbeitsgeschehens, Förderung positiver Rückmeldung durch Vorgesetzte) und einer Verringerung von Verausgabungszwängen an (Siegrist 1995).

Diese Informationen sind für Ärztinnen und Ärzte aus zwei Gründen wichtig:

erstens erweitern sie das Spektrum der heute möglichen und bei bestimmten Patienten- oder Risikogruppen indizierten primären oder sekundären Präventionsmaßnahmen; sie geben damit Anstöße für ein patientenzentriertes, gesundheitsförderndes Handeln, das als Leitbild an verschiedenen Stellen dieses Lehrbuches diskutiert wird;

zweitens fördern sie die Selbstreflexion und Bereitschaft zur Selbsthilfe bei denjenigen Gruppen, die sich durch ihre eigenen beruflichen Belastungen gesundheitlich gefährdet fühlen.

Daß Ärzte und Zahnärzte eine beruflich überdurchschnittlich belastete Gruppe darstellen, gilt heute aufgrund verschiedener Studien als gesichert (McCue 1982, Karasek u. Theorell 1990, Türp 1994). Es ist daher ein dringendes Gebot, die neuen wissenschaftlichen Erkenntnisse über die sozioemotionalen und psychomentalen Distress-Wirkungen, die vom Erbringen verantwortungsvoller personenbezogener Dienstleistungen unter prekären Randbedingungen ausgehen, auch praktisch wirksam werden zu lassen. Auch für diesen Schritt liegen heute bereits ermutigende Erfahrungen, speziell aus dem Sektor der Krankenhausmedizin, vor (Arnetz 1994).

5.3 Zusammenfassung

Zwei Arten sozialer Einflüsse auf die Erhaltung von Gesundheit und die Entstehung von Krankheiten wurden in diesem für eine anwendungsorientierte Medizinsoziologie zentralen Kapitel dargestellt: gesundheitsrelevantes Verhalten und sozioemotionale, über das Zentralnervensystem wirkende Prozesse. In beiden Fällen wurden theoretische Grundlagen der Modellbildung analysiert, ausgewählte Forschungsergebnisse vorgestellt und praktische Konsequenzen aus diesen neuartigen Erkenntnissen diskutiert.

In Abschnitt 5.1.1 wurde besonderes Gewicht auf gesundheitsschädigendes Handeln in der Adoleszenz gelegt. Es wurde gezeigt, daß die Entwicklung und Verfestigung dieses Handelns aus einem Zusammenwirken ungünstiger sozialer Verhältnisse und einer Krise des Selbstkonzeptes bzw. des Selbstwertgefühls erklärt werden kann. Gesundheitsschädigendes Verhalten erfüllt in diesem Zusammenhang latente Funktionen der „Problemlösung", die jedoch nicht selten in eine abweichende (Sucht-)Karriere führen. Am Beispiel von Zigarettenrauchen und Alkoholkonsum wurde dies, unter Hinweis auf die längerfristigen gesundheitlichen Folgen, demonstriert. Auch die Beibehaltung einmal erworbenen gesundheitsschädigenden Verhaltens im Erwachsenenalter wurde unter Aspekten sozialen Handelns diskutiert, wobei vier sozialwissenschaftliche Erklärungsansätze vorge-

stellt und erläutert wurden: Modell des Risikoverhaltens, der soziokulturellen Benachteiligung, des sozialen Vergleichsprozesses, sowie sozial-kognitives Prozeßmodell gesundheitlichen Handelns (5.1.2). Abschnitt 5.1.3 führte dem Leser sodann praktische Konsequenzen, speziell für die präventive Arbeit des Arztes vor Augen.

Theoretische Grundlagen einer biopsychosozialen Konzeption menschlicher Gesundheit und Krankheit wurden in einem Abriß (5.2.1) skizziert, wobei eine teilweise neuartige Verbindung neurowissenschaftlicher und sozialwissenschaftlicher Erkenntnisse erarbeitet wurde. Sie führte zu einer besonderen Betonung selbstgratifikatorischer Erfahrungen bzw. Erwartungsenttäuschungen und der über limbische Strukturen im ZNS angestoßenen neuronalen Aktivierungsprozesse. In den zentralen Abschnitten 5.2.2 und 5.2.3 zeigten ausgewählte theoretische Modelle und empirische Studien der medizinsoziologischen Forschung die Evidenz der bereits im dritten Kapitel erarbeiteten analytischen Kategorien gesundheits- und krankheitsrelevanter Vergesellschaftungssituationen auf (Modell des sozioemotionalen Rückhalts; Anforderungs-/Kontroll-Modell beruflicher Belastungserfahrungen; Modell beruflicher Gratifikationskrisen). Theoretische Anstöße, speziell aber praktische Folgerungen (5.2.4) aus diesen Erkenntnissen können, wie abschließend gezeigt wurde, nicht hoch genug bewertet werden.

6
Soziologie des Kranken:
Hilfesuchen und Krankheitsbewältigung

Gesundheit und Krankheit lassen sich nicht nur im biologischen Bezugssystem von Regulation und Fehlregulation, von geänderter Organfunktion und -struktur begreifen. Es sind zu allererst Phänomene der Befindlichkeit, der „Gestimmtheit", des Verhältnisses des Menschen zu seinem eigenen Leib und zum selbstinitiierten Handeln. Unser Verständnis von Gesundheit und Krankheit ist aber auch durch gesellschaftliche Normen beeinflußt, ist Bestandteil der gesellschaftlichen Konstruktion von Wirklichkeit (6.1). Daher muß die Analyse des Hilfesuchens im Krankheitsfall, insbesondere der Reaktionen auf wahrgenommene Beeinträchtigungen und Symptome, von diesen subjektiven und gesellschaftlichen Definitionsprozessen ihren Ausgang nehmen (6.2).

Das gleiche gilt im Falle des Vorliegens einer chronischen Erkrankung. Auch hier ist der Kranke zunächst als Person existentiell betroffen und als Mitglied der Gesellschaft den sozialen Definitionsprozessen ausgesetzt, und zwar speziell den Prozessen, welche die soziale Rolle des Kranken konstituieren. Krankheitsbewältigung ist ein Geschehen, dessen Verständnis wiederum das Zusammenwirken dreier unterschiedlicher Erkenntnisrichtungen voraussetzt: der biomedizinischen, der psychologischen und der soziologischen Perspektive (6.3).

Das vorliegende Kapitel befaßt sich aus medizinsoziologischer Sicht mit dem kranken Menschen, der an einem bestimmten Punkt seiner Krankenkarriere zum Patienten wird. Obwohl die Zusammenarbeit von Patient und Arzt in der Regel ein fester Bestandteil dieser Karriere ist, soll hier die Perspektive des Kranken analytisch abgegrenzt und herausgehoben werden. In Kapitel 7 wird sodann die Perspektive des Arztes bzw. der Medizin betont, und es wird gezeigt, wie sich die Arzt-Patient-Beziehung erst aus der Erkenntnis der Perspektivendifferenz heraus angemessen analysieren läßt. Die beiden Kapitel sind somit inhaltlich in vielfältiger Weise aufeinander bezogen.

6.1 Zur Definition von Gesundheit und Krankheit

Gesundheit und Krankheit sind Phänomene, die in mindestens drei verschiedenen Bezugssystemen definiert werden:
- Bezugssystem der betroffenen Person: sich gesund bzw. krank fühlen (krank in diesem Sinn wird in der englischen Sprache mit *illness* oder *ill health* bezeichnet).
- Bezugssystem der Medizin: Gesundheit und Krankheit als Erfüllung bzw. Abweichung von objektivierbaren Normen physiologischer Regulation bzw. organischer Funktionen (Krank-

heiten und Syndrome als Befunde; englisch: *disease*).
- Bezugssystem der Gesellschaft (speziell des Sozialversicherungssystems): Gesundheit und Krankheit unter dem Aspekt der Leistungsminderung bzw. der Notwendigkeit, Hilfe zu gewähren (Krankschreibung, Versicherungsleistungen, informelle Hilfeleistungen etc.; englisch: *sickness*).

Viele gesellschaftliche Probleme des Umgangs mit Gesundheit und Krankheit entstehen aus Diskrepanzen und Divergenzen zwischen diesen drei Bezugssystemen, aber auch aus ungeklärten und widersprüchlichen Entwicklungen innerhalb jedes einzelnen Bezugssystems. Wichtig ist daher die Erkenntnis, daß es hier kein Definitionsmonopol geben kann, sondern daß die gesellschaftliche Wirklichkeit von Gesundheit und Krankheit in diesen Bezugssystemen, wenn auch mit unterschiedlichem Erfolg, produziert und reproduziert wird (zum heuristischen Prinzip der divergierenden Bezugssysteme vgl. v. Ferber 1970).

Was meinen wir, wenn wir von **Divergenzen** und Diskrepanzen zwischen den **drei Bezugssystemen** sprechen?

Es ist allgemein bekannt, daß das Gesundheitsempfinden von Menschen nicht deckungsgleich mit dem Vorliegen von Gesundheit im medizinischen Sinne ist. Das gleiche gilt für das subjektive Krankheitserleben und den medizinischen Krankheitsbefund. Art und Ausmaß dieser Diskrepanzen können gesundheitspolitisch ganz unterschiedliche Auswirkungen haben. So mag es zwar aus der Perspektive der Betroffenen enttäuschend sein, daß erfahrene subjektive Leidenszustände trotz häufiger Inanspruchnahme des Arztes nicht als Krankheit (im medizinischen Sinne, d.h. als pathologische Befunde) diagnostiziert werden können. Gesundheitspolitisch ist diese Diskrepanz jedoch

relativ folgenlos. Der umgekehrte Fall ist dagegen von größter gesundheitspolitischer Bedeutung: Menschen fühlen sich subjektiv gesund, jedoch stellt der Arzt (z. B. im Rahmen von Vorsorgeuntersuchungen) das Vorliegen einer ("stummen" bzw. symptomarmen) Krankheit fest.

Es ist bekannt, daß die weitverbreiteten chronisch degenerativen Erkrankungen erst in einem relativ späten Entwicklungsstadium Symptome produzieren (vor allem Gefäßerkrankungen und Karzinome). Hohe Dunkelziffern unerkannter und unbehandelter Frühstadien chronischer Erkrankungen stellen daher eine Herausforderung an das gegenwärtige Gesundheitssystem dar (hohe Morbidität und Mortalität, hohe soziale, psychische und ökonomische Kosten; vgl. 6.2, 7.3 sowie 8).

Auch zwischen ärztlichem und gesellschaftlichem Bezugssystem sind vielfältige Divergenzen und Konflikte bekannt. Soweit das Sozialversicherungssystem davon betroffen ist, bestehen teilweise Mechanismen der Konfliktverschleierung (Beispiel: Verlegenheitsdiagnosen wie vegetative Dystonie werden vom Arzt benutzt, um Patienten auch ohne überzeugende ärztliche Indikation an bestimmten Versicherungsleistungen teilhaben zu lassen). Das ärztliche Entscheidungshandeln kann aber auch von gesellschaftlichen Einflüssen eingeschränkt werden (Beispiel: Abhängigkeit des Umgangs ärztlicher Krankschreibung von der konjunkturell-wirtschaftlichen Lage). In extremen Fällen wird das ärztliche dem gesellschaftlichen Bezugssystem zum Zweck der Herrschaftssicherung untergeordnet (Beispiel: Mißbrauch der Psychiatrie zur Ausschaltung politisch dissidenter Personengruppen).

Schwierigkeiten einer klaren Definition von Gesundheit und Krankheit ergeben sich aber nicht nur aus den beispielhaft skizzierten Divergenzen der Bezugssysteme. Auch innerhalb eines jeden Bezugssystems lassen sich Wandlungen nachweisen. Besonders folgenreich sind beispielsweise die Veränderungen des Krankheitsverständnisses im Gefolge der Entwicklung der modernen Medizin im neunzehnten und frühen zwanzigsten Jahrhundert: Krankheitskonzepte der Laien wurden von der Schulmedizin Zug und Zug entkräftet, mit der Folge, daß Krankheit vom Verständnis und von der Zuständigkeit her zur immer ausschließlicheren Angelegenheit des Arztberufes deklariert wurde. Selbsthilfe und Eigenverantwortung, Bereitschaft, Unannehmlichkeiten und Schmerzen zu ertragen, wichen den Imperativen der kurativen und präventiven Medizin. Ohne die Verbreitung erfolgreicher standardisierter Pharmakotherapien wäre diese Entwicklung, deren Grenzen und Gefahren heute zunehmend erkannt werden (vgl. 6.2, 7), nicht möglich gewesen.

Im Gegenzug hat die **Dominanz wissenschaftlicher Krankheitskonzepte** in der westlichen Medizin zum Geltungsverlust vormoderner, moralischer Bewertungen von Gesundheit und Krankheit geführt. Besonders nachhaltig hatte sich bekanntlich die Auffassung von Krankheit als einem Zeichen sündigen Lebenswandels in der christlichen Kultur gehalten (vgl. Lichtenthaeler 1975, Seidler 1970). Hochentwickelte Systeme der Heilkunde, wie diejenigen des alten China, vermochten sich über Jahrtausende hinweg als Synthese von normativ-präskriptiven und kognitiv-empirischen Wissensbeständen zu tradieren (Unschuld 1985).

Gesellschaftliche Vorstellungen von Gesundheit hängen eng mit denjenigen von **Normalität** zusammen. Mit der Entwicklung der modernen Leistungsgesellschaft sind die Normalitätsvorstellungen deutlich eingeengt, ist die Toleranz gegenüber Abweichungen deutlich geringer geworden.

Sozialgeschichtliche Analysen haben gezeigt, wie aus der protestantischen Ethik eine Arbeitsauffassung hervorgegangen ist, die sich durch Fleiß, Streben, Zuverlässigkeit und Stetigkeit auszeichnete, und die zunehmend zum Leitbild für Normalitätsvorstellungen wurde (vgl. 2.3). Es ist, nebenbei bemerkt, interessant festzustellen, daß Genußmittel, die der Aufrechterhaltung von Leistungsoptima dienen (Kaffee, Tabak), im Zuge der europäischen Industrialisierung, d.h. der Ausbildung der modernen Leistungsgesellschaft, zu einer vorher unbekannten Verbreitung gelangten.

Kehrseite dieser Expansion des Leistungsstrebens als zentraler gesellschaftlicher Norm war die Intoleranz gegenüber Leistungsschwachen oder Leistungsunwilligen. Diese Gruppen wurden zum Gegenstand planmäßiger gesellschaftlicher Ausgrenzungsprozesse. Die Medizin, insbesondere die Anstaltspsychiatrie, und die Pädagogik übernahmen etwa seit der Mitte des vergangenen Jahrhunderts die Aufgabe, diese gesellschaftlichen Ausgrenzungsprozesse zu kontrollieren und zu rechtfertigen (vgl. Foucault 1975, Dörner 1978, Donzelot 1979).

In der Schulmedizin selbst haben sich die Vorstellungen von Gesundheit und Krankheit in den vergangenen hundert Jahren vielfältig geändert. Neben dem Wandel gesellschaftlicher Normen und neben den wissenschaftlichen Erkenntnisfortschritten waren hierfür Veränderungen im Krankheitsspektrum selbst, aber auch Wandlungen in der ärztlichen Berufspolitik, in der Gesundheits- und Gesellschaftspolitik maßgebend. Gibt es heute in der Medizin eine verbindliche **Definition** von Gesundheit und Krankheit? Die folgenden sechs **Teilantworten** sollen die Vielschichtigkeit dieser Frage beleuchten.

• Die Medizin kennt gegenwärtig über dreißigtausend Krankheiten und Syndrome. Als **Krankheit** wird das Vorliegen von Symptomen und/oder Befunden bezeichnet, welche als Abweichungen von einem physiologischen Gleichgewicht interpretiert werden können und welche auf definierte Ursachen (innere oder äußere Schädigungen) zurückgeführt werden können. **Syndrome** sind Symptom- bzw. Befundkomplexe, für die eine definierte Ursache (noch) nicht bekannt ist bzw. die mehrere Ursachen haben können.

• Was als Abweichung von einem physiologischen Gleichgewicht, einer Regelgröße, einer Organfunktion (gelegentlich erst sichtbar im Belastungstest) oder einer Organstruktur zu gelten hat, ist allerdings häufig schwer festzustellen. Dies hängt mit der teilweise extremen **Schwankungsbreite biologischer Normen**, mit begrenzten Kenntnissen über Normalverteilungen in verschiedenen Populationen sowie mit begrenztem Wissen über die pathophysiologische Bedeutung mancher Abweichungen zusammen. Daher ist es in großen Bereichen der Medizin als Wissenssystem angezeigt, von einer klaren Dichotomie Gesundheit/Krankheit zugunsten eines Kontinuums Abstand zu nehmen. Zumindest gibt es zwischen den beiden Polen „sicher gesund" und „sicher krank" einen umfangreichen Zwischenbereich grenzwertiger Phänomene. Darauf verweisen auch Termini wie „bedingte Gesundheit" bei chronischer Krankheit oder „genetische Anomalien" ohne sichtbare Krankheitsmanifestation.

• **Gesundheit** kann als jener Zustand des Lebens betrachtet werden, der auf der Basis eines relativ stabilen physiologischen Gleichgewichts bzw. intakter Organfunktionen dem Menschen ermöglicht, selbst- oder fremdgesetzte Ziele durch eigenes Handeln zu verfolgen (vgl. Dubos 1969). Mit dieser Definition wird verdeutlicht, daß nicht die physiologische Norm für sich genommen, sondern ihre begünstigende bzw. hemmende Funktion bei Aktivierungsprozessen im Spannungsfeld zwischen Individuum und Gesellschaft entscheidend ist.

Nach den Ausführungen in Kapitel 5 ist deutlich geworden, daß Gesundheit nicht allein durch genetische Anlagen, sondern auch durch Umwelteinflüsse sowie durch angemessene psychische Aktivierungs- und Bewältigungsprozesse bestimmt wird. Insofern ist Gesundheit ein Modus der Selbsterfahrung, des Befindens in einer spezifischen Umwelt, der sich häufig in einer positiv getönten Stimmung ausdrückt (Gesundheit im Verständnis der Weltgesundheitsorganisation: als Zustand physischen, psychischen und sozialen Wohlbefindens).

• Für die Medizin als **Handlungssystem** ist es allerdings notwendig, Grenzen zwischen „gesund" und „krank" zu ziehen (Funktion der Diagnose bzw. der Krankschreibung bei der Zuweisung von Versicherungsleistungen etc., vgl. Kap. 7). Bei dieser einseitig zur **Krankheitsdefinition** hin akzentuierten Grenzziehung orientiert sich medizinisches Handeln zur Zeit im Kern nach wie vor an der in der Reichsversicherungsordnung gegebenen Bestimmung: „Krankheit ist ein regelwidriger Körper- oder Geisteszustand, dessen Eintritt allein die Notwendigkeit einer Heilbehandlung, mit oder ohne Arbeitsunfähigkeit, oder die Arbeitsunfähigkeit als solche zur Folge hat." Hier wird die oben angesprochene enge Verbindung von Krankheit und Leistungsbegrenzung normativ festgelegt.

• Gibt es für die Medizin als Handlungssystem einen **positiven Gesundheitsbegriff**, der mehr aussagt als lediglich die Abwesenheit von Krankheit? Diese Frage ist oft kritisch gestellt worden, und es ist tatsächlich als Versäumnis zu werten, daß sowohl auf der wissenschaftlich-empirischen (Salutogenese versus Pathogenese) wie auf der normativen Ebene bisher erst wenige Antworten vorliegen (Antonovsky 1987, s. Kap. 3 und 5). Faßt man Gesundheit als die Fähigkeit eines Individuums auf, Beschränkungen und Belastungen gegenüber relativ autonom zu bleiben, so zeigen sich weitreichende praktische Konsequenzen einer solchen Definition: Beim chronisch Kranken verlagert sich der Akzent von der Krankheitsbekämpfung zur Stärkung der eingeschränkten Gesundheit, in der Prävention wird dasjenige soziale Handeln zum Zielbild, das die Autonomie gegenüber Beschränkungen und Belastungen stärkt.

• Bei allen Erörterungen der Begriffe Gesundheit und Krankheit sollte nie vergessen werden, daß es sich dabei letztlich um Abstraktionen, Typisierungen, Arbeitsdefinitionen handelt, daß aber das eigentliche Thema der Medizin in Theorie und Praxis der **kranke** bzw. der **gesunde Mensch** ist.

> Krankheiten realisieren sich in der Vielfalt lebensgeschichtlicher Entwicklungen von Individuen, und auch der Arzt bzw. das therapeutische Team bilden einen Bestandteil dieser Entwicklungen, sind Teil jener Umwelten, welche Kranke bzw. Gesunde konstituieren. Vielleicht ist dies die wichtigste Botschaft, welche sowohl aus sozialwissenschaftlichen Forschungsergebnissen in der Medizin wie auch aus psychodynamischen Behandlungserfahrungen für eine in Theorie und Praxis naturwissenschaftlich ausgerichtete Medizin resultiert.

6.2 Formen und Stadien des Hilfesuchens

6.2.1 Begriffliche Grundlagen

Traditionellerweise werden die Begriffe Gesundheits- und Krankheitsverhalten benutzt, um Einstellungen, Wahrnehmungen, Informationen und Entscheidungen zusammenfassend zu benennen, welche dem Ziel dienen, Gesundheit zu fördern und zu erhalten (Gesundheitsverhalten; vgl. 5.1) oder Krankheitsanzeichen frühzeitig zu erkennen und in angemessener

Weise zu behandeln bzw. behandeln zu lassen (Krankheitsverhalten). Der Begriff **Krankheitsverhalten** (*illness behavior*) ist zwar in der medizinsoziologischen Literatur recht gebräuchlich (Mechanic 1978), aber wir ziehen aus den folgenden Gründen den allgemeineren Terminus „Hilfesuchen" vor. Erstens wird zwar von Krankheitsverhalten gesprochen, aber meistens werden in einschlägigen Studien Einstellungen, Wahrnehmungen und soziale Wertvorstellungen untersucht, nicht jedoch die konkreten Verhaltensweisen bzw. die ihnen zugrundeliegenden Entscheidungen. Zwischen geäußerten Einstellungen und tatsächlichem Handeln besteht bekanntlich häufig eine Kluft. Wichtig sind im Erkrankungsfall die tatsächlichen Handlungsentscheidungen. Der Begriff „Hilfesuchen" betont dieses aktive Moment deutlicher. Der Konsultation des Arztes können aber auch andere Motive als die Erfahrung von Krankheitssymptomen und Schmerzen zugrunde liegen. Menschliches Hilfesuchen und Leiden läßt sich nicht auf das Bezugssystem der Wahrnehmung von und Reaktion auf Krankheitsanzeichen einengen, wenn auch die typischen Rollenerwartungen in diese Richtung programmiert sind (vgl. 7.1). Der Begriff „Hilfesuchen" vermeidet diese Enengungen.

Eine allgemeingültige soziologische Theorie des Hilfesuchens gibt es bis heute nicht (Becker et al. 1983, Mechanic 1983). Allen Versuchen, dieses komplexe Geschehen analytisch zu durchdringen, ist jedoch gemeinsam, daß sie Hilfesuchen als einen Prozeß verstehen, der sich heuristisch in verschiedene Stadien unterteilen läßt. In Abbildung 6-1 sind die wichtigsten Stadien des Hilfesuchens im Vorfeld professioneller Versorgung, in der „unorganisierten Phase der Krankheit" (Michael Balint) idealtypisch aufgeführt.

Vier Entscheidungsstufen (E1–E4), die der **Symptomwahrnehmung** folgen, sind zu unterscheiden. Am Beginn steht die Be-

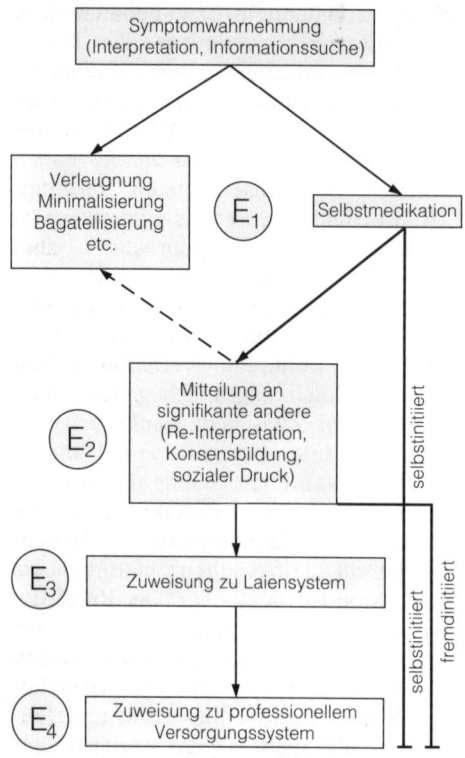

Abbildung 6-1 Entscheidungsstufen des Hilfesuchens.

wertung, Beurteilung der Symptomqualität. Im allgemeinen lassen sich hierzu folgende Hypothesen formulieren: Die Wahrscheinlichkeit, den Prozeß des Hilfesuchens zu initiieren, ist um so größer, je schmerzhafter, je sichtbarer, auffälliger ein Symptom ist, je bedrohlicher die möglicherweise zugrundeliegende Krankheit erscheint, je stärker das Symptom das Alltagshandeln behindert, je länger ein Symptom anhält bzw. je häufiger es wiederkehrt und je geringer das Risiko ist, daß die aus der Symptombewertung resultierende Krankenrolle mit anderen zentralen Aktivitäten kollidiert (Mechanic 1978).

Die Symptomwahrnehmung und -interpretation selbst hängt wesentlich vom verfügbaren Wissen (z.B. Vorherrschen

sog. Laienätiologien), von der Differenziertheit des eigenen Körpererlebens und von den normativen Orientierungen der jeweiligen soziodemographischen oder soziokulturellen Bevölkerungsschicht ab (vgl. 5.1). Unter den genannten, das Hilfesuchen bestimmenden Bedingungen werden jedoch Handlungsentscheidungen nur dann getroffen, wenn psychische Prozesse der Angstabwehr, speziell der Verleugnung, Minimalisierung und Bagatellisierung von Beschwerden, nicht aktiviert werden.

Das Ausmaß der Bereitschaft und Befähigung zur **Selbsthilfe** (E1) variiert ebenfalls nach einer Reihe soziologischer und psychologischer Gegebenheiten. So besteht beispielsweise eine kurvilineare Beziehung zwischen sozialer Schichtzugehörigkeit und Bereitschaft zur Selbstmedikation: Sowohl die Gruppe der Akademiker, Selbständigen und leitenden Angestellten wie auch die Gruppe der un- und angelernten Arbeiter weisen im allgemeinen eine höhere Bereitschaft zur Selbsthilfe und damit indirekt eine geringere Bereitschaft zur Inanspruchnahme des Arztes auf als Angehörige von Mittelschichten. Allerdings sind hierfür, wie eine neue amerikanische Studie belegt, unterschiedliche Gründe verantwortlich. In unteren sozialen Schichten kompensiert Selbsthilfe (bzw. nachfolgende Konsultation des Laiensystems) die soziale Distanz zum Arzt, während qualifiziert Ausgebildete besser zu unterscheiden vermögen, bis zu welchem Punkt einer Symptomerfahrung Eigenaktivität ohne kontraproduktive Folgen angemessen ist. Mit anderen Worten: Hilfesuchen bei Symptomerfahrung erfolgt in höheren sozialen Schichten gezielter, bei gleichzeitiger bewußter Ausschöpfung der Möglichkeiten der Selbststeuerung angesichts von Beschwerden und Leiden (Cockerham et al. 1986).

Selbstmedikation kann insgeheim erfolgen oder unter Einbeziehung signifikanter anderer, in der Regel der Familienmitglieder oder enger Vertrauter. Der Schritt zur **Mitteilung** einer Krankheitserfahrung an **signifikante andere** (E2) ist von Bedeutung, weil dadurch unter Umständen eine private Erfahrung zu einem sozialen Tatbestand wird: sozialer Druck kann ausgeübt werden, die Suche nach Hilfe auszudehnen bzw. zu beschleunigen. Andererseits kann die Familie Initiativen des Hilfesuchens abblocken, wie dies z. B. von bestimmten religiösen Gemeinschaften berichtet wird. Schließlich können signifikante andere zu einer Verstärkung psychischer Abwehr beitragen, indem sie die Bagatellisierung und Rationalisierung von Symptomen durch Konsensbildung validieren. Aus der Familienforschung und -therapie sind solche, die Realität partiell verkennenden dynamisch wirksamen Konsensbildungen bekannt.

Bei manchen Anzeichen psychischer Störungen ist es nicht der Betroffene selbst, der zuerst die Symptome wahrnimmt, sondern es sind die signifikanten anderen, welche eine primäre Abweichung definieren (3.2). Dies ist überall dort der Fall, wo kognitive Desorientierung und Beeinträchtigung von Selbstbeurteilung und Selbstwahrnehmung zu dem Störungsbild genuin dazugehören. In diesem Fall sprechen wir von **fremdinitiiertem Hilfesuchen.** Die Hinweise zeigen, welche strategisch zentrale Rolle Familie und enge Vertraute im Bereich primärer Definitionsprozesse von „gesund" und „krank" spielen, und zwar nicht nur, was selbstverständlich ist, bei Kindern und Heranwachsenden, sondern auch bei Erwachsenen.

Selbst- wie fremdinitiiertes Hilfesuchen außerhalb der Familie kann im **Laiensystem** verhaftet bleiben und dort zu Problemlösungen führen (E3), beispielsweise durch Einholen von Ratschlägen bei Arbeitskollegen oder Vereinsmitgliedern, durch gewährte Unterstützung etc. Hilfesuchen im Erkrankungsfall breitet sich häufig entlang sozialer Netzwerke aus, und je nach der Beschaffenheit werden professionelle Anbieter von Hilfeleistungen als naheliegende Adressaten oder als „ultima ratio" betrachtet. Das soziale Netzwerk mancher ethnischer Minderheiten, sozialer Randgruppen und ländlicher Bevölkerungsschichten mit geringem Bildungsgrad ist häufig enger und dünner, und die Abgrenzungen, gewollt oder ungewollt, gegenüber der Außenwelt sind ausgeprägter. Unter diesen Bedingungen sozialer Distanz ist es möglicherweise schwieriger, professionelle Hilfe überhaupt in Anspruch zu nehmen.

Die heutige klassischen Forschungsarbeiten von Rosenblatt und Suchman (1964) haben gezeigt, daß niedrigerer Bildungsgrad, ungünstige soziostrukturelle Lage, insbesondere Zugehörigkeit zu einer Randgruppe, mit längeren Phasen der Selbstmedikation, längerer Dauer des Hilfesuchens innerhalb des Laiensystems und höherer Schwelle der Inanspruchnahme des Arztes korrelieren. Dies bedeutet, daß das **Laienzuweisungssystem** hier (Freidson 1970) höhere Geltung besitzt als in besser gestellten sozioökonomischen Schichten. Diese Zusammenhänge finden sich, wenn auch in abgeschwächter Form, selbst dort, wo finanzielle oder räumliche Barrieren nicht im Vordergrund stehen.

Soziale Isolation beschleunigt demgegenüber die Inanspruchnahme professioneller Hilfe. So konnte Judith Shuval (1970) bei israelischen Einwanderern eine besonders hohe Frequenz von Arztkonsultationen feststellen, die vorwiegend auf soziales Kontaktbedürfnis und ein Bedürfnis nach Austausch mit statushohen Personen zurückzuführen war. Dieses zuletzt genannte Ergebnis verdeutlicht übrigens die vielfältigen verborgenen (latenten) Funktionen sozialen Handelns und unterstreicht, daß dem Hilfesuchen häufig Motive zugrunde liegen, die über das Krankheitsverhalten im engeren Sinne hinausweisen.

Drei Definitionen sollen an dieser Stelle zur Verdeutlichung des Gesagten nochmals explizit aufgeführt werden:

- **Hilfesuchen:** Prozeß selbst- oder fremdinitiierter Entscheidungen, deren Ziel die Mitteilung, Abklärung und ggf. Behandlung von Leidenserfahrungen, häufig in Form körperlicher Symptome, darstellt. Familien, Vertraute und weitere Angehörige des Laiensystems entscheiden häufig über Richtung und Dringlichkeit der weiteren Stadien des Hilfesuchens mit. Netzwerkmerkmale stellen neben der Symptomqualität sowie den persönlichkeitsspezifischen und situativen Charakteristika die wesentlichen Einflußgrößen auf diesen Prozeß dar.
- **Laienätiologie:** Symptominterpretation und Bewertung möglicher Folgen, Angst und Angstabwehr hängen wesentlich von Vorstellungen des Betroffenen und seiner Bezugsgruppe über die Entstehung einer im Symptom sich ankündigenden Erkrankung ab. Diese Vorstellungen (Laienätiologie) unterscheiden sich häufig von den Kenntnissen der Medizin. Ein wesentliches Ziel der Gesundheitsbildung und -aufklärung ist es, die Diskrepanzen zwischen Laienätiologie und Krankheitsverständnis der Experten zu verringern.
- **Laienzuweisungssystem:** Das System von Empfehlungen einer „Karriere" des Hilfesuchens, das von Normen und Vorstellungen einer gesellschaftlichen Gruppierung bestimmt wird. Ein Laienzuweisungssystem kann mehr oder weniger eng mit dem professionellen Hilfesystem verzahnt sein (Freidson 1970).

Bevor wir im folgenden Abschnitt auf wesentliche Determinanten der **Inanspruchnahme des Arztes** (E4) eingehen, sei anhand einer **Fallgeschichte** nochmals die Komplexität der hier idealtypisch abgegrenzten Prozesse verdeutlicht. Die Fallgeschichte illustriert das Zusammenspiel von Laienätiologie, spezifischer Symptomerfahrung, Verleugnungsneigung und sozialen Zwängen des Betroffenen sowie die in diesem Fall verhängnisvolle Verkettung von Fehldiagnose und Symptomverschleppung.

Ein fünfzigjähriger Arbeiter, der mit einem Blasentumor in fortgeschrittenem Stadium im Krankenhaus liegt, erzählt über die Geschichte seiner Symptomerfahrung das folgende:

„Vor einigen Monaten habe ich mich im Krankenhaus untersuchen lassen. Es war kein Befund. Dann kam im März des Jahres meine Frau ins Krankenhaus. In dieser Zeit fiel ich zu Hause die Treppe herunter. 17 Stufen, Bluterguß. Meine Tochter fand mich unten und half mir, mich zur Toilette zu schleppen. Ich verspürte einen starken Druck auf der Blase. Als ich Wasser lassen mußte, kam Blut. Das war unmittelbar nach dem Sturz. Am andern Tag ging ich dann ins Krankenhaus. Sie haben mich geröntgt. Da haben sie den Bluterguß behandelt, und dann sagte ich noch, ich hätte zweimal schwer Blut im Urin gehabt. Ja, da sagten sie: sofort hierbleiben. Im Krankenhaus haben sie die Nieren geröntgt, aber angeblich dort nichts Auffälliges gefunden. Die Ärzte glaubten, es wäre eine Prellung gewesen. Angeblich war auch das Steißbein etwas angeknackt. Der Masseur, der mich anschließend behandelte, sagte: Ach, Herr B., da haben Sie noch ein halbes Jahr mit dem Steißbein zu tun, vor allem bei Wetterumschwung macht sich das bemerkbar. Nachdem ich aus dem Krankenhaus entlassen war, hatte ich dann immer noch gelegentlich Blut im Urin. Ich habe dieses Blut auf den Sturz zurückgeführt (!). Und die Schmerzen, die nach wie vor da waren, habe ich auf das Steißbein zurückgeführt. Ich quälte mich dann so dahin, etwa ein halbes Jahr lang. Und, wie gesagt, die Schmerzen im Becken, die führte ich auf das Steißbein zurück, auf den Witterungsumschwung. Ich war Baggerfahrer in einem Steinbruch, und häufig habe ich am Morgen eine Schmerztablette genommen, um durchzuhalten. Dann, vor einigen Wochen, wurde ich entlassen, wegen Teilstillegung des Betriebes. Es war schon vorher klar, daß der Betrieb in einer Krise stand. Wenn ich zum Arzt gegangen wäre und schon früher gefehlt hätte – mein Chef hätte mir gekündigt. Jetzt, als ich entlassen war, sagte ich mir: So geht es nicht weiter! Jetzt gehe ich erst mal zum Arzt. Anstoß, zum Arzt zu gehen, war praktisch die Kündigung. Der Hausarzt hat mich dann sofort zu einem Facharzt überwiesen, und der teilte mir mit: Herr B., Sie haben einen Tumor an der Blase, Sie müssen sofort in die Klinik".

6.2.2 Einflüsse auf die Inanspruchnahme des Arztes

Die Inanspruchnahme des Arztes ist nicht nur für den hilfesuchenden Laien, und, wie wir in Kapitel 7 sehen werden, für die Gesellschaft, die einen wichtigen Teil ihrer Kontrolle über abweichendes Verhalten an den Arzt delegiert hat, ein zentrales Phänomen. Sie ist auch für all jene von Interesse, welche für eine wirksame, bedarfsgerechte und finanziell tragbare Abstimmung von Angebot und Nachfrage verantwortlich sind. Dies gilt ganz besonders in einem System gesundheitlicher Versorgung, welches weitgehend dem Patienten die Initiative zur Inanspruchnahme überläßt. Kenntnisse über Umfang und Deter-

minanten der Inanspruchnahme von Ärzten sind daher über das engere wissenschaftliche Interesse hinaus von allgemeiner gesundheitspolitischer Bedeutung. Allerdings steht nicht die Inanspruchnahme für sich genommen im Zentrum des Interesses, sondern das von ihr erwartete Ergebnis. Mit anderen Worten: Inanspruchnahme ärztlicher Leistungen ist eine von mehreren Determinanten des Gesundheitszustandes einer Bevölkerung, und es gilt, Nachfrage und Angebot so aufeinander zu beziehen, daß eine Optimierung des Gesundheitszustandes der Bevölkerung daraus resultiert. Die Kapitel 7 und 8 analysieren einige der Hindernisse, dieses Ziel zu erreichen, auf der Anbieterseite; die Abschnitte 5.1 und 6.2 befassen sich mit Hindernissen auf der Nachfrageseite. Zur Verdeutlichung der Problematik sei auf Abbildung 6-2 verwiesen.

Die nach Hulka und Wheat (1985) entworfene Abbildung zeigt sechs idealtypische Verlaufskarrieren von Nachfragern/ Nichtnachfragern nach ärztlichen Lei-

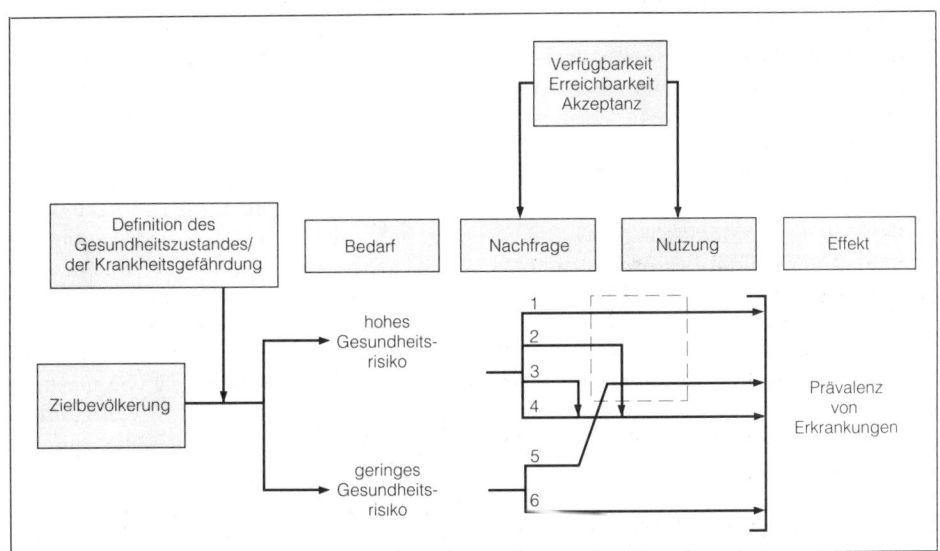

Abbildung 6-2   Der Zusammenhang zwischen Bedarf, Inanspruchnahme und Effekt medizinischer Versorgung (idealtypische Verläufe; Erläuterungen s. Text) (nach Hulka und Wheat 1985).

stungen mit unterschiedlichen Effekten auf der Ebene Gesundheitsrisiko bzw. Gesundheitszustand:

1. angemessene Inanspruchnahme (d. h. dem Bedarf entsprechend; *compliance*);
2. ineffektive Inanspruchnahme (z. B. Behandlungsabbruch trotz Bedarf; *non-compliance*);
3. mangelnde Erreichbarkeit des Gesundheitssystems trotz Bedarf (*inaccessibility*);
4. fehlende Inanspruchnahme trotz faktischen Bedarfs (*underutilization*);
5. Inanspruchnahme ohne Bedarf (hypochondrisches Verhalten; *worried well*);
6. Abstinenz, da kein Bedarf besteht (gesund, *healthy*).

Ergebnisorientierte Optimierung von Angebot an und Nachfrage nach ärztlichen Leistungen bedeutet somit, die Kategorien 1 und 6 auf Kosten der Kategorien 2 bis 5 auszuweiten. Dies setzt allerdings ein unrealistisches Maß an Rationalität und Transparenz voraus, das immer nur näherungsweise erreicht werden kann. In den umfangreichen Forschungen zur Frage der Einflüsse auf die Inanspruchnahme des Arztes wird meist zwischen drei Arten von Faktoren unterschieden (Andersen et al. 1975):

- Bedarf, d. h. Befinden, selbsteingeschätzter Gesundheitszustand;
- begünstigende Bedingungen, z. B. Umfang und Qualität des Ärzteangebotes, Umfang der Krankenversicherung;
- disponierende Faktoren wie Alter, Geschlecht, relevante soziodemographische und sozialpsychologische Merkmale.

Soweit diese drei Arten sich von Determinanten trennen lassen, haben vergleichende Analysen aus verschiedenen Gesundheitssystemen gezeigt, daß den im engeren Sinne krankheitsbezogenen Faktoren tatsächlich das größte Gewicht zukommt. Sie sollen daher an erster Stelle hier besprochen werden.

Bedarf

In ihrer fundierten Übersichtsarbeit gelangen Hulka und Wheat (1985) zu dem Schluß, daß die Beziehung zwischen Bedarf und Inanspruchnahme als kausal zu bewerten ist, zumal da drei wichtige Kriterien einer Kausalbeziehung erfüllt werden: Stärke des Effektes, Bedeutsamkeit in der Reihenfolge der Einflußfaktoren und Dosis-Wirkungs-Beziehung.

Für die Stärke der Beziehung spricht beispielsweise ein relatives Risiko der Inanspruchnahme von Ärzten von eins zu vier bei subjektiv Gesunden im Vergleich zu Personen, die sich subjektiv als leidend oder krank einschätzen. Eine andere Studie ergab: Die durchschnittliche Zahl der Arztbesuche im vergangenen Jahr war bei der weißen amerikanischen Stadtbevölkerung, die sich subjektiv als krank einschätzte, fünfmal so hoch wie bei der entsprechenden Gruppe, die sich als gesund bezeichnete. Der über den subjektiven Gesundheitszustand ermittelte „Bedarf" erwies sich in mindestens acht unabhängig durchgeführten umfangreichen Studien als die wichtigste Vorhersagegröße der Inanspruchnahme von Ärzten. Auch für eine Dosis-Wirkungs-Beziehung lassen sich Belege anführen: Je belastender der eigene Gesundheitszustand eingeschätzt wird, desto höher ist die Wahrscheinlichkeit der Inanspruchnahme von Ärzten. Allerdings spielt neben dem wahrgenommenen Schweregrad von Symptomen auch die wahrgenommene Wirksamkeit ärztlicher Intervention eine Rolle.

Krankheitsbezogene Faktoren bestimmen die präventive Nutzung von Gesundheitsdiensten naturgemäß in viel geringerem Umfang. Hier kommt den begünstigenden und disponierenden Faktoren eine größere Erklärungskraft zu.

Wenn auch der **subjektive Gesundheitszustand** die **wichtigste Einflußgröße** auf die Entscheidung, einen Arzt zu konsultieren, darstellt, so müssen doch auch wesentliche zusätzliche Bedingungen berücksichtigt werden. Unter den begünstigenden Umständen sind Ärzteangebot und Versichertenstatus von besonderer Bedeutung.

Ärzteangebot

Aus vergleichenden internationalen Studien sind folgende Tatsachen bekannt:

- Je mehr Ärzte pro Einwohner verfügbar sind, desto höher ist die Inanspruchnahme;
- Je höher der Anteil von Fachärzten an der gesamten Ärzteschaft, desto höher ist die Inanspruchnahme;
- Personen, die einen spezifischen Arzt (gleichviel, ob Hausarzt oder Spezialist) ausgewählt haben, weisen eine höhere Zahl von Arztkonsultationen auf.

Die beiden zuletztgenannten Trends können mit Vorsicht als Hinweise auf die eingeschätzte Qualität ärztlicher Betreuung bewertet werden: Inanspruchnahmemuster verdichten sich innerhalb der Ärzteschaft bei besonders qualifizierten Gruppen. Allerdings muß zugleich berücksichtigt werden: Schlechter qualifizierte Ärzte produzieren im Schnitt schlechtere Behandlungsergebnisse und erhöhen damit indirekt den Bedarf.

Nimmt man beide Einsichten zusammen (positive statistische Beziehung zwischen Angebot und Nachfrage, tendenziell negative Beziehung zwischen Qualität und Bedarf), so zeigen sich kontraproduktive Effekte einer ärztlichen Angebotsentwicklung, wie sie beispielsweise von der Gesundheits- und Bildungspolitik der siebziger und achtziger Jahre in der Bundesrepublik Deutschland betrieben worden ist.

Versichertenstatus

Ein zentrales Thema der Medizinischen Soziologie bildet die soziale Ungleichheit im Krankheitsfall: Inwieweit bestehen soziale Ungleichheiten in der bedarfsinduzierten Inanspruchnahme von Ärzten? Diese Frage kann nur im Zusammenhang mit der Struktur eines gesundheitlichen Versorgungssystems und seiner sozioökonomischen Fundierung beantwortet werden (vgl. Kap. 8).

Aus vergleichenden medizinsoziologischen Analysen läßt sich jedoch folgendes ableiten:

Erstens: Je höher der Anteil der Versicherten in einem Land, desto höher die Inanspruchnahme des Arztes.

Für die westeuropäischen Staaten mit ihrem hohen Anteil pflichtversicherter oder freiwillig versicherter Mitglieder und mit ihrer hohen Arztdichte stellt sich das Problem sozialer Ungleichheit auf dieser Ebene praktisch nicht (zum Systemvergleich s. Schneider et al. 1992). Eine Ausnahme bilden hier soziale Randgruppen wie Nichtseßhafte, Asylanten, Saisonarbeiter.

In anderen entwickelten Industriestaaten – in erster Linie in den Vereinigten Staaten von Amerika – besteht allerdings ein gravierendes gesundheitspolitisches Problem: Nach offiziellen Statistiken waren 1990 in den USA 13,4% der Bevölkerung gegen Krankheit überhaupt nicht versichert. Weitere 19,1% erhielten durch Medicare und Medicaid begrenzte, teilweise lediglich notdürftige medizinische Betreuung. Selbst unter den 53,3% Privatversicherten gab und gibt es einen beachtlichen Anteil mit hoher Selbstbeteiligung und teilweise umstrittenem Leistungsumfang der Versicherung (Cockerham 1992, Light 1993). Hier überall wirken ökonomische Zwänge einer Inanspruchnahme des Arztes im Bedarfsfall entgegen.

Zweitens: Je höher die Selbstbeteiligung bei Versicherten, desto geringer die Inanspruchnahme.

Dieses Ergebnis ist durch eine randomisierte Interventionsstudie an über zweitausend Familien (allerdings mit Altersbegrenzung bis 62 Jahre), der sog. Randstudie in den USA, recht gut gesichert: Bei Kontrolle des gesundheitlichen Bedarfs lagen die durchschnittliche Zahl der Arztkontakte und der Krankenhausaufnahmen sowie die durchschnittlichen Kosten bei den Familien, die am wenigsten zu zahlen brauchten, signifikant höher als bei Familien mit gesteigerter Eigenbeteiligung (Newhouse 1987).

Drittens: Auch bei gleicher Chancenstruktur der Inanspruchnahme zeigt sich eine soziale Differenzierung der Arztkonsultationen nach Angebotsqualität.

Solange qualitativ hochstehende ärztliche Versorgung ein knappes Gut darstellt, ist eine soziale Ungleichheit ihrer Nutzung regelmäßig zu erwarten. Kein bisher bekanntes gesundheitliches Versorgungssystem hat diese Hypothese widerlegt. Zahlreiche Einzelbefunde aus verschiedenen Gesundheitssystemen weisen in diese Richtung. In Großbritannien ist beispielsweise der Zugang zu Spezialisten, die ein Recht haben, ambulant und stationär privat zu behandeln, durch sozioökonomische Filter stark begrenzt (Townsend 1988). In den USA gibt es eine inverse statistische Beziehung zwischen Einkommenshöhe und Häufigkeit der Inanspruchnahme öffentlicher Notfall- und Ambulatoriumseinrichtungen, dagegen eine positive Beziehung zwischen Höhe des Einkommens und Konsultationshäufigkeit frei praktizierender Fachärzte (Cockerham 1992).

Soziale Ungleichheiten der Inanspruchnahme von Ärzten in hochentwickelten modernen Gesellschaften beziehen sich daher in erster Linie auf die Qualität des ärztlichen Leistungsangebotes, auf die Chance einer kontinuierlichen persönlichen Betreuung durch den Arzt und auf die Chance einer Einbeziehung präventiver Leistungen. In allen drei Aspekten haben höher bzw. finanziell besser gestellte Versicherte faktische Vorteile gegenüber schlechter gestellten Versicherten.

Alter und Geschlecht

Zu den wichtigsten disponierenden Bestimmungsgrößen der Inanspruchnahme von Ärzten gehören Alter und Geschlecht, in erster Linie, weil sie einen unterschiedlichen Bedarf aufgrund des alters- und geschlechtsspezifischen Morbiditätsspektrums indizieren.

Frauen weisen zwar gegenüber Männern eine niedrigere Sterblichkeit auf (1980 waren beispielsweise noch 84,7% aller fünfundsechzigjährigen Frauen am Leben, aber nur noch 72,7% der Männer; vgl. 2.1), zugleich ist jedoch die Morbidität von Frauen im allgemeinen erhöht. Auch nach Kontrolle der durch Schwangerschaft und Geburt bedingten Inanspruchnahme zeigen sich in allen Altersgruppen höhere Konsultationsraten, mehr Operationen und damit insgesamt auch höhere direkte Krankheitskosten. Die Gründe hierfür sind vielfältig: Sie reichen von spezifischen Erkrankungsrisiken, wie beispielsweise gastrointestinalen Krankheiten, Rheuma und Diabetes, über eine durchschnittlich erhöhte Symptomaufmerksamkeit, ein spezifischeres Körperempfinden, bessere Informiertheit über gesundheitliche Belange, höhere Prävalenz negativer Befindlichkeiten, bis hin zu den geschlechtsspezifischen sozialen Rollenmustern in Beruf und Familie, die sowohl mit spezifischen Erkrankungsrisiken wie auch mit der Bereitschaft zur Übernahme der Krankenrolle zusammenhängen (vgl. Verbrugge 1985).

In der Bundesrepublik zeigen neue Daten, daß **Frauen** bis zum fünfzigsten Lebensjahr signifikant häufiger als Männer den Zahnarzt aufsuchen, daß sie in doppelt so hohem Umfang an gesetzlichen Krebsfrüherkennungen teilnehmen (ca. 32% versus 17%), daß sie in allen Altersklassen häufiger den Allgemeinarzt aufsuchen (z.B. die Gruppe der vierzig- bis fünzigjährigen Frauen im Jahr 1984 durchschnittlich 4,8mal gegenüber 3,6mal bei Männern) und daß sie bis etwa zum fünfundfünfzigsten Lebensjahr signifikant mehr Ausgaben pro Kopf für Arzneimittel verursachen (Sachverständigenrat 1987).

Deutlicher und volkswirtschaftlich einschneidender sind die nach **Alter** variierenden Inanspruchnahmemuster. Mit steigendem Alter wächst die **Multimorbidität**, steigt die Inanspruchnahme. Auswirkungen dieses demographisch grundlegenden Trends auf die Kostenstruktur sind in Abbildung 6-3 dargestellt, welche die Entwicklung der Leistungsausgaben in der gesetzlichen Krankenversicherung je Rentner und je Mitglied in den Jahren zwischen 1975 und 1985 aufzeigt.

Der Bedarf nach medizinischen Leistungen im Alter ist allerdings sehr ungleich verteilt. Dies kommt in den Aggregatdaten nicht zum Vorschein. Differenzierte Auswertungen zeigen, daß beispielsweise bei den über Fünfundsechzigjährigen 72% des gesamten ambulanten Inanspruchnahmevolumens auf die Kategorie „sieben und mehr Kontakte pro Jahr und

Patient" entfallen. Diese 72% Kontakte werden von 31% aller Rentner initiiert. 20% aller Rentner konsultieren den Arzt nicht ein einziges Mal im Jahr. Somit bestimmt bei älteren Menschen, viel mehr noch als im mittleren Erwachsenenalter, eine hochbelastete Minderheit wesentlich die Nachfrage und damit die Kosten (Hulka et al. 1985).

Zusammenfassend können wir festhalten:

• Bedarf ist die wichtigste Bestimmungsgröße der Inanspruchnahme von Ärzten. In einem durch Patientensteuerung gekennzeichneten Gesundheitssystem wird der Bedarf in der Regel über den subjektiven Gesundheitszustand vermittelt. Viele der Faktoren, welche die Wahrnehmung und Definition des Gesundheitszustandes beeinflussen, sind psychischer und sozialer Natur. Ihre Kenntnis ist für den Arzt von Bedeutung (vgl. 5.1, Abb. 6-2).

• Unter den die Inanspruchnahme begünstigenden Bedingungen sind in erster Linie das Ärzteangebot und der Versichertenstatus bzw. der Umfang gewährter Versicherungsleistungen zu nennen. Beide Bedingungen sind, neben dem gesteigerten Bedarf, für die kontinuierliche Leistungsausweitung und Ausgabensteigerung im Gesundheitswesen mitverantwortlich. Soziale Ungleichheiten in der faktischen Nutzung medizinischer Leistungen beziehen sich heute eher auf die Qualität ärztlicher Leistungserbringung als auf die Quantität, wie sie beispielsweise in der Zahl der Arztbesuche pro Jahr ausgedrückt wird.

• Frauen und ältere Menschen weisen, aus einer Vielzahl unterschiedlicher Gründe, einen höheren Bedarf und damit eine höhere Inanspruchnahmerate auf. Allerdings sind es, insbesondere bei Rentnern, hochbelastete Subgruppen, welche den hohen Bedarf wesentlich bestimmen.

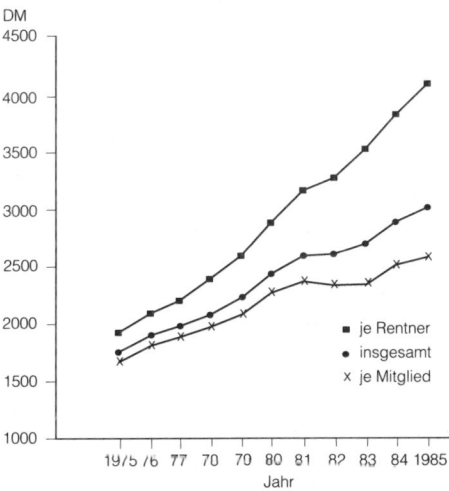

Abbildung 6-3 Entwicklung der Leistungsausgaben in der GKV je Rentner und je Mitglied 1975–1985 (nach Sachverständigenrat 1987, S. 69).

• Weitere disponierende Faktoren wie soziokulturell geformte Einstellungs- und Verhaltensmuster (vgl. auch Abschnitt 5.1) wirken sich indirekt auf den Bedarf aus und zwar über subjektive Gesundheitsdefinitionen. Sie sind von besonderem Gewicht, wenn es um die Erklärung der Nutzung präventiver Dienste geht.

6.2.3 Hilfesuchen außerhalb der Schulmedizin

Die Ausführungen des vorangegangenen Abschnittes haben unterstrichen, daß die Inanspruchnahme des Arztes ein komplexes Geschehen darstellt, dem keineswegs immer und ausschließlich ein konkreter Leidensdruck zugrunde liegen muß. Andererseits muß ein konkreter Leidensdruck, der zum Hilfesuchen veranlaßt, nicht zwangsläufig zur Konsultation des Arztes führen. Bei der Betrachtung der Motive, bei nichtärztlichen Heilpersonen Hilfe zu suchen, muß allerdings zwischen drei verschiedenen Mustern unterschieden werden. Sie sollen im folgenden unter den Stichworten „Volksmedizin", „mehrgleisige Nutzung" und „informierte Suche nach Alternativen" charakterisiert werden.

Volksmedizin
In jeder Gesellschaft sind, in stärkerem oder schwächerem Ausmaß, überlieferte Heilpraktiken vorhanden, die von Generation zu Generation weitergegeben werden und zu deren sachgerechten Ausübung sich bestimmte „Spezialisten" bekennen. Häufig sind diese Heilpraktiken Teil einer religiösen Weltanschauung oder sogar Bestandteil religiös-ritueller Praktiken. Bekannte Beispiele stellen die *curanderos* genannten mexikanisch-amerikanischen Volksheiler dar (Kiew 1968), die indianischen Heiler (Levy 1983) und, in den Vereinigten Staaten, die schwarzen Volksheiler. In Gesellschaften, die durch

das Nebeneinander zweier Kulturen – einer regional-traditionellen Kultur der Einheimischen und einer kosmopolitischen Kultur der „verwestlichten" Führungsschichten – geprägt sind, übt die Volksmedizin neben der Schulmedizin wichtige gesundheitspolitische und sozialtherapeutische Funktionen aus. Zum einen bietet sie den ärmeren Bevölkerungsschichten, die aus finanziellen Gründen oder aus Gründen soziokultureller und räumlicher Distanz die moderne Medizin nicht nutzen können, zumindest in begrenztem Umfang alternative Hilfe an. Zum anderen erfüllt sie durch die Nachvollziehbarkeit ihrer Argumente und Handlungen und durch das emotionale Engagement ihrer Heiler ein tiefliegendes Bedürfnis nach „konsensgesicherter Nahwelt" (Luhmann 1973), das Menschen in Not in besonderem Maße besitzen. Durch die kulturanthropologischen Studien von Claude Levi-Strauss ist deutlich geworden, in welchem Umfang therapeutisches Handeln ein sozialer Prozeß der Wiederherstellung bedrohter normativ-moralischer Stabilität in einer sozialen Gruppe darstellt, in welchem Maße Therapiewirkungen bei allen Arten magisch-ritueller Heilung ein Phänomen des Gruppenkonsensus sind (Levi-Strauss 1967). In Abbildung 6-4 wird dieser wichtige Aspekt der Volksmedizin veranschaulicht. Sie zeigt die rituelle Reinigung der Sterbehütte durch einen Volksheiler in den Hochanden Boliviens, der mit dieser symbolischen Handlung die „Trauer verbannen", von den Überlebenden fernhalten soll (Rösing 1987).

Krankheit ist für viele Menschen ein Krisenerlebnis. Die fraglos gegebenen Formen der Leib- und Selbsterfahrung werden brüchig; die Hinfälligkeit und Endlichkeit des Daseins wird bewußt. In dieser Angst, Unbehagen und Verunsicherung erzeugenden Situation ist die Empfänglichkeit für symbolische Erfahrungen und Handlungen besonders hoch. Symbole haben die Eigenschaft, Grenzen des Fragments, das der Mensch in dieser Situation darstellt, aufzuheben. „Jedes Symbol offenbart ja, in welchem Zusammenhang es auch stehe, die Ureinheit zwischen mehreren Bereichen des Wirklichen" (Eliade 1986, S. 522). Indem Heilrituale den Kranken und die vom Kranken (oder Gestorbenen) bedrohte Gruppe an gemeinsamen symbolischen Handlungen teilhaben lassen, binden sie sie in eine umfassendere Wirklichkeit ein, arbeiten sie der Fragmentierung und dem Verfall entgegen.

Es ist offensichtlich, daß die Volksmedizin über reichhaltige Handlungen verfügt, die diesem Zweck dienen, und es ist ebenso offensichtlich, daß die moderne Medizin auf dieser Ebene von Erfahrungen und Handlungen dem kranken Menschen nichts anzubieten hat. Diese hier

Abbildung 6-4   Rituelle Reinigung der Sterbehütte durch einen Volksheiler in den Hochanden Boliviens (nach Rösing 1987).

lediglich angedeuteten Erfahrungsmodalitäten symbolischer Handlungen machen vielleicht auch verständlich, warum Religiosität bei kranken Menschen eine so starke Rolle spielt.

Der Grat zwischen symbolischer Heilung im Rahmen religiös-ritueller Praktiken und therapeutischer „Scharlatanerie" ist oft schmal. Dies gilt insbesondere bei Einsatz von Hypnose und Psychopharmaka. Auf die speziellen „Techniken" und Erfolgsbedingungen dieser „Heiler" kann hier nicht näher eingegangen werden (vgl. Cockerham 1992).

Mehrgleisige Nutzung

Während die Klientel von Volksheilern sich in der Regel aus Mitgliedern gesellschaftlicher Subkulturen rekrutiert, beobachten wir in jedem Gesellschaftssystem, in welchem die moderne Medizin etabliert ist, einen offenen Markt von Therapieangeboten, die sich als Alternativen oder als **Ergänzungen zur ärztlichen Heilkunde** verstehen (sog. Komplementärmedizin). Das Spektrum reicht von Heilpraktikern, Chiropraktikern, Meditationsexperten, Spezialisten der Akupunktur, der Reflexzonenmassage usw. über Hypnotiseure bis hin zu Massenheilungen in Fußballstadien, Fernseh- und Briefheilungen, Irisdiagnostik, Handlesen und astrologischer Beratung, um nur einige der bekannteren Angebote zu nennen. Die Inanspruchnahme dieser Therapieangebote erfolgt vorwiegend aus zwei Gründen: aus **Erwartungsenttäuschungen** von Patienten im Umgang mit schulmedizinisch ausgebildeten Ärzten oder aus **Verzweiflung** in Situationen, in denen Ärzte keine wirksame Therapie (mehr) anbieten können. Die meisten Menschen, die an einer unheilbaren Krankheit leiden, haben daher Erfahrungen mit nichtärztlichen Therapieangeboten gemacht. Typisch ist jedoch, daß hier nicht, wie bei den Volksheilern, eine weltanschaulich-exklusive Bindung zwischen Klient und Therapeut besteht, sondern daß das jeweilige Angebot im *trial-and-error*-Verfahren geprüft, d.h. ausschließlich im Hinblick auf den spezifischen Nutzen beurteilt wird. Genau dies bezeichnet der Begriff „mehrgleisige Nutzung". Wir finden bei chronisch Kranken häufig eine Palette von Strategien des Hilfesuchens, die parallel verfolgt werden und die übrigens nicht selten zu Dissonanz- und Konflikterlebnissen führen.

Über die Inanspruchnahme alternativer bzw. komplementärer Therapieangebote und die soziokulturellen bzw. sozioökonomischen Merkmale der Klienten liegen für die Bundesrepublik Deutschland bisher keine repräsentativen Erhebungsdaten vor.

Informierte Suche nach Alternativen

Neben dem Verlangen nach symbolisch vermittelter Heilung und neben der problemlösungsorientierten mehrgleisigen Nutzung läßt sich ein drittes Muster von Motiven alternativen Hilfesuchens identifizieren: die von informierter Skepsis gegenüber der Schulmedizin getragene Suche nach Alternativen. Dieser Motivkomplex ist heute besonders bei jungen, gut ausgebildeten Erwachsenen in urbanen Regionen westlicher Gesellschaften verbreitet, und zwar als Bestandteil einer umfassenderen wissenschaftskritischen Weltanschauung. Hauptkritikpunkte an der schulmedizinischen Therapie bilden die exzessive Nutzung nebenwirkungsreicher Pharmakotherapien, die als kontraproduktiv erlebte Spezialisierung und Technisierung medizinischer Verfahren, schließlich die Verflechtung ärztlichen Handelns mit wirtschaftlichen Interessen und mit staatlicher Kontrolle.

Soweit sich diese Bewegung gegen den unkritischen, passiven Konsum angebotener ärztlicher Leistungen richtet, kann von einer intelligenten *non-compliance* dem schulmedizinischen System gegenüber gesprochen werden. Die sehr viel grundsätzlichere Kritik an dem „wissenschaftsgläu-

bigen" Vorgehen der Schulmedizin, darüber hinaus an den zweckrationalen Handlungsweisen mit all ihren unabsehbaren Gefahren, die durch eine immer mehr um sich greifende verwissenschaftlichte Praxis heraufbeschworen werden (vgl. 2.3), muß ernst genommen werden. Medizinkritik ist hier Teil einer sich formierenden Kritik des wissenschaftlich-technischen Zeitalters, und alternatives, die Schulmedizin meidendes Hilfesuchen bildet den Bestandteil einer größeren Verweigerungsstrategie, die sich auch auf andere Arten von Dienstleistungen, von Waren- und Lebensmittelkonsum erstreckt.

Die wenigen Hinweise sollen dem Leser verdeutlichen, daß der Arzt keineswegs der einzige Adressat in krankheitsbedingten Fällen der Inanspruchnahme von Hilfe ist. Die genannten drei Motive alternativen Hilfesuchens verweisen auf Grenzen ärztlichen Handelns, Grenzen, die nur teilweise – im Fall unheilbar Kranker – in der Natur der Sache liegen. Häufiger sind diese Grenzen einem engen Wirklichkeitsverständnis zuzurechnen, das die akademisch-wissenschaftliche Medizin sanktioniert hat. Dieses enge, erfahrungswissenschaftlich zentrierte Wirklichkeitsverständnis läßt keinen Raum für symbolische Erfahrungen. Es sind jedoch symbolische Erfahrungen und Handlungen, nach denen Kranke in Situationen des Hilfesuchens in verstärktem Maße verlangen. Da sie in dieser Beziehung auf eine „stumme" Medizin stoßen, wenden sie sich verständlicherweise „sprechenden" Alternativen zu. Ein verengtes Wirklichkeitsverständnis der Schulmedizin, wie es sich in der einseitig bevorzugten Pharmakotherapie, in zunehmender Technisierung und Spezialisierung niederschlägt, ist auch für informierte, intelligente Kritiker ärztlichen Handelns ein Grund für abstinentes Verhalten. In beiden, sehr unterschiedlichen Fällen sind ernst zu nehmende **Erwartungsenttäuschungen** ausschlaggebend für das alternative Hilfesuchen. Sollte es nicht angezeigt sein, daß sich die Medizin intensiver, als dies bisher geschehen ist, mit diesen Erwartungsenttäuschungen in Theorie und Praxis auseinandersetzt?

6.3 Mit der Krankheit leben

Für viele Anlässe des Hilfesuchens im Erkrankungsfall kann der Arzt, stellvertretend für das professionelle Versorgungssystem, keine umfassende Problemlösung anbieten. In besonderem Maße gilt dies bei chronischen Erkrankungen. Der Arzt kann den Kranken zwar behandeln, beraten und betreuen, aber die durch die Krankheit erzwungene Umstellung und Anpassung der Lebensweise ist vor allem eine Aufgabe des Kranken selbst und seiner engsten Angehörigen. In diesem Abschnitt sollen medizinsoziologisch wichtige Aspekte des Lebens mit einer chronischen Krankheit erläutert werden.

6.3.1 Krankenrolle und Krankheitsbewältigung

In Kapitel 3 haben wir die Begriffe „soziale Rolle", „soziale Norm" und „soziale Abweichung" ausführlich erläutert. Wir haben gesehen, daß überall dort, wo Personen und Situationen typisiert und verbindliche Verhaltenserwartungen im Hinblick auf diese Typisierungen festgelegt werden, gesellschaftliche Rollen und rollenspezifische Normen in Erscheinung treten. Vom Standpunkt eines gesellschaftlichen Systems aus betrachtet, stellt Kranksein eine soziale **Abweichung** von der Normalität dar, weil übliche Rollenerwartungen infolge Behinderung, Funktionseinschränkung oder Bettlägerigkeit nicht – oder nicht in gewohntem Umfang – erfüllt werden können. Und wie für jede, das System bedrohende gesellschaftliche Abweichung gibt es auch im Krankheitsfall eine soziale Kontrolle: Die normativen Erwartungen, die kranke Personen und ihre so-

zialen Orte typisieren, konstituieren die **Krankenrolle**. Talcott Parsons hat die Krankenrolle wie folgt beschrieben (Parsons 1951):

- Der Kranke ist von den allgemein geltenden Rollenverpflichtungen und Verantwortlichkeiten des Alltags nach Maßgabe der Dauer, Schwere und Natur seiner Krankheit entbunden. Die Entbindung muß vom Arzt legitimiert, d. h. durch Expertenwissen begründet werden. Legitimierung ist ein Verfahren, welches das gesellschaftliche System vor mißbräuchlicher Verwendung von Krankheitszuständen zum Zwecke sozialer Leistungsverweigerung schützen soll.

- Im Gegensatz zum Kriminellen, der in der Regel das normative soziale Gefüge bewußt verletzt, ist der Kranke für seinen Zustand und die daraus erfolgende soziale Abweichung nicht verantwortlich. Selbst wenn er durch sein gesundheitsschädigendes Verhalten den Ausbruch einer Krankheit begünstigt haben sollte, können die sozialen Folgen, die sich aus der Erkrankung selbst ergeben, ihm nicht angelastet werden.

- Der Kranke ist verpflichtet, seinen Zustand im Rahmen der zu Gebote stehenden Möglichkeiten zu verbessern, d. h. Gesundheit wiederherzustellen bzw. eingeschränkte Gesundheit zu erhalten. Mit anderen Worten: Der Kranke soll die gesellschaftliche Definition seiner Lage als eines tendenziell transitorischen Zustandes akzeptieren.

- Diese Verpflichtung schließt die Erwartung mit ein, die Hilfe von Experten (vor allem Ärzten) aufzusuchen und mit ihnen zu kooperieren.

Aus dieser Konzeption der Krankenrolle geht ganz klar die **Komplementarität** der Rollen von Arzt und Patient hervor (vgl. Kap. 7). Sie unterstreicht, in welchem Umfang **Krankheit** über die individuelle Betroffenheit hinaus ein **gesellschaftlich**

normiertes Phänomen darstellt. Parsons' Definition der Krankenrolle muß daher als ein Kernstück gegenwärtiger medizinsoziologischer Theorie betrachtet werden, soweit diese die Arzt-Patient-Beziehung zum Gegenstand hat.

Trotz oder vielleicht wegen dieser zentralen Bedeutung hat das Konzept der Krankenrolle vielfältiges kritisches Echo gefunden. Drei **Einwände** erscheinen als besonders gravierend und sollen daher hier dargestellt werden.

- Parsons verkennt die soziokulturelle und sozioökonomische Variation, die mit der Bereitschaft zur Vergabe sowie zur Übernahme der Krankenrolle verbunden ist:

  Entgegen den vielfältigen Einsichten in die soziokulturelle, durch schichtenspezifische Sozialisation (vgl. Kap. 3) und Bezugsgruppen-Orientierungen bedingte Formung der Symptomwahrnehmung und der Stadien des Hilfesuchens unterstellt Parsons ein **rationales Entscheidungsmodell** des erkrankten Individuums: Der Kranke definiert sich selbst als bedürftig nach Maßgabe der Schwere, Art und Dauer der Erkrankung. Eine beeindruckende Fülle medizinsoziologischer Studien hat jedoch gezeigt, daß dieses rationale Entscheidungsmodell nicht in der Lage ist, die Realität angemessen zu beschreiben, ja sogar, daß es nicht in der Lage ist, den gesellschaftlichen Toleranzspielraum bei der Vergabe von Krankenrollen zu erfassen. So werden in verschiedenen ethnischen Gruppierungen Schmerzen unterschiedlich wahrgenommen (Zborowski 1952, Zola 1966) und gleichartige, selbst alarmierende Symptome als unterschiedlich schwerwiegend bewertet (Koos 1954). Die Bereitschaft, die Krankenrolle zu vergeben und zu übernehmen, hängt u.a. von Alter, Geschlecht, sozioökonomischem Status der Betroffenen ab, aber auch von der

wirtschaftlich-konjunkturellen Lage einer Gesellschaft (Mechanic 1978). Ältere Menschen sind beispeilsweise nach Entlassung aus dem Krankenhaus in geringerem Maße bereit, selbst nach erfolgter Rehabilitation die Krankenrolle wieder abzulegen und auf den damit erzielten **sekundären Krankheitsgewinn** (z.B. in Form erhöhter Aufmerksamkeit, Besuche etc.) zu verzichten (Arluke et al. 1979). Andererseits mögen Ärzte eher bereit sein, im Fall älterer Menschen, aber auch im Fall nicht erwerbstätiger Frauen, eine **Krankschreibung** vorzunehmen, da der soziale Druck, der auf der Erwerbsrolle lastet, hier nicht gegeben ist. In unteren sozioökonomischen Schichten, speziell bei Gruppen, die gegen Krankheit unzureichend versichert sind, kann die Bereitschaft zur Übernahme der Krankenrolle extrem hinausgezögert werden, bis hin zu Situationen des physischen Zusammenbruchs (Kosa 1969). Die Übernahme der Krankenrolle dient andererseits bei sozial unterprivilegierten Gruppen häufiger als in höheren Schichten der Rechtfertigung biographischen Scheiterns (Cole et al. 1972). Verschiedene Studien haben den – sicherlich vielschichtigen – Zusammenhang zwischen konjktureller Lage und Krankenstand untersucht. Für die Bundesrepublik Deutschland zeigen neue statistische Daten einen eindeutigen Trend: Je höher die Arbeitslosigkeit und je schlechter die konjunkturelle Lage, desto niedriger der Krankenstand (Abb. 6-5). Dies bedeutet u.a. auch, daß die Bereitschaft zur Vergabe und zur Übernahme der Krankenrolle in der aktiven Bevölkerung von der Arbeitsmarktsituation mitbestimmt wird.

- Parsons vernachlässigt in seiner Konzeption die **chronisch Kranken** und die **psychisch Kranken**:

Speziell die dritte, oben erwähnte Annahme unterstellt, daß Krankheit im Prinzip ein transitorisches Phänomen darstellt bzw. daß auch bei chronisch Kranken ein – wenn auch eingeschränkter – Gesundheitszustand erzielbar sei. Man darf nicht verkennen, daß gerade die zuletzt genannte, von Parsons auch in einer späteren Arbeit (1978) ausdrücklich bekräftigte Auffassung von chronischer Krankheit als bedingter Gesundheit einen emanzipatorischen Gehalt besitzt. Dennoch wird Parsons' Modell denjenigen Krankengruppen nicht gerecht, die durch ihr Leiden lebenslang behindert, unheilbar erkrankt oder aus eigenen Kräften nicht in der Lage sind, ihre Situation angemessen einzuschätzen und zu verändern (z. B. bei bestimmten Formen psychischer Störungen).

In jeder Gesellschaft wird aber damit gerechnet, daß lebenslange Behinderung und unheilbare Krankheit in gewissem Umfang unvermeidbar gegeben sind. Insofern ist den Ausführungen von Pflanz und Rohde zuzustimmen, daß Krankheit von der Gesellschaft nicht notwendigerweise als soziale Abweichung definiert werde und daß die Krankenrolle (im Sinne Parsons') daher eher eine gesellschaftliche **Option** als eine universell geltende Gesetzmäßigkeit darstelle (Pflanz und Rohde 1970). Die gesellschaftliche Konstruktion der Krankenrolle ist daher faktisch vielfältiger, als Parsons' Konzeption vermuten läßt: Der soziale Ort des dauerhaft Kranken ist durch tendenzielle Marginalität sowie durch die Zumutung einschneidender sozialer Abstiegsprozesse gekennzeichnet.

• Die strukturfunktionale Handlungstheorie (Kap. 3), in deren Rahmen Parsons' Konzeption der Krankenrolle entwickelt wurde, läßt keinen Raum für eine auf den Kranken zentrierte soziologische Sichtweise menschlichen Leidens:
Wie der Strukturfunktionalismus im allgemeinen, so betont auch Parsons' spezielle Analyse von Krankheit als abweichendem Verhalten einseitig den Leistungs- und Produktionsaspekt menschlicher Vergesellschaftung. Krankheit erscheint ausschließlich als defizitärer Modus des Daseins. Die Optik gesellschaftlichen Kontrollhandelns taucht fraglos und ungebrochen in der strukturfunktionalen Begrifflichkeit wieder auf. Andere soziologische Denktraditionen haben von Parsons vernachlässigte, ebenfalls sehr wichtige Aspekte sozialer Realität des Krankseins beleuchtet. So befaßt sich der symbolische Interaktionismus mit Auswirkungen chronischer Krankheit auf soziales Handeln und Selbstwertgefühl des Betroffenen (Davis 1972), der Theoretiker Ervin Goffman analysiert die Folgen von Stigmatisierung und sozialer Ausgrenzung von Kranken (Goffman 1967), phänomenologische Soziologie untersucht die Neustruktu-

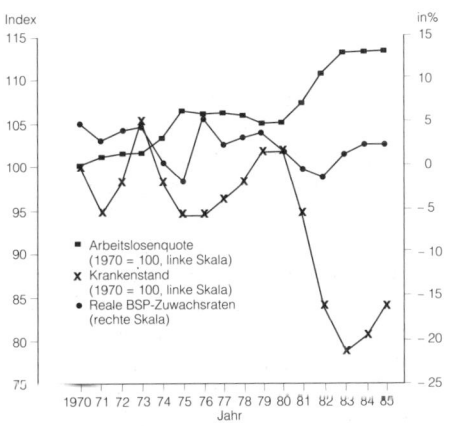

Abbildung 6-5 Krankenstand im Konjunkturverlauf; Bundesrepublik Deutschland 1970–1985. BSP = Bruttosozialprodukt (nach Sachverständigenrat 1987, S. 70).

rierung von Zeit- und Sinnbezügen im Falle schwerer chronischer Krankheit (Strauß und Glaser 1975, Fischer 1982), und rollensoziologische Untersuchungen konzentrieren sich auf die Veränderung sozialbiographischer Verläufe durch die Krankheit, insbesondere sozialen Abstieg und soziale Marginalität (vgl. Badura et al. 1987, Friedrich et al. 1980, Gerhardt 1986, 1990).

Diese zuletzt genannten Hinweise verweisen auf den zentralen Aspekt der **Bewältigung** *(coping)* einer chronischen Erkrankung durch Betroffene und ihre engsten Angehörigen. Die Auseinandersetzung mit Krankheit ist stets ein prozessuales, phasenhaft ablaufendes Geschehen, das mit dem Begriff der **Krankenkarriere** umschrieben wird:

„Die Krankenkarriere – als Verlauf in den Dimensionen Gesundung/Erkrankung, Einkommen/finanzielle Sicherheit, Beruf, Familie/Privatsphäre vorgestellt – ist als ein Prozeß der relativen Bewältigung existenzbedrohenden Risikos anzusehen, das durch den Erkrankungsfall auftritt. Veränderungen im Grad der Existenzbedrohung sind zum einen eine Funktion der Zeitstruktur der Krankenkarriere (Episodendauer, -frequenz), zum anderen hängen sie mit dem Wirksamkeitsgrad individuell zugänglicher Sicherungsstrategien zusammen" (Gerhardt 1986, S. 222).

Bevor in den folgenden Abschnitten der Einfluß chronischer Erkrankung auf die zentralen Rollen von Familie und Erwerbstätigkeit besprochen wird, sollen die theoretischen Grundlagen dessen, was der Begriff „Krankheitsbewältigung" bezeichnet, deutlicher herausgestellt werden. Den wichtigsten Beitrag hierzu hat der Psychologe Richard S. Lazarus geleistet (Lazarus und Folkmann 1984, Cohen und Lazarus 1983).

Im allgemeinen Verständnis bezeichnet *coping* den Prozeß der Auseinandersetzung mit belastenden äußeren oder inneren Gegebenheiten, welcher mit vorhandenen Handlungsressourcen nur unter Aufbringung besonderer Anstrengungen geleistet werden kann. Im Gegensatz zum alltäglichen Problemlösungsverhalten in belastenden Situationen zeichnet sich *coping* aus durch

- Fehlen vorgegebener Routinelösungen;
- Notwendigkeit einer individuellen, problemspezifischen Bewertung des Belastungscharakters und der vorhandenen Handlungsressourcen;
- potentiell wiederkehrende, langwierige Aktivität, die auch die Möglichkeit des Scheiterns in sich birgt;
- Möglichkeit der Neuschöpfung von Handlungsressourcen aufgrund des besonderen Belastungscharakters.

Coping dient nicht allein der **Problemlösung** bzw. dem Erträglich-Gestalten von Problemlagen, sondern auch der Regulation von Gefühlen. In diesem Sinn kann von Krankheitsbewältigung als einer **Gefühlsarbeit** (Corbin und Strauß 1993), analog zu Sigmund Freuds Begriff der Trauerarbeit, gesprochen werden. Beide Aufgaben, Problemlösung und Gefühlsarbeit, erfordern den Einsatz folgender Mittel:

- Suche nach wichtiger Information (z. B. Beratungsgespräch beim Arzt);
- Initiierung von Teilhabe an sozialem Handeln (z. B. Aufsuchen eines Freundes in einer emotionalen Krisensituation) (vgl. 3.4.1);
- Aktivierung intrapsychischer Prozesse (kognitive Distanzierung, Neubewertung – z. B. durch sozialen Vergleich, Verleugnung oder Verdrängung, Ablenkung, Entspannung).

Die Bewältigung einer chronischen Krankheit erfordert das Zuhilfenehmen aller drei genannten Mittel, wobei im einzelnen je nach Schweregrad und Dauer der Krankheit sowie nach Phase der Auseinandersetzung unterschiedliche „Wahlen" getroffen werden. Trotz individueller Vielgestaltigkeit dieser Prozesse können nach heutiger Kenntnis einige im allgemeinen sich als günstig erweisende Bedingungen der Krankheitsbewältigung identifiziert werden:

- Streben nach (Re-)Normalisierung und Initiierung sozialer bzw. intrumenteller Handlungen (aktive Teilnahme): Durch sie werden Energien mobilisiert, werden Fortschritte in der Anpassung an die veränderte Situation erreicht und wird der Umwelt die Bereitschaft zu einer Neugestaltung der Situation mitgeteilt. Die Initiierung sozialer Handlungen setzt allerdings nicht nur entsprechende persönliche Motivation und Information voraus, sondern auch eine vorgegebene Chancenstruktur, wie beispielsweise ein soziales Netzwerk, das guten sozioemotionalen Rückhalt und positive Verstärkung bietet (vgl. 3.4), sowie ein Angebot zielführender Handlungen, wie z.B. Beschäftigungstherapie, Frühmobilisation, Rehabilitationsmaßnahmen (zum Identitäts-Management im Rahmen von Renormalisierungsprozessen vgl. Roth und Conrad 1987).

- Überzeugung eigener Wirksamkeit (vgl. 3.3):
  In den allermeisten Fällen – abgesehen von extremen Lähmungs- oder Isolierungserscheinungen sowie von terminalen Phasen eines Krankheitsprozesses – ist aktive Krankheitsbewältigung eine sinnvolle und häufig im Ergebnis erfolgversprechende Strategie. Es ist sehr wichtig, daß der oder die Kranke und die Angehörigen von der Sinnhaftigkeit und Wirksamkeit der Bemühungen überzeugt sind. In vielen Studien ist gezeigt worden, daß ein Gefühl persönlicher Kontrolle und wirkungsvoller Einflußnahme den Bearbeitungsprozeß unterstützt, die Anpassung an die Krankenrolle erleichtert, den Ge-

nesungsprozeß beschleunigt oder den Krankheitsverlauf begünstigt (zusammenfassend Schwarzer 1992).

- Ausdrücken von Gefühlen:
  Vergegenwärtigung, Mitteilung und damit Bearbeitung negativer Gefühle wie Angst, Bedrohung, Trauer, Feindseligkeit, Enttäuschung und Verzweiflung haben sich in verschiedenen Studien als hilfreich nicht nur für das *coping* im engeren Sinne (Fitzpatrick et al. 1984), sondern auch für den weiteren Krankheitsverlauf erwiesen (Derogatis et al. 1979).

- Zeitliche Begrenzung defensiver intrapsychischer Prozesse:
  Verleugnung und Fehlwahrnehmung können sich kurzfristig als hilfreiche Bewältigungsformen erweisen, z.B. in lebensbedrohlichen Situationen wie dem Aufenthalt auf der Intensivstation nach Herzinfarkt (Hackett et al. 1968), langfristig behindern sie jedoch eine angemessene, d.h. an die Realität angepaßte Bewältigung der Erkrankung und ihrer Folgen (Croog und Levine 1977).

6.3.2 Chronische Krankheit und Familie

Trotz Sozialstaatentwicklung und Expansion von Dienstleistungen in modernen Gesellschaften (vgl. 2.3) ist Hilfeleistung im Fall chronischer Krankheit nach wie vor eine wesentliche Aufgabe der Familie bzw. der engsten Angehörigen. Der Ausbruch einer chronischen Krankheit bedroht nicht selten basale Funktionen der Familie wie Produktions-, Sicherungs- und Versorgungsaufgaben, aber dennoch vermag die Familie, wie in vielen Studien immer wieder gezeigt worden ist, kompensierende Energien freizusetzen, welche Gefahren der sozialen Desintegration, des sozioökonomischen Abstiegs und der vollständigen Isolierung bannen. Diese Energie bezieht die Familie aus den Besonderheiten des sozialen Systems, das sie bildet: aus der engen, stabilen, emotional getönten Bindung zwischen ihren Mitgliedern, aus der arbeitsteilig-funktionalen Flexibilität und aus dem gesellschaftlichen Schutzraum, in den sie rechtlich und ökologisch gestellt ist (vgl. 2.1, 3.3, 3.4). Die Familie neigt im allgemeinen dazu, Krankheitsbewältigung „bis an den letztmöglichen Punkt fortzusetzen. Sie absorbiert dadurch viele Formen der sozialen Devianz und ist gewissermaßen eine gesellschaftliche Residualinstitution, die einen Puffer bildet zwischen Krankheit ... auf der einen Seite und Öffentlichkeit, die diese Devianzform stigmatisiert, auf der anderen Seite" (Gerhardt und Friedrich 1982).

Der Beitrag familiären Rückhalts in Situationen chronischer Krankheit hat nicht immer positive Auswirkungen. Bereits Parsons und Fox haben argumentiert, daß das emotionale Engagement, welches in Kernfamilien üblicherweise vorhanden ist, unter Umständen den Genesungsprozeß verzögern und geschaffene Abhängigkeiten fixieren kann (1959). Offensichtlich stellen **Qualität** und **Intensität emotionaler Beziehungen** kritische Variablen dar, die jedoch bei verschiedenen Krankheitsbildern unterschiedliche Auswirkungen haben.

Relativ gut erforscht sind die Auswirkungen der Intensität emotionaler Zuwendung zu schizophrenen Patienten auf deren Rückfallquote. Brown et al. (1972) und Leff (1977) konnten zeigen, daß ein größerer Teil (51%) der schizophrenen Patienten aus Familien mit hohen gemessenen Werten emotionalen Engagements (positiver wie vor allem negativer Richtung; sog. *expressed emotions*) innerhalb von neuen Monaten rückfällig wurde, jedoch nur eine Minderheit (13%) der Patienten aus Familien mit einem niedrigen Wert emotionalen Engagements. Die Unterschiede konnten nicht durch den Schweregrad der Krankheit erklärt werden (vgl. auch Katschnig 1989, Kavanagh 1992).

Die möglicherweise pathogene Binnenstruktur von Familie mit einem schizophrenen Angehörigen schildert in einer eindrucksvollen, detaillierten ethnographischen Studie Bruno Hildenbrand (1983). Hauptthema der Arbeit bildet der Nachweis einer gescheiterten Vermittlung zwischen vertrauten Sozialbeziehungen in der Primärgruppe und anonymen Beziehungen in außerfamiliären Lebensbereichen durch die Familie des Patienten Alfred:

„Alfred, der Sohn der Familie A. und langjähriger psychiatrischer Patient, besucht einen Freund in der nächsten größeren Stadt und beabsichtigt, einige Tage zu bleiben. Am zweiten Abend äußert er: ‚Es ist komisch mit mir, wenn ich zu Hause bin, will ich weg, und wenn ich weg bin, will ich nach Hause.‘ In derselben Nacht rollt er seinen Schlafsack zusammen, legt eine Notiz auf den Küchentisch, in welcher er sich für die Aufnahme bedankt, schleicht auf leisen Sohlen aus der Wohnung und fährt nach Hause. In dieser Begebenheit kommt ein Grundmuster der alltagsweltlichen Orientierung Alfreds zum Ausdruck, und dieses Muster ist ... ein Paradoxon. Auf der einen Seite ist Alfred geradezu getrieben von dem Wunsch, die Familie zu verlassen und sich auf eigene Füße zu stellen. Auf der anderen Seite findet er sich außerhalb der Familie nicht zurecht, er flieht in ihren Schutz zurück. Aber dieser Schutz ist brüchig, er ist nicht tragfähig für eine dauerhafte eigenständige Existenz. Solche Grundmuster des Selbst- und Weltverhältnisses entstehen im Rahmen der Biographie einer Familie und lassen sich auf unterschiedlichen Ebenen des familialen Alltags beobachten. Sie zeigen sich daran, wie die Familienmitglieder gemeinsam etwas tun, sie zeigen sich in ihrer Sprache und sogar bis hinein in ihren leiblichen Bereich" (Hildenbrand 1983, S. 27).

Auch die **Qualität der Partnerbeziehung** hat unterschiedliche Auswirkungen auf das Leben mit einer chronischen Krankheit. Gelingt es dem Ehepaar nicht, die herkömmlichen, auf den „Normalfall" zugeschnittenen sozialen Rollendefinitionen zu verändern – durch größere Flexibilität, beispielsweise durch Aufnahme einer Teilzeitbeschäftigung durch die vorher nicht erwerbstätige Ehefrau des Kranken –, so sind die Chancen einer erfolgreichen Krankheitsbewältigung wesentlich geringer. Dies haben verschiedene medizinsoziologische Studien gezeigt: Finlayson und McEwan fanden bei Patienten mit überstandenem Herzinfarkt in Großbritannien innerhalb von Arbeiterfamilien wesentlich häufiger rigide Geschlechtsrollen-Arrangements als bei Patienten aus Angestelltenfamilien: Während der Heimkehr- und beruflichen Wiedereingliederungsphase waren sämtliche Angestelltenfamilien in der Lage, durch innerfamiliäre Rollenverteilung die Belastung des Rehabilitanden zu reduzieren. Dies war jedoch nur in 56% der Fälle der Arbeiterhaushalte der Fall (Finlayson und McEwan 1977).

In einer intensiven Langzeitstudie an 76 Patienten mit chronischem Nierenversagen fand Uta Gerhardt die größten Renormalisierungschancen und tendenziell die höchste Überlebensrate bei Patienten aus Ehen mit „dualer Karriere". Hierbei waren sowohl Patient wie Ehefrau berufstätig, waren in der Lage, in Krisenzeiten die Situation flexibel-kompensatorisch zu meistern und damit auch soziale Abstiegsprozesse aktiv zu vermeiden. Im Verlauf der Beobachtungsperiode hat sich der Anteil der Ehen mit dualer Karriere von initial einem Fünftel auf ein Drittel der überlebenden Patientenpopulation gesteigert. Dieses Ergebnis legt nahe, „daß eine Reihe Familien durch vielfache Anpassungsprozesse im Laufe der Patientenkarriere bei Beruf und Behandlung eine für sie selbst akzeptable optimale Form gefunden haben, die ihnen längerdauernd ein Weiterleben ohne größere neue Veränderungen im Lebensarrangement ermöglicht" (Gerhardt 1986, S. 310).

Eine gegenwärtig unheilbare, in ihrem Verlauf kaum vorherschbare und häufig zu schwerer Behinderung und vorzeitigem Tod führende Krankheit, die Multiple Sklerose (MS), wird von Betroffenen und ihren Partnern sehr unterschiedlich bewältigt, je nach dem, wie die Krankheit mit der Geschlechtsrolle kollidiert, aber auch, je nach dem, ob die Krankheit in vollem Umfang als Aufgabe der Partnerschaft betrachtet wird oder nicht. Hannes Friedrich und Mitarbeiter haben in einer qualitativ angelegten Studie an 92 MS-Kranken verdeutlicht, daß Frauen im allgemeinen besser in der Lage waren, die Umstellung ihrer sozialen Rolle und die Auswirkungen auf ihre soziale Identität zu meistern als Männer. Interessanterweise wurde dies nicht um den Preis hoher Fügsamkeit, Passivität und Kritiklosigkeit erzielt. Obwohl die Studie keine Kausalbeziehungen analysieren kann, zeigt die weibliche Patientengruppe insgesamt mehr positive, d. h. die Symptomatik nicht wesentlich verschlimmernde Krankheitsverläufe. Bei einer Minderheit betroffener Paare treten jedoch konfliktträchtige Bewältigungstendenzen der Erkrankung zum Vorschein, welche sich durch fortgesetzte Verleugnung und mangelnde Bereitschaft zur Anpassung auszeichnen und welche nicht selten zur Zerreißprobe in der Ehe führen (Friedrich et al. 1982).

Solche, die Verheimlichung, emotionale Abschirmung und den Rückzug fördernden konflikthaften Bearbeitungsformen finden sich ebenfalls in einer Minderheit von Paaren mit diagnostiziertem Mammakarzinom der Ehefrau, ohne daß dies allerdings in einem zwölfmonatigen Untersuchungszeitraum Auswirkungen auf den somatischen Verlauf zu implizieren scheint (Buddeberg 1985).

Daß Bewältigungsformen chronischer Krankheit auch unter prinzipiell günstigen Bedingungen sozialen Rückhalts problematisch verlaufen können, zeigt eine Befragung weiblicher Patienten mit chronischer Polyarthritis zum Thema Krankheit und Familie. Daraus geht hervor, daß Ehepartner noch junger, jedoch bereits schwer behinderter Patientinnen öfter überfordert zu sein scheinen, ihre Erwartungsenttäuschungen und den partiellen sozialen Rückzug zu verkraften. Sowohl der gesellschaftliche Erwartungsdruck an eine „funktionierende" junge Familie wie auch das Schuldbewußtsein der Patientinnen selbst verstärken diese Konflikte noch zusätzlich (Faßbender 1981).

Ein anderes Problem, nämlich die Dynamik zwischen Krankheitsverlauf und sozialer Isolierung, wird am gleichen Krankheitsbild in einer Studie von Hans Heinrich Raspe und Mitarbeitern belegt: Mit zunehmender Bewegungseinschränkung wird in der Regel nicht nur die Ausdünnung des sozialen Netzwerkes sichtbar, sondern auch ein Verlust interaktiver Kompetenzen, der seinerseits wiederum Einsamkeitsgefühle verstärkt (Raspe et al. 1983).

Besonders lehrreich und interessant für angehende Ärztinnen und Ärzte ist das von Corbin und Strauß verfaßte Buch „Weiterleben Lernen. Chronisch Kranke in der Familie" (1993). Anhand eindrucksvoller Fallstudien beschreiben die Autoren die fortwährende mentale und emotionale Arbeit, die von chronisch Kranken und ihren engsten Angehörigen gefordert wird, um das prekäre Gleichgewicht zwischen Krankheit, biographischer Identität und sozialem Alltagsleben wiederherzustellen und aufrechtzuerhalten.

Die hier nur äußerst knapp dargestellten Studien unterstreichen allesamt den **Handlungsbedarf**, der sich aus der Krankheitsbewältigung in der Familie und in solidarischen sozialen Beziehungen, welche über die Familie hinausreichen, ergibt. Familien sind häufig überfordert, die durch chronische Krankheit entstandene Problemlage aus eigener Kraft zu meistern. Daher sind Hilfestellungen in Form professioneller, halbprofessioneller oder durch Laien geleisteter Mitarbeit erforderlich. Am Beispiel **familientherapeutischer Alltagspraxis** bei psychisch Kranken (Angehörigenarbeit) hat Wulf Bertram dargestellt, welche gruppentherapeutischen Konzeptionen für eine professionelle Betreuung von Familien heute vorliegen,

aber auch, welchen strukturellen Schwierigkeiten ihre Umsetzung begegnet (Bertram 1986). „Intimität auf Distanz" nennt Heinz Katschnig ein neues Modell familienorientierten Wohnens für schizophrene Patienten, das allerdings auch neue Formen der Angehörigenarbeit erforderlich macht (Katschnig 1989).

Buddeberg (1985) und Friedrich (1983) ziehen unterschiedliche Konsequenzen aus ihren Forschungsergebnissen bezüglich des Einsatzes von Psychotherapeuten bzw. von Sozialarbeitern bei der Betreuung chronisch Kranker. Neue Formen kontinuierlicher, komprehensiver **ambulanter Betreuung** sind beispielsweise bei Rheumakranken (Raspe 1983) und bei Patienten mit koronaren Herzkrankheiten (ambulante Herzgruppen; vgl. Halhuber und Traenckner 1986) entwickelt worden.

Fließend erscheint hierbei der Übergang zu **Selbsthilfeorganisationen** bei chronisch Kranken: Selbstorganisierte kleine Gruppen tragen zur Gestaltung des alltäglichen Lebens und zur Erweiterung der persönlichen Erfahrung jedes einzelnen bei, sie leisten in den Bereichen wechselseitige Hilfe, in denen das professionelle Versorgungssystem Lücken, Mängel und Grenzen aufweist (Moeller 1981). Gesundheitsselbsthilfe im Alltag (Grunow et al. 1983), und Arbeit in Laienorganisationen (v. Ferber 1983) ist in den letzten 20 Jahren zu einem unverzichtbaren kompensatorischen Bestandteil des medizinischen Versorgungssystems in der Auseinandersetzung mit Behinderung, chronischer Krankheit und Sucht geworden.

6.3.3 Chronische Krankheit und Erwerbstätigkeit

Mit der Praxis „Rehabilitation geht vor Rente" wird nachhaltig verdeutlicht, in welchem Umfang die Bewältigung chronischer Krankheit von der Möglichkeit der Wiederaufnahme einer Beschäftigung abhängig ist. Speziell für die männliche Geschlechtsrolle im mittleren und höheren Erwachsenenalter gilt noch immer, daß ein wesentlicher Teil sozialer Identitätsfindung chronisch Kranker über Art und Umfang wiederaufgenommener Beschäftigung läuft. Einer der wesentlichen Befunde der internationalen medizinsoziologischen Rehabilitationsforschung ist der Nachweis, daß der objektivierbare Schweregrad der Krankheit die Chancen zur Wiederaufnahme einer Beschäftigung nicht so nachhaltig bestimmt, wie gemeinhin angenommen wird, sondern daß sozioökonomische und psychosoziale Filter im Umfeld des Patienten bzw. beim Patienten selbst hier wirksam werden. In der Bundesrepublik Deutschland ist dies besonders überzeugend im Rahmen einer umfangreichen, viereinhalb Jahre umfassenden Längsschnittsstudie bei initial 1000 männlichen Infarktpatienten nachgewiesen worden. Bereits nach sechs Monaten zeigte sich, daß 66% der Selbständigen, 52% der Angestellten, 49% der Beamten, aber nur 32% der Arbeiter beruflich rehabilitiert waren, wobei die Schwere des Infarkts zwischen Rückkehrern und Nicht-Rückkehrern zu diesem Zeitpunkt nicht signifikant zu unterscheiden vermochte. Allerdings zeigte sich: Je mehr prognostisch ungünstige klinische Befunde vorlagen, desto geringer war die Chance der Arbeitswiederaufnahme (Badura et al. 1987). Eine norwegische Studie zeigte, daß das Ausmaß von Angst und Depressivität während der Hospitalisierung das Ausmaß der Wiederaufnahme der Erwebstätigkeit sechs Monate nach überstandenem Herzinfarkt besser vorherzusagen vermochte als medizinische oder soziodemographische Faktoren (Maeland et al. 1987).

Neuere Daten der Längsschnittsstudie von Badura et al. zeigen, daß auch nach viereinhalb Jahren der Prozentsatz der Erwerbstätigen nach Herzinfarkt bei Arbeitern und einfachen Angestellten mit durchschnittlich 38% deutlich niedriger liegt als bei qualifizierten und leitenden Angestellten, Beamten und Selbständigen (60%) (Badura et al. 1987).

Von besonderem Interesse ist die wechselseitige Beeinflussung von Wiederaufnahme der Erwerbstätigkeit und psychischer Befindlichkeit bzw. Einschätzung der Krankheitsfolgelasten. Zu diesem Zweck haben die Autoren vier Gruppen gebildet, wobei Gruppe 1 durch rasche Wiederaufnahme der Arbeit nach Infarkt und vollständige berufliche Wiedereingliederung, die Gruppe 2 durch Wiederaufnahme der Arbeit innerhalb eines Jahres mit teilweise altersbedingter nachfolgender Berentung charakterisiert wurde. Gruppe 3 wurde in den Monaten nach Infarkt frühberentet, und bei Gruppe 4 lag im ersten Jahr nach Infarkt weder die Rückkehr zur Arbeit noch die definitive Berentung fest, so daß hier ein langer Zustand sozioökonomischer Verunsicherung in Kauf genommen werden mußte. Abbildung 6-6 zeigt den Verlauf von Depressivität und Angst sowie von Belastung durch Krankheitsfolgen und von Selbstvertrauen in den vier Gruppen im viereinhalbjährigen Beobachtungszeitraum nach Erstinfarkt. Die Kurven zeigen standardisierte Mittelwerte der gemessenen Eigenschaften, jeweils bezogen auf den ersten Meßzeitpunkt ($\bar{x} = 50 \pm 10$ [T-Norm]) (Badura et al. 1987). Bei allen gemessenen Eigenschaften zeigen sich deutlich ungünstigere Verläufe bei frühberenteten bzw. in ihrem sozialen Status verunsicherten Herzinfarktkranken.

Auswirkungen sozioökonomischer Benachteiligung und Bedrohung sowie schwachen sozioemotionalen Rückhalts lassen sich jedoch nicht nur auf das psychische Befinden nachweisen, sondern auch auf den Verlauf der somatischen Krankheit selbst: Für einen erheblichen Teil chronisch Kranker bringt die Krankheit eine soziale Statusbedrohung oder einen expliziten sozialen Abstieg mit sich –

Gegebenheiten, die sich in einem Verlust an Einkommen und Prestige, einem Verlust wichtiger sozialer Kontakte und sozialer Identitätssicherung sowie in realen oder befürchteten Stigmatisierungen (Frührentner, Invalide) niederschlagen. Über die in Kapitel 5.2 dargestellten zentralnervösen Prozesse können solche Belastungserfahrungen zusätzlich das Herz-Kreislauf-System schädigen und damit Rezidivneigung und Sterblichkeit ungünstig beeinflussen.

Diese hier an einem Krankheitsbild verdeutlichten Zusammenhänge unterstreichen, wie eng biologisches, psychisches und soziales System in der Bewältigung chronischer Erkrankung verbunden sind. Sie unterstreichen ferner, wie wichtig sozialwissenschaftliche Kenntnisse für die mit der Rehabilitation chronisch Kranker befaßten Berufe des Gesundheitswesens sind. Bereits liegen erste Ergebnisse vor, welche den positiven Ertrag sozialer Interventionen in der Postinfarktphase belegen

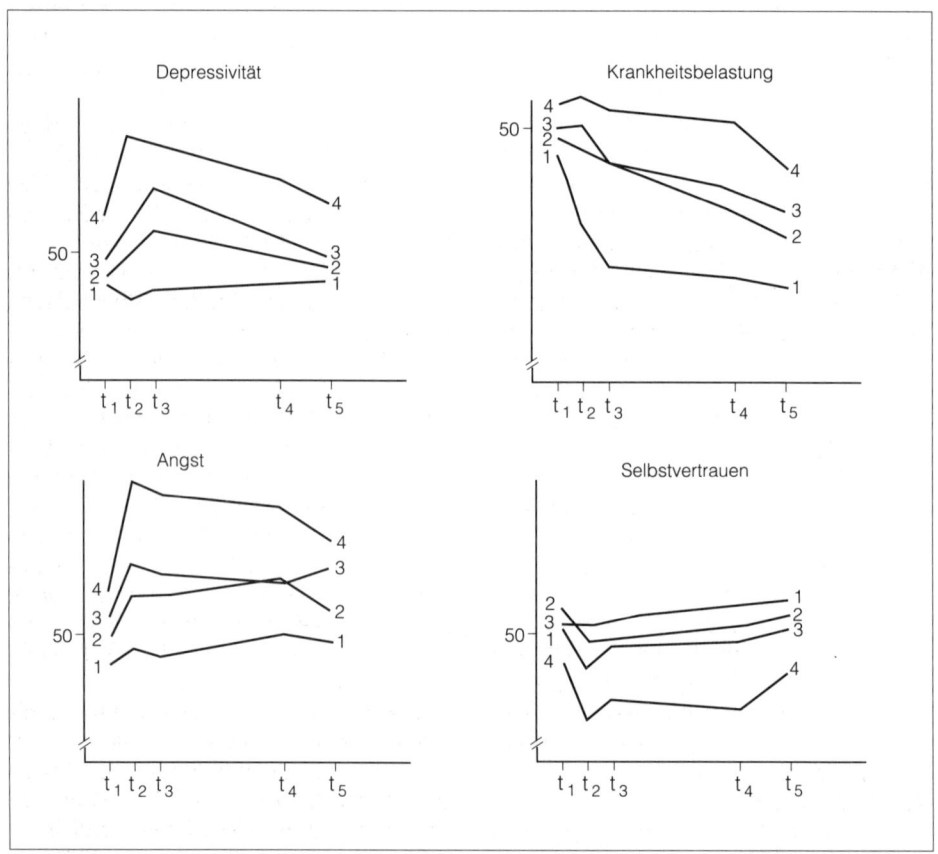

Abbildung 6-6   Die Ausprägung psychischer Belastungen im Zeitverlauf nach Herzinfarkt, in Abhängigkeit von beruflicher Rehabilitation (1 = vollständig geglückte Rehabilitation; 4 = unsicherer Status, weder Erwerbsfähigkeit noch Berentung gesichert; Einzelheiten siehe Text (nach Badura et al. 1987, S. 106 u. 109).

(s. Kap. 5.3). Große Bedeutung kommt auch einer umfassenden Rehabilitation von Infarktpatienten während und nach stationären Anschlußheilmaßnahmen zu (Ornish et al. 1990, Scherwitz et al. 1995). Positive Effekte eines Streßbewältigungstrainings bzw. einer Relaxationstherapie auf Krankheitsbewältigung und Krankheitsverlauf sind mehrfach belegt worden (van Dixhoorn 1994, Friedman et al. 1984).

6.4 Zusammenfassung

Gesundheit und Krankheit sind Phänomene, die mindestens in drei unterschiedlichen Bezugssystemen zu analysieren sind, demjenigen der betroffenen Person, der Medizin und der Gesellschaft (6.1). In diesem Kapitel wurde der Akzent der Betrachtung auf die betroffene Person gelegt. Abschnitt 6.2 hat Formen und Stadien des Hilfesuchens im Erkrankungsfall behandelt. Hier wurde deutlich, daß der Inanspruchnahme des Arztes verschiedene Entscheidungsschritte vorgelagert sind, auf die soziokulturelle und psychische Einflüsse wirken. In Abschnitt 6.2.2 wurde dargelegt, daß der durch den subjektiven Leidensdruck definierte Bedarf zwar die wichtigste Determinante der Konsultation von Ärzten darstellt, daß aber aus den im einzelnen aufgeführten Gründen (vgl. Abb. 6-2) nur eine begrenzte Übereinstimmung von Nachfrage nach und Angebot von ärztlichen Leistungen erzielt werden kann. Neben den im engeren Sinne krankheitsbezogenen Beweggründen einer Inanspruchnahme von Ärzten spielen Quantität und Qualität des Ärzteangebotes, Versichertenstatus, Alter und Geschlecht eine wichtige Rolle.

Menschen, die durch ihre Krankheit in Not geraten, suchen häufig außerhalb der Schulmedizin Hilfe. Die Ausführungen in Abschnitt 6.2.3 haben drei unterschiedliche Muster von Motiven dieses Hilfesuchens nachgewiesen. Neben der „mehr-gleisigen Nutzung" ergänzender therapeutischer Angebote sind die volksmedizinischen Heilungen zu nennen, die dem Kranken symbolische Erfahrungs- und Handlungsqualitäten zugänglich machen, deren er, wie ausgeführt wurde, mehr als der Gesunde bedarf. In deutlichem Gegensatz dazu steht die informierte Suche nach Alternativen zur naturwissenschaftlich ausgerichteten, teilweise nebenwirkungsreich und symptomatisch therapierenden Schulmedizin. Sie wird vorwiegend von jungen, gut ausgebildeten Erwachsenen als Teil einer umfassenderen wissenschafts- und technikkritischen Einstellung praktiziert und stellt in gewissem Umfang durchaus eine Herausforderung an die gegenwärtige Schulmedizin dar.

Abschnitt 6.3 hat medizinsoziologische Aspekte chronischer Krankheit aus der Sicht der Betroffenen behandelt. Nach einer kritischen Darstellung des wichtigen Konzepts der „Krankenrolle" wurden begriffliche Grundlagen zum Verständnis von Prozessen der Krankheitsbewältigung *(coping)* erörtert. Wie wirkt sich chronische Krankheit auf zwei zentrale Daseinsbereiche, die Familie und die Erwerbstätigkeit, aus? Diese Frage wurde anhand einer Darstellung neuer medizinsoziologischer Forschungsergebnisse beantwortet. Sie haben in eindrucksvoller Weise gezeigt, wie weitgehend die biologische, psychische und soziale Dimension des Krankseins hier miteinander verbunden sind. Die letzten beiden Abschnitte haben Ausmaß und Bedeutung von Hilfeleistungen durch Familienangehörige chronisch Kranker, aber auch die emotionale Ambivalenz innerfamiliären Rückhalts unterstrichen. Zumindest wurde die Ergänzungsbedürftigkeit familiärer Hilfe im Krisenfall durch professionelle und halbprofessionelle Dienste sowie durch Selbsthilfegruppen verdeutlicht. Eingeschränkte oder nicht mehr mögliche Erwerbstätigkeit wirkt sich, wie gezeigt wurde, nicht nur auf soziale Identität und sozioökonomischen Status, sondern häufig auch auf den Krankheitsverlauf selbst negativ aus. Die dargestellten Erkenntnisse legen eine Reihe praktischer Folgerungen im Bereich der medizinischen Rehabilitation nahe.

Bereits bei der Analyse der sozialen Rolle des chronisch Kranken wurde die grundlegende Komplementarität der Rollen von Arzt und Patient deutlich. Im folgenden Kapitel wenden wir uns der soziologischen Analyse des Arztberufes und des ärztlichen Handelns zu.

7
Soziologie des Arztes und der Arzt-Patient-Beziehung

Auch wenn für den hilfesuchenden Kranken der einzelne Arzt mit seinen Handlungsmöglichkeiten und seiner Persönlichkeit im Vordergrund steht, liegt dem Kontakt doch stets eine sozial geformte, normative Beziehung zugrunde: Arzt und Patient begegnen sich in Gestalt sozialer Rollen. Die Rolle des Arztes hat sich im Verlaufe des in Kapitel 2.3 beschriebenen Modernisierungsprozesses sehr weitgehend geändert. In diesem Kapitel wird zunächst die Herausbildung der Ärzteschaft als Profession in den vergangenen hundert Jahren erörtert (7.1.1). Ihr wichtigstes Ergebnis ist, aus soziologischer Sicht, die Sicherung beruflicher Autonomie (7.1.2) und die Vermittlung der sie garantierenden Handlungs- und Einstellungsmuster im Prozeß der beruflichen Sozialisation (7.1.3).

Ausführlich geht der folgende Abschnitt (7.2) auf theoretische und empirische Erkenntnisse einer Soziologie der Arzt-Patient-Beziehung ein, wobei der Krankenhausbereich aufgrund der umfangreichen medizinsoziologischen Forschungsergebnisse im Vordergrund steht. Kritische Phasen der Patientenkarriere – Intensivstation und Sterben im Krankenhaus – werden, die Analysen des vorhergehenden Kapitels fortsetzend, betrachtet. Mit dem Ausblick auf neue, gegenwärtig sich anbahnende Entwicklungen der Arzt-Patient-Beziehung leitet der Text in das Schlußkapitel über, in welchem Struktur und Entwicklungstendenzen unseres Gesundheitssystems dargestellt werden.

7.1 Ärzteschaft als Profession

7.1.1 Sozialhistorische Grundlagen

Profession (Expertengruppe, akademischer Beruf): Berufsgruppe, die durch die folgenden Merkmale definiert wird:
- Ihre Tätigkeit beruht auf spezialisiertem, in der Hochschule erworbenem und danach systematisch weiterentwickeltem Expertenwissen (Lizenz).
- Ihre Leistungen werden weitgehend als Monopol angeboten; darin wird die Profession vom Staat unterstützt (gesellschaftliches Mandat).
- Ihre Tätigkeit unterwirft sie einer normativen kollegialen Eigenkontrolle (z. B. anhand von Berufsgerichten); damit entzieht sie sich tendenziell sozialer Kontrolle durch Nicht-Experten.
- Ihre Tätigkeit ist durch ein hohes Maß an beruflicher Autonomie gekennzeichnet (z. B. Ideal der Freiberuflichkeit).
- Häufig, aber nicht immer, sind mit der Zugehörigkeit zu einer Profession hohes Sozialprestige (Ansehen, gesellschaftliche Wertschätzung) und hohes Einkommen verbunden.

Nicht in allen Kulturen und zu allen Zeiten bildete die Ärzteschaft eine Profession. Umfassende sozialhistorische Analysen haben gezeigt, daß – zumindest im internationalen Maßstab – erst ab Mitte des 19. Jahrhunderts von einem Aufstieg der Ärzte in eine Profession die Rede sein kann (Starr 1982, Sarfatti-Larson 1977, Huerkamp 1985, Freidson 1970). Ärztliche **Professionalisierung** ist somit ein Produkt der Industrialisierungsphase der Moderne, und sie kann angemessen nur in Wechselwirkung mit der zunehmenden **Medikalisierung** der Gesellschaft, das heißt mit der Ausweitung eines Marktes für medizinische Dienstleistungen, und mit den sozialstaatlichen, auf Gesundheit ausgerichteten Interventions- und Daseinssicherungsinteressen verstanden werden.

Betrachten wir in aller Kürze einige wichtige Entwicklungslinien der Professionalisierung der Ärzteschaft, wobei der Verbesserung der medizinischen Ausbildung durch die rasche wissenschaftliche Entwicklung in der zweiten Hälfte des 19. Jahrhunderts eine besondere Bedeutung zukommt.

Medizinische Wissenschaft und professionelle Ausbildung

Es ist oft beschrieben worden, warum und auf welche Weise die moderne Medizin in Kliniken des frühen 19. Jahrhunderts (in Frankreich bereits des ausgehenden 18. Jahrhunderts; Foucault 1973) geboren wurde: Militärhospitäler boten qualifizierten Chirurgen und Ärzten vollbeamtete Stellen, sie ermöglichten aufgrund eines relativ homogenen, häufig behandlungsfähigen Krankengutes die systematische Erfahrung, Datenerhebung und -dokumentation an Patienten und damit die Festigung klinischen Wissens; sie sahen überdies den klinischen Unterricht von Medizinstudenten vor und sie beschleunigten – wenn auch zunächst in bescheidenem Umfang – die operativen Verfahren (Jetter 1973). Mit der Erarbeitung von Symptomatologien und der Analyse organischer Läsionen ging eine Neubewertung der Anatomie einher, deren Ergebnis die

Gründung pathologischer Forschungsinstitute und die Ausbreitung der anatomisch-klinischen Methode der Medizin war (in Deutschland etwa ab 1850).

Zur gleichen Zeit begannen die großen Fortschritte der Chemie und Physik auf die Medizin auszustrahlen; das naturwissenschaftliche Experiment gestattete, quantifizierbare, in ihrem Einfluß kontrollierbare Wirkgrößen pathologischer Prozesse zu isolieren. Die **Laboratoriumsmedizin** drang in die Krankenhausmedizin ein und beschleunigte deren Verwissenschaftlichung (Lichtenthaeler 1975). Zwei wichtige Folgen bestanden in der Rollendifferenzierung von medizinischem Forscher und behandelndem Arzt sowie in der Institutionalisierung spezialisierter Fachdisziplinen (z. B. Physiologie, Zytologie, Virologie, Pharmakologie) und entsprechender nationaler und internationaler Fachgesellschaften (Seidler 1970, Shryock 1947).

So war es möglich, daß in der Zeit von 1850 bis 1880 die großen medizinisch-wissenschaftlichen Fortschritte nicht länger auf die traditionellen Zentren Paris und Wien beschränkt blieben. In Preußen wurde beispielsweise bereits seit dem Vormärz eine weitsichtige und großzügige Berufungs- und Forschungspolitik betrieben (vgl. Namen wie Johannes Müller, Purkinje, Rudolf Virchow), und die Zahl der Lehrstühle wuchs so schnell, daß die deutsche akademische Medizin in jener Zeit einen internationalen Vorsprung zu erringen vermochte. Mit den Wissens- und Handlungsfortschritten erhöhten sich auch die Anforderungen an die **ärztliche Ausbildung.** Prüfungsreglements verlangten von Medizinstudenten neben theoretischen Vorlesungen und klinischem Unterricht auch Sezier- und Präparierkurse, Kurse im Mikroskopieren und Impfen sowie bestimmte Praktika (z. B. Geburtshilfe). Der Staat kontrollierte in großem Umfang Qualität und Dauer der Ausbildung, Prüfungsanforderungen und Zulassung zur professionellen Berufsgruppe (Approbation). Interessanterweise hatten sich zu dieser Zeit – zwischen 1850 und 1880 – ärztliche Standesorganisationen noch kaum gebildet. Dies änderte sich gegen Ende des Jahrhunderts sehr schnell, als zum einen, trotz Erhöhung der Nachfrage, eine deutliche Konkurrenzsituation unter niedergelassenen Ärzten zu verzeichnen war, und als zum andern die aufstrebenden Krankenkassen die berufliche Autonomie des Ärztestandes einzudämmen begannen.

Im letzten Drittel des 19. Jahrhunderts muß man sich den niedergelassenen Arzt immerhin als denjenigen Fachmann vorstellen (Fachfrauen gab es damals noch kaum, vgl. 7.1.3), der in der Diagnostik, der Chirurgie bzw. Wundbehandlung und in der Schmerzbekämpfung deutlich erfolgreicher war als seine nicht-akademischen Konkurrenten. Immerhin gehörten Stethoskop, Augen- und Ohrenspiegel, Sonden und Geburtszangen zur Standardausrüstung; Eiweiß- und Zuckerbestimmung im Urin sowie Auszählung der roten und weißen Blutkörperchen unter dem Mikroskop waren technisch durchführbar. Die Innovationen der Antisepsis und Asepsis breiteten sich aus; intravenöse Injektion schmerz- und fiebersenkender Mittel wurde mit der Entwicklung der pharmazeutischen Industrie mehr und mehr zu einem Routineverfahren (Huerkamp 1985).

Welche Patienten haben Ärzte damals behandelt und welchen Effekt hatte ihre Tätigkeit auf die Entwicklung von Morbidität und Mortalität?

Krankenhausärzte und Kassenärzte

Bis in die Mitte des 19. Jahrhunderts hinein rekrutierte sich die Klientel niedergelassener Ärzte vorwiegend aus der sozialen Oberschicht. Die Arzt-Patient-Beziehung hatte infolge des geringen sozialen Gefälles und der begrenzten wissenschaftlichen Kompetenz noch nichts von der später konstitutiven Asymmetrie an sich.

Im Gegenteil, Ärzte waren häufig von Wünschen und Launen ihrer Patienten abhängig. Anders verlief die Entwicklung in den Spitälern: Sowohl in den tonangebenden Militärkrankenhäusern wie in den Armenhospitälern bildete sich eine Gestalt der Arzt-Patient-Beziehung heraus, die durch autoritative Über-/Unterordnung gekennzeichnet war und die den Patienten in beinahe totale physische und psychische Abhängigkeit brachte.

Erst mit dem raschen Fortschreiten der medizinischen Erkenntnisse wandelten sich Struktur und Funktion des Krankenhauses, und mit ihnen das Verhältnis der Ärzte zumindest zu jenen Bevölkerungsgruppen, die nunmehr als zahlende, vertraglich gebundene Patienten eine Krankenhausbehandlung aufnahmen. Es lohnt sich, diesen fundamentalen Wandel um die Mitte des vorigen Jahrhunderts etwas genauer zu betrachten: Eine direkte Folge der medizinischen Fortschritte war das Ansteigen des Berufsprestiges der Ärzteschaft in der Öffentlichkeit. Dies galt in erster Linie für den klinisch tätigen, im Krankenhaus arbeitenden Mediziner. Denn das Hospital wurde zum eigentlichen Zentrum medizinischen Fortschritts; ein institutioneller Wandlungsprozeß größten Ausmaßes setzte hier ein. Früher war die mit dem Eintritt ins Krankenhaus verbundene Chance einer Heilung für die meisten Patienten sehr gering. Der Krankenhausaufenthalt bedeutete in der Regel eine langandauernde Isolierung, oft ein Vorbereiten auf den nahenden Tod. Noch 1843 mußte, nach Friedrich Engels' Bericht, in London jeder sechste stationäre Typhuskranke, damit rechnen, im Krankenhaus zu sterben:

„Nach dem Jahresbericht des Dr. Southwood Smith über das Londoner Fieberhospital im Jahre 1843 war die Zahl der verpflegten Kranken 1462, um 418 höher als in irgendeinem früheren Jahr. In den feuchten und schmutzigen Gegenden des Ost-, Nord- und Süddistrikts von London hatte diese Krankheit (Typhus) außerordentlich heftig gewütet. Viele der Patienten waren eingewanderte Arbeiter vom Lande ... Diese Leute wurden so schwach ins Hospital geliefert, daß eine ungewöhnlich große Quantität an Wein, Cognac, Ammoniumpräparaten und anderen stimulierenden Mitteln angewandt werden mußten. Von sämtlichen Kranken starben 16 1/2 Prozent" (Engels 1920, S. 101 f.).

Das Zitat wirft nicht nur ein Licht auf die hohe Sterblichkeit, sondern auch auf die begrenzten therapeutischen Maßnahmen einer Hospitalisierung während jener Zeit. Der **medizinische Fortschritt** brachte diesbezüglich eine dreifache Änderung: Er reduzierte die Sterblichkeit, er ermöglichte mehr Heilungen, und er erreichte, daß die Therapie vieler Krankheiten in kürzerer Zeit erfolgte. Somit wandelte sich das Krankenhaus von einer therapieschwachen, mit langwierigen Aufenthalten verbundenen Anstalt in ein **Heilungszentrum,** dem man sich für absehbare Zeit und mit steigenden Überlebenschancen anvertrauen konnte. Die von dem Medizinhistoriker Jetter herausgearbeitete architekturgeschichtliche Tatsache, daß jetzt an jener Stelle des Krankenhauses, wo die Spitalkapelle stand, der Operationssaal eingerichtet wird, erhält programmatische Bedeutung: die passive Ergebenheit in ein unabwendbares Schicksal wird durch einen aktiv eingreifenden „Kampf" gegen Krankheit verdrängt, an dessen Spitze der Chirurg mit seinen spektakulären Eingriffen steht (Jetter 1967). Das Krankenhaus hatte nunmehr das Odium des Armenasyls verloren: es öffnete sich den besitzenden Schichten als Behandlungsort für akute Krankheiten. Der medizinische Fortschritt rechtfertigte die Begründung **kalkulierbarer Geschäftsbeziehungen:** Der wohlhabende Patient bezahlte dem Krankenhaus für dessen medizinische Leistungen Geld. Im Krankenhaus selbst entstanden somit zwei Patientenklassen: auf der einen Seite **selbstzahlende Bürger,** die in einem wesentlich privaten, vertragsähnlichen Verhältnis zum Krankenhaus standen, auf der anderen Seite die **alte „Klientel",** nämlich arme, auf Unterstützung angewiesene Bevölkerungsgruppen, denen die stellvertretend für die Öffentlichkeit übernommene karitative Zielsetzung des Krankenhauses zugute kam. Das Krankenhaus wurde auf diese Weise zwei Ansprüchen gerecht: der traditionellen Aufgabe christlicher Fürsorge und der ärztlichen Forderung nach angemessener Honorierung medizinischer Leistungen und nach einer dem damaligen Wissen entsprechenden Arbeits- und Ausbildungsstätte (Coe 1978, Foucault 1973).

Bei den **niedergelassenen Ärzten** lösten die sich mehrenden wissenschaftlichen Fortschritte ebenfalls einen sozialen Wandel größten Ausmaßes aus. Hier setzte nämlich der oft beschriebene Prozeß der staatlichen Förderung professioneller Monopolbildung ein: In dem Maße, in dem der Staat das Interesse an einer qualifizierten und gesunden Bevölkerung zu artikulieren und gegenüber den kurzfristigen kapitalistischen Wirtschaftsinteressen durchzusetzen vermochte, wurden öffentliche Hygiene und Krankenbehandlung im Bedarfsfall zu vorrangigen Postulaten der Sozialpolitik. Die historisch gewachsenen kommunalen Krankenkassen erfuhren durch das **Reichsgesetz über die Krankenversicherung der Arbeiter** im Jahr 1883 einen beachtlichen Wachstums- und Institutionalisierungsschub. Die Versicherungsleistungen basierten auf dem Solidarprinzip.

- **Solidarprinzpip:** Art und Höhe der Leistungen richten sich nach dem Bedarf, nicht nach der Höhe der Beiträge; die Solidargemeinschaft gleicht die unterschiedlich verteilten Risiken aus.
- **Äquivalenzprinzip:** Art und Höhe der Leistungen (z. B. Erstattung von Behandlungskosten) richten sich nach der Höhe der Beiträge bzw. Prämien

(dieses Prinzip ist bei privaten Krankenkassen, bei Lebensversicherungen
etc. verwirklicht).

Im einzelnen bedeutet dies:

- Für Arbeiter bestand bis zu einer bestimmten Einkommensgrenze Versi-
cherungspflicht;
- Beiträge wurden nach Lohnhöhe,
nicht nach Krankheitsrisiko erhoben;
- Unternehmer mußten die Hälfte der
Versichertenbeiträge ihrer Arbeiter bezahlen;
- mit Ärzten wurden von den Kassen Be-
handlungsverträge geschlossen;
- Kassen wurden nach dem Prinzip der
Selbstverwaltung (Vertreter von Arbeitgebern und Arbeitnehmern) geführt.

Die wichtigste Folge für die ärztliche Professionalisierung bestand in dem staatlich
sanktionierten **Definitionsmonopol** von
Krankheit durch die Ärzte: „Dem Arzt war
innerhalb der Gesetzlichen Krankenversicherung (GKV) ... eine zentrale Macht-
position gegenüber dem erkrankten Versicherten zugewiesen: dieser mußte, um
Krankengeld beziehen zu können, erst
eine Erwerbsunfähigkeitsbescheinigung
vorlegen, die nur der Arzt ausstellen konnte; er mußte sich in regelmäßigen Abständen wieder beim Arzt vorstellen, und er
war gehalten, alle ärztlichen Anordnungen
strikt zu befolgen. Seine Machtbefugnisse
gegenüber dem Patienten bezahlte der
Kassenarzt (allerdings) mit weitgehender
Abhängigkeit vom Kassenvorstand, der
seinen therapeutischen Handlungsspielraum empfindlich einengen konnte, etwa
durch Direktiven zur sparsamen Arznei-
mittelverordnung und durch die Kontrolle
seiner Krankschreibungstätigkeit (Huerkamp 1985, S. 195).

Dieser latente Konflikt sollte zu einem
Hauptmoment ärztlicher Standespolitik in
den kommenden Jahrzehnten werden. Be-

vor wir dieses Thema weiter verfolgen, soll
die zweite der aufgeworfenen Fragen behandelt werden: Welchen Einfluß hatte die
ärztliche Tätigkeit auf die Entwicklung der
Morbidität und Mortalität jener Zeit?

Einfluß der Medizin auf Krankheits-
spektrum und Sterblichkeit

Betrachtet man die Todesursachenstatistik
jener Zeit (vgl. 2.1), so wird deutlich, daß
die großen Epidemien der Tuberkulose,
der Cholera, des Typhus und des Brech-
durchfalls der Säuglinge durch das ärztliche Handeln nicht wesentlich gemindert
werden konnten. Positive Beiträge zeichneten sich in der durch Einführung der
Asepsis zurückgedrängten Müttersterb-
lichkeit ab, jedoch blieb der Beitrag der
Ärzte auch hier begrenzt: etwa 90% aller
Geburten wurden bis in das frühe 20. Jahrhundert hinein ausschließlich von Heb-
ammen betreut. Einen spürbaren Beitrag
zur Reduktion der Sterblichkeit leisteten
die Chirurgen, die seit Mitte des vorigen
Jahrhunderts voll in den Ärztestand integriert waren und die in der Krankenhausmedizin nunmehr eine Führungsrolle
übernommen hatten. Durch eine Ausweitung der Operationsindikationen sowie
eine Verbesserung der Operations- und
Narkosetechniken konnte insbesondere
die Letalität operativer Eingriffe erheblich
gesenkt werden. Als Beispiel kann der Kai-
serschnitt dienen: In Baden lag die Letalität bei Müttern in der Zeit von 1865 bis
1874 im Durchschnitt bei 71,4%, 40 Jahre
danach jedoch konnte sie zumindest auf
13,5% gesenkt werden (Huerkamp 1985,
S. 135).

Der bekannte englische Medizinhistoriker Thomas McKeown hat anhand ausführlicher Recherchen die These belegt,
daß der im Verlauf der Industrialisierung
beobachtete Rückgang der Sterblichkeit
bis in das erste Drittel des 20. Jahrhunderts
hinein in entscheidendem Maße auf Verbesserungen der Ernährung (Vitamine, Ka-
lorien), der öffentlichen Hygiene (Trink-

wasser, Kanalisation) und der Schulbildung zurückzuführen ist, und daß der Beiträg der Ärzte zu dieser Entwicklung eher gering blieb (McKeown 1982).

Abbildung 7-1 verdeutlicht diese These am Beispiel der Kindersterblichkeit an Scharlach, Diphtherie, Keuchhusten und Masern in England und Wales. Der überwiegende Rückgang der Sterblichkeit erfolgte in den Jahren zwischen 1850 und 1930. Aber erst nach 1930 wurden kausal wirksame Antibiotika und Pflichtimpfungen gegen Diphtherie eingeführt. So bildeten zwar einerseits die bahnbrechenden bakteriologischen und virologischen Entdeckungen des späten 19. Jahrhunderts die Grundlage für serologische Prävention und gezielte Pharmakotherapie, aber ihre massenwirksame Anwendung gelang erst in der ersten Hälfte unseres Jahrhunderts (Lichtenthaeler 1975, McKeown 1982). Es ist wichtig, an dieser Stelle auf die Diskrepanz zwischen dem Selbstverständnis der ärztlichen Profession und dem daraus abgeleiteten öffentlichen Ansehen einerseits und ihrem faktischen Beitrag zur Senkung der Sterblichkeit andererseits hinzuweisen (vgl. Freidson 1970, Starr 1982).

Selbstverständlich läßt sich der Beitrag der Medizin nicht allein an ihrer Fähigkeit messen, die Mortalität zu verringern. Bes-

sere Diagnostik, gezielte Prävention, aber auch Linderung von Leiden und Schmerzen waren die Hauptgaranten des kontinuierlich wachsenden Ansehens der Ärzteschaft in der Bevölkerung.

Professionalisierung als Standespolitik

Nachdem mit der Anhebung und Vereinheitlichung von Standards der ärztlichen Ausbildung (1852), mit dem gesetzlichen Schutz der Berufsbezeichnung „Arzt" und der Aufhebung der Verpflichtung für Ärzte, Arme unentgeltlich zu behandeln (1869), mit der Gründung eines Dachverbandes deutscher Ärzte (1873), mit dem Reichsgesetz über die Krankenversicherung (1883) und mit der Anerkennung öffentlich-rechtlich organisierter Ärztekammern mit eigener Disziplinarinstanz (1887–1898) wichtige Teilziele der Professionalisierung erreicht waren, zeigten sich mit dem Aufstieg der Kassen auch gegenläufige Tendenzen: Die niedergelassenen Ärzte gelangten zunehmend in die Abhängigkeit ihrer neuen Arbeitgeber, der Krankenkassenvorstände, die über die Gestaltung von Arbeitsverträgen, Gehaltszumessungen, Arbeitszeitbestimmungen und berufsbezogenen Vorschriften beachtliche Kontrolle auszuüben vermochten. Daher wurde im Jahre 1900 ein „Verband der Ärzte Deutschlands zur Wahrung ihrer wirtschaftlichen Interessen" (später **Hartmannbund** genannt) gegründet, der als eine Art gewerkschaftliche Organisation standespolitische Forderungen durchzusetzen begann. Diese Forderungen bezogen sich zu Beginn auf höhere Honorare der Ärzte, zunehmend jedoch trat die Forderung nach freier Arztwahl für die Kassenmitglieder am jeweiligen Ort in den Vordergrund. Berufspolitisch war dies ein kluger Schachzug: Die Forderung kam den berechtigten Wünschen vieler Kassenmitglieder entgegen, verfolgte jedoch hauptsächlich den Zweck, das Prinzip der Privatverträge der Kassen mit Einzelärzten durch dasjenige der Kollektivverträge mit

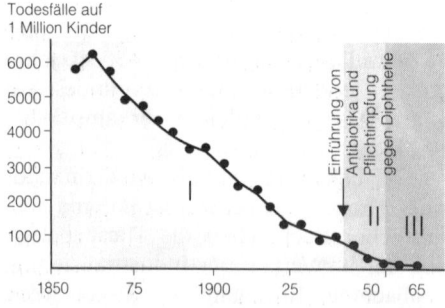

Abbildung 7-1 Sterblichkeit an Scharlach, Diphtherie, Keuchhusten und Masern bei Kindern unter 15 Jahren in England und Wales 1850–1965 (nach Tuckett 1976).

der lokalen Ärzteschaft zu ersetzen. Die Machtprobe war nur durch ausgedehnte Streikmaßnahmen des Hartmannbundes zu bestehen, und in dem 1913 geschlossenen Berliner Abkommen zwischen Hartmannbund und zentralen Verbänden der Krankenkassen gelang vorerst die Einführung ärztlicher Kollektivverträge.

Viele der erkämpften Autonomievorteile der Ärzte wurden in den wirtschaftlich schwierigen und politisch instabilen Zeiten der Weimarer Republik wieder eingebüßt, und auch die finanzielle Situation wurde für viele Ärzte kritisch. Auf der anderen Seite gelang in der Weimarer Republik erstmals der Aufbau einer regionalisierten primärärztlichen Basisversorgung in großstädtischen Gebieten (vor allem Berlin) durch die von den Kassen betriebenen Ambulatorien. Die drastische Verschlechterung der wirtschaftlichen Lage infolge der Weltwirtschaftskrise führte 1931 zu einer Notverordnung, in welcher den Ärzten zugestanden wurde, alle kassenärztlichen Fragen weitgehend in Selbstverwaltung zu regeln (z.B. Verteilung der Kassenarzthonorare, Beaufsichtigung ärztlicher Dienstleistungen und Auswahl zugelassener Ärzte). Diese Selbstverwaltungsaufgaben wurden den neu geschaffenen **kassenärztlichen Vereinigungen** übertragen, der alle Kassenärzte zwangsweise angehörten.

Unabsehbare Folgen für die Entwicklung der medizinischen Wissenschaft, die weitere Professionalisierung der Ärzteschaft und die demokratisch und gewerkschaftlich orientierte Sozialpolitik hatte die nationalsozialistische Machtergreifung. Innerhalb weniger Monate wurde die gewerkschaftlich orientierte Sozialpolitik in der Krankenversicherung zerschlagen. Linientreue Staatskommissare ersetzten die Selbstverwaltungsorgane. Durch die Gesetzgebung zur Wiederherstellung des Berufsbeamtentums sowie durch ministerielle Verordnungen wurden bereits im Juni 1933 alle jüdischen, aber ebenso auch

kommunistische Kassenärzte und -zahnärzte mit Berufsverbot belegt. Konkret hieß dies, daß ihnen die Berechtigung zur Kassenpraxis entzogen wurde. Auch private Krankenversicherungen unterwarfen sich den neuen Bestimmungen. Innerhalb der ersten zwei Jahre der nationalsozialistischen Zeit emigrierten zwangsweise zwei- bis dreitausend Ärzte, darunter auch hochangesehene „nichtarische" Wissenschaftler (Tennstedt und Leibfried 1979). Ganze Wissenschaftsdisziplinen wie beispielsweise die Psychoanalyse, Psychosomatik, Sozialepidemiologie und Sozialmedizin wurden mit einem Schlag vernichtet.

Auf der anderen Seite waren 1934 bereits etwa 30% der deutschen Ärzte Mitglieder im nationalsozialistischen Deutschen Ärztebund. Im selben Jahr konnte eine Reichsärztekammer eingesetzt und eine Reichsärzteordnung verabschiedet werden. Ein ganzer akademischer Berufsstand war zum Befehlsempfänger parteipolitischer und staatlicher Instanzen umfunktioniert. Als Belohnung für die praktisch widerstandslose politische Gleichschaltung der verbliebenen Ärzteschaft wurden weitgehende Zugeständnisse an die Verhandlungsmacht der Ärztevereinigungen gegenüber den Kassen, an die Sicherung beruflicher Autonomie, an die Vormachtstellung der niedergelassenen Ärzte im System der medizinischen Versorgung gemacht, um nur einige der auch für die Nachkriegszeit wichtigen standespolitischen Folgen zu nennen. Die schuldhafte Verstrickung von Ärzteschaft und Nationalsozialismus ging aber viel weiter: Eine fanatische Minderheit deutscher Ärzte beteiligte sich in Wort und Tat an der Massenvernichtung psychisch Kranker, politischer Dissidenter, und schließlich jüdischer Mitbürgerinnen und -bürger. Noch heute ist es unfaßbar, wie es dazu kommen konnte, daß eine Medizin ohne Menschlichkeit Bestandteil, ja sogar Triebkraft grauenvoller Verbrechen geworden war

(Mitscherlich und Mielke 1978, Lifton 1988).

In der Bundesrepublik wurden nach dem Krieg die **Landesärztekammern** als Körperschaften des öffentlichen Rechts gegründet, ebenso die juristisch von ihnen getrennten **kassenärztlichen Vereinigungen**. Das Gesetz über das Kassenarztrecht trat 1955 in Kraft. Es sicherte den niedergelassenen Ärzten praktisch das Monopol der ambulanten Versorgung (sog. Sicherstellungsauftrag) und bildet noch heute die Basis für die im Vergleich zu andern Ländern starke Vormachtstellung der Kassenärzte im medizinischen Versorgungssystem. Kassenzulassung und Kontrolle über Wirtschaftlichkeit ärztlichen Handelns wurden den kassenärztlichen Vereinigungen übertragen. Ein Therapieverbot für Gesundheitsämter und werksärztliche Dienste sowie die Überweisungspflicht bei Krankenhausaufnahme sicherten der niedergelassenen Ärzteschaft weitgehend ein Angebotsmonopol für die ambulante medizinische Versorgung. Es sollte auch erwähnt werden, daß die Selbstverwaltung der GKV durch Einführung halbparitätischer Organe den Einfluß der Versicherten (früher stellten sie zwei Drittel) zugunsten der Unternehmervertreter weiter zurückdrängte (Deppe 1980).

Mit der Verabschiedung der Bundesärzteordnung („der ärztliche Beruf ist ... seiner Natur nach ein freier Beruf") 1961 sowie der Gebührenordnung für Ärzte 1965 war der ärztliche Professionalisierungsprozeß auf dem Höhepunkt seiner bisher hundertjährigen Geschichte angelangt. Gesellschaftliches Prestige, Einkommensentwicklung und Ausgestaltung der beruflichen Handlungsspielräume, ausdifferenzierte Weiterbildung und verbesserte Fortbildung der Ärzteschaft und Steigerung der Nachfrage nach ärztlichen Leistungen bei zugleich begrenztem Angebot sicherten der Berufsgruppe eine außerordentlich privilegierte soziale Stellung. Insbesondere ermöglichte die nach Ein-zelleistungen honorierende Gebührenordnung ein lukratives Zusammenspiel von medizinischer Geräteindustrie, pharmazeutischer Industrie und Ärzten, das zugleich durch die Realisierung eindrucksvoller wissenschaftlich-technischer Fortschritte in Diagnostik und Therapie legitimiert wurde.

Der hier für die deutsche Ärztschaft ausführlich skizzierte Professionalisierungsprozeß ist in anderen Ländern in seiner Struktur ähnlich verlaufen. Noch einflußreicher und dynamischer war die ärztliche Standespolitik der vergangenen hundert Jahre in den Vereinigten Staaten, wo sich bis heute ein privater Markt im Gesundheitssektor halten konnte. Der Medizinsoziologe Paul Starr hat in seinem sehr lesenswerten Buch diesen Prozeß beschrieben. Er zeigt unter anderem, welche große Bedeutung der Qualitätskontrolle ärztlicher Aus- und Weiterbildung zukam, aber auch, wie unter dem Diktat privatwirtschaftlicher Marktangebote und unter dem Druck der Kostensteigerung die ärztliche Autonomie gegenwärtig zunehmend bedroht wird (Starr 1982, vgl. Kap. 8). In Ländern wie Großbritannien oder Schweden sind die niedergelassenen Ärzte hingegen in starkem Maße in ihrer professionellen Autonomie durch kommunale oder staatliche Kontrollorgane eingeschränkt worden (Roemer 1985).

Zusammenfassend können wir festhalten, daß im Laufe einer ausgedehnten, mit der Industrialisierung im 19. Jahrhundert einsetzenden Entwicklung alle zu Beginn beschriebenen Merkmale des Professionalisierungsprozesses von der Ärzteschaft erfüllt worden sind. Es gibt heute wenige Berufsgruppen, die in so umfangreichen Maße in der Lage sind, berufliche Autonomie auszuüben, d.h. Inhalt, Qualität und Quantität der geleisteten Arbeit weitgehend selbst zu gestalten (Freidson 1970). Es gibt allerdings auch wenige Berufsgruppen, deren Legitimation in so starkem Maße von der Erfüllung von Aus-, Weiter-

und Fortbildungsstandards abhängig ist. Im folgenden Abschnitt soll die bisher recht allgemein gebliebene Bestimmung dessen, was als berufliche Autonomie bezeichnet wurde, mit konkreten Inhalten ausgefüllt werden.

7.1.2 Berufliche Autonomie

Professionelles Handeln läßt sich unter zwei Gesichtspunkten deutlicher spezifizieren:

- unter dem Gesichtspunkt der gesellschaftlichen Reichweite der ausgeübten Tätigkeit,
- unter dem Gesichtspunkt der Kooperationsbeziehungen bzw. der Arbeitsteilung mit anderen Gesundheitsberufen.

Wenden wir uns zunächst dem ersten Gesichtspunkt zu.

Die **gesellschaftliche Reichweite** ergibt sich zum einen aus dem Beitrag der Ärzte zur Sicherstellung bzw. Wiederherstellung von Gesundheit nach Maßgabe medizinischer Erkenntnisse und Handlungsmöglichkeiten, zum andern aus der ihnen zugestandenen Kontrolle über unproduktive Kosten, die jedem Gesellschaftssystem durch Krankheit, mittelbar durch Erwerbsunfähigkeit der Erkrankten, entstehen. Diagnostisches Handeln des Arztes ist zugleich gesellschaftliches Kontrollhandeln. In Kapitel 6.3 wurde das Konzept der Krankenrolle diskutiert. Es wurde gezeigt, wie die normative Bestimmung der Inanspruchnahme des Arztes im Erkrankungsfall begründbar ist. Mit seinem diagnostischen Handeln realisiert der Arzt als Rollenträger die normative Erwartung einer Kontrolle abweichenden (das „Gemeinwohl" schädigenden) Verhaltens. Diese Kontrolle hat in erster Linie ökonomische Auswirkungen auf die Betroffenen (Arbeitsunfähigkeitsbescheinigung, Beurteilung der Erwerbsunfähigkeit), darüber hinaus kann sie, in seltenen Fällen

(Zwangseinweisung), die bürgerlichen Freiheiten berühren. Diagnostische Entscheidungen bahnen Patientenkarrieren an und gewähren Teilhabe an entlastenden, rekreativen Maßnahmen des Sozialversicherungssystems (z. B. Kuren).

In jedem Fall gilt, daß der erkrankte Bürger lediglich über eine vom Arzt attestierte Diagnose einen Anspruch auf Versicherungsleistungen erwirbt. Der Arzt besitzt mit seinem diagnostischen Instrumentarium ein Entscheidungsmittel über die Zuteilung volkswirtschaftlich unproduktiver Ausgaben. Diagnosen sind somit, aus gesellschaftlicher und ökonomischer Sicht, Schaltstellen einer Verbindung zwischen Versicherten und Leistungsträgern. Der Arzt formt das ihm vom Patienten präsentierte und von ihm als relevant erkannte Problem in die Sprache einer Diagnose um, um – unter anderem – auf diese Weise die Kostenträger einzuschalten. Die gesellschaftliche Kontrolle „abweichenden" Verhaltens, welche der Arzt qua Mandat ausübt, findet sich auf einer zweiten Stufe wieder: beim medizinischen Dienst der Krankenkassen, in der Gutachtenpraxis, dort also, wo die durch die erste Kontrollstufe, die ärztliche Diagnose, geschaffene Legitimierung der Entbindung von Leistung fragwürdig oder hinfällig geworden ist und deshalb einer erneuten Überprüfung bedarf (in der Regel nach Ablauf einer festgelegten Anzahl von Krankheitstagen). Und noch bei den verwendeten medizinischen Kriterien zur Beurteilung der Rehabilitation von längerfristig Erwerbsunfähigen, in der Dominanz des Kriteriums der Leistungsfähigkeit bzw. Leistungsbeeinträchtigung bei chronischen Gesundheitsschäden oder bei morphologischen und funktionellen Restdefekten läßt sich die enge Verbindung von ärztlicher Definition und wirtschaftlich-gesellschaftlicher Kontrolle ablesen. Diese Zusammenhänge können den Arzt in Konfliktsituationen bringen, insbesondere dann, wenn er, wie etwa als Betriebsarzt, direkt von den Instanzen wirtschaftlicher Kontrolle abhängig ist.

Sprechen wir an dieser Stelle einen methodischen Gedanken aus: Wir haben Krankheit und ärztliches Handeln im letzten und in diesem Kapitel unter drei unterschiedlichen Gesichtspunkten behandelt: demjenigen des Patienten, demjenigen des Arztes und demjenigen der Gesellschaft bzw. des gesellschaftlichen Sicherungssystems. Die jeweiligen Perspektiven unterschieden sich deutlich: „Ärzte denken in Diagnosen, Krankenkassenbeamte in Verwaltungsentscheidungen und Kosten, Betriebe in Rentabilität, Arbeitnehmer in dem Angebot an Verhaltensalternativen, das gesellschaftliche Institutionen ihnen machen" (v. Ferber 1970, S. 215). Hier stoßen wir wieder auf das bereits früher erwähnte Prinzip der **divergierenden Bezugssysteme.** Dieses Prinzip stellt die Verschiedenartigkeit und Widersprüchlichkeit eines Phänomens in den Augen der unterschiedlichen Bezugsgruppen oder Partner dar.

Es ist somit ein Mittel, die Distanziertheit soziologischen Denkens gegenüber der einseitig, durch Interessen eingeschränkten Betrachtung und Bewertung zu gewinnen und zu erhalten.

Wird das diagnostische Handeln des Arztes ausschließlich, wie es die Professionalisierungshypothese unterstellt, von sachimmanenten, durch Expertenwissen begründeten Gesichtspunkten bestimmt? Gibt es Einflüsse auf diagnostisches Handeln, die zumindest implizit die Stärkung beruflicher Autonomie des Arztes zum Ziele haben? Versuchen wir, diese schwierige Frage wenigstens mit einigen exemplarischen Überlegungen zu beantworten.

Ausgehend von Überlegungen der Entscheidungstheorie hat der Soziologe Thomas Scheff im vierten Kapitel des Buches „Being Mentally Ill" (deutsch 1973) gezeigt, daß eine zentrale ärztliche Beurteilungsnorm im Fall diagnostischer Unsicherheit besagt: „Lieber eine gesunde Person als krank diagnostizieren als eine kranke Person für gesund erklären." Eine gesunde Person als krank zu diagnostizieren bedeutet, eine falsche Hypothese weiterhin aufrechtzuerhalten. Eine kranke Person als gesund zu beurteilen, bedeutet

dagegen, eine richtige Hypothese als falsch zu verwerfen. Dieser letztere Fehlertyp gilt als schwerwiegender als der erstere, denn eine verworfene richtige Hypothese verunmöglicht eine weitere Prüfung, wogegen eine angenommene falsche Hypothese im weiteren Untersuchungsverlauf immer noch zurückgewiesen werden kann. Diese Regel hat somit sicher eine gewisse Berechtigung. Andererseits kann man negative Effekte dieser krankheitsbejahenden Einstellung nicht leugnen: Bei der Indikation zu Operationen, bei der Eiweisung in psychiatrische Kliniken beispielsweise kann sie schwerwiegende Folgen haben.

Die Auswirkungen dieses systematischen „Beurteilungsbias" auf die Häufigkeit von Fehldiagnosen könnten erst ermessen werden, wenn wir umfangreichere Unterlagen über diagnostische Validität besäßen. Noch immer ist aber die wissenschaftstheoretisch strikte Überprüfung ärztlichen Handelns außerordentlich schwierig; noch immer herrschen innerhalb der Ärzteschaft Widerstände gegen eine Denkweise nach dem Falsifikationsprinzip.

Einen gewissen Hinweis auf die ärztliche **„Parteilichkeit"** zugunsten von Krankheit erhalten wir aus einer Studie Bakwins über die Angemessenheit der **Tonsillektomie** bei tausend Schulkindern, die Scheff zitiert: „Von diesen tausend Kindern hatten 611 ihre Mandeln schneiden lassen. Von den restlichen 389 wurden bei einer wiederholten ärztlichen Untersuchung 174 zur Tonsillektomie vorgeschlagen, 215 wurden als gesund eingestuft. Eine Überprüfung der Restgruppe durch andere Ärzte ergab, daß 99 weitere Patienten zum Schneiden der Mandeln veranlaßt wurden, von der abermals gebildeten Restgruppe schließlich wiederum knapp die Hälfte" (Scheff 1973, S. 112).

Das Beispiel ist jedoch nur bedingt aussagekräftig, denn die Praxis der Tonsillektomie ist innerhalb der Ärzteschaft selbst stark umstritten; intersubjektive Standards der Operationsindikation sind hier nur schwer festzustellen.

Ein weiteres Beispiel liefert die Appendektomie-Studie von Lichtner und Pflanz (Lichtner und Pflanz 1971). Die Autoren haben festgestellt, daß die Rate der **Blinddarmoperationen** in zwei großen Bevölkerungsgruppen der BRD dreimal so hoch ist wie in vergleichbaren Ländern. Nachdem die Möglichkeit einer echten höheren Inzidenz ausgeschlossen wurde, diskutieren die Autoren vorwiegend zwei Faktoren, die für die hohe Rate verantwortlich sein können: erstens den einweisenden Arzt, auf den der Chirurg besondere Rücksicht nimmt:

Der Kollege soll vor dem Odium von Fehldiagnosen, aber auch vor weiteren Unannehmlichkeiten eines Patienten mit häufiger auftretenden starken Bauchschmerzen bewahrt bleiben. Zweitens können Interessenmomente des Chirurgen selbst eine Rolle spielen. Lichtner und Pflanz sagen dazu: „Für die Facharztanerkennung in der Chirurgie wird vom Kandidaten verlangt, daß er eine nicht genau festgelegte, aber hohe Zahl von Appendektomien nachweist. Nach mündlichen Mitteilungen gelten 40 bis 60 Appendektomien als absolutes Minimum, manche Kandidaten können jedoch mit über 200 Fällen aufwarten" (Lichtner und Pflanz 1971, S. 327).

Die ärztliche „Parteilichkeit" zugunsten von Krankheit kann somit auf unterschiedliche Faktoren zurückgeführt werden. Neben den erwähnten dürften teilweise finanzielle Motive ins Gewicht fallen. Vor allem aber entspricht es, worauf schon Parsons und Freidson hingewiesen haben, der **klinischen Mentalität,** etwas zu unternehmen, von ärztlicher Seite aktiv einzugreifen (Freidson 1970, S. 25 ff.). So hat Dowling in einer Studie über die Motive des Tablettenverschreibens bei niedergelassenen Ärzten festgestellt, daß die von den Ärzten geäußerte Furcht vor dem Nichtstun eine entscheidende Rolle spielt. Diese Furcht wird vermutlich durch die wahrgenommene Fremdeinschätzung des Arztes noch verstärkt: Er nimmt an, der Patient erwarte von ihm, daß er möglichst in allen Fällen etwas unternehme (Freidson 1970, S. 258 f.).

Die **hohe Autonomie ärztlichen Handelns** zeigt sich, zusammenfassend, in der gesellschaftlichen Definitionsmacht anhand der Diagnosestellung und anhand der Beurteilung von Erwerbsfähigkeit. Sie zeigt sich ferner in dem breiten Ermessensspielraum, der dem diagnostischen Handeln eingeräumt wird und der einer ärztlichen „Parteilichkeit" zugunsten von Krankheit, mithin einer weiteren Medikalisierungstendenz, Vorschub leistet.

Den zweiten Gesichtspunkt zur Beurteilung des Ausmaßes beruflicher Autonomie bilden die **Kooperationsbeziehungen** innerhalb der Gesundheitsberufe. Eliot Freidson vertritt die These, daß der Ärztestand seine Vormachtstellung im wesentlichen der Kontrolle über den medizinischen Arbeitsprozeß verdankt (Freidson 1970). Es gibt vergleichsweise wenige einzelne Tätigkeiten, die Mitglieder anderer Heilberufe nicht auch durchführen könnten oder tatsächlich durchführen. Man denke an das Verabreichen von Spritzen und Medikamenten, das Anlegen von Verbänden, an verschiedene diagnostisch-technische Maßnahmen (Röntgen, Laboruntersuchungen), teilweise auch an Anamneseerhebung und beratendes Gespräch. Manche Aufgaben, die früher exklusiv vom Arzt ausgeübt wurden, sind heute an andere Gesundheitsberufe delegiert. Entscheidend ist jedoch, daß der Ärztestand mit seinem Professionalisierungsvorsprung stets die Leitung, Koordination und Kontrolle des arbeitsteiligen Geschehens für sich zu beanspruchen vermochte. Kritische Phasen, in denen die berufliche Autonomie kurzfristig bedroht wurde, bildeten jeweils die Einführung technischer Neuerungen, die von nichtärztlichen Spezialisten entdeckt wurden. So entbrannte beispielsweise im frühen 20. Jahrhundert zwischen den in Krankenhäusern arbeitenden Physikern und Ärzten ein heftiger Konkurrenzkampf, als die Röntgentechnik neu eingeführt wurde. Neuerdings bildet die Psychotherapie ein Beispiel virtueller professioneller Konkurrenz.

Drei Handlungselemente bilden den harten Kern ärztlicher Vormachtstellung: die Befähigung und das Recht zur Diagnosestellung, die Befähigung und das Recht zu operativen Eingriffen sowie die Befähigung und das Recht zur Verordnung von Heilmaßnahmen, insbesondere zum Verschreiben von Medikamenten. Alle drei Handlungselemente beruhen großenteils auf eingeübten technischen Verfahren und angeeignetem instrumentellem Wissen. Es ist daher verständlich, daß in ihnen das ärztliche Selbstverständnis am deutlichsten artikuliert wird und daß in der innerberuflichen Wertehierarchie Pionierleistungen in diesen Gebieten am höchsten honoriert werden.

Ein weiteres Indiz für das Ausmaß beruflicher Autonomie des Ärztestandes, gemessen am Kriterium hierarchischer Arbeitsteilung, bilden Monopolisierungschancen bei der Besetzung von Leitungsstellen in Wissenschaft, Gesundheitsverwaltung und Gesundheitspolitik. Unter wissenschaftssoziologischen Gesichtspunkten ist besonders interessant, in welchem Umfang es medizinischen Fakultäten bis in die jüngste Vergangenheit hinein gelungen ist, Professorenstellen in theoretischen Grundlagenfächern (z.B. Biochemie, Genetik, Medizingeschichte, Biostatistik etc.) in erster Linie mit medizinisch vorgebildeten Bewerbern zu besetzen, selbst wenn die akademische Qualifikation die Absolvierung eines speziellen Studienganges erforderte.

Die Ausübung eines hohen Maßes an professioneller Autonomie setzt jedoch nicht nur gesellschaftlich relevante Definitionsmacht, Spitzenstellung in der medizinischen Arbeitsorganisation sowie Monopolisierungschancen einflußreicher Positionen in Wissenschaft und Gesundheitspolitik voraus, sondern auch spezifische Einstellungs- und Handlungsmuster, die man als „Professionalismus" bezeichnen kann (Freidson 1970). Diese Muster werden im Prozeß der beruflichen Sozialisation im Medizinstudium und in der nachuniversitären Berufsausbildung erworben.

7.1.3 Sozialisation zum Arzt

In Kapitel 3.3 wurden theoretische Grundlagen zum Verständnis von Sozialisationsvorgängen dargestellt. Der Akzent lag auf der primären Sozialisation im Kindes- und Jugendalter. Sozialisation ist jedoch ein lebenslanger Prozeß; zumindest lassen sich in der beruflichen Qualifikationsphase spezifische Rollennormen, Einstellungsmuster, Motivationen und Formen der Affektkontrolle identifizieren, deren Vermittlung ein Ziel **beruflicher Sozialisation** darstellt. Ein Teil dieser Sozialisationsprozesse kann bereits **antizipatorisch,** d.h. in früheren Phasen des Lebenslaufes, gelernt werden. Dies ist der Fall bei Kindern, deren Eltern als Ärzte/Ärztinnen tätig sind. Das Kind erwirbt berufstypische Haltungen und Einstellungen über Mechanismen des Modell-Lernens, lange bevor diese faktisch gefordert werden. Da bis in die jüngere Vergangenheit hinein Ärzte einen sehr hohen Grad beruflicher Selbstrekrutierung aufwiesen, spielte die antizipatorische Sozialisation im ärztlichen Professionalisierungsprozeß vermutlich eine wichtige Rolle. Repräsentative empirische Längsschnittstudien zu diesem Thema liegen jedoch nicht vor.

Welche Aufgaben erfüllt das Medizinstudium im Prozeß der beruflichen Sozialisation? Analytisch lassen sich folgende Dimensionen von Sozialisationsprozessen in der ärztlichen Aus- und Weiterbildung unterscheiden:

- Aneignung von Basiswissen und -fertigkeiten für die berufliche Tätigkeit;
- Verinnerlichung beruflicher Normen (Beziehung zum Patienten, zu Berufskollegen, zu Mitgliedern anderer Gesundheitsberufe, Selbstdarstellung der Profession);
- Fähigkeit, Entscheidungen zu treffen, diese in Handlungen umzusetzen und persönlich zu verantworten;

- Schulung von Interaktionskompetenz gegenüber Patienten (verbal, nonverbal);
- Befähigung zum Aushalten extremer (vorwiegend psychischer) Belastungen sowie Affektkontrolle.

Im allgemeinen läßt sich festhalten, daß der explizite Beitrag des Medizinstudiums zur beruflichen Sozialisation sich auf die zuerst genannte Dimension der Aneignung von Basiswissen und Fertigkeiten beschränkt. Dieses immer wieder beklagte, von vielen jungen Medizinern mit Erfahrungen von „Praxisschock" und extremer emotionaler Spannung in Frühphasen ihrer Tätigkeit bezahlte Defizit bildet regelmäßig ein Hauptthema der Diskussion um die Reform ärztlicher Ausbildung, ohne daß bis heute die notwendigen didaktischen, wissenschaftlichen und organisatorischen Voraussetzungen geschaffen worden wären, Studium und Berufsqualifikation enger aufeinander zu beziehen.

Ansatzweise vermögen zwar die „psychosozialen" Fächer zum Erlernen von Interaktionskompetenz und zur reflexiven Aneignung beruflicher Normen beizutragen, aber unter den gegebenen Rahmenbedingungen (große Studentenzahlen, geringe personelle Kapazität, geringe Verflechtung von Vorklinik und Klinik, Überbetonung des stationären Versorgungsbereiches in der Arzt-Patient-Beziehung) sind erfolgreiche Sozialisationsprozesse kaum erwartbar. Es scheint, daß bis in die Gegenwart hinein zwei grundlegende Mechanismen beruflicher Sozialisation während des Medizinstudiums wirksam sind: zum einen das **Lernen am Modell** des zugleich handelnden und unterrichtenden Arztes, zum andern der Mechanismus der **extrafunktionalen Qualifikation.** Beide Mechanismen verdienen es, genauer erläutert zu werden.

Lernen am Modell

Wie ein Arzt dem Patienten (in unterschiedlichen Situationen) begegnet, wie er eine Tätigkeit in Angriff nimmt, zu einer bestimmten Entscheidung gelangt und Anordnungen trifft, wie er Fehler vermeidet, notfalls auch eingesteht, wie er Kollegen zu Rate zieht, Mitarbeiter lobt oder tadelt – all dies wird nicht aus Lehrbüchern gelernt, sondern aus vielfältigen Beobachtungen an klinisch Lehrenden gespeichert und im Verlaufe der Ausbildung zu einem persönlichen „Stil" beruflichen Handelns generiert. Es ist interessant festzustellen, daß weder der Prozeß des Modell-Lernens von den akademisch und klinisch Lehrenden systematisch reflektiert wird, noch daß es anerkannte und verbreitete Forschungsergebnisse zur Entwicklung professionellen Handelns in der universitären und nachuniversitären ärztlichen Ausbildung gibt (als Ausnahme vgl. die klassische Studien von Merton et al., 1957, Becker et al., 1961, Mumford 1970). Was bedeutet es, daß ausgerechnet in einer in ihrem Selbstverständnis zweckrationalwissenschaftlich orientierten Profession das Ungeschriebene, Nichtverstandene, Nichtthematisierte eine solche Wirkung entfalten kann?

Am ehesten wird die Verinnerlichung **ärztlicher Rollennormen** in der Ausbildung selbst zu einem Thema gemacht, vor allem deshalb, weil es Übergänge zu berufsrechtlichen, arztrechtlichen Wissensbeständen gibt, die teilweise Gegenstand des Unterrichtsprogramms sind (Rechtsmedizin, Sozialmedizin).

Der bereits mehrfach erwähnte Soziologe Talcott Parsons hat einige der grundlegenden ärztlichen Rollennormen, deren Verinnerlichung in der beruflichen Sozialisation angestrebt wird, wie folgt beschrieben:

- Ärztliches Handeln soll **affektiv neutral** sein: Die Ausübung beruflichen Wissens und Könnens soll ohne Behinderung durch persönliche Vorlieben und Gefühlsregungen des Arztes erfolgen. Dies bedeutet nicht, daß der Arzt ohne Empathie und Anteilnahme auf den Patienten eingehen soll, ganz im Gegenteil; es bedeutet jedoch, daß er sich ausschließlich auf seine Expertenrolle beschränken muß und andere Motive seiner Person (z. B. Ausdrücken von Vorurteilen, Glaubensüberzeugungen, persönliches Machtstreben, erotische Regungen gegenüber Patientinnen) nicht zur Geltung kommen lassen darf.

- Ärztliches Handeln soll **funktional spezifisch** sein: Es soll innerhalb der ihm zugewiesenen Grenzen bleiben und damit sowohl Patienten wie Berufskollegen Orientierungssicherheit geben. Nur durch die funktionale Spezifität läßt sich im übrigen der professionelle Expertenstatus aufrechterhalten.
- Ärztliches Handeln soll von einer **Kollektivitätsorientierung** und von einer **universalistischen** Einstellung geprägt sein: Nicht das eigene, z. B. finanzielle Interesse soll im Vordergrund stehen, sondern das allgemeine Wohl der zu Behandelnden (Parsons 1951; zur Diskussion vgl. Freidson 1970, Gerhardt 1988).

Insbesondere die Postulate der affektiven Neutralität und der Kollektivitätsorientierung verdeutlichen die Schwierigkeiten professioneller Normgeltung, lassen die Kluft erahnen, die sich zwischen normativen Ansprüchen und tatsächlichem Handeln auftut. Dennoch ist es wahrscheinlich, daß im Modell-Lernen in der medizinischen Ausbildung eben diese normativen Standards mit besonderem Nachdruck vermittelt werden.

Extrafunktionale Qualifikation

Ärztliches Handeln erfordert unter anderem eine besondere physische und psychische Standhaftigkeit, eine hohe intrinsische Motivation und Leistungsbereitschaft, ein „Durchhaltevermögen" auch in außergewöhnlichen Belastungssituationen (Erfahrungen von Leid und Leiden, Sterben und Tod, Unglücksfällen und Katastrophen). Für das „Funktionieren" solcher Eigenschaften in kritischen Situationen gibt es keine Gewähr. Aber in manchen Vorkehrungen des Medizinstudiums läßt sich ein „verborgener" Plan erkennen, dessen Ziel darin besteht, solche persönlichen, „extrafunktionalen" Qualifikationen zu fördern. Beispielsweise besteht ein wesentliches extrafunktionales Ziel des anatomischen Präparierkurses am Beginn des Studiums darin, beim Studierenden sicherzustellen, daß er auch angesichts großer psychischer Bedrohungen handlungsfähig bleibt: „Der Student lernt, die Entgrenzung, das Verlassen der sicheren Pfade, die dem Durchschnittsmenschen vielfach die Konfrontation mit existentiellen Problemen, mit Tod, Aggression, Ekel ersparen, auszuhalten – er entwickelt die Sicherheit, „es schaffen zu können", Angst und Unsicherheit aushalten zu können" (Bollinger und Schwaiger 1981, S. 47). Distanzierungstechniken im emotionalen Bereich – Witze und Zynismen – aber ebenso im kognitiven Bereich – Abstraktion von der konkreten Person, Denken in Fallkategorien und numerischen Repräsentationen – werden bereits an dieser Stelle eingeübt.

Numerische Repräsentationen besitzen, nebenbei bemerkt, innerhalb der Medizin einen zentralen Stellenwert als Erfahrungsdaten. „Die Häufigkeit der Begegnungen mit Ereignissen, Krankheitstypen, Symptomkonstellationen u.ä. gilt als bedeutender Hinweis auf die Kompetenz und Autorität des behandelnden Arztes sowie auf seine Rechtfertigung bestimmter Entscheidungen" (Sudnow 1972, S. 37). Ein wichtiger Schritt in der Ausbildung ist erreicht, wenn der Student bei bestimmten

Ereignissen sagt: „Ich zähl schon gar nicht mehr." Dieses „Fall"-denken befremdet den Außenstehenden vor allem dann, wenn es mit ästhetischen Begriffen verziert wird: „So eine schöne Struma habe ich noch nie gesehen" etc.

Nicht nur bestimmte Unterrichtsformen (Beispiel Präparierkurs) vermitteln extrafunktionale Fertigkeiten für späteres ärztliches Handeln, sondern auch das herkömmliche Prüfungssystem scheint insgesamt mit darauf abzuzielen: Das planmäßige Erarbeiten einer beinahe unbewältigbaren Stoffmenge, das Aushalten von Versagensängsten und von Ungewißheit über die tatsächlichen Prüfungsinhalte – dies alles soll offenbar dazu beitragen, intrinsische Motivation, besonderen Arbeitseinsatz und psychische Stabilität auch in außergewöhnlichen Leistungssituationen zu trainieren.

Tatsächlich ist der Beruf des Arztes in überdurchschnittlichem Maße belastend, neben all seinen positiven Seiten der hohen beruflichen Autonomie, der gesellschaftlichen Anerkennung und der vielen materiellen und immateriellen Belohnungen. Jack D. McCue hat vor einigen Jahren in einem noch heute hochaktuellen Aufsatz den Kern des Problems wie folgt dargestellt: „Meiner Meinung nach resultieren die besonderen **Belastungen des Arztberufes** aus einem oder mehreren der folgenden Merkmale: Konfrontation mit extremen, teilweise tabuisierten Erfahrungsbereichen menschlichen Lebens wie Leiden, Angst, Sexualität, Sterben und Tod; unangemessene Vorbereitung auf ärztliches Handeln (während der Ausbildung, J. S.), z. B. Umgang mit „Problempatienten"; Erwartungen an den Arzt von seiten der Gesellschaft und der Patienten, die nicht erfüllbar sind, z. B. Bereitstellen sicherer Informationen, wenn es sie nicht gibt" (McCue 1982, S. 458 f.). Bereits im Studium, vor allem jedoch während der Facharztausbildung führen solche Belastungserfahrungen häufig zu emotionalen Krisen, depressiven Symptomen, zu vermehrtem Konsum von Suchtmitteln und sogar zu Selbstmordgedanken. Die Suizidrate unter heranwachsenden und praktizierenden Ärzten ist etwa doppelt so hoch wie in der Allgemeinbevölkerung gleichen Alters und Geschlechts. Medikamentenmißbrauch, Alkoholkonsum und Konsultationen bei Psychiatern sind bei niedergelassenen Ärzten und Krankenhausärzten häufiger zu verzeichnen, als bei anderen akademischen Berufsgruppen (McCue 1982). Die allgemeine Berufszufriedenheit sank in den siebziger Jahren, wie in einer Längsschnittstudie ermittelt wurde, bei Internisten von 83% auf 67%, und nur noch gut jeder zweite Arzt wünscht seinem eigenen Kind den gleichen Beruf (Rubin 1980). Reaktionen auf solche Belastungserfahrungen durch Ärzte gehen häufig in die falsche Richtung: Anstelle aktiver Problembearbeitung treten Phänomene auf wie emotionaler Rückzug, soziale Isolation, Verleugnung beruflicher Probleme, Zynismus und andere Symptome des „beruflichen Ausgebranntseins". Diese Hinweise zeigen, daß die Sozialisation zum Arzt ein bisher in Theorie und Praxis gleicherweise unterschätztes Thema geblieben ist. Hilfreiche Erkenntnisse wären hier notwendiger als in manchen anderen Gebieten.

Frauen und Medizin

Die Professionalisierung in den vergangenen hundert Jahren ist in wesentlichen Teilen von Männern bestimmt und durchgeführt worden. Es fehlt daher nicht an Analysen, die diesen sozialen Entwicklungsprozeß in den größeren historischen Zusammenhang der patriarchalischen Herrschaftsexpansion einordnen (Frevert 1982). Inhaltsanalysen älterer medizinischer Textbücher, Illustrationen (vgl. Abb. 7-2), literarische und wissenschaftliche Berichte über die Beziehung zwischen Ärzten und Patientinnen, aber auch die späte Zulassung von Frauen zum Medizinstudium und die Aneignung strategisch wichtiger ärztlicher Positionen durch Männer, belegen das heute schwer verständliche Ausmaß von Voreingenommenheit und Diskriminierung gegenüber Frauen.

Besondere Probleme der Interaktion zwischen Arzt und Patientin ergaben sich aus den Schwierigkeiten, affektive Neutralität zu garantieren. Dies erklärt sich aus der Tatsache, daß ärztliches Handeln untrennbar mit der Macht zur Durchbrechung von Intim- und Tabuschranken, zum Eingreifen in den Körper verbunden ist. Am Beispiel der Einführung diagnostischer Instrumente in die moderne Medizin lassen sich die anfänglichen Widerstände auf beiden Seiten dokumentieren: Ärzten fiel es schwer, alltagsweltlich-kulturell verinnerlichte Schamgrenzen zu durchbrechen; nur zögernd wurden Stethoskop, Uterussonde und Spekulum in der Diagnostik eingesetzt, nur zögernd setzte sich die Praxis gynäkologischer Untersuchung bei aufgeschlagener Bettdecke durch: „Die Etablierung einer „medizinischen Kultur", in deren Bereich eine solche Entblößung des

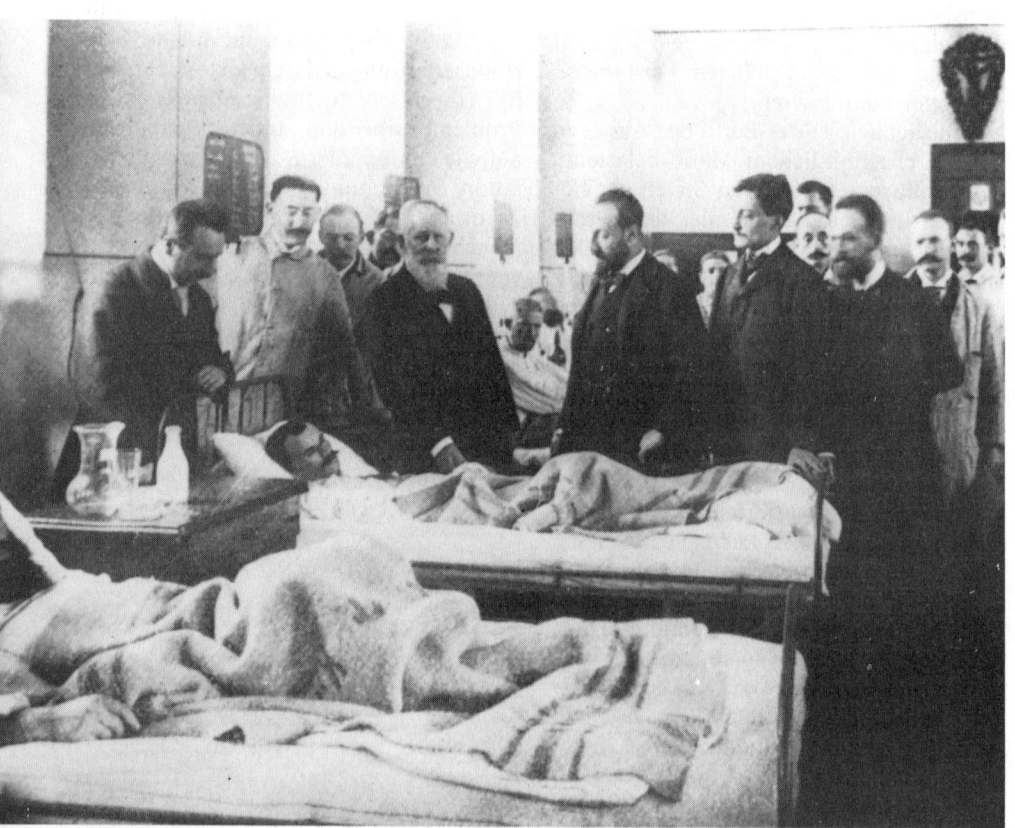

Abbildung 7-2   Modell-Lernen in der beruflichen Sozialisation zum Arzt (hier am Beispiel der klinischen Visite: Der Kliniker H. Nothnagel mit Assistenten und Ärzten bei einer Visite. Photographie um 1900).

weiblichen Körpers keine Verletzung von Scham-Tabus darstellte, beanspruchte jedoch einen längeren Zeitraum als der vorauseilende medizinisch-technische Fortschritt. In den Leitfäden für die ärztliche Praxis findet sich (bis in die zwanziger Jahre unseres Jahrhunderts, J. S.). stets der Rat, Untersuchungen von Frauen und Mädchen grundsätzlich nur in Gegenwart von deren Müttern oder Gatten vorzunehmen. Die Funktion des Arztes war offenbar noch nicht so weit von seiner Person abgekoppelt, das Verhältnis von (männlichem) Arzt und (weiblichem) Patienten noch nicht so weit „entindividualisiert" und „entsexualisiert" ... "(Huerkamp 1985, S. 156), wie es das Postulat der affektiven Neutralität erforderte (Fischer-Homberger 1978).

Ebenso galt auf seiten der Patientinnen zu Beginn eine große Zurückhaltung gegenüber dem Zugriff des männlichen Arztes auf ihren Körper, selbst in der Extremsituation der Geburt. Bis weit ins zwanzigste Jahrhundert hinein blieb die Geburtshilfe eine Domäne der Frauen, und es ist interessant, festzustellen, daß die gegenwärtige Frauenbewegung im Gesundheitswesen programmatisch und gesundheitspolitisch mit der Kritik an der Klinikgeburt und den (von männlichen Gynäkologen durchgeführten) Vorsorgeuntersuchungen ihre ersten großen Erfolge erzielt hat.

Der Zugang von Frauen zum Medizinstudium war im 19. und frühen 20. Jahrhundert sehr begrenzt. Selbst in den USA waren vor 30 Jahren nur wenig mehr als 10% aller Studierenden der Medizin weib-

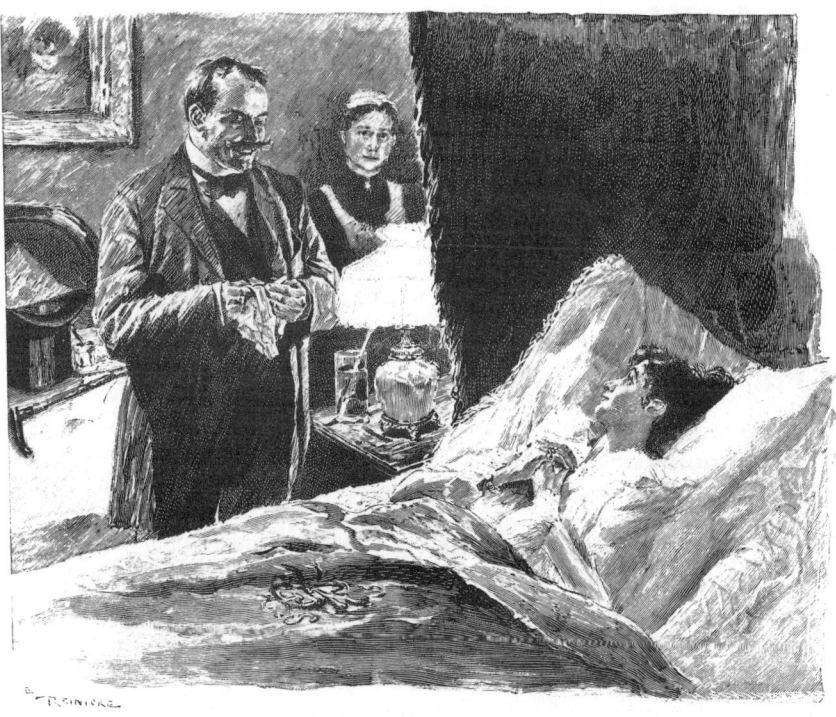

Abbildung 7-3   Männlicher Arzt, weibliche Patientin: Holzstich Ende 19. Jahrhundert (nach Fischer-Homberger 1979).

lich. Erst mit der allgemeinen Bildungsexpansion der letzten Jahre stieg der Frauenanteil an Studierenden der Medizin beträchtlich an. Nach wie vor besteht eine große Diskrepanz zwischen dem Anteil von Frauen an medizinischen Staatsexamen und ihrem Anteil am Gesamt der berufstätigen Ärzte. Unter arbeitslosen Ärzten sind die Frauen deutlich überrepräsentiert, und gegenwärtig dürfte unter den sich verschärfenden Arbeitsmarktbedingungen der Zugang zur Weiterbildung für Ärztinnen schwerer sein als für Ärzte, zumindest in bestimmten Fachgebieten. Andererseits wählen Ärztinnen heute vermehrt Disziplinen und Karrieren, die traditionell exklusiv von Männern besetzt waren. Bereits 1977 waren beispielsweise in den USA Innere Medizin, Familienmedizin und allgemeine Chirurgie die von Ärztinnen am häufigsten gewählten Spezialgebiete. Es bleibt zu hoffen, daß die Demokratisierung der Gesellschaft auch durch eine verbesserte Chancengleichheit von Frauen und Männern in Gesundheitsberufen fortschreitet und daß die in diesem Abschnitt besprochenen Professionalisierungsprozesse der Ärzteschaft in Zukunft in stärkerem Maße von der Mitwirkung von Frauen geprägt werden (Lorber 1984).

7.2 Soziologie der Arzt-Patient-Beziehung

7.2.1 Information und Kommunikation in der Arzt-Patient-Beziehung

Sprache ist ein zentrales Element der Arzt-Patient-Beziehung. Anamneseerhebung, Erkundung der Befindlichkeit, Mitteilung von Information über die Krankheit und ihre Behandlung (Aufklärungspflicht), Beratung, Motivierung zur Mitarbeit, Aussprechen von Trost und Mitgefühl – dies sind wesentliche ärztliche Aufgaben, deren Erfüllung von der Bereitschaft und Befähigung zur Kommunikation mit Patienten abhängt. Sowohl die Form bisheriger Arbeitsorganisation wie auch die durchschnittliche Ausbildung von Ärzten lassen diesbezüglich deutliche Defizite erkennen. Es ist daher nicht erstaunlich, daß Medizinsoziologen und -psychologen diesem Thema größte Beachtung geschenkt haben.

Aus soziologischer Sicht ist die Arzt-Patient-Interaktion aus folgenden Gründen eine **strukturell asymmetrische soziale Beziehung:**

- Unterschiedliche Wissensverteilung führt dazu, daß der Arzt in der Regel Experte, der Patient in der Regel Laie ist. Die daraus resultierenden Informations- und Handlungsmöglichkeiten geben dem Arzt **Expertenmacht.**

- Unterschiedliche soziale Rollen bedingen, daß der Arzt gesellschaftliche **Definitionsmacht** hat (Diagnosestellung, Krankschreibung, Recht zur Behandlung etc.), während der Patient als Hilfesuchender die Verpflichtung zur Inanspruchnahme des Arztes und zur Befolgung ärztlicher Anordnungen besitzt (Krankenrolle).

- Funktional-spezifische Kompetenz und Imperative des instrumentellen Handelns (Technik) geben dem Arzt in der konkreten Interaktionssituation **Steuerungsmacht** (Definition von Beginn (Wartezeiten), Verlauf und Ende des Kontakts; Recht auf Initiativen, Unterbrechungen etc.). Steuerungsmacht schließt auch das Aussprechen von Sanktionen (Sanktionsmacht) sowie das Gewähren oder Vorenthalten besonderer Vergünstigungen (z. B. zeitlicher Aufwand pro Patient) mit ein.

Experten-, Definitions- und Steuerungsmacht konstituieren eine prinzipiell ungleichrangige (asymmetrische) Beziehung.

Der Begriff „Macht" wird hier im soziologischen Sinne gebraucht; er bezeichnet die erhöhte Chance des Arztes, einerseits Quellen der Unsicherheit des Gegenübers zu kontrollieren, andererseits knappe, erstrebte Güter (ärztliche Dienstleistungen) unterschiedlich zu gewähren (vgl. 2.2).

Es gibt zusätzliche Bedingungen, welche diese Asymmetrie verschärfen oder abmildern können. Zu den wichtigsten, die soziale Asymmetrie moderierenden Faktoren gehören die organisatorisch-institutionellen Rahmenbedingungen der Arzt-Patient-Beziehung sowie die sozioökonomischen bzw. soziokulturellen Merkmale von Patienten.

Der organisatorisch-institutionelle Rahmen der Arzt-Patient-Beziehung

Es ist unmittelbar einleuchtend, daß die freie Arztpraxis einen geringeren Spielraum für soziale Asymmetrie zuläßt als das Krankenhaus. In der **ambulanten Versorgung** haben Patienten in der Regel mehr Wahlmöglichkeiten und Verhandlungsmacht (Behandlungsabbruch, Arztwechsel) als im Krankenhaus. Darüber hinaus gilt aber auch: je größer die Konkurrenz unter den Ärzten um einen Stamm von Patienten, desto größer sind deren Einflußchancen zumindest auf die Steuerungsmacht des Arztes. Je stärker die ambulanten ärztlichen Dienste unter finanziellen Wettbewerbsbedingungen organisiert sind (wie beispielsweise in den privatwirtschaftlich geführten Health Maintenance Organizations (HMO); vgl. Kap. 8), desto stärker ist die „Klientenzentrierung" der Ärzte. Das Prinzip der individuellen Wahlfreiheit ärztlicher Dienstleistungen garantiert diese Klientenzentrierung so weitgehend, daß Standortwahl der Praxis, Sprechzeiten und Bereitschaft des Arztes zur sozialen Anpassung an „seine" Umgebung dadurch beeinflußt sind. Dies gilt um so mehr, je geringer der Spezialisierungsgrad des Arztes, d. h. je weniger knapp die von ihm angebotenen Ressourcen sind.

Allerdings begrenzt die in einigen Ländern wachsende Zahl von Gruppenpraxen die Einflußchancen des Patienten gegenüber dem einzelnen Arzt, so daß die soeben getroffenen Aussagen in erster Linie für die klassische Solo-Praxis gelten (Freidson 1975; eine interessante empirische Analyse der Arzt-Patient-Kommunikation in der Allgemeinpraxis gibt Ahrens 1979).

Auch in bürokratisierten oder staatlich gelenkten Einrichtungen der ambulanten Versorgung besitzen Patienten Einflußchancen auf die Steuerungsmacht des Arztes, jedoch bezahlen sie hierfür in der Regel einen hohen Preis: Je mehr die berufliche Autonomie des Arztes eingeschränkt wird, desto geringer ist in der Regel seine Klientenzentrierung, d. h. seine persönlich motivierte berufliche Leistungsbereitschaft. Eine große Zahl medizinsoziologischer Untersuchungen zur Arzt-Patient-Beziehung in staatlich-bürokratisierten Gesundheitssystemen belegt dies (Field 1957, Parmelee et al. 1982, Mechanic 1978). Eine umfangreiche empirische Studie zur Arzt-Patient-Beziehung primärärztlicher Einrichtungen der Krankenkassen in Israel zeigt, daß die von Kassen fest angestellten Allgemeinärzte als Reaktion auf die Begrenzung ihrer beruflichen Autonomie eine unpersönliche Dienstleistungsmentalität entwickeln, in welcher beispielsweise affektive Bedürfnisse der Patienten gering bewertet werden. Geringeres persönliches Engagement führt zu erhöhter Unzufriedenheit bei Patienten, mithin zu vermehrter Inanspruchnahme anderer Ärzte innerhalb des Systems. Dadurch wird die allgemeine Arbeitslast der Ärzte erhöht, und die beschriebenen Distanzierungstechniken verstärken sich (Ben-Sira 1988).

Strukturell begrenzt sind Einflußchancen von Patienten im **Krankenhaus;** aufgrund ihres eingeschränkten Gesundheitszustandes werden Kranke umfangreichen Reglementierungen, „Vereinnahmungen" unterworfen und in ihrem Handlungsspielraum eingeschränkt. Zwei allgemeine Aufgaben der Institution Krankenhaus sind für diese Einschränkungen – und damit für die Definition der **Patientenrolle** im Krankenhaus – verantwortlich. Erstens haben Krankenhäuser die Aufgabe, diagnostische und therapeutische Programme nach Maßgabe der individuellen Problemstellungen ihrer Patienten zu realisieren. Diese Aufgabe erfordert eine arbeitsteilig durchorganisierte Betriebsstruktur, in welcher sowohl Routineabläufe als auch Notfallsituationen bewältigt werden können.

Aus diesen **Organisationszwängen** und Handlungsimperativen resultieren typische Zumutungen an den Krankenhauspatienten, so vor allem:

- ständige Erreichbarkeit, d. h. begrenzte Rückzugschancen;
- Störbarkeit zu jeder Tages- und Nachtzeit;
- Wartezeiten;
- kurzfristige Umdispositionen (z. B. Verlegungen, Entlassungen);
- Unterbrechung begonnener diagnostischer oder therapeutischer Maßnahmen;
- fehlende Wahlmöglichkeit des betreuenden Personals; Personalwechsel nach Dienstplänen;
- begrenzte Einflußnahme auf Handlungsprogramme selbst unter untypischen, außergewöhnlichen Umständen.

Die zweite Aufgabe des Krankenhauses ergibt sich aus seinem Pflege- und Versorgungsanspruch: Patienten sind, in unterschiedlichem Ausmaß, an der eigenständigen Befriedigung ihrer lebensnotwendigen Bedürfnisse gehindert. Die **Delegation** dieser **Bedürfnisbefriedigung** an das Pflegepersonal erfolgt um den Preis einer Fügsamkeit in die vorgegebene Anstaltsordnung: „Die Ordnungen einer ‚Anstalt' erheben den Anspruch zu gelten für jeden, auf den bestimmte Merkmale (hier der Patientenstatus, J. S.) zutreffen. Sie sind also

in ganz spezifischem Sinne ‚oktroyierte Ordnungen'" (Weber 1964, S. 38).

Zu den Merkmalen systematischen Anstaltshandelns gehören:

- Definition eines kollektiven, verbindlichen Tagesablaufes;
- Standardisierung von Verfahrensweisen (Routinebildung);
- Typisierung von Personen (Patienten-Kategorien);
- relative Unpersönlichkeit von Beziehungsformen;
- fehlende Intimität.

Beide Aufgaben der Institution Krankenhaus – Primat medizinischer Handlungsprogramme und Sicherstellung persönlicher Versorgungsbedürfnisse – tragen in sich verstärkender Weise zur Verfestigung der Abhängigkeit der Patienten von der Organisation, zur Ungleichheit zwischen Personal und Patienten und zur Randständigkeit des formalen Patientenstatus in der Organisation bei. Eine umfangreiche medizinsoziologische Literatur hat diese Tatbestände ausführlich analysiert (vgl. vor allem die grundlegende Arbeit zur Soziologie des Krankenhauses von Rohde [1974], ferner Duff und Hollingshead 1968, Rosengren und Lefton 1969, Engelhardt et al. 1973, Begemann 1976, Siegrist 1978). Sie hat auch gezeigt, daß es beträchtliche Unterschiede in der **sozialen Asymmetrie** zwischen Personal und Patienten gibt: Je größer ein Krankenhaus, je höher sein Technisierungsgrad, je begrenzter die Personalpläne, je geringer die Möglichkeiten privater Wahlleistungen, desto stärker sind tendenziell asymmetrische Beziehungen ausgeprägt.

Besonders kritisch wird die soziale Asymmetrie in Krankenanstalten, die zugleich gesellschaftliche Kontrollfunktionen über abweichendes Verhalten übernehmen: in psychiatrischen Kliniken. Soziale Kontrolle und Auswirkungen auf die Identität der Insassen sind am Beispiel der psychiatrischen Klinik der 50er und 60er

Jahre in den USA sehr ausführlich untersucht worden (Greenblatt et al. 1957, Stanton and Schwartz 1954). Erving Goffman hat in diesem Zusammenhang von dem Eintritt des Patienten in eine „**totale Institution**" gesprochen:

> „Das zentrale Merkmal totaler Institutionen besteht darin, daß die Schranken, die normalerweise die drei Lebensbereiche (des Schlafens, des Spielens, des Arbeitens, J. S.) voneinander trennen, aufgehoben sind:
> 1. Alle Angelegenheiten des Lebens finden an ein und derselben Stelle, unter ein und derselben Autorität statt.
> 2. Die Mitglieder der Institution führen alle Phasen ihrer täglichen Arbeit in unmittelbarer Gesellschaft einer großen Gruppe von Schicksalsgenossen aus, wobei allen die gleiche Behandlung zuteil wird und alle die gleiche Tätigkeit gemeinsam verrichten müssen.
> 3. Alle Phasen des Arbeitstages sind exakt geplant, eine geht zu einem vorherbestimmten Zeitpunkt in die nächste über, und die ganze Folge der Tätigkeiten wird von oben durch ein System expliziter formaler Regeln und durch einen Stab von Funktionären vorgeschrieben.
> 4. Die verschiedenen erzwungenen Tätigkeiten werden in einem einzigen rationalen Plan vereinigt, der angeblich dazu dient, die offiziellen Ziele der Institution zu erreichen" (Goffman 1972, S. 17).

Durch diese Zieldefinition ergibt sich eine schroffe Trennung von Anstaltsinsassen und behandelndem Stab; dieser besitzt durch sein umfassendes Kontroll- und Manipulationsrecht verschiedenste Möglichkeiten, Insassen von ihrem Selbstwertgefühl zu entfremden (Goffman 1972).

Auch in der Bundesrepublik sind vereinzelt Studien zur Soziologie des psychiatrischen Krankenhauses erschienen (vgl. Fengler und Fengler 1980), obwohl die psychiatrische Klinik heute, sowohl infolge der Fortschritte der Pharmakotherapie als auch infolge des Ausbaus sozialpsychiatrischer Einrichtungen vieles von dem Charakter einer „totalen Institution" verloren hat.

Der soziokulturelle Rahmen der Arzt-Patient-Beziehung

Nicht nur die stichwortartig erwähnten unterschiedlichen organisatorisch-institutionellen Bedingungen ärztlicher Arbeit, sondern auch soziokulturelle Merkmale der Patienten beeinflussen die Gestalt der Arzt-Patient-Beziehung. Zwar sollen die ärztlichen Rollenerwartungen der Kollektivitätsorientierung, der affektiven Neutralität und der funktional-spezifischen Kompetenz verhindern, daß soziokulturelle Patientenmerkmale die Arzt-Patient-Beziehung beeinflussen, aber medizinsoziologische Untersuchungen haben übereinstimmend folgende Tatsachen dokumentiert:

- Ärzte verwenden im allgemeinen einen **elaborierten Sprachcode** (vgl. 3.3.2); Patienten, die diesen Sprachcode nicht beherrschen, erfahren im Durchschnitt mehr Erwartungsenttäuschungen bei der Inanspruchnahme des Arztes; ihnen gelingt es weniger gut, ihre Absichten und Informationsbedürfnisse sprachlich angemessen zu artikulieren: Mit sinkender sozialer Schichtzugehörigkeit verringern sich Dauer der Konsultation und Zahl der ungefragt und freiwillig gegebenen Informationen von seiten des Arztes (Pendleton und Bochner 1980, Korsch et al. 1968); je niedriger der soziale Status, desto geringer ist die Chance, daß Patienten von sich aus Fragen stellen und Erwartungen äußern.

- Ärzte sind eher geneigt, Diagnosen mit negativen sozialen Wirkungen bei Patienten mit geringem sozioökonomischem Status zu stellen als bei höherrangigen Personen: In einer heute klassischen Studie haben Hollingshead und Redlich nachgewiesen, daß „eine signifikante Beziehung besteht zwischen Schichtzugehörigkeit und Art der Diagnose, die der Psychiater dem Patienten stellt. Antisoziale Manifestationen und Reaktionen der Unreife

konzentrieren sich in den unteren Schichten III und V, während phobische und Angstreaktionen in Schicht IV vorzufinden sind. Charakterneurosen treten gehäuft in Schicht I und II auf; in den Schichten IV und V sind sie relativ selten zu finden ...
Je höher die soziale Schicht, desto eher treten affektive Psychosen auf ... Nur 5% der Schichten I und II werden als organisch gestört eingestuft, gegenüber 16% der Schicht V" (Hollingshead und Redlich 1975, S. 225, S. 228).

Nicht nur die soziale Schichtzugehörigkeit, sondern auch ethnische Unterschiede und Zugehörigkeit zu unterschiedlichen Sprachgemeinschaften können ungünstige Voraussetzungen für die Arzt-Patient-Beziehung bilden und damit die soziale Asymmetrie verstärken.

Informationsbedürfnisse und -defizite

Zu den einschneidendsten Begrenzungen des Patienten und zugleich zu den wichtigsten Mitteln der Steuerungsmacht des Arztes gehört die **ungleiche Informationsverteilung.** Dies gilt in ganz besonderem Maße im Krankenhaus, wo Erkrankungen in der Regel schwerer und Abhängigkeiten des Patienten größer sind. Informationen zu bekommen, kann für den Patienten drei unterschiedliche, analytisch zu trennende Bedeutungen haben:

- Der **kognitive** Aspekt von Information „dient der Orientierung, der Fähigkeit, die durch Krankheit veränderte Lage zu verstehen, zu interpretieren und schließlich zu akzeptieren; hierzu rechnen wir auch jene Wirkungen, welche Angst zu vermindern vermögen" (Raspe und Siegrist 1978, S. 115).
- Der **emotionale** Aspekt „dient der Unterstützung des Patienten in dem psychisch belastenden, labilen Stadium der Hospitalisierung durch die für seine Pflege verantwortlichen Personen; Trost, Mitteilung, Anteil- und Rück-

sichtnahme, Aufmunterung, ja oft bereits Bereitschaft zur Aufmerksamkeit von seiten eines überlasteten Personals können als Beispiele des emotionalen Gehalts der Mitteilung von Information betrachtet werden" (a.a.O.).
- Der **pragmatische** Aspekt von Information betont die praktischen Konsequenzen bzgl. Handlungen und Verhaltensweisen (Gesundheits- und Krankheitsverhalten, Compliance etc.).

„Alle drei Aspekte unterstreichen die hohe Bedeutung der Information für Patienten, die sich im Krankenhaus in einer Situation ‚blockierter Mobilität' und ‚fehlender Kontrolle über wichtige Ressourcen' (Coe 1978) befinden: Bettlägerige Patienten sind von weiten Bereichen sozialen Handelns und sozialer Expressivität ausgeschlossen. Damit sind sie vor allem auf eine psychische Bewältigung ihrer Probleme verwiesen; um so wichtiger wird für sie der Umgang mit dem hauptsächlich verbleibenden Interaktionsmittel, der Sprache" (a.a.O.). Von besonderem Gewicht ist im Krankenhaus die kognitive Komponente der Information (schwerere Krankheit, intensivere Diagnostik). Daher stellen sich folgende Fragen: Wie sieht die Informationsverteilung zwischen Arzt und Patient im Krankenhaus aus? Gibt es hohe Informationsbedürfnisse bei Patienten und wie werden sie geäußert? Worüber informieren Ärzte ihre Patienten am ehesten und wie groß sind die Informationslücken selbst am Ende des Krankenhausaufenthaltes? Welches sind die Folgen von Informationsdefiziten bei Patienten, und wie ist es zu erklären, daß diese Defizite in so großem Umfang immer wieder auftreten?

Auf diese Fragen lassen sich heute aufgrund intensiver krankenhaus- und patientensoziologischer Untersuchungen aus mehreren Ländern empirisch fundierte Antworten geben (vgl. zusammenfassend Raspe 1983):

- **Ausprägung von Informationsbedürfnissen:** Wenigstens vier Fünftel aller

Krankenhauspatienten bringen hohe, thematisch bestimmte und subjektiv begründete Informationsbedürfnisse ins Krankenhaus mit. Die Begründungen beziehen sich auf Verringerung von Unsicherheit (selbst im bedrohlichen Fall), auf Beruhigung, Möglichkeit zur Zukunftsplanung, schließlich auf den Rechtsanspruch des mündigen Bürgers („Selbstbestimmungsaufklärung"). Informationsbedürfnisse richten sich auf das Wissen über Krankheitsursachen, auf Prognose, Diagnose und Behandlung sowie auf weitere Folgen für die Lebensführung. Ein Fünftel der Krankenhauspatienten äußert jeweils keine Informationsbedürfnisse bzw. wehrt diese ab. Zwar sind in dieser Minderheit mehr schwer und infaust Erkrankte zu finden, aber daraus darf nicht der Umkehrschluß gezogen werden, Schwerkranke hätten geringere Informationsbedürfnisse. Bisher ist es nicht gelungen, diese Subgruppe von Patienten, die nichts wissen will, persönlichkeitspsychologisch oder soziodemographisch näher zu charakterisieren.

- **Artikulation von Informationsbedürfnissen:** Der Arzt darf nicht davon ausgehen, daß Patienten, die von sich aus keine Fragen stellen, nichts wissen wollen; es gibt offensichtlich latente Informationsbedürfnisse, deren Artikulation aus soziokulturellen (Sprachcodes), psychologischen (Hemmungen) oder organisatorischen (Zeitdruck) Gründen schwerfällt. Etwa 60% der 200 Patienten einer Studie, die von ihrem Arzt Informationen über den weiteren Verlauf der Krankheit wünschen, haben diese – zum Untersuchungszeitpunkt – noch nicht äußern und/oder erhalten können. Selbst am Ende des Krankenhausaufenthaltes bestehen bei einem Drittel aller Patienten noch hohe Informationsbedürfnisse über die Krankheit (Raspe 1983).

- **Umfang des Informationsdefizits:** Gemessen am jeweils vorhandenen ärztlichen Wissen einerseits und an den ausgeprägten Informationsbedürfnissen über die eigene Erkrankung andererseits erfahren Patienten die ungleiche Wissensverteilung in Form von Aufklärungsdefiziten. Zur Ermittlung von Aufklärungsdefiziten sind in der empirischen Sozialforschung neben Verfahren der Zufriedenheitsmessung Vergleiche von Patientenwissen und von verfügbarem Expertenwissen (z. B. anhand von Krankenakten) vorgenommen worden. Nach verschiedenen detaillierten Studien kann gefolgert werden, daß nur knapp die Hälfte unausgewählter Kollektive von Krankenhauspatienten ein gutes Wissen über die Diagnose ihrer Krankheit hat und nur ein gutes Drittel über die Therapiemaßnahmen gut Bescheid weiß. Je schwerer die Krankheit, je ungünstiger die Prognose, desto größer ist das Aufklärungsdefizit (Engelhardt et al. 1973, Raspe 1983). Selbst wenn man Einflußfaktoren wie Vergessen und mangelnde Auffassungsgabe berücksichtigt, bleibt die Tatsache bestehen, daß ein beachtlicher Teil von Patienten im Verlauf und am Ende eines Krankenhausaufenthaltes deutliche Informationsdefizite aufweist.

- **Folgen des Aufklärungsdefizits:** Patienten mit geringen Möglichkeiten, ihre durch die Krankheit entstandene kritische Situation anhand von Information zu bearbeiten, dadurch eine Selbstregulation ihrer Emotionen vorzunehmen und ihre Zukunft gegebenenfalls neu zu strukturieren, weisen eine signifikant schlechtere subjektive Befindlichkeit und ein höheres Maß an Angst auf. Informationsdefizite gehen auch einher mit höheren physiologischen Streßreaktionen. Dies ist in einer Vielzahl experimenteller und klinischer Studien dokumentiert worden (vgl. Leventhal 1975, als Übersicht Raspe 1983). Schmerzmittelverbrauch, postoperative Komplikationsrate und Komplikationen während schwieriger diagnostischer Eingriffe sind deutlich geringer, wenn vorher eine ausführliche, vom Arzt persönlich vorgetragene Informierung erfolgte. Die **Compliance** (Bereitschaft, ärztliche Ratschläge, insbesondere Anordnungen zur medikamentösen Therapie zu befolgen) wird in einer persönlichen, informationsreichen und motivierenden Arzt-Patient-Beziehung ebenfalls wesentlich verbessert (Haynes und Sackett 1982, Hulka et al. 1976). So zeigt beispielsweise die Studie von Svarstaad (1976) bei gut instruierten Patienten eine Befolgungsrate von 52%, bei schlecht informierten von nur 29%. Non-Compliance ist also nicht allein ein Problem des Patienten, sondern ein Problem der Arzt-Patient-Beziehung!

• **Inhalte von Aufklärungsgesprächen:** Wie aus Tabelle 7-1 hervorgeht, ziehen es Ärzte vor, Patienten in erster Linie über diagnostische und therapeutische Maßnahmen, in geringerem Maße über die Diagnose selbst und nur in relativ seltenen Fällen über die Prognose einer Krankheit vollständig aufzuklären. Die Einschränkung von Aufklärungsabsichten ist bei jungen Medizinstudenten, aber auch beim Pflegepersonal wesentlich geringer. Gegenüber Medizinstudenten und Pflegepersonal schätzen Ärzte im allgemeinen auch die Informationsbedürfnisse ihrer Patienten als geringer ein, und sie sind weniger gut in der Lage, die Inhalte der Aufklärungswünsche von Patienten richtig wahrzunehmen. Aus der **Perspektivendifferenz** zwischen Krankenhausarzt und Patient läßt sich auch erklären, daß die patientenseitig hohen Informationsbedürfnisse über den poststationären Bereich von Ärzten kaum wahrgenommen und angesprochen werden. Nimmt man schließlich Befunde einer umfangreichen Studie an 800 Ärzten hinzu, die auf einen geringen Grad von „Patientenzentrierung" hindeuten (z. B.: 74% der Ärzte bejahen die Aussage „der Patient erwartet, daß der Arzt Fragen stellt und nicht umgekehrt", Koch 1975), so erhärtet sich der Verdacht, daß im Zuge der beruflichen Sozialisation Einstellungsmuster und Handlungsweisen erworben werden, welche die soziale Asymmetrie zwischen Arzt und Patient vertiefen.

Tabelle 7-1 Aufklärungsintentionen von Krankenhausärzten, Medizinstudenten und Pflegepersonen (nach Raspe 1983).

„Bitte geben Sie für folgende Bereiche an, ob Sie Ihre Patientin eher vollständig oder eher mit bestimmten Einschränkungen aufklären (bzw. aufklären würden)":

über ...	Stations-ärzte (N = 53)	vorklinische Medizinstudenten (N = 233)	Pflege-personen (N = 119)
	„eher vollständig"		
die diagnostischen Maßnahmen	83%	91%	90%
die therapeutischen Maßnahmen	76%	94%	92%
die Diagnose	47%	82%	67%
die Prognose	13%	32%	45%

In der beruflichen Sozialisation erworbene Einstellungen und Handlungsroutinen, aber auch arbeitsorganisatorische Zwänge des Krankenhauses sind somit maßgeblich am Zustandekommen einer restriktiven Informationspolitik von Ärzten gegenüber Patienten beteiligt. Nirgends wird dies augenfälliger als bei der Analyse jener Arbeitsaufgabe, die hauptsächlich der Interaktion und Kommunikation mit dem Patienten dienen soll – der ärztlichen Visite.

Das Gespräch während der Visite
Vermutlich ist kein Aspekt ärztlichen Handelns bisher so intensiv analysiert worden wie die Sprachhandlungen von Ärzten während klinischer Visiten. Allein in der Bundesrepublik Deutschland ist die Zahl der Forschungsarbeiten zum Thema seit dem Beginn der Visitenforschung im Jahre 1970 nur noch schwer zu überschauen (vgl. Begemann – Deppe 1978, Bliesener 1982, Bohlken 1987, Köhle und Raspe 1982, Nordmeyer 1978, Raspe 1983, Siegrist 1978, Kaupen-Haas 1993). Auch aus Österreich (Strotzka und Wimmer 1986, Seidl und Walter 1979, Lalouschek et al. 1988), Großbritannien (Strong 1979) und USA (West 1984) liegen neue, wichtige Forschungen vor. Es ist daher unmöglich, die Vielfalt gegenwärtiger Kenntnisse angemessen darzustellen. Dieser Abschnitt untersucht die folgenden Fragen:

- Wie verläuft das Gespräch zwischen Arzt und Patient während der durchschnittlichen Stationsarztvisite im Krankenhaus?
- Wie gehen Ärzte mit problematischen und belastenden Patientenfragen um?
- Gibt es Möglichkeiten, die soziale Asymmetrie zwischen Arzt und Patient in der Visite gezielt zu verringern?

Gesprächsverlauf: Die tägliche Arztvisite dauert pro Patient durchschnittlich drei bis vier Minuten. Gut die Hälfte aller Sätze, die in dieser Zeit geäußert werden, stammen vom Arzt, ein Viertel von der Krankenschwester, ein weiteres Viertel vom Patienten. Die meisten Gesprächsinitiativen gehen vom Arzt aus; pro Visite stellt der Patient lediglich ein bis zwei Fragen. Über seine Krankheit bringt der Patient während der Visite überwiegend als Dritter etwas in Erfahrung: 60% aller Sätze, die Informationen über seine Krankheit enthalten, werden zwischen Arzt und Schwester (oder zwischen zwei Ärzten) ausgetauscht, sind also nur „implizit" an den Patienten gerichtet.

Diese **fragmentierte Kommunikation** ergibt sich in erster Linie daraus, daß die Visite eine strukturell überladene Arbeitsaufgabe darstellt, da in ihr im Prinzip körperliche Untersuchung, Inspektion, Kontrolle des Therapieplanes, Einleitung und Überwachung diagnostischer Maßnahmen, Organisationsabsprachen und Informationsaustausch mit dem Pflegepersonal sowie Gespräch mit dem Patienten zu integrieren sind. Es ist nachvollziehbar, daß unter dem gegebenen Zeitdruck – ein durchschnittlicher ärztlicher Arbeitstag auf einer internistischen Station ist in Abbildung 7-4 dargestellt – am ehesten beim Gespräch mit dem Patienten gespart wird. Es ist auch zu erwarten, daß angesichts der Vielfalt und Komplexität ärztlicher Aufgaben und angesichts des dominierenden Einflusses eines naturwissenschaftlich-instrumentellen Krankheitsverständnisses Strategien der kommunikativen Entlastung verfolgt werden, deren Folgen vor allem die Patienten zu spüren bekommen.

Problematische Patientenfragen: Strategien der kommunikativen Entlastung, des Ausweichens der Ärzte vor emotional belastenden Fragen sind insbesondere in kritischen Gesprächsphasen während der Visiten, bei schwer oder infaust erkrankten Patienten zu erwarten. Entsprechend ihrem herkömmlichen Rollenverständnis müssen Ärzte in solchen Situationen versuchen, eigene Affekte zu neutralisieren und die Unsicherheit zu verbergen, zugleich kritische Informationen

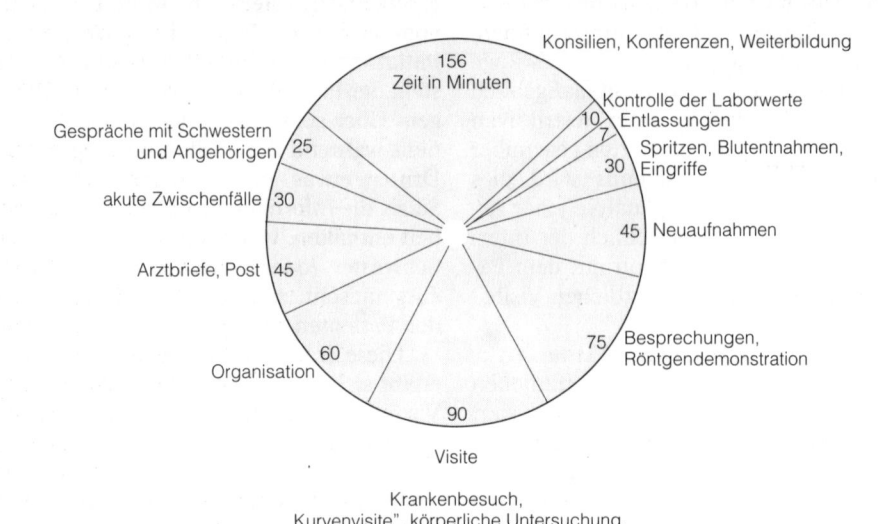

Abbildung 7-4   Arbeitstag eines internistischen Arztes im Krankenhaus (nach Stössel 1981).

zurückzuhalten, ohne jedoch dadurch mit ihrer Expertenrolle in Konflikt zu geraten. Anhand von Tonbandaufnahmen von über 400 Arzt-Patient-Kontakten bei Visiten konnten wir zeigen, daß unter diesen schwierigen Umständen mit hoher Wahrscheinlichkeit eine der folgenden vier ausweichenden Kommunikationsstrategien erfolgt (Siegrist 1978):

- Nichtbeachten, Übergehen der Patienteninitiative:
  Dieser Reaktionstyp ist im Akutkrankenhaus selten, da er einen Verstoß gegen die Normen des Gesprächs darstellt. Gegenüber rangniedrigen und älteren Patienten gelangt er jedoch gelegentlich zur Anwendung (in ca. 5% aller beobachteten „asymmetrischen Verbalhandlungen").

- Adressaten- oder Themenwechsel:
  Anstelle einer Reaktion auf die gestellte Frage erfolgt von seiten des Arztes eine konkurrierende Initiative (Themenwechsel im Rahmen des vom Arzt dominierten Gesprächs) oder ein Adressatenwechsel durch Ansprechen der Schwester, wie im folgenden Beispiel verdeutlicht:

  Ältere Patientin mit Verdacht auf Kolonkarzinom
  Patientin: Ist das Blut gut?
  Arzt: Wie bitte?
  Patientin: Das Blut!
  Arzt (zu Schwester): Ja, wir kommen nicht drum herum, am Montag den Magen zu röntgen.

- Beziehungskommentar:
  Der Arzt geht zwar auf die gestellte Frage des Patienten ein, verschiebt

hierbei aber die Antwort vom Inhalts- zum Beziehungsaspekt der Kommunikation:

30jähriger Patient mit zweitem Rezidiv einer Leukämie
Patient: Es sind ja jetzt vier Wochen, daß ich da bin. Da muß sich schon was tun in der Zeit ...
Arzt: Ja, ja, das ist es halt. Sie sagen immer „muß" und „soll", sind aber mehr überzeugt wie wir davon.

- Mitteilung funktionaler Unsicherheit: In Anlehnung an Fred Davis (1972) sprechen wir in den Fällen von funktionaler Unsicherheit, in denen der Arzt zwar über den Krankheitsbefund voll im Bilde ist, dem Patienten gegenüber jedoch vorgibt, die schlüssigen Informationen noch nicht zu besitzen:

66jähriger Patient mit metastasierendem Magenkarzinom
Patient: Ist schon sicher, was ist?
Arzt: Und äh, ich habe dem Kollegen Dr. ...
Patient: Noch nicht?
Arzt: Äh, mit dem Doktor noch nicht gesprochen, gell.

Auf den untersuchten internistischen und chirurgischen Krankenstationen waren neun von zehn festgehaltenen Arztreaktionen auf kritische und belastende Fragen von schwerkranken Patienten einem dieser vier Reaktionstypen zuzuordnen. Nur vergleichsweise selten ließen Ärzte sich ehrlich und engagiert auf die drängenden Fragen der Patienten ein.

An dieser Stelle ist der Hinweis notwendig, daß die Selbstbestimmungsaufklärung des Patienten sicherlich nicht bedeuten kann, dem schwerkranken Menschen durch eine schonungslose Informierung Hoffnung und Lebenswillen zu zerstören. Aufklärung ist stets ein stufenförmiger Prozeß, der ein behutsames Vortasten des Arztes erfordert. Im übrigen zeigen viele Studien, daß die meisten an Krebs erkrankten Patienten (zwischen 73 und 88%) ihre Diagnose aus zweiter oder dritter Hand ohnehin kennen, daß eine Mehrheit dieser Patien-

ten Aufklärung wünscht und daß auch bei umfassend informierten Krebspatienten psychische Komplikationen (z. B. Selbstmordneigung) nicht in dem befürchteten Ausmaß zu verzeichnen sind (Raspe 1983).

Verringerung der Asymmetrie: Wie können Ärzte mehr Zeit, Interesse und Energie für die Nöte und Sorgen der Krankenhauspatienten aufbringen, wie können ihnen besser auf den Patienten zentrierte Gespräche gelingen? Diese Fragen sind hierzulande nicht nur theoretisch, sondern bereits praktisch beantwortet worden, und zwar durch die wegweisenden Neuerungen eines Modellvorhabens, das in den siebziger Jahren große Aufmerksamkeit gefunden hat: das sogenannte Ulmer Stationsmodell (Köhle et al. 1986). Auf einer psychosomatischen Modellstation der internistischen Abteilung einer Universitätsklinik wurde die Arbeitsorganisation so umstrukturiert, daß wesentlich mehr Zeit für die tägliche Visite zur Verfügung stand und daß die Visiste selbst in eine Vor- und Nachbesprechung außerhalb des Krankenzimmers sowie ein Gespräch mit dem Kranken aufgegliedert wurde, das ausschließlich ein jeweils vorher bestimmter Arzt führte. Zwischen Ärzten, Pflegepersonal, Sozialarbeitern und klinischen Psychologen auf Station entwickelte sich eine intensive Kooperation, die auch auf andere Tätigkeiten ausstrahlte. Die Modell-Ärzte befanden sich selbst in psychotherapeutischer Zusatzausbildung. Während der gesamten Erprobungszeit stellten sie sich externer wissenschaftlicher Begleitforschung, wodurch der Neuerungsprozeß kontinuierlich optimiert werden konnte. Dem Modell lagen jedoch nicht nur arbeitsorganisatorische und kommunikationssoziologische Neuerungen zugrunde, im Zentrum stand vielmehr eine psychosomatische Theorie von Krankheit und Kranksein (v. Uexküll et al. 1986), die andere Akzente setzte als die ausschließlich naturwissenschaftliche Organmedizin.

Auf der Handlungsebene erreichte die Modellstation in kurzer Zeit:

- eine Ausweitung der Visitendauer von durchschnittlich vier auf durchschnittlich zehn Minuten pro Patient;
- eine sehr weitgehende Zentrierung des ärztlichen Gesprächs auf den Patienten;
- ein Zurückdrängen der impliziten Informierung des Patienten, d.h. eine weitgehend initiative, direkte Weitergabe krankheitsbezogener Information an den Patienten;
- eine Reduktion asymmetrischer Verbalhandlungen auf kritische Fragen schwerkranker Patienten (gegenüber ca. 90% asymmetrischer Verbalhandlungen auf herkömmlichen Stationen nur noch 15% entsprechender Ausweichstrategien auf der Modellstation (Stössel 1981).

Ein wesentlicher Schwerpunkt bei der Verbesserung der Gespräche zwischen Arzt und Patient liegt in der Aus-, Fort- und Weiterbildung. Es ist daher mit Nachdruck zu fordern, daß im Kleingruppenunterricht der Medizinischen Psychologie und Medizinischen Soziologie Grundlagen der ärztlichen Gesprächsführung noch intensiver vermittelt werden, als dies bisher möglich ist. Eine nützliche Rolle kann dabei didaktisch gut aufbereitete Forschungsliteratur über die ärztliche Visite spielen (vgl. Bliesener und Köhle 1986, Koch und Schmeling 1982).

7.2.2 Kritische Situationen

Intensivstation

Im Unterschied zur „Normalstation" des Krankenhausbetriebes ist die Intensivstation durch besondere psychische Belastungen bei Patienten und beim Personal gekennzeichnet. Diese Belastungen ergeben sich aus:

- der Konfrontation mit lebensbedrohlichen Zuständen, mit teilweise unvorhersehbaren Komplikationen, schließlich mit Sterben und Tod (die Mortalität auf internistischen Intensivstationen liegt zwischen 15 und 35%);
- therapeutischem Entscheidungsdruck in Krisensituationen, ethischen Entscheidungskonflikten, Angst vor Fehlern;
- der Behinderung der Kommunikation mit Patienten (eingetrübtes Bewußtsein, Hindernisse durch technische Apparaturen, Sprachlosigkeit);
- der andauernden Kontrolle und apparativen Überwachung vitaler Funktionen bei Patienten;
- dem deprimierenden Erfahrungsfeld für die auf Intensivstation Arbeitenden (Atmosphäre bedrückenden menschlichen Leidens, z.T. Verunstaltungen, z.T. maschinelle Manipulationen, die die Menschenwürde antasten, begrenzte Erfolgserlebnisse der Therapeuten);
- der Unterschiedlichkeit der Problemstellung für die Behandelnden (Suizidpatienten, Patienten mit Nierenversagen, Patienten mit künstlicher Beatmung, Infarktpatienten);
- schließlich der hohen Patientenfluktuation, die den Aufbau persönlicher Beziehungen erschwert (über die Hälfte der Patienten bleiben nur einen Tag auf Intensivstation).

Alle bereits erwähnten Hindernisse der Kommunikation zwischen Arzt und Patient werden auf der Intensivstation potenziert: die soziale Asymmetrie, die Überlagerung von Funktionen während des Gesprächskontaktes, der Primat des Technischen, die vielen Unterbrechungen und Störungen, die mangelnde Intimität, begrenzte Initiativchancen und Artikulationsmöglichkeiten des Patienten, Aufklärungsdefizite, aber auch die emotio-

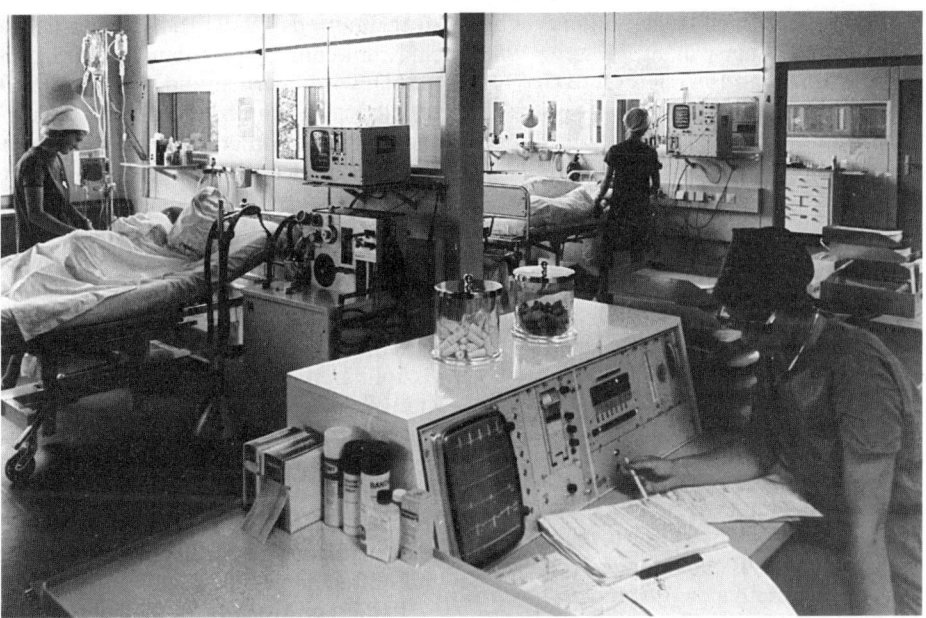

Abbildung 7-5   Intensivstation.

nale Abwehr beim Personal, die sich in einer Minimierung affektiver Zuwendung und reflexiver Orientierung äußert.

Folgende Themen bilden bisher Schwerpunkte soziologischer und psychologischer Forschungen auf Intensivstationen:
* Informations- und Orientierungsdefizit bei Patienten, unter besonderer Berücksichtigung der sozialen Schichtzugehörigkeit (Mitglieder unterer Schichten sind aufgrund sozialer Distanz zur hochtechnisiert-instrumentellen Arbeitsumgebung und den ihr entnommenen Informationen hilfloser als Patienten mit höherer Schulbildung (vgl. Hackett und Cassem 1976);
* Einfluß technischen Handelns auf die Beziehung zwischen Personal und Patienten, unter besonderer Berücksichtigung der räumlichen Arrangements (vgl. hierzu die interessanten vergleichenden soziologischen Untersuchungen von Grote et al. 1983);
* Bedeutung des (auch nonverbalen!) Kontakts zu (Herzinfarkt-)Patienten auf Intensivstation (signifikante Senkung von Herzrhythmusstörungen durch menschliche Zuwendung) (Lynch 1979);
* Ausprägung und Verlauf psychischer Störungen bei Intensivpatienten im allgemeinen (als Überblick vgl. Klapp 1985, Gaus und Köhle 1986), speziell bei Patienten nach Herzinfarkt (Rolle der Verleugnung; Hackett und Cassem 1974, und der Depression [Frasure-Smith et al. 1991]) und bei Patienten nach Herzoperation (Speidel et al. 1979, Bunzel 1992).
* psychische Belastungen beim Krankenhauspersonal und Möglichkeiten ihrer Bearbeitung, unter besonderer Berücksichtigung der Problematik des sog. *Burn-out-Syndroms* (Ausge-

branntsein durch langes, intensives berufliches Engagement; Klapp 1985, Aronson et al. 1983, Herschbach 1991, Ullrich 1987).

Burn-out-Syndrom:
Auftreten von Zuständen emotionaler Erschöpfung, Depersonalisierung (zynisches, von Gleichgültigkeit und Teilnahmslosigkeit geprägtes Verhalten) und verminderter Leistungsfähigkeit. Das Syndrom findet sich gehäuft bei Berufsgruppen, die personenbezogene Dienstleistungen erbringen (z. B. Pflegeberufe, Ärzte, Lehrer, Sozialarbeiter).
    Burn-out-Symptome als Folge der Erfahrung chronischer Arbeitsbelastungen stellen eine wichtige Ursache von Berufswechsel bzw. Berufsaufgabe dar. Gesundheitsschädigendes Verhalten und fortgesetzte Distress-Erfahrungen mit langfristig pathophysiologischen Auswirkungen können damit ebenfalls assoziiert sein. Es ist daher eine vordringliche Aufgabe, Ansatzpunkte einer Verminderung entsprechender Arbeitsbelastungen zu finden und in die Organisationsgestaltung umzusetzen.

Angesichts des großen, hier nur stichwortartig skizzierten Problemdrucks empfiehlt es sich, daß Medizinstudenten schon in ihrer Ausbildung sorgfältig auf kritische Situationen der Arzt-Patient-Beziehung vorbereitet werden. Diese Ausbildung schließt neben der Erarbeitung von Kenntnissen, dem Sammeln und intensiven Aufarbeiten von Primärerfahrungen auch die Diskussion **ethischer** Prinzipien beim Umgang mit Grenzsituationen zwischen Leben und Tod und bei der Verletzung der Menschenwürde mit ein.

Sterben und Tod

In unserer Gesellschaft beenden zwischen 50 und 60% aller Menschen ihr Leben im Krankenhaus. Durchschnittlich ist damit zu rechnen, daß jeder 23. Patient, der in ein Krankenhaus aufgenommen wird, dort sterben wird. Sterben und Tod sind damit zu „typischen" Erfahrungen des Krankenhausalltags geworden. Aber so häufig und typisch sie auch sein mögen – in diesem Fall verlieren die Erfahrungen nichts von ihrer Bedrohlichkeit, Herausforderung und Belastung für die beruflich von ihnen Betroffenen. Sterben und Tod sind Themen der wissenschaftlichen Analyse, der Berichterstattung der Medien, der interdisziplinären Aus- und Fortbildung, der Krankenhausplanung und Organisation und auch verschiedenartiger sozialer Bewegungen geworden. Man kann heute nicht mehr davon sprechen, daß dieses Thema tabu sei. Aber ist es gelungen, Sterbenden würdiger, angstfreier, wahrhaftiger und hilfreicher zu begegnen?

In diesem Abschnitt wollen wir uns auf medizinsoziologische Erkenntnisse aus Beobachtungen von Beziehungen zwischen Krankenhauspersonal und sterbenden Patienten beschränken. Diese Erkenntnisse bilden einen, vielleicht bescheidenen, Baustein in einem umfassenderen Lehrgebäude einer gegenwärtig noch nicht geschriebenen Thanatologie (Lehre vom Sterben), die Thema einer anthropologischen Medizin und Gegenstand verschiedener medizinischer, sozial- und geisteswissenschaftlicher Disziplinen sein müßte (Wittkowski 1978, Engelhardt 1978, Cassel 1982).

Die gegenwärtig einflußreichsten medizinsoziologischen Arbeiten bilden die Studien von Barney G. Glaser und Anselm L. Strauss über Interaktion mit Sterbenden (1974) sowie von David Sudnow über organisiertes Sterben (1973).

Glaser und Strauss sind der Frage nachgegangen, welche Umfangsformen mit Sterbenden vom Personal entwickelt werden und wie das Bewußtsein, das Wissen vom nahenden Tod in die Interaktion einbezogen oder aber aus ihr ausgeklammert wird. Sie definieren „**Bewußtseins-**

Kontext" als die Gesamtheit dessen, „was jeder Interagierende über einen bestimmten Zustand des Patienten weiß, sowie sein Wissen darum, daß die anderen sich dessen bewußt sind, was er weiß" (Glaser und Strauss 1974, S. 16f.). Die Autoren unterscheiden analytisch vier Bewußtseins-Kontexte:

- Geschlossene Bewußtheit: der Patient ist ahnungslos, während das Personal wissend ist, ohne sein Wissen dem Patienten mitzuteilen;
- Argwöhnische Bewußtheit: der Patient verfolgt den Verdacht, sterben zu müssen, ohne vom Personal explizit informiert zu sein;
- Bewußtheit der wechselseitigen Täuschung: alle Beteiligten wissen Bescheid, gestehen es aber nicht ein;
- Offene Bewußtheit: Patient und Personal kennen den Zustand, schätzen ihn realistisch ein und geben dieses Wissen wechselseitig zu.

Diese Bewußtseins-Kontexte sind nichts Statisches. Sie verändern sich im Verlauf der Interaktion zwischen Sterbenden und Personal, wobei die wesentliche Kontrolle über ihre Entstehung, Fortdauer und Veränderung beim Arzt oder beim Pflegepersonal liegt. Kurzfristig bringen die Taktiken der geschlossenen Bewußtheit und der wechselseitigen Täuschung zwar emotionale und interaktive Entlastung, aber längerfristig können sie, z.B. unter dem Aspekt von Informationsspannen, von Angehörigeninterventionen, die Belastungen ähnlich unerträglich gestalten wie beim Zustand der argwöhnischen Bewußtheit. Trotz der erheblichen Anstrengungen und Schwierigkeiten gilt daher der offene Kontext als die in den meisten Fällen hilfreichste Form der Beziehung zu Sterbenden. Dies trifft sowohl für Ärzte und Pflegepersonal wie für Angehörige zu.

Unter dieser Bedingung kann der sichtbare Wandel der therapeutischen Zielsetzungen von der unter Umständen aggressiven Therapie zur Erhaltung eines Höchstmaßes an verbleibender Lebensqualität eher akzeptiert werden, es bilden sich eher tragfähige, trost- und hilfreiche Kontakte zu Sterbenden. Die häufig beschriebenen, extrem schwankenden emotionalen Zustände – Verzweiflung, Zorn, Depression, Rückzug – können von den Beteiligten besser ausgehalten werden, und es sind weniger Manöver der Distanzierung, des Ausweichens und Überspielens notwendig (Glaser und Strauss 1974).

Diese Manöver werden allerdings von den eingeschliffenen Verfahrensweisen des Krankenhausbetriebes nahegelegt: Sterben im Krankenhaus spielt sich nach Möglichkeit in räumlicher Isolierung ab, in eigens hergerichteten Einzelzimmern, in Randbezirken der Station, wie Badezimmern, Abstellplätzen, gelegentlich sogar in Stationsarztzimmern. Räumliche Isolation des Sterbenden bedeutet auch soziale Einengung, kommunikative Isolierung und Ausschluß (Begemann-Deppe 1986).

Ist man sich im klaren darüber, was man damit den sterbenden Menschen antut? Denn offenbar überwiegt bei der Angst vor dem Sterben „die Furcht vor dem Ausgeschlossenwerden aus der Gruppe der Mitmenschen gegenüber allen anderen Elementen – wie die Furcht vor Schmerzen, körperlicher Beeinträchtigung oder dem Nicht-mehr-Sein ... bei weitem. Ausgeschlossensein wird fast immer als Zusammenbruch des Selbstwertelebens, als Verlust der Achtung vor sich selbst erfahren und ist dann schwerer zu ertragen als jedes andere Schicksal" (v. Uexküll 1973, S. 19). Der Soziologe David Sudnow hat in einer teilnehmenden Beobachtung die Praktiken des Ausschlusses und der Distanzierung gegenüber Sterbenden, aber auch die sozialen Definitionsprozesse des Todes, wie sie sich beispielsweise in unterschiedlich intensiven Reanimationsbemühungen manifestieren, in zwei amerikanischen Hospitälern in den sechziger Jahren untersucht (Sudnow 1973). Was Sudnows Ausführungen besonders brisant macht, ist die Tatsache, daß er vergleichende Untersuchungen in einem Kreiskrankenhaus für vorwiegend arme Bevölkerungsschichten *(„County")* sowie in einem privaten Krankenhaus *(„Cohen")* angestellt hat. Die folgenden Ausführungen beziehen sich auf die **Reanimationspraktiken** und das Einwirken sozialer Filter auf diese Praktiken.

„Im ‚County' scheint eine starke Beziehung zwischen Alter, sozialem Milieu und unterstellten moralischen Eigenschaften einerseits und dem Ausmaß der Bemühungen um Reanimation beim Entdecken klinischer Todesanzeichen andererseits zu bestehen ... So wurde beispielsweise kein einziger Fall bemerkt, in dem einem Patienten über 40 Jahre, dessen Herzschlag stethoskopisch nicht mehr festzustellen war, äußere Herzmassage verabreicht wurde. Im ‚Cohen'-Krankenhaus gehörte dagegen äußere Herzmassage zur normalen Routine, und drastischere Maßnahmen wie intrakardiale Adrenalininjektionen sind nicht selten." Ferner gilt: „Je älter die Person ist, desto weniger gründlich ist die Untersuchung zur Bescheinigung des Todes; häufig werden ältere Leute als tot erklärt, nachdem einzig und allein das Herz stethoskopisch abgehört wurde. Je jünger eine Person ist, desto eher schließt eine solche Untersuchung die Inspektion der Augen, Versuche, den Puls zu fühlen, Feststellung der Körperwärme usw. mit ein ... Außerdem wurde festgestellt, daß Alkoholiker in dieser Situation allein aufgrund von Herztonabhören für tot erklärt werden, auch wenn sie in eine Alterskategorie fielen, bei welcher sonst eine gründlichere Untersuchung üblich war" (Sudnow 1973, S. 104 f.). Der Autor folgert: „In einer sehr begrenzten, aber keineswegs als trivial anzusehenden zeitlichen Spanne ist die Wahrscheinlichkeit des Sterbens und des ‚Totseins' teilweise direkt abhängig vom Platz der betreffenden Person im gesellschaftlichen Gefüge" (Sudnow 1973, S. 105). Der sterbende Patient besitzt für den Arzt höchst **ambivalente** Züge: Auf der einen Seite erfordert das Gebot der ärztlichen Hilfeleistung den optimalen Einsatz aller verfügbaren Mittel und Techniken, auf der anderen Seite erlebt der medizinische Spezialist nirgends deutlicher als hier die Grenzen seines Wirkungsvermögens.

Belastungen ähnlicher Art sind auch bei der Pflege der **terminalen Patienten** zu verzeichnen. Das Pflegepersonal hat nach Sudnows Beobachtungen verschiedene Verfahrensweisen und Techniken entwickelt, die es ihm ermöglichen, mit dem sterbenden bzw. toten Patienten nur minimal in Kontakt zu treten (Vorbereiten der Leichnamsprozedur am lebendigen, komatösen Patienten, Einbetten in frische Wäsche, vorzeitiges Zudrücken der Augen, während der Patient noch am Leben ist u. a. m.) (Sudnow 1973, S. 82).

Das Pflegepersonal versucht sich vom Todesgeschehen aber auch durch Manipulationen zu distanzieren, die den Eintritt des klinischen Todes verschleiern. So berichtet Sudnow von verschiedenen Versuchen, Tote über einen Schichtwechsel hinüberzu„schmuggeln", insbesondere von der Nacht- in die Morgenschicht, indem Infusionen weiter laufen gelassen und tote Patienten als schlafend kaschiert werden.

Diese Beispiele stellen kein Raritätenkabinett irgendwelcher Art dar, sie zeigen vielmehr, wie Menschen unter bestimmten Bedingungen mit ihresgleichen umgehen – hier allerdings unter den ungünstigen Bedingungen eines Armenkrankenhauses.

Nimmt man das Maß an Rücksicht, das dem Sterbenden von seiten des Pflege- und Ärztepersonals widerfährt, als Gradmesser einer humanen Patientenbetreuung, dann wird es allerdings weit über „County" hinaus Anlaß zu Zorn und Beschämungen geben!

Kritische Situationen wie ärztliche und pflegerische Arbeit auf Intensivstationen, Krebsstationen (Ullrich 1987), bei Gesprächen mit unheilbar Kranken (Köhle et al. 1986) und bei der Betreuung Sterbender (Koch u. Schmeling 1982) erfordern ein besonderes Maß an psychischer Kraft und Ausgeglichenheit. Sie verlangen außergewöhnliches persönliches Engagement über die funktional-spezifische Kompetenz des Arztes hinaus, ein Engagement, dessen Ziele ein Symmetrie und offene Bewußtheit anstrebendes kommunikatives Handeln und eine von Empathie getragene „Gefühlsarbeit" (Strauss et al. 1975) bilden. Wie kann es gelingen, diese außerordentlichen Anstrengungen aufrechtzuerhalten?

Bedeutung der Teamarbeit

Das bereits kurz erwähnte Ulmer Modell-Projekt hat überzeugend dargelegt, daß gute Teamatmosphäre und Bereitschaft zur konsequenten Teamarbeit wichtige Voraussetzungen einer konsequent patientenzentrierten therapeutischen Arbeit bilden. Schulung von Kooperationsfähigkeit zwischen medizinischen Berufen ist daher ein wesentliches Ausbildungsziel. Teamarbeit setzt darüber hinaus aber auch eine Umgestaltung der Arbeitsorganisation, mehr **Autonomie** im Tätigkeitsspektrum nachgeordneter Berufe und mehr **Partizipation** voraus.

Dem therapeutischen Team stellt sich die Aufgabe, hierarchisch bestimmte Funktions- und Machtzuteilungen zu lockern und im Dienste des Patienten enger zusammenzuarbeiten (Köhle und Joraschky 1986). Wie gut diese Postulate gegenwärtig in der stationären Krankenversorgung erfüllt sind, hat eine umfangreiche vergleichende arbeitssoziologische Studie an sieben psychosomatisch orientierten Krankenhausstationen im Vergleich zu acht traditionell-internistischen Stationen in verschiedenen Krankenhäusern der Bundesrepublik Deutschland untersucht (Kohlmann et al. 1986). In ihr konnte gezeigt werden, daß das Pflegepersonal auf psychosomatischen Stationen in signifikant stärkerem Maße in ärztlich-medizinische Entscheidungsprozesse (Partizipation) einbezogen wurde als auf traditionell-internistischen Stationen. Das Ergebnis ist in Abbildung 7-6 dargestellt, wobei zugleich die wichtige Variable „Anzahl Betten pro Arzt" berücksichtigt wurde.

Signifikant verbessert war auch das Ausmaß der Informiertheit über Patienten bei Schwestern, Pflegern und Pflegehelfern auf psychosomatischen Stationen, wobei nicht die Visite selbst, sondern die ihr vorgelagerte Besprechung die wichtig-

ste Informationsquelle des Pflegepersonals bildete.

Je höher das Ausmaß an Partizipation und patientenbezogener Information, desto höher ist auch die Arbeitszufriedenheit, desto weniger sind „berufliche Resignation" und „Leiden unter arbeitsspezifischen Belastungen" (*Burn-out*-Symptome) ausgeprägt. Die in der zitierten Studie beobachteten Unterschiede sind substantiell, d. h. sie lassen sich nicht durch Effekte von Drittvariablen wie Stationsgröße, Personalschlüssel, Alter und Beschäftigungsdauer erklären (Kohlmann et al. 1986).

Zusammenfassend können wir festhalten: Die Reorganisation ärztlicher und pflegerischer Arbeit auf psychosomatisch-

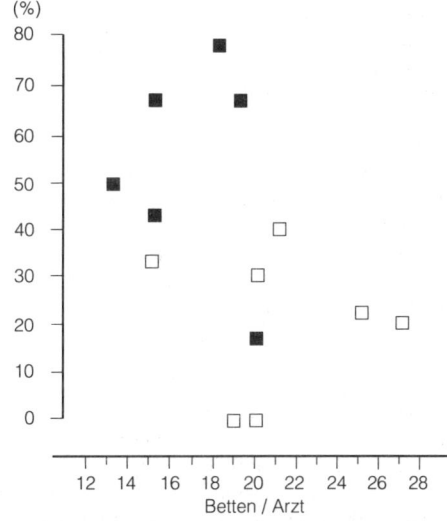

Abbildung 7-6   Anteil von Pflegepersonen (Prozentsatz), die an wichtigen ärztlichen Entscheidungen partizipieren, nach Stationstyp (psychosomatische Modellstation ■ versus traditionelle internistische Station □) sowie nach Bettenschlüssel: Die Abbildung zeigt, daß pflegerische Partizipation auf psychosomatischen Stationen, auch unabhängig vom Bettenschlüssel, deutlich stärker ausgeprägt ist (nach Kohlmann und Siegrist 1988).

internistischen Krankenstationen läßt sich auf den Ebenen Partizipation, Informiertheit und Arbeitsteilung nachweisen. Es gehen positive Effekte von diesen Gegebenheiten auf die subjektive Arbeitszufriedenheit, das Ausmaß wahrgenommener Belastungen und die Begrenzung beruflich resignativer Einstellungen aus. Diese positiven Effekte bestimmen ein Klima guten sozioemotionalen Rückhalts, das notwendig erscheint, um die besonderen Anstrengungen therapeutischen Handelns in Krisensituationen erträglich zu gestalten.

7.2.3 Das Dilemma zwischen instrumentellem und kommunikativem Handeln

Schwerpunkt der bisherigen Ausführungen zu einer Soziologie der Arzt-Patient-Beziehung bildeten sprachliche Kommunikation und Interaktion. Dabei wurde ein Thema vernachlässigt, das in der modernen, hochspezialisierten und technisierten Medizin immer wichtiger wird: die Einflüsse, die vom **instrumentellen Handeln** des Arztes auf Patienten ausgehen.

- Instrumentell heißt ein Handeln, das in seinem Ablauf am Einsatz technischer Geräte oder Apparaturen orientiert und von diesem Einsatz wesentlich bestimmt wird. Instrumentelles Handeln zeichnet sich durch hohe Zweckrationalität, in der Regel auch durch hohe Qualifikationsanforderungen an den Ausübenden, sowie durch tendenziell hohe Manipulation des Objektes aus, zu dem der Patient durch die angewandten Verfahren gemacht wird.

Der Ausbreitung instrumentellen Handelns liegt, wie wir in Kapitel 2.3 gesehen haben, der allgemeinere evolutionäre Trend der Modernisierung zugrunde. Ein steigender Grad der Technisierung ist in allen Bereichen der Biomedizin zu er-

warten, und in Zukunft werden voraussichtlich Mensch-Maschine-Interaktionen nicht nur in der Diagnostik und Therapie, sondern bereits bei der Unterstützung ärztlicher Entscheidungen und bei der Informationskombination, die das Expertenwissen optimieren soll, eine maßgebende Rolle spielen.

Diese zuletzt getroffene Prognose liegt zumindest nahe, wenn neueste Entwicklungen im Bereich der **künstlichen Intelligenz** berücksichtigt werden. Gegenwärtig befinden wir uns in einer Ära des Übergangs von datenprozessierenden zu wissensgenerierenden Digitalcomputern: Expertensysteme breiten sich seit zehn Jahren in der Medizin aus, und es gibt bereits beachtliche Fortschritte in der Verarbeitung von Informationen aus der natürlichen Sprache durch Computer. E. A. Feigenbaum, einer der Pioniere der Entwicklung von Expertensystemen, sagt für die nächsten 20 Jahre folgende Entwicklung der Interaktion zwischen Mensch und Maschine (Computer) voraus: „Wir werden hochgradig fließende Dialoge in natürlicher Sprache erleben, die so weit reichen, wie das jeweils im Computersystem gespeicherte Grundwissen entwickelt ist, darüber hinaus werden interaktive Zeichensysteme mit substantiellen Erleichterungen zur Anwendung gelangen, und natürliche Konversation zwischen Mensch und Computer wird die Ausschöpfung des gemeinsam geteilten Wissens optimieren" (Feigenbaum 1986).

Mensch-Maschine-Interaktionen werden in der ärztlichen Diagnostik und Therapie voraussichtlich weiter an Bedeutung gewinnen. Zu nennen sind in diesem Zusammenhang Expansion neuer bildgebender Verfahren, ambulantes Monitoring, Invasivdiagnostik, therapeutische Implantate (Kunstherz?), Fortschritte der Intensivmedizin, Hämodialyse etc.

Die interaktive Asymmetrie in der Arzt-Patient-Beziehung wird durch das Vorherrschen instrumentellen Handelns verstärkt: Eingeengter Spielraum für Kommunikation, Vereinnahmung des Patienten durch die Technik (vgl. die Angstzustände von Patienten im Computertomographen), Dominanz von Anweisung und Kontrolle und hohe Konzentration auf seiten des Arztes („mehrgleisige Aufmerksamkeit") kennzeichnen den Arbeitsprozeß in zunehmendem Maße.

In einem sehr viel grundsätzlicheren Sinn beengt, ja sogar bedroht instrumentelles Handeln den kranken Menschen. Technischer Fortschritt, Wissensvermehrung und Zunahme der menschlichen Kontrolle über die Natur sind, nicht nur in der Medizin, sondern in der verwissenschaftlichten Praxis überhaupt, bis in die jüngste Vergangenheit hinein als selbstevidente Ziele, als unbefragte Werte betrachtet worden, die keiner ethischen und moralischen Rechtfertigung bedurften. Dabei wirft die konsequente Anwendung von technischem Wissen und Können gerade beim kranken Menschen schwerwiegende **ethische Probleme** auf: Wo sollen biomedizinische Prozeduren im Grenzbereich zwischen Leben und Tod eingesetzt oder abgebrochen werden? Wo wird durch transplantationstechnische und hormonelle Interventionen die personale Identität des kranken Menschen verletzt? Nach welchen Kriterien sollen lebensnotwendige, aber zugleich begrenzte therapeutische Mittel eingesetzt werden? Wie weit darf die neuropharmakologische Beeinflussung von Emotionen, Motivationen und Kognitionen des kranken Menschen gehen?

Die zunehmende Steuerung und Kontrolle natürlicher Prozesse durch den Menschen führt jedoch zu ethischen Konflikten nicht nur in bezug auf kranke Menschen. Im Dienste erweiterter Therapie- und Präventionsmöglichkeiten genetisch bedingter Krankheiten haben Entwicklungen eingesetzt, welche eine unabsehbare kausale Reichweite in die Zukunft haben können, speziell im Bereich der Gentechnologie, des *bio-engineering*, und der Reproduktionsbiologie. Zu diesen Entwicklungen zählen in erster Linie:

- Die Auswahl des Geschlechts durch physikochemische oder immunologi-

sche Trennung von Spermien, die entweder X- oder Y-Chromosomen tragen oder durch extensive In-vitro-Befruchtung. Die gesellschaftlichen Folgen freier Geschlechtsbestimmung sind von dem Soziologen Etzioni in einem aufsehenerregenden Buch über „Die zweite Erschaffung des Menschen" mit allem Nachdruck dargestellt worden (Etzioni 1977);

- Die genetische Veränderung menschlicher Körper- und Keimzellen. Somatische Gentherapie wird bereits heute in Einzelfällen praktiziert; sie besteht in der Einpflanzung eines normalen Gens (z.B. durch extrakorporale gentechnische Manipulation) anstelle eines defekten Gens (Beispiel: Übertragung eines Beta-Hämoglobins in das Knochenmark). Verallgemeinert kann man sagen, daß in der somatischen Gentherapie anstelle von Medikamenten, biologischen Substanzen oder Operationen die DNA als therapeutisches Mittel eingesetzt wird. Demgegenüber wird mit der genetischen Manipulation der befruchteten Eizelle potentiell das Genom einer Spezies verändert, mit all den unabsehbaren Folgen für nachfolgende Generationen (Rifkin 1986).

Auch andere Entwicklungen, wie beispielsweise die Veränderung natürlicher Konzentrationsverhältnisse oder biologischer Wirkspektren körpereigener Substanzen durch die moderne Pharmakologie, oder die Anwendung verfeinerter biochemischer Testmethoden und genetischer Konstitutionsanalysen bei beruflichen Auswahlverfahren verdeutlichen, wie fragwürdig und gefährlich die Steuerung natürlicher Prozesse durch biotechnologische Prozeduren werden kann (Hohlfeld 1987, zur Ethik in den Neurowissenschaften s. Fedrowitz et al. 1994).

Wie der Philosoph Hans Jonas in seiner wichtigen Publikation über „Das Prinzip

Verantwortung" begründet, benötigen wir heute dringend eine neuartige **Verantwortungsethik,** um auf diese Weise die skizzierten Gefahren besser wirksam abwenden zu können (Jonas 1979). Die Frage, ob das instrumentelle Handeln an der vordersten Front biowissenschaftlicher und biotechnischer Errungenschaften noch eingebunden werden kann in ein kommunikatives, die Verantwortung gegenüber dem Menschen als Gattungswesen garantierendes Handeln, muß offenbleiben. Auch in der Medizin ist dieses Dilemma – in gesellschaftlich bescheidenerem Rahmen, aber für den einzelnen deshalb nicht weniger einschneidend – weitgehend ungelöst (Novak 1988).

7.3 Zusammenfassung

Nachdem im 6. Kapitel die Perspektive des Patienten betont wurde, ist in diesem Kapitel zunächst eine soziologische und sozialhistorische Betrachtung des Ärztestandes erfolgt. In Abschnitt 7.1.1 wurde der dominante Professionalisierungsprozeß der Ärzte in den vergangenen hundert Jahren in seinen wesentlichen Bestandteilen analysiert, wobei den Verhältnissen in Deutschland besondere Beachtung geschenkt wurde. Das Zusammenspiel von medizinisch-wissenschaftlicher, sozialpolitischer (Krankenversicherung) und berufspolitischer Entwicklung wurde herausgestellt, und die für die gegenwärtige Situation folgenreichen standespolitischen Änderungen während der Weimarer Republik und der nationalsozialistischen Zeit wurden skizziert. Das wichtigste Ergebnis des historischen Professionalisierungsprozesses, Sicherung und Ausbau beruflicher Autonomie, wurde sodann in seinen soziologischen Dimensionen ausführlich dargestellt (7.1.2). Wir argumentierten, daß die Ausübung eines hohen Maßes an professioneller Autonomie nicht

nur gesellschaftlich relevante Definitionsmacht und Spitzenstellung innerhalb der Arbeitsorganisation voraussetzt, sondern auch das Funktionieren spezifischer Einstellungs- und Handlungsmuster, die in der Phase der beruflichen Sozialisation erworben werden (7.1.3). „Lernen am Modell" und „Erwerb extrafunktionaler Qualifikationen" wurden als besonders wichtige Mechanismen beruflicher Sozialisation betrachtet. Abschließend sahen wir, daß die berufliche Sozialisation traditionell den männlichen Arzt zum Vorbild nimmt und daß Frauen auf folgenreiche Weise bis in die Gegenwart hinein in ihren Weiterbildungs- und Karrierechancen im Medizinbetrieb benachteiligt waren.

Im Zentrum des Abschnittes über die Soziologie der Arzt-Patient-Beziehung stand das Thema der Information und Kommunikation. In den dargestellten Defiziten, Asymmetrien und den daraus resultierenden Erwartungsenttäuschungen bei Patienten offenbart sich die strukturelle Perspektivendifferenz zwischen Arzt und Patient, deren Hintergründe und Auswirkungen in Abschnitt 7.2.1 ausführlich beleuchtet wurden. Klinische Situationen in der Arzt-Patient-Beziehung haben wir exemplarisch anhand der Themen „Intensivstation" und „Sterben im Krankenhaus" analysiert, wobei über die Deskription der Belastungen und Schwierigkeiten hinaus auch Ansätze zu einer verbesserten Vorbereitung durch Aus- und Fortbildung sowie Ansätze zu einer verbesserten Arbeitsgestaltung (Intensivierung der Teamarbeit) skizziert wurden (7.2.2).

Für die Medizin der Zukunft wird das Dilemma zwischen instrumentellem und kommunikativem Handeln, so lautet unsere Prognose, von noch größerem Gewicht sein als für die heutige Medizin. Dies gilt nicht nur für die ethischen Fragen der Intensivmedizin, der fortgeschrittenen biotechnischen Diagnostik und Therapie, sondern für Mensch-Maschine-Interaktionen auch im Bereich medizinisch relevanter künstlicher Intelligenz, vor allem jedoch für neuartige gentechnologische und reproduktionsbiologische Fortschritte, deren Anwendung eines Tages von ärztlichen Entscheidungen mit beeinflußt wird (7.2.3). Dieses Dilemma zwischen instrumentellem und kommunikativem Handeln stellt eine ethische Herausforderung an alle in der Medizin Verantwortlichen dar. Auf diese Herausforderung kann nicht früh und nicht nachdrücklich genug hingewiesen werden.

8
Struktur und Entwicklung des Gesundheitswesens

Dieses abschließende Kapitel verfolgt drei Zielsetzungen. Erstens sollen die strukturellen (Gesetze, Finanzierungsweisen) und organisatorischen (Leistungsbereiche, Organisationsformen und Akteure) Hintergründe ärztlichen Handelns aufgezeigt werden. Dies ist wichtig, weil Gestalt und Qualität ärztlichen Handelns von diesen Rahmenbedingungen in starkem Umfang beeinflußt werden. Wie wir gesehen haben, besteht einer der grundlegenden Unterschiede zwischen den Fachgebieten der Medizinischen Psychologie und der Medizinischen Soziologie darin, daß Medizinische Soziologie eine systematische Analyse der Einflußfaktoren leistet, die von sozialstrukturellen und organisatorischen Kontexten auf das Handeln, die Einstellungen, Gefühle und Motive des einzelnen ausgehen (Begriff des sozialen Handelns, s. Kap. 1, 3 und 5). Daher ist es nur folgerichtig, diesem Thema hier den notwendigen Stellenwert einzuräumen (Abschnitt 8.1).

Ein zweites Ziel besteht darin, den Studierenden den Handlungsbedarf im gegenwärtigen Gesundheitswesen zu verdeutlichen. Gesellschaftliche Institutionen sind trotz ihrer Schwerfälligkeit und Beharrungstendenz nichts Unveränderliches. Im Kräftefeld gesellschaftlicher Konflikte und neuer Anforderungen müssen sie weiterentwickelt und teilweise neu gestaltet werden. Dies gilt, wie in Abschnitt 8.2 gezeigt wird, auch für das deutsche Gesundheitswesen. Drittens soll schließlich mit Nachdruck auf weitreichende, teil-

weise globale Probleme hingewiesen werden, welche Medizin und Public Health, d. h. die gesamtgesellschaftlichen Bemühungen um Gesundheitssicherung und Gesundheitsförderung, bereits heute herausfordern. In Ansätzen wird damit nochmals verdeutlicht, wie wichtig die insbesondere in den Kap. 2 und 5 dieses Lehrbuchs vermittelten Erkenntnisse sind und wie wünschenswert eine sozialwissenschaftliche Basisqualifikation der Ärzteschaft angesichts dieser Herausforderungen ist (Abschnitt 8.3).

8.1 Grundzüge des deutschen Gesundheitswesens

Im vorhergehenden Kapitel wurden in Grundzügen die Professionalisierungsprozesse der deutschen Ärzteschaft und die Entwicklung der Gesetzlichen Krankenversicherung in ihrer Wechselwirkung dargestellt. Die wesentlichen strukturellen und organisatorischen Merkmale des daraus resultierenden gegenwärtigen gesundheitlichen Sicherungssystems sollen hier in aller gebotenen Kürze dargestellt werden (zum folgenden vgl. die sehr informative Übersicht von Alber 1992).

Im internationalen Vergleich der gesundheitlichen Sicherungssysteme sind heute drei Versorgungstypen vorherrschend:
1. Marktwirtschaftliche Versorgung (Beispiel USA)

2. Staatliche Versorgung (Beispiel Großbritannien)
3. Dezentrale, sozialversicherungsgesteuerte Versorgung (s. u. 8.2 und 8.3).

Das deutsche Gesundheitssystem ist dem dritten Typus zuzuordnen.

8.1.1 Die Gesetzliche Krankenversicherung

Als zentrales Element des Systems kann die **Gesetzliche Krankenversicherung** (GKV) betrachtet werden. Seit ihrer Einführung im Jahre 1883 ist ihr **Leistungskatalog** kontinuierlich erweitert worden, der zwischen Regelleistungen und Mehrleistungen unterscheidet.

Zu den **Regelleistungen** gehören:
1. Maßnahmen zur Krankenbehandlung
   - ärztliche Behandlung
   - zahnärztliche Behandlung einschl. Versorgung mit Zahnersatz
   - Versorgung mit Arznei-, Verband-, Heil- und Hilfsmitteln
   - häusliche Krankenpflege und Haushaltshilfe
   - Krankenhausbehandlung
   - medizinische und ergänzende Leistungen der Rehabilitation.
2. Leistungen zur Gesundheitsförderung, zur Früherkennung von Krankheiten sowie bei Schwerpflegebedürftigkeit.
3. Anspruch auf Krankengeld (in Höhe von 80% des regelmäßigen Erwerbseinkommens, längstens für 78 Wochen innerhalb von drei Jahren, in den ersten sechs Wochen erhalten Arbeitnehmer Lohn- oder Gehaltsfortzahlung).
4. Anspruch auf Sterbegeld.

Diese Regelleistungen werden von allen Gesetzlichen Krankenversicherungen gewährt. Daneben bieten einzelne Kassen **Mehrleistungen** an, die durch Beschlüsse der jeweiligen Selbstverwaltungsgremien festgelegt werden.

Die meisten Regelleistungen sind für Versicherte kostenlos, d.h. sie werden durch den **Versicherungsbeitrag** finanziert (zu Selbstbeteiligungsregelungen s. u. 8.2). Arbeitgeber und Arbeitnehmer tragen den Beitragssatz jeweils zur Hälfte, Rentner entrichten den durchschnittlich geltenden Satz alleine. Staatliche Zuschüsse zur Krankenversicherung spielen nur eine geringe Rolle. Die **Höhe** der Beiträge wird von den Kassen in eigener Verantwortung festgelegt (Ausgabendeckung und Rücklage). Sie schwankt zwischen den einzelnen Kassen – bei vergleichbaren Leistungen – in beachtlichem Ausmaß. Dies ist aus der unterschiedlichen **Risikostruktur** ihrer Mitglieder (vor allem Einkommen, Alter) erklärbar und hat erhebliche Auswirkungen auf den Wettbewerb zwischen den Kassen und den Bemühungen um einen Risikostrukturausgleich (s. u. 8.2).

Der durchschnittliche Beitragssatz aller Gesetzlichen Krankenkassen liegt zwischen 12 und 13 % des Bruttolohnes bzw. -gehaltes. Eine Beitragssatz-Stabilität konnte bis heute nur selten realisiert werden. Allein in der Zeit von 1970 bis heute ist der durchschnittliche Beitragssatz um fünf Prozentpunkte gestiegen. In den vergangenen 100 Jahren hat sich jedoch nicht nur der Leistungskatalog, sondern auch der **Mitgliederkreis** vergrößert.

Die Struktur der GKV-Mitglieder umfaßt heute die folgenden Gruppen (vgl. Tab. 8.1). Der GKV gehören heute etwa 90% der Bevölkerung an. Pflichtversichert sind Arbeiter und Angestellte, deren regelmäßiges Erwerbseinkommen eine bestimmte Höhe (75 % der sog. Beitragsbemessungsgrenze in der Gesetzlichen Rentenversicherung) nicht überschreitet. Im Rahmen der Familienversicherung zählen Ehegatten und Kinder der Versicherten zum Mitgliederkreis der GKV. Freiwillige Mitgliedschaft in der GKV ist für jene Versicherten möglich, deren Einkommen im Laufe der Zeit die Versicherungspflichtgrenze überschritten hat. Während einerseits auch bestimmte nicht erwerbstätige Gruppen pflichtversichert sind (z. B. Rent-

Tabelle 8-1   Mitgliederstruktur GKV 1992 (Alte und Neue Bundesländer); nach Daten des Gesundheitswesens 1993.

	in Tausend	in Prozent
Pflichtmitglieder ohne Rentner	31 350	43,6
Rentner	14 344	19,9
Freiwillige Mitglieder	5 330	7,4
Familienversicherte	20 951	29,1
Insgesamt	71 975	100

ner, Studierende), gehören andererseits Selbständige ohne Rücksicht auf ihr Einkommen, mit Ausnahme der Landwirte und Künstler, nicht der GKV an. Nicht zur GKV zählende Personengruppen können sich privat versichern lassen (ca. 10% der Bevölkerung). Die beiden Versicherungsarten unterscheiden sich jedoch nicht allein nach Mitgliederkreis (Kriterium Einkommenshöhe bzw. berufliche Stellung), sondern auch nach dem Versicherungsprinzip: die GKV funktioniert nach dem **Solidarprinzip** (Beitragshöhe abhängig vom Einkommen, nicht vom Krankheitsrisiko bzw. von den in Anspruch genommenen Leistungen), die private Krankenversicherung orientiert sich demgegenüber am **Äquivalenzprinzip** (Leistungsumfang abhängig von gewählter Beitragshöhe). Die GKV ist charakterisiert durch eine Vielzahl von – insgesamt über 1000 – Kassen, die sich historisch aus lokalen und berufsgruppenspezifischen Initiativen gebildet haben. Zu den zahlenmäßig **wichtigsten Kassenarten** zählen

- Ortskrankenkassen (Mitglieder 1988 ca. 43,5% aller GKV-Versicherten)
- Ersatzkassen (ca. 35,1%)
- Betriebskrankenkassen (ca. 11,5%)
- Innungskrankenkassen (ca. 5,2%).

Die übrigen Kassen (ca. 4.7%) verteilen sich auf Landwirtschaftskassen, auf die Knappschafts- und die Seekasse.

Bezüglich der Risikostruktur ihrer Versicherten sind die Allgemeinen Ortskrankenkassen (AOK) vergleichsweise am stärksten benachteiligt, da sie als Regelkassenart („subsidiär-generell") für alle jene Versicherungspflichtigen gelten, denen keine spezielle Kasse offensteht. Demgegenüber weist die Mitgliederstruktur der Ersatzkassen einen hohen Anteil an freiwillig Versicherten sowie eng definierte Personenkreise mit allgemein günstigerer Risikostruktur auf.

Die GKV in Deutschland weist trotz tiefgreifender politischer Änderungen in den vergangenen 100 Jahren eine erstaunlich hohe **Strukturkontinuität** auf. Dies gilt auch für die Selbstverwaltung, obgleich diese durch den Nationalsozialismus entscheidend geschwächt wurde. Seit Inkrafttreten des Selbstverwaltungsgesetzes (1951) wurden die Krankenkassenverwaltungen zu staatsunabhängigen Organen mit paritätischer Repräsentation von Arbeitgebern und Versicherten (Prinzip der Sozialpartnerschaft). Folgenreich ist allerdings der Wandel von ursprünglich **genossenschaftlicher** zu **verbandlicher Struktur** der Selbstverwaltung (d.h. die Selbstverwaltung der Kassen wird in der Regel von Repräsentanten der Gewerkschaften und Arbeitgeberverbände beherrscht, da die Mitgliedervertreterversammlungen aus Vorschlagslisten der Verbände gewählt werden).

Orts-, Betriebs- und Innungskrankenkassen sind auf Landes- und auf Bundesebene in **Verbänden** organisiert, die seit dem Kassenverbandsgesetz von 1955 als

Körperschaften des öffentlichen Rechts walten, während die Bundesverbände der Ersatzkassen privatrechtlich organisiert sind. Die Landesverbände der Kassen führen **Vertragsverhandlungen** mit den kassenärztlichen Vereinigungen und anderen Leistungsanbietern.

Die **Ausgaben** der GKV bestimmen den Löwenanteil (ca. 80%) an den Gesamtausgaben für Gesundheit. Sie beliefen sich im Jahr 1992 auf etwa 210 Mrd. DM (Daten des Gesundheitswesens 1993). Dies entspricht etwa 6,2% des Bruttosozialproduktes. Allerdings steigen diese Ausgaben auf ca. 13% des Bruttosozialproduktes an, wenn auch Ausgaben anderer Versicherungseinrichtungen (z.B. Unfall-, Rentenversicherung), sowie der Privathaushalte in die Berechnung einbezogen werden. Dieses gewaltige Ausgabenvolumen bildet den Motor eines weitverzweigten **Gesundheitsmarktes,** der sich am besten anhand einer Unterteilung in die vier Leistungsbereiche „ambulanter Sektor", „stationärer Sektor", „Arzneimittelsektor" und „zahnmedizinische Versorgung" darstellen läßt.

8.1.2 Der ambulante Sektor

Die ambulante Versorgung ist gekennzeichnet durch
- freie Arztwahl
- Sicherstellung der medizinischen Versorgung durch niedergelassene Kassenärzte
- Vergütung nach dem Sachleistungsprinzip (sog. Zirkulationsprozeß von Leistung und Vergütung [s. u.]).

Freie Arztwahl bedeutet, daß Versicherte auf der Basis ihres Krankenscheines grundsätzlich jeden Kassenarzt aufsuchen können, also auch einen Facharzt. Dies ist ein wichtiger Unterschied zu einigen europäischen Ländern, in denen die Inanspruchnahme von Fachärzten nur mit Hilfe einer Überweisung durch den Primärarzt (Hausarzt, Allgemeinarzt) erfolgen kann.

Nach einer neueren empirischen Studie erfolgen zur Zeit gut die Hälfte aller Facharztkontakte direkt ohne Überweisung des Facharztes. Andererseits besitzen etwa drei Viertel aller chronisch Kranken einen Hausarzt, der wiederum wenigstens drei Viertel aller Krankenscheine der vergangenen 2 Jahre erhielt (v. Ferber 1988). Zur Zeit wird von den kassenärztlichen Vereinigungen eine neue Form der Arbeitsteilung innerhalb der ambulanten Versorgung diskutiert, die eine Aufgliederung in folgende Versorgungsbereiche vorsieht:
1. die hausärztliche Versorgung
2. die fachärztliche Versorgung.
Dem erstgenannten Sektor sollen Ärzte für Allgemeinmedizin (und praktische Ärzte) sowie wahlweise Kinderärzte und Internisten ohne Teilgebietsbezeichnung zugeordnet werden. Hier steht die allgemeine *hausärztliche Tätigkeit* im Vordergrund. Sie ist durch die Merkmale kontinuierlicher hausärztlicher Betreuung, Hausbesuchstätigkeit, Notfallversorgung, Berücksichtigung der persönlichen Lebensumstände und des sozialen Umfeldes bei Prävention, Therapie und Rehabilitation sowie der Koordination diagnostischer und therapeutischer Maßnahmen gekennzeichnet. An der *fachärztlichen Versorgung* sollen demgegenüber alle Ärzte mit Gebietsbezeichnung entsprechend ihrer Weiterbildungsqualifikation beteiligt werden, soweit sie sich nicht für den hausärztlichen Bereich entschieden haben.

Sicherstellung der ambulanten medizinischen Versorgung bedeutet, daß
- die niedergelassene Ärzteschaft ein Behandlungsmonopol in diesem Sektor besitzt
- stationäre Behandlung in der Regel nur durch Überweisung durch niedergelassene Ärzte erfolgen kann und
- andere ambulante Einrichtungen wie Öffentlicher Gesundheitsdienst und betriebsärztlicher Dienst einem Behandlungsverbot unterliegen.

Ambulant tätige Ärzte, welche an den Leistungen der GKV teilhaben wollen, müssen eine Zulassung als **Kassenärzte** erhalten. Rund 95 % der niedergelassenen Ärzte sind zur Zeit als Kassenärzte zugelassen. Sie sind zwangsweise Mitglieder **kassenärztlicher Vereinigungen,** die sowohl Kontroll- als auch Repräsentationsfunktionen wahrnehmen.

Zu den **Kontrollfunktionen** gehören die Sicherstellung der ambulanten Versorgung der Kassenpatienten und die professionsinterne Überwachung der Arzttätigkeit.

Repräsentationsaufgaben nach außen übernehmen sie in Form von Interessenvertretung (vor allem periodisches Aushandeln von Kollektivverträgen mit Kassen über Art und Honorierung der Leistungserbringung). Schließlich sind sie zuständig für die Verteilung der Gesamtvergütung auf die einzelnen Ärzte. Die **Niederlassungsfreiheit** der Kassenärzte ist trotz verfassungsmäßiger Bedenken in den letzten Jahren aufgrund bestimmter Zulassungsbeschränkungen eingeschränkt worden. Grundlage hierfür bildet das Gesetz zur Verbesserung der kassenärztlichen Bedarfsplanung (1986), das eine aufgrund von Bedarfsplanungsrichtlinien ermittelte ärztliche Überversorgung feststellen kann (z.Z. Überschreitung von mind. 50 %) und damit die Basis für eine Angebotssteuerung bildet.

Vergütung nach dem **Sachleistungsprinzip** bedeutet, daß nicht ein Festbetrag oder eine Kopf- bzw. Fallpauschale Grundlage der ärztlichen Honorierung bildet, sondern eine zwischen kassenärztlichen Vereinigungen und Krankenkassenverbänden ausgehandelte Gebührenordnung für Einzel- oder Sachleistungen. Die Preise der Einzelleistungen ergeben sich aus dem einheitlichen Bewertungsmaßstab (EBM), der als Bestandteil der sog. Bundesmantelverträge vereinbart wird. Allerdings ist für den einzelnen Arzt weniger der vertraglich vereinbarte Punktwert pro Einzelleistung als vielmehr die sog. Auszahlungsquote von Interesse, d. h. das Ergebnis der Teilung der Gesamtvergütungssumme durch die Gesamtzahl der Abrechnungspunkte. Den kassenärztlichen Vereinigungen kommt damit die wichtige Steuerungsfunktion einer Wirtschaftlichkeitsprüfung durch Kontrolle der Leistungsmenge der Praxen zu. Diese Aufgabe verschärft sich durch die sog. Deckelung der Gesamtvergütungssumme. Zusammenfassend wird der Zirkulationsprozeß zwischen Krankenversicherungsscheinen, ärztlichen Leistungen und deren Vergütung durch die Kassen in Abbildung 8.1 dargestellt.

Mit dem Prinzip der **Einzelleistungsvergütung** ambulant tätiger Ärzte, das in

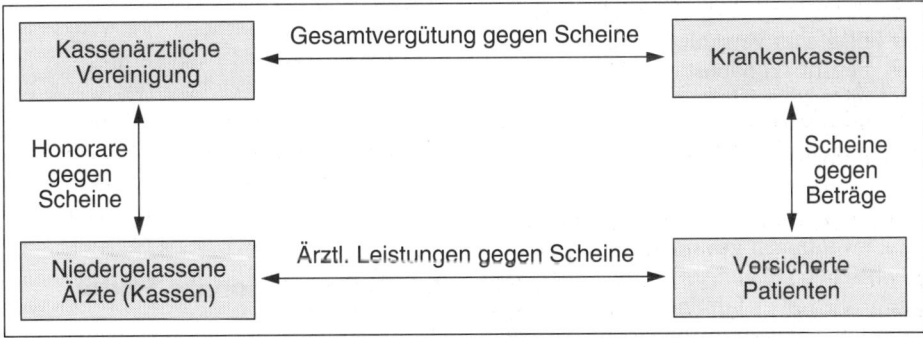

Abbildung 8.1   Der „Zirkulationsprozeß" zwischen Krankenkassenscheinen, ärztlichen Leistungen und Vergütung.

der gesundheitspolitischen Diskussion zunehmend unter Druck gerät (vgl. Sachverständigenrat 1990), werden folgenreiche, das ärztliche Handeln im einzelnen maßgeblich bestimmende Entwicklungen gebahnt, so vor allem

- mangelnde Problemorientierung am und Zuwendung zum Patienten (Ökonomisierung und Spezialisierung ärztlichen Handelns; Vernachlässigung kommunikativer („zuwendungsintensiver") Leistungen; im Durchschnitt kurze Arztkontakte (weniger als 10 Minuten) bei auffällig häufiger Wiederbestellungspraxis (Sandier 1990);
- Anreize zur Mengenausweitung bzw. bevorzugten Abrechnung kostengünstig zu erbringender Leistungen (sog. Preis-Mengen-Spirale; in der Vergangenheit besonders folgenreich: Überbewertung medizintechnischer Leistungen im einheitlichen Bewertungsmaßstab;
- hoher ärztlicher Zeitaufwand für Dokumentationsleistungen;
- verstärkte Regulierungsmaßnahmen ärztlicher Tätigkeit durch gesellschafts- und gesundheitspolitische Gruppierungen, die sich für **Kostenkontrolle** im Gesundheitswesen einsetzen.

Wir haben bereits früher darauf hingewiesen, daß der Höhepunkt des ärztlichen Professionalisierungsprozesses heute bereits überschritten scheint und die Stellung der Ärzte in der Gesellschaft sich in der Folge eher verschlechtert. Dieser Prozeß betrifft zunächst die Einkommen: nach einer Phase doppelter Dynamisierung der Arzteinkommen (Thiemeyer 1985) durch überproportionale Beteiligung an der gesamtwirtschaftlichen Einkommensentwicklung und durch Mengenausweitung im Rahmen gut honorierter medizintechnischer Leistungen in den 60er, 70er und frühen 80er Jahren, ist es in den vergangenen 10 Jahren zu einem partiellen Abbau ärztlicher Privilegien gekommen. Eng damit zusammen hängt die ärztliche

Angebotsentwicklung. Durch ein wenig kontrolliertes Wachstum der Ärztezahl in den vergangenen 20 Jahren und eine – auch im internationalen Vergleich – starke Zunahme der Arztdichte, hat die Ärzteschaft erheblich an gesundheitspolitischer Verhandlungsmacht und ökonomischem Spielraum verloren. Während einerseits durch Computerisierung der ärztlichen Abrechnungen das Leistungsspektrum – bisher professionsintern – immer transparenter wird, wird andererseits immer offenkundiger, welche Mängel das gegenwärtige Versorgungssystem bezüglich Qualitätskontrolle und Evaluation erbrachter Leistungen aufweist (Selbmann 1994). Diese Tatsache stellt vermutlich die stärkste Bedrohung des ärztlichen Professionalisierungsprozesses dar, da sie das Grundprinzip der Professionalisierung „Legitimation besonderer Vorteile durch Erbringung qualitativ hochwertiger Leistung" berührt.

In diesem Zusammenhang ist es wichtig, zwei Stufen von **Qualitätskontrollen** zu unterscheiden:
1. Erlaß regulierender Richtlinien zur **Standardisierung** bestimmter ärztlicher Verrichtungen (Richtlinien zur Qualitätssicherung, Kontrollen z. B. durch Stichproben, Ringversuche oder ärztliche Qualitätszirkel);
2. Durchführung evaluativer Kontrollen zur Überprüfung der Richtlinien (**Prozeß-Evaluation**) und ihrer Wirksamkeit (**Ergebnis-Evaluation**).

Das deutsche Gesundheitswesen ist z. Z. sowohl im ambulanten wie im stationären Sektor durch ein weitreichendes **Defizit** an Evaluationsstudien gekennzeichnet (Selbmann 1994).

8.1.3 Der stationäre Sektor

Die Trennung zwischen ambulantem und stationärem Sektor der Krankenbehandlung ist in Deutschland vermutlich stärker als in anderen europäischen Gesundheitssystemen ausgeprägt. Auf die historischen Hintergründe dieser Trennung haben wir bereits hingewiesen (s. Kap. 7.1, 8.1.2). Im Vordergrund des Interesses steht heute die Frage nach Möglichkeiten einer besseren **Verzahnung** zwischen den beiden Bereichen im Dienste einer erhöhten Durchlässigkeit und Kontinuität der Behandlung Kranker sowie im Dienste einer verstärkten Kostenkontrolle.

In den vergangenen 30 Jahren wurden verschiedene Versuche unternommen, durch Einführung prästationärer Diagnostik und Ausbau poststationärer Therapie sowie des Belegarztsystems diese Verzahnung zu verwirklichen. Erst mit Einführung des **Gesundheitsstrukturgesetzes** (1993) hat es erste tiefgreifende Änderungen gegeben (zur Diskussion der Reformwiderstände s. Rosewitz und Webber 1990). Nach wie vor ist der Krankenhaussektor durch seine spezifischen Strukturmerkmale ein relativ homogener, in sich geschlossener Leistungskomplex des Gesundheitswesens. Er ist gekennzeichnet durch:

- **Pluralismus der Träger** (öffentliche Träger, v.a. Länder und Kommunen; frei gemeinnützige Träger, v.a. freie Wohlfahrtsverbände; private Träger; auf die drei Trägertypen entfallen jeweils ca. ein Drittel der Krankenhäuser);
- Aufgliederung in **Akut**-Krankenhäuser (ca. 60%) und **Sonder**krankenhäuser (einschließlich Rehabilitations- und Kurkliniken ca. 40%), wobei die Mehrzahl der Akutkrankenhäuser in öffentlicher oder freigemeinnütziger Hand (ca. 84%), die Mehrzahl der Sonderkrankenhäuser in privater Hand (ca. 54%) sind;
- **hohe Kosten- und Personalintensität** (ca. ein Drittel aller Leistungsausgaben der GKV entfällt auf das Krankenhauswesen, ca. 70% der Ausgaben entfallen auf Personalkosten; das Krankenhaus bildet den Kernbereich der „Kostenexplosion" im deutschen Gesundheitswesen).

Unter dem Aspekt einer Strukturanalyse des stationären Sektors sind die nachfolgenden Beobachtungen von besonderem Interesse:

1. Die **Zahl der Krankenhausaufnahmen** steigt bei sinkender Verweildauer stark an. Der Hauptzuwachs kommt zum einen der Gruppe der „Kurzlieger" (1–3 Tage), zum anderen den chronisch Pflegebedürftigen zu. Während im Akutsektor eine auch im internationalen Vergleich sehr hohe Bettendichte besteht, ist der Grad der Bedarfsdeckung in den Sonderkrankenhäusern ungünstiger. Ein Mangel an Pflegebetten und spezialisierten Rehabilitationseinrichtungen geht mit einer Überkapazität und teilweisen Fehlbelegung von Betten im Akutbereich einher.

2. Phänomene der Bedarfsdeckung und der Mittelallokation erfordern **Steuerungsprozesse** im Krankenhaussektor. Auf der Makroebene erfolgen sie durch die für die Bedarfsplanung zuständigen Bundesländer und die die Preisverhandlungen führenden Krankenhaus- und Sozialleistungsträger. Dabei wird die Mengensteuerung durch duale Planung realisiert, d.h. durch staatliche Krankenhausplanung auf Länderebene und durch Leistungsplanung im Rahmen der Pflegesatzvereinbarungen zwischen Krankenhausträgern und Kassen. Die Preissteuerung erfolgt über die Pflegesatzverhandlungen unter Berücksichtigung staatlicher Rahmenrichtlinien. Auf der Mikroebene des einzelnen Krankenhauses entscheiden dagegen in der Regel die Ärzte aufgrund des professionalisierungsbeding-

ten Definititionsmonopols über Leistungsmenge und -qualität. Im Spannungsfeld zwischen makro- und mikroorganisatorischer Steuerung ist der sog. Personalbedarf zu lokalisieren: Personalbedarfsberechnungen entsprechen oft nicht den realen Erfordernissen im ärztlichen und pflegerischen Bereich. Knappe personelle Besetzung auf Krankenhausstationen, teilweise im Verein mit Qualitätsdefiziten, bilden eine wichtige Ursache von Konflikten und Belastungen des Krankenhauspersonals (s. Kap. 7, sog. Burnout-Syndrom).

3. Der Krankenhaussektor ist nicht nur durch die hohe Kostensteigerung und die komplexe Steuerung, sondern auch durch weitreichende **Informationsdefizite** über das Leistungsgeschehen gekennzeichnet. Darunter leiden nicht nur Planung und Finanzierung, sondern auch die immer wichtiger werdende Qualitätskontrolle erbrachter Leistungen. Mit der Aufgabe des Prinzips eines kostendeckenden Pflegesatzes wird eine umfassende Kosten-Leistungs-Rechnung und, damit einhergehend, eine stärker leistungsbezogene Vergütung erforderlich. Erhöhte Leistungstransparenz und rationale Mittelallokation werden, ebenso wie eine stärkere Wettbewerbssituation zwischen Anbietern unter dem Aspekt der Qualitätssteigerung, zu den erwartbaren Phänomenen der nächsten Zukunft gehören. Ihre für die Beschäftigten spürbare Kehrseite ist ein weiteres Anwachsen der bürokratischen Tätigkeiten inmitten der personenbezogenen ärztlichen und pflegerischen Dienstleistungen (EDV im Krankenhaus; Dokumentationsleistungen), möglicherweise in Verbindung mit einem höheren Grad der Regulierung und Kontrolle zu erbringender Leistungen.

4. Das Krankenhauswesen ist in entwickelten Industriegesellschaften zu einem sehr **bedeutsamen sozioökonomischen Faktor** geworden: in Krankenhäusern arbeiten heute mehr Menschen als in der gesamten Automobilindustrie. Mit einem GKV-Leistungsausgabenvolumen von z.Z. mehr als 90 Mrd. DM im Jahr bildet dieser Sektor einen der größten Wirtschaftszweige des Landes. Als komplexes soziotechnisches System realisiert das Krankenhaus einen spezifischen Typus **personenbezogener Dienstleistungen,** der instrumentell-technisches mit interaktiv-kommunikativem Handeln unter Bedingungen hochspezialisierter Arbeitsteilung und bürokratischer Arbeitsorganisation kombiniert. Diese Dienstleistungen sind von steigender gesellschaftlicher Bedeutung, weil infolge des Strukturwandels der Familie (s. Kap. 2) Betreuungs- und Pflegeaufgaben aus Primärgruppen in immer größerem Umfang an das Krankenhaus „delegiert" werden. Zugleich wachsen die Arbeitsbelastungen der im Krankenhaus Beschäftigten weiter an und erfordern zunehmend Maßnahmen der Gesundheitsförderung nicht nur der Patienten, sondern auch der dort Beschäftigten („gesundes Krankenhaus" vgl. Pelikan et al. 1993, Badura et al. 1993).

8.1.4 Der Arzneimittelsektor

Zweifellos gehört die Pharmakotherapie zu den tragenden Säulen der modernen Medizin. Ohne die Verfügbarkeit massenkonfektionierter Medikamente wäre die Solo-Praxis des niedergelassenen Arztes ebensowenig denkbar wie die ambulante Langzeitbehandlung chronisch Kranker. Der breite Einsatz wirksamer chemotherapeutischer Substanzen hat die Erwartungen der Gesellschaft an die Medizin ebenso wie die Auswirkungen der Medizin auf Krankheitserfahrung, Symptomkontrolle, Lebenserwartung und Lebensqualität chronisch Kranker grundlegend verändert. Zu den produktiven und kontraprodukten Folgen dieses Prozesses gibt es heute eine unüberschaubare Fülle von Publikationen. In diesem Abschnitt steht jedoch ein anderer Aspekt im Vordergrund: die Struktur und Organisation dieses wichtigen Leistungsbereiches im System der medizinischen Versorgung.

Hierbei gilt es, zwischen Arzneimittel**herstellern** und **-vertreibern** zu unterscheiden. Die pharmazeutische Industrie als Hersteller zeichnet sich durch eine heterogene Struktur aus: über 90% der gesamten Produktion wird von weniger als 500 Unternehmen erzeugt, weniger als ein Dutzend Großunternehmen beherrschen in oligopolitischer Weise bestimmte Marktsegmente. Die **Pharmaindustrie** hat in der deutschen Gesundheitspolitik eine vergleichsweise starke Stellung. Anders als in vielen anderen europäischen Ländern unterliegen die Herstellerpreise keinerlei staatlicher Kontrolle (zur Preisbildung s. u.).

Der Vertrieb der Arzneimittel erfolgt über den Großhandel an die (bereits in den alten Bundesländern über 18 000) Apotheken. Grundsätzlich gilt, wie für Ärzte, die Niederlassungsfreiheit auch für **Apotheker,** sofern sie nicht durch gesetzliche Zusatzregelungen eingeschränkt wird.

Apotheker sind Pflichtmitglieder der auf Landesebene bestehenden Apothekerkammern, die als Organe der Selbstverwaltung Kontroll- und Repräsentationsaufgaben wahrnehmen.

Der Arzneimittelsektor zeichnet sich durch hohe Kostensteigerungen aus. Etwa 16% der gesamten Leistungsausgaben der GKV entfallen heute auf diesen Sektor, und jährlich stiegen die Arzneimittelausgaben seit 1970 im Durchschnitt um 900 Millionen DM. Im gleichen Zeitraum hat sich aber auch die Selbstbeteiligung an den Arzneimittelkosten erhöht, so daß der

faktische Zuwachs noch höher liegt. Schätzungsweise ein Fünftel des gesamten Arzneimittelumsatzes entfällt auf die **Selbstmedikation.** Im Jahr 1988 waren dies immerhin ca. 4,8 Mrd. DM.

Der auch im internationalen Vergleich relativ hohe Anteil von Ausgaben für Arzneimittel läßt sich nicht so sehr auf die höhere Menge gekaufter Medikamente, als vielmehr auf die höheren **Preise** zurückführen.

Begründete Schätzungen gehen davon aus, daß die reinen Herstellungskosten eines Arzneimittels etwa 40% des Gesamtpreises betragen. Da aufgrund einer strikten Arzneimittelpreisverordnung der Apotheken die Gewinnspannen beim Verkauf an den Verbraucher begrenzt sind, bestehen beachtliche Spielräume in der Preisgestaltung für Forschungsausgaben (nur in den großen Unternehmen), Werbeaufwand bzw. Absatzförderung und Unternehmensgewinne.

Ein großer Teil wirksamer Medikamente ist **apothekenpflichtig.** Dadurch kommt dem Verordnungs- bzw. Verschreibungsverhalten der Ärzte eine zentrale Bedeutung bei der Mengenbestimmung verkaufter Medikamente zu. Ärzte können nach dem Prinzip der Therapie- und Verordnungsfreiheit ihre pharmakotherapeutischen Entscheidungen treffen, wobei allerdings durch die Regelungen des Gesundheitsreformgesetzes und des Gesundheitsstrukturgesetzes z. T. weitreichende Eingriffe in das Verordnungsverhalten erfolgt sind. Sie sind das Ergebnis einer langjährigen **Kritik** an

- **mangelnder Steuerung** des Arzneimittelsektors (Preise, Mengen und Qualität werden ohne Abstimmung eines Marktmechanismus bestimmt, d. h. zahlende Kassen können weder auf Mengen noch auf Preise Einfluß nehmen; Patienten haben keinen Anreiz, sich preisbewußt zu verhalten; das Verordnungsverhalten der Ärzte wird nur in geringem Umfang ökonomisch gesteuert, solange keine Höchstbeträge bei der Gesamtvergütung bzw. andere Formen der Wirtschaftlichkeitsprüfung vorgesehen sind);

- **mangelnder Qualitätskontrolle** pharmakotherapeutischer Maßnahmen durch Ärzte (in letzter Zeit wird in verstärktem Maße versucht, durch „Transparenzlisten", Preisvergleichslisten, Qualitätszirkel, EDV-gesteuerte Therapiekontrolle" u. a. diese Defizite zu verringern);
- **begrenzter Einflußnahme** der zahlenden Krankenkassen (durch Maßnahmen der Kostendämpfung im Gesundheitswesen hat sich dies in den letzten Jahren stark verändert [sog. Negativlisten, Festbeträge, Selbstbeteiligung der Versicherten]).

Der medikamentösen Therapie wird aller Voraussicht nach in der zukünftigen Entwicklung des Gesundheitswesens eine weiter wachsende Bedeutung zukommen. Diese ergibt sich nicht nur aus dem demographischen Altern und der damit verbundenen Prävalenz chronisch-degenerativer Erkrankungen, sondern auch aus den medizinischen Fortschritten einer noch gezielteren biochemischen Intervention. Zugleich werden die Themen „Wirksamkeitsnachweis", „Verordnungsverhalten der Ärzte", „Patientencompliance" und „Integration der medikamentösen in eine umfassendere, auch Lebensweisen einschließende therapeutische Intervention" von steigender Aktualität für Wissenschaft und gesundheitspolitische Praxis sein. Der angedeutete Steuerungsbedarf auf der Ebene der Schlüsselakteure (Produzenten, Finanzierer, Regulierer; d. h. Leistungsanbieter, Kassen, Staat) wird sich aller Voraussicht nach weiter verstärken, um den negativen Trends (Kombination von hoher Zahl zugelassener Medikamente, hohen Preisen für Arzneimittel, hohem Anteil verordneter unwirksamer Medikamente und hohem Umfang unerwünschter Nebenwirkungen) wirkungsvoller entgegentreten zu können.

8.1.5 Der zahnmedizinische Sektor

Eine Soziologie der Zahnmedizin und des Zahnarztes ist in Deutschland bisher nicht geschrieben worden, obwohl hierzu ein dringender Bedarf besteht (vgl. Micheelis 1993, Davis 1987). Ihre Aufgabe besteht zum einen darin, die sozialen Einflüsse auf die Zahngesundheit in der Bevölkerung in den verschiedenen Altersgruppen (vgl. Kap. 5) und auf das Gesundheits- und Krankheitsverhalten im Bereich der Mund-Zahn-Gesundheit (vgl. Kap. 6) zu analysieren. Zum anderen stellt sich ihr die Aufgabe, die Auswirkungen der gesellschaftlichen, sozioökonomischen und organisatorischen Kontexte auf Art, Umfang und Qualität zahnärztlicher Arbeit zu erforschen. Einen Teilaspekt dieser zuletztgenannten Aufgabe stellt die Analyse der organisatorischen Rahmenbedingungen zahnärztlichen Handelns dar. Diese sollen hier in aller gebotenen Kürze skizziert werden.

Die **berufsständische** Organisation der deutschen Zahnärzteschaft erfolgt in weitgehender Analogie zu jener der Ärzteschaft (Landeszahnärztekammern, Kassenzahnärztliche Vereinigungen, Berufsverbände, Fachgesellschaften). Ähnlich wie im ambulanten ärztlichen Bereich sind die niedergelassenen Zahnärzte Träger der Versorgung. Auch hier werden die Bedingungen der Leistungserbringung in Gruppenverhandlungen zwischen den Kassenzahnärztlichen Vereinigungen und den Kassenverbänden ausgehandelt.

Zu den besonderen Merkmalen der zahnärztlichen Versorgung in Deutschland gehört das im internationalen Vergleich hohe Ausgabenniveau, wobei der **Zahnersatz** im Vergleich zu den **zahnärztlichen Leistungen** an Bedeutung gewann: nachdem Zahnverlust durch das Bundessozialgerichtsurteil (1974) als Krankheit gewertet wurde, stiegen die Ausgaben für Zahnersatz auf bis zu 8,8% aller GKV-Leistungsausgaben. Erst mit den gesetzlichen Regelungen zur höheren Selbstbeteiligung (1989 ff.) sank ihr Anteil wieder unter denjenigen für zahnärztliche Leistungen (1989: 3,9% oder 4,9 Mrd. DM).

Das Wachstum der **Ausgaben** im zahnärztlichen Bereich läßt sich in erster Linie aus wachsenden Fallzahlen und einer Steigerung der Leistungsmenge pro Fall erklären. Die Zahl der Zahnärzte hat sich, im Gegensatz zu derjenigen der Ärzte, in den vergangenen 20 Jahren nicht dramatisch erhöht, und mit einer Dichte von 6,5 Zahnärzten auf 10000 Einwohner nimmt die Bundesrepublik im internationalen Vergleich keineswegs eine Spitzenstellung ein. Dies wirkt sich auch günstig auf die Zahnarzteinkommen aus, deren durchschnittliche Höhe nur noch von den USA und der Schweiz übertroffen wird.

Wie im ärztlichen Bereich werden auch hier **Einzelleistungen** im Rahmen einer Gebührenordnung (einheitlicher Bewertungsmaßstab) vergütet. Bis 1985/86 wurden zahntechnisch-prothetische und kieferorthopädische Maßnahmen vergleichsweise hoch vergütet, so daß der gesamte Bereich der Zahntechnik eine starke Expansion erfuhr (1985 beispielsweise hatte die Bundesrepublik wesentlich mehr Zahntechniker als Zahnärzte!).

Präventive und **zahnerhaltende Maßnahmen** werden in jüngster Zeit sowohl durch gesetzliche Regelungen wie auch durch die Gebührenordnung stärker in den Vordergrund gestellt. Aber bis heute hat sich eine grundlegende Akzentverschiebung von der **Akutbehandlung** zur Prävention noch nicht ergeben. Dies hat verschiedene Ursachen. Sie liegen zum Teil im Honorierungssystem und der daran orientierten Arbeitsorganisation der Zahnarztpraxis begründet (z.B. auffallend kurze durchschnittliche Behandlungsdauer in Kombination mit häufiger Wiedereinbestellung, niedrige Ausgaben im Bereich der

Parodontalbehandlung). Berufsständische Einflüsse (z.B. mangelnde Expansion der für prophylaktische Aufgaben speziell ausgebildeten Gruppe der Dentalhygieniker/innen, mangelnde Kooperation mit dem für die Wahrnehmung gruppenprophylaktischer Aufgaben der Kinder- und Jugendzahnpflege in erster Linie vorgesehenen Öffentlichen Gesundheitsdienst) sind hier ebenfalls von Bedeutung.

In einem deutlichen Gegensatz zu den hohen Ausgaben und zu der verbandspolitischen Definitionsmacht von Art und Umfang der zahnärztlichen Leistungen steht das **Defizit** an Maßnahmen zur **Qualitätskontrolle, Qualitätssicherung** und **Ergebnisevaluation.**

Erste Ansätze in Richtung einer **Standardisierung der Behandlung** sind im Gebiet der Prothetik erarbeitet worden: „Wie notwendig darüber hinaus Qualitätskontrollen sind, zeigen Untersuchungen der Universitätsklinik Münster, wonach 78% der untersuchten Einzelkronen und 82% der Brücken fehlerhaft gearbeitet waren und ein Viertel aller Füllungen binnen vier Jahren wiederholt oder erweitert werden mußten" (Alber 1992, S. 151).

Daher ist zu erwarten, daß die **Qualität der Zahngesundheit** in Deutschland trotz der hohen Ausgaben und des steigenden Leistungsvolumens im internationalen Vergleich nicht an der Spitze liegt. Für die Zahngesundheit der Kinder und Jugendlichen ist dies überzeugend nachgewiesen worden (Sachverständigenrat 1987, zur schichtenspezifischen Verteilung der Zahngesundheit s.o. Kap. 5).

Folgerungen aus dieser Situation für Organisation und Inhalt **zahnärztlicher Präventionsarbeit:**

- Ausbau der Gruppenprophylaxe in Kindergärten und Schulen unter Einbeziehung von Ernährungsberatung, Zahnschmelzhärtung (Fluoridtabletten) und Mundhygiene (s. Frühbuß 1995);
- Stärkung der (interprofessionellen) Beratungs- und Gesundheitsförderungs-

arbeit durch entsprechendes Qualifikationsprofil im Studium der Zahnheilkunde, durch Einbeziehung von Dentalhygienikern und benachbarten Berufsgruppen in die Präventionsarbeit und durch Stärkung von Kooperationsformen zwischen niedergelassenen Zahnärzten und zahnärztlichem Dienst der Gesundheitsämter (Schaefer 1995);

- Mitarbeit bei Maßnahmen struktureller Prophylaxe, sofern sie wissenschaftlich gesichert sind (Trinkwasser-Fluoridierung, Einschränkung von Süßwarenkonsum bei vulnerablen Gruppen etc.) (s. in diesem Zusammenhang auch die vergleichende Studie zur Zahngesundheit in West- und Ostdeutschland; Micheelis u.a. 1991, 1993).

Nach diesem kurzen, gedrängten Überblick über die Struktur und Funktion der vier zentralen Leistungsbereiche des deutschen Gesundheitssystems wollen wir uns der zweiten, zu Beginn des Kapitels gestellten Aufgabe zuwenden: der Beschreibung wichtiger Handlungsfelder für eine Reform bzw. Weiterentwicklung des Gesundheitswesens.

8.2 Entwicklungsbedarf im Gesundheitswesen

Es empfiehlt sich, diesen Abschnitt mit einem zusammenfassenden Rückblick auf die wesentlichen Strukturmerkmale des deutschen Gesundheitssystems zu beginnen und auf diesem Hintergrund sodann die Richtung weiterführender Reformen in den vier besprochenen Leistungsbereichen zu skizzieren (8.2.1). Drei Themen sollen eine etwas ausführlichere Behandlung erfahren: Die Entwicklung des Öffentlichen Gesundheitswesens (8.2.2), die Thematik „Selbstbeteiligung", unter Einschluß neuer Versicherungsformen (Health Maintenance Organizations) (8.2.3), schließlich das Problem der unterschiedlichen Risikostruktur einzelner Versicher-

tengruppen (8.2.4), das thematisch in den letzten Abschnitt des Lehrbuches hinüberleitet.

8.2.1 Strukturmerkmale und Reformgrenzen

Im Gegensatz zu einer rein marktwirtschaftlichen oder rein staatlichen Versorgung verfolgt das deutsche Gesundheitssystem einen dritten Weg, der als **dezentrale, sozialversicherungsgesteuerte Versorgung** charakterisiert werden kann. Grundpfeiler im System bildet die GKV mit ihren Elementen der einkommensabhängigen proportionalen Beitragsfinanzierung mit Arbeitgeberanteil, des beitragsunabhängigen Anspruchs auf Leistungen im Rahmen des Sachleistungsprinzips (Solidarprinzip) und der Pflichtversicherung mit partiellem Kassenzwang. Dieses Grundelement wird um privatversicherungsrechtliche Leistungen für die übrigen Versichertengruppen erweitert. Die gesundheitspolitische Steuerung dieses Systems ergibt sich aus einem Zusammenspiel von Selbstverwaltung durch Verbände und staatlicher Kontrolle, so daß Krankenkassen, Leistungsanbieter und Staat die drei zentralen Akteure bilden.

Wenn man die Geschichte des deutschen Gesundheitswesens und dessen Reform- und Entwicklungsbemühungen betrachtet, so drängt sich die These auf, daß eine **rationale Gesundheitspolitik,** d.h. eine Gesundheitspolitik, die sich konsequent an den Kriterien „kostengünstig", „bedarfsgerecht" und „wirksam" orientiert, nur **begrenzte Realisierungschancen** in einem durch diese Strukturmerkmale definierten System hat (vgl. Alber 1992, Henke 1990, Rosewitz u. Webber 1990).

Was spricht für diese **These?**

1. Im Vordergrund der Gesundheitspolitik stand bis Ende der 80er Jahre die **Leistungsexpansion** innerhalb konstantbleibender Strukturen, d.h. inner-

halb der definierten Besitzstände durch Professionsgruppen (Ärzte, Zahnärzte), privatwirtschaftlichen Leistungsanbietern (Medizintechnik, Pharmaindustrie) und Kassenverbänden. Konflikte, die diesen Konsens bedrohten, wurden durch das Instrument der „konzertierten Aktion im Gesundheitswesen" weitgehend neutralisiert, teilweise mit Hilfe parteipolitischer Einflußnahme auf interventionistische Vorhaben des Gesetzgebers.

2. Mit dem System der **„Vielfachsteuerung"** des Gesundheitswesens ist eine hohe Wahrscheinlichkeit von **Reformblockaden** gegeben. Dies erklärt sich aus der Tendenz des Staates, seine Interventionsmacht zu begrenzen (sowohl aus Gründen begrenzter Gesetzgebungskompetenz wie aus Gründen prekärer demokratischer Legitimierung) und Problemlösungen weitgehend an die Selbstverwaltungsorgane zu delegieren. In diesen Organen wiederum sind kostenträchtige, den status quo bedrohende Reformmaßnahmen jedoch nicht durchsetzungsfähig. Überdies erschwert die Vielfalt der Zuständigkeiten für jeweilige Leistungsbereiche eine koordinierte gesundheitspolitische Aktivität.

3. Im Vordergrund von Reformvorhaben stehen in weit stärkerem Ausmaß **Kostendämpfungsgesichtspunkte** als Gesichtspunkte der bedarfsgerechten und optimal wirksamen Gestaltung von Leistungen. Dies ergibt sich aus den Interessenspräferenzen der Akteure und der geringen Verhandlungsmacht der Versicherten (s. o. 8.1.1 Wandel von der genossenschaftlichen zur verbandlichen Selbstverwaltung!). Kostendämpfungspolitik vollzieht sich jedoch aus den dargelegten Gründen in Form von **sektorspezifischer Kontrolle** der verursachten direkten Kosten. Damit werden weder die sektorübergreifenden Kostenprobleme noch die Probleme der Verursachung und Beeinflussung indirekter Kosten von Krankheiten behandelt, die jedoch volkswirtschaftlich von großer Tragweite sind.

> **Direkte Kosten:** Summe der Kosten, die sich in einer Volkswirtschaft unmittelbar aus der Behandlung von Krankheiten (ambulant, stationär) ergeben;
> **Indirekte Kosten:** Summe der Kosten, die sich in einer Volkswirtschaft aus den ökonomisch relevanten Folgen von Krankheiten ergeben (Produktionsausfall durch Krankschreibung, Frühberentung, verlorene Erwerbstätigkeit- bzw. Lebensjahre bei vorzeitiger Mortalität).

Reformvorhaben, welche auf eine Senkung indirekter Kosten (durch umfassende präventive Maßnahmen bei Krankheiten, welche eine weite Verbreitung und ein hohes Invaliditäts- bzw. Frühmortalitätsrisiko besitzen) abzielen, haben im gewachsenen System der Vielfachsteuerung geringe Durchsetzungschancen: „Derzeit haben viele Träger der Gesundheitspolitik kein Interesse an der Vermeidung indirekter Kosten" (Henke 1990, S. 85).

Auf diesem Hintergrund begrenzter Bedarfsorientierung und begrenzter Orientierung an Wirksamkeit und Transparenz sind daher die **gesundheitspolitischen Lösungsansätze** zu sehen, die aller Voraussicht nach in der näheren Zukunft die Diskussion bestimmen werden. Nur unter zwei Bedingungen dürfte diese Prognose nicht zutreffen: erstens, falls der Problemdruck sich in unerwarteter Weise zuspitzt und die Prioritätenliste der Spitzenverbände zu verändern vermag; zweitens, falls Entwicklungen von außen auf die Bundesrepublik im Sinne einer Verstärkung rationaler Gesundheitspolitik einwirken (dies wäre in erster Linie im Rahmen der Entwicklungen der Europäischen Gemeinschaft möglich, die jedoch in den Maastrichter Verträgen die Gesundheitspolitik ausdrücklich als nationale Gestaltungsaufgabe definiert hat).

Die nachfolgende Zusammenstellung gibt einen Überblick über denkbare Lösungsansätze einer sektorspezifischen Reform des Gesundheitswesens (s. Abb. 8-2). Eine Erläuterung der einzelnen Maßnahmen würde den Rahmen dieses Kapitels sprengen (vgl. dazu Sachverständigenrat 1994, Pfaff 1994, Alber 1992).

8.2.2 Der Öffentliche Gesundheitsdienst

Bei der bisherigen Darstellung des deutschen Gesundheitswesens haben wir einen fünften Leistungsbereich oder, wie

häufig gesagt wird, eine „dritte Säule" (neben ambulantem und stationärem Sektor) ausgelassen: den Öffentlichen Gesundheitsdienst (ÖGD).

Kann man unter dem Begriff **„Öffentliches Gesundheitswesen"** (im englischen Sprachgebrauch *Public Health*) die Summe aller Bemühungen einer Gesellschaft verstehen, den Gesundheitszustand ganzer Bevölkerungsgruppen durch Maßnahmen einer intersektoralen (d. h. die verschiedenen Politikbereiche übergreifenden) Gesundheitspolitik auf regionaler Ebene (z. B. Kommunen) zu sichern und zu verbessern, so bezeichnet der **ÖGD** je-

Probleme in einzelnen Sektoren	Denkbare Lösungsansätze

1. Ambulante Versorgung
  – Hohe Arztzahlen
  – Hoher Anteil sowie Primärinanspruchnahme von Spezialisten
  – Einzelleistungsvergütung
	– Beschränkung der Niederlassung
	  – Primärarztsystem
	
	  – neue Vergütungsformen (Fall- bzw. Kopfpauschalen)

– Hohe Zahl von Arzt-Patient-Kontakten bei kurzen Kontaktzeiten
  – unzureichende Verzahnung mit dem stationären Sektor und den sozialen Diensten
	– neue Vergütungsformen (Fall- bzw. Kopfpauschalen)
	  – enge Verzahnung z. B. durch Ausbau des Belegarztsystems sowie durch regionale Gesundheitskonferenzen

2. Stationäre Versorgung
  – überproportionaler Ausgabenanstieg
  – duale Finanzierung und Selbstkostendeckungsprinzip
  – hohe Verweildauer
 	
  – unzureichende Verzahnung
  – „Fehlbelegung" durch Pflegebedürftige
	– Abbau hoher Bettenzahlen
	  – stärker leistungsbezogene Vergütung
	
	  – besseres Management sowie bessere Kosten-/Leistungsrechnung
	  – vgl. oben
	  – finanzielle Absicherung des Pflegerisikos

3. Zahnmedizinische Versorgung
  – sehr hohe Ausgaben bei mäßigem Erfolg bzgl. Zahngesundheit
  – relative Vernachlässigung der Prophylaxe
	– Anpassung der Leistungsvergütung an gesundheitspolitische Vorgaben
	  – Betonung der Prävention in Aus-, Weiter- und Fortbildung

4. Arzneimittelsektor
  – hohe Zahl zugelassener Arzneimittel
  – hohe Preise für Arzneimittel
  – Verordnung unwirksamer Arzneimittel
	– Positivliste
	  – Preiswettbewerb (Generika, Parallelimporte)
	  – Positivliste

Abbildung 8-2   Reformbedarf im deutschen Gesundheitswesen (nach Pfaff 1994).

nen gesetzlich definierten Teilbereich des Gesundheitswesens, dem einerseits hoheitliche Aufgaben der Aufsicht (u. a. meldepflichtige Krankheiten, öffentliche Hygiene, Medizinalberufe), andererseits Aufgaben der Gesundheitsförderung, -beratung und -planung zugeordnet sind.

Der ÖGD in Deutschland blickt auf eine außerordentlich **widersprüchliche Geschichte** zurück (Labisch u. Tennstedt 1985, Rosewitz u. Webber 1990, Schmacke 1993): Während in der klassischen Zeit des öffentlichen Gesundheitswesens im allgemeinen und der Sozialhygiene und Sozialmedizin im besonderen (im Zeitraum von etwa 1880 bis 1933) Deutschland eine weltweit führende Rolle spielte, zerstörte der Nationalsozialismus sowohl die intellektuell-wissenschaftliche Substanz wie auch die gesundheitspolitische Infrastruktur dieser bedeutenden Entwicklung. Mit dem Gesetz über die Vereinheitlichung des Gesundheitswesens von 1935 wurden bis dahin getrennte Aufgabenbereiche, die staatliche Gesundheitsaufsicht und die kommunale Gesundheitsfürsorge, zusammengeführt. Die staatlichen Kontrollaufgaben wurden zum Zweck einer besseren Durchsetzung von Gesetzen zur „Erb- und Rassenhygiene" politisch mißbraucht. Damit haben sich die für den ÖGD jener Zeit Verantwortlichen nicht nur schuldig gemacht, sondern sie haben auch die gesamte Einrichtung in Mißkredit gebracht. Dies sollte bis weit in die Nachkriegszeit hinein folgenreich bleiben.

Im Zuge der Neuordnung des deutschen Gesundheitssystems nach dem Zweiten Weltkrieg wurde der ÖGD sehr früh aus dem sozialpolitischen Kernbereich, d. h. aus den Beziehungen der GKV mit den Akteuren im Gesundheitswesen, ausgegliedert. Versuche einer gesetzlichen Verankerung umfassender Gesundheitsvorsorgemaßnahmen durch den ÖGD scheiterten definitiv 1970, als die Vorsorgeuntersuchungen als Teil des Sicherstellungsauftrages an die niedergelassenen Ärzte delegiert wurden. Hierbei spielte nicht nur die starke und kompetente Professionspolitik der niedergelassenen Ärzteschaft eine Rolle, sondern auch die personell und standespolitisch als desolat zu bezeichnende Verfassung der damaligen Amtsärzteschaft. Der **Aufgabenbereich** staatlicher Gesundheitsaufsicht wurde durch weitere Steuerungseingriffe **eingeschränkt,** so durch die Übertragung von Bundeskompetenzen auf die Länder und Kommunen (bis heute haben noch nicht alle Bundesländer eigene Landesgesundheitsgesetze verabschiedet!), durch gesetzgeberische Kompetenzeinschränkungen (z. B. Jugendarbeitsschutzgesetz, Mutterschutzgesetz) und durch Errichtung konkurrierender Einrichtungen (z. B. Umweltämter).

Trotzdem dürfte es vorrangig der Bereich **kommunaler Gesundheitsförderung** sein, in welchem sich zukunftsträchtige Entwicklungen des ÖGD in den kommenden Jahren abspielen werden. Einem kommunalen Gesundheitsamt, dessen Experten gesundheitswissenschaftliche, bevölkerungsmedizinische und Management-Kompetenzen besitzen, eröffnen sich wichtige Aufgaben u. a. in folgenden Bereichen (s. a. Schmacke 1993):

- Koordination und Planung kommunaler Gesundheitsversorgung (z. B. in Form sog. Gesundheitskonferenzen);
- Ermittlung kommunalen Gesundheitsbedarfs anhand einer wissenschaftlich aussagekräftigen kleinräumigen Gesundheitsberichterstattung;
- Integrierte Maßnahmen der Gesundheitsförderung (z. B. als Stadtteil-Initiative oder Initiative im Bereich besonderer Risikogruppen wie Zuwanderer, Obdachlose und Suchtgefährdete;
- Ausbau sozialpsychiatrischer sowie kinder- und jugendärztlicher Dienste (u. a. AIDS-Prävention und -Betreu-

ung, neue Formen der Ernährungs- und Mundgesundheitsberatung im Kindes- und Jugendalter);

• regionale Zusammenarbeit mit Instanzen, die für den Umweltschutz zuständig sind (u.a. auch Gewerbeaufsicht, Betriebsärzte).

Wie weit es gelingen wird, durch diese neuen Entwicklungen, die sich gegenwärtig abzeichnen, den ÖGD wieder als dritte Säule im System der Gesundheitssicherung zu verankern, muß allerdings offenbleiben.

8.2.3 Die Selbstbeteiligung Versicherter

Ein weiteres **kontroverses Problem** des gegenwärtigen deutschen Gesundheitswesens betrifft das Ausmaß der Selbstbeteiligung von Mitgliedern der Krankenversicherung. Selbstbeteiligung wird meistens als Beteiligung an den Kosten der Krankenbehandlung verstanden, obwohl in einem präventivmedizinischen Verständnis auch Maßnahmen der Aktivierung gesundheitsfördernden Verhaltens und der Minimierung vermeidbarer Gesundheitsrisiken dazugerechnet werden, unabhängig von der Frage, ob es monetäre Anreize oder Strafen für solche Verhaltensweisen geben soll.

Das Thema der Erhöhung der Selbstbeteiligung Versicherter an den Krankheitskosten besitzt in der gegenwärtigen gesundheitspolitischen Diskussion eine besondere Aktualität. Nach einer Phase der Leistungs-, aber auch der Ausgabenexpansion in der GKV, bildet die Selbstbeteiligung heute eine zunehmend wichtige Strategie der **Kostenkontrolle** im Verein mit Maßnahmen zur Erhöhung der Wirtschaftlichkeit sowie zur Ausdehnung von Wettbewerbselementen im Gesundheitsmarkt. Der Solidartradition der deutschen Krankenversicherung ist der Gedanke an eine wesentliche Selbstbeteiligung an Krankheitskosten fremd, erhöht sie doch

das Risiko sozialer Ungleichheit im Krankheitsfall. Es haben bereits vereinzelte Maßnahmen im Rahmen des Gesundheitsreform- und Gesundheitsstrukturgesetzes diesbezüglich neue Problemlagen geschaffen. Gleiches trifft auf die Maßnahmen staatlicher Stellen zu, öffentliche Dienstleistungen im Gesundheitsbereich aus Kostengründen zu privatisieren und mit kostenneutralen Initiativen (Selbsthilfe) nicht nur einen partiellen Rückzug des Staates zu praktizieren, sondern auch Risiken vermehrt auf potentiell Betroffene direkt abzuwälzen.

Die Thematik der Selbstbeteiligung an den Krankheitskosten enthält zwei unterschiedliche Komponenten, zum einen die Komponente der vermehrten **Eigenverantwortlichkeit** anläßlich von Maßnahmen der Krankenbehandlung, zum anderen die Komponente der **Ausgrenzung bestimmter Leistungen** aus dem GKV-Leistungskatalog. Je nach Gewichtung dieser Komponenten sind unterschiedliche Modelle der Selbstbeteiligung Versicherter vorstellbar und zur Zeit in Diskussion befindlich (vgl. Sachverständigenrat 1994):

• verursachungsgerechte Zurechenbarkeit: Nach diesem Modell sind Behandlungskosten angesichts gesundheitlicher Schäden, deren Verursachung individuell vermeidbar ist, auch vom einzelnen zu tragen (auf die weitreichenden Folgen eines solchen Vorhabens angesichts der multifaktoriellen Verursachung der meisten chronisch-degenerativen Erkrankungen kann hier nur hingewiesen werden!);

• Differenzierung der Gesundheitsleistungen in **Kern- und Zuwahlleistungen** bzw. freiwillige Abwahl von solidarisch finanzierten Krankenversicherungsleistungen: Nach diesem Modell werden nach medizinischen und ökonomischen Kriterien unverzichtbare Leistungen für alle von – in unterschiedlich flexibler Weise – eigenverantwortlich finanzierbaren Leistungen getrennt (hierbei sind nicht nur die Definitionskriterien bezüglich Kernleistungen kontrovers, sondern auch die sozialen Diskriminierungsrisiken beachtlich).

Bereits aus diesen Hinweisen wird deutlich, daß die Thematik der Selbstbeteiligung Versicherter an den Krankheitskosten nur im Rahmen einer weitreichenden Reform des entwickelten Systems der GKV angemessen analysier- und realisierbar ist. Bevor wir uns mit einer besonderen Problemlage des gegenwärtigen Krankenversicherungssystems befassen, soll wenigstens in kurzen Zügen auf ein **neuartiges** und zukunftsträchtiges **Versicherungskonzept** hingewiesen werden, das in den vergangenen zwei Jahrzehnten in den USA mit großem Erfolg entwickelt worden ist: die sog. *Health Maintenance Organizations (HMOs)*. HMOs stellen einen neuartigen Versicherungsansatz dar, in dem drei Strategien der Kostenkontrolle vereint sind: Wettbewerbserhöhung, Stärkung der Selbstbeteiligung und Ausweitung präventiver Bemühungen.

Health Maintenance Organizations

Zur Einordnung der HMOs in die gesundheitspolitische Landschaft der USA muß vorausgeschickt werden, daß das amerikanische Gesundheitssystem im Vergleich zu anderen Industriegesellschaften durch einen minimalen allgemeinen Krankenversicherungsschutz, durch maximale Eigenverantwortung und Selbstbeteiligung sowie durch einen breit gefächerten privatwirtschaftlichen Gesundheitsmarkt charakterisiert ist (Cockerham 1992, Mechanic 1986, Roemer 1985, Starr 1982, Turner 1987). Auf die sozialen Konsequenzen dieser Entwicklung, insbesondere die sozialen Ungleichheiten bei der Inanspruchnahme und Qualität medizinischer Versorgung ist bereits an früherer Stelle hingewiesen worden. Ambulante und stationäre Dienste sind im amerikanischen Gesundheitswesen, im Gegensatz zur

Bundesrepublik, intensiv miteinander verzahnt: Niedergelassene Fachärzte arbeiten größtenteils mit Krankenhäusern zusammen; allgemeine Ambulatorien und halbstationäre Einrichtungen sowie Zentren präventiver Medizin (*Neighborhood* bzw. *Community Health Centers; Family Medicine; Occupational Health Centers* etc.) garantieren eine starke Vernetzung beider Sektoren. Im ambulanten Bereich spielen Gruppenpraxen eine wesentlich größere Rolle als in der Bundesrepublik: Bereits zu Beginn der achtziger Jahre arbeiteten weniger als 50% der in der ambulanten Versorgung tätigen Ärzte in Einzelpraxen, und der Trend zur Gruppenpraxis nimmt von Jahr zu Jahr zu.

Den quantitativ wichtigsten Typus der Arzt-Patient-Beziehung im ambulanten Bereich stellt nach wie vor die Einzel- oder Gemeinschaftspraxis dar; sie wird von Patienten frei gewählt und in ihr werden Leistungen direkt gegen Bezahlung *(Fee for Service)* erbracht. Etwa ein Drittel aller ambulanten Ausgaben für Arztbesuche werden durch finanzielle Selbstbeteiligung aufgebracht, ca. 40% durch private Zusatzversicherungen. Die restliche Finanzierung trägt der Staat über die rudimentären Krankenversicherungssysteme *Medicare* (für Leute über 65 Jahre) und *Medicaid* (für Bedürftige).

Im Gegensatz zur herkömmlichen Praxis stellt die HMO eine Versorgungsform dar,

- in welcher sich Versicherte freiwillig mit einem Ärzteteam vertraglich zusammenschließen, wobei ein jeweils zum Jahresbeginn errechneter Beitrag von allen Versicherten monatlich zu leisten ist, unabhängig davon, ob und in welchem Umfang sie die Ärzte in Anspruch nehmen *(Prepaid Group Practice)*;
- in welcher die Beitragshöhe wesentlich vom Verhalten der Mitglieder bestimmt wird, die ihrerseits von den Ärzten zu kostensparenden präventiven Maß-

nahmen und zu Frühdiagnostik angehalten werden;

- in welcher möglichst viele Leistungen (umfassende ambulante und stationäre Versorgung) angeboten werden müssen, damit die Kosten von den Anbietern kontrolliert werden können.

Je billiger eine HMO bei gleicher Leistung arbeitet, desto mehr Versicherte zieht sie an. Kostenbewußtsein durch Rationalisierung führt in HMOs zu einer deutlichen Senkung von Krankenhauseinweisungen (bis zu 40%), von Krankenhausaufenthaltsdauer sowie von Indikationen zu chirurgischen Eingriffen (Newhouse 1987). Diese Einrichtungen, welche die strikte Trennung von Versorgung und Versicherung aufheben, nehmen als Anbieter auf dem Markt an einem sich verstärkenden Wettbewerb teil und entfalten damit eine beachtliche Wachstumsdynamik. Obwohl die ersten HMOs auf einer frei-gemeinnützigen Basis aufgebaut wurden, hat in den achtziger Jahren die Privatindustrie die Finanzierung dieser Versorgungsform zum großen Teil übernommen.

Nach neueren Angaben werden zur Zeit etwa 18 Millionen Amerikaner von HMOs betreut; etwa 16% aller Ärzte der USA arbeiten für sie. Mit der privatwirtschaftlichen Marktstruktur wächst der Konzentrationsgrad: 52% aller HMO-Versicherten gehören inzwischen nur 14 riesigen, auf nationaler Ebene arbeitenden Gesundheitskonzernen an *(sog. Supermeds)*. Wachstumsdynamik und Konzentrationsprozesse verlaufen in einem Tempo, das zur Zeit in kaum einer anderen Wirtschaftsbranche der USA zu finden sein dürfte.

Kostenkontrolle durch Marktmechanismen sowie durch Zusammenführung von Versicherungsträger und Anbieter in einer Institution hat ihren Preis, zumindest auf seiten der Ärzte: Mit ihr wird ein Kernstück beruflicher Autonomie aufs Spiel gesetzt. Je größer die Reichweite der privatwirtschaftlich organisierten und kontrollierten Angebotsstruktur, desto größer die Abhängigkeit der Ärzte von den Vorgaben des Managements. Je größer wiederum das Ärzteangebot, desto geringer die Chancen, die wirtschaftlichen Abhängigkeiten, die bis in die Organisation des ärztlichen Arbeitsablaufes durchschlagen können, zu verhindern (zu diesem Thema vgl. die ausführliche Analyse von Starr 1982).

Das Beispiel der HMOs in den USA zeigt uns somit, daß Kostenkontrolle ohne Leistungseinbuße im Gesundheitswesen möglich ist, insbesondere dann, wenn Preisgestaltung durch privatwirtschaftlichen Wettbewerb, präventive Orientierung und umfassendes Betreuungsangebot als konstitutive Elemente gegeben sind. Zugleich geht jedoch diese Kostenkontrolle mit einer Einbuße beruflicher Autonomie des Arztes einher. Es ist heute zu früh, die Realisierungschancen und die Folgen neuer Konzepte zur sicherlich notwendigen Kostenkontrolle im Gesundheitswesen verbindlich zu beurteilen.

8.2.4 Die unterschiedliche Risikostruktur der Versicherten

Eine weitere Strategie der Kostenkontrolle im deutschen Gesundheitssystem bildet der verstärkte **Wettbewerb** unter den **Leistungsanbietern** sowie unter den **Kassen.** Obwohl die kostensparenden Wirkungen eines verstärkten Wettbewerbs der Kassen noch bewiesen werden müssen, lassen die neuen gesetzlichen Regelungen erwarten, daß dieser Wettbewerb die gesundheitspolitische Landschaft in der näheren Zukunft deutlich verändern wird. In diesem Zusammenhang stellt sich die Frage, wieweit das tragende Grundprinzip der Solidarversicherung die Sicherstellung einer adäquaten medizinischen Versorgung aller Mitglieder, je nach Bedarf und unabhängig von ihrer wirtschaftlichen Lage, weiterhin garantiert werden kann. In erster Linie stellt sich diese Frage bei jenen **Bevölkerungsgruppen,** die aufgrund ihrer **doppelten Risikolage** zu einer zunehmenden Belastung für wettbewerbsorientierte Krankenkassen werden: Gruppen, die in erhöhtem Umfang gesundheitliche Beeinträchtigungen aufweisen und damit erhöhte Krankheitskosten verursachen und die zugleich einkommensschwach und in nur begrenztem Maße in der Lage sind, höhere Versichertenbeiträge aufzubringen.

In einem lesenswerten Aufsatz sind Thomas Abel und Jere Wysong dieser Frage in vergleichender Perspektive für das deutsche und das amerikanische Gesundheitssystem, z.T. anhand eigener Daten, nachgegangen (Abel u. Wysong 1991, Wysong u. Abel 1990). Ihre wichtigsten Ergebnisse lassen sich wie folgt zusammenfassen:

1. Es zeigt sich in beiden Systemen, wenn auch deutlicher in den USA, eine systematische **Ungleichverteilung** von medizinischen Risiken (infolge erhöhter gesundheitlicher Gefährdungen) nach **Versicherungsart:** Versicherungen mit einem hohen Anteil statusniedriger Mitglieder (in Deutschland die sog. RVO-Kassen (Kassen der Reichsversicherungsordnung, v.a. Allgemeine Orts- und Betriebskrankenkassen) weisen höhere Prozentsätze chronisch Kranker bzw. gesundheitlich Beeinträchtigter auf als Versicherungen mit einem geringeren Anteil an statusniedrigen Mitgliedern (in Deutschland Ersatzkrankenkassen und private Krankenkassen).

2. Sozioökonomisch und medizinisch besonders **benachteiligte Gruppen** (Arbeitslose, Sozialhilfeempfänger, pflichtversicherte Behinderte) sind in weit größerem Umfang bei der AOK (Deutschland) bzw. bei den Nicht- oder staatlich Versicherten (USA) konzentriert als in anderen Versicherungsarten. Dementsprechend entstehen diesen Versicherungen durchschnittlich höhere Ausgaben, die sich im deutschen System wiederum in höheren Beitragssätzen niederschlagen.

3. Während bereits im bestehenden System deutliche Tendenzen zu einer **Segregation von** (sozioökonomischen und medizinischen) **Risikogruppen** festgestellt werden können, verschärft sich dieser Trend der Ausgrenzung „schlechter Risiken" und der Anwerbung „guter Risiken" unter Versicherten mit einer Erhöhung des Wettbewerbs unter den Krankenkassen.

Einen empirischen Beleg für die These der Segregation von Risikogruppen liefern die Autoren anhand von Befragungsdaten zweier Stichproben von je 800 Erwachsenen in Illinois und Nordrhein-Westfalen. Danach ist die Gruppe der gesundheitlich stark Belasteten (oberstes Viertel aller Belastungsindikatoren) doppelt so häufig in RVO-Kassen gegenüber anderen Kassenarten (Deutschland), bzw. viermal so häufig in der Gruppe der staatlich oder gar nicht Versicherten gegenüber den besser Versicherten (USA), vertreten (Abel u. Wysong 1991).

Zusammenfassend belegen diese Hinweise den gesundheits- und sozialpolitischen Problemdruck, der mit den diskutierten Änderungen der GKV einhergeht. Wie weit die geplanten Maßnahmen eines sog. **Risikostrukturausgleichs** zwischen den Kassen diesen Problemdruck zu entschärfen vermögen, muß gegenwärtig eine offene Frage bleiben.

8.3 Herausforderungen an Medizin und Public Health

Die bisherigen Ausführungen dieses Kapitels legten den Akzent auf ausgewählte Aspekte des deutschen Gesundheitswesens. In Zukunft wird allerdings die **Internationalisierung** von Problemen der Krankenversorgung und Gesundheitsförderung eine immer größere Rolle spielen. Für einen internationalen **Vergleich der Gesundheitssicherungssysteme** ist hier ebensowenig Raum (vgl. z. B. Schneider 1992) wie für eine Diskussion der gesundheitspolitischen Perspektiven im Rahmen der Entwicklung der **Europäischen Gemeinschaft**. Im Zeitalter **globaler Vernetzung** wird der Nationalstaat als politische und sozioökonomische Einheit immer mehr an Bedeutung verlieren (Guehenno 1994). Die maßgebende **Dynamik der Entwicklung** wird voraussichtlich von drei großen sozioökonomischen Wachstumsregionen ausgehen: den fernöstlichen Staaten des wirtschaftlichen Aufschwunges (unter Einschluß Japans, Australiens und voraussichtlich Chinas), dem europäischen Kerngebiet und dem nordamerikanischen Kontinent. Sowohl die ökonomische Polarisierung zwischen armen Entwicklungsländern einerseits und Schwellen- und Industrieländern andererseits, wie auch die Abgrenzung zwischen zivilisatorisch-religiösen „Lagern", wird vermutlich weiter zunehmen (s. 2.3).

In diesem Kontext ist es wichtig sich zu vergegenwärtigen, daß die großen Probleme der Gesundheitssicherung und Krankheitsbekämpfung der Gegenwart und der näheren Zukunft nur zu einem Teil Probleme der Medizin und des medizinischen Versorgungssystems, in erster Linie jedoch *Public-Health*-Probleme sind.

Besonders sichtbar wird dies in den Entwicklungs- und Schwellenländern, zunehmend jedoch auch in fortgeschrittenen Gesellschaften. Fünf eng miteinander verflochtene Problemekomplexe bedrohter Gesundheit ganzer Bevölkerungsgruppen lassen sich hierbei analytisch trennen:

- Mangel- und Fehlernährung sowie Defizite bei basaler Hygiene (z. B. Mängel bei der Qualität und Quantität verfügbaren Wassers);

- erzwungene Migration, Urbanisierung und soziale Anomie;
- Sucht- und Seuchengefahren (v. a. Drogen, Alkohol, promiskes Sexualverhalten);
- Armut (absolute und relative Benachteiligung);
- Beschädigung der physischen und psychischen Identität (Gewalt, Aggression, Arbeitslosigkeit und andere Formen des sozialen Ausschlusses).

Hier überall sind Lösungsansätze, soweit es sie geben kann, eher im Bereich sozioökonomisch-politischer Gestaltung als im Bereich medizinischen Handelns und medizinischer Versorgung zu erwarten.

Aber selbst innerhalb sozioökonomisch fortgeschrittenen Gesellschaften zeigt sich, daß der Gesundheitszustand einer Bevölkerung keineswegs so eng mit dem Ausbau und der Qualität des medizinischen Versorgungssystems in Beziehung steht, wie dies im allgemeinen angenommen wird.

Untersuchen wir abschließend die Frage, wieweit die **Höhe der Gesundheitsausgaben** eines Staates eine Entsprechung in der **Qualität des Gesundheitszustandes** seiner Bevölkerung findet. Diese Frage ist deshalb von brennendem Interesse, weil die höchste Priorität bei gesundheitspolitischen Initiativen in der Regel dem weiteren Ausbau des gesundheitlichen Sicherungssystems eines Landes eingeräumt wird. Ist dies wirklich der erfolgversprechendste Weg?

Ein Blick auf die in **Tabelle 8-2** zusammengestellten Daten verdeutlicht, daß es nur eine sehr **schwache statistische Beziehung** zwischen der Höhe der Gesundheitsausgaben (ausgedrückt in Prozenten des Bruttosozialproduktes) und der durchschnittlichen Lebenserwartung in einem jeweiligen Land gibt (Lebenserwartung wird hier als eine sehr grobe, jedoch allgemein übliche zusammenfassende Kennziffer des Gesundheitszustandes einer Bevölkerung betrachtet). Die sieben Länder sind relativ willkürlich aus einer umfangreicheren Statistik der OECD-Länder ausgewählt worden. Zwei Diskrepanzen sind besonders auffällig: auf der einen Seite sind die USA im Bereich der Gesundheitsausgaben weltweit führend, auf der anderen Seite schneiden sie bezüglich der mittleren Lebenserwartung ausgesprochen schlecht ab. Bezieht man alle OECD-Staaten in den Vergleich mit ein, so liegen die USA diesbezüglich im untersten Drittel bei den Frauen und im untersten Fünftel bei den Männern! Das andere Extrem bildet Japan, das gegenwärtig die höchste Lebenserwartung aller Länder besitzt, während die Gesundheitsausgaben eher im unteren Bereich liegen. Wie lassen sich solche **Diskrepanzen erklären?**

Eine Antwort auf die Frage gibt möglicherweise **Abbildung 8-3.** Hier ist die Veränderung der Lebenserwartung bei Geburt über den Zeitraum von 25 Jahren, von 1965 bis 1990, für fünf Länder dargestellt, die typisch sind für drei unterschiedliche

Tabelle 8-2   Gesamte Gesundheitsausgaben als Prozentsatz des Bruttosozialproduktes (1987) und durchschnittliche Lebenserwartung bei Geburt (nach Geschlecht) (1987) in ausgewählten Ländern; Vergleich der Rangfolge.
(Quelle: zusammengestellt aus Cockerham 1992, S. 268–270)

Land	Prozentsatz der Gesundheitsausgaben	Lebenserwartung Frauen	Männer
USA	11,2 (1)	78,4 (6)	71,5 (7)
Schweden	9,0 (2)	80,4 (2)	74,2 (2)
Kanada	8,6 (3)	80,2 (3)	73,3 (4)
(West-)Deutschland	8,2 (4)	78,9 (4,5)	72,2 (6)
Japan	6,8 (5)	82,1 (1)	75,9 (1)
Großbritannien	6,1 (6)	78,3 (7)	72,6 (5)
Griechenland	5,3 (7)	78,9 (4,5)	74,1 (3)

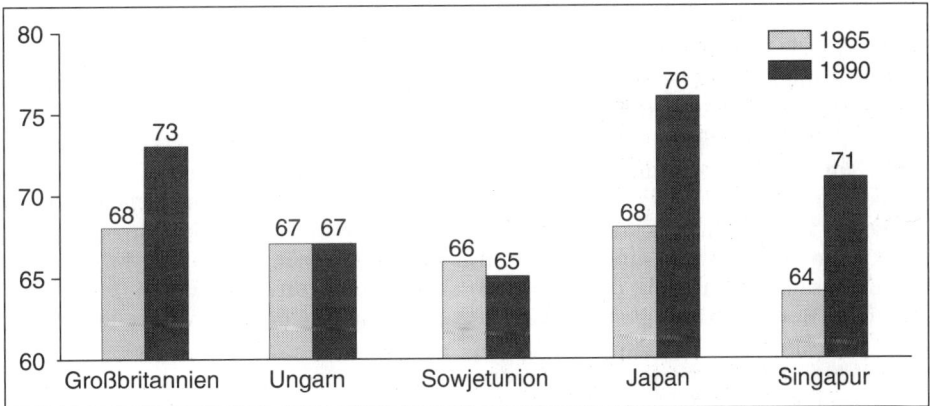

Abbildung 8-3   Entwicklung der Lebenserwartung bei Geburt in Ländern mit unterschiedlicher sozioökonomischer Entwicklung (nach Marmot 1994).

sozioökonomische Entwicklungen in diesem Zeitraum: Japan und Singapur stehen für die Länder des fernöstlichen wirtschaftlichen Aufschwungs, Großbritannien für eine zwar entwicklungsstarke, jedoch von Strukturkrisen gekennzeichnete Volkswirtschaft und die beiden ehemaligen Ostblock-Staaten Ungarn und UdSSR für ökonomische Krisenentwicklungen. Man sieht hier einen dramatischen Zuwachs der Lebenserwartung in Japan und Singapur, einen deutlich geringeren Zuwachs in Großbritannien und schließlich eine Stagnation bzw. Verschlechterung der Lebenserwartung in den ehemaligen Ostblockstaaten.

Allerdings dürfen diese ökologischen Korrelationen nicht im Sinne einer linearen Beziehung zwischen Bruttosozialprodukt und Lebenserwartung interpretiert werden. Wie Richard Wilkinson gezeigt hat, besteht eine enge Beziehung zwischen der Verringerung von Disparitäten in der Einkommensverteilung eines Landes und der Erhöhung der mittleren Lebenserwartung: Länder, in denen, wie in Japan, in den vergangenen 25 Jahren die Einkommensunterschiede vergleichsweise am stärksten nivelliert wurden (d.h. die extreme Streubreite der Einkommen deutlich eingeschränkt wurde), profitierten am meisten von einer Verbesserung der Lebenserwartung. Im Gegensatz dazu entwickelte sich in Ländern wie den USA, Großbritannien und vermutlich auch Deutschland die Einkommensverteilung ungünstig, und hier überall war der Zugewinn an Lebenserwartung bescheiden (Wilkinson 1992).

Diese Daten deuten darauf hin, daß der **Gesundheitszustand** einer Nation in einem **Zusammenhang** mit dem **Ausmaß relativer Benachteiligung** steht, das in den verschiedenen Bevölkerungsschichten erlebt wird. Egalisierende Effekte der Einkommensverteilung (die weit weg von einer Utopie der Einkommensgleichheit liegen) verweisen offenbar auf eine bestimmte Qualität von Ungleichheiten bezüglich allgemeiner Lebens-, Wohn- und Arbeitsverhältnisse, welche tolerierbar erscheinen und welche möglicherweise eine weniger gesundheitsschädigende und weniger von chronischen Distress-Bedingungen geprägte Lebensführung ermöglichen (Marmot 1994).

Wenn diese Interpretation stichhaltig ist, dann ergeben sich **neue Prioritäten und Herausforderungen** für die Prävention und die an Erkenntnissen der *Public-Health*-Forschung orientierte Gesundheitspolitik. Neben Investitionen in den Ausbau des medizinischen Versorgungssystems und neben individuelle Maßnahmen der Gesundheitsförderung treten jetzt strukturelle Veränderungen. Sie sprengen die traditionellen Grenzen der Gesundheitspolitik, indem sie Maßnahmen der Einkommens-, Bildungs- und Arbeitsmarktpolitik ebenso berücksichtigen, wie Maßnahmen der Wohnungs-, Verkehrs- und Nahrungsmittelpolitik (Rose 1992). Im 3. und 5. Kapitel haben wir gezeigt, wie eine solche Präventionspolitik sich an empirisch gesicherten soziologisch-theoretischen Modellen orientieren und damit gezielt, rational planend und wirksam vorgehen kann.

Für eine Medizin als Wissens- und Handlungssystem, die sich diesen dringlichen und teilweise bedrohlichen Problemen stellt, sind somit Erkenntnisse der Medizinischen Soziologie, wie sie in diesem Lehrbuch zusammengefaßt worden sind, auch in Zukunft aktuell, wichtig und von praktischer Bedeutung. Es bleibt zu hoffen, daß von diesen Erkenntnissen Anstöße für eine andere, bessere Praxis ausgehen.

Literaturverzeichnis

Abel, T., J.A. Wysong: Sozialer Status, gesundheitliches Risiko und Krankenversicherung: eine vergleichende Analyse der BRD und der USA. Soz. Präventivmed. 36 (1991), 166.

Ackermann-Liebrich, U., F. Gutzwiller, U. Keil, M. Kunze: Epidemiologie. Medication Foundation, Wien 1986.

Adelman, G. (ed.): Encyclopedia of Neuroscience. Birkhäuser, Boston–Basel–Stuttgart 1987, 2 Bände.

Ader, R., D.L. Felten, N. Cohen (eds.): Psychoneuroimmunology. Academic Press, San Diego 1991.

Adolphs, R., D. Tranel, H. Damasio, A. Damasio: Impaired recognition of emotion in facial expressions following bilateral damage to the human amygdala. Nature 372 (1994), 669.

Ahrens, S.: Interaktionsmuster der ambulanten Arzt-Patient-Beziehung in der Allgemeinmedizin. In: *Siegrist, J., A. Hendel-Kramer (Hrsg.):* Wege zum Arzt, S. 83. Urban & Schwarzenberg, München–Wien–Baltimore 1979.

Alber, J.: Das Gesundheitswesen der Bundesrepublik Deutschland. Campus, Frankfurt–New York 1992.

Andersen, R., J. Kravits, O.W. Anderson (eds.): Equity in Health Services: Empirical Analyses in Social Policy. Ballinger, Cambridge, Mass. 1975.

Antonovsky, A.: Health, Stress, and Coping Jossey Bass, San Francisco–New York–London 1979.

Antonovsky, A.: Unraveling the Mystery of Health: How People Manage Stress and Stay Well. Jossey Bass, San Francisco 1987.

Antons, K., W. Schulz: Normales Trinken und Suchtentwicklung. Hogrefe, Göttingen–Toronto–Zürich 1976, 2 Bände.

Arluke, A., L. Kennedy, R.C. Kessler: Re-examining the Sick-Role Concept: An Empirical Assessment. J. Health and Soc. Behav. 20 (1979), 30.

Arnetz, B.D., J. Wasserman, R. Petrini, S.O. Brenner, S. Levi, P. Eneroth, H. Salovaara, R. Hjelm, L. Salovaara, T. Theorell, I.L. Petterson: Immune Function in Unemployed Women. Psychosom. Med. 49 (1987), 3.

Arnetz, B.: Stress among physicians. Unpublished report, Stockholm 1994.

Aronson, E., A.M. Pines, D. Kafry: Ausgebrannt. Klett Cotta, Stuttgart 1983.

Badura, B., G. Feuerstein: Systemgestaltung im Gesundheitswesen. Juventa. Weinheim, München 1994.

Badura, B., G. Kaufholt, H. Lehmann, H. Pfaff, T. Schott, M. Waltz: Leben mit dem Herzinfarkt. Eine sozialepidemiologische Studie. Springer, Berlin–Heidelberg–New York 1987.

Badura, B., G. Kaufholt, H. Lehmann, H. Pfaff, R. Richter, T. Schott, M. Waltz: Leben mit dem Herzinfarkt: 4 1/2 Jahre nach dem Erstinfarkt. Abschlußbericht an das Bundesministerium für Forschung und Technologie, Berlin 1987.

Baltes, P.B. (ed.): Successful aging. Cambridge University Press, Cambridge 1993.

Baltes, P.B., O.G. Brim (eds.): Lifespan Development and Behavior. Vol. 1–6, Academic Press, New York 1978–1985.

Bandura, A.: Social Foundations of Thought and Action. Englewood Cliffs, New Jersey 1985.

Bandura, A.: Exercise of personal agency through self-efficacy mechanisms. In: *Schwarzer, R. (ed.):* Self Efficacy. Hemisphere Publ., Washington–Philadelphia–London 1992, 3.

Bartrop, R.W., L. Lazarus, E. Luckherst: Depressed Lymphocyte Function after Bereavement. Lancet I (1977), 834.

Beamish, R.E., P.K. Singal, N.S. Dhalla (eds.): Stress and Heart Disease. M. Nijhoff, Boston–The Hague–Dordrecht–Lancaster 1985.

Beck, U.: Risikogesellschaft. Suhrkamp, Frankfurt 1986.

Beck-Gernsheim, E.: Apparate pflegen nicht. In: *Klose, H.U. (Hrsg.):* Altern der Gesellschaft. Bund, Köln 1993, 258.

Becker, H.S.: Outsiders: Studies in the Sociology of Deviance. Free Press, New York 1963.

Becker, H.S., B. Greer, E.C. Hughes, A. Strauss: Boys in White: Student Culture in Medical School. University of Chicago Press, Chicago 1961.

Becker, M.H., L.A. Maiman: Socio-Behavioral Determinants of Compliance with Health and Medical Care Recommendations. Med. Care 13 (1975), 10.

Becker, M.H., L.A. Maiman: Models of Health-Related Behavior. In: *Mechanic, D. (ed.):* Handbook of Health, Health Care, and the Health Professions, p. 539. The Free Press, New York 1983.

Begemann, H. (Hrsg.): Patient und Krankenhaus. Urban & Schwarzenberg, München–Berlin–Wien 1976.

Begemann-Deppe, M.: Im Krankenhaus sterben: Das Problem der Wissenskonstitution in einer besonderen Situation. In: *Begemann, H. (Hrsg.):* Patient und Krankenhaus, S. 71. Urban & Schwarzenberg, München–Berlin–Wien 1976.

Begemann-Deppe, M.: Sprechverhalten und Thematisierung von Krankheitsinformation im Rahmen von Stationsvisiten. Phil. Diss. Universität Freiburg i. Breisgau 1978.

Ben-Sira, Z.: Politics and Primary Medical Care: Dehumanization and Overutilization. Avebury Aldershot, Brookfield–Hongkong–Singapore–Sydney 1988.

Berger, P.L., B. Berger: Wir und die Gesellschaft. Rowohlt, Reinbek 1976.

Berger, P.L., Th. Luckmann: Die gesellschaftliche Konstruktion der Wirklichkeit. S. Fischer, Frankfurt 1969.

Berkman, L.F., S.L. Syme: Social Networks, Host Resistance, and Mortality: A Nine Year Follow-up Study of Alameda County Residents. Amer. J. Epidemiol. 109 (1979), 186.

Bernstein, B.: Studien zur sprachlichen Sozialisation. Schwann, Düsseldorf 1972.

Bertram, H.: Gesellschaft, Familie und moralisches Urteil. Beltz, Weinheim 1978.

Bertram, H.: Sozialstruktur und Sozialisation. Luchterhand, Darmstadt–Neuwied 1981.

Bertram, H. (Hrsg.): Die Familie in Westdeutschland. Stabilität und Wandel familialer Lebensformen. Westdeutscher Verlag, Opladen 1991.

Bertram, W.: Angehörigenarbeit. Psychologie Verlags Union, München–Weinheim 1986.

Biener, K.: Wirksamkeit der Gesundheitserziehung. Karger, Basel 1970.

Bierhoff, H.W., A. Ludwig: Depressivität und Geschlechtsrollenorientierung. In: *Haisch, J., H.P. Zeitler (Hrsg.):* Gesundheitspsychologie. Asanger, Heidelberg 1991.

Bliesener, Th.: Die Visite – ein verhinderter Dialog. G. Narr, Tübingen 1982.

Bliesener, Th., K. Köhle: Die ärztliche Visite: Chance zum Gespräch. Westdeutscher Verlag, Opladen 1986.

Bohlken, J.: Gesprächssituation und Sprechverhalten während der Visite auf einer psychiatrischen Station. Med. Diss. Universität Marburg 1987.

Bohus, B., J.M. Koolhas: Psychosocial Stress: Endocrine and Brain Interaction and their Relevance for Cardiovascular Processes. In: *Ballieux, R.E., J.F. Fielding, A. L'Abbate (eds.):* Breakdown in Human Adaptation to „Stress", p. 843.

M. Nijhoff, Boston–The Hague–Dordrecht–Lancaster 1984.

Bollinger, H., G. Brockhaus, J. Hohl, H. Schwaiger: Medizinerwelten. Zeitzeichen Verlag, München 1981.

Bolm-Audorff, U.: Berufliche Belastungen und koronare Herzkrankheiten. R.G. Fischer, Frankfurt 1983.

Bolte, K.: Deutsche Gesellschaft im Wandel. 2. Auflage, Leske, Opladen 1967.

Bowlby, J.: Attachment and Loss: Separation, Anxiety and Anger, Hogarth Press, London 1973.

Breen, L.Z.: The Aging Individual. In: *Tibbitts, C. (ed.):* Handbook of Social Gerontology. Societal Aspects of Aging, p. 145. Chicago University Press, Chicago 1960.

Broadhead, W.E., B.H. Caplan: The Epidemiologic Evidence for a Relationship between Social Support and Health. Amer. J. Epidemiol. 117 (1983), 521.

Brose, H.G. (Hrsg.): Berufsbiographien im Wandel. Westdeutscher Verlag, Opladen 1986.

Brown, G.W., J.L. Birley, J.K. Wink: Influence of Family Life on the Course of Schizophrenic Disorders: A Replication. British J. Psychiatry 121 (1972), 241.

Brown, G.W., T. Harris: Social Origins of Depression. Tavistock, London 1978.

Brown, G.W., T.O. Harris (eds.): Life-Events and Illness. Guilford Press, New York 1989.

Brownell, K.D.: Public Health Approaches to Obesity and its Management. Ann. Rev. Publ. Health 6 (1986), 521.

Bucher, R.J., J.G. Stelling: Becoming Professional. Sage, Beverly Hills–London 1977.

Buchmann, M.: Krankheitsverhalten: Die Bedeutung von Alltagsvorstellungen über Gesundheit und Krankheit. In: *Gebert, A., F. Gutzwiller, C. Kleiber, G. Kocher (Hrsg.):* Der Umgang mit Gesundheit und Krankheit, S. 71. Horgen 1985.

Buddeberg, C.: Ehen krebskranker Frauen. Urban & Schwarzenberg, München–Wien–Baltimore 1985.

Bühl, W.: Struktur und Dynamik des menschlichen Sozialverhaltens. J.C.B. Moor (Paul Siebeck), Tübingen 1982.

Bungard, W., H.E. Lück: Forschungsartefakte und nicht-reaktive Meßverfahren. Täubner, Stgt. 1974.

Bunzel, B.: Herztransplantation: Psychosoziale Grundlagen und Forschungsergebnisse zur Lebensqualität, Thieme, Stuttgart–New York 1993.

Buring, J.E., D.A. Evans, M. Fiore, B. Rosner, C.H. Hennekens: Occupation and Risk of Death from Coronary Heart Disease. J. Amer. Med. Ass. 258 (1987), 791.

Burke, D.S., J.F. Brundage, W. Berner, L.J. Gartner: Prevalence of HIV-Positive Men and Women among Sevillan Military Applicants. N. Engl. J. Med. 317 (1987), 131.

Caldwell, J.C.: A Theory of Fertility. Population and Development Review 4 (1978), 553.

Cassel, E.J.: The Nature of Suffering and the Goals of Medicine. N. Engl. J. Med. 306 (1982), 639.

Cassel, J.: The Contribution of the Social Environment to Host Resistance. Amer. J. Epidemiol. 104 (1976), 107.

Castelli, W.P., K. Anderson: A Population at Risk. Amer. J. Med. 80 (Suppl. 2A) (1986), 23.

Cebelin, M.S., C.S. Hirsch: Human Stress Cardiomyopathy. Human Pathol. 11 (1980), 123.

Changeux, J.P.: Der neuronale Mensch. Rowohlt, Reinbek–Hamburg 1984.

Charlton, J.R., R.M. Hartley, R. Silver, N.W. Holland: Geographical Variation in Mortality from Conditions Amenable to Medical Intervention in England and Wales. Lancet i (1983), 691.

Cicourel, A.V.: Methode und Messung in der Soziologie. Suhrkamp, Frankfurt 1974.

Claessens, D.: Familie und Wertsystem. Duncker & Humboldt, Berlin 1962.

Cockerham, W.C.: Medical Sociology, 5th ed., Prentice Hall, Englewood Cliffs 1992.

Cockerham, W.C., G. Kunz, G. Lueschen, J.L. Spaeth: Social Stratification and Self-Management of Health. J. Health Soc. Behav. 27 (1986), 1.

Coe, R.M.: Sociology of Medicine. 2nd ed., McGraw Hill, New York 1978.

Cohen, F., R.S. Lazarus: Coping and Adaptation in Health and Illness. In: *Mechanic, D. (ed.):* Handbook of Health, Health Care, and the Health Professions, p. 608. The Free Press, New York–London 1983.

Cohen, L.A.: Diet and Cancer. Scientif. Americ. 257 (1987), 42.

Cohen, S., S.L. Syme (eds.): Social Support and Health. Academic Press, Orlando 1985.

Cole, S., R. Lejeune: Illness and the Legitimation of Failure. Amer. Soc. Rev. 37 (1972), 347.

Coleman, J.S.: Foundations of Social Theory. Belknap Press, Cambridge–Mass. 1990.

Corbin, J.M., A.L. Strauss: Weiterleben lernen: Chronisch Kranke in der Familie. Piper, München–Zürich 1993.

Cosmides, L.: The logic of social exchange: has natural selection shaped how humans reason? Cognition 31 (1989), 187.

Croog, S.H., S. Levine: The Heart Patient Recovers. Human Sciences Press, New York London 1977.

Croog, S.H., S. Levine, M.A. Testa, B. Brown, C.J. Bulpitt, C.D. Jenkins, G.L. Klerman, G.H. Williams: The Effects of Antihypertensive Therapy on the Quality of Life. N. Engl. J. Med. 314 (1986), 1657.

Dahrendorf, R.: Soziale Klassen und Klassenkonflikt in der industriellen Gesellschaft. F. Enke, Stuttgart 1957.

Davey-Smith, G., M. Bartley, D. Blane: The Black report on socioeconomic-inequalities in health 10 years on. Brit. Med. J. 301 (1990), 373.

Davis, F.: Illness, Interaction, and the Self. Belmont, Wadsworth 1972.

Davis, P.: Introduction to the Sociology of Dentistry. University of Otago Press, Dunedin 1987.

Dembroski, T.M., T.H. Schmidt, G. Blümchen (eds.): Biobehavioral Basis of Coronary Heart Disease. Karger, Basel 1983.

Deppe, H.U.: Vernachlässigte Gesundheit. Kiepenheuer & Witsch, Köln 1980.

Deppe, H.U., M. Regus (Hrsg.): Medizin, Gesellschaft, Geschichte, Campus, Frankfurt 1975.

Derogatis, L.R., M.D. Abelott, N. Melisaratos: Psychological Coping Mechanisms and Survival Time in Metastatic Breast Cancer. J. Amer. Med. Assoc. 242 (1979), 1504.

Dinkel, R.: Demographie. Band 1. Bevölkerungsdynamik. Vahlen, München 1989.

Dixhoorn, J. van, H.J. Tuivenvoorden, J.A. Staal, J. Pool, F. Verhage: Cardiac Events after Myocardial Infarction: Possible Effekt of Relaxation Therapy. Europ. Heart J. 8 (1987), 1210.

Dixhoorn, J. van: Significance of breathing awareness and exercise training for recovery after myocardial infarction. In: *Carlson, J.W., A.R. Seifert, N. Birbaumer (eds.):* Clinical Applied Psychophysiology. Plenum Press, New York 1994, 113.

Doeringer, P., M. Piore: Internal Labour Market and Manpower Analysis. Lexington Press, Boston 1971.

Dörner, K.: Bürger und Irre. Fischer, Frankfurt 1969.

Dohrenwend, W.S., B.P. Dohrenwend (eds.): Stressful Life Events and their Contexts. Prodist, New York 1981.

Donzelot, J.: Die Ordnung der Familie. Suhrkamp, Frankfurt 1979.

Dreitzel, H.P.: Die gesellschaftlichen Leiden und das Leiden an d. Gesellschaft. F. Enke, Stuttgart 1972.

Dubos, R.: Man, Medicine, and Environment. Mentor, New York 1969.

Duff, R.S., A.B. Hollingshead: Sickness and Society. Harper & Row, New York 1968.

Duncan, O.D.: Introduction to Structural Equation Models. Academic Press, New York 1975.

Durkheim, E.: Die Regeln der soziologischen Methode. Luchterhand, Neuwied u. Berlin 1961 (zuerst 1895).

Durkheim, E.: Der Selbstmord. Luchterhand, Neuwied u. Berlin 1973 (zuerst 1897).

Eibl-Eibesfeld, I. von: Die Biologie des menschlichen Verhaltens. Grundriß der Humanethologie. Piper, München 1984.

Eder, K., J. Habermas: Zur Struktur einer Theorie der sozialen Evolution. In: *Lepsius, M.R. (Hrsg.):* Zwischenbilanz der Soziologie. F. Enke, Stuttgart 1976.

Eisenberg, L., A. Kleinman: The Relevance of Social Science for Medicine. M. Nijhoff, Dordrecht–Lancaster 1981.

Eliade, M.: Die Religionen und das Heilige. Insel, Frankfurt 1986.

Elias, N.: Über den Prozeß der Zivilisation. 2 Bände, Suhrkamp, Frankfurt 1982 (zuerst 1939).

Elias, N.: Wandlungen der Machtbalance zwischen den Geschlechtern. Kölner Zeitschrift für Soziologie und Sozialpsychologie 38 (1986), 425.

Elias, N.: Zivilisation. In: *Schäfers, B. (Hrsg.):* Grundbegriffe der Soziologie, S. 382. Leske & Budrich, Opladen 1986.

Elias, N.: Die Gesellschaft der Individuen. Suhrkamp, Frankfurt 1987.

Engel, U., K. Hurrelmann: Was Jugendliche wagen. Juventa, Weinheim–München 1993.

Engelhardt, K.: Patientenzentrierte Medizin. F. Enke, Stuttgart 1978.

Engelhardt, K., A. Wirth, L. Kindermann: Kranke im Krankenhaus. F. Enke, Stuttgart 1973.

Engels, F.: Die Lage der arbeitenden Klasse in England. 6. Auflage, Dietz, Berlin 1920 (zuerst 1845).

Erikson, E.H.: Identität und Lebenszyklus. Suhrkamp, Frankfurt 1966.

Erikson, K.T.: Notes on the Sociology of Deviance. Soc. Probl. 9 (1962), 307.

Escobedo, L.G., R.F. Ando, P.F. Smith, P.L. Remington, E.E. Mast: Sociodemographic characteristics of cigarette smoking initiation in the United States. J. Amer. Med. Assoc. 264 (1990), 1550.

Etzioni, A.: Die zweite Erschaffung des Menschen. Westdeutscher Verlag, Opladen 1977.

Faller, H., J. Frommer (Hrsg.): Qualitative Psychotherapieforschung. Grundlagen und Methoden. A. Sanger, Heidelberg 1994.

Featherman, D.L., R.M. Pauser: Opportunity and Change. New York 1978.

Federowitz, J., D. Matejovski, G. Kaiser (Hrsg.): Neuroworlds. Campus, Frankfurt–New York 1994.

Feigenbaum, A.: The Library of the Future. Vortragsmanuskript, Aston University, Birmingham 1986.

Feinstein, A.R.: Clinical Epidemiology. W.B. Saunders, Philadelphia 1985.

Fengler, C., T., Fengler: Alltag in der Anstalt. Psychiatrie Verlag, Rehburg-Loccum 1980.

Ferber, C. von: Vom Nutzen der Soziologie für die Medizin. Arbeitsmed. Sozialmed. Arbeitshygiene (1970), 213.

Ferber, C. von: Gesundheit und Gesellschaft. Kohlhammer, Stuttgart 1971.

Ferber, C. von: Gesundheitsverhalten. In: *Siegrist,*

J., A. Hendel-Kramer (Hrsg.): Wege zum Arzt. S. 7. Urban & Schwarzenberg, München–Wien–Baltimore 1979.

Ferber, C. von, B. Badura (Hrsg.): Laienpotential, Patientenaktivierung und Gesundheitsselbsthilfe. Oldenbourg, München 1983.

Ferber, L. von: Die ambulante ärztliche Versorgung im Spiegel der Verwaltungsdaten einer Ortskrankenkasse. Enke, Stuttgart 1988.

Festinger, L.: A Theory of Social Comparison Processes. Human Relations 7 (1954), 117.

Festinger, L.: Theory of Cognitive Dissonance. Evanston 1957.

Field, M.G.: Doctor and Patient in Soviet Russia. Harvard University Press, Cambridge 1957.

Finlayson, A., J. McEwen: Coronary Heart Disease and Patterns of Living. Croom Helm Prodist, London–New York 1977.

Fischer, G.H.: Einführung in die Theorie psychologischer Tests. Huber, Bern 1974.

Fischer, W.: Time and Chronic Illness. Hektographiertes Manuskript, Berkeley 1982.

Fischer-Homberger, E.: Krankheit Frau. Huber, Bern–Stuttgart–Wien 1979.

Fitzgerald-Miller, J.: Coping with Chronic Illness. F.A. Davis, Philadelphia 1983.

Foucault, M.: Die Geburt der Klinik. Hanser, München 1973.

Fourastié, J.: Die große Hoffnung des 20. Jahrhunderts. Köln-Deutz 1954.

Fox, A.J. (ed.): Social Inequalities in Health in Europe. Gower, London 1988.

Fox, B.H., B.H. Newberry (eds.): Impact of Psychoendocrine Systems in Cancer and Immunity. C.J. Hogrefe, Lewiston–New York–Toronto 1984.

Fox, J. (ed.): Health Inequalities in European Countries. Gower, Aldershot 1989.

Frankenhaeuser, M.: Psychoneuroendocrine Approaches to the Study of Emotions Related to Stress and Coping. In: *Howe, D. (ed.):* Nebraska Symposium on Motivation. University of Nebraska Press, Lincoln 1979.

Frasure-Smith, N., F. Lesperance, M. Talajic: Depression following myocardial infarction: impact on 6-month survival. J. Amer. Med. Assoc. 270 (1993), 1819.

Frasure-Smith, N., R. Prince: The Ischaemic Heart Disease Life Stress Monitoring Programme: Impact on Mortality. Psychosom. Med. 47, 1985, 431.

Frasure-Smith, N., R. Prince: Long-term follow-up of the ischemic heart disease life stress monitoring program. Psychosom. Med. 51 (1989), 485.

Freeman, H., S. Levine (eds.): Handbook of Medical Sociology. 4th ed., Prentice Hall, Englewood-Cliffs, N.J. 1989.

Freidson, E.: Patients' Views of Medical Practice. Russell Sage Foundation, New York 1961.

Freidson, E.: Profession of Medicine. A Study of the Sociology of Applied Knowledge. Dood Mead & Co., New York 1970 (dt.: Der Ärztestand, Enke, Stuttgart 1979).

Freidson, E.: Doctoring Together. A Study of Professional Social Control. Elsevier, New York 1975.

Frentzel-Beyme, R.: Einführung in die Epidemiologie. Wissenschaftliche Buchgesellschaft, Darmstadt 1985.

Frerichs, P., M. Steinrücke (Hrsg.): Soziale Ungleichheit und Geschlechterverhältnisse. Leske und Budrich, Opladen 1993.

Frevert, U.: Frauen und Ärzte im späten 18. und frühen 19. Jahrhundert – zur Sozialgeschichte eines Gewaltverhältnisses. In: *Kuhn, A., J. Rüsen (Hrsg.):* Frauen in der Geschichte. Band 2, S. 177, Düsseldorf 1982.

Friedrich, H., T. Kleinspehn, G. Ziegeler: Verläufe von chronischen Krankheiten in Abhängigkeit von Folgeerscheinungen in der psychosozialen Umwelt, am Beispiel von Herzinfarkt und Diabetes. Forschungsbericht an die DFG, hektographiertes Manuskript, Göttingen 1980.

Friedrich, H., H. Belandt, P. Denecke: Krankheitsverläufe bei Multiple-Sklerose-Kranken in Abhängigkeit von Determinanten des Krankheitsverhaltens und der psychosozialen Umwelt (2 Bde.). Vervielfältigtes Manuskript, Göttingen 1982.

Friedrichs, J.: Methoden empirischer Sozialforschung. 12. Aufl., Rowohlt, Reinbek 1984.

Frühbuß, J., W. Micheelis: Prävention in der Kinder- und Jugendzahnheilkunde. In: *Hurrelmann, K., P. Kolip, P.E. Schnabel (Hrsg.):* Jugend und Gesundheit, Juventa, Weinheim–München 1995, 263.

Garfinkel, H.: Studies in Ethnomethodology. Prentice Hall, Englewood Cliffs 1967.

Gaus, E., K. Köhle: Psychosomatische Aspekte intensivmedizinischer Behandlungsverfahren. In: *Th. von Uexküll:* Psychosomatische Medizin, S. 1157. Urban & Schwarzenberg, München–Wien–Baltimore 1986.

Gehlen, A.: Der Mensch, seine Natur und seine Stellung in der Welt. Bonn 1958.

Geiger, Th.: Vorstudien zu einer Soziologie des Rechts. Luchterhand, Neuwied 1964.

Geißler, R. (Hrsg.): Soziale Schichtung und Lebenschancen in der Bundesrepublik Deutschland. F. Enke, Stuttgart 1987.

Geißler, R. (Hrsg.): Die Sozialstruktur Deutschlands. 2. Auflage 1992. Leske und Budrich, Opladen 1986.

Gerhardt, U.: Patientenkarrieren. Biographische Typenkonstruktion bei chronischer Niereninsuffizienz. Suhrkamp, Frankfurt 1986.

Gerhardt, U.: Parson's Role Theory and Health Interaction. In: *Scambler, G. (ed.):* Medical Sociology and Sociological Theory. Tavistock, London 1989.

Gerhardt, U. (ed.): Qualitative research on chronic illness. Soc. Sci. Med. 30 (1990), 1211.

Gerhardt, U., H. Friedrich: Familie und chronische Krankheit: Versuch einer soziologischen Standortbestimmung. In: *Angermeyer, M., H. Freyberger (Hrsg.):* Chronisch kranke Erwachsene in der Familie. F. Enke, Stuttgart 1982.

Geyer, S.: Lebensverändernde Ereignisse und Brustkrebs. Huber, Bern–Stuttgart–Toronto 1991.

Glaser, B.G., A. Strauß: Awareness of Dying. Aldine, Chicago 1965 (dt.: Interaktion mit Sterbenden. Vandenhoeck & Ruprecht, Göttingen 1974).

Glatzer, W., W. Zapf (Hrsg.): Lebensqualität in der Bundesrepublik. Campus, Frankfurt–New York 1984.

Glick, B.C., D.M. Heer, J. Beresford: Family Formation and Family Composition. In: *Sussman, M.B. (ed.):* Sourcebook on Marriage and the Family. Houghton-Mifflin, New York 1963.

Goffman, E.: Encounters. Indianapolis 1961.

Goffman, E.: Asylums. Anchor, New York 1961 (dt.: Asyle. Suhrkamp, Frankfurt 1972).

Goffman, E.: Stigma. Indianapolis 1963 (dt.: Stigma. Suhrkamp, Frankfurt 1975).

Goode, W.J.: Soziologie der Familie. Juventa, München 1967.

Goodwin, J.S., W.C. Hunt, C.R. Key, J.M. Samet: The Effect of Marital Status on Stage, Treatment, and Survival of Cancer Patients. J. Amer. Med. Assoc. 258 (1987), 3125.

Gouldner, A.: Die westliche Soziologie in der Krise. Rowohlt, Reinbek 1974.

Grant, M.: Mittelmeerkulturen der Antike. C.H. Beck, München 1974.

Greenblatt, M., D.J. Levinson, R.H. Williams (ed.): The Patient and the Medical Hospital. The Free Press, Glencoe, Illinois 1957.

Grote-Janz, C. von, E. Weingarten: Technikgebundene Handlungsabläufe auf der Intensivstation. Zeitschr. Soziol. 12 (1983), 328.

Grotjahn, A.: Soziale Pathologie. Berlin 1915.

Grunow, D., H. Breitkopf, H.J. Dahme, R. Engfer, V. Grunow-Lutter, W. Paulus: Gesundheitsselbsthilfe im Alltag. F. Enke, Stuttgart 1983.

Guéhenno, J.M.: Das Ende der Demokratie, Artemis & Winkler, München–Zürich 1994.

Habermas, J.: Technik und Wissenschaft als Ideologie. 7. Aufl., Suhrkamp, Frankfurt 1974.

Hackett, T.P., N.H. Cassem, H.A. Wishnie: The Coronary-Care-Unit. An Appraisal of its Psychological Hazards. N. Engl. J. Med. 279 (1968), 1365.

Hackett, T.P., N.H. Cassem: Development of a Quantitative Rating Scale to Assess Denial. J. Psychosom. Res. 18 (1974), 413.

Hackett, T.P., N.H. Cassem: White-Collar and Blue-Collar Responses to Heart Attack. J. Psychosom. Res. 20 (1976), 85.

Haefner, K.: Von der sozialen zur soziotechnischen Welt. In: *Kaiser, G., D. Matejovski, J. Fedrowitz (Hrsg.):* Kultur und Technik im 21. Jahrhundert. Campus, Frankfurt–New York 1993, 48.

Haferkamp, H.: Soziologie als Handlungstheorie. Bertelsmann, Düsseldorf 1972.

Halhuber, C., K. Traenkner (Hrsg.): Die koronare Herzkrankheit – eine Herausforderung an Gesellschaft und Politik. Perimed, Erlangen 1986.

Haller, M.: Theorie der Klassenbildung und sozialen Schichtung. Campus, Frankfurt–New York 1983.

Halliday, J.L.: Psychosocial Medicine: A Study of the Sick Society. Heinemann, London 1949.

Handl, J., K.U. Mayer, W. Müller (Hrsg.): Klassenlagen und Sozialstruktur. Campus, Frankfurt 1977.

Haynes, R.B., D.W. Taylor, D.L. Sackett: Compliance-Handbuch. Oldenbourg, München–Wien 1982.

Heckhausen, H.: Motivation und Handeln. Springer, Berlin–Heidelberg 1980.

Helfferich, C.: Jugend, Körper und Geschlecht. Leske und Budrich, Opladen 1994.

Hellhammer, D., I. Florin, H. Weiner (eds.): Neurobiological Approaches to Human Disease. Huber, Toronto–Lewiston–Bern–Stuttgart 1988.

Henke, K.D.: Alternativen zur Weiterentwicklung der Sicherung im Krankheitsfall. Unveröffentlichtes Manuskript, Hannover 1990.

Hennekens, Ch., J.E. Buring: Epidemiology in Medicine. Little, Brown & Co., Boston 1987.

Henry, J.P., P.M. Stephens: Stress, Health, and the Social Environment. Springer, New York–Heidelberg–Berlin 1977.

Herb, G.: Alleinstehende Frauen im Alter. Dissertation Philosophische Fakultät der Universität, Heidelberg 1992.

Herschbach, P.: Psychische Belastung von Ärzten und Krankenpflegekräften. VCH Edition Medizin, Weinheim 1991.

Hertz, A.: Biochemische u. pharmakologische Aspekte der Drogensucht. Spektrum d. Wissenschaft: Gehirn u. Nervensystem. Heidelberg 1985, 194.

Hess, R.D., V.C. Shipman: Early Experience and the Socialization of Cognitive Modes in Children. Child Development 36 (1965), 869.

Hildenbrand, B.: Alltag und Krankheit. Klett-Cotta, Stuttgart 1983.

Hinschützer, U., H. Momber: Basisdaten über ältere Menschen in der Statistik der Bundesrepublik Deutschland. 2. Aufl. Berlin 1984.

Hobsbawm, E.J.: Industrie und Empire. Britische Wirtschaftsgeschichte seit 1750. 2 Bde., Suhrkamp, Frankfurt 1969.

Höpflinger, F.: Wandel der Familienbildung in Westeuropa, Campus, Frankfurt 1987.

Hoffmann-Markwald, A.: Who is Who in Public Health? Schriftenreihe der „Koordinierungsstelle Gesundheitswissenschaften/Public Health". Freiburg i. Br. 1994.

Hohlfeld, R.: Die zweite Schöpfung des Menschen – zur Ideologie der biochemischen und genetischen Verbesserung der menschlichen Natur. Gewerkschaftliche Monatshefte 9 (1986), 561.

Hollingshead, A.B., F.C. Redlich: Social Class and Mental Illness. John Wiley, New York 1958.

Horn, K., C. Beier, M. Wolf: Krankheit, Konflikt und soziale Kontrolle. 2 Bde., Westdeutscher Verlag, Opladen 1983.

House, J.S.: Work Stress and Social Support. Addison-Wesley, Reading, Mass. 1981.

Hradil, S.: Soziale Schichtung und Arbeitssituation. In: *Geißler, R. (Hrsg.):* Soziale Schichtung und Lebenschancen, S. 25. Enke, Stuttgart 1987.

Huerkamp, C.: Der Aufstieg der Ärzte im 19. Jahrhundert. Vandenhoeck & Ruprecht, Göttingen 1985.

Hulka, B.S., J.C. Cassel, L.L. Kupper, J.A. Burdett: Communication, Compliance, and Concordance Between Physicians and Patients with Prescribed Medications. Amer. J. Publ. Health 66 (1976), 847.

Hulka, B.S., J.R. Wheat: Patterns of Utilization. The Patient Perspective. Med. Care 23 (1985), 438.

Huntington, S.: The clash of civilizations? Foreign Affair 72 (1993), 3.

Hurrelmann, K., F. Lösel (eds.): Health Hazards in Adolescence. de Gruyter, Berlin–New York 1990.

Illsley, R., P.G. Svensson (eds.): The Health Burden of Social Inequities. WHO Document, Kopenhagen 1986.

Jaco, E.G. (ed.): Patients, Physicians, and Illness. 3rd ed., The Free Press, Glencoe 1981.

Jacoby, H.: Die Bürokratisierung der Welt. Luchterhand, Neuwied–Berlin 1969.

Janssen-Jurreit, M.: Sexismus. Hanser, München–Wien 1976.

Jessor, R.: Adolescent Development and Behavioral Health. In: *Metarazzo, J.A., S.M. Weiss, J. A. Herd, D.E. Miller (eds.):* Behavioral Health: A Handbook of Health Enhancement and Disease Prevention. John Wiley, New York 1984.

Jetter, D.: Hospitalgeschichte. In: *Artelt, W., W. Rüegg (Hrsg.):* Der Arzt und der Kranke in der Gesellschaft des 19. Jahrhunderts. Stuttgart 1967.

Jetter, D.: Grundzüge der Hospitalgeschichte. Wiss. Buchgesellschaft, Darmstadt 1973.

Jöreskog, K.G., D. Sörbom: Advances in Factor Analysis and Structural Equation Models. Abt Books, Cambridge, Mass. 1979.

Johnson, J.V., G. Johansson (eds.): The Psychosocial Work Environment and Health: Work Organizations, Democratization and Health. Baywood Publ. Amityville, N.Y. 1991.

Jonas, H.: Das Prinzip Verantwortung. Insel, Frankfurt 1979.

Kaplan, H.W., R.J. Johnson, C.A. Bailey, B. Simon: The Sociological Study of AIDS. A Critical Review of the Literature and Suggested Research Agenda. J. Health Soc. Behav. 28 (1987), 140.

Kaplan, G.A., J.E. Keil: Socioeconomic factors and cardiovascular disease: a review of the literature. Circulation 88 (1993), 1973.

Karasek, R., T. Theorell: Healthy Work. Basic Books, New York 1990.

Karasek, R.A.: Stress prevention through work reorganization. In: *International Labour Office (ed.):* Preventing Stress at Work. Conditions of Work Digest 11 (1992), 23.

Kasl, S.V., S. Cobb: Health Behavior, Illness Behavior, and Sick Role Behavior. Arch. Environm. Health 12 (1966), 246.

Katschnig, H. (Hrsg.): Die andere Seite der Schizophrenie. 2. Auflage, Psychologie Verlags Union, München 1989.

Katz, S. (ed.): The Portugal Conference: Measuring Quality of Life and Functional Status in Clinical and Epidemiological Research. J. Chron. Diss. 40 (1987), 459.

Katz, S., A.B. Ford, R.W. Moskowitz: Studies of Illness in the Aged: The Index of ADL: A Standardized Measure of Biological and Psychosocial Function. J. Amer. Med. Assoc. 185 (1963), 94.

Kaufmann, F.-X.: Zukunft der Familie. München 1990.

Kaupen-Haas, H.: Arzt-Patient-Kommunikation „Revisited". In: *Löning, P., J. Rehbein (Hrsg.):* Arzt-Patient-Kommunikation. de Gruyter, Berlin–New York 1993, 149.

Kavanagh, D.J.: Recent developments in expressed emotion and schizophrenia. Brit. J. Psychiatr. 160 (1992), 601.

Kessler, R.C., J.D. McLeod: Social Support and Mental Health in Community Samples. In: *Cohen, S., S.L. Syme (eds.):* Social Support and Health. Academic Press, New York 1985.

Kiecolt-Glaser, J.K., R. Glaser, E.C. Shuttleworth, C.S. Dyer, P. Ogrocki, C.E. Speicher: Chronic Stress and Immunity in Family Caregivers of Alzheimer's Disease Victims. Psychosom. Med. 49 (1987), 523.

Kiev, A.: Curanderismo: Mexican-American Folk Psychiatry. The Free Press, New York 1968.

Kitagawa, E.M., Ph.M. Hauser: Differential Mortality in the United States. A Study in Socioeconomic Epidemiology. Harvard University Press, Cambridge 1973.

Klapp, B.F.: Psychosoziale Intensivmedizin. Springer, Berlin–Heidelberg–New York 1985.

Koch, U.: Wie Ärzte sich selbst und ihre Patienten sehen. Psychologie Heute 2 (1975).

Koch, U., C. Schmeling: Betreuung von Schwer- und Todkranken. Urban & Schwarzenberg, München–Wien–Baltimore 1982.

Köhle, K., G. Gaus: Psychotherapie von Herzinfarkt-Patienten während der stationären und poststationären Behandlungsphasen. In: *Uexküll, Th. von:* Psychosomatische Medizin, Urban & Schwarzenberg, München–Wien–Baltimore 1986, S. 691.

Köhle, K., C. Simons, B. Kubanek: Zum Umgang mit unheilbar Kranken. In: *Uexküll, Th. von:* Psychosomatische Medizin, S. 1203. Urban & Schwarzenberg, München–Wien–Baltimore 1986.

Köhle, K., P. Joraschky: Die Institutionalisierung der psychosom. Medizin im klin. Bereich. In: *Uexküll, Th. von:* Psychosom. Medizin. S. 406. Urban & Schwarzenberg, München–Wien–Baltimore 1986.

Köhle, K., H.H. Raspe (Hrsg.): Das Gespräch während der ärztlichen Visite. Urban & Schwarzenberg, München–Wien–Baltimore 1982.

Köhler, H.: Bildungsbeteiligung und Sozialstruktur in der Bundesrepublik: Zu Stabilität und Wandel der Ungleichheit von Bildungschancen. Edition Sigma, Berlin 1992.

Kohlberg, L.: Zur kognitiven Entwicklung des Kindes. Suhrkamp, Frankfurt 1974.

Kohler-Riessman, C., N. Gerstel: Marital Dissolution and Health: Do Males or Females Have Greater Risk? Soc. Sci. Med. 20 (1985), 627.

Kohlmann, T.: Nichtlineare Hauptkomponentenanalyse. Zeitschr. Soziol. 17 (1988), 474.

Kohlmann, T., I. Freigang-Bauer, B. Nolte: Krankheitsverständnis und Arbeitsorganisation im Krankenhaus. Vervielfältigtes Manuskript, Marburg 1986.

Kohlmann, T., J. Siegrist: Soziologische Aspekte des ärztlichen Handelns auf traditionellen und psychosomatischen Stationen. In: *Schüffel, W. (Hrsg.):* Sich gesund fühlen im Jahre 2000. S. 471. Springer, Berlin–Heidelberg–New York 1988.

Kohn, M., C. Schooler: Work and Personality: An Inquiry into the Impact of Social Stratification: Ablex, Norwood, N.J. 1983.

König, R.: Soziologie der Familie. In: *König, R. (Hrsg.):* Handbuch der empirischen Sozialforschung. Bd. 2, S. 172. F. Enke, Stuttgart 1969.

König, R. (Hrsg.): Handbuch der empirischen Sozialforschung. 3. Aufl., F. Enke, Stuttgart 1974.

König, R., M. Tönnesmann (Hrsg.): Probleme der Medizinsoziologie. Westdeutscher Verlag, Opladen 1958.

Kosa, J., A. Antonovsky, I.K. Zola (eds.): Poverty and Health. Harvard University Press, Cambridge, Mass. 1969.

Koos, E.L.: The Health of Regionville. Columbia University Press, New York 1954.

Korsch, B.W., E.K. Gozzi, V. Francis: Gaps in Doctor-Patient Communication. Pediatrics 42 (1968), 855.

Kramer, A., J. Siegrist: Soziale Schicht und Krankheitsverhalten: Eine Kontrollstudie. In: *Enke, H., A. Pohlmeier (Hrsg.):* Psychosoziale Rehabilitation, S. 199. Hippokrates, Stuttgart 1972.

Kreckel, R.: Politische Soziologie der sozialen Ungleichheiten. Campus, Frankfurt–New York 1992.

Krohn, M.D., J.L. Massey, W.F. Skinner, R.M. Lauer: Social Bonding Theory and Adolescent Cigarette Smoking: A Longitudinal Analysis. J. Health Soc. Behav. 24 (1983), 337.

Küchler, M.: Multivariate Analyseverfahren. Teubner, Stuttgart 1979.

Kühn, H.: Healthismus. Edition Sigma, Berlin 1993.

Kuhn, Th.S.: Die Struktur wissenschaftlicher Revolutionen. Suhrkamp, Frankfurt 1973.

Labisch, A., F. Tennstedt: Prävention und Prophylaxe als Handlungsfelder der Gesundheitspolitik in der Frühgeschichte der Bundesrepublik Deutschland. In: *Elkeles, T. (Hrsg.):* Prävention und Prophylaxe: Theorie und Praxis eines gesundheitspolitischen Grundmotivs in zwei deutschen Staaten 1949–1990. Edition Sigma, Berlin 1991, 129.

Lalouschek, J., F. Menz, R. Wodak: Alltag in der Ambulanz. Vervielfältigtes Manuskript, Wien 1988.

Landis, K.R.: Personal and Environmental Determinants of Social Support. Ph.D. Dissertation, University of Ann Arbor, Michigan 1988.

Lange, E.: Zur Entwicklung und Methodik der Evaluationsforschung in der Bundesrepublik Deutschland. Zeitschr. Soziol. 12 (1983), 253.

Lazarus, R.S., S. Folkman: Stress, Appraisal, and Coping. Springer, New York 1984.

LeDoux, J.E.: Emotion. In: *Plum, F. (ed.):* Handbook of Physiology 5: The Nervous System. New York 1987.

LeDoux, J.E.: Cognitive-emotional interactions in the brain. Cognition and Emotion 3 (1989), 267.

Leff, J.P.: Die Angehörigen und die Verhütung des Rückfalls. In: *Katschnig, H. (Hrsg.):* Die andere Seite der Schizophrenie. Urban & Schwarzenberg, München–Wien–Baltimore 1977, S. 167.

Lefkowitz, R.J., M.G. Caron, G.L. Stiles: Mechanisms of Membrane-Receptor Regulation. N. Engl. J. Med. 310 (1984), 1570.

Lemert, E.M.: Social Pathology. New York 1951.

Lepsius, M.R.: Sozialstruktur und soziale Schichtung in der Bundesrepublik Deutschland. In: *Löwenthal, R., H.P. Schwarz (Hrsg.):* Die zweite Republik. F. Enke, Stuttgart 1974, S. 243.

Lepsius, M.R.: Soziale Ungleichheit und Klassenstrukturen in der Bundesrepublik Deutschland. In: *Wehler, H.U. (Hrsg.):* Klassen in der europäischen Sozialgeschichte. Vandenhoek & Ruprecht, Göttingen 1979, 166.

Leventhal, H.: The Consequences of Depersonalization During Illness and Treatment. In: *Howard, J., A.L. Strauss (eds.):* Humanizing Health Care, p. 119. Wiley, New York 1975.

Levi-Strauss, C.: Strukturale Anthropologie. Suhrkamp, Frankfurt 1967.

Levy, J.: Disease Change and the Role of Medicine: The Navajo Experience. University of California Press, Berkeley 1983.

Lichtenthaeler, C.: Geschichte der Medizin. 2 Bde., Deutscher Ärzteverlag, Bonn 1974.

Lichtner, S., M. Pflanz: Appendectomy in the Federal Republic of Germany. Med. Care 9 (1971), 311.

Lifton, R.: Ärzte im Dritten Reich. Klett, Stuttgart, 1988.

Light, D.W.: The practice and ethics of risk – rated health insurance. J. Amer. Med. Assoc. 267 (1992), 2503.

Lorber, J.: Women Physicians. Tavistock, New York–London 1984.

Lüscher, K., F. Schultheis (Hrsg.): Generationenbeziehungen in „postmodernen" Gesellschaften. Universitäts-Verlag, Konstanz 1993.

Luhmann, N.: Vertrauen. F. Enke, Stuttgart 1973.

Luhmann, N.: Soziale Systeme. Suhrkamp, Frankfurt 1984.

Lynch, J.J.: Das gebrochene Herz. Rowohlt, Reinbek 1979.

Mackenroth, G.: Bevölkerungslehre. Springer, Berlin–Göttingen–Heidelberg 1953.

MacMahon, B., T.F. Pugh: Epidemiology, Principles and Methods. Little, Brown & Co., Boston 1970.

Maeland, J.G., O.E. Havik: Psychological Predictors for Return to Work after a Myocardial Infarction. J. Psychosom. Res. 31 (1987), 471.

Mancia, G.: Etiology and background of smoking-induced cardiovascular risk. Am. Heart J. 115 (1988), 240.

Marmot, M.G.: Social differentials in health within and between populations. Daedalus 123 (1994), 197.

Marmot, M.G., M.E. McDowall: Mortality Decline and Widening Social Inequalities. Lancet II (1986), 274.

Marmot, M.G., M.J. Shipley, G. Rose: Inequalities in Death – Specific Explanation of a General Pattern. Lancet I (1984), 1003.

Marmot, M.G., S.L. Syme: Acculturation and Coronary Heart Disease in Japanese-Americans. Am. J. Epidemiol. 104 (1976), 225.

Marx, K.: Frühschriften. Wiss. Buchgesellschaft, Darmstadt 1962.

Marx, K.: Das Kapital. 2 Bde., Wiss. Buchgesellschaft, Darmstadt 1962 (zuerst 1868).

Maschewsky-Schneider, U., R. Klesse: Lebenslagen und Gesundheitshandeln von sozial benachteiligten Frauen. Soz. Präventivmed. 38 (1993), 156.

Maschewsky, W.: Das Experiment in der Psychologie. Campus, Frankfurt 1977.

Matschinger, H., J. Siegrist, K. Siegrist, K. Dittmann: Type A as a Coping Career – towards a Conceptual and Methodological Redefinition. In: *Schmidt, Th., T.M. Dembroski, G. Blümchen (eds.):* Biological and Psychological Factors in Cardiovascular Disease, p. 104. Springer, Heidelberg–Berlin–New York 1986.

Mayer, K.U.: Soziale Ungleichheit und Mobilität. In: *Zapf, W. (Hrsg.):* Lebensbedingungen i.d. Bundesrepublik. S. 149. Campus, Frankfurt–New York 1977.

Mayer, K.U. (Hrsg.): Lebensverläufe und sozialer Wandel. Kölner Zeitschrift für Soziologie und Sozialpsychologie 1990, Sonderheft 31.

Mayntz, R.: Kritische Bemerkungen zur funktionalistischen Schichtungstheorie. In: *Glass, D.W., R. König (Hrsg.):* Soziale Schichtung und soziale Mobilität. S. 10. Westdeutscher Verlag, Köln und Opladen, 4. Aufl. 1970.

Mayntz, R. (Hrsg.): Implementation politischer Programme. 2 Bde., Westdeutscher Verlag, Opladen 1983.

Mayntz, R., K. Holm, B. Hübner: Einführung in die Methoden der empirischen Soziologie. 5. Aufl., Westdeutscher Verlag, Opladen 1978.

McCue, J.D.: The Effects of Stress on Physicians and their Medical Practice. N. Engl. J. Med. 306 (1982), 458.

McKeown, T.: Die Bedeutung der Medizin. Suhrkamp, Frankfurt 1982 (engl.: London 1979).

Mead, G.H.: Mind, Self, and Society. The University of Chicago Press, Chicago u. London 1934 (dt. Ausgabe: Geist, Identität und Gesellschaft. Suhrkamp, Frankfurt 1973).

Mechanic, D.: Medical Sociology. 2nd ed., The Free Press, New York 1978.

Mechanic, D.: The Experience and Expression of Distress: The Study of Illness Behavior and Medical Utilization. In: *Mechanic, D. (ed.):* Handbook of Health, Health Care, and the Health Professions, p. 591. The Free Press, New York–London 1983.

Mechanic, D.: From Advocacy to Allocation. The Free Press, New York–London 1986.

Merton, R.K.: Social Structure and Anomia. Amer. Sociol. Rev. 3 (1938), 672.

Merton, R.K., G.G. Reader, P.L. Kendall: The Student Physician. Harvard University Press, Cambridge, Mass. 1957.

Micheelis, W.: Umriß einer Zahnmedizinischen Soziologie. Jahrbuch der Psychologie und Psychosomatik in der Zahnheilkunde 2 (1992), 255.

Micheelis, W., J. Bauch (Gesamtbearbeitung): Mundgesundheitszustand und -verhalten in der Bundesrepublik Deutschland. Deutscher Ärzte-Verlag, Köln 1991.

Micheelis, W., J. Bauch (Gesamtbearbeitung): Mundgesundheitszustand und -verhalten in Ostdeutschland. Deutscher Ärzte-Verlag, Köln 1993.

Mielck, A. (Hrsg.): Krankheit und soziale Ungleichheit. Sozialepidemiologische Forschungen in Deutschland. Leske und Budrich, Opladen 1994.

Miltner, W., N. Birbaumer, W.D. Gerber: Verhaltensmedizin. Springer, Berlin–Heidelberg–New York 1986.

Mirowsky, J., C.E. Ross: Social Patterns of Distress. Ann. Rev. Sociol. 12 (1986), 23

Mitscherlich, A., F. Mielke (Hrsg.): Medizin ohne Menschlichkeit. Fischer, Frankfurt 1978 (zuerst 1949).

Moeller, M.L.: Anders helfen. Klett-Cotta, Stuttgart 1981.

Montada, L.: Entwicklung der Moral. In: *Oerter, R., L. Montada (Hrsg.):* Entwicklungspsychologie. S. 738, 2. Auflage, Psychologische Verlagsunion, München–Weinheim 1987.

Moosbrugger, H.: Multivariate statistische Analyseverfahren. Kohlhammer, Stuttgart 1978.

Mosse, M., G. Tugendreich (Hrsg.): Krankheit und soziale Lage. München 1913.

Moreno, J.L.: Sociometry, Experimental Method, and the Science of Society. New York 1951 (dt.: Die Grundlagen der Soziometrie. Köln 1954, 1960).

Moser, H.: Methoden der Aktionsforschung. München 1977.

Mueller, U.: Bevölkerungsstatistik und Bevölkerungsdynamik. de Gruyter, Berlin–New York 1993.

Münch, R.: Sociological Theory. From the 1850's to the Present. Nelson Hall, Chicago 1994.

Mumford, E.: Interns. From Students to Physicians. Harvard University Press, Cambridge, Mass. 1970.

Myrdal, G.: Politisches Manifest über die Armut in der Welt. Suhrkamp, Frankfurt 1972.

Neugarten, B.L., N. Datan: Soziologische Betrachtung des Lebenslaufs. In: *Baltes, T.B. (Hrsg.):* Entwicklungspsychologie der Lebensspanne. S. 361. Klett-Cotta, Stuttgart 1979.

Newhouse, J.P.: The Findings of the Rand Health Insurance Experiment. Med. Care 25 (1987), 151.

Nikolinakos, M.: Zur Entwicklung von Bevölkerung und Wirtschaft in der Dritten Welt. In: *Mackensen, R., H. Wewer (Hrsg.):* Dynamik der Bevölkerungsentwicklung. Hanser, München 1973.

Nordmeyer, J.: Arzt-Patient-Beziehung während der Visite unter besonderer Berücksichtigung von Problempatienten. Phil. Diss. Universität Hamburg 1978.

Novak, P.: Das Kommunikationsproblem zwischen Funktionalismus und Universalpragmatik. In: *Ehlers, W., H.C. Traue, D. Czogalik (Hrsg.):* Biopsychosoziale Grundlagen für die Medizin. S. 171. Springer, Berlin–Heidelberg–New York 1988.

Oerter, R., L. Montada (Hrsg.): Entwicklungspsychologie. 2. Aufl., Psychologie Verlagsunion, München–Weinheim 1987.

Ornish, D., S.E. Brown, L.W. Scherwitz, J.H. Billings, W.T. Armstrong, T.A. Ports, McLanahan, S.M., R.L. Kirkeide, R.J. Brand, K.L. Gould: Can lifestyle changes reverse coronary heart disease? Lancet 336 (1990), 129.

Orth-Gomer, N. Schneiderman (eds.): Behavioral Medicine Approaches to Cardiovascular Disease Prevention. Erlbaum Publ. Springfield 1995 (in press).

Pappas, G., S. Queen, W. Hadden, G. Fisher: The increasing disparity in mortality between socioeconomic groups in the United States, 1960 and 1986. N. Engl. J. Med. 329 (1993), 103.

Pappi, F.U.: Zur Bedeutung des Schichtbegriffs für die Klassenanalyse. In: *Lepsius, R.M. (Hrsg.):* Zwischenbilanz der Soziologie. S. 202. Enke, Stuttgart 1976.

Parkes, C.M., B. Benjamin, R.G. Fitzgerald: A Broken Heart: A Statistical Study of Increased Mortality among Widowers. Br. Med. J. 1 (1969), 740

Parsons, T.: The Social System. The Free Press, New York 1951.

Parsons, T.: Action Theory and the Human Condition. The Free Press, New York–London 1978.

Parsons, T., R. Fox: Illness, Therapy, and the Modern Urban American Family. J. Soc. Issues 8 (1959), 31.

Pelikan, J.M., H. Demmer, K. Hurrelmann (Hrsg.): Gesundheitsförderung durch Organisationsentwicklung. Juventa, Weinheim–München 1993.

Pendleton, D.A., S. Bochner: The Communication of Medical Information in General Practice Consultations as a Function of Patients' Social Class. Soc. Sci. Med. 14 (1980), 669.

Petersen, P.E.: Social inequalities in dental health. Community Dent Oral Epidemiol. 18 (1990), 153.

Pfaff, M.: Bürgernahe Reform. Soziale Sicherheit 1 (1994), 8.

Pfeifer, A., P. Schmidt: LISREL: Die Analyse komplexer Strukturgleichungsmodelle. G. Fischer, Stuttgart–New York 1987.

Pflanz, M.: Allgemeine Epidemiologie. Thieme, Stuttgart 1973.

Pflanz, M.: Medizinsoziologie. In: *König, R. (Hrsg.):* Handbuch der empirischen Sozialforschung. S. 237, 2. Aufl., F. Enke, Stuttgart 1979.

Pflanz, M., J.J. Rohde: Illness: Deviant Behavior or Conformity? Soc. Sci. Med. 4 (1970), 645.

Piaget, J.: Das moralische Urteil beim Kinde. Rascher, Zürich 1954.

Piaget, J., B. Inhelder: Die Psychologie des Kindes. Walter, Olten 1973.

Pierce, J.P., M.C. Fiore, T.E. Novotny, E.J. Hatzinadreu, R.M. Davis: Trends in cigarette smoking in the United States. Educational differences are increasing. J. Amer. Med. Assoc. 261 (1989), 56.

Plessner, H.: Philosophische Anthropologie. Fischer, Frankfurt 1970.

Popitz, H.: Die normative Konstruktion von Gesellschaft. J.C.B. Mohr (Paul Siebeck), Tübingen 1980.

Popitz, H.: Phänomene der Macht. J.C.B. Mohr (Paul Siebeck), Tübingen 1986.

Popper, K.R.: Logik der Forschung, 2. Aufl., J.C.B. Mohr (Paul Siebeck), Tübingen 1966.

Portmann, A.: Zoologie und das neue Bild vom Menschen. Rowohlt, Reinbek 1951.

Prigogine, I.: Vom Sein zum Werden. Piper, München–Zürich 1982.

Puska, P., A. Nissinen: Ten Years of the North Karelia Project. Results with Community-Based Prevention of Coronary Heart Disease. Scand. J. Soc. Med. 11 (1983), 65.

Raspe, H.H.: Aufklärung u. Inform. im Krankenhaus. Vandenhoeck & Ruprecht, Göttingen 1983.

Raspe, H.H., S. Matussek, A. Vorbeck, U. Volkhardt: Psychosoziale Probleme im Verlauf einer chronischen Polyarthritis. Verhandlungen Deutsche Gesellschaft Innere Medizin 9 (1983), 563.

Raspe, H.H., U. Volkhardt, Th. Kohlmann, S. Matussek: Der Funktionsfragebogen Hannover (FFbH): ein Instrument zur Funktionsdiagnostik bei polyartikulären Gelenkerkrankungen. Unveröffentlichtes Manuskript, Hannover 1988.

Raspe, H.H., J. Siegrist: Zur Gestalt der Arzt-Patient-Beziehung im stationären Bereich. In: *Siegrist, J., A. Hendel-Kramer (Hrsg.):* Wege zum Arzt. S. 113. Urban & Schwarzenberg, München–Wien–Baltimore 1979.

Reimann, H., H. Reimann: Das Alter. F. Enke, Stuttgart 1983.

Rifkin, I.: Genesis 2. Rowohlt, Reinbek 1986.

Rivier, C., J. Rivier, W. Vale: Stress-Induced Inhibition of Reproductive Functions: Role of Endogenous Corticotropine-Releasing Factor. Science 224 (1986), 607.

Roemer, M.J.: Systems of Health Care. Springer, New York 1985.

Rösing, I.: Die Verbannung der Trauer. F. Greno, Nördlingen 1987.

Rohde, J.J.: Soziologie des Krankenhauses. F. Enke, Stuttgart 1974 (1. Ausgabe 1962).

Rose, G.A.: The Strategy of Preventive Medicine. Oxford University Press, Oxford 1992.

Rosen, G.: The Evolution of Social Medicine. In: *Freeman, H., S. Levine, L. Reeder (eds.):* Handbook of Medical Sociology, p. 23, 2nd ed., Prentice Hall, Englewood Cliffs, N.J. 1979.

Rosenblatt, D., E.A. Suchman: The Underutilization of Medical Services by Blue-Collarites. In: *Shostak, A., W. Gomberg (eds.):* Blue Collar World, p. 341, Prentice Hall, Englewood Cliffs 1964.

Rosengren, W.R., M. Lefton: Hospitals and Patients. Atheton, New York 1969.

Rosewitz, B., D. Webber: Reformversuche und Reformblockaden im deutschen Gesundheitswesen. Campus, Frankfurt–New York 1990.

Rossi, P.H., H.E. Freeman: Evaluation. Sage, London 1986.

Rotter, J.B.: Generalized Expectancies for Internal versus External Control of Reinforcement. Psychol. Monogr. 80 (1966), 1.

Rousseau, J.J.: Diskurs über die Ungleichheit. F. Schöningh, Paderborn–München–Wien–Zürich 1984 (Erstausgabe 1755).

Ruberman, W., E. Weinblatt, J.D. Goldberg, B. Chaudhary: Psychosocial Influences on Mortality of the Myocardial Infarction. N. Engl. J. Med. 311 (1984), 552.

Rubin, W.: The Internist: A Self-Profile. Int. Med. News 13 (1980), 36.

Ruwaard, D., P.G.N. Kramers, A. van den Berg Jeths, P.W. Achterberg (eds.): Public Health Status and Forecasts: The Health Status of the Dutch Population over the period 1950–2010. The Hague 1994.

Sachverständigenrat: Medizinische und ökonomische Orientierung. Jahresgutachten 1987. Nomos, Baden-Baden 1987.

Sachverständigenrat für die Konzertierte Aktion im Gesundheitswesen. Jahresgutachten 1987. Nomos, Baden-Baden 1987.

Sachverständigenrat für die Konzertierte Aktion im Gesundheitswesen. Jahresgutachten 1990. Nomos, Baden-Baden 1990.

Sachverständigenrat für die Konzertierte Aktion im Gesundheitswesen. Gesundheitsversorgung u. Krankenversicherung 2000. Kurzfassung. Bonn 1994.

Sandier, S.: Health services utilization and physician income trends. In: *OECD (ed.):* Health Care Systems in Transition, Paris 1990.

Sarason, B.R., E.N. Shearln, G.R. Pierce, E.G. Sarason: Interrelations of social support measures: theoretical and practical implications. J. Personal. Soc. Psychol. 32 (1987), 813.

Sarason, I.G., B.R. Sarason (eds.): Social Support: Theory, Research and Application. M. Nijhoff, Dordrecht 1985.

Sarfatti-Larsson, M.: The Rise of Professionalism: A Sociological Analysis. University of California Press, Berkeley 1977.

Schach, E.: Die Entropie als Maß in der Bevölkerungs- und Gesundheitsstatistik. Unveröffentlichtes Manuskript 1983.

Schäfer, M.: Motivation zur Inanspruchnahme zahnärztlicher Dienste und individuelles Mundgesundheitsverhalten bei 13–14jährigen in der Hauptschule und Gymnasium. Magisterarbeit, Med. Fakultät der Universität Düsseldorf, 1995.

Schäfers, B.: Gesellschaftlicher Wandel in Deutschland. 6. Aufl. Enke, Stuttgart 1995.

Scheff, Th.: Being Mentally Ill. Aldine, Chicago 1966 (dt.: Das Etikett Geisteskrankheit. Fischer, Frankfurt 1973).

Schelling, Th.: The Strategy of Conflict. New York 1963.

Schelsky, H.: Schule und Erziehung in der industriellen Gesellschaft. Werkbund Verlag, Würzburg 1957, 1961, 1967.

Scherwitz, L.W., L.L. Perkins, M.A. Chesney, G.H. Hughes, S. Sidney, T.A. Manolis: Hostility and health behaviors in young adults: The CARDIA study. Am. J. Epidemiol. 136 (1992), 136.

Scherwitz, L.W., O.A. Brusis, D. Kesten, P.A. Safian, E. Haspert, A. Berg, J. Siegrist: Lebensstiländerung bei Herzinfarktpatienten im Rahmen der stationären und ambulanten Rehabilitation. Z. Kardiol. 84 (1995) 216.

Scheuch, E.K.: Auswahlverfahren in der Sozialforschung. In: *König, R. (Hrsg.):* Handbuch der empirischen Sozialforschung. F. Enke, Stuttgart 1974.

Scheuch, E.K., H. Zehnpfennig: Skalierungsverfahren in der Sozialforschung. In: *König, R. (Hrsg.):* Handbuch der empirischen Sozialforschung. S. 97. 3. Aufl. F. Enke, Stuttgart 1974.

Scheuch, E.K.: Forschungstechniken als Teil der Soziologie heute. In: *Lepsius, M.R. (Hrsg.):* Zwischenbilanz der Soziologie. S. 83. F. Enke, Stuttgart 1976.

Schleifer, S.J., S.E. Keller, M. Camerino, J.C. Thornton, M. Stein: Suppression of Lymphocyte Stimulation Following Bereavement. J. Amer. Med. Assoc. 250 (1983), 374.

Schlosser, O.: Einführung in die sozialwissenschaftliche Zusammenhangsanalyse. Rowohlt, Reinbek 1986.

Schluchter, W.: Die Entwicklung des okzidentalen Rationalismus. J.C.B. Mohr (Paul Siebeck), Tübingen 1979.

Schmacke, N.: Schritte in die Öffentlichkeit. Akademie für Öffentliches Gesundheitswesen, Düsseldorf 1993.

Schneider, M., P. Biene-Dietrich, M. Gabanyi, M. Huber, A. Köse, L. Scholtes, J.H. Sommer:

Gesundheitssysteme im internationalen Vergleich. Basys, Augsburg 1993.

Schütz, A.: Der sinnhafte Aufbau der sozialen Welt. Springer, Wien 1960 (zuerst 1932).

Schütz, A.: Das Problem der Relevanz. Suhrkamp, Frankfurt 1971.

Schütz, A., Th. Luckmann: Strukturen der Lebenswelt. Luchterhand, Neuwied–Berlin 1975.

Schütze, F.: Zur soziologischen und linguistischen Analyse von Erzählungen. Internat. Jahrb. Rel.- u. Wissenssoziol. 10 (1976), 7.

Schwarzer, R., A. Leppin: Sozialer Rückhalt und Gesundheit: Eine Meta-Analyse. Hogrefe, Göttingen–Toronto–Zürich 1989.

Schwarzer, R.: Psychologie des Gesundheitsverhaltens. Hogrefe, Göttingen–Toronto–Zürich 1992.

Seeman, M.: On the Meaning of Alienation. Amer. Sociol. Rev. 24 (1959), 783.

Seeman, M., T.E. Seeman: Health Behavior and Personal Autonomy: A Longitudinal Study of the Sense of Control in Illness. J. Health Soc. Behav. 24 (1983), 144.

Seidl, E., I. Walter: Angst oder Information im Krankenhaus. W. Maudrich, Wien 1979.

Seidler, E.: Gesch. der Pflege des kranken Menschen. Kohlhammer, Stuttgart–Berlin–Köln–Mainz 1970.

Selbmann, H.: Bestandsaufnahme der Maßnahmen der Medizinischen Qualitätssicherung in der BRD. Nomos, Baden-Baden 1994.

Seligman, M.E.P.: Helplessness. Freeman, San Francisco 1975.

Semmer, N., A. Knoke, R. Fuchs, J.H. Duyer: Zusammenhänge zwischen dem Rauchverhalten von Jugendlichen und deren Vorstellungen über gesundheitliche, politische und soziale Folgen des Rauchens. Unveröffentlichtes Manuskript, Bremen–Berlin 1985.

Shiffman, S., Th.A. Wills (eds.): Coping and Substance Use. Academic Press, Orlando 1985.

Shryock, R.H.: The Development of Modern Medicine. Knopf, New York 1947.

Shumaker, S., S.M. Czajkowski (eds.): Social Support and Cardiovascular Disease. Plenum, New York 1993.

Shuval, J.T.: Social Functions of Medical Practice. Jossey Bass, San Francisco 1970.

Sieber, M., J. Angst: Drogen-, Alkohol- und Tabakkonsum. Huber, Bern 1981.

Siegrist, J.: Das Consensus-Modell. F. Enke, Stuttgart 1970.

Siegrist, J.: Arbeit und Interaktion im Krankenhaus. F. Enke, Stuttgart 1978.

Siegrist, J., M. Broer, A. Junge: Profil der Lebensqualität Chronischkranker (PLC). Beltz Test-Verlag, Göttingen 1995.

Siegrist, J., K. Dittmann, K. Rittner, I. Weber: Soziale Belastungen u. Herzinfarkt. F. Enke, Stuttgart 1980.

Siegrist, J., K. Dittmann: Das Inventar lebensverändernder Ereignisse. In: *Allmendinger, J., P. Schmidt (Hrsg.):* Handbuch sozialwissenschaftlicher Skalen. Mannheim–Bonn 1985.

Siegrist, J., H. Matschinger: Restricted Status Control and Cardiovascular Risk. In: *Steptoe, A., A. Appels (eds.):* Stress, Personal Control, and Health. Wiley, Chichester 1989, 65.

Siegrist, J., R. Peter, A. Junge, P. Cremer, D. Seidel: Low status control, high effort at work and ischemic heart disease: prospective evidence from blue-collar men. Soc. Sci. Med. 31 (1990), 1127.

Siegrist, J.: Soziale Krisen und Gesundheit. Hogrefe, Göttingen–Toronto–Zürich 1995.

Siegrist, K.: Sozialer Rückhalt und kardiovaskuläres Risiko. Minerva, München 1986.

Silbereisen, R.K.: Soziale Kognition. In: *Oerter, R., L. Montada (Hrsg.):* Entwicklungspsychologie. 2. Aufl., S. 696. Psychologie Verlagsunion, München–Weinheim 1987.

Skinner, J.E.: Psychosocial Stress and Sudden Cardiac Death: Brain Mechanisms. In: *Beamish, R.E., P.K. Singall, N.S. Dhalla (eds.):* Stress and Heart Disease, p. 44. M. Nijhoff, Boston–Dordrecht 1985.

Slesina, W.: Arbeitsbedingte Erkrankungen und Arbeitsanalyse. F. Enke, Stuttgart 1987.

Slesina, W.: Gesundheitszirkel: Der „Düsseldorfer Ansatz". In: *Westermayer, G., B. Bähr (Hrsg.):* Betriebliche Gesundheitszirkel. Verlag für angewandte Psychologie, Göttingen–Stuttgart 1994, 25.

Speidel, H., B. Dahme, B. Flemming, P. Götze, G. Huse-Kleinstoll, H.J. Meffert, G. Rodewaldt: Psychische Störungen nach offenen Herzoperationen. Nervenarzt 50 (1979), 85.

Spiegel, D., J.R. Bloom, H.C. Kraemer, E. Gottheil: Effect of psychosocial treatment on survival of patients with metastatic breast cancer. Lancet II (1989), 888.

Spinner, H.F.: Informationsgesellschaft. In: *Schäfers, B. (Hrsg.):* Grundbegriffe der Soziologie. Leske & Budrich, Opladen 1986.

Srole, L., A.K. Fischer: The Social Epidemiology of Smoking Behavior. Soc. Sci. Med. 7 (1977), 341.

Stanton, A.H., M.S. Schwartz: The Mental Hospital. Tavistock, London 1954.

Starr, P.: The Social Transformation of American Medicine. Basic Books, New York 1982.

Steptoe, A., A. Appels (eds.): Stress, Personal Control, and Health. John Wiley, Chichester 1989.

Stern, C., W. Stern: Die Kindersprache. Wiss. Buchgesellschaft, Darmstadt 1965.

Stewart, A.L., J.E. Ware (eds.): Measuring Functioning and Well-Being. Duke University Press, Durham and London 1992.

Stierlin, H., M. Wirsching, B. Haas, F. Goffman, G. Schmidt, G. Weber, B. Wirsching: Familienmedizin mit Krebskranken. Familiendynamik 8 (1983), 46.

Stimmer, F.: Jugendalkoholismus. Duncker & Humbolt, Berlin 1978.

Stössel, P.: Das Ulmer Modell. Bild der Wissenschaft 9 (1981), 90.

Stosberg, K.: Sozialisation und Sozialisationsstörungen – ein soziologischer Ansatz. In: *Feuerlein, W. (Hrsg.):* Sozialisationsstörungen und Sucht. Wiesbaden 1981.

Stosberg, K., M. Pfeiffer-Beck, E. Lungershausen: Wege aus der Heroinabhängigkeit. Perimed, Erlangen 1985.

Straus, R.: The Nature and Status of Medical Sociology. Amer. Sociol. Rev. 22 (1957), 200.

Strauss, A.L., B.G. Glaser: Chronic Illness and the Quality of Life. Mosby, St. Louis 1975.

Strong, P.M.: The Ceremonial Order of the Clinic. Routledge & Kegan Paul, London–Boston 1979.

Strotzka, H., H. Wimmer (Hrsg.): Arzt-Patient-Kommunikation im Krankenhaus. Facultas, Wien 1986.

Sudnow, D.: Passing on. The Social Organization of Dying. Prentice Hall, Englewood Cliffs 1967 (dt. Ausgabe: Organisiertes Sterben. Fischer, Frankfurt 1973).

Susser, M.W., W. Watson: Sociology in Medicine. 3rd ed., Oxford University Press, New York 1986.

Svarstad, B.L.: Physician-Patient-Communication and Patient Conformity with Medical Advice. In: *Mechanic, D. (ed.):* The Growth of Bureaucratic Medicine, p. 220. John Wiley, New York 1976.

Syme, S.L., M.M. Hyman, P.E. Enterline: Some Social and Cultural Factors Associated with the Occurrence of Coronary Heart Disease. J. Chron. Dis. 17 (1964), 277.

Tennstedt, F., S. Leibfried: Berufsverbote und Sozialpolitik. Vervielfältigtes Manuskript, Universität Bremen 1980.

Tews, H.P.: Soziologie des Alterns. Quelle & Meyer, Heidelberg 1971.

Theorell, T.: The psychosocial environment, stress, and coronary heart disease. In: *Marmot, M., P. Elliott (eds.):* Coronary Heart Disease Epidemiology. Oxford University Press, Oxford 1992, 164.

Thiemeyer, T.: Honorierungsprobleme in der Bundesrepublik Deutschland. In: *von Ferber, C., U. Reinhardt, H. Schaefer (Hrsg.):* Kosten und Effizienz im Gesundheitswesen, Oldenbourg, München 1985, 35.

Thomae, H.: Alternsstile und Altersschicksale. Huber, Bern–Stuttgart–Wien 1983.

Thomas, W.I., F. Znaniecki: The Polish Peasant in Europe and America. A. Knopf, New York 1927.

Townsend, P., N. Davidson, W. Whitehead: Inequalities in Health. Penguin Books, London 1988 (zuerst P. Townsend: The Black Report 1982).

Townsend, P., P. Phillimore, A. Beattie: Health and the Northern Region. Croom Helm, London 1988.

Trojan, A.: Psychisch krank durch Etikettierung? Urban & Schwarzenberg, München–Wien–Baltimore 1978.

Troschke, J. von, H. Schmidt (Hrsg.): Ärztliche Entscheidungskonflikte. Enke, Stuttgart 1983.

Troschke, J. von, U. Stössel: Möglichkeiten und Grenzen ärztlicher Gesundheitsberatung. Gesomed, Freiburg 1981.

Troschke, J. von, B. von Stünzner: Soziale Umwelt und Genußmittelkonsum. Vervielfältigtes Manuskript, Freiburg 1984.

Tuckett, D.: An Introduction to Medical Sociology. Tavistock, London 1976.

Türp, J.C.: Disstreß im Beruf des Zahnarztes, Z. Stomatol. 91 (1994), 371.

Turner, B.S.: Medical Power and Social Knowledge. Sage, London 1987.

Uexküll, Th. von: Einleitung zu *Sudnow, D.:* Organisiertes Sterben, S. 11, Fischer, Frankfurt 1973.

Uexküll, Th. von: Psychosomatische Medizin. 3. Aufl., Urban & Schwarzenberg, München–Wien–Baltimore 1986.

Uexküll, Th. von: Medizin und Soziologie – Interdisziplinarität als Tranquilizer oder als Problem? In: *Dieckmann, W. (Hrsg.):* Medizinsoziologie in der Bundesrepublik. Eine Zwischenbilanz. S. 9. Express Edition, Berlin 1987.

Ullrich, A.: Krebsstation: Belastungen der Helfer. P. Lang, Frankfurt 1987.

Unschuld, P.U.: Medizin in China. C.H. Beck, München 1980.

Verbrugge, L.M.: Gender and Health: An Update on Hypotheses and Evidence. J. Health Soc. Behav. 26 (1985), 156.

Virchow, R.: Mitteilungen über die in Oberschlesien herrschende Typhusepidemie. Wiss. Buchgesellschaft, Darmstadt 1968 (Erstausgabe 1849).

Waltz, M.: Social Isolation and Social Mediators of the Stress of Illness. Lit, Münster–Hamburg, 1994.

Weber, M.: Wirtschaft und Gesellschaft, 2 Bde., J.C.B. Mohr (Paul Siebeck), Tübingen 1956 (wieder abgedruckt Kiepenheuer & Witsch, Köln–Berlin 1964).

Weber, M.: Die protestantische Ethik und der Geist des Kapitalismus. München und Hamburg 1965, 2 Bde. (Erstausgabe in: Gesammelte Aufsätze zur Religionssoziologie, J.C.B. Mohr (Paul Siebeck), Tübingen 1920, 3 Bde.).

Weber, M.: Gesammelte Aufsätze zur Wissenschaftslehre. 5. Aufl., J.C.B. Mohr (Paul Siebeck), Tübingen 1982.

Weber, I., M. Abel, L. Altenhofen, K. Bächer, B. Berghof, K.E. Bergmann, G. Flatten, D. Klein,

W. Micheelis, P.J. Müller: Dringliche Gesundheitsprobleme der Bevölkerung in der Bundesrepublik Deutschland. Nomos, Baden-Baden 1990.

Weiner, H.: Perturbing the Organism. The Biology of Stressful Experience. Chicago, University Press, Chicago 1992.

Welz, R.: Selbstmordversuche in städtischen Lebensumwelten. Beltz, Weinheim–Basel 1979.

West, C.: Routine Complications. Indiana University Press, Bloomington 1984.

Westermayer, G., B. Bähr (Hrsg.): Betriebliche Gesundheitszirkel. Verlag für angewandte Psychologie, Göttingen, Stuttgart 1994.

Westhoff, G.: Handbuch psychosozialer Meßinstrumente. Hogrefe, Göttingen–Toronto–Zürich 1993.

Wetterer, A. (Hrsg.): Profession und Geschlecht. Campus, Frankfurt–New York 1992.

Wetterer, A., J. von Troschke: Smoker Motivation. Springer, Berlin–Heidelberg–New York 1986.

Wheaton, B.: Stress, Personal Coping Resources, and Psychiatric Symptoms: An Investigation of Interactive Models. J. Health Soc. Behav. 24 (1983), 208.

Wickler, W., U. Seibt: Männlich-Weiblich. Piper, München 1984.

Wilkinson, R.G.: Income distribution and life expectancy. Br. Med. J. 304 (1992), 165.

Williams, R., V. Williams: Anger kills. Random House, New York 1993.

Williams, R.B., M.A. Chesney: Psychosocial factors and prognosis in established coronary and artery disease. The need for research on interventions. J. Amer. Med. Assoc. 270 (1993), 1860.

Wiss. Institut der Ortskrankenkassen (Hrsg.): Verlust an Lebensjahren. Bonn 1979.

Wittkowski, J.: Tod und Sterben. Quelle & Meyer, Heidelberg 1978.

Wittmann, W.W.: Evaluationsforschung. Springer, Berlin–Heidelberg–New York 1985.

Wolf, S.: Mortality from Myocardial Infarction in Roseto. J. Amer. Med. Assoc. 142 (1966), 1.

World Health Organisation (ed.): Our Planet, our Health. Geneva 1992.

Wright, E.O.: Class Structure and Income Determination. Academic Press, New York 1979.

Wüthrich, P.: Zur Soziogenese des chronischen Alkoholismus. Basel 1974.

Wysong, J.A., T. Abel: Universal health insurance and high risk groups in West-Germany: Implications for U.S. health policy. Milbank Quart. 68 (1990), 527.

Zborowski, M.: Cultural Components in Response to Pain. J. Soc. Issues 8 (1952), 16.

Zola, J.K.: Culture and Symptoms: An Analysis of Patients Presenting Complaints. Amer. Sociol. Rev. 31 (1966), 615.

Register

Bildnachweis

Abb. 1-2, Seite 17:   Keystone Pressedienst GmbH, Hamburg.
Abb. 2-7, Seite 48:   Katholische Nachrichtenagentur Pressebild GmbH, Frankfurt.
Abb. 3-2, Seite 123: Süddeutscher Verlag, München.
Abb. 4-1, Seite 130: Aus Coser, L. A.: Masters of Sociological Thought. Harcourt, New York 1971.
Abb. 6-4, Seite 213: Aus Rösing, J.: Die Verbannung der Trauer. Greno, Nördlingen 1987.
Abb. 7-2, Seite 242: Süddeutscher Verlag, München.
Abb. 7-3, Seite 243: Aus Fischer-Hommberger, E.: Krankheit Frau. Huber, Bern–Stuttgart–Wien 1979.
Abb. 7-5, Seite 255: Süddeutscher Verlag, München.

Wir danken den aufgeführten Instituten und Verlagen für die freundliche Überlassung des Abbildungsmaterials.